本书的出版得到

国家重点文物保护专项补助经费

资　助

巩义黄冶窑

〔上册〕

河南省文物考古研究院
中国文化遗产研究院 编著
日本奈良文化财研究所

科学出版社
北京

内 容 简 介

本报告是河南巩义窑2002~2004年的考古发掘成果。巩义窑址为2006年6月国务院公布的全国重点文物保护单位，主要包括站街镇的黄冶唐三彩窑址和北山口镇的白河瓷窑址。2002~2004年河南省文物考古研究院与中国文化遗产研究院合作对巩义市黄冶窑址进行了四次考古发掘，共开挖探方、探沟42个，发掘面积近2000平方米。发掘中发现并清理了不同时期的窑炉遗迹10座，作坊5处，水井2眼，淘洗池、沉淀池及陈腐池各1个，灰沟12条，灰坑162个。出土完整或可复原的瓷器、釉陶器、素烧器、作坊具和各种窑具5000余件，陶、瓷制品和素烧器80余万片。出土遗物中既有大批早已被人们熟知的黄冶窑典型产品——唐三彩，还出土一些不为人们确定的产品，如盛唐时期的精美白瓷、黑瓷，中唐以后的白釉绿彩、白釉蓝彩器和晚唐时期的青花瓷等，扩大并丰富了我们对黄冶窑的传统认识。

本书适合于考古学、博物馆学以及古陶瓷的研究者和爱好者参考、阅读。

图书在版编目（CIP）数据

巩义黄冶窑 / 河南省文物考古研究院，中国文化遗产研究院，日本奈良文化财研究所编著.—北京：科学出版社，2016.5
 ISBN 978-7-03-048119-1

Ⅰ.①巩⋯ Ⅱ.①河⋯②中⋯③日⋯ Ⅲ.①瓷窑遗址–发掘报告–巩义市 Ⅳ.①K878.55

中国版本图书馆CIP数据核字（2016）第089442号

责任编辑：张亚娜 / 责任校对：钟 洋
责任印制：肖 兴 / 封面设计：美光制版

科学出版社 出版
北京东黄城根北街16号
邮政编码：100717
http://www.sciencep.com

中国科学院印刷厂 印刷
科学出版社发行 各地新华书店经销

*

2016年5月第 一 版　开本：889×1194　1/16
2016年5月第一次印刷　印张：27 1/2　插页：143
字数：790 000

定价：**580.00元**（上下册）
（如有印装质量问题，我社负责调换）

目 录

第一章　地理环境与发现概况 ·· （1）

　第一节　地理环境与历史沿革 ·· （1）
　　一、地理环境 ·· （1）
　　二、历史沿革 ·· （3）
　第二节　窑址调查与发现 ·· （3）
　第三节　2002至2004年的考古发掘及以后的相关工作 ······································· （6）

第二章　探方分布与地层堆积 ·· （8）

　第一节　探方分布 ··· （8）
　第二节　地层堆积 ··· （8）
　　一、Ⅰ区地层堆积 ··· （8）
　　二、Ⅱ区地层堆积 ··· （13）
　　三、Ⅲ区地层堆积 ··· （22）
　第三节　地层与分期 ·· （25）
　　一、黄冶窑器物及窑具的演变规律 ·· （26）
　　二、典型地层关系与典型器物组合 ·· （27）

第三章　主要遗迹 ·· （29）

　第一节　窑炉 ·· （29）
　　一、Ⅱ区窑炉 ·· （29）
　　二、Ⅲ区窑炉 ·· （38）
　第二节　作坊 ·· （39）
　　一、Ⅱ区作坊 ·· （39）
　　二、Ⅲ区作坊 ·· （48）
　第三节　淘洗池、沉淀池及陈腐池 ··· （51）
　　一、淘洗池（C3）与沉淀池（C2） ·· （51）

二、陈腐池（C1） ……………………………………………………………………………（52）

第四节　水井 …………………………………………………………………………………（53）

　　一、Ⅱ区水井 …………………………………………………………………………………（53）

　　二、Ⅲ区水井 …………………………………………………………………………………（53）

第五节　灰沟 …………………………………………………………………………………（54）

　　一、Ⅱ区灰沟 …………………………………………………………………………………（54）

　　二、Ⅲ区灰沟 …………………………………………………………………………………（55）

第六节　灰坑 …………………………………………………………………………………（56）

　　一、Ⅰ区灰坑 …………………………………………………………………………………（56）

　　二、Ⅱ区灰坑 …………………………………………………………………………………（57）

　　三、Ⅲ区灰坑 …………………………………………………………………………………（60）

第四章　出土遗物 ……………………………………………………………………（64）

第一节　第一期文化遗物 ……………………………………………………………………（64）

　　一、瓷器 ………………………………………………………………………………………（64）

　　二、陶器 ………………………………………………………………………………………（66）

　　三、建筑材料 …………………………………………………………………………………（67）

第二节　第二期文化遗物 ……………………………………………………………………（67）

　　一、瓷器 ………………………………………………………………………………………（67）

　　二、釉陶器 ……………………………………………………………………………………（83）

　　三、窑具 ………………………………………………………………………………………（85）

第三节　第三期前段文化遗物 ………………………………………………………………（90）

　　一、瓷器 ………………………………………………………………………………………（90）

　　二、釉陶器 ……………………………………………………………………………………（94）

　　三、作坊具 ……………………………………………………………………………………（128）

　　四、窑具 ………………………………………………………………………………………（131）

　　五、建筑材料 …………………………………………………………………………………（142）

　　六、铁器 ………………………………………………………………………………………（142）

第四节　第三期后段文化遗物 ………………………………………………………………（144）

　　一、瓷器 ………………………………………………………………………………………（144）

　　二、釉陶器 ……………………………………………………………………………………（147）

　　三、作坊具 ……………………………………………………………………………………（184）

　　四、窑具 ………………………………………………………………………………………（189）

　　五、建筑材料 …………………………………………………………………………………（200）

　　六、铁器 ………………………………………………………………………………………（201）

第五节　第四期文化遗物 …………………………………………………（202）
　　一、瓷器 ………………………………………………………………（202）
　　二、釉陶器 ……………………………………………………………（213）
　　三、白釉蓝彩与青花 …………………………………………………（268）
　　四、擂钵 ………………………………………………………………（271）
　　五、作坊具 ……………………………………………………………（275）
　　六、窑具 ………………………………………………………………（282）
　　七、建筑材料 …………………………………………………………（292）
第六节　钱币 ……………………………………………………………（293）
　　一、第二期钱币 ………………………………………………………（294）
　　二、第三期前段钱币 …………………………………………………（294）
　　三、第三期后段钱币 …………………………………………………（295）
　　四、第四期钱币 ………………………………………………………（296）

第五章　结语 ……………………………………………………………（297）

第一节　各期的器物特征 ………………………………………………（297）
　　一、器物成型与烧造工艺 ……………………………………………（297）
　　二、釉色与装饰 ………………………………………………………（299）
第二节　各期年代的讨论 ………………………………………………（303）
第三节　巩义窑的兴衰 …………………………………………………（306）
第四节　黄冶窑唐三彩与其他唐三彩窑的异同 ………………………（309）
　　一、陕西铜川市黄堡窑 ………………………………………………（309）
　　二、陕西西安市唐长安醴泉坊窑 ……………………………………（310）
　　三、河北内丘县西关窑 ………………………………………………（310）
　　四、山西浑源县界庄窑 ………………………………………………（311）
第五节　唐代青花瓷器的产生与发展 …………………………………（311）
　　一、蓝花加彩陶器——青花瓷器的孕育期 …………………………（312）
　　二、白地蓝花陶器——青花瓷器的萌发期 …………………………（315）
　　三、唐青花——成熟阶段的青花瓷器 ………………………………（316）
　　四、青花瓷器产生的技术条件 ………………………………………（317）
　　五、巩义与扬州——产地与集散地 …………………………………（318）

附表 ………………………………………………………………………（321）

　　附表一　探方情况统计一览表 ………………………………………（321）
　　附表二　探方地层堆积对应关系一览表 ……………………………（323）

附表三	典型遗迹单位出土陶瓷釉色装饰统计一览表	（325）
附表四	探方遗迹分期一览表	（326）
附表五	灰坑登记一览表	（327）
附表六	典型遗迹单位出土陶瓷器统计一览表	（344）
附表七	地层、遗迹单位出土钱币统计一览表	（345）

附录 （348）

附录一	与日本奈良文化财研究所合作研究15年纪要	（348）
附录二	唐青花产地的PIXE研究	（356）
附录三	唐青花的产生	（360）
附录四	巩义黄冶窑出土陶瓷器的无损分析研究	（369）
附录五	黄冶窑白瓷的原料特征和烧制工艺研究	（395）

后记 （414）

Abstract （415）

插图目录

图一　河南省巩义市地理位置图 ··（2）
图二　巩义黄冶窑址位置示意图 ··（4）
图三　黄冶窑Ⅰ、Ⅱ、Ⅲ区分布图 ···（9）
图四　黄冶窑址Ⅰ区探方主要遗迹分布图 ···（10）
图五　黄冶窑址Ⅰ区T1、T4西壁剖面图 ··（11）
图六-1　黄冶窑址Ⅱ区部分探方主要遗迹分布图 ··（14）
图六-2　黄冶窑址Ⅱ区部分探方主要遗迹分布图 ··（15）
图六-3　黄冶窑址Ⅱ区部分探方主要遗迹分布图 ··（16）
图七　ⅡT5西壁剖面图 ···（17）
图八　ⅡT35南壁剖面图 ···（19）
图九　ⅡT57南壁剖面图 ···（21）
图一〇　Ⅲ区探方主要遗迹分布图 ··（插页）
图一一　ⅢT1西壁剖面图 ··（23）
图一二　ⅢT4西壁剖面图 ··（25）
图一三　ⅡY1、Y2平、剖面图 ···（30）
图一四　ⅡY3平、剖面图 ··（32）
图一五　ⅡY4平、剖面图 ··（33）
图一六　ⅡY5平、剖面图 ··（35）
图一七　ⅡY6平、剖面图 ··（36）
图一八　ⅡY7、Y8平、剖面图 ···（37）
图一九　ⅢY1平、剖面图 ··（38）
图二〇　ⅢY2平、剖面图 ··（39）
图二一　ⅡZF1平、剖面图 ···（40）
图二二　ⅡZF1第1层下平面图 ··（42）
图二三　ⅡZF1LLK1平、剖面图 ···（43）
图二四　ⅡZF2平面图 ···（43）
图二五　ⅡZF2Z1、Z2平、剖面图 ··（44）
图二六　ⅡZF3平、剖面图 ···（45）
图二七　ⅡZF3LLK3平、剖面图 ···（46）

图二八	ⅡZF3LLK3平、剖面图	（46）
图二九	ⅡZF3③层下局部出土器物平面图	（47）
图三〇-1	ⅢZF1平、剖面图	（49）
图三〇-2	ⅢZF1LLK1平、剖面图	（50）
图三一	ⅢYD1平、剖面图	（50）
图三二	ⅡC2、C3平、剖面图	（51）
图三三	ⅡC1平、剖面图	（52）
图三四	ⅡJ1平、剖面图	（53）
图三五	ⅢJ1平、剖面图	（54）
图三六	ⅡG1平、剖面图	（55）
图三七	ⅡG2平、剖面图	（55）
图三八	ⅢG6平、剖面图	（56）
图三九	ⅠH1平、剖面图	（56）
图四〇	ⅡH2平、剖面图	（57）
图四一	ⅡH15平、剖面图	（57）
图四二	ⅡH16平、剖面图	（58）
图四三	ⅡH16①层出土器物平面示意图	（59）
图四四	ⅡH16②层出土器物平面示意图	（60）
图四五	ⅡH18平、剖面图	（61）
图四六	ⅡH39平、剖面图	（62）
图四七	ⅢH19平、剖面图	（62）
图四八	ⅢH90平、剖面图	（62）
图四九	ⅢH89平、剖面图	（63）
图五〇	青釉瓷碗和壶	（65）
图五一	灰陶罐、瓮和筒瓦	（66）
图五二	白釉瓷盆	（68）
图五三	白釉瓷碗	（69）
图五四	白釉瓷盘、杯和盅	（71）
图五五	白釉瓷罐、瓶、豆和洗	（72）
图五六	白釉瓷注碗、钵、唾盂、双龙柄尊和水盂	（74）
图五七	白釉瓷三足炉、器盖、扑满、埙和蛋形器	（76）
图五八	黑釉瓷盆、豆和罐	（78）
图五九	黑釉瓷瓶、水盂	（80）
图六〇	黑釉瓷钵、三足炉、灯和器盖	（81）
图六一	茶叶末釉瓷碗、水盂、钵和瓶	（82）
图六二	单彩、三彩和素烧器	（84）

图六三	杯形支烧	（87）
图六四	支烧具	（88）
图六五	火照和试釉器	（89）
图六六	白釉瓷盆、碗、盘和罐	（91）
图六七	白釉瓷贯耳瓶、盆、樽、净瓶、钵和器盖	（93）
图六八	黑釉瓷罐、水盂、盆、瓶和绞胎器	（94）
图六九	单彩盆、碗、盘、盏、杯和盅	（96）
图七〇	单彩罐、瓶和净瓶	（98）
图七一	单彩器	（100）
图七二	单彩器	（102）
图七三	三彩器	（104）
图七四	三彩钵、盂和水注	（107）
图七五	三彩三足炉	（109）
图七六	三彩器盖	（111）
图七七	三彩器	（113）
图七八	白釉蓝彩器	（115）
图七九	素烧碗和盆	（117）
图八〇	素烧器	（118）
图八一	素烧洗和瓶	（120）
图八二	素烧器	（122）
图八三	素烧炉和樽	（124）
图八四	素烧器盖、枕和埙	（126）
图八五	素烧俑	（127）
图八六	模具、轮盘	（129）
图八七	印模	（131）
图八八	筒形和杯形支烧	（133）
图八九	盆形支烧	（134）
图九〇	支烧具	（135）
图九一	三叉支烧	（137）
图九二	垫圈支烧	（138）
图九三	架板和垫板	（140）
图九四	窑具和板瓦	（141）
图九五	铁器	（143）
图九六	黑釉瓷盆、碗、水盂和罐	（145）
图九七	白釉瓷、茶叶末釉瓷、青釉瓷和绞胎器	（147）
图九八	单彩盆、碗和豆	（149）

图九九	单彩杯、水盂、罐和盂	（151）
图一〇〇	单彩水注、钵、盒和炉	（153）
图一〇一	单彩器盖、灯、埙和俑	（155）
图一〇二	三彩碗、盘、杯、豆和洗	（157）
图一〇三	三彩罐和瓶	（160）
图一〇四	三彩盂、水注和钵	（161）
图一〇五	三彩炉	（163）
图一〇六	三彩炉	（165）
图一〇七	三彩枕、器盖和埙	（166）
图一〇八	三彩俑	（168）
图一〇九	白釉蓝彩器	（170）
图一一〇	素烧盆和碗	（171）
图一一一	素烧器	（173）
图一一二	素烧罐、钵和水注	（175）
图一一三	素烧炉	（177）
图一一四	素烧樽、风炉、器盖和器座	（179）
图一一五	素烧埙、枕和蛋形器	（181）
图一一六	素烧人物俑	（182）
图一一七	素烧动物俑	（183）
图一一八	素烧动物俑	（185）
图一一九	轮盘和模具	（186）
图一二〇	模具	（187）
图一二一	印模和骨器	（188）
图一二二	杯形、筒形支烧	（190）
图一二三	柱形支烧	（192）
图一二四	三叉、垫圈支烧	（193）
图一二五	三叉支烧	（195）
图一二六	架板	（197）
图一二七	垫板	（199）
图一二八	匣钵盖和火照	（200）
图一二九	建筑材料和铁器	（201）
图一三〇	白釉瓷盆和碗	（203）
图一三一	白釉瓷器	（205）
图一三二	黑釉瓷碗、盆、瓶和罐	（207）
图一三三	黑釉瓷器	（209）
图一三四	茶叶末釉瓷壶、罐、灯和水注	（210）

图一三五	黄釉瓷碗和灯	（212）
图一三六	单彩盆和碗	（214）
图一三七	单彩碗	（215）
图一三八	单彩盘和盏	（217）
图一三九	单彩杯	（218）
图一四〇	单彩罐和钵	（220）
图一四一	单彩瓶	（221）
图一四二	单彩执壶、炉和水注	（223）
图一四三	单彩水盂、盒、樽和灯	（225）
图一四四	单彩器盖、埙和器座	（227）
图一四五	单彩俑	（229）
图一四六	三彩盘、碗	（231）
图一四七	三彩盘	（232）
图一四八	三彩豆、洗	（233）
图一四九	三彩罐	（235）
图一五〇	三彩盂、瓶	（237）
图一五一	三彩盒、钵和水注	（239）
图一五二	三彩执壶	（241）
图一五三	三彩炉	（243）
图一五四	三彩器盖	（245）
图一五五	三彩枕	（246）
图一五六	三彩人物俑	（248）
图一五七	三彩动物俑	（250）
图一五八	三彩动物俑	（251）
图一五九	三彩埙、车	（252）
图一六〇	绞胎枕	（254）
图一六一	绞胎枕	（256）
图一六二	素烧碗、盏、洗和杯	（257）
图一六三	素烧罐、盂、三足炉和钵	（259）
图一六四	素烧水注、器盖、瓶、盒和执壶	（261）
图一六五	素烧埙、铃铛和蛋形器	（263）
图一六六	素烧人物俑	（264）
图一六七	素烧动物俑	（266）
图一六八	素烧动物俑	（267）
图一六九	白釉蓝彩碗	（269）
图一七〇	白釉蓝彩碗	（270）

图一七一	白釉蓝彩盏		（271）
图一七二	擂钵		（273）
图一七三	擂钵		（274）
图一七四	模具		（276）
图一七五	动物模具		（277）
图一七六	模具		（279）
图一七七	印模和母范		（280）
图一七八	碾轮与石器		（282）
图一七九	杯形、碗形和盅形支烧		（283）
图一八〇	柱形支烧		（285）
图一八一	垫圈和垫饼支烧		（286）
图一八二	三叉支烧		（288）
图一八三	架板与垫板		（290）
图一八四	匣钵和匣钵盖		（291）
图一八五	建筑材料和碾轮		（293）
图一八六	第二期钱币拓片		（294）
图一八七	第三期前段钱币拓片		（295）
图一八八	第三期后段钱币拓片		（295）
图一八九	第四期钱币拓片		（296）
图一九〇	第三期纹饰		（300）

彩版目录

彩版一　专家、领导现场考察指导工作
彩版二　专家现场考察指导工作
彩版三　考古领队及部分队员在发掘现场
彩版四　黄冶窑遗址外景
彩版五　黄冶窑Ⅱ区发掘现场
彩版六　黄冶窑Ⅱ区发掘现场及Ⅲ区外景
彩版七　黄冶窑Ⅲ区中部外景及发掘现场
彩版八　黄冶窑Ⅰ区、Ⅲ区地层堆积
彩版九　黄冶窑Ⅲ区发掘现场
彩版一〇　黄冶窑Ⅱ区窑炉
彩版一一　黄冶窑Ⅱ区窑炉
彩版一二　黄冶窑Ⅱ区窑炉
彩版一三　黄冶窑Ⅱ区作坊
彩版一四　黄冶窑Ⅱ区作坊
彩版一五　黄冶窑Ⅱ区作坊
彩版一六　黄冶窑Ⅲ区作坊
彩版一七　黄冶窑Ⅲ区窑炉与窑洞
彩版一八　黄冶窑Ⅱ区C1、C2、C3
彩版一九　黄冶窑Ⅱ区G1、G2
彩版二〇　黄冶窑Ⅱ区H15、H18
彩版二一　黄冶窑Ⅱ区H16、H18出土瓷器
彩版二二　黄冶窑Ⅱ区H39与Ⅲ区H19
彩版二三　黄冶窑一期青瓷器
彩版二四　黄冶窑一期白瓷、黑瓷与陶器
彩版二五　黄冶窑二期白瓷盆、碗
彩版二六　黄冶窑二期白瓷碗
彩版二七　黄冶窑二期白瓷碗、杯、盅
彩版二八　黄冶窑二期白瓷器
彩版二九　黄冶窑二期白瓷罐、瓶、唾盂

彩版三〇	黄冶窑二期白瓷唾盂、尊、钵
彩版三一	黄冶窑二期白瓷注碗、炉、器盖
彩版三二	黄冶窑二期白瓷器盖、扑满
彩版三三	黄冶窑二期白瓷与黑瓷器
彩版三四	黄冶窑二期黑瓷盆
彩版三五	黄冶窑二期黑瓷瓶
彩版三六	黄冶窑二期黑瓷水盂、钵、炉
彩版三七	黄冶窑二期黑瓷器
彩版三八	黄冶窑二期黑瓷器、绞胎与三彩片
彩版三九	黄冶窑二期单彩、三彩钵
彩版四〇	黄冶窑二期素烧器
彩版四一	黄冶窑二期素烧器与支烧具
彩版四二	黄冶窑二期支烧具
彩版四三	黄冶窑二期支烧具
彩版四四	黄冶窑二期支烧具、火照与试釉器
彩版四五	黄冶窑三期前段白瓷碗、盆
彩版四六	黄冶窑三期前段白瓷盘、罐
彩版四七	黄冶窑三期前段白瓷瓶、樽
彩版四八	黄冶窑三期前段白瓷、绞胎与黑瓷器
彩版四九	黄冶窑三期前段黑瓷与单彩器
彩版五〇	黄冶窑三期前段单彩碗
彩版五一	黄冶窑三期前段单彩器
彩版五二	黄冶窑三期前段单彩瓶
彩版五三	黄冶窑三期前段单彩净瓶
彩版五四	黄冶窑三期前段单彩水盂、水注
彩版五五	黄冶窑三期前段单彩钵
彩版五六	黄冶窑三期前段单彩樽、器盖
彩版五七	黄冶窑三期前段单彩俑、坞
彩版五八	黄冶窑三期前段单彩与三彩器
彩版五九	黄冶窑三期前段三彩盅、豆
彩版六〇	黄冶窑三期前段三彩盂、瓶、钵
彩版六一	黄冶窑三期前段三彩洗
彩版六二	黄冶窑三期前段三彩洗
彩版六三	黄冶窑三期前段三彩洗、盂
彩版六四	黄冶窑三期前段三彩水注、枕
彩版六五	黄冶窑三期前段三彩炉

彩版目录

彩版六六　黄冶窑三期前段三彩炉
彩版六七　黄冶窑三期前段三彩器盖
彩版六八　黄冶窑三期前段三彩器盖
彩版六九　黄冶窑三期前段三彩埙、蛋形器
彩版七〇　黄冶窑三期前段三彩俑
彩版七一　黄冶窑三期前段三彩骑马俑、狗俑
彩版七二　黄冶窑三期前段三彩俑
彩版七三　黄冶窑三期前段三彩鸽、鸳鸯俑
彩版七四　黄冶窑三期前段白釉蓝彩碗、罐、水注
彩版七五　黄冶窑三期前段白釉蓝彩与素烧器
彩版七六　黄冶窑三期前段素烧盆
彩版七七　黄冶窑三期前段素烧碗
彩版七八　黄冶窑三期前段素烧杯、水盂、盅
彩版七九　黄冶窑三期前段素烧豆、洗
彩版八〇　黄冶窑三期前段素烧洗
彩版八一　黄冶窑三期前段素烧瓶、罐、炉
彩版八二　黄冶窑三期前段素烧盂、水注
彩版八三　黄冶窑三期前段素烧钵、樽
彩版八四　黄冶窑三期前段素烧炉
彩版八五　黄冶窑三期前段素烧器盖、枕
彩版八六　黄冶窑三期前段素烧枕、埙、俑
彩版八七　黄冶窑三期前段素烧俑
彩版八八　黄冶窑三期前段素烧俑与模具
彩版八九　黄冶窑三期前段模具
彩版九〇　黄冶窑三期前段模具
彩版九一　黄冶窑三期前段模具
彩版九二　黄冶窑三期前段模具与支烧具
彩版九三　黄冶窑三期前段支烧具
彩版九四　黄冶窑三期前段支烧具
彩版九五　黄冶窑三期前段支烧具
彩版九六　黄冶窑三期前段支烧具
彩版九七　黄冶窑三期前段支烧具
彩版九八　黄冶窑三期前段支烧具
彩版九九　黄冶窑三期前段支烧具与架板
彩版一〇〇　黄冶窑三期前段支烧具
彩版一〇一　黄冶窑三期前段架板与垫板

彩版一〇二　黄冶窑三期前段垫板、支垫具与匣钵盖
彩版一〇三　黄冶窑三期前段板瓦、试烧器与铁器
彩版一〇四　黄冶窑三期前段铁器
彩版一〇五　黄冶窑三期后段黑瓷盆、碗、水盂
彩版一〇六　黄冶窑三期后段白瓷器
彩版一〇七　黄冶窑三期后段瓷器与单彩器
彩版一〇八　黄冶窑三期后段单彩盆、碗
彩版一〇九　黄冶窑三期后段单彩碗
彩版一一〇　黄冶窑三期后段单彩杯
彩版一一一　黄冶窑三期后段单彩罐、盂
彩版一一二　黄冶窑三期后段单彩水注、炉、器盖
彩版一一三　黄冶窑三期后段单彩钵
彩版一一四　黄冶窑三期后段单彩器盖、灯
彩版一一五　黄冶窑三期后段单彩俑
彩版一一六　黄冶窑三期后段三彩器
彩版一一七　黄冶窑三期后段三彩洗
彩版一一八　黄冶窑三期后段三彩罐
彩版一一九　黄冶窑三期后段三彩盂、罐
彩版一二〇　黄冶窑三期后段三彩扁瓶
彩版一二一　黄冶窑三期后段三彩扁瓶
彩版一二二　黄冶窑三期后段三彩钵
彩版一二三　黄冶窑三期后段三彩水注、炉
彩版一二四　黄冶窑三期后段三彩炉
彩版一二五　黄冶窑三期后段三彩炉
彩版一二六　黄冶窑三期后段三彩炉、埙
彩版一二七　黄冶窑三期后段三彩器盖
彩版一二八　黄冶窑三期后段三彩俑
彩版一二九　黄冶窑三期后段三彩俑
彩版一三〇　黄冶窑三期后段白釉蓝彩碗、杯、盅
彩版一三一　黄冶窑三期后段白釉蓝彩与素烧器
彩版一三二　黄冶窑三期后段素烧碗、盆
彩版一三三　黄冶窑三期后段素烧杯、盘、洗
彩版一三四　黄冶窑三期后段素烧瓶
彩版一三五　黄冶窑三期后段素烧罐
彩版一三六　黄冶窑三期后段素烧钵、水注
彩版一三七　黄冶窑三期后段素烧炉

彩版一三八　黄冶窑三期后段素烧器
彩版一三九　黄冶窑三期后段素烧器盖
彩版一四〇　黄冶窑三期后段素烧器
彩版一四一　黄冶窑三期后段素烧埙
彩版一四二　黄冶窑三期后段素烧俑
彩版一四三　黄冶窑三期后段素烧俑
彩版一四四　黄冶窑三期后段素烧俑
彩版一四五　黄冶窑三期后段模具
彩版一四六　黄冶窑三期后段模具
彩版一四七　黄冶窑三期后段模具与轮盘
彩版一四八　黄冶窑三期后段模具
彩版一四九　黄冶窑三期后段模具与骨器
彩版一五〇　黄冶窑三期后段模具
彩版一五一　黄冶窑三期后段支烧具
彩版一五二　黄冶窑三期后段支烧具
彩版一五三　黄冶窑三期后段支烧具
彩版一五四　黄冶窑三期后段支烧具
彩版一五五　黄冶窑三期后段支烧具
彩版一五六　黄冶窑三期后段支烧具
彩版一五七　黄冶窑三期后段支垫具
彩版一五八　黄冶窑三期后段架板
彩版一五九　黄冶窑三期后段架板
彩版一六〇　黄冶窑三期后段垫板
彩版一六一　黄冶窑三期后段垫板
彩版一六二　黄冶窑三期后段火照与匣钵盖
彩版一六三　黄冶窑三期后段铁器与砖、瓦
彩版一六四　黄冶窑四期白瓷盆
彩版一六五　黄冶窑四期白瓷碗
彩版一六六　黄冶窑四期白瓷器
彩版一六七　黄冶窑四期白瓷器
彩版一六八　黄冶窑四期白瓷器盖
彩版一六九　黄冶窑四期黑瓷碗
彩版一七〇　黄冶窑四期黑瓷罐、瓶、执壶
彩版一七一　黄冶窑四期黑瓷器
彩版一七二　黄冶窑四期黑瓷灯、注盆
彩版一七三　黄冶窑四期茶叶末釉瓷器

彩版一七四　黄冶窑四期黄釉瓷碗
彩版一七五　黄冶窑四期单彩盆、碗
彩版一七六　黄冶窑四期单彩碗
彩版一七七　黄冶窑四期单彩碗
彩版一七八　黄冶窑四期单彩盘
彩版一七九　黄冶窑四期单彩盏
彩版一八〇　黄冶窑四期单彩杯
彩版一八一　黄冶窑四期单彩罐
彩版一八二　黄冶窑四期单彩罐、瓶
彩版一八三　黄冶窑四期单彩钵、瓶
彩版一八四　黄冶窑四期单彩执壶
彩版一八五　黄冶窑四期单彩水注、樽
彩版一八六　黄冶窑四期单彩炉、盒、水盂
彩版一八七　黄冶窑四期单彩灯、器盖
彩版一八八　黄冶窑四期单彩器盖
彩版一八九　黄冶窑四期单彩器
彩版一九〇　黄冶窑四期单彩俑
彩版一九一　黄冶窑四期单彩俑
彩版一九二　黄冶窑四期三彩碗
彩版一九三　黄冶窑四期三彩碗、盘
彩版一九四　黄冶窑四期三彩盘
彩版一九五　黄冶窑四期三彩豆
彩版一九六　黄冶窑四期三彩豆、盒
彩版一九七　黄冶窑四期三彩罐
彩版一九八　黄冶窑四期三彩盂、洗
彩版一九九　黄冶窑四期三彩瓶
彩版二〇〇　黄冶窑四期三彩罐
彩版二〇一　黄冶窑四期三彩钵
彩版二〇二　黄冶窑四期三彩水注
彩版二〇三　黄冶窑四期三彩执壶
彩版二〇四　黄冶窑四期三彩执壶
彩版二〇五　黄冶窑四期三彩炉
彩版二〇六　黄冶窑四期三彩器盖
彩版二〇七　黄冶窑四期三彩器盖
彩版二〇八　黄冶窑四期三彩枕
彩版二〇九　黄冶窑四期三彩俑

彩版二一〇　黄冶窑四期三彩俑
彩版二一一　黄冶窑四期三彩俑
彩版二一二　黄冶窑四期三彩俑
彩版二一三　黄冶窑四期三彩俑
彩版二一四　黄冶窑四期三彩俑
彩版二一五　黄冶窑四期三彩器
彩版二一六　黄冶窑四期三彩马
彩版二一七　黄冶窑四期三彩车棚与绞胎枕
彩版二一八　黄冶窑四期绞胎枕
彩版二一九　黄冶窑四期绞胎枕与素烧碗
彩版二二〇　黄冶窑四期素烧碗、盏、杯
彩版二二一　黄冶窑四期素烧器
彩版二二二　黄冶窑四期素烧器
彩版二二三　黄冶窑四期素烧水注、执壶
彩版二二四　黄冶窑四期素烧盒、瓶、器盖
彩版二二五　黄冶窑四期素烧器
彩版二二六　黄冶窑四期素烧俑
彩版二二七　黄冶窑四期素烧俑
彩版二二八　黄冶窑四期素烧俑
彩版二二九　黄冶窑四期素烧俑与白釉蓝彩碗
彩版二三〇　黄冶窑四期白釉蓝彩碗
彩版二三一　黄冶窑四期白釉蓝彩碗
彩版二三二　黄冶窑四期白釉蓝彩器、青花瓷与擂钵
彩版二三三　黄冶窑四期擂钵
彩版二三四　黄冶窑四期擂钵
彩版二三五　黄冶窑四期擂钵
彩版二三六　黄冶窑四期模具
彩版二三七　黄冶窑四期模具
彩版二三八　黄冶窑四期模具
彩版二三九　黄冶窑四期模具
彩版二四〇　黄冶窑四期模具
彩版二四一　黄冶窑四期模具、母范、碾轮
彩版二四二　黄冶窑四期石器
彩版二四三　黄冶窑四期石器与支烧具
彩版二四四　黄冶窑四期支烧具
彩版二四五　黄冶窑四期支烧具

彩版二四六　黄冶窑四期支烧具
彩版二四七　黄冶窑四期支烧具
彩版二四八　黄冶窑四期支烧具
彩版二四九　黄冶窑四期支烧具
彩版二五〇　黄冶窑四期支烧具与架板
彩版二五一　黄冶窑四期架板
彩版二五二　黄冶窑四期匣钵与匣钵盖
彩版二五三　黄冶窑四期板瓦、瓦当与石碾轮
彩版二五四　黄冶窑第二期烧造工艺
彩版二五五　黄冶窑第三期烧造工艺
彩版二五六　黄冶窑烧造工艺
彩版二五七　黄冶窑烧造工艺
彩版二五八　黄冶窑烧造工艺
彩版二五九　黄冶窑装饰工艺
彩版二六〇　黄冶窑装饰工艺
彩版二六一　黄冶窑装饰工艺
彩版二六二　白河窑青花瓷与白瓷片
彩版二六三　黄冶窑白瓷器
彩版二六四　黄冶窑三彩器与洛阳关林出土三彩器
彩版二六五　黄冶窑白釉蓝彩器
彩版二六六　黄冶窑白釉蓝彩器
彩版二六七　黄冶窑白釉蓝彩器
彩版二六八　沧州与黄冶窑出土白釉蓝彩碗
彩版二六九　黄冶窑白釉蓝彩器与青花瓷片
彩版二七〇　黄冶窑蓝彩器与扬州出土的青花瓷片
彩版二七一　黄冶窑出土瓷器的无损分析
彩版二七二　黄冶窑出土瓷器的无损分析
彩版二七三　黄冶窑出土瓷器、釉陶的无损分析
彩版二七四　黄冶窑出土瓷器、釉陶的无损分析
彩版二七五　黄冶窑出土釉陶器的无损分析
彩版二七六　黄冶窑一至四期样品反射光谱
彩版二七七　与日本奈良文化财研究所合作交流
彩版二七八　与日本奈良文化财研究所合作交流
彩版二七九　与日本奈良文化财研究所合作交流
彩版二八〇　与日本奈良文化财研究所合作交流

第一章　地理环境与发现概况

巩义市原名巩县，1991年撤县建市始改称今名。巩义窑址为2006年6月国务院公布的全国重点文物保护单位，主要包括站街镇的黄冶唐三彩窑址和北山口镇的白河瓷窑址。河南省文物考古研究院与中国文化遗产研究院合作，于2002～2007年相继发掘了黄冶窑和白河窑址，取得了中国陶瓷考古的重要发现。

2002～2004年对巩义市黄冶窑址进行了四次考古发掘，计发掘面积近2000平方米，清理出唐代窑炉10座和作坊5处，出土一大批完整和可复原唐三彩、素烧器、瓷器和窑具，入选国家文物局主持编写的《2002中国重要考古发现》[1]一书。2005～2007年，我们又发掘了巩义白河窑址，发掘面积2400余平方米，发现窑炉6座、灰坑90余个，以及沟、灶等遗迹。不仅发现了唐代和早期窑炉，而且出土了一批早于唐代的青瓷和白瓷，再次入选国家文物局主持编写的《2007中国重要考古发现》[2]一书。这批早期青瓷和白瓷，与洛阳汉魏故城出土的北魏瓷器完全相同，是目前所知我国最早生产的白瓷。同时，在巩义黄冶窑和白河窑唐代地层中不仅出土有唐三彩，还发现了精美的白瓷和青花瓷，确定了洛阳唐三彩和唐青花的产地[3]。本报告是巩义市黄冶窑址考古发掘的全部成果，巩义市白河窑址考古报告正在进行资料整理，将在以后另行刊出。

第一节　地理环境与历史沿革

一、地理环境

巩义市位于河南省中部，南依嵩岳，北濒黄河。这里东距郑州市82千米，西距洛阳市76千米，总面积1041平方千米，属典型的豫西浅山丘陵区（图一）。巩义市地处季风暖温带，地势东南高西北低。东南部为高山区，中部为浅山丘峻，北部为邙陵。伊洛河自偃师市入境，

---

[1] 郭木森、赵志文：《河南巩义黄冶唐三彩窑址》，《2002中国重要考古发现》，文物出版社，2003年。
[2] 赵志文、刘兰华：《河南巩义白河唐三彩窑址》，《2007中国重要考古发现》，文物出版社，2008年。
[3] 河南省文物考古研究所、中国文物研究所：《黄冶窑考古新发现》，大象出版社，2005年；河南省文物考古研究所、中国文物研究所：《河南巩义市黄冶窑址发掘简报》，《华夏考古》2007年第4期；河南省文物考古研究所、中国文物研究所：《巩义白河窑考古新发现》，大象出版社，2009年；河南省文物考古研究所、中国文化遗产研究院：《河南巩义市白河窑址发掘简报》，《华夏考古》2011年第1期。

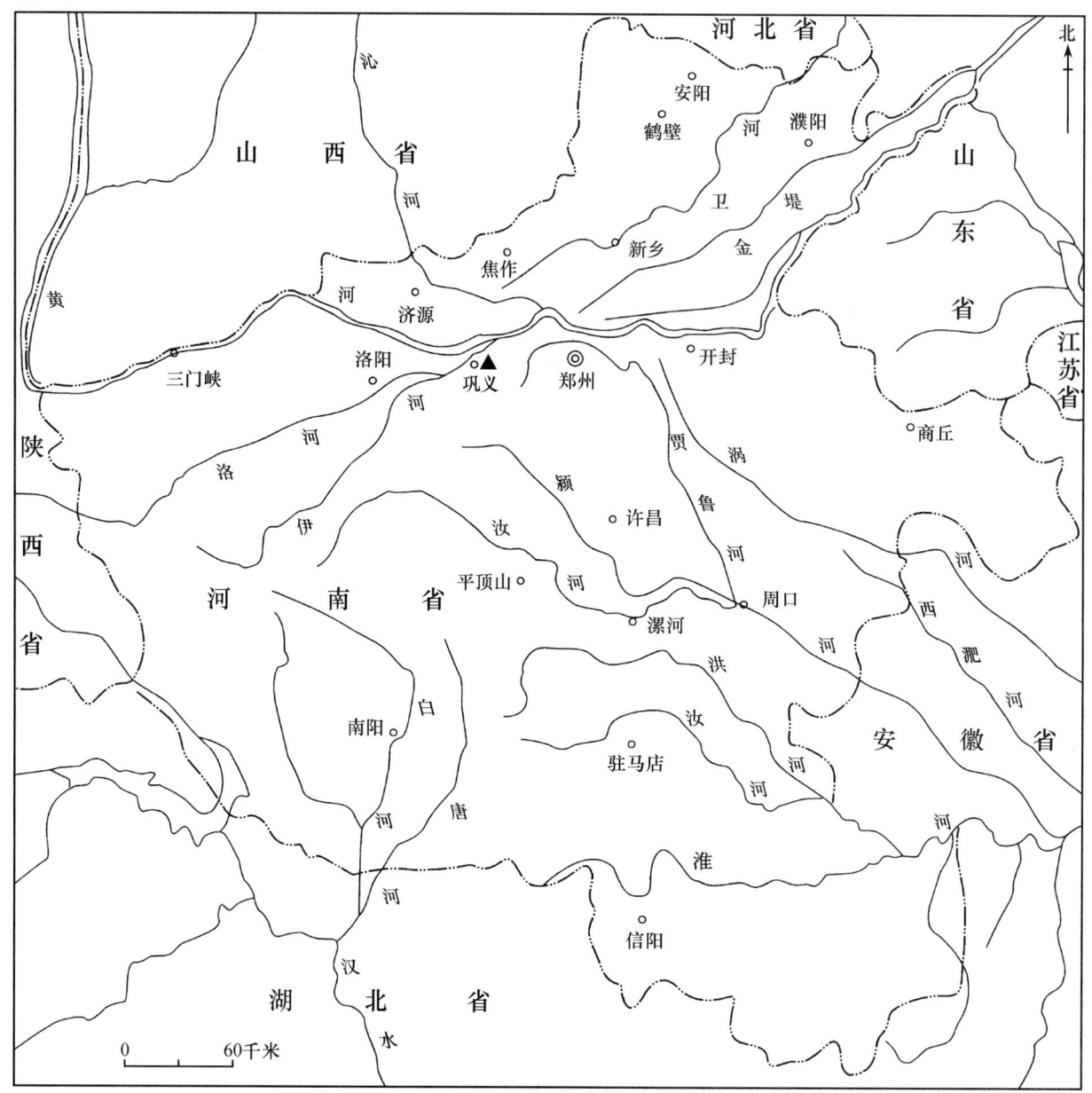

图一 河南省巩义市地理位置图

向东北流入黄河,形成东北-西南向的冲积平原。陇海铁路、郑(州)西(安)高铁、310国道和连霍高速公路横贯东西,豫31线、焦(作)桐(柏)高速公路纵贯南北。

巩义市矿产资源丰富,工业经济发达。已探明储量的矿产资源28种,主要矿产有煤、铝矾土、耐火黏土、高岭土、硫铁矿、石灰岩等。其中分布广、储量大、品位高、易开采的有21种。巩义市常年降水量偏少,且分布不均,降水主要集中在夏季汛期。地下水量分布不均,富水区分布在沿黄河、伊洛河两岸,西部、东部、南部山区,北部邙岭等区域为贫水区[1]。

---

[1] 百度"巩义市"条。

二、历史沿革

在西周、春秋时，巩为巩伯国。周显王二年（公元前367年），西周惠公奉其少子班于巩，奉王号"东周"。秦庄襄王元年（公元前249年），秦灭东周，始置巩县。巩县以"山河四塞、巩固不拔"而得名，历代因之。秦属三川郡，西汉属河南郡，东汉属河南尹。三国魏、西晋属河南尹，东晋属河南郡。东魏属荥阳郡，北魏属成皋郡。北齐废入成皋县。隋开皇十六年（596年）复置巩县，属河南郡。唐初属洛州，开元初年（713年）属河南府。五代、北宋、金、元均属河南府。明、清、民国初因之[①]。

1913年属豫西道（次年豫西道改称河洛道）。1927年直属河南省，1928年县治移至今站街镇老城村一带。新中国成立后，巩县隶属郑州专署，1955年1月改属开封专署，1983年8月复属郑州市[②]。1991年经国务院批准撤销巩县，设立巩义市（县级市），即取巩县孝义之意。2011年确立为河南省直管试点县市，2013年成为省直管市。

巩义市历史悠久、文化灿烂、资源丰富、人杰地灵。早在30万年前，人类就在这里繁衍生息。境内有新石器时代裴李岗文化遗址、仰韶文化遗址和河南龙山文化遗址70多处。进入历史时期，因地扼古都洛阳，故史有"东都锁钥"之称。巩义为历史古邑，是古代名人活动和墓葬的宝地。拥有北魏石窟、杜甫故里、北宋皇陵、康百万庄园等国家级、省级、市级文物保护单位100多处[③]。

巩义窑址为全国重点文物保护单位，实际上是对河南省巩义市东约5千米的白河两岸一系列陶瓷窑址的统称。这一带沿白河两岸分布的水地河村、白河村、铁匠炉村、大黄冶村、小黄冶村都发现了陶瓷窑址，其中最早被发现的是位于白河下游大黄冶村、小黄冶村的唐三彩窑址。2001年，黄冶唐三彩窑址被国务院公布为第五批全国重点文物保护单位。五年以后的2006年，国务院再度将白河两岸分布的其他窑址一并公布为全国重点文物保护单位，与黄冶唐三彩窑址合并，更名为巩义窑址。

第二节 窑址调查与发现

黄冶窑址位于巩义市市区以东5千米的大黄冶村、小黄冶村，这里地处浅山丘陵区，伊洛河的支流黄冶河由南向北穿过。黄冶河两岸地势高低起伏，地表黄土深厚，地面草木繁荣，地下蕴藏有高岭土和煤层，为古代陶瓷生产提供了丰富的原料和燃料。小黄冶村向北3千米即为伊洛河与黄河的交汇处，古代为洛口驿，向西溯伊洛河可达洛阳，向东沿黄河水路可抵郑州、开封，水路交通十分便利。

---

① 刘莲青、张仲友：《民国巩县志》卷二，经川图书馆，1937年。
② 巩县志编纂委员会：《巩县志》卷三，中州古籍出版社，1991年。
③ 同上。

黄冶窑址发现于1957年，是我国发现最早的一处唐三彩窑址（图二）。北京故宫博物院冯先铭、李辉柄、郭仁首次对巩县窑进行了实地考察，先后调查了小黄冶村、铁匠炉村和白河村三处窑址[①]。在黄冶窑址采集到了三彩双系罐、三彩三足炉、三彩弦纹洗，单彩的碗、洗、壶，以及绞釉枕、三叉形支烧等，第一次将黄冶窑唐三彩的资料公布于世。在铁匠炉窑址曾采集有10余片隋代的青釉高足盘和碗残片，表明巩县窑早在隋代已开始烧制青釉瓷器，其下限最晚也在北宋初期。此后，河南省文物考古工作者先后对窑址进行了多次调查和试掘。

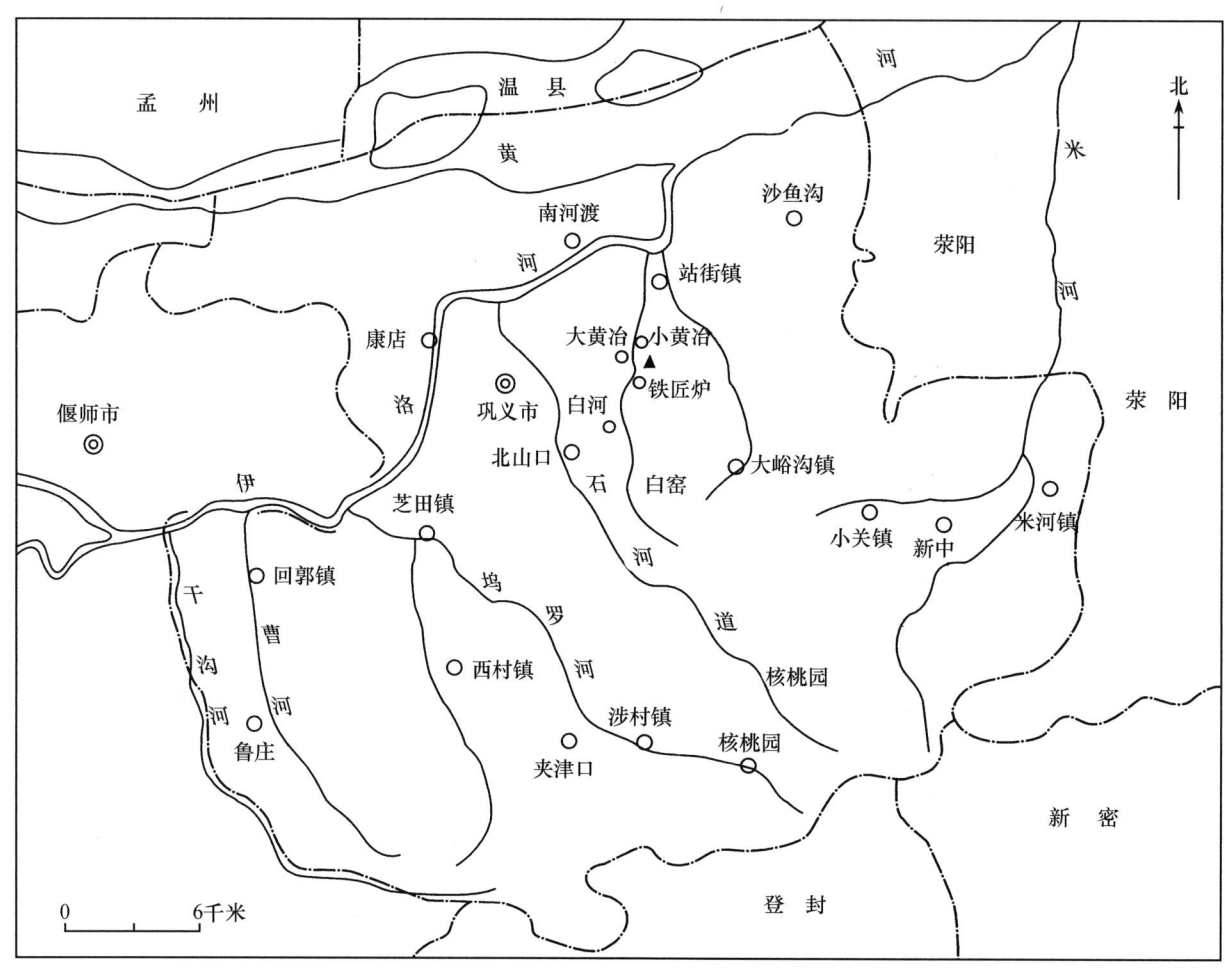

图二　巩义黄冶窑址位置示意图

1972~1973年，河南省文物工作队刘建洲曾三次调查了大、小黄冶窑址，收集到不少唐代白瓷、唐三彩器物和20多件制作三彩器物的范模，扩大了对于黄冶窑烧造规模和生产品种的认识[②]。这批陶范可以翻制成马、象、狗、骆驼、麻雀、燕子、海石榴、茶花、榕花等小型器物或器物附件，题材丰富，形式多样，反映出当时的陶塑工艺水平。

1976年，河南省文物工作队对黄冶窑址进行了首次试掘，试掘地点选在黄冶河东岸的电灌

---

① 冯先铭：《河南巩县古窑址调查纪要》，《文物》1959年第3期。
② 刘建洲：《巩县唐三彩窑址调查》，《中原文物》1981年第3期。

站台地上。虽然揭露面积仅有25平方米，但揭露出三层互相叠压的文化堆积。第一层为宋代文化层，厚度为1.8米，出土有宋真宗时期的"咸平元宝"铜钱。第二层是唐三彩的堆积层，厚度为0.5米左右，出土有三足炉、碗、盆、壶、罐、盂、杯、奁、水注等三彩器物和大量素烧制品，以及平托、垫饼、三叉支烧等窑具和1枚"开元通宝"铜钱。第三层厚0.2～0.6米，以白釉、黑釉和淡青釉为主，有瓷盆、罐、瓶、盘等器物，胎体厚重，不施装饰。发掘者推测第二层的年代属于盛唐时期，第三层可能早到隋末唐初[①]。

1976～1983年，巩县文管会傅永魁先后重点调查了大、小黄冶窑址所在的几处台地，不仅发现了烧制唐三彩的窑炉，出土了大量的唐三彩制品，而且对于窑址的分区和各区之间产品分工有了深入了解[②]。在黄冶河西岸原猪场北侧的废弃窑洞前壁上，先后发现五座残毁的窑炉，其中1座窑室为长方形，有双孔方形烟囱，皆为耐火砖砌筑。在这里采集到三彩炉、盂和大量素烧器，以及各种模具、绿釉滴水、三叉支烧等。在猪场南边的后湾台地上，也发现1座窑炉，该窑炉西侧发现了一个小窑洞，窑洞内出土数百个素烧小碗；同时附近还出土了不少小型三彩俑、马、骆驼等，推测这里是专门烧制生活器皿和三彩玩具的作坊。在黄冶河东岸、与后湾相对的电灌站台地上，也发现窑炉残基2座，并出土了三彩茶具、酒具、枕、盘和大型骆驼头范模，以及宝相花贴花、鸟、狮、佛像等模具，可知这里是以生活器皿为主，同时也生产大型俑类器物。

1984年，郑州市文物工作队与巩义市文管所再次对大、小黄冶村的唐三彩窑址作了考古调查，沿小黄冶村西部正在修建的公路上，发现一处面积约70平方米的三彩器残片堆积。此次调查收获颇丰，计采集到300余件三彩器残片和70余件支烧具，主要器物有盘、盆、罐、壶、碗、豆、碟、盏、炉、杯、水注、器盖、玩具和窑具等[③]。1987年前后，巩义市公安部门在打击盗挖黄冶窑址的犯罪团伙时，收缴到数百件完整或可复原的唐三彩制品，进一步补充和丰富了黄冶窑址的实物资料。

2000年，巩义市文物保护管理所汇集上述考古调查资料，正式出版《黄冶唐三彩窑》[④]一书。全书分概况、窑炉与窑具、模具、三彩制品的种类、三彩器皿与俑类的造型、三彩器皿的器表装饰艺术、釉彩、黄冶窑唐三彩制品产生与发展的历史背景与社会因素、黄冶窑唐三彩制品的外销、绞胎制品共十章，详细介绍了已收集到的唐三彩制品、绞胎制品、窑具和模具，并对相关问题进行了一些探讨。

2002年，河南省文物考古研究所等单位合作出版《巩义黄冶唐三彩》图录，将河南博物院、河南省文物考古研究所、郑州市文物考古研究所和巩义市博物馆四家单位收藏的黄冶窑比较完整器物汇集成书[⑤]。其中，既有素烧器、绞胎器和单彩、唐三彩器物，也有素烧的大件骆

---

① 郭建邦、刘建洲：《巩县黄冶唐三彩窑址的试掘》，《河南文博通讯》1977年第1期。
② 傅永魁：《河南巩县大、小黄冶村唐三彩窑址的调查简报》，《考古与文物》1984年第1期。
③ 巩义市文管所：《巩义市大小黄冶唐代三彩器窑址调查》，《中原文物》1992年第4期。
④ 河南省巩义市文物保护管理所：《黄冶唐三彩窑》，科学出版社，2000年。
⑤ 河南省文物考古研究所等：《巩义黄冶唐三彩》，大象出版社，2002年。

驼、马俑类和人物俑外模，表明黄冶窑不仅生产日常生活用器，也烧制供贵族死后随葬的俑类冥器。

上述考古调查与试掘成果，主要报道了巩义市大小黄冶窑址的唐三彩制品、窑具和模具等相关资料。实际上，黄冶窑址不仅烧制唐三彩，而且也生产白釉、黑釉和青釉瓷器，只是当时局限于调查资料，黄冶窑又以烧制唐三彩为主，黄冶窑瓷器则被以往调查者忽略了。

第三节　2002至2004年的考古发掘及以后的相关工作

为了配合巩义市交通部门在修建焦巩（焦作—巩义）黄河大桥至310国道连接线工程，经报请国家文物局同意，2002年秋，由河南省文物考古研究院（原河南省文物考古研究所）主持，郑州市文物考古研究院（原郑州市文物考古研究所）和巩义市文物保护管理所参加，对公路沿线进行了考古发掘。同时，我们对公路沿线以外已暴露的一处作坊和窑炉进行了抢救性清理，获得了重要发现。为了对黄冶窑产品的造型、装饰手法和烧造技术有一个更全面的认识，进一步推动黄冶窑研究的深入开展。2003~2004年，河南省文物考古研究院与中国文化遗产研究院合作，巩义市文物保护管理所配合对黄冶窑址再次进行了大面积的考古发掘。先后四次发掘，累计历时13个月，共开挖探方、探沟42个，总面积近2000平方米。发掘中发现并清理了不同时期的窑炉遗迹10座，作坊及窑洞5处，水井2眼，淘洗池、沉淀池及陈腐池各1个，灰沟12条，灰坑162个，其中的多数遗迹保存较好。发掘的地层基本覆盖了黄冶窑从创烧到停烧的各个阶段，出土完整或可复原的瓷器和三彩、两彩、单彩陶制品、素烧器、作坊具和各种窑具5000余件，陶瓷制品和素烧器80余万片。出土遗物中既有大批早已被人们认识的黄冶窑典型产品—唐三彩，还出土了一些不为人们确定的产品，如数量较多的唐代早期白瓷、黑瓷，中唐以后的白釉绿彩、白釉蓝彩和晚唐时期青花瓷等。同时，还出土了一大批不同时期成组、成系列的窑具和制作器物的范模，为研究黄冶窑的陶瓷烧制工艺及发展演变等提供了系统的实物资料，扩大并丰富了我们对黄冶窑的传统认识。

2005年秋至2007年春，我们对黄冶窑考古发掘资料进行了初步的整理和分期，研究成果分别以图录和简报形式发表[1][2]。在巩义黄冶窑考古发掘和资料整理期间，有关领导和专家学者曾至现场考察指导工作（彩版一、二）。

本报告所用的代号，以国家文物局《田野考古工作规程》为准则，遗迹主要用汉语拼音的第一个字的大写声母代表。如探方用T，灰坑用H，窑炉用Y，灶用Z等。由于黄冶窑址地处丘陵地区，黄土深厚，作坊有窑洞式，也有地面建筑形制，窑工居住场所则以窑洞为主。因此，我们遵循考古惯例，作坊无论是窑洞式还是地面建筑形制都用ZF代表，窑工居住场所用YD，

---

[1] 河南省文物考古研究所、中国文物研究所、日本奈良文化财研究所：《黄冶窑考古新发现》，大象出版社，2005年。

[2] 河南省文物考古研究所、中国文物研究所：《河南巩义市黄冶窑址发掘简报》，《华夏考古》2007年第4期。

陶洗池用C，沉淀池用C，陈腐池用C，以示与其他遗迹区别。

本次发掘是从配合公路工程建设开始的，最初探方是以区段编号。后来我们以黄冶窑址为中心主动发掘时，我们将该窑址划分为三个区，以区为单位分别统一编号。在第三区探方出现的重号包括遗迹和遗物前面皆添加2002，以示区别。

2008年夏，黄冶窑考古发掘报告的整理工作正式启动，到2009年底资料整理、分期、分型的基础工作完成。2010年，由于工作调整，报告的整理工作暂停。2014年5月，开始报告的编写工作，到2015年2月全部完成。

巩义黄冶窑的考古发掘工作，由河南省文物考古研究院孙新民和中国文化遗产研究院刘兰华共同担任领队（彩版三，1）。河南省文物考古研究院郭木森任执行领队参加了全程的发掘和整理工作，赵志文任执行领队参加了前期的田野发掘工作。郑州市文物考古研究院郝红星和巩义市文物保护管理所刘洪淼、赵海星、王振杰、董文利、李靖宇等，先后参加了田野考古发掘工作。参加全程和部分发掘工作的还有薄毛旦、赵军领、田建峰、张金选、沈亮、王团结、刘二强、赵书阁、赵红党、牛长鹏、樊庆平等（彩版三，2）。

从2000年至2014年，河南省文物考古研究院与日本独立行政法人国立文化财机构奈良文化财研究所先后三次签署合作协议，进行了长达15年的共同合作研究。奈良文化财研究所町田章、田边征夫、松村惠司三任所长和巽淳一郎、川越俊一、玉田芳英、西口寿生、神野惠、森川实、丹羽崇史、小田裕树、若杉智宏等，先后参与了巩义窑唐三彩项目的合作研究工作。

第二章 探方分布与地层堆积

第一节 探方分布

 黄冶窑址的发掘工作先后经历了两个阶段。第一阶段：2002年夏秋，配合公路建设工程的抢救性考古发掘。第二阶段：2003～2004年的主动考古发掘。历时三年先后四次发掘，除部分探方未打隔梁外，实际发掘面积1570平方米。由于黄冶窑址分布地形复杂，我们将其划分为三个区（图三）。Ⅰ区：位于小黄冶西罗新区自然村以及东区域（彩版四，1）；Ⅱ区：位于黄冶河东岸，大黄冶塔沟自然村以及西二、三阶台地上（彩版四，2；彩版五，1、2；彩版六，1）；Ⅲ区：位于黄冶河西岸，大黄冶村以北、小黄冶瓦窑沟自然村部分以及东南二阶台地上（彩版六，2；彩版七）。2002年夏秋配合工程的考古发掘分两个部分，一部分是在公路沿线第一烧造区布5米×5米探方6个；第二烧造区布3米×10米探沟1条；第三烧造区黄冶河改道位置布5米×5米探方5个，布4.2米×4.2米探方1个。2003年，以主动考古发掘为主，先后在第二烧造区布5米×5米探方13个，5米×10米探方2个，5米×7米、5米×8米、6米×12米探方各1个。第三烧造区布10米×10米探方5个。由于工作上的临时调整，2004年上半年暂停发掘。2004年下半年，为迎接2005年在郑州举行的"巩义黄冶窑、汝州张公巷窑考古新发现学术研讨会"，我们又在第二烧造区和第三烧造区分别布6米×6米探方2个、8米×10米探方4个（详见附表一）。

第二节 地层堆积

 这次发掘面积大、范围广，基本上覆盖了黄冶窑址堆积较丰富的所有区域。发掘结果表明，黄冶窑址的地层堆积较厚，除被现代人为破坏外，多数探方深在3米以上，绝大多数文化地层堆积平整有序，文化内涵基本一致（彩版八）。由于区与区之间相距较远，不同时期文化层的厚薄以及内涵的丰富程度有所差异。因此，我们以区为单位选择地层堆积较丰富的探方分别介绍，以期较全面地概括不同区域、不同时期的地层堆积内涵（详见附表二）。

一、Ⅰ区地层堆积

 位于小黄冶西罗新区自然村及以东区域。2002年，为配合焦巩（焦作—巩义）黄河大

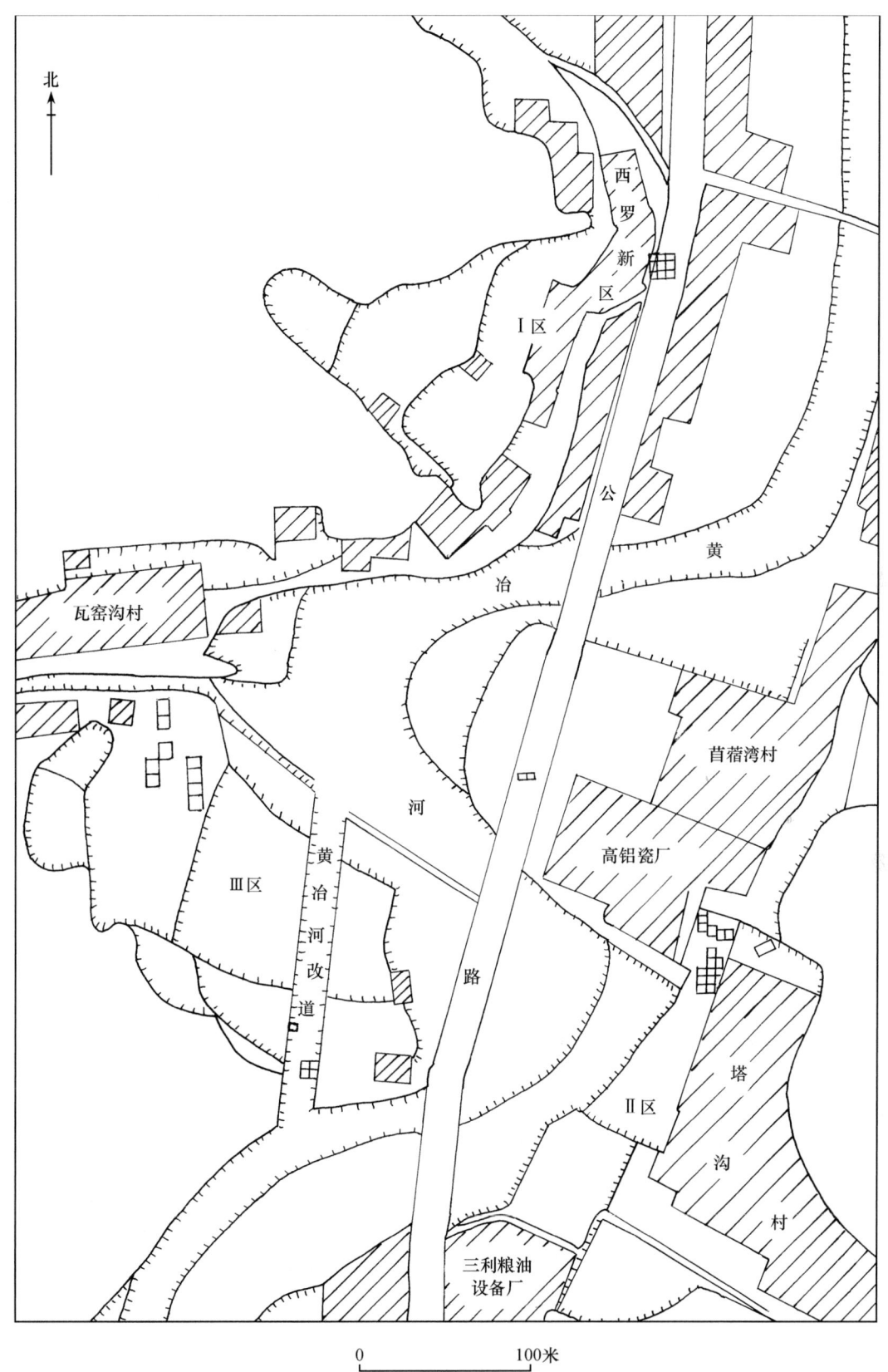

图三　黄冶窑Ⅰ、Ⅱ、Ⅲ区分布图

桥至310国道连接线工程，布5米×5米探方9个，实际发掘探方6个，分别编号为T1、T2、T4、T5、T6和T7（图四）。由于布方区域上部地层被早年修建站街至白河公路破坏，仅存T1和T4西面部分在断崖以上，因此，我们只能以保存较好的T1、T4西壁剖面为例介绍（图五）。

第1层：厚0.50米左右，主要分布在探方西南部。土质较硬，土色灰杂。出土遗物以唐代晚期素烧器为主，三彩、酱黄釉陶制品和白釉瓷次之。器形有碗、钵、罐、三足炉、埙等。除此之外，还出土有少量近现代砖、瓦和瓷器残片等。

第2层：中北部被现代坑和H3打破，厚0.40～0.80米，距地表0.85～1.30米。土质疏松，土色浅灰。出土遗物与第1层大同小异，不同的是出土有少量宋元时期白地黑花瓷器残片，不见

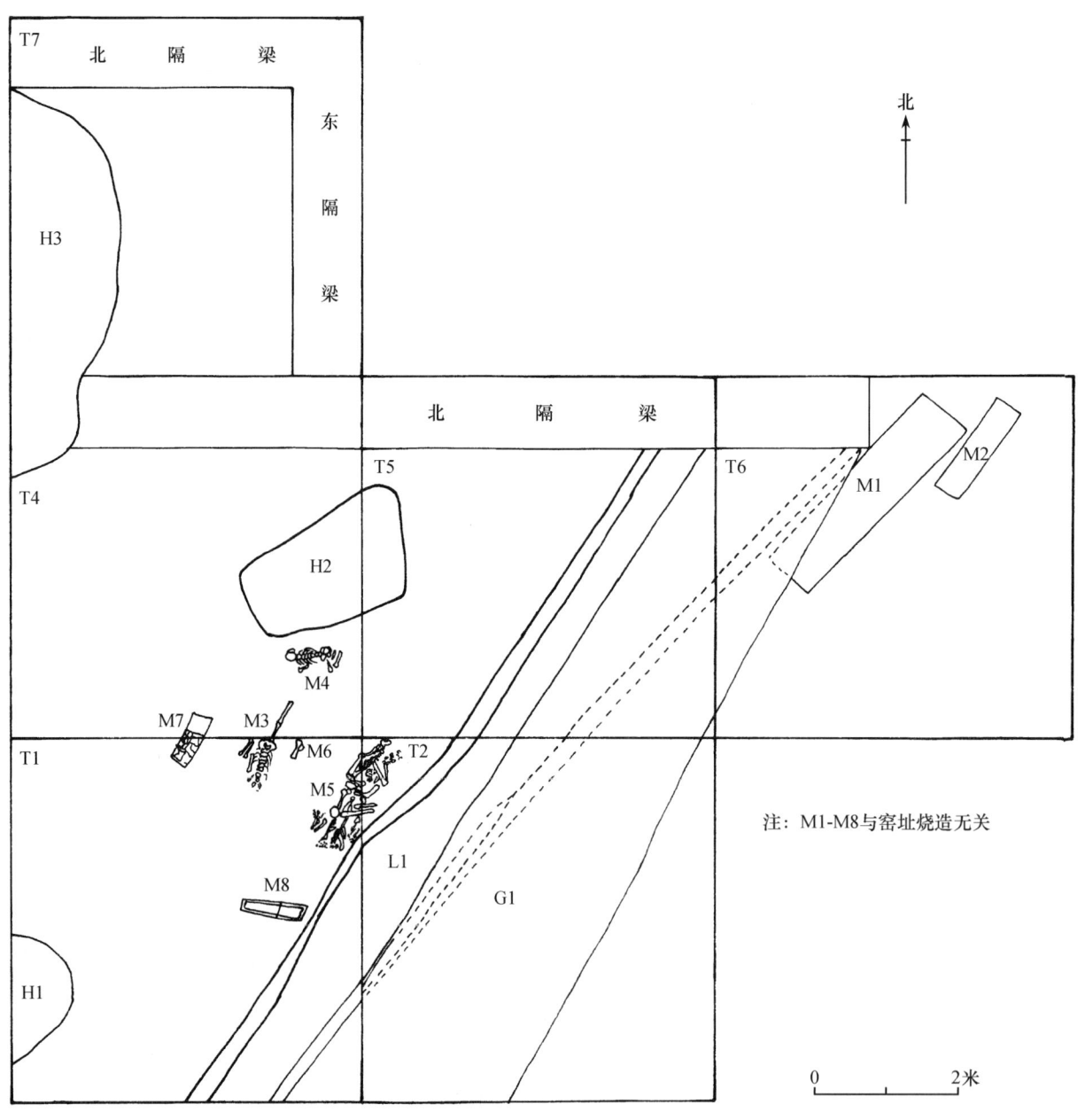

图四　黄冶窑址Ⅰ区探方主要遗迹分布图

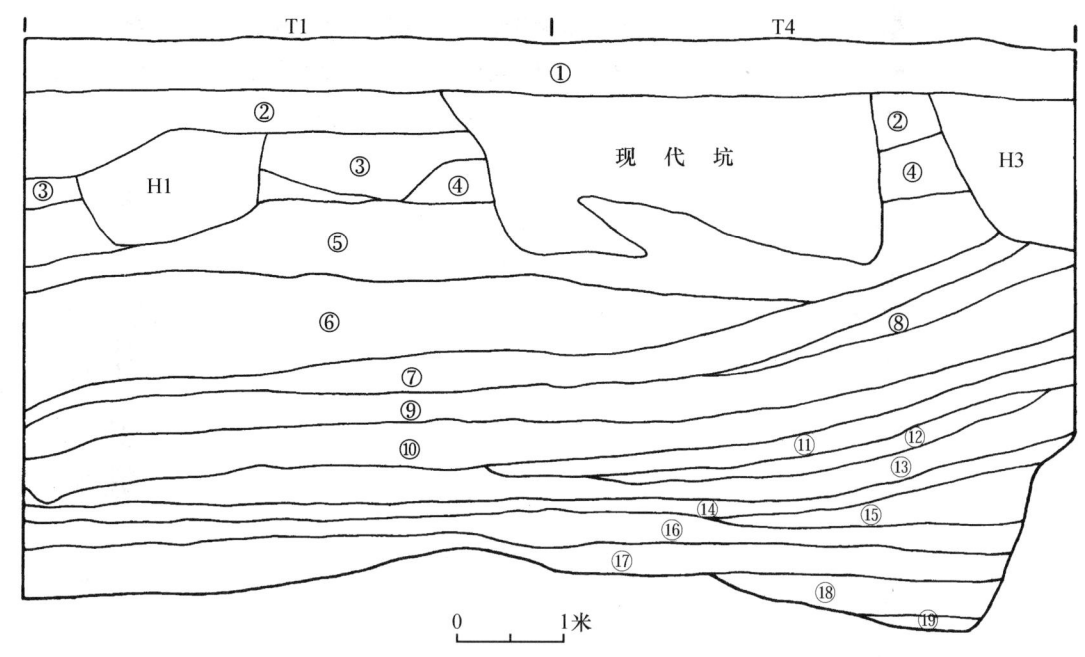

图五 黄冶窑址Ⅰ区T1、T4西壁剖面图

近现代任何遗物。

第3层：见于西壁南部，分别被现代坑和H1打破分为两段。厚0.25～0.40米，距地表1.15～1.65米。土质较疏松，土色灰。内含较多烧土颗粒和草木灰。出土遗物不多，以素烧器为主，占总出土遗物63%，成品器以三彩为主，黄釉、酱黄釉和白釉、黑釉瓷极少。器形有碗、豆、水注、五足炉、双系敛口钵、灯、埙等。

第4层：被现代坑、H1和第3层破坏分为四段。厚0～0.55米，距地表1.45～2.15米。土质较硬，土色红褐。出土遗物较多，素烧器占43%，成品器以三彩、黄釉、绿釉和黑釉瓷为主，黑釉的皆为灯类器，酱黄釉和白釉瓷极少。器形有碗、豆、钵、罐、水注、器盖、擂钵、灯等，其中的三彩罐、黄釉唇口碗和模制三叉支烧都与Ⅱ区T35唐代晚期器物完全一致。

第5层：厚0.25～0.80米，距地表1.80～2.45米。土质松散，土色浅灰，内含较多草木灰、炭粒和红烧土颗粒。本地层出土遗物丰富，素烧器占出土遗物81%左右；三彩占成品器的60%，绿釉占10%，白釉占6%。酱黄釉、黄釉各占4%，白釉蓝彩、酱釉各占2%，黑釉瓷占7%，白釉瓷占5%。器形以双系敛口钵、水注、三足炉为主，分别占59%、14%和8%，盆、碗、豆、杯、盅、罐、瓶、樽、洗、净瓶、三足盘、五足炉、三彩枕、唾盂、器盖、灯等，共计占19%，同出的还有较多猴头埙、动物俑及小型玩具类。柱形支烧、拱形三叉支烧、垫板等窑具占总出土遗物的22%，拱形双面三叉支烧是这一时期的主要烧造工艺之一，模制三叉支烧在这一阶段开始出现。

第6层：厚0～1.10米，距地表2.45～3.50米。土质松散，土色浅黄，内含少量草木灰和红烧土颗粒。出土遗物较少，同样是以素烧器为主，占出土器物的70%以上，成品器有三彩、绿釉、酱釉、白釉绿彩、蓝釉陶制品和白釉、黑釉瓷等占不足30%。器形同第5层基本一致。窑具相对较少，占总出土遗物10%左右。

第7层：厚0.10~0.40米，距地表1.85~3.65米。土质松散，土色浅灰，内含少量炭粒。出土遗物较多，素烧器占总出土器遗物74%，成品器以三彩为主，其次是酱黄釉，绿釉、黄釉、白釉绿彩、白釉蓝彩等陶制品极少；白釉、黑釉瓷不多，分别占3%和2%。器形有碗、盘、豆、杯、盅、盂、双系敛口钵、洗、水注、瓶、净瓶、三足炉、五足炉、器盖、灯等，猴头埙、动物俑及小型玩具不多。三叉支烧、拱形三叉支烧、柱形支烧、垫饼、垫板等窑具占总出土遗物15%以上。

第8层：主要分布在T4北半部，厚0~0.30米，距地表2.00~3.15米。土质松散，土色浅黄，内含少量炭粒。出土遗物较少，素烧器占总出土遗物的70%左右，成品器的釉色和器形与第7层相比差别不大，应是同一时期的堆积。

第9层：厚0.25~0.60米，距地表2.65~3.95米。土质较松，土色浅灰。出土遗物较丰富，素烧器占总出土遗物76%。成品器三彩有所增加占73%，酱黄釉占8%，黄釉占4%，酱釉、绿釉、蓝釉、白釉蓝彩等陶制品极少，合并仅占3%；黑釉、白釉瓷各占6%。器形以陶制品三足炉、洗为主，分别占49%和36%，盆、碗、杯、豆、盂、双系敛口钵、五足炉、瓶、器盖、灯、枕等较少，共计占15%。拱形三叉支烧、三叉支烧、柱形支烧、杯形支烧、垫板、垫圈、垫饼等窑具占总出土遗物的12%。部分柱形支烧上刻有"山""先""太"等字，杯形支烧内侧常见倒刻"璋""神""元"等字，垫板上也常见有刻划字或符号，绝大多数不规范，难以识读。

第10层：厚0.20~0.45米，距地表2.90~4.35米。土质松散，土色浅灰，内含大量炭粒和红烧土颗粒。出土遗物较多，素烧器占总出土遗物的69%，窑具占总出土遗物25%。成品器的釉色和器形种类与第9层差别不大。

第11层：该层分布在T1北部和T4整个探方，厚0~0.25米，距地表3.15~4.10米，土质较松，土色浅黄，较纯净，局部有淤积现象。出土遗物较少，素烧器、成品器的釉色和器物种类与第10层无大变化。

第12层：该层分布于T4中部，厚0~0.15米，距地表3.20~4.15米。土质松散，土色浅灰，内含较多红烧土颗粒和炭粒。出土遗物较多，素烧器占总出土遗物的63%。成品器以三彩、酱黄釉为主，分别占50%和19%；酱釉、黄釉、青黄釉、绿釉最少，合并占22%；白釉、黑釉瓷各占5%和4%。器形以三足炉、灯为主，分别占36%和26%，其次是敛口钵占10%，不见双系敛口钵、盆、碗、盘、豆、洗、罐、瓶、盂、枕、器盖、埙、动物俑合并占28%。各类窑具占总出土遗物的16%左右。其中的圆形垫板是这一时期新出现的一种特殊窑具，体积较小，胎薄、质细、制作规整。这类垫板和Ⅲ区同时期垫板一致，与Ⅱ区唐代晚期常见的大型厚重垫板在装烧工艺存在着明显的差异，应与时代的早晚有关。

第13层：分布在T1和T4整个探方，厚0.05~0.35米，距地表3.60~4.40米。土质松，土色浅黄，内含较多红烧土颗粒。出土遗物不多，以素烧器为主。成品器以三彩为主，约占60%以上；酱黄釉、黄釉陶制品，和白釉、黑釉瓷占不足40%。器形有盆、碗、豆、钵、罐、炉、洗、灯、枕、器盖等，埙和俑类玩具明显减少。值得一提的是，前几层常见洗类器极少，枕虽然不多，皆为全绞胎。杯形支烧、三叉支烧、拱形三叉支烧、垫板等窑具趋向也有所减少，占总出土遗物的10%。

第14层：分布在T1和T4整个探方，厚0.10～0.20米，距地表3.85～4.55米。土质较硬，土色黄灰。出土遗物不多，釉色、器形同第13层。

第15层：分布于T4的北半部，厚0～0.50米，距地表4.50～4.55米。土质较松，土色浅黄。出土遗物不多，素烧器极少，成品器以黑釉瓷为主，白釉瓷相对较少，茶叶末釉瓷极少，不见三彩类陶制品。器形有盆、碗、瓶、钵、豆、灯等。

第16层：分布于T1和T4整个探方，层面较平整。厚0.15～0.35米，距地表4.65～4.80米。土质较松，土色黄，局部有淤积现象。出土遗物不多，素烧器极少，成品器以黑釉瓷为主，其次是白釉瓷，这一时期的白釉瓷白中略泛青，茶叶末釉瓷和三彩、黄釉陶制品不多。器形有盆、碗、炉、钵、瓶、灯等。窑具以杯形支烧为主。

第17层：见于T1和T4整个探方，南部直接坐落在生土之上。厚0.10～0.50米，距地表4.75～5.25米。土质较松，土色黄灰，局部有淤积和人类活动迹象。出土遗物较多，素烧器极少，成品器以黑釉、白釉、茶叶末釉瓷为主，三彩、黄釉等陶制品不多。器形有盆、碗、豆、钵、瓶、壶和桥形试烧器、柱形三叉支烧等。同出的还有少量罐类灰陶制品和一枚隋代"五铢"钱币等。

第18层：集中分布在T4中北部，厚0～0.25米，距地表5.40～5.45米。土质松，土色灰黄，内含较多淤积小石子。出土遗物有陶盆、筒瓦、板瓦等，不见与窑址烧造有关的任何遗物。

第19层：位于T4东北部最下层，分布范围小，直接坐落在生土之上，厚0～0.13米，距地表5.40～5.55米。土质松散，土色浅黄，未出土任何遗物。

综上所述，除了第1层现代垫土层、第2层宋元堆积层和第18层以下与窑址烧造无关外，第3～17层涵盖了由初唐到唐代晚期所有堆积。下面我们将该探方与窑址烧造有关的地层包含遗物简要分析如下：第3、4层为唐代晚期堆积层，新出现的双系敛口圈足钵，与本区H1内出土的双系敛口圈足钵器形完全一致，是整个黄冶窑唐代晚期较为典型的器形之一。第5～8层，出土遗物丰富，以三彩陶制品为主，瓷器极少。三彩双系敛口钵和平底洗是这一时期的主要器形之一，常见的器物以绿釉为主，有别于第Ⅱ、Ⅲ烧造区三彩以黄釉为主，这是区与区间三彩装饰中最大的差别。第9～14层，五足炉和埙、俑等小型玩具类明显减少，瓷器类有所增多，尤其是精美白釉瓷多出现这一时期。第15～17层，出土遗物以瓷器为主，占总出土器物99%以上，三彩陶制品占不足1%。

二、Ⅱ区地层堆积

由于该区域发掘探方分散，我们选择不同地点具有代表性的T5、T35和T57为例分别介绍（图六-1，图六-2，图六-3）。

（1）T5 位于大黄冶塔沟自然村西北的二层台地上，地层堆积平整有序，与相邻的所有探方地层一致。现以该探方的西壁剖面为例（图七）。

第1层：耕土层，厚0.20～0.26米。土质疏松，土色黄灰，内含有大量植物根系。出土有少

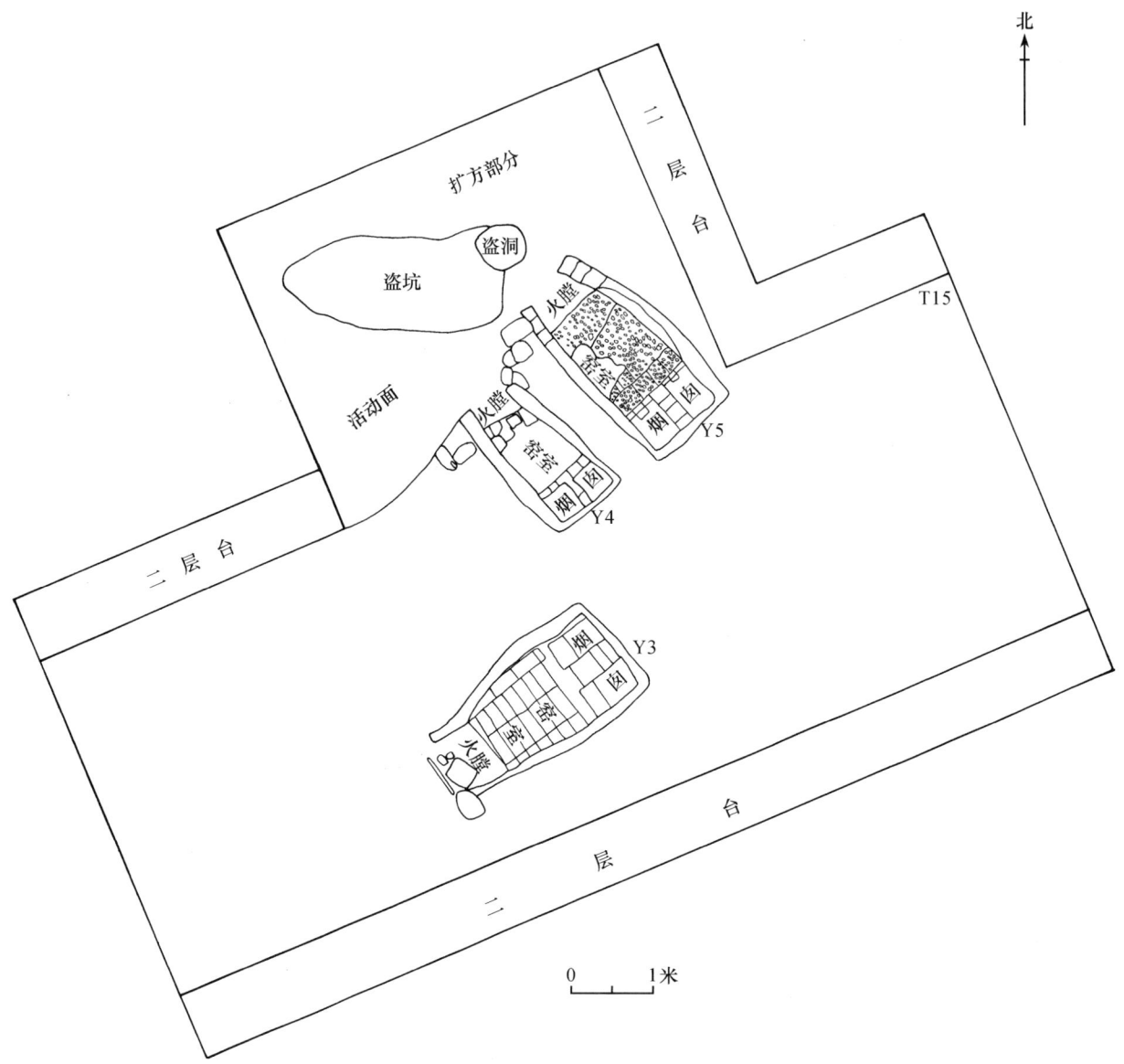

图六-1 黄冶窑址Ⅱ区部分探方主要遗迹分布图

量白瓷、黑瓷、三彩器和塑料薄膜等现代遗物。

第2层：现代层，厚0.15～0.25米，距地表0.40～0.50米。土质较松，土色灰褐，内含少量植物根系和煤渣。出土遗物不多，以黑釉、酱釉、白釉瓷为主，三彩器极少，同出的还有少量现代玻璃碎片和塑料制品等。

第3层：厚0.35～0.50米，距地表0.80～1.00米。土质较纯净，土色黄。出土遗物较多，以酱釉、白釉瓷、白釉绿彩、黄釉和素烧器为主，三彩器极少。

第4层：厚0.20～0.35米，距地表1.15～1.20米。土质较松，土色浅褐。出土遗物除三彩和素烧器有所增加外，其他遗物同第3层。

第5层：厚0～0.22米，距地表1.20～1.35米。土质较硬，土色灰褐。以素烧器、黑瓷、酱黄釉、白釉绿彩为主，白釉瓷也占一定数量，三彩器不多。器形有碗、水注、执壶、半绞胎

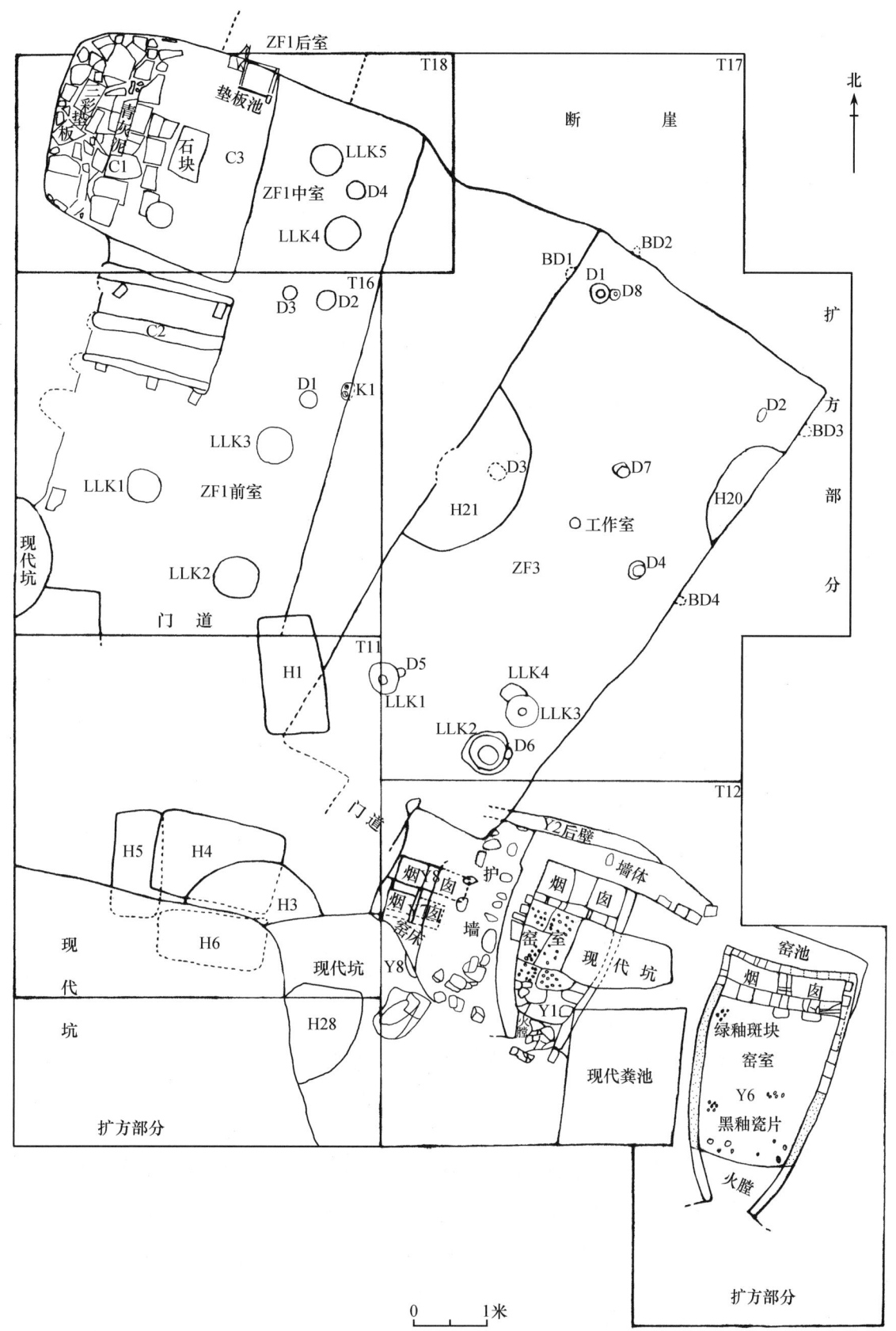

图六-2 黄冶窑址Ⅱ区部分探方主要遗迹分布图

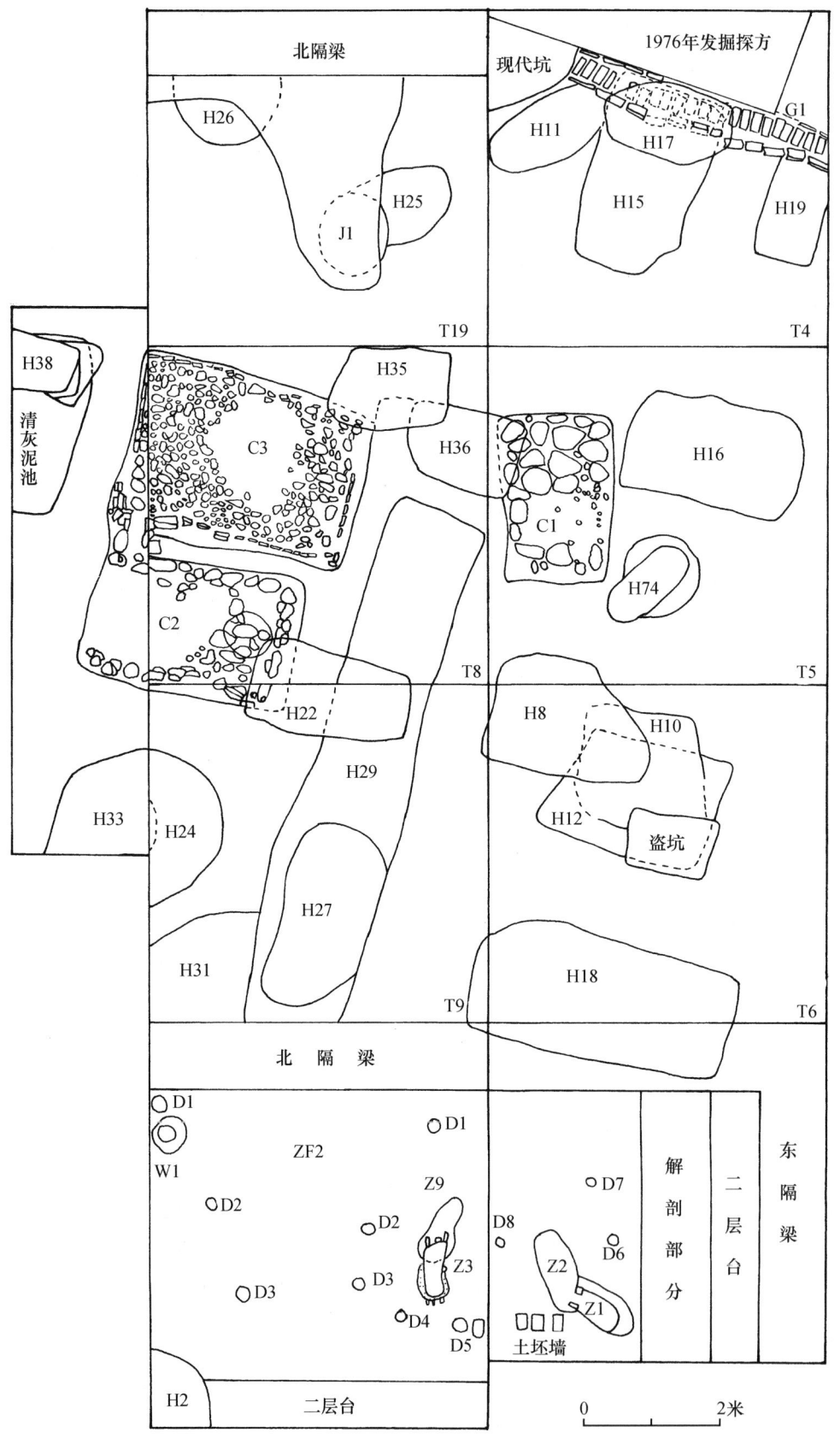

图六-3 黄冶窑址Ⅱ区部分探方主要遗迹分布图

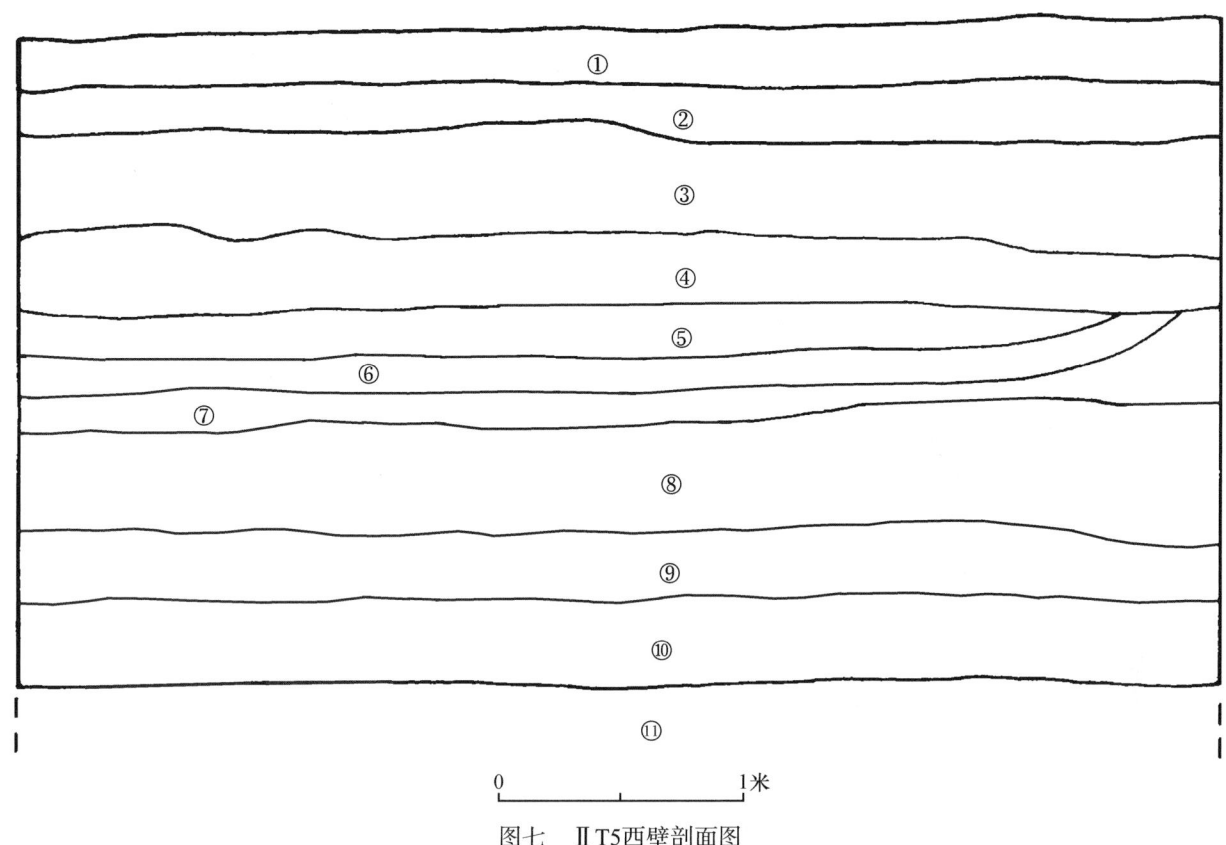

图七　ⅡT5西壁剖面图

枕、灯等。

第6层：厚0~0.17米，距地表1.20~1.50米。土质较硬，土色浅灰。出土遗物较丰富，素烧器占绝对多数，其次是黑瓷、白瓷和黄釉、白釉绿彩等，同出的还有垫板、柱形支烧、三叉支烧等窑具。可辨认的器形有碗（以白釉浅腹玉璧形底为主）、盘、豆、执壶、罐、半绞胎枕、灯和埙、鸡、马、狗等小型玩具。值得注意的是，在该层内出土的一件青花瓷罐和一件青花执壶残片，为青花瓷的产地找到了实物依据。

第7层：厚0.10~0.40米，距地表1.55~1.65米。土质松，土色灰。出土遗物较少，有白瓷、黑瓷和三彩、两彩、黄釉等陶制品，器形有碗、三足弦纹樽、罐、半绞胎枕、灯等。

第8层：厚0.40~0.60米，距地表2.05~2.20米。土质较硬，土色黄褐。出土遗物较多，以素烧器和三彩为主。常见的有黄、白、蓝和黄、白、蓝、绿两种装饰手法，白瓷、白釉绿彩不多。器形有罐、三足炉、双系敛口钵、盘、豆、全绞胎枕、灯和极少白釉蓝彩碗等。

第9层：厚0.23~0.30米，距地表2.40~2.45米。土质较硬，土色黄灰。出土遗物较少，以素烧器为主，三彩次之，另有少量黑釉、白釉和酱釉瓷，白釉蓝彩的极少。器形有三彩水注、敛口钵、双系敛口钵、三足炉、宝相花洗等。值得一提的是，该层下叠压着H8，出土遗物较丰富，以素烧器为主，三彩也占一定数量，白釉、黑釉瓷极少。器形有双系敛口钵、三足炉、碗、器盖、水注等，这些器物的形制以及烧造工艺与第8层同类器完全一致。

第10层：厚0.35米左右，距地表2.70~2.75米。人为活动层，土质坚硬，土色灰杂。出土遗物较丰富，以白釉、黑釉、酱釉瓷为主，素烧器、三彩陶制品次之，还有极少的蓝釉和绿釉陶制品。器形有瓷盆、碗、瓶、灯，三彩双系敛口钵、蓝釉三足樽等。该层出土的碗、盆类器皆为饼形底。H14、H16、H17和C1开口在该层下，打破第11层。

第11层：由于部分遗迹需要就地保护，该地层仅清理局部，土质较松，土色浅黄。出土遗物较少，皆为黑釉和白釉瓷，不见有三彩陶制品。器形有碗、瓶、盆、灯等。

综上所述，第1、2层为近现代堆积，第3、4层出土遗物虽然不少，不见晚于唐代遗物，结合相邻探方同地层内出土有极少宋、元时期遗物，说明这两个地层的形成时代不早于宋、元时期。同时，也表明这一时期地层的形成与窑址烧造无直接关系，地层内的所有早期遗物，应是二次堆积所致。第5～7层不见晚于唐代以后遗物，并且与相邻探方出土遗物完全一致。执壶、半绞胎枕、白釉玉璧底碗等，是黄冶窑唐代晚期新出现最具代表性的器形。值得注意的是，在第6层内还出土两件青花瓷残片，为青花瓷的产地及烧制年代找到了依据。第8、9层出土较多的钵类器、三足炉、宝相花洗，与唐代晚期地层中的器物群有一定区别，全绞胎枕在这一时期开始出现，执壶、半绞胎枕、白釉玉璧底碗在该地层中不见，说明这两层的形成年代要早于第5～7层。第10层为窑工生产、生活活动层，与上层不同的是，本层除了出土大量精美三彩外，瓷器相对较多，尤其是大件精美白瓷就出现在这一时期[①]。因此，我们认为这一时期是唐代黄冶窑的鼎盛时期。第11层虽然没有完全揭露，与第10层最大的不同是出土遗物以瓷器为主，几乎不见三彩类陶制品。值得一提的还有H14、H16、H17、C1等遗迹打破了该层，且出土遗物丰富，同样以白釉、黑釉瓷为主，三彩类陶制品极少，从中可以看出这里是唐代早期黄冶窑遗存较为丰富的区域之一。总之，该探方地层堆积有序，所有遗迹打破关系清楚，为唐代黄冶窑的生产工艺、器形演变过程的研究提供了重要依据。

（2）T35 位于大黄冶塔沟自然村中北部李俊家住宅前院，地势东高西低。以南壁剖面为例（图八）。

第1层：厚0～0.25米，土质坚硬，土色灰杂，内含有塑料、铁丝、红砖残块等现代遗物，同出的遗物仅有三块素烧器残片，为现代居民居住垫土层。

第2层：厚0.50～1.80米，距地表0.75～1.80米。土质较硬，土色黄灰，内含有少量小石子和植物根系。出土遗物不多，有白釉、黑釉、酱釉、白釉蓝彩和现代生活用瓷残片，为现代垫土层。

第3层：厚0.75～1.00米，距地表1.70～2.75米。土质稍松，土色浅黄，内含有较多的料姜石和少量红烧土颗粒等。出土遗物较少，有白釉、酱釉瓷和极少陶器残片。可辨认的器形有碗、罐、盘等，同出的还有极少明清时期青花瓷残片。

第4层：厚1.00～1.40米，距地表2.80～3.85米。土质较硬，土色褐黄，内含有少量料姜石和红烧土颗粒。出土遗物极少，有白釉、黑釉、白地黑花瓷、三彩、素烧器和青花瓷残片等。

---

① 这一时期虽然瓷器不是黄冶窑产品的主流，但在不多的白釉瓷中器形硕大，釉色光泽莹润，胎体制作规整，在河南同时期窑口中极为罕见。尤其是贯耳瓶、三足樽、三足炉、敛口钵等显然不是一般民间使用器，应是专为宫廷或上层贵族烧造的产品。值得注意的是，这些为数不多的器物出土层位与《新唐书·地理志》中关于河南府开元贡白瓷记载的时间一致，为黄冶窑产品的分期断代提供了依据。

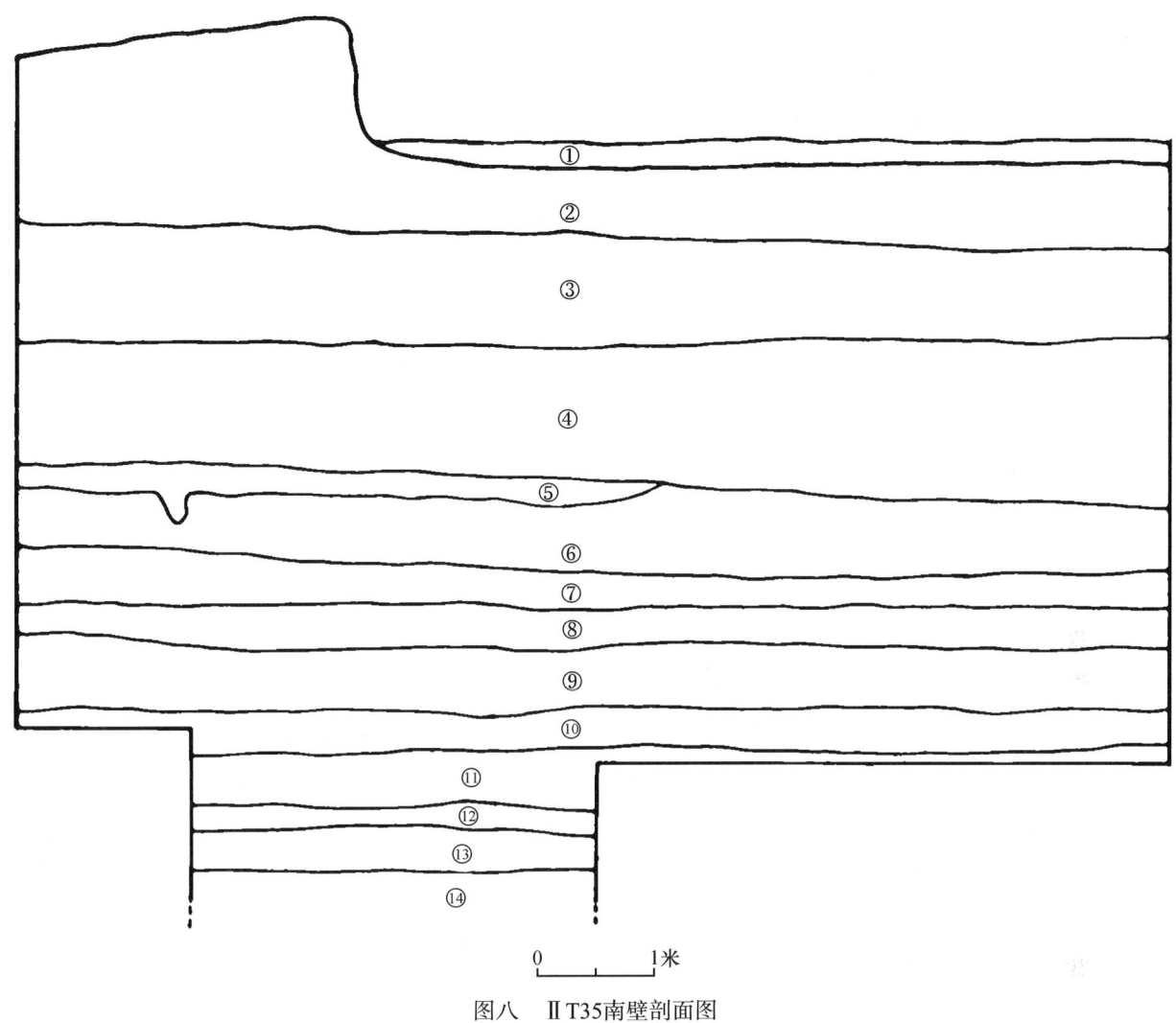

图八　ⅡT35南壁剖面图

第5层：厚0～0.50米，距地表2.90～4.15米，主要分布在探方的东部。土质较硬，土色灰褐，内含有较多红烧土颗粒和少量炉渣。出土遗物比较丰富，素烧器约占50%，成品器以酱黄釉为主，三彩、白釉绿彩、绞胎次之，黄釉、白釉和黑釉瓷不多。器形有盆、碗、罐、豆、执壶、水注、瓶、灯、绞胎枕等，人物俑、动物俑等玩具类较少。同出的还有垫板、小圆形垫饼、三叉支烧等窑具。除此之外，该层内出土1件宋代白釉瓷罐和1件白釉瓷碗残片，表明第5层的形成时间不早于北宋。该层叠压着H30。

第6层：厚0.45～0.75米，距地表3.65～4.60米。土质较硬，土色浅灰，较纯净。出土遗物极少，有三彩、酱釉、黄釉、绿釉和白釉、黑釉瓷等。器形有碗、执壶、罐和器盖等。从整体上看以陶制品为主，不见晚于唐代遗物。

第7层：厚0.25～0.50米，距地表3.95～5.00米。土质较硬，土色浅灰，内含少量红烧土颗粒。出土遗物较多，素烧器占总出土器物25%，成品器以酱黄釉、白釉绿彩、三彩、黄釉陶制品为主，分别占32%、24%、15%和7%；黑釉瓷、白釉瓷较少，分别占13%和9%。器形以执壶、碗、豆为主，其次是盆、灯和半绞胎枕等。同出的还有拱形三叉支烧、柱形支烧和垫板等窑具。

第8层：厚0.25~0.40米，距地表4.30~5.40米。土质较松，土色浅灰，内含有大量料姜石和少量红烧土颗粒。出土遗物丰富，共计出土近2000件（片）。素烧器极少，占总出土器物的2%。成品器以酱黄釉、酱釉、白釉绿彩、三彩、黄釉为主，青黄釉、绿釉陶制品和白釉、黑釉瓷不多。器形以执壶、半绞胎枕、罐、碗为主，分别占32%、30%、15%和8%，灯、豆、瓶分别占5%、4%和2%，白釉瓷以玉璧底碗为主，盆、盂、盒、三足炉、器盖、擂钵、猴头埙、人物俑等占4%。同出的还有三叉支烧、柱形支烧和垫板等窑具，占出土遗物总数的2%。

第9层：厚0.50~0.65米，距地表4.75~5.90米。层面较平整分布在整个探方。土质疏松，土色灰，内含大量草木灰和红烧土块。出土各类器物近7000件（片），为本次发掘探方中较丰富的文化堆积层之一。器物种类繁多，釉色丰富，以白釉绿彩、酱黄釉、三彩、酱釉、青黄釉为主，分别占35%、18%、12%、11%和8%，黄釉、绿釉陶制品分别为4%和2%，黑釉、白釉瓷分别占6%和4%。素烧器极少，仅占总出土遗物的1%。器形以执壶、罐、半绞胎枕为主，分别占55%、17%、8%，碗、豆各占6%和4%，盆、盘、杯、扁壶、洗、盂、瓶、炉、器盖等共占10%。三彩器多见于盆、碗、罐、灯等。枕类三彩器极少。各类小型玩具如狗、羊、马、牛、狮子、大象、鸽子、猴头埙、车、铃铛和仿金银器吸杯、扁壶、盒等也是这一时期典型器类。柱形支烧、三叉模制支烧、垫板、匣钵等窑具占出土遗物总数的10%，烧制大件器物的拱形双面三叉支烧较少。

第10层：主要分布于探方的东北部，探方的南壁上不见此层。出土遗物较丰富，以酱黄釉、酱釉、三彩、白釉绿彩为主，青黄釉次之，黄釉、绿釉陶制品极少，白釉、黑釉瓷占总出土器物不足10%。器形中执壶最多近400件（片），占65%。豆、枕、碗、罐分别占11%、6%、5%和4%，瓶、盒、灯、小扁壶、器盖、吸杯、人物俑、动物俑各占1%左右。其中半绞胎枕以酱黄釉为主，黄釉次之，绿釉、白釉的极少。双系敛口钵、三足炉在这一时期已不多见。白釉瓷虽然不是太多，但玉璧底碗是这一时期最常见的器形之一。该层下压着H32，打破第11层。

第11层：厚0.30~0.40米，距地表5.15~6.30米。土质松，土色灰，内含少量红烧土颗粒和炭粒。出土遗物较少且碎，以酱釉、酱黄釉和白釉绿彩为主，青黄釉、三彩和黄釉陶制品不多，白釉、黑釉瓷分别占4%。器形以执壶、枕、罐为主，盆、碗、豆、水注、灯和仿金银器扁壶极少。执壶、罐、半绞胎枕、唇口玉璧底碗和模制三叉支烧等都是唐代晚期常见的器形。由于探方太深，为了安全起见，从第11层以下在探方的中东部开一条3.5米探沟进行局部解剖。

第12层：厚0.40~0.55米，距地表5.60~6.75米。土质较硬，土色花。出土遗物极少，仅有少量酱釉、黄釉、青釉和三彩。器形有碗、瓶、炉、水注等。

第13层：厚0.15~0.20米，距地表5.80~6.90米。土质松，土色浅黄。出土遗物较多，素烧器占总出土遗物36%，成品器以三彩和酱黄釉陶制品为主，白釉绿彩次之，白釉、黑釉瓷相对较少，占成品器的10%左右。器形有碗、豆、钵、罐、瓶、三足炉、三足樽和灯等，人物、动物俑和玩具类极少。

第14层：厚0.25~0.40米，距地表6.25~7.30米。土质较硬，土色浅灰，内含少量红烧土颗粒和炭粒。出土遗物极少，釉色、器形同第13层。第12~14层因发掘面积的局限，出土遗物不多，从整体上看与第11层区别较大。但也有极少黄釉执壶、酱釉罐是唐代晚期常见的器形。在

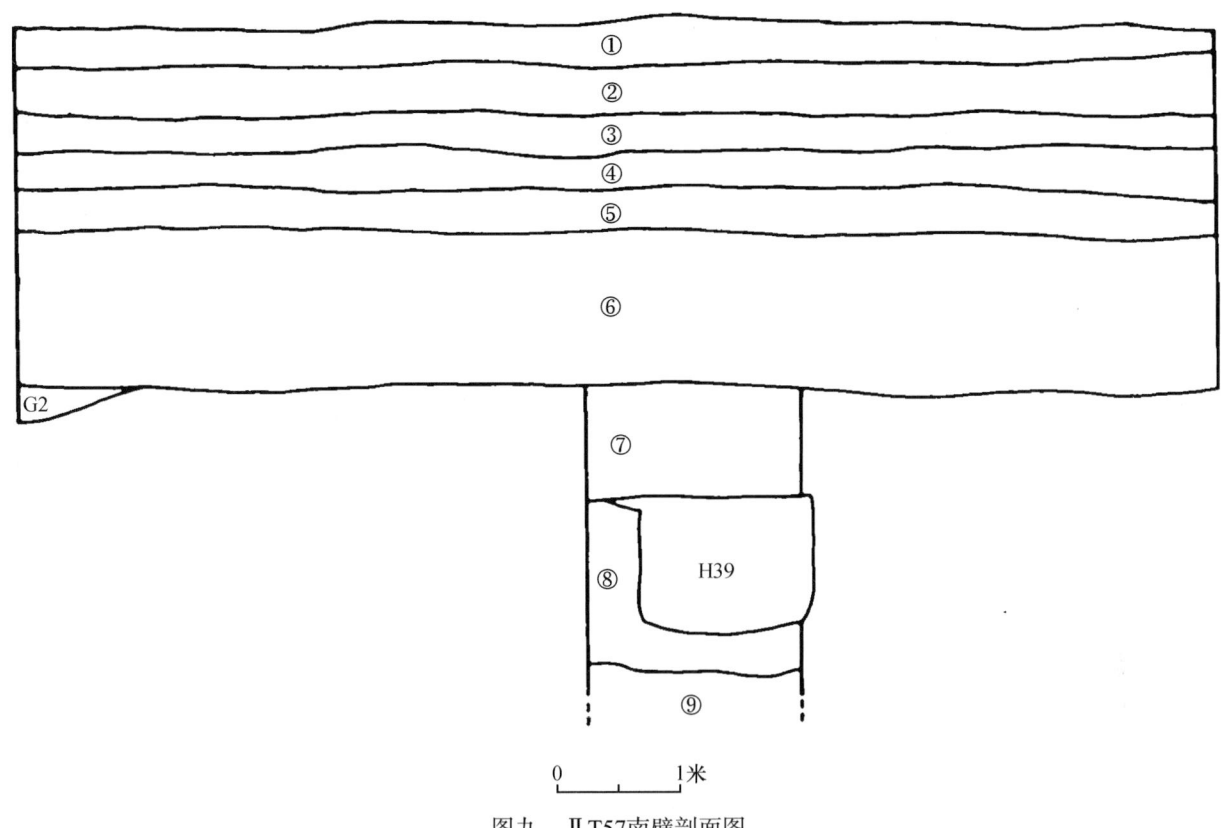

图九　ⅡT57南壁剖面图

该层内出土的一件绿釉三足炉残片分别与第11、12层出土的三足炉残片拼合在一起，表明这三个地层的时代是一致的。由此，我们认为最下面的三层要略早于第11～13层。因雨水太多，探方多处塌方，考虑到居民住宅和发掘人员的人身安全等因素，第14层以下未清理。

本探方是这次发掘最深的探方之一，依据以上地层堆积情况和出土遗物的变化，我们将该探方分为五个阶段。第1、2层是近现代垫土层；第3、4层为明清堆积层；第5层为宋代堆积层；第6～11层出土的遗物与本区T5第5～7层时代一致，应为唐代晚期堆积层。第12～14层虽然出土遗物不多，与第6～11层相比有着明显的区别。值得注意的是，在第12～14层中包含有极少唐代晚期较常见的黄釉执壶、酱釉罐等器形，同时，还有为数不多的唐代中期独有的三足樽出土。因此，我们认为第12～14层的年代要略早于第6～11层，它的形成年代大约在唐代中期向晚期过渡阶段。

（3）T57 位于大黄冶塔沟自然村西南，三利粮油设备厂北墙外。地层堆积虽然简单，但出土遗物较丰富。值得注意的是，该探方是目前已知黄冶窑隋代地层保存最好的一个地层单位。这里的地层以自然形成为主，层次平整有序。现以南壁剖面为例（图九）。

第1层：厚0.20～0.35米，土质疏松，土色灰褐，为现代农耕层。

第2层：厚0.35～0.50米，距地表0.75米左右。土质较硬，土色黄灰，内含较多煤渣。出土遗物有素烧器、三彩、明清青花瓷等，同出的还有铁器和塑料薄膜等近现代遗物。

第3层：厚0.20～0.35米，距地表1.05米左右。土质疏松，土色浅灰，内含有炭粒、烧土颗粒等。出土遗物较少，以素烧器、三彩为主，白地黑花、青花瓷也占一定数量，同出的还有一枚乾隆时期钱币。

第4层：厚0.25～0.45米，距地表1.30米左右。土质疏松，土色灰，内含有炭粒、烧土颗粒等。出土遗物不多，以素烧和单色釉器物残片为主，同出的还有少量白地黑花和明清时期青花瓷残片。

第5层：厚0.30～0.40米，距地表1.75米左右。土质疏松，土色黄，内含有炭粒、烧土颗粒和小石子等。出土遗物较少，常见的有素烧器、三彩及白釉瓷、黑釉瓷和明清时期青花瓷等。

第6层：厚1.25米左右，距地表2.95米左右。土质疏松，土色黄，内含杂质较少。出土遗物较多，以素烧器为主，黄釉次之，三彩、酱釉、绞胎器和白釉、黑釉瓷不多。器形有盆、碗、钵、罐、水注、炉、枕、擂钵等，窑具有筒形支烧、三叉支烧、拱形三叉支烧、垫板等。值得一提的是，在该层内出土4片宋代青釉瓷碗残片，说明第6层的形成时间不会早于北宋。该层下压着G2，因G2出土遗物特别丰富，我们在该探方的东面又布了两个5米×5米探方，分别编号为T58和T59，对G2做了进一步清理。由于该层下土质较纯净，包含遗物极少，考虑探方的安全，我们对第6层以下进行了整体勘探，依据勘探结果，在探方中部开一条宽1.80米南北向探沟。

第7层：厚0.90米左右，距地表3.90米左右。土质、土色与第6层区别不大，不同的是土质纯净，除含白筋外不见任何杂质。该层内包含遗物极少，仅出土素烧器16片，三彩3片，青釉、黑釉瓷器各1片。器形有碗、钵、罐、豆、水注等，同出的还有少量陶器残片。该层下压着H39。

第8层：厚1.45米左右，距地表5.30米。土质较松，土色黄，仅出土2片隋代青釉碗残片和少量同一时期陶器、板瓦残片。由于探方内积水，第8层以下未清理。

从整个探方堆积情况和出土遗物看，第1、2层为现代人为形成，第3～6层属自然堆积而成，其中的第6层形成时间略早，不晚于北宋。第7层虽然出土遗物不多，但不见有晚于唐代遗物。第8层被H39打破，结合地层内出土的少量青釉瓷片和陶器残片推测，该层的形成时间当在黄冶窑创烧时期的隋代。

三、Ⅲ区地层堆积

位于小黄冶瓦窑沟自然村及东南区域。2002年配合焦巩（焦作—巩义）黄河大桥至310国道连接线工程时，黄冶河改道发掘探方6个（彩版九，1），2003～2004年主动发掘探方9个（图一〇；彩版九，2）。由于先后两次发掘的探方出现了重号现象，因此，我们将配合公路工程黄冶河改道区域内发掘的6个探方号前面加2002，以示区别。现分别以T1西壁和T4西壁剖面为例分别介绍。

（一）T1西壁（图一一）

第1a层：厚0.25～0.45米，土质软，为现代人平整土地后雨水浸泡形成的淤泥层。内含一

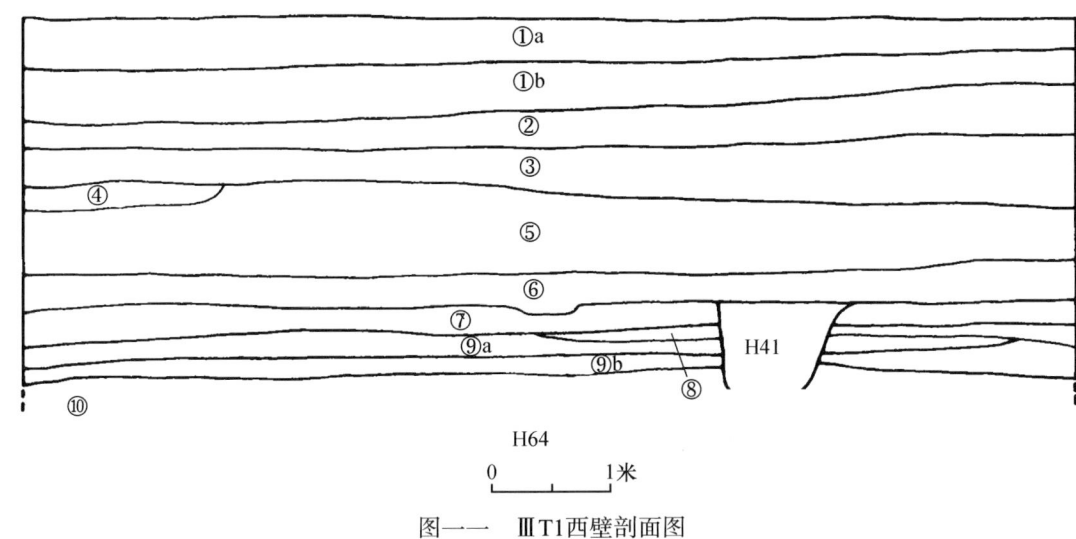

图一一　ⅢT1西壁剖面图

些现代遗物和植物根系。

第1b层：厚0.30~0.45米，距地表0.55~0.90米。土质坚硬，土色黄灰。出土遗物有极少三彩陶制品和白釉瓷残片，同出有明清时期青花瓷和现代塑料薄膜等。

第2层：厚0.20~0.45米，距地表0.95~1.15米。土质较硬，土色黄。出土遗物有素烧器、三彩陶制品和白釉、酱釉瓷等，不见有晚于唐代遗物，依据临方同层内出土的少量青花瓷标本，该地层的形成时间不会早于明代。

第3层：厚0.25~0.60米，距地表1.35~1.60米。土质较松，土色黄灰，内含少量烧土颗粒。出土遗物以素烧器为主，三彩和白釉瓷不多，可辨认的器形有碗、罐、洗等，同出的还有极少宋元时期白地黑花瓷器残片和"景德元宝"钱币一枚。

第4层：主要分布于探方的东南部，厚0~0.20米，距地表1.40~1.60米。土质疏松，土色浅灰，内含有少量烧土颗粒和炭粒。出土遗物以素烧器为主，三彩和白釉、黑釉瓷不多。器形有碗、罐和人物俑、动物俑等。

第5层：分布于整个探方，厚0.45~0.80米，距地表2.05~2.20米。土质疏松，土色灰，内含有少量烧土颗粒和炭粒。出土遗物同第4层。

第6层：厚0.25~0.35米，距地表2.35~2.50米。土质疏松，土色深灰。内含较多烧土和炭粒。出土遗物较丰富，同样是以素烧器为主，陶制品以单色釉为主，瓷器类以白釉和黑釉瓷为主。常见的器形有碗、杯、洗、钵、炉、埙、人物俑和动物俑等，窑具也占一定数量，同出的还有三枚"开元通宝"钱币。该层下压着H41。

第7层：被H41打破。厚0.20~0.30米，距地表2.60~2.75米。土色黄，土质较硬，局部是人为活动层。出土遗物较少，以素烧器为主，三彩和白釉、黑釉瓷不多，器形有碗、瓶、炉、盏等。

第8层：主要分部在探方的西北部，人为活动层，厚0~0.20米，距地表2.65~2.80米。土质较硬，土色黄灰，内含有较多制坯原料青灰泥颗粒和烧土块。出土遗物较少，以素烧器为主，三彩类陶制品和白釉、黑釉瓷不多，器形有碗、瓶、炉等。

第9a层：探方北部没有此层。厚0~0.20米，距地表2.70~2.95米。红褐色活动层，土质坚硬，内含有较多草木灰。出土遗物较少，素烧器和白釉、黑釉瓷相对较多，三彩陶制品极少。器形有碗、钵等。

第9b层：厚0.10~0.30米，距地表2.95~3.10米。该层以烧土和草木灰堆积为主，土质松散。出土遗物较多，白釉、黑釉瓷占绝对多数，素烧器不多，三彩陶制器极少。器形有碗、盏、瓶等。该层下压着H64。

第10层：淤积层，通过钻探，不见任何遗物，未清理。

从以上地层出土的遗物和遗迹观察，第1a层和第1b层为现代人为和自然堆积而成。第2层为明清堆积层，第3层出土有宋元时期白地黑花瓷器残片和"景德元宝"钱币，可以确定第3层的形成时间不会早于元代，与窑址烧造没什么关系。第4~6层以自然形成为主，同时存在着人为活动因素。依据这三个地层出土的遗物，结合H41内出土的遗物略早于第6层，我们推断第4~6层的形成时间不晚于唐代。第7、8层皆有人为活动遗存，形成原因与烧造有关。第9a层和第9b层出土遗物与ⅡT5第11层和H14、H16、H17、C1出土的遗物非常接近，应是黄冶窑烧造堆积较早的地层之一。

（二）T4西壁（图一二）

第1层：厚0.30~0.55米，土质坚硬，为现代平整土地机器碾压所致，无出土任何遗物。

第2层：厚0.25~0.35米，距地表0.65~0.80米。土质较硬，土色黄褐，较纯净，为淤积所致。出土遗物有酱釉涩圈底碗、青花瓷碗、杯等，在临方T3同层出土有近现代遗物。

第3层：厚0.30~0.45米，距地表1.00~1.20米。土质松，土色黄。出土遗物极少，除了有宋元时期酱釉、黑釉瓷外，还有明清时期青花瓷残片。

第4层：该层主要分布在探方东北部，西壁上不见此层。出土遗物同第3层。

第5层：厚0.55~0.90米，距地表1.70~2.00米。土质较松，土色黄褐，内含有少量红烧土颗粒和炭粒。出土遗物较多，有白釉碗、盆、钵、三彩陶制品瓶、碗和金元时期白地黑花瓷碗等，同出的还有明清时期青花瓷碗、杯、盘。

第6层：厚0.25~0.40米，距地表2.05~2.30米。土质松，土色浅黄，内含有少量烧土颗粒和料姜石。出土遗物与第5层大同小异，不同的是不见晚于唐代以后的遗物，参考邻方T3同层出土有宋元时期青釉瓷、白地黑花瓷碗残片，表明该层的形成时间不早于宋元时期。该层下压着H1、H2、H3、H4和H33。

第7层：厚0.10~0.55米，距地表2.40~2.75米。土质松散，土色浅灰，内含有少量烧土颗粒和炭粒。出土遗物较丰富，以素烧器为主，占出土遗物近50%。成品器以三彩为主占42%，白釉瓷占20%，酱釉、黑釉瓷和白釉蓝彩分别占12%、10%和6%，绿釉、黄釉各占4%，白釉绿

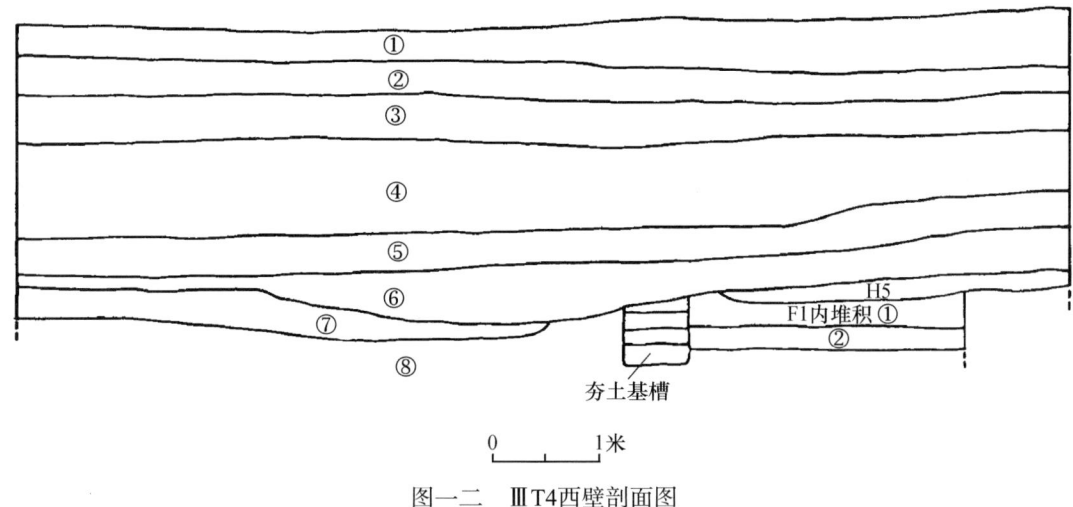

图一二 ⅢT4西壁剖面图

彩占2%。器形有碗、盘、杯、豆、洗、罐、执壶、水注、瓶、净瓶、炉、盒、枕和埙、鸽俑等小型玩具类。同出还有垫板、杯形支烧、柱形支烧、拱形三叉支烧、垫圈支烧等窑具。该层下压着H5、H7和H10三个灰坑。

第8层：部分区域被晚期地层和灰坑打破，在西壁上只能看到南半部，厚0～0.35米，距地表2.70～2.90米。土质松散，土色黄褐。出土遗物丰富，以素烧器为主，约占总出土遗物的68%。成品器以三彩陶制品为主约占36%，白釉、酱釉瓷各占16%，黄釉占9%，绿釉占7%，白釉蓝彩和黑釉瓷分别占5%，蓝釉、白釉绿彩分别占4%和1%。器形有盆、碗、豆、杯、洗、罐、钵、瓶、执壶、水注、净瓶、三足樽、盒、器盖，人物俑、骑马俑、埙等小型玩具类。窑具垫板、杯形支烧、柱形支烧、拱形三叉支烧、三角形支烧等占总出土遗物8%以上。开口在该层下的遗迹单位有H18、H23、H24、H30、H32和ZF1。为了ZF1就地保护，第8层以下地层未清理。

综上所述，该探方地层堆积较简单，重要的在于第8层及第8层下所属的遗迹关系。第1层为现代平整土地垫土层，第2层为近代淤积所致。第3～6层以自然形成为主，最下一层的年代不早于宋元，说明这几个地层所处的年代与窑址烧造无关。第7、8层出土的遗物与ⅡT5第5～7层出土器物组合相近，结合第8层下H18和H30出土的遗物都具有唐代晚期的特点，我们把第7层和第8层定在唐代晚期。H23、H24和H32开口在第8层下，皆打破ZF1。依据ZF1的开口层位和形成规模，可以断定ZF1的使用时间在黄冶窑烧造的鼎盛阶段。

第三节 地层与分期

黄冶窑文化层堆积非常丰富，除了Ⅱ区T57第8层和第7层下H39为隋代遗存外，其余探方未发现有隋代完整地层堆积。虽然个别探方地层内也出土有少量隋代遗物，但皆出现在唐代地层内。Ⅰ区T1、T4，Ⅱ区T5、T35、T57，Ⅲ区的T1和T4等地层堆积及遗迹构成的叠压或打破关系，为我们进行分期研究提供了可靠的地层学序列。各文化层和遗迹中出土的大量瓷器、三彩、两彩、单彩釉陶制品和窑具构成的共存组合关系，又为黄冶窑先后分期研究奠定了基础（详见附表三）。

一、黄冶窑器物及窑具的演变规律

由于黄冶窑从创烧到停烧、从瓷器到陶制品的转变以及与窑具的共存关系具有重要的分期意义，为了分期的需要，我们将黄冶窑初创、成熟、繁荣和衰落四大阶段的器类、窑具的演变规律进行简单归纳。

（1）黄冶窑初创时期烧造范围很小，出土遗物不多，未发现任何窑具。产品以青釉瓷为主，其次是白釉瓷，黑釉瓷极少，尤其是青釉瓷，质地粗糙，胎体厚重。器形以碗类器为主，盅、壶类器相对较少。

（2）黄冶窑成熟期烧造范围较大，三个烧造区或多或少都有分布，第二烧造区东北部遗迹最多且遗物最丰富。这一时期以白釉瓷为主，其次是黑釉瓷，酱釉、茶叶末釉瓷不多，最大突变是不见青釉瓷。器形以实用器为主，常见的器形有盆、碗、盘、豆、瓶、罐、钵、碗形水注、水盂、唾盂、三足炉、灯、扑满和器盖等。三彩、单色釉陶制品和全绞胎器在这一时期开始出现，前者占总出土器物1%，器形有敛口钵、豆、枕等；后者占不足1%，皆为枕类平面器。冥器和玩具不多，以素烧器为主，器形有砚、埙和蛋形器等。从这些器物的素烧温度和烧造工艺分析，这些器物都是低温釉陶制品，其胎质与同时期瓷器胎质完全一样。窑具以碗形支烧、杯形支烧为主，盆形支烧、盘形支烧和三叉支烧极少。

（3）黄冶窑烧造的繁荣期，这一时期器物的品种、装饰以及烧造工艺都发生了较大变化。三彩、白釉绿彩、白釉蓝彩和白釉、绿釉、黄釉等单色釉陶制品占总出土遗物95%以上，其中以三彩最多，占70%以上。器形丰富多样，除了盆、碗、盘、豆、钵、罐、钵形水盂等沿袭成熟期的器形外，新出现的器形有杯、盅、洗、净瓶、三足樽、三足盆、双系敛口钵、罐形水注等。小型玩具如猴头埙、人面埙、人物俑、动物俑等，也是这一时期的主要产品之一。瓷器占不足5%，重要的是白釉瓷器形硕大，制作工整，造型精美，显然不是一般平民百姓所用之物。器形有罐、钵、三足炉、三足樽和贯耳瓶等。因此，我们认为黄冶窑是这一时期唐开元年间河南府烧制进贡白瓷的重要窑口之一。

由于产品发生较大的变化，烧造工艺除了为上层贵族烧制白瓷还是采用盆形、碗形、杯形、盘形支烧外，与三彩陶制品配套的平板三叉支烧、拱形三叉支烧和柱形支烧开始广泛应用。为了充分利用空间，增加窑内装烧数量，采用大小不一的圆形支柱、长方形架板烧造新工艺。

（4）黄冶窑的衰落时期，这一时期不仅三彩明显减少，釉色也没有前期艳丽，除了三彩外，白釉绿彩、白釉蓝彩和单色黄釉是这一时期的主要装饰之一。精致的三彩器逐渐停烧，产品质量急剧下降，但产量和品种却有所增加。繁荣时期的大件三彩陶制品如洗、钵、三足炉等在这一时期趋于消失，小型实用器如碗、盘、豆、罐占较大比例，各种罐形、钵形水注，鸟食罐以及仿金银器的瓶、盒、杯等，在这一时期开始流行。新出现的民间生活实用器半绞胎枕、执壶、擂钵等，成为这一时期承前启后的重要器类。

由于成组配套烧造的大件三彩器洗、钵、炉等在本期逐渐消失，前期烧造中常见的拱形三叉支烧、平板三叉支烧在本期不见。柱形支烧与垫板相结合分层棚烧是这一时期烧制三彩陶制品的主体。烧制瓷器的专用窑具匣钵的出现，前期的盆形支烧、碗形支烧和杯形支烧在本期完全消失。

二、典型地层关系与典型器物组合

由于黄冶窑前后延续长达300多年，烧造范围大，不同时期的烧造重点也有所不同。我们以前面选择的Ⅰ区T1和T4，Ⅱ区T5、T35和T57，Ⅲ区T1和T4具有明显变化趋势的地层关系及典型器物和窑具作为分期研究的依据。

这7组地层关系中共涉及灰坑34个，沟1条，窑炉1座，作坊1处，陈腐池1个，灶2个，但也有一些单位未见有分期意义的典型器物。

黄冶窑与烧造有关的第一组器物见于Ⅱ区T57第7层下H39和第8层。出土遗物不多，以青釉瓷为主，白釉、黑釉瓷极少。器形有碗、盅、壶和瓶等，除此之外还出土不少同时期灰陶器。依据第一组地层分布范围小，瓷器与较多灰陶器共出，没有发现比第一组更早的地层叠压关系。因此，我们将第一组定为第一期。

第二组，器物群虽然没有发现与第一组的器物群有什么直接地层叠压关系，但皆出现在黄冶窑三个烧造区的最下层，且分布范围较广，出土遗物丰富，表明黄冶窑的烧造在这一时期趋于成熟。器物种类近20种，其中实用器占99%以上，器形有盆、碗、盘、盅、豆、水盂、钵、炉、瓶、罐、唾盂、灯、枕、扑满和器盖等。釉色以白釉和黑釉瓷为主，茶叶末釉瓷和酱釉瓷不多，青釉瓷极少，与第一组相比，从器形、釉色到装烧技术诸多方面的变化都十分明显。三彩和单色黄釉、绿釉陶制品在这一时期开始出现，约占总出土遗物1%。器形有豆、钵、枕、砚、埙和蛋形器等，表明黄冶窑已开始出现多元化发展趋势。结合下一组以三彩陶制品为主体的出现，将第二组定为第二期。

第三组，是本次发掘出土遗物最为丰富的地层，器物种类有所增加，釉色、装饰技法等都达到巅峰。瓷器与三彩的比例产生了重大变化，三彩等陶制品占95%，瓷器仅占5%，器形除了盆、碗、盘、豆、水盂、炉、瓶、罐、灯和器盖沿袭上一期造型外，新出现的器形有洗、三足樽、唇口罐、罐形水注、双系敛口钵、三足盆、五足炉、净瓶、盏、耳杯和各种人物、动物俑等，使整体面貌焕然一新。装饰手法以三彩为主，其次是单色黄釉、绿釉和白釉，两色釉中有艳丽的白釉蓝彩和白釉绿彩，这些虽然不是主流，但为以后两色釉的盛行及青花瓷出现产生了重大影响。由于产品的主体发生了变化，装烧工艺相应也产生了重大变化。各种三叉支烧和架板棚烧在这一时期被广泛应用，烧制瓷器的专用窑具逐渐减少。因此，我们定第三组为第三期。

依据地层、遗迹的相互叠压和打破关系，结合出土遗物的细微变化，我们将第三期划分为前后两段。前段瓷器虽然不多，但大件精品器面貌一新，尤其是白瓷器形大、质量精，是本阶段的主要特点。与装烧工艺相关的碗形支烧、杯形支烧迅速减少。后段大件精品白瓷器不见，碗形支烧、杯形支烧从此逐渐消失。三彩和单色釉陶制品双系敛口钵、唇口罐、罐形水注和各种装饰的小碗等，亦为本阶段的主要变化之一。

　　第四组，生产规模虽然没有明显减弱，但器物的造型、装饰技法和装烧技术等都有重大变化。瓷器种类略有增加，除了盆类器外，皆为小型民间生活实用器。大件精美陶制品如第三期前后段常见的洗、三足炉、敛口钵、双系敛口钵、三足樽、净瓶等趋于消失或减少。新出现的各种执壶、半绞胎枕、仿金银器吸杯、擂钵及各种罐类器等在这一时期开始流行。除了少量三彩小型器外，白釉绿彩和新出现的白釉蓝彩、装饰也是这一时期的精品。Ⅱ区T35是这次发掘堆积最厚，出土遗物最丰富的探方，尤其是第6～11层的出土器物组合，与同期地层和遗迹单位比较，是第四组的典型代表。因此，我们将第四组定为第四期。

第三章 主要遗迹

2002～2004年，先后对黄冶窑址第Ⅰ、第Ⅱ和第Ⅲ烧造区进行了四次较大面积的考古发掘，这次发掘的主要收获之一是清理出一批重要遗迹。其中窑炉遗迹10座，作坊及窑洞5处，淘洗池、沉淀池及陈腐池各1个，水井2眼，灰沟12条，灰坑162个（见附表四）。分述如下。

第一节 窑 炉

在这次发掘中共清理出唐代窑炉10座，第Ⅱ烧造区8座，第Ⅲ烧造区2座。分区介绍如下。

一、Ⅱ区窑炉

8座窑炉中除2号窑炉被1号窑炉叠压、7号和8号窑炉残破严重外，其余5座窑炉保存较好，可分为大、中、小三种形制。三种窑炉皆依地势而建，平面形制近似马蹄形。窑室、烟囱部分在台地之上，作半地穴式，墙体普遍采用长方形土坯垒砌。火膛部分常见于台地之下，采用高温耐火砖砌成。窑内都出土有一定数量的三彩类陶制品、瓷器残片和窑具等。

（一）1号窑炉（Y1）

Y1位于第Ⅱ烧造区东北部，见于T12第1层下，西北临ZF3。坐东北向西南，方向195度。Y1平面前窄后宽，中部微弧。由工作面、窑门、火膛、窑室、隔火墙、烟囱、护窑墙七部分组成（图一三；彩版一〇，1）。

工作面 位于窑门正前方，因被近现代地层破坏，工作面范围已不甚清楚。

火膛 平面作倒"八"字形，外口宽0.68米，内口宽0.50米，进深0.54米左右，低于窑床0.44米。火膛两侧墙体用长方耐火砖错缝平铺，内侧表面敷一层较厚耐火泥，残高0.42米。底面上平铺一层厚1.7厘米垫板。火膛内堆积可分为两部分，上部土质松，土色浅灰；下部堆积厚0.80米左右草木灰。出土遗物有酱釉、三彩、黄釉、青黄釉和少量绞胎、白釉瓷等。器形有盆、碗、罐、瓶、执壶、灯、擂钵，以及铃铛等小型玩具，同出的还有较多窑具和建筑材料板瓦等。

窑室 位于火膛和隔火墙之间，后部右侧被现代扰坑破坏。窑床面较平坦，前窄后宽，前

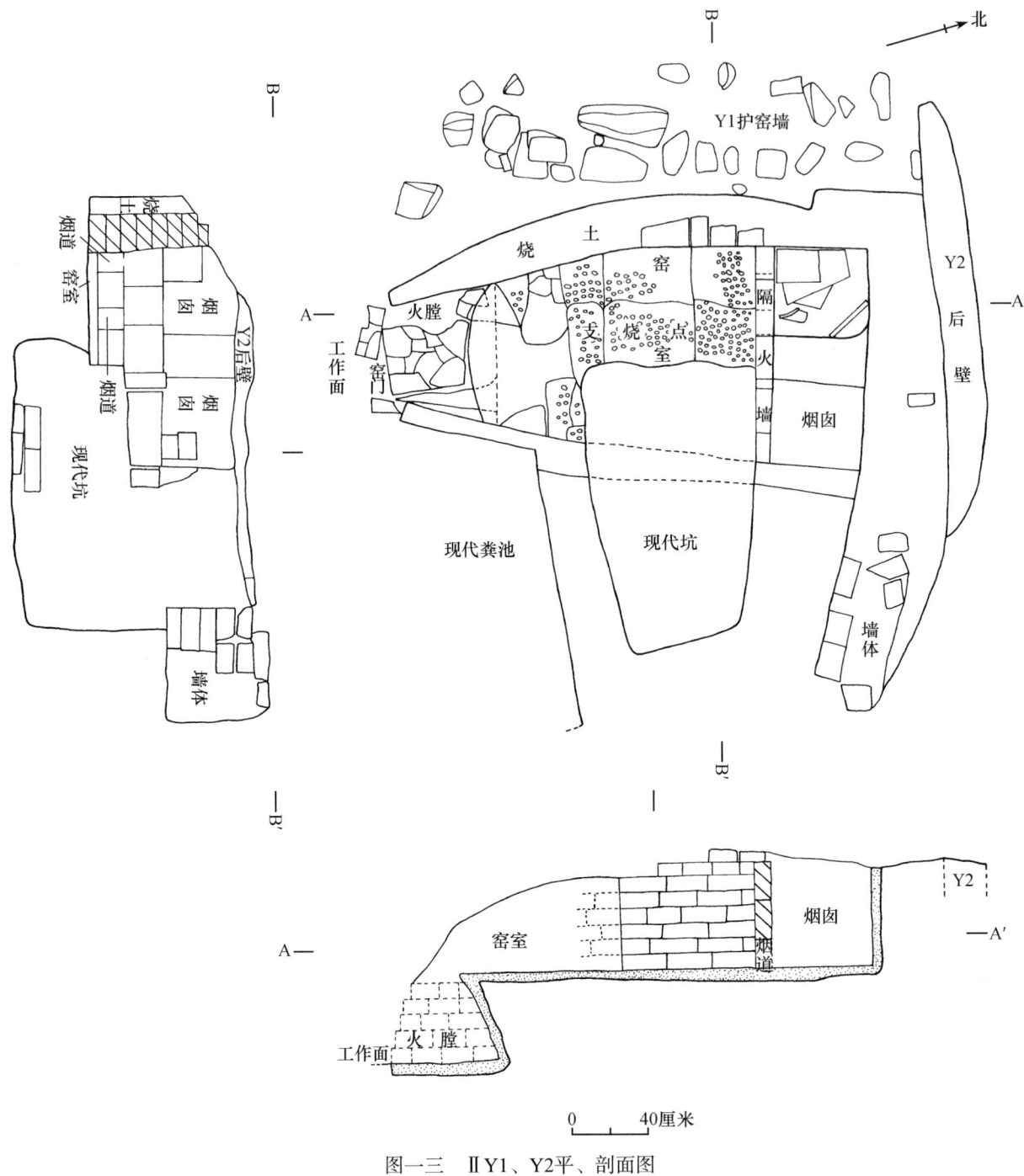

图一三 ⅡY1、Y2平、剖面图

宽0.72米，后宽约1.15米。四壁用长方土坯砌成，保存最好的一段墙体有8层土坯，高0.60米，窑壁上敷一层较薄耐火泥。床面上平铺一层大小不等的耐火垫板，垫板厚3.5厘米，床面上残留有大量不规则小垫饼和相互交融的黄釉、绿釉、褐釉斑块。窑室内填土亦可划分为两层，第1层同火膛上部堆积；第2层土质松散，红烧土，厚0.10～0.15米。出土遗物以酱釉和素烧器为主，器形有罐、水注和少量垫板，同出的还有较多板瓦。

隔火墙 位于窑室和烟囱之间，用土坯错缝竖砌，宽0.10米，残高0.40米。在隔火墙下有四个排烟道，东部两个烟道被现代扰坑破坏，西部两个排烟道分别宽0.10米左右，高0.12米左右。

烟囱　两个，位于窑炉的最后端，横向排列，分别呈竖向长方形。左侧烟囱长0.50米，宽0.46米；右烟囱长0.49米，宽0.44米；两烟囱间隔墙前窄后宽，前宽0.22米，后宽0.24米。

护窑墙　位于窑炉的西墙体外，用大小不一的河卵石砌成。依据Y1保存现状可知，当时的地形是东北地势高，窑室的下半部在地面以下，为半地穴式，西南在断崖以下就地起建，墙体外围用厚0.70米左右河卵石掺黄土作护窑墙。

（二）2号窑炉（Y2）

Y2　位于第Ⅱ烧造区东北部，见于T12内，被Y1打破，坐向与Y1一致，仅残存窑炉后墙体和墙体局部残砖，没有出土任何遗物（图一三；彩版一〇，1）。

（三）3号窑炉（Y3）

Y3　位于第Ⅱ烧造区东北部，见于T15南部第8层下，由于地势北高南低，火膛部分被第9层打破。坐东北向西南，方向223度。Y3平面近似马蹄形，亦由工作面、窑门、火膛、窑室、隔火墙、烟囱、护窑墙七部分组成（图一四；彩版一〇，2）。

工作面　已被第9文化层破坏，仅存窑门前横向竖立的两块残垫板。

火膛　由于被晚期地层破坏严重，平面呈不规则长方形，两侧墙体采用长方土坯垒砌，内壁敷一层较厚耐火泥。保存最好的一段残高0.40米，宽0.64米左右，进深0.78米左右，火膛低于窑床0.56米，底面前半部用废弃残垫板铺地。火膛内填土可分为两层，上层土质较硬，土色黄褐。出土有少量白釉玉璧底碗、三彩类器物残片和垫板等；下层土质松，内含大量草木灰，为火膛废弃时遗存，仅出土有极少酱釉瓷器残片。

窑室　位于火膛与隔火墙之间，窑床面前窄后宽，前宽0.70米，后宽1.20米。床面上用长方土坯铺地，然后涂抹上一层耐火泥，在耐火泥没脱落的地方黏结有小泥饼、垫圈和青绿釉斑块。窑室内填土较松，土色黄褐，内含大量红烧土块。出土遗物仅有少量白釉绿彩和酱釉瓷器残片，器形有罐、执壶、灯和少量的窑具垫板、建筑材料板瓦等。此外，还出土有较多的小圆泥饼和泥条制成的不规则垫圈。

隔火墙　倒塌移位到窑室，依据右侧残存的两个烟道得知，隔火墙厚0.15米，烟道宽0.16米，高0.11米。

烟囱　位于窑炉的最后端，左侧较小作方形，边长0.44米；右侧的为长方形，竖向长0.47米，横向宽0.40米。两烟囱间的隔墙用长方土坯砌成，隔墙宽0.35米。烟囱内的填土和出土遗物同窑室出土遗物完全一致。

护窑墙　仅在火膛的东侧暴露出少量残砖，砖墙内侧与火膛墙体之间填充耐火泥作护窑墙。就Y3的残状看，窑室、烟囱等主体部分在台地以上，作半地穴式，火膛在台地下就地用耐火砖砌成。

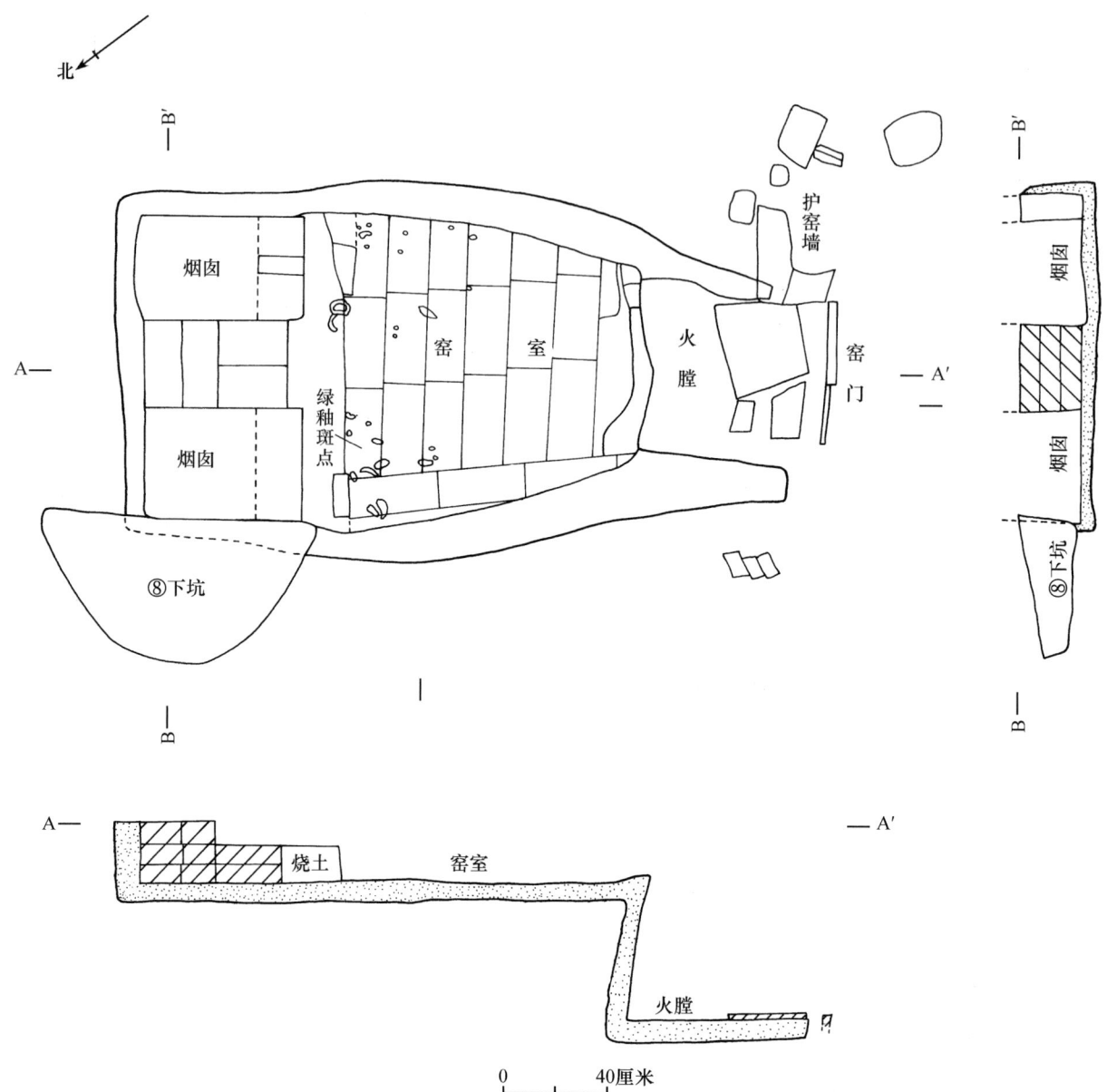

图一四　ⅡY3平、剖面图

（四）4、5号窑炉（Y4、Y5）

Y4、Y5位于T15西北部，被第10层所压。两窑并列，共用一个工作面，坐东南向西北（彩版一一，1）。

1. Y4

位于Y5的右侧0.65米，是这次清理出的10座窑炉中最小的一座，方向306度。由工作面、窑门、火膛、窑室、隔火墙、烟囱、护窑墙七部分组成（图一五）。

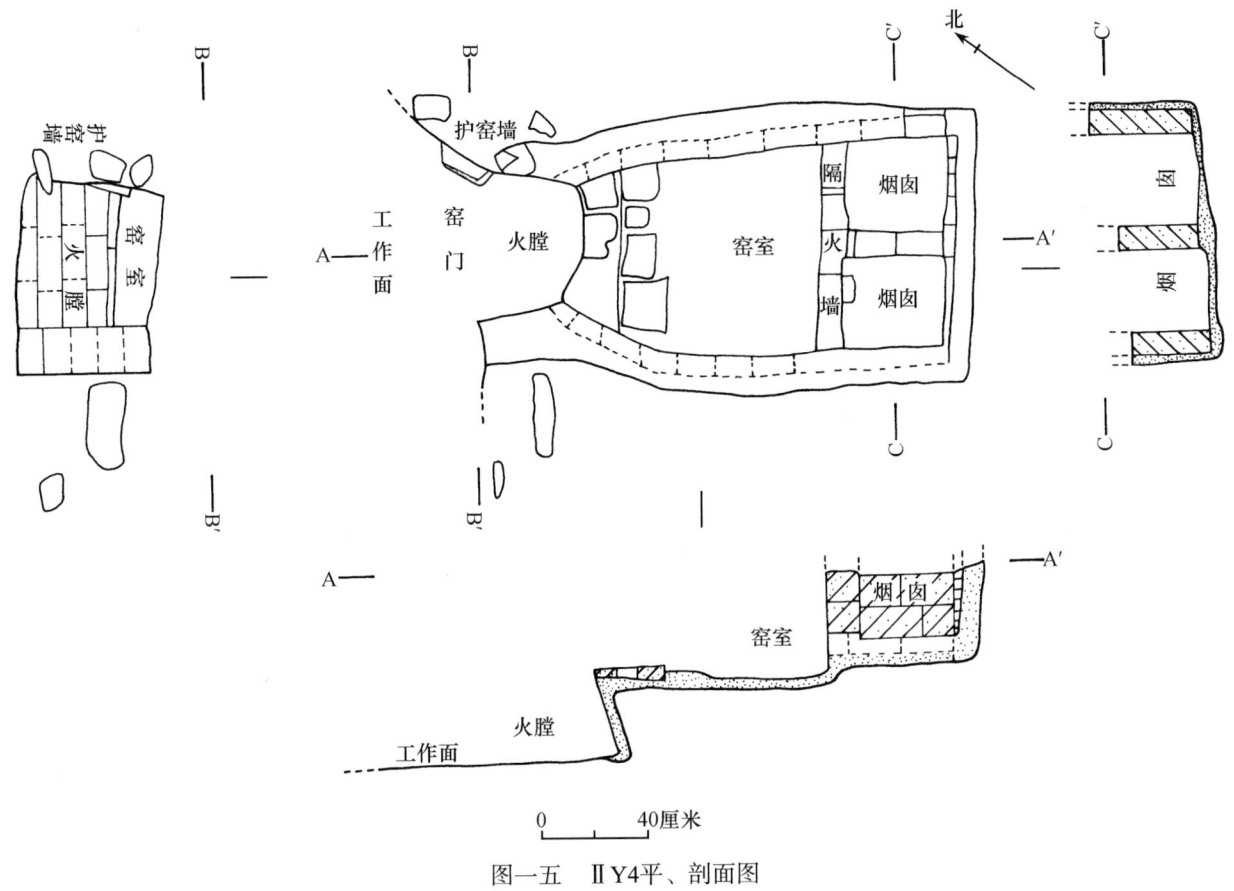

图一五　ⅡY4平、剖面图

工作面　位于火膛的正前方，保存基本完好。出土遗物较多，以酱釉、酱黄釉、白釉绿彩为主，三彩、黄釉、青黄釉和白釉瓷相对较少。器形有玉璧底碗、豆、罐、执壶、灯、枕和器盖等。

火膛　较小，用耐火残砖砌成。火膛前宽0.55米，后宽0.44米，进深0.40米，火膛底距窑床面0.34米。火膛前宽后窄，这种比例不正常现象，可能与窑炉过小有关。

窑室　前宽0.44米，后宽0.76米，长0.90米，残高0.40米。窑床床面采用长方耐火砖平铺，砖面上涂抹一层高温耐火泥，在窑床面上残留有少量支烧痕和绿釉斑块。

隔火墙　位于窑室和烟囱之间，采用土坯砌成，厚0.09米，隔火墙下的四个烟道分别通向后面的两个烟囱，紧靠两侧窑壁的两个烟道略宽，分别为0.13米；中部的两个烟道分别为0.10米，高0.11米。

烟囱　位于隔火墙后部，两个烟囱近方形横向排列，东西长0.40米，南北宽0.34米。烟囱的四壁上分别敷一层耐火泥，多已脱落。

火膛、窑室、烟囱填土一致，土质松散，土色红褐，内含大量红烧土。出土遗物有三彩、白釉绿彩、酱釉等。器形有碗、豆、执壶、净瓶、枕等，窑具以垫板、柱形支烧为主，其次是小圆形素烧垫饼。

护窑墙　位于火膛两侧墙体的外围，用土加卵石堆积而成。

2. Y5

是这次发掘的10座窑炉中保存最好的一座，方向305度（图一六）。亦由工作面、窑门、火膛、窑室、隔火墙、烟囱、护窑墙七部分组成。

工作面　在火膛的正前方，与右侧Y4的工作面相连，中部被现代盗洞破坏。

火膛　平面近似梯形，口宽0.54米，进深0.40～0.46米，火膛底部距窑床面0.48米。火膛内填土较松，土色黄褐，内含较多红烧土颗粒。仅出土一件青釉执壶残片和少量垫板、柱形支烧窑具等。

窑室两壁微弧，采用长方黏土土坯错缝砌成。窑床前宽0.66米，后宽1.03米，中宽1.04米，长1.34米，残高0.50米。窑床上平铺一层耐火垫板，在垫板、窑壁上分别涂抹上一层较厚耐火泥，窑床上黏结大量圆饼支烧，常见三个一组，平面作三角形，并残留少量柱形支烧、垫圈支痕和大量绿釉、黄釉斑块。依据柱形支烧印痕，结合柱形支烧的高度和这一时期大型垫板广泛使用可以看出，该窑炉是采用垫板分层装烧工艺。

隔火墙厚0.10米，在隔火墙下有四个烟道分别通向后面的两个烟囱。烟囱作竖长方形，左烟囱宽0.40米，长0.52米；右烟囱宽0.37米，长0.49米。两烟囱的隔墙厚0.22米。护墙采用不规则河卵石堆积在火膛耐火砖墙体的外侧，然后用封土围护。右侧的护墙与Y4左侧护墙相连，作弧面形。窑室、烟囱与火膛内填土一致，不同的是窑室出土遗物较多，常见的有黄釉、白釉绿彩、三彩和黑釉、白釉瓷等。器形有玉璧底碗、罐、盒、净瓶等，窑具有垫板、柱形支烧、三叉支烧、素烧小圆垫饼等，其中这些素烧小圆垫饼都出现在烟囱底部纯净的红烧土内，尚未使用过。

（五）6号窑炉（Y6）

Y6跨T12、T13两个探方，西北临Y1。坐东北向西南，方向193度。Y6是这次发掘的10座窑炉中最大的一座，也是窑炉墙体保存最高、最好的一座。由工作面、窑门、火膛、窑室、隔火墙、烟囱、护窑墙七部分组成（图一七；彩版一二）。

工作面在窑门正前方，与窑门底面相平。由于受地形的限制，尚未完全揭露。

火膛位于工作面与窑室之间，平面作倒"八"字形。外口宽0.64米，内口宽0.44米，进深0.62米，火膛底距窑床面0.64米。火膛采用长方耐火砖错缝垒砌，内壁敷一层较厚耐火泥，残高0.68米。

窑室位于火膛和隔火墙之间，近似倒"八"字形。窑壁保存较好，残高0.80米左右。由于窑室两侧是土壁，曾多次敷耐火泥修整，敷耐火泥最厚处达0.09米，从窑室东壁多次修补的情况看，窑室窑壁在使用期间出现局部严重倒塌，窑床面也经过多次修补。窑床前宽1.12米，后宽1.58米。床面两端略高，中间微凹。在床面的中后部小范围遗留有绿釉、黑釉斑块。此外，在接近火膛处的床面上黏结有较多黑釉小型钵类瓷器和酱黄釉罐等。由此表明Y6是以烧制瓷器为主的窑炉，此外也兼烧三彩类陶制品。

第三章 主要遗迹

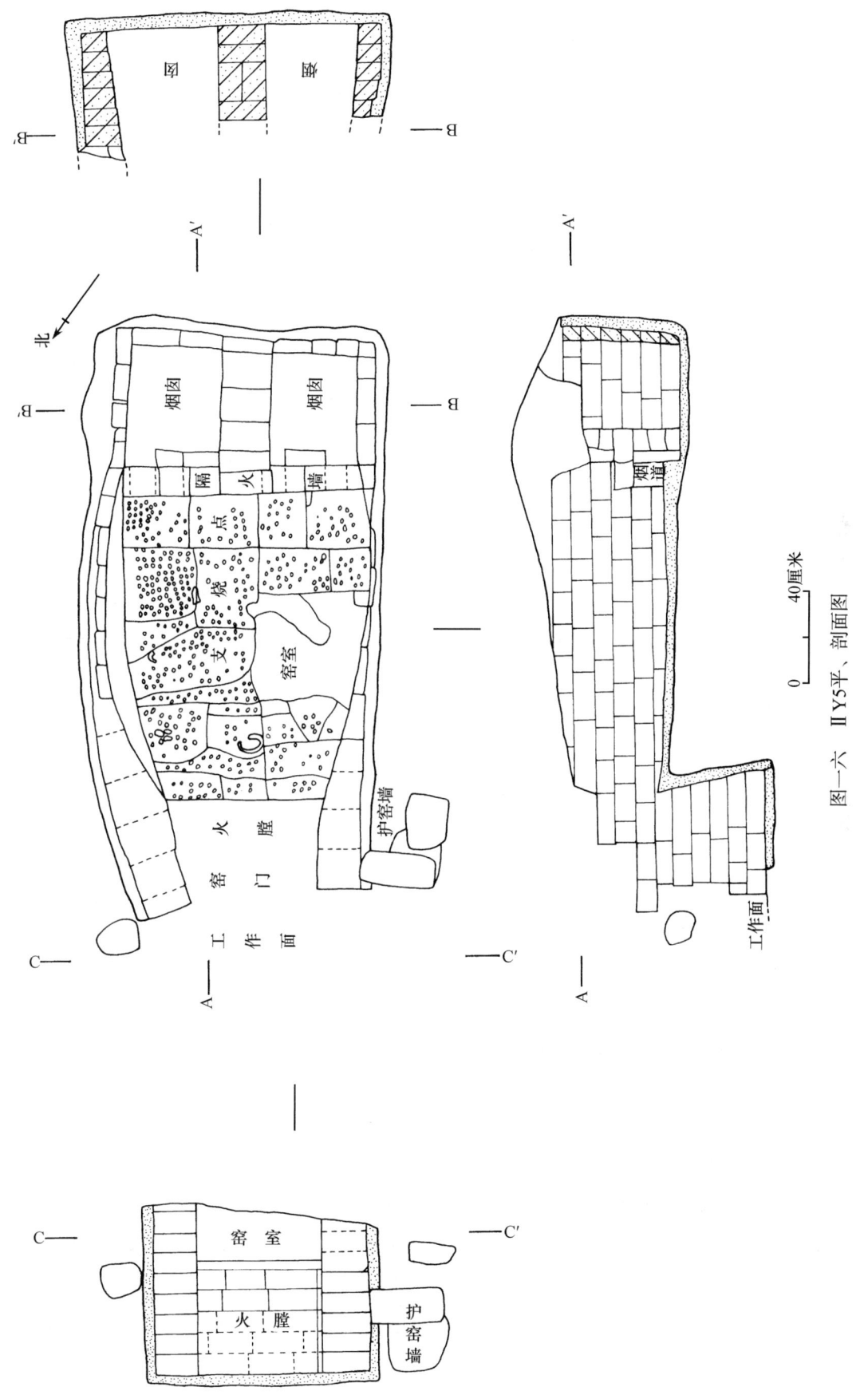

图一六 ⅡY5平、剖面图

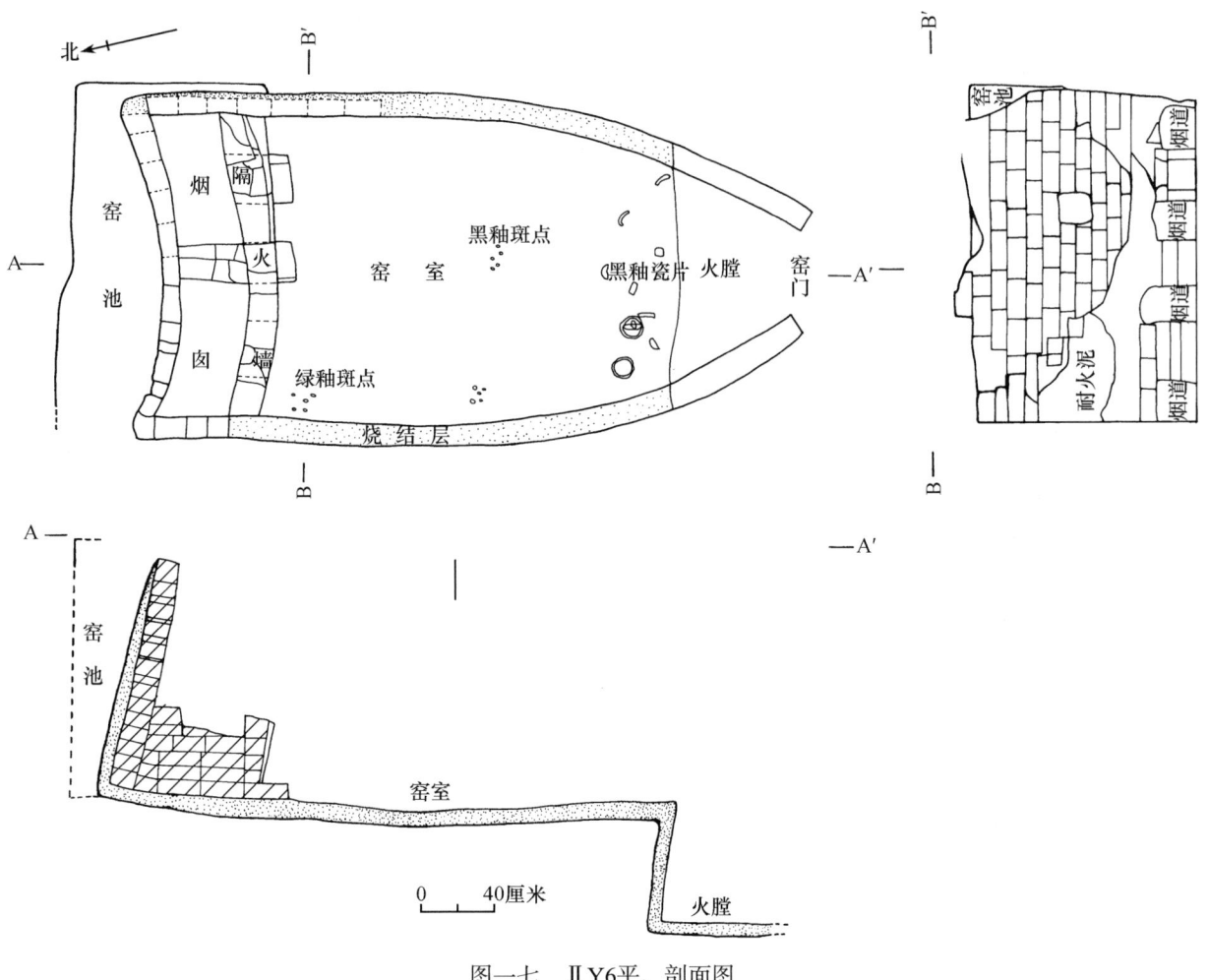

图一七　ⅡY6平、剖面图

隔火墙置于窑室和烟囱之间，墙体厚0.15米，用土坯错缝平砌，然后涂抹一层较厚耐火泥，因外力挤压墙体变形内弧。在隔火墙下有四个排烟道分别与窑炉后面的两个烟囱相连，烟道宽0.20米，高0.22米左右。

烟囱两个，是窑炉的最后部分，长方形横向排列。采用土坯错缝平砌，由于外力作用变形。分别呈不规则长方形，横向长0.70米，纵向宽0.30米。墙体残存最高处达13层，高1.18米。护墙位于火膛外围两侧，因需要就地保护未清理。

依据窑炉整体结构看，该窑炉依地势而建，即在断崖上就地势先挖一个窑池，隔火墙和烟囱部分就池底采用长方土坯砌成，窑室两侧直接在挖好的土壁上敷一层较厚耐火泥。依据窑室右侧后段土壁上残存的一层长方土坯推断，窑室原地面以上及窑顶采用长方土坯垒砌。

窑内堆积可分为两层，第1层主要分布于火膛和窑室内。土质松散，土色浅灰，内含少量草木灰和烧土颗粒。出土遗物较多，以酱釉、黑釉、素烧器和三彩陶制品为主，黄釉、绿釉、白釉绿彩、白釉蓝彩和白釉瓷相对较少。器形有碗、盘、豆、钵、盂、瓶、罐、擂钵、枕、灯等。同出的还有垫板、柱形支烧、三叉支烧、垫圈等窑具，个别三叉支烧上刻划有"大""太"等字样，个别柱形支烧上刻有"雷""弧"等字样。第2层主要分布于窑室底部和烟囱内，土质松散，土色黄褐，内含大量红色粉末状颗粒。出土遗物有三彩、黄釉和酱釉瓷。器形有碗、罐、器盖，和人物俑等。左烟囱内出土的两件三彩罐和右烟囱内出土的一件白釉玉璧底碗（彩版一二，1），为Y6的废弃时间提供了重要的实物依据。

（六）7号、8号窑炉（Y7、Y8）

Y7、Y8位于Ⅱ区T12西北部，ZF3的右前方，坐东北向西南，方向195度（图一八；彩版一一，2）。

Y7、Y8分别被Y1西护墙打破，然后又被Y1西护墙外侧活动面所压。Y7前部叠压在Y8之上，窑室缩小，窑床抬高0.08～0.18米，与Y8火膛、活动面重叠利用。虽然Y7仅存火膛、窑室、隔火墙和烟囱局部，但保存相对较好。火膛位于窑炉最前面，破坏严重，结构不明。窑室位于火膛和隔火墙之间，东部被Y1的西护墙叠压，西部被近现代人为取土破坏，仅存窑床中间局部。床面用废弃耐火垫板平铺，然后涂抹一层较厚耐火泥，上部遗留有绿釉、褐釉斑点。隔火墙仅残存局部，厚0.16米；隔火墙残存一个排烟道与烟囱相连，烟道宽0.12米，高0.06米。

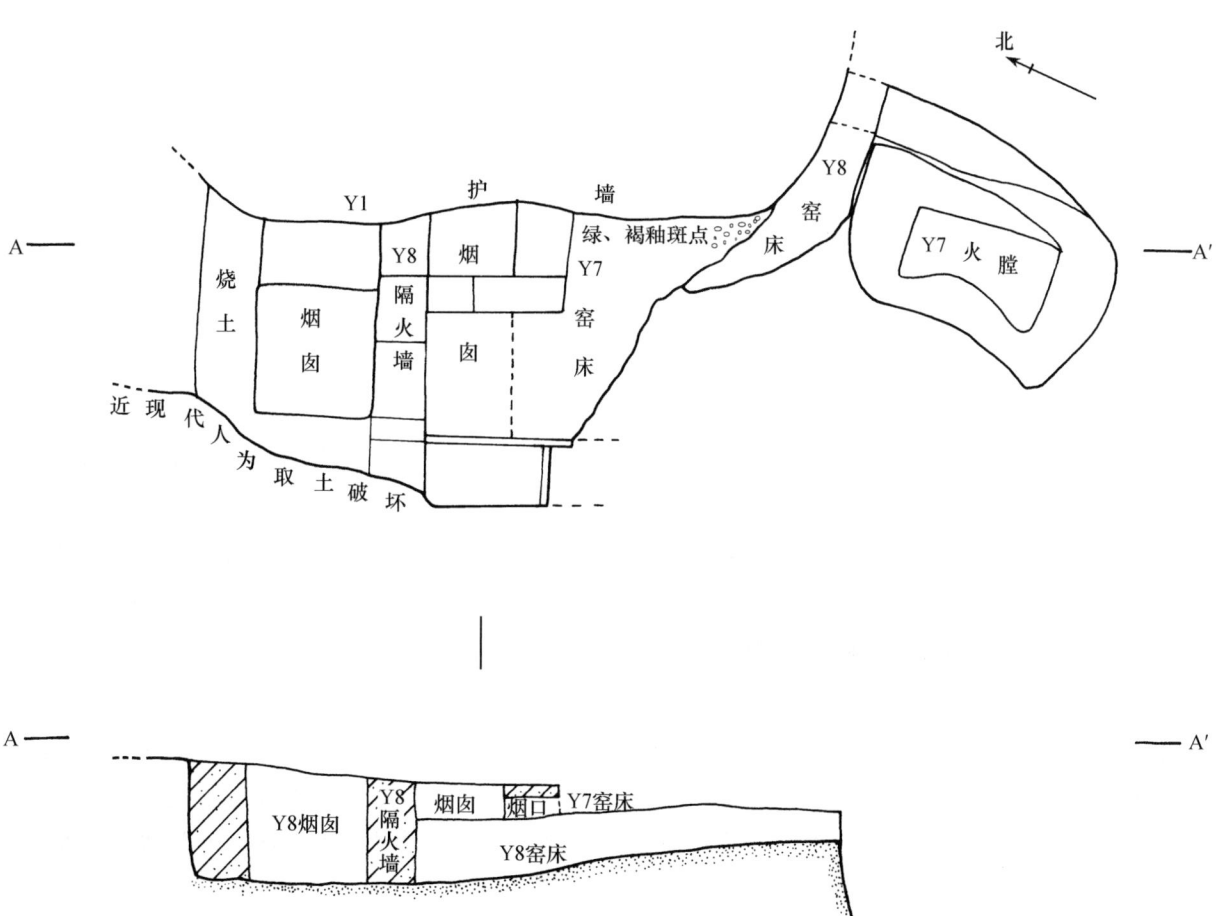

图一八　ⅡY7、Y8平、剖面图

烟囱两个，横向排列，利用Y8隔火墙作后墙。残高0.08米，复原后分别横向长0.34米，纵向宽0.24米，两烟囱隔墙厚0.10米。Y8破坏严重，窑床面前高后低。隔火墙被Y7烟囱后墙所利用，采用长方土坯平砌，厚0.14米。两个烟囱横向排列，近长方形，边长0.36米左右，残高0.32米。从残存现状分析，Y7是在Y8废弃后的基础上改建而成。

二、Ⅲ区窑炉

2座，皆被晚期地层破坏严重。Y1仅存火膛部分。Y2除火膛部分保存较好外，窑室仅存左侧外部墙基印痕。

（一）1号窑炉（Y1）

Y1位于T1中部，被第7文化层所压。坐东向西，方向287度（图一九；彩版一七，1）。窑室、隔火墙和烟囱残缺，火膛仅存基础部分，作马蹄形。窑前工作面被第7文化层破坏严重，仅局部残存有活动面。窑门外宽0.60米，内宽0.42米，进深1.54米，后墙横宽2.76米，残高0.16米。从火膛平面结构看，该窑炉目前是黄冶窑窑炉最大的一座。火膛内填土疏松，内含大量红烧土。出土遗物不多，以筒形支烧、三叉支烧、垫板、素烧器和白釉瓷为主，黄釉、三彩、绿釉、酱釉极少。器形有碗、豆、洗、钵、罐、瓶、三足炉和器盖等。依据地层叠压关系和Y1火膛内出土的遗物看，该窑炉的使用时间大约在黄冶窑烧造的鼎盛阶段。

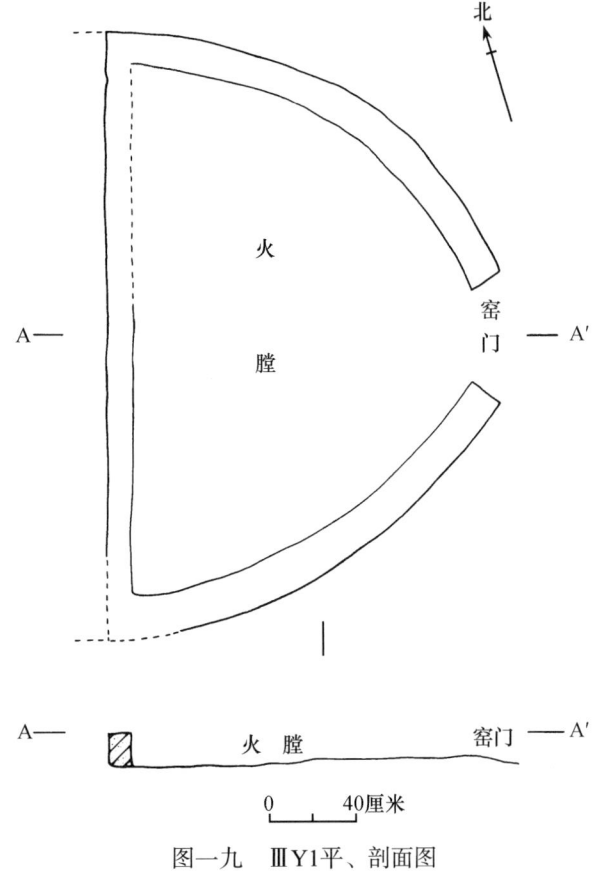

图一九　ⅢY1平、剖面图

（二）2号窑炉（Y2）

Y2位于T9北部，向北延伸至T8内，被第9文化层所压。坐东向西，方向274度（图二〇）。烟囱部分残缺。火膛较小，基础部分保存较好，平面结构亦为马蹄形。窑门外宽0.64米，内宽0.46米，进深0.66米，后墙横宽1.48米，残高0.28米。窑室左侧墙基清晰且与左侧火膛外墙相连，其余仅存窑床下部分烧土印痕，依据窑室左侧烧土印痕西北角右折现象分析，窑室（包括烟囱）纵向长约1.78米，依据窑室前段残存的烧土痕推测，窑室横向宽1.36米左右。火膛内堆积土质松散，土色黄灰，内含大量红烧土块及窑壁烧结残块，应为窑炉本身倒塌所致。火膛接近地面处有一层草木灰，出土有少量素烧制品和绿釉成品器残片等。器形有碗、三彩三足炉等，同出的还有少量小圆垫饼。

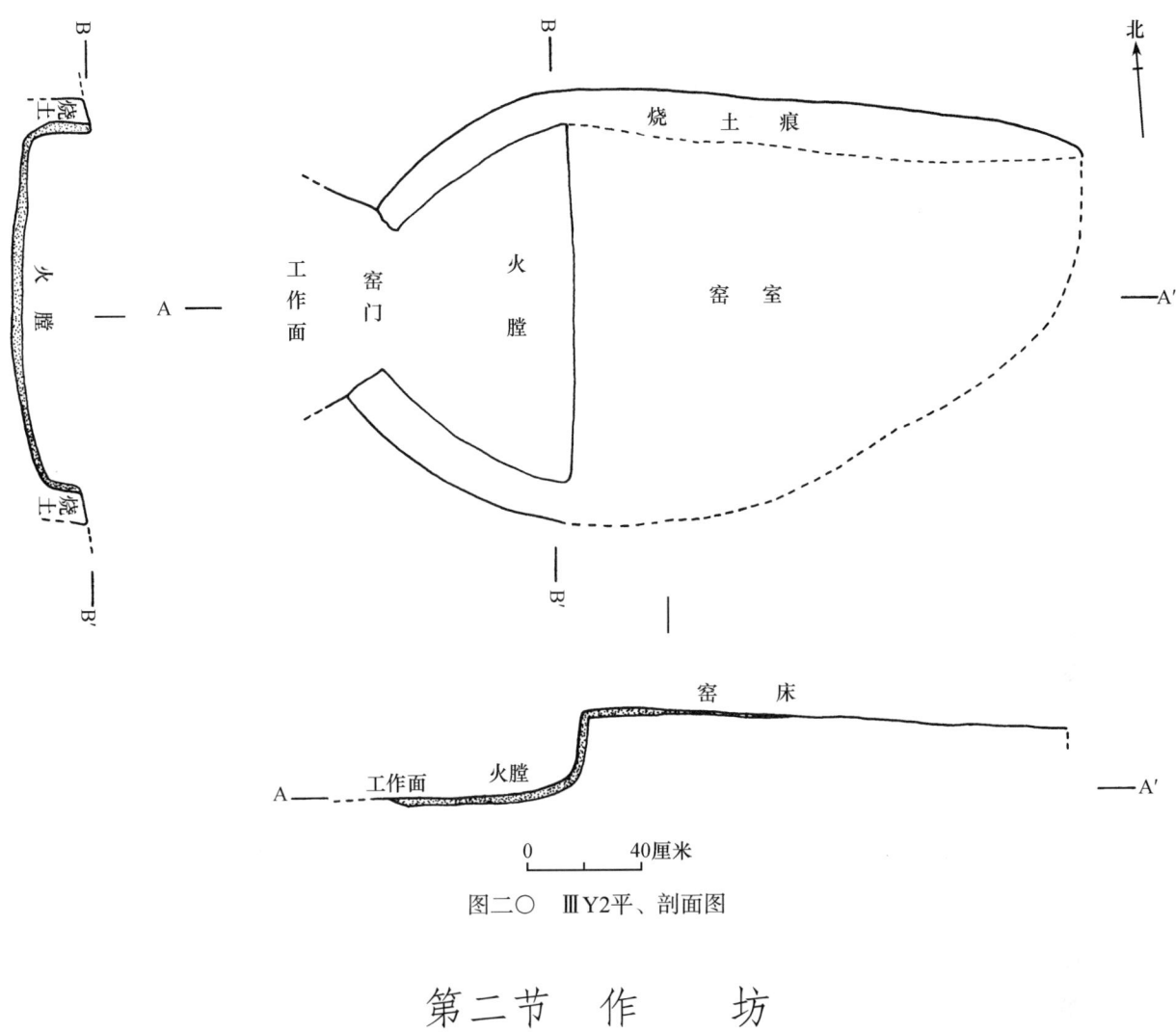

图二〇　ⅢY2平、剖面图

第二节　作　坊

Ⅱ区作坊计作坊和窑洞遗迹5座，是这次发掘的重要收获之一。其中第Ⅱ烧造区3座，第Ⅲ烧造区2座。分区介绍如下。

一、Ⅱ区作坊

3座，其中两座是窑洞式，保存较好。另一座是地面建筑，残破较严重。

（一）1号作坊（ZF1）

ZF1位于第Ⅱ烧造区1号窑炉和2号窑炉西北5.40米，坐北向南，方向191度。由前室、中室和后室三部分组成。该作坊前室和中室被北宋及近现代堆积层所压，后室在断崖内，考虑到安全问题未清理（图二一；彩版一三，1、2）。

作坊内堆积共分为两层：第1层，厚0.20～0.45米。土色浅灰，土质松软，内含有炭粒、

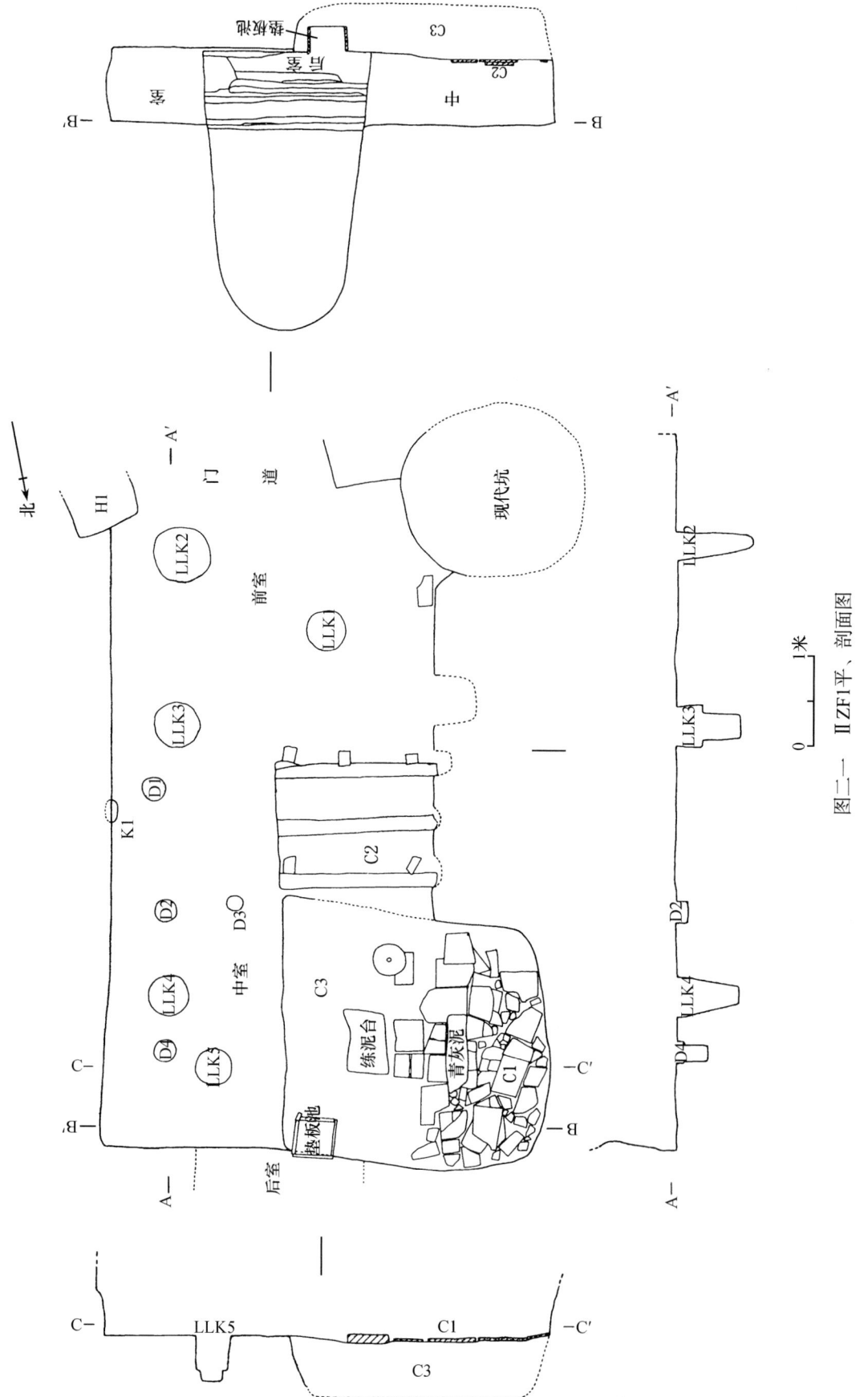

图二一 ⅡZF1平、剖面图

草木灰和大量烧土。出土遗物不多，以三彩、白釉、酱釉瓷为主，还有极少北宋晚期青釉瓷器残片。该层下为一活动面，清理出4个灶和4个柱洞，编号分别是Z1、Z2、Z3、Z4和D1、D2、D3、D4。除1号柱洞在作坊外西侧，其他3个柱洞和4个灶打破第2层。2号灶保存最好，灶内遗存有少量草木灰和两片北宋时期白釉瓷碗残片。值得一提的是，作坊中室东北部活动面上出土的一枚"天圣元宝"纪年钱币，为第1层和第1层下遗迹年代提供了重要的实物依据（图二二）。

第2层，为淤积层，厚0.10~0.83米，为该作坊废弃后的原始淤积。土色浅黄，土质较硬，含较多红褐色生土块，这些红褐色生土块形成的原因是作坊废弃坍塌所致。出土遗物不多，绝大部分出现在作坊的前室和中室两侧墙壁附近。以三彩为主，白釉瓷和素烧器次之。器形有碗、豆、罐、执壶、枕，以及鸽俑、人物俑等。该层下是ZF1废弃前的原始地面。

前室呈竖长方形，墙壁规整，右侧入口被晚期地层和H1打破。南北长4.78米，东西宽3.56米。中室西扩部分作弧壁，不甚规整，平面呈横长方形，东西长4.92米，南北宽2.60米，残高0.10~0.84米。后室在断崖内，由于清理难度太大，考虑到安全问题，尚未揭露。从断崖断面暴露的迹象看，后室作弧形顶，下宽1.86米，高3.04米，后室地面略高于前室和中室工作面。依据保存现状判断，后室为窑洞式建筑。值得注意是在前室和中室之间发现四个柱洞，分别编号为D5、D6、D7和D8。5号、6号和8号柱洞在一条直线上，7号柱洞与6号柱洞作丁字形。我们认为ZF1为一座半地穴棚式与土洞相结合的制坯、晾坯作坊。

在前室和中室内分布有5个辘轳坑，有圆锥形和上圆下方两种。口径最大者0.60米，深0.86米；最小的0.40米，深0.68米（图二三；彩版一三，3）。1号、2号和3号辘轳坑位于作坊前室，平面布局接近等边三角形。4号、5号辘轳坑位于中室东北部，呈西北—东南向排列。练泥池3处，分别编号是C1、C2和C3。1号练泥池位于中室西部，南北长2.74米，东西宽2.20米，池底利用废弃的耐火垫板铺地，池北墙壁上局部残留有竖立的废弃垫板，练泥池中东部有一大块长方石，我们推测为练泥台。2号练泥池位于作坊前室西北部，东西长1.72米，南北宽1.40米，地面遗留青灰泥厚0.05米。青灰泥下有间距相等的三条东西向地槽，地槽宽0.14~0.18米，长1.72米，深0.06~0.10米，槽内堆积纯净青灰泥。这三条地槽分别和西墙壁上三个大小不一的土洞相连，我们推测2号练泥池下的三条地槽先后用途有所区别，前期可能为晾坯场所。依据1、2、3号辘轳坑的布局和所在位置推测，应当是同一时期配套设施。3号练泥池位于作坊中室西部，被1号练泥池所压。从局部清理的情况看，呈坑状，应是该作坊初期陈腐池。

综上所述，ZF1从形成到完全废弃大约经历了三个阶段。第一阶段，大约从唐代早期开始，唐代末年废弃，为黄冶窑烧造作坊专用阶段。第二阶段时间不长，作坊废弃，为自然冲积过程。最后阶段，大约在北宋初年，人们在原作坊的基础上整改后作为生活居住场所，此阶段与黄冶窑的烧造无关。

（二）2号作坊（ZF2）

ZF2位于第Ⅱ烧造区T7和T10两个探方内，开口在第10层下，坐落在第11层上（图二四；

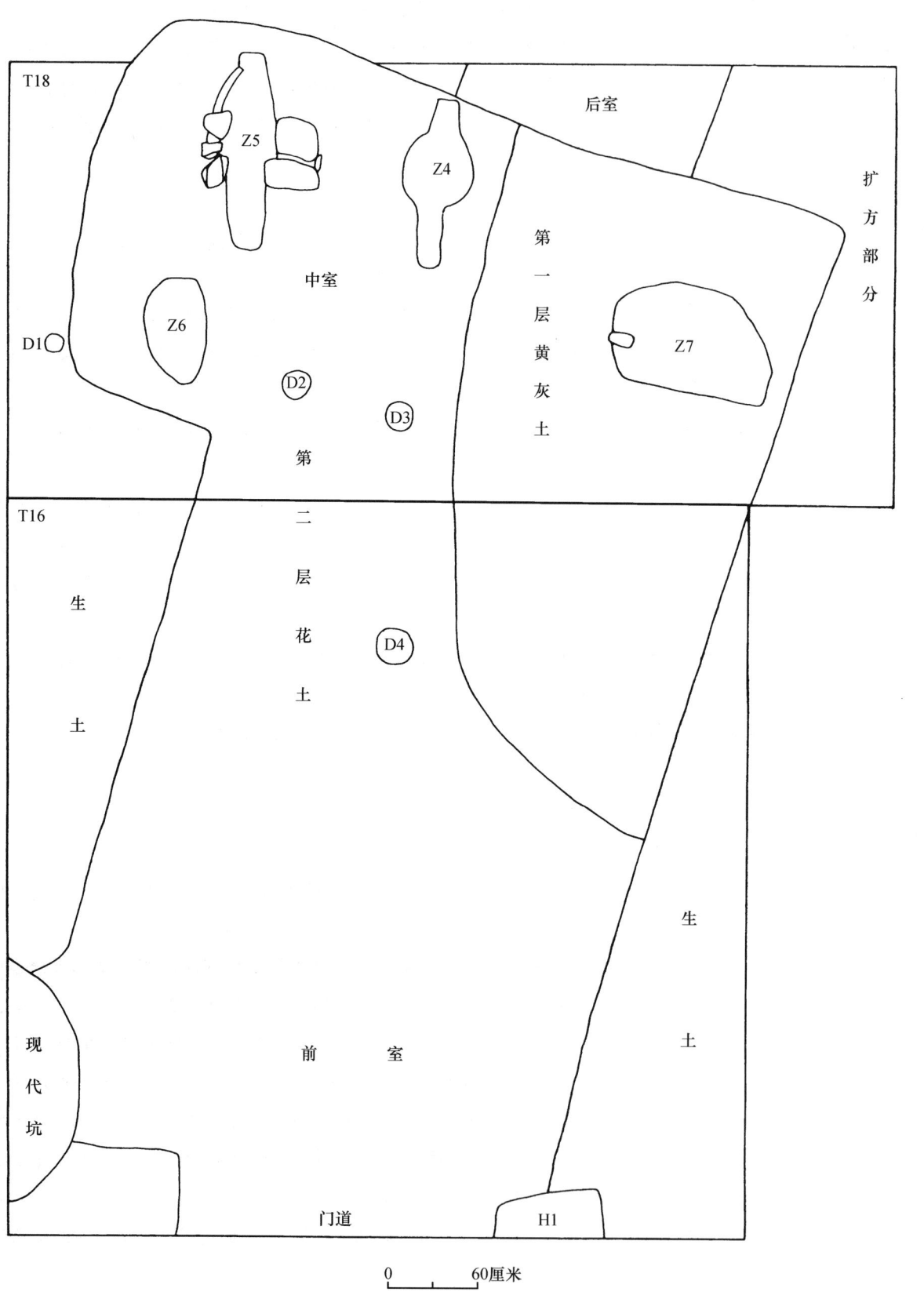

图二二　ⅡZF1第1层下平面图

彩版一四，1）。ZF2废弃后被后期地层破坏严重，加之发掘范围的限制，尚未完全揭露，坐向不明。就现有残状看可分为两个部分。主体部分位于T10西部，西、北、南三面延伸至探方外，仅暴露西北—东南向一排3个柱洞，编号为D1、D2和D3，D3的内侧有一个残陶瓮，局部活动面保存较好。ZF2东侧清理出8个柱洞，编号分别是D1、D2、D3、D4、D5、D6、D7和D8。8号柱洞位于中部，除残缺的外，其余7个柱洞等距分布在8号柱洞四周，复原面积约12平方米。在4号柱洞东侧有一段不甚清晰的土坯墙基，是不是门道尚难确定。值得注意是8号柱洞东西两侧的四个灶，1号灶和3号灶见第9层下，分别打破了2号灶和9号灶，从地层叠压关系看1号灶和3号灶与该作坊无关。2号灶和9号灶与所有柱洞开口层位一致，应是该作坊内的主要设施之一（图二五）。因此，我们认为它是ZF2的附属作坊，可能是一处简易烘坯或晾坯房。

ZF2没有可靠的纪年材料，我们只能依据地层叠压关系和出土遗物，并结合相邻遗迹的相对年代作以初步分析。ZF2和ZF2东侧附属作坊皆见于在第10层下，该层出土

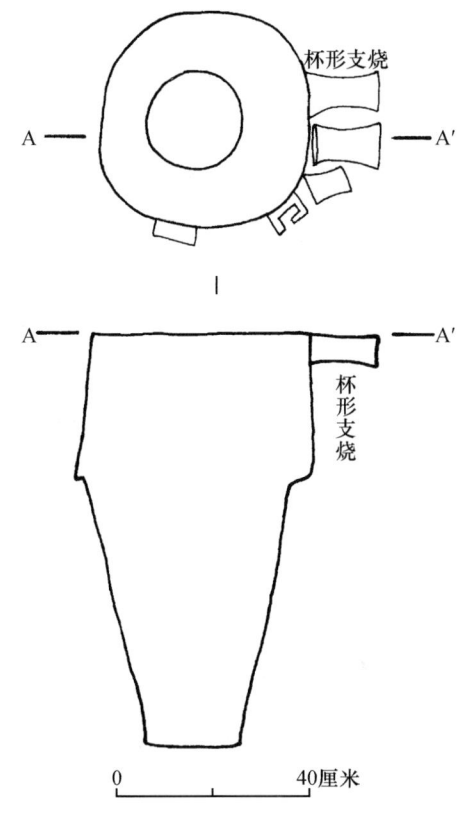

图二三　ⅡZF1LLK1平、剖面图

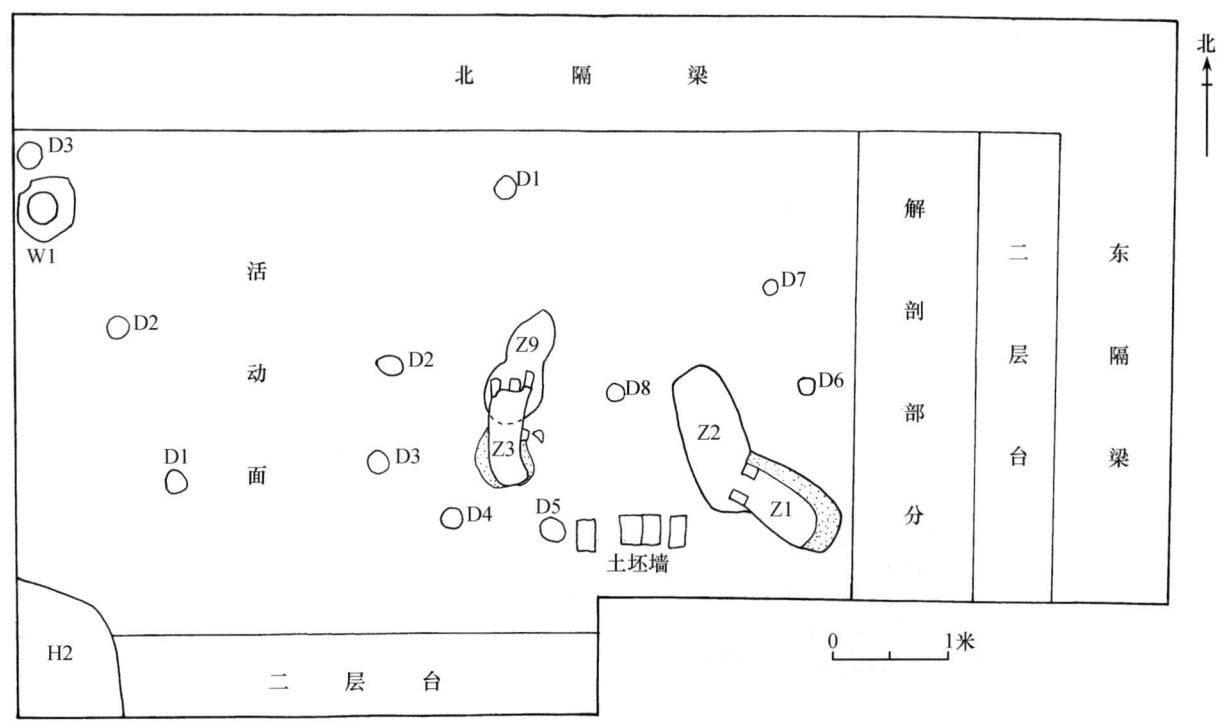

图二四　ⅡZF2平面图

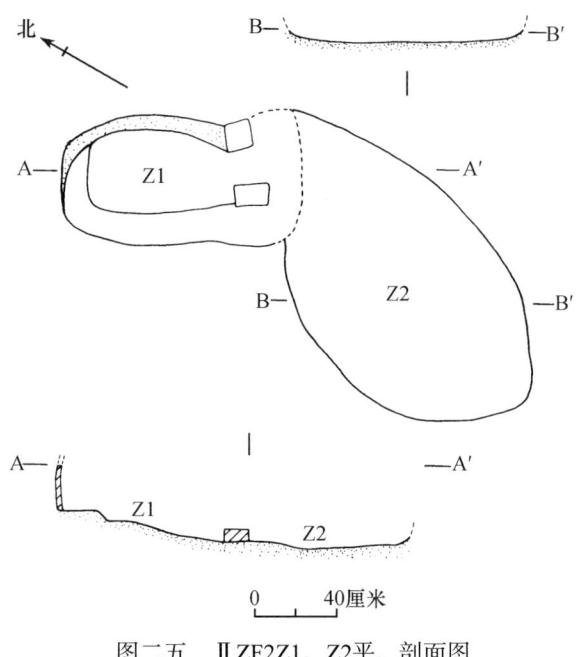

图二五　ⅡZF2Z1、Z2平、剖面图

遗物较多，以白釉、黑釉瓷为主，三彩、黄釉等陶制品极少。器形有碗、盆、杯、盅、瓶、钵、洗、炉、灯等，与T5H16、T6H18器物造型基本一致。同时，我们对T7东、北两面作坊下地层（第11层）进行了解剖，该层出土遗物极少，皆白釉、黑釉瓷，器形有盆、碗、盅等，不见三彩类陶制品，由此可以确认2号作坊不晚于黄冶窑烧造的第二期。从作坊中柱洞的布局和周边地面活动面分析，2号作坊应当是地面建筑。结合作坊上叠压的第10层内出土的大量板瓦等，表明这些建筑材料可能与2号作坊有关。值得一提是，该作坊以北5米处有一组用于制坯原料淘洗、沉淀等遗迹，两者的地层和包含遗物完全一致。我们推测它们是同一时期从配料、淘洗、沉淀、陈腐，到成型、晾坯等一整套完备的制瓷工序遗存。

（三）3号作坊（ZF3）

ZF3　位于第Ⅱ烧造区1号作坊东侧，为窑洞式作坊，上部被近现代人为破坏，开口第1层下（现代堆积层）。坐东北向西南，方向215度。由甬道和工作室两部分组成（图二六；彩版一五，1），甬道位于作坊中部正前方，墙壁已残缺，甬道内活动面厚度仅存0.10米，活动层厚薄不一，最厚处多达6层以上，由此得知甬道宽1.05米左右，进深残长0.78米。作坊面作竖长方形，前窄后宽，复原前宽3.12米，后宽3.90米，进深7.70米。东北角保存最好，作弧形顶，残高2.12米。作坊内有辘轳坑4个，分别编号是LLK1、LLK2、LLK3和LLK4。1号辘轳坑位于西南部，2号、3号和4号辘轳坑集中于作坊的东南部，4号辘轳坑被3号辘轳坑打破。2号辘轳坑形制较大，口径0.66～0.78米，深0.80米（图二七；彩版一五，2）。内填土分为四层，第一层厚0.26米，土色黄，土质较松，出土遗物极少。第二层厚0.04米，为制胎原料——青灰泥堆积。第三层厚0.08米，青灰泥胎坯堆积。第四层厚0.42米，土色黄，土质较纯净。3号辘轳坑口大底小，作圆锥状（图二八；彩版一五，3）。上口径0.48米，下口径0.08米，深0.76米。内填土浅灰，除一件白釉绿彩器外，其余出土遗物皆为素烧器。器形有碗、水注、罐、敛口钵等。值得一提是，3号辘轳坑出土器物与2号辘轳坑出土器物残片可以拼对黏合，由此表明2号辘轳坑和3号辘轳坑是同时废弃的。从这4个辘轳坑形制结构、废弃堆积和打破关系分析，4号辘轳坑和5、6号柱洞是该作坊早期的遗存。其余6个柱洞分布在作坊的后部两侧，编号分别是D1、D2、D3、D4、D7和D8。除7号柱洞外，1号（8号）、2号、3号、4号、5号和6号柱洞分别竖向分布在作坊的两侧，其中的5号和6号柱洞分别被1号、2号辘轳坑打破。作坊后部的东、西、北三面墙壁上，距地面高0.90米左右残存4个壁洞，编号分别为BD1、BD2、BD3和BD4。其中的

第三章 主要遗迹

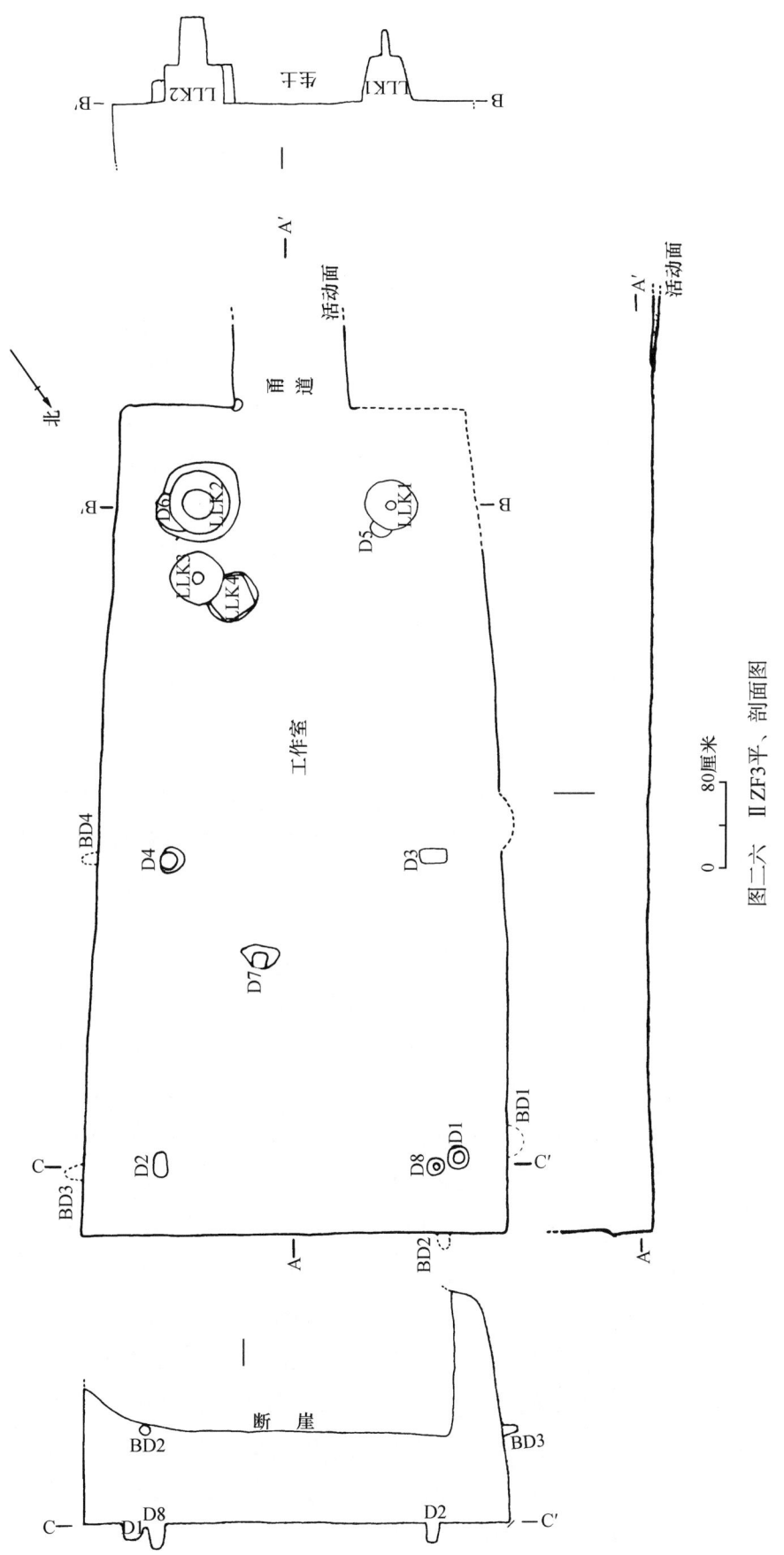

图二六 ⅡZF3平、剖面图

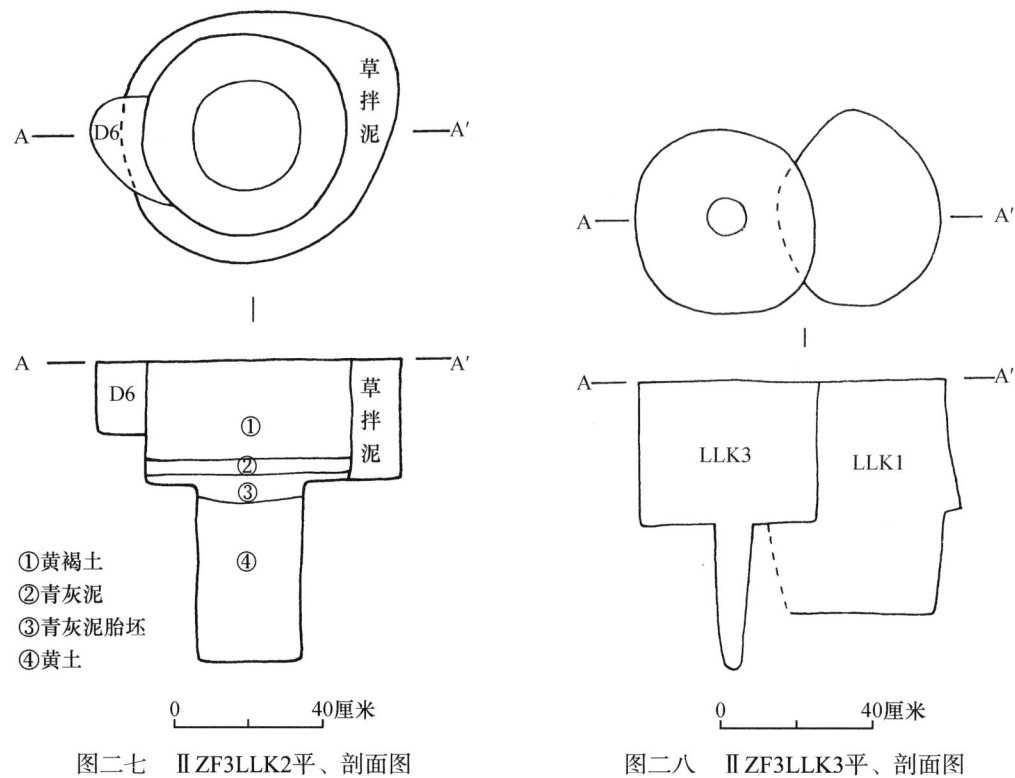

图二七　ⅡZF3LLK2平、剖面图　　　图二八　ⅡZF3LLK3平、剖面图

1号（8号）柱洞与西壁上1号和北壁上的2号壁洞对应，2号柱洞与东壁上的3号壁洞对应，4号柱洞与东壁上的4号壁洞对应。后壁东部上的壁洞和5号、6号分别对应的壁洞残缺。从这些柱洞的相互对应关系分析，这些遗存应是木结构棚架基础坑，其功能可能与临时摆放器物或晾坯有关。7号柱洞见于活动面下，与作坊内其他遗存没有明确关系。从洞内出土4件模制而成的青灰泥胎猴头埚看，该遗存初用时是制坯作坊，时间不会早于黄冶窑第三期前段。

作坊内堆积可分为三层：第1层，土色灰杂，土质松散，内含大量炭粒、草木灰和少量现代遗物等。据巩义市文物部门人员介绍，20世纪80年代巩义市文物工作者曾做过局部清理，该层应是当时清理后的回填土。

第2层，为作坊废弃后坍塌堆积。土质较松，土色浅黄，内含大量红褐色生土块和淤积土。出土遗物较少且碎，以素烧器和三彩为主，酱釉、黄釉、绿釉和白釉瓷相对较少。器形有碗、七星盘、豆、罐、水注、双系敛口钵、猴头埚、白釉玉璧底碗和三叉支烧等。

第3层，呈片状分布在作坊出口处，是作坊废弃前工作面上的原始堆积（图二九；彩版一四，2）。出土遗物丰富，以素烧器为主，占出土遗物的90%以上；三彩占8%，黄釉、绿釉极少占不足2%。器物的品种不多，以水注为主，其次是碗、双系敛口钵、罐、猴头埚等，完整器约占60%。同出的还有大量窑具，以拱形三叉支烧、柱形支烧为主，三叉支烧、筒形支烧不多。除此之外，活动面上散落有白色、黄色和粉红色釉料，这些釉料和器物、窑具堆积直接叠压在辘轳坑之上。从中可以看出该作坊先后用途不同，前期以制坯、晾坯为主，后期为配釉、施釉作坊。依据作坊内遗迹的打破关系和地层内出土遗物的变化推测，该作坊的形成时间大约在黄冶窑的第三期前段，废弃时间在第四期。

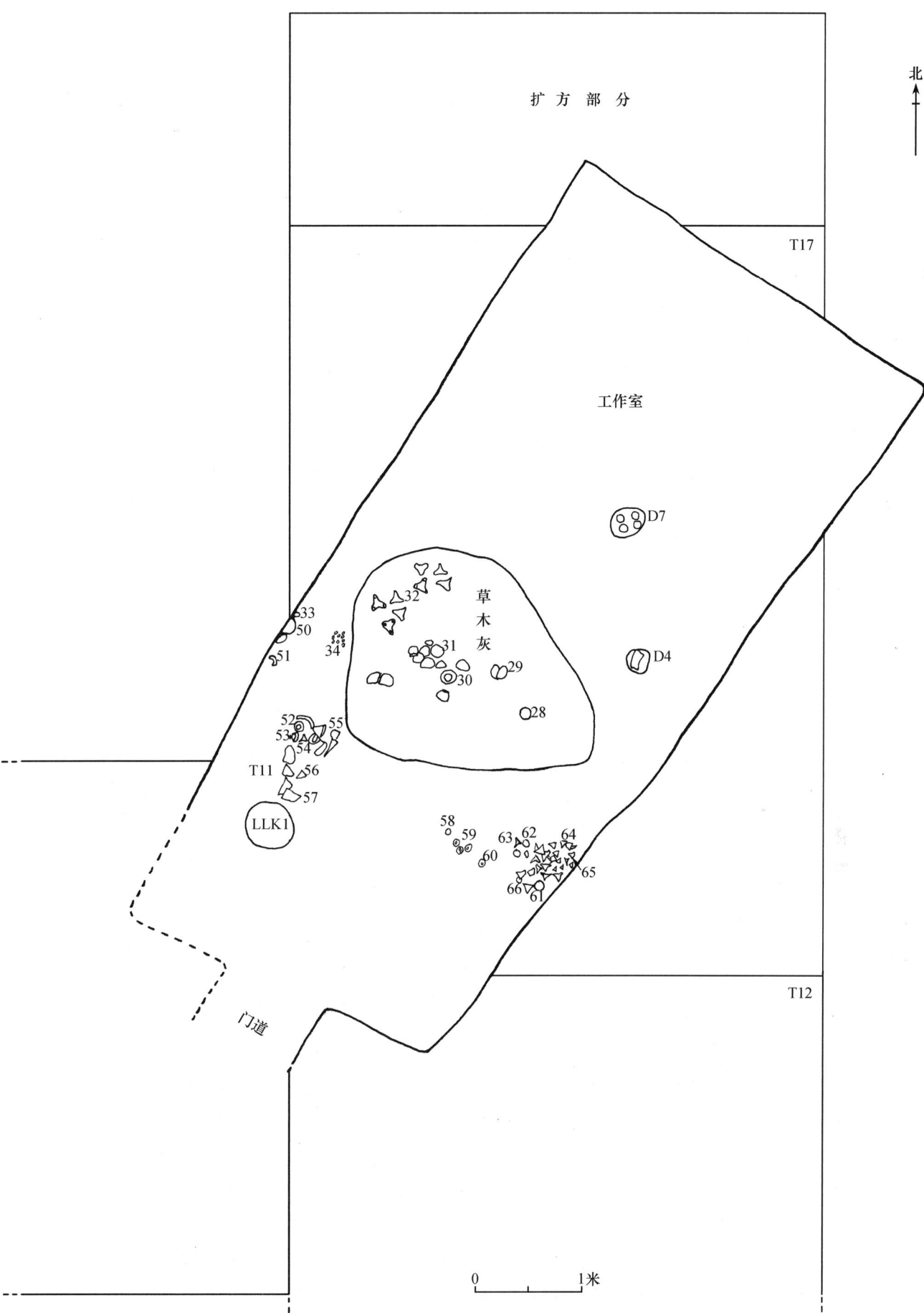

图二九　ⅡZF3③层下局部出土器物平面图

28、30、31、52、61.素烧水注　29、33、50、56、62.素烧碗　32、54、63.三叉支烧　34.石块　51、57.素烧罐
53、55.双耳钵　58~60.猴头埙　64.拱形支烧（大）　65.拱形支烧（中）　66.拱形支烧（小）

注：1~27号器物出土于③层以上填土内，图中未显示

二、Ⅲ区作坊

Ⅲ区作坊1座，编号ZF1。窑洞一处，编号YD1。由于两者的功能不同，分别编号介绍。

（一）作坊（ZF1）

位于第三烧造区西南部，分布于T3和T4两个探方内。开口在第8层下，打破第9层。ZF1是一座大型房屋式建筑，保存较好，坐西向东，方向98.5度。已揭露的四间除南端的一间部分延伸至探方壁内未能发掘外，其余三间完整揭露，由北向南编号为ZF1J1、ZF1J2、ZF1J3和ZF1J4（图三〇-1；彩版一六，1）。前墙基槽宽0.50米，后墙基槽宽0.60米。前墙基用长方砖垒砌，在墙基的内侧有4个柱础石，后墙基经夯打，墙基内亦有4个柱础石，与前墙内侧的4个柱础石相对应，分别编号为ZS1、ZS2、ZS3、ZS4、ZS5、ZS6、ZS7和ZS8。三间面阔均为3.60米，进深2.40米左右。房间与房间没有隔墙痕迹，初步推断该作坊顶部重心在柱子和横梁上，所谓的间与间可能是贯通的。残存门道两处，一处在第一间房4号柱础石的右侧，入口宽0.72米，另一处位于第三间房6号柱础石的左侧，仅存门墩石，入口宽度不详。第三间房内清理出一个辘轳坑，直径0.50米，残深0.44米（图三〇-2；彩版一六，2）。清理出灶两个，分别位于第一间东北角和第二间中北部。值得一提的是，在作坊后墙外有两条东西向墙基，北墙基与第一间房西北角略大于90度相交。两条墙基经夯打，分别宽0.58米，间距6.72米。因墙基西段延伸至探方壁内尚未揭露，整体结构不明。在北墙基内侧排列两个大陶瓮，保存完好。口径0.46米，底径0.32米，高0.80米（彩版一六，3）。此外，在清理作坊堆积和晚于作坊的灰坑内，出土大量板瓦，这些板瓦极有可能与该作坊有关。从作坊的整体建筑结构、布局和与作坊相关的地层内出土的大量素烧器、成批垫圈等窑具分析，此处应是一个集制坯、烘干、素烧、施釉等为一体的庭院式作坊遗存。依据地层叠压关系，结合作坊本身出土的遗物，该作坊废弃时间大约在黄冶窑第三期的后段，即唐代中期向晚期的过渡阶段。

（二）窑洞（YD1）

该窑洞位于第三烧造区西南部断崖内，是当地居民取土后发现。由甬道和窑洞两个主体部分组成，坐南向北，方向16度（图三一；彩版一七，2）。甬道前窄后宽，残长1.40米。窑洞作长方形，宽2.40~2.66米，进深7.24米，保存最高处0.98米。窑洞地面前低后高，在窑洞的后壁上留一宽0.46~0.66米二层台，距地面高0.52米。在二层台的东头平面和后壁上局部残存有火烧痕迹，我们推测是照明用灯火所致。在窑洞的西北角和东北角分别有一片不规则烧结面，可能是灶台遗存。窑洞后部西侧清理出一个近方形坑，编号H4，用途不详。甬道部分因被居民取土破坏严重，仅残存局部活动面。除此之外，未发现任何与作坊有关的遗迹。

窑洞内堆积可分为六层，第1、2层为淤积所致，土质硬，无任何遗物出土。第3层，土质较硬，土色深灰，内含少量炭粒。出土遗物有板瓦2件，残陶瓮1件。第4~6层，土质硬，土色

第三章 主要遗迹

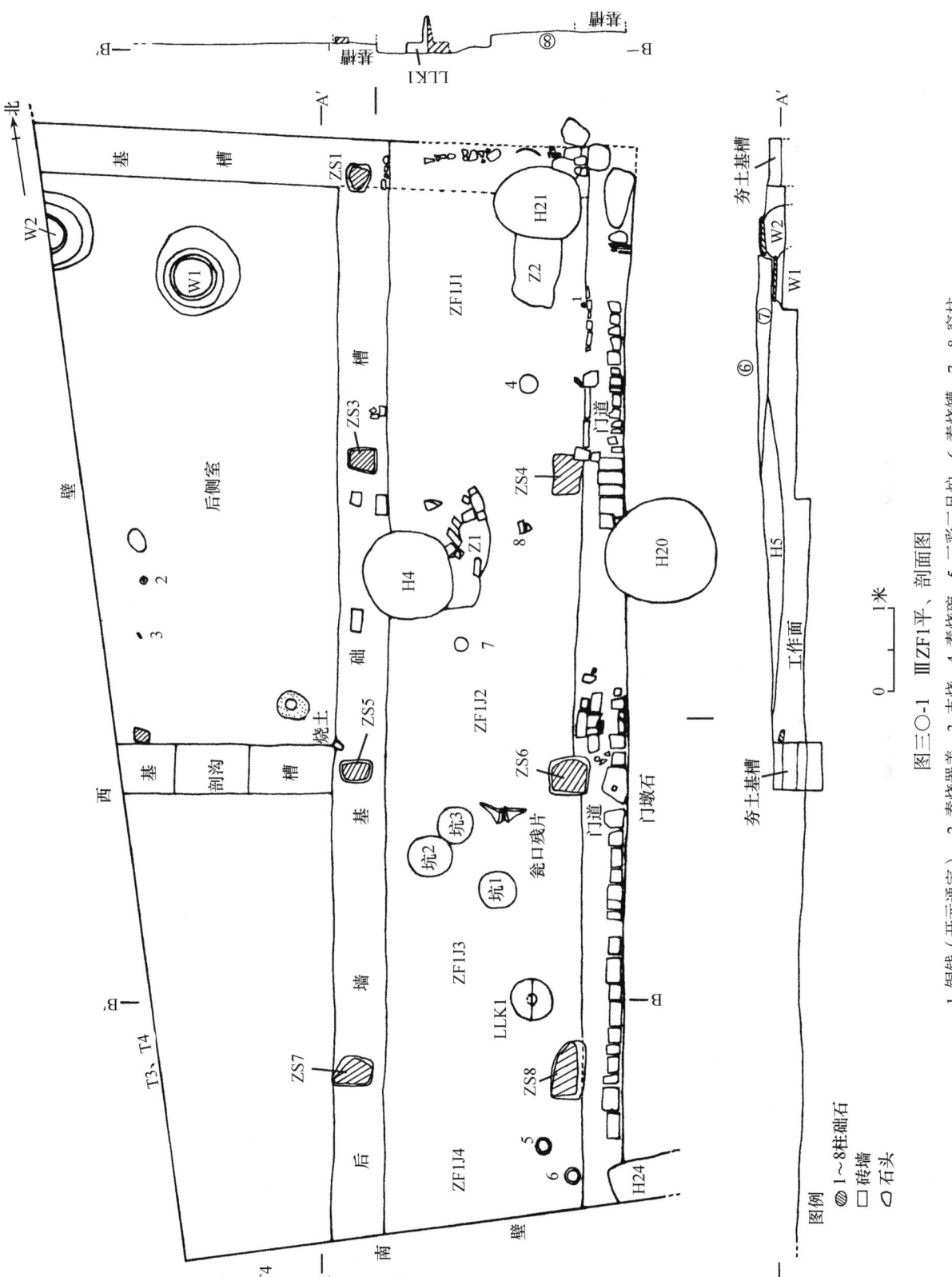

图三〇-1　ⅢZF1平、剖面图

1. 铜钱（开元通宝）　2. 素烧器盖　3. 支烧　4. 素烧碗　5. 三彩三足炉　6. 素烧罐　7、8. 瓷柱

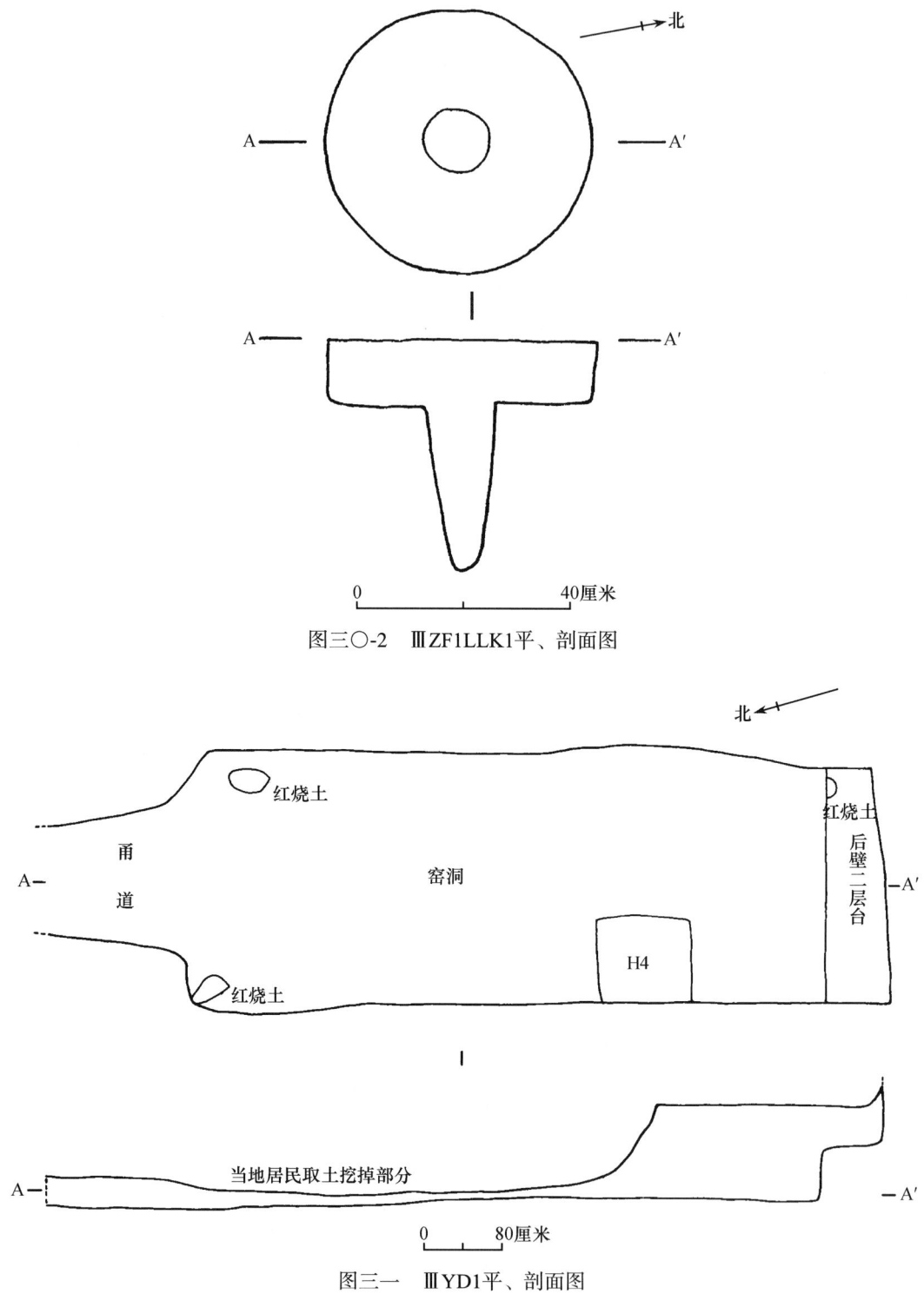

图三〇-2　ⅢZF1LLK1平、剖面图

图三一　ⅢYD1平、剖面图

分别为浅黄、黄灰和浅灰，内含少量炭粒。出土遗物不多，以素烧器和三彩为主。器形有素烧碗、三彩碗、宝相花洗、三彩三足炉、绿釉双系敛口钵等，同出有极少作坊具和窑具。结合窑洞活动面上出土的4枚"开元通宝"钱币推测，该窑洞的废弃时间不晚于黄冶窑第四期，即唐代晚期；使用时间大约与ZF1同时。鉴于该窑洞位于第三烧造中心区域西南附近的断崖内，未发现与作坊有关的任何遗迹，我们推测该窑洞可能是当时窑工的生活居住场所。

第三节 淘洗池、沉淀池及陈腐池

一、淘洗池（C3）与沉淀池（C2）

C3和C2位于第二烧造区西北部，2号作坊北5.5米处。南北向排列，方向285度，保存较好。两池间隔0.20~0.60米，两池的隔墙西段最宽处，采用残砖和河卵石砌一长方沟槽贯通，槽宽0.12~0.18米（图三二；彩版一八，2）。3号池较大，略高于2号池，为淘洗池。该池的形成方法是先在地面上挖一东西长3.52米，南北宽2.40米，深0.56米左右长方土坑，然后用长方

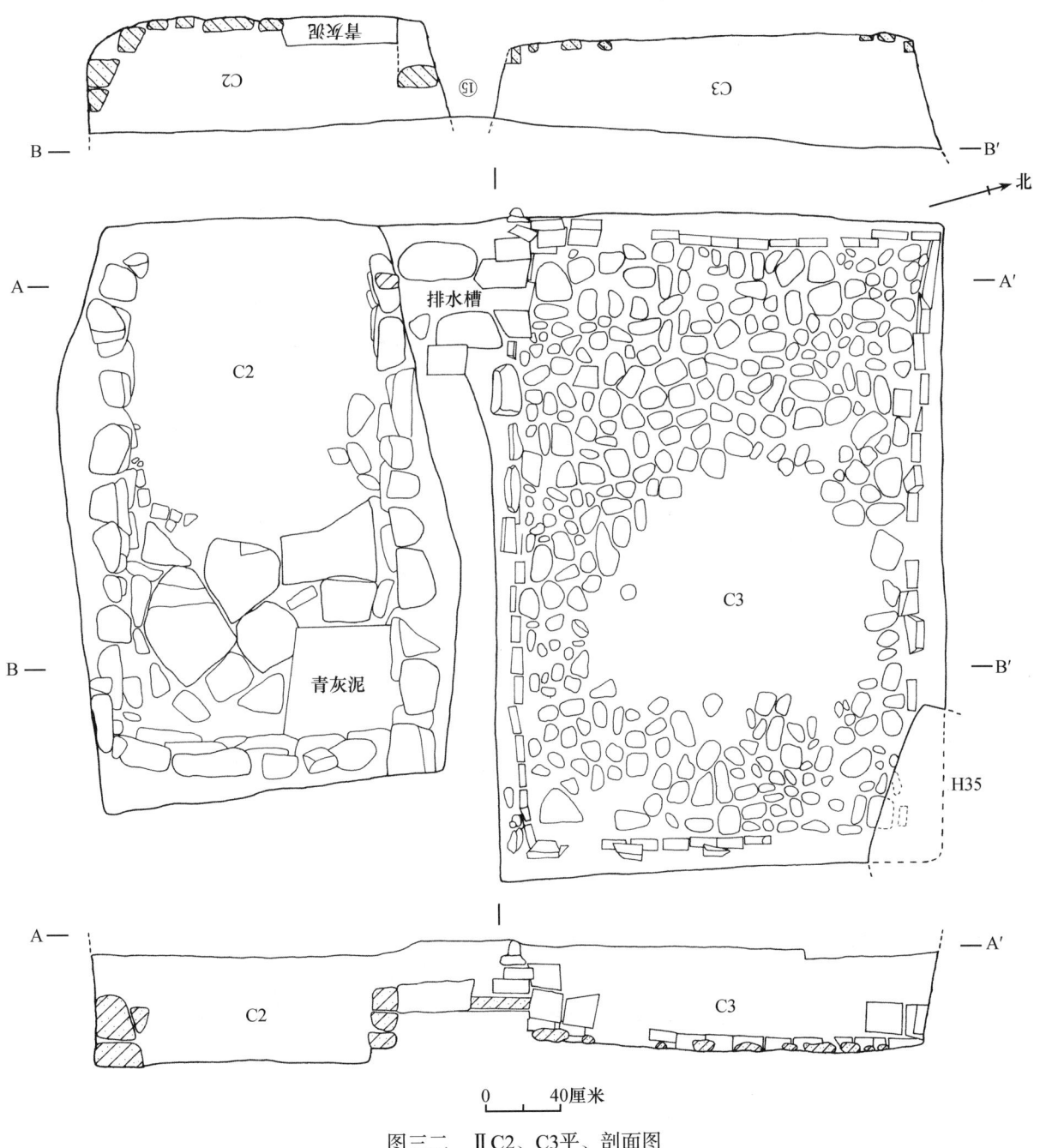

图三二　ⅡC2、C3平、剖面图

砖镶壁，底面上平铺一层大小不等河卵石，中东部卵石残缺。2号池为沉淀池，较小。亦是先挖一个东西长3.08米，南北宽2.00米，深0.60米左右不规则长方土坑，周边采用较大河卵石镶壁，池底用不规则石板铺地，然后再用卵石填空，西部铺底石板残缺。

C3和C2分别开口在T8的第14层下，打破第15层。此处的14层相当于T5的第10层，第15层相当于T5的第11层。C3、C2内填土基本一致，不同的是C2内堆积分为四层，C3内堆积分为上下两层。C3第2层与C2第1层堆积土质、土色非常接近，内含少量制坯原料（青灰泥）和大量草木灰，说明这两个池子废弃后堆积的时间先后顺序不同。出土遗物完全一致，以白釉、黑釉瓷为主，青釉、酱釉瓷不多，同出的还极少素烧器残片。器形有盆、碗、杯、盅、瓶、三足炉等。从地层叠压关系和出土遗物看，该遗迹与西部的ZF2都是第二期遗存。值得注意的是，在C2的第1层和C3第2层分别出土一件三彩器残片，说明三彩陶制品在黄冶窑第二期开始出现。

二、陈腐池（C1）

C1位于第二烧造区西北部T5内，西临C3。开口在第10层下，打破第11层。平面呈不规则长方形，南北向，方向5度（图三三；彩版一八，1）。上宽下窄，上宽1.82米，下宽1.36米，

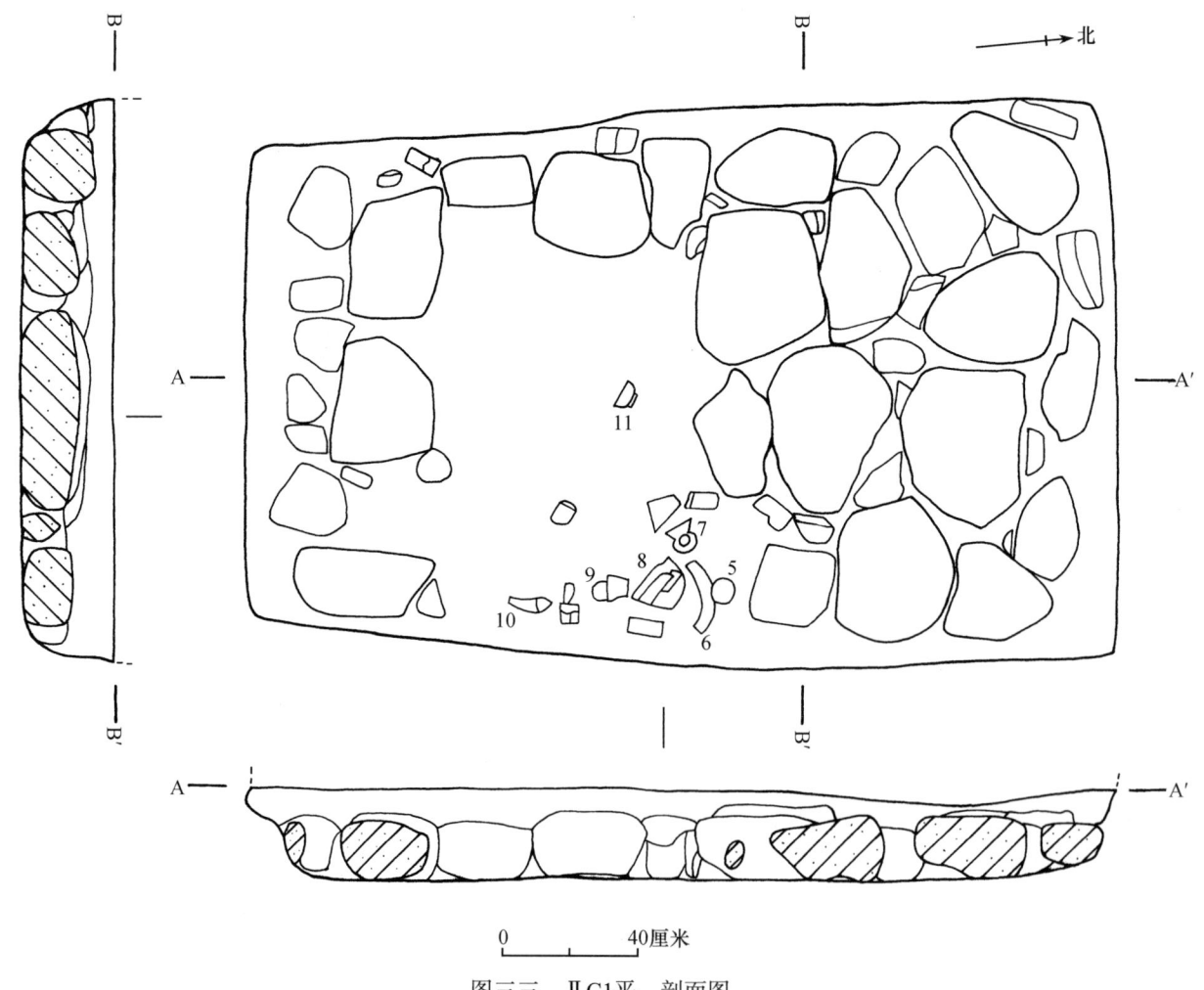

图三三　ⅡC1平、剖面图

5. 白釉灯　6. 铁刀　7、10. 白瓷灯　8. 白瓷盆　9、11. 白瓷碗

注：1~4号器物系填土内出土

残深0.26米左右。底面上铺垫一层大小不一河卵石，中西部底面铺地石残缺。内填黄土，近底部含大量青灰泥渣和青灰石英原料。出土遗物以白釉瓷为主，黑釉瓷不多，素烧器和三彩陶制品极少。器形有盆、碗、杯、钵、瓶、灯、素烧蛋形器等。依据C1的开口层位和出土遗物分析，应与C3、C2是同一时期的遗存。

第四节 水 井

水井 2眼。分布在第二烧造区和第三烧造区。分别编号是Ⅱ区J1和Ⅲ区J1，分述如下。

一、Ⅱ区水井

J1 位于第二烧造区的西北部T19内。开口层位被现代扰坑破坏，打破H25和第10层。近圆形，口径1.10米左右。直壁，一侧壁上遗留有10个较规整脚窝。清理深6.20米见巨石，未往下清理（图三四）。内填土分两层，第1层厚0.60～0.80米，土色黄，土质坚硬，内含较多粗沙和石子，出土遗物极少。第2层厚5.40～5.60米，土色黄灰，土质较松，内含少量红烧土颗粒。出土遗物较多，有酱釉、酱黄釉、黄釉、白釉绿彩、三彩和极少蓝釉。器形有碗、杯、豆、罐、钵、执壶、三足炉、擂钵和动物俑等小型玩具，同出的还有筒瓦、板瓦、砖等建筑材料。依据出土遗物和打破关系，J1的废弃时间大约在黄冶窑第四期。

二、Ⅲ区水井

J1 位于第三烧造区的西南部，T2中部。开口于第4层下，被H16打破（图三五）。圆形，井壁坍塌严重，口径3.00米，底径1.20米，深3.86米。内填土可分为上下两层，上层厚0.50米左右，土色黄，土质松软，内含有少量红烧土颗粒。出土遗物以素烧器为主，三彩和黑釉、白釉瓷不多。器形有碗、钵、炉等，同出的还有柱形支烧、垫板和建筑材料板瓦等。下层厚3.36米，为水锈土，土质较硬，土色浅灰，内含有石块等。出土遗物不多，亦是以素烧器为主。成品器常见的有三彩、黄釉、白釉蓝彩、绿釉和白釉、黑釉瓷等。器形以碗类器为主，其次是水注、罐、钵、

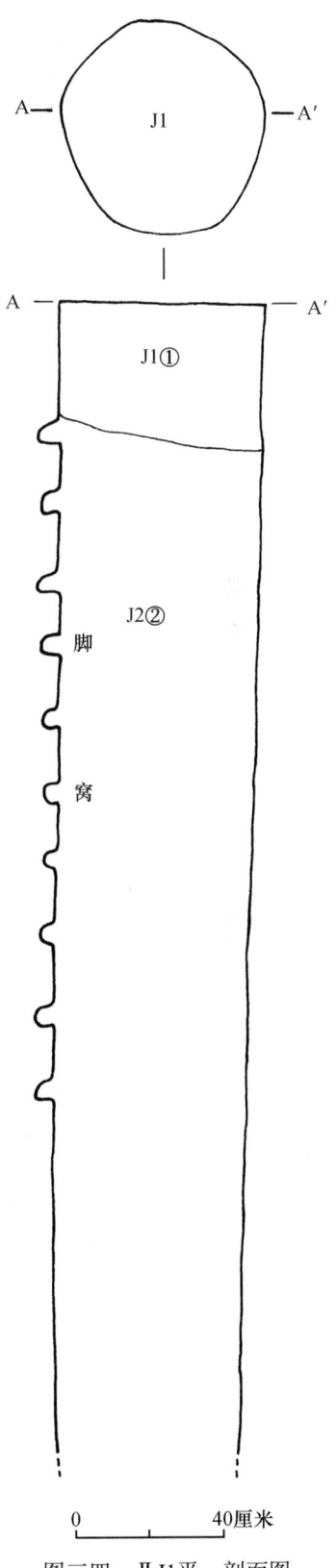

图三四 ⅡJ1平、剖面图

炉、豆、器盖、猴头埙等较少。依据地层叠压关系和出土遗物，该井的废弃时间不晚于黄冶窑第四期。

第五节 灰　　沟

灰沟　12条。分别分布在三个烧造区内，除第一烧造区G1为宋元时期外，其余的11条沟皆为唐代。现将最具有代表性的第二烧造区G1、G2和第三烧造区G6分别介绍。

一、Ⅱ区灰沟

G1　位于第二烧造区西北部T4内，开口在第6层下，打破第7层，同时被H7打破。西北东南走向，方向110度。西北部被现代坑打破，东南延伸至探方外（图三六；彩版一九，1）。残长4.06米，宽0.45米左右。其结构是先挖一沟槽，然后用长方砖横立贴壁，底面用长方砖平铺。砖长0.30米，宽0.15米，厚0.05米。沟槽内填土疏松，土色灰，内含有少量烧土和炭粒。出土遗物不多，以素烧器为主，约占总出土遗物的50%，其次是白釉和酱釉，白釉蓝彩、绿釉和

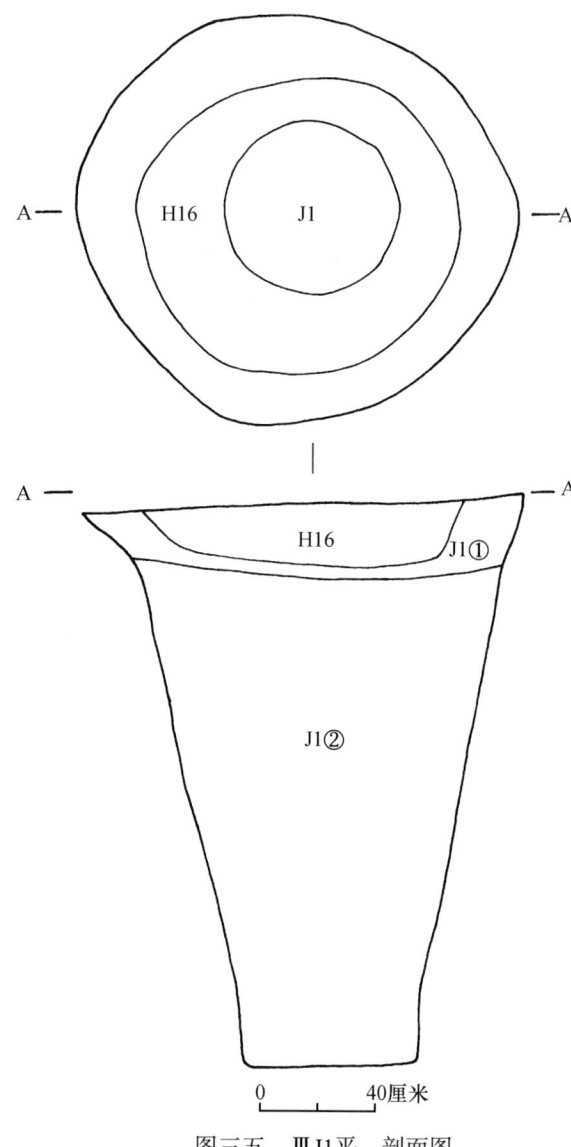

图三五　ⅢJ1平、剖面图

茶叶末釉、黑釉瓷极少。器形有黑釉盆、素烧碗、白釉蓝彩杯、绿釉三足樽、三彩宝相花洗、敛口钵、酱釉灯等，同出的还有较多板瓦、杯形、拱形三叉支烧和垫圈等窑具。从这些遗物看，该设施的废弃时间不晚于唐代中期。结合地层叠压关系推测，G1的形成到废弃当在第三期后段。

G2　位于第二烧造区西部T57、T58和T59三个探方内。开口于第6层下，打破第7层。东西分别延伸至探方外，两侧沟壁不甚规整，弧形底，底面起伏不平，方向80度（图三七；彩版一九，2）。内填土两种，一种是黄灰色土，分布不均；另一种是黄色淤积土，这两种不同土色看不出有早晚叠压关系。从地形看，发掘区域较平坦，向东约50米是高坡深沟，向西约50米是南北向黄冶河。依据沟的走向和沟内淤积判断，早期为自然或人为形成的排水沟，晚期为黄冶窑烧造废弃堆积。出土遗物以素烧器为主，占总出土遗物的87%，为12条沟中最丰富的一条。成品器以三彩为主，占30%；其次是白釉、黑釉瓷各占10%以上；黄釉、绿釉、白釉蓝彩、蓝釉、白釉绿彩、酱釉等占不足50%。器形以双系敛口钵、碗类器为主，分别占总出土

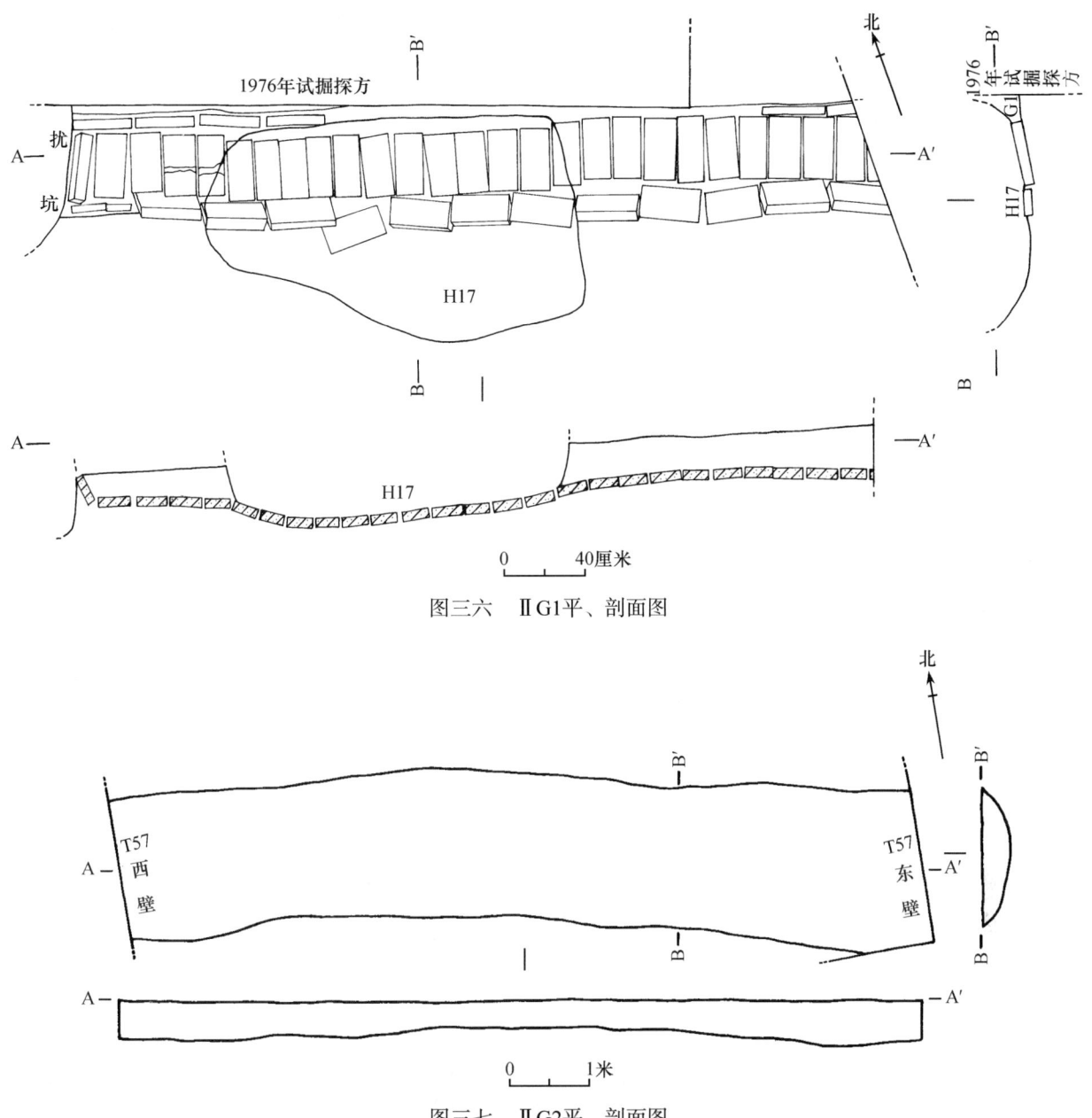

图三六 ⅡG1平、剖面图

图三七 ⅡG2平、剖面图

遗物35%,其次是水注占20%,盆、豆、罐、瓶、洗、五足炉、枕、盒、器盖、盂、埙和人物俑、动物俑等,分别占不足1%。其中的钵、碗、水注占总出土遗物90%以上,这些器物的造型绝大多数与黄冶窑第三期后段相同,部分器物也有第四期的因素。依据G2的开口层位和打破关系,该沟废弃堆积的时间大约不晚于黄冶窑第四期。

二、Ⅲ区灰沟

G6 位于第三烧造区西南部T9内,南北向,方向0度。开口在第7层下,打破第8层,东、南分别延伸至探方外,已揭露部分的东南角被H67打破。沟底北高南低,作斜坡状(图

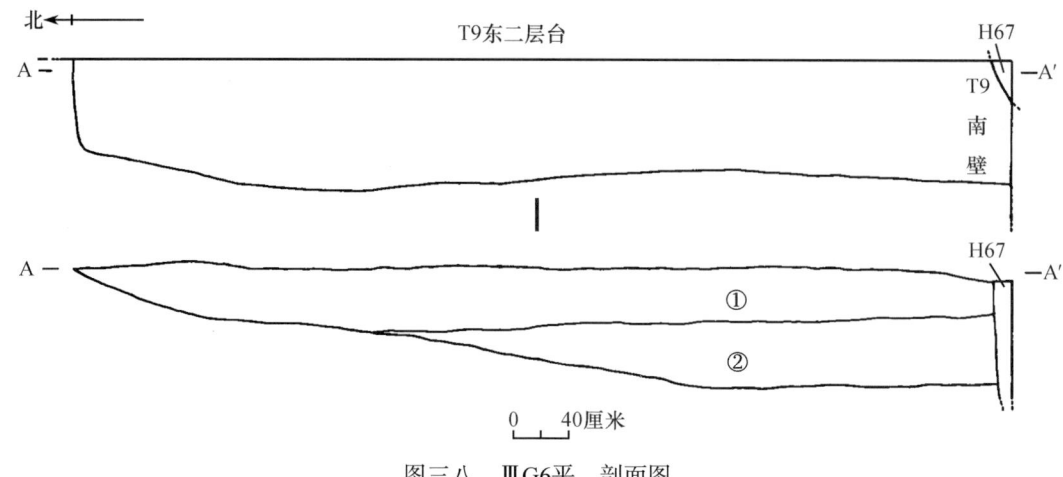

图三八　ⅢG6平、剖面图

三八）。沟内堆积可分为两层，上层为黄灰土，土质疏松，内含较多炭粒，出土遗物不多。下层灰土，土质松散，内含大量炭粒和烧土块。出土遗物较丰富，以素烧器为主，占总出土遗物的81%；成品器虽然不多但还是以三彩为主占49%，绿釉占10%，黄釉、酱釉分别占4%，蓝釉、白釉绿彩和白釉蓝彩分别占2%，白釉、黑釉瓷分别占17%和10%。器形以炉、碗、水注为主，分别占20%左右；其次是罐，占10%；洗、盆、盅、豆、瓶、钵、杯、盂、器盖和人物俑、动物俑等占30%。从这些器物的形制、烧造工艺及装饰特点推测，G6的堆积时间大约不晚于第三期后段。

第六节　灰　　坑

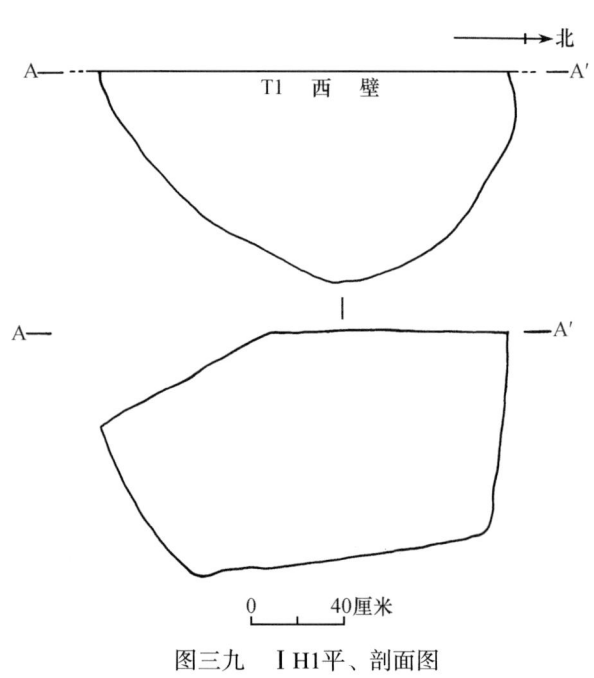

图三九　ⅠH1平、剖面图

灰坑　162个。其中Ⅰ区3个，Ⅱ区48个，Ⅲ区111个。常见的形状有圆形、长方形、椭圆形和不规则形四种，其中长方形和不规则形的最多（详见附表五）。现择有典型意义和出土遗物较丰富的10个灰坑，以区为单位分别叙述。

一、Ⅰ区灰坑

H1　位于第一烧造区中部T1内，开口在第2层下，打破第3层。该坑作不规则圆形，另一半被探方西壁所压（图三九）。直径1.75米，深0.86～1.00米。斜壁，底面斜平。内填土疏松，土色灰黑，内含有较多的烧土和炭粒。出土遗物较丰富，以成品器为主，占98%。釉色以黑釉瓷和黄釉、三彩、酱釉陶制品为主，分别占31%、29%、20%和11%，茶叶末釉、白釉瓷和绿釉、酱黄釉等分别占1%～4%，素烧器仅占总出土遗物的2%，窑具占总出土遗物的34%。一般来说窑具占比例相对多的灰坑中，成品残器就多，相应的素烧器就少。器形以灯、碗、罐为主，分别占33%、23%、15%；擂钵、豆、钵各占6%左右，瓶、炉、执壶、水注、碟、器盖、七星盘、埙、俑等各占1%左右。擂钵是第四期新出现的一种生活实用器，执壶虽然不多但也是这一时期常见的器形之一。该坑是第四期黄冶窑停烧前最具代表性的遗存之一。

二、Ⅱ区灰坑

H2 位于第二烧造区西北部T10内，开口在第7层下，打破第8层。平面作不规则椭圆形，坑壁微斜，平底，方向90度（图四〇）。口径1.20～1.78米，深0.40米。出土遗物以成品器为主，占87%；素烧器仅占13%。釉色以黄釉为主，占35%；其次是酱黄釉、酱釉、绿釉，分别占16%左右；三彩占7%，白釉、黑釉瓷分别占8%和2%。器形以枕为主，占50%以上；罐、执壶各占14%，碗占9%，灯占6%，豆、执壶、盆、动物俑等分别占1%左右。H2虽然不大，出土遗物也不是太丰富，以半绞胎黄釉、酱黄釉、绿釉枕为主，执壶、唇口小罐和白釉玉璧底碗等皆是黄冶窑第四期最具代表性的产品。

H15 位于第二烧造区西北部T4内，开口于第10层下，打破第11层。作不规则形，方向19度。南北长3.10米，东西宽1.92米，深1.10米。斜壁弧折，底面近平（图四一；彩版二〇，1）。坑内堆积土色浅灰，土质松软，内含少量炭粒和草木灰。出土遗物极为丰富，其中的

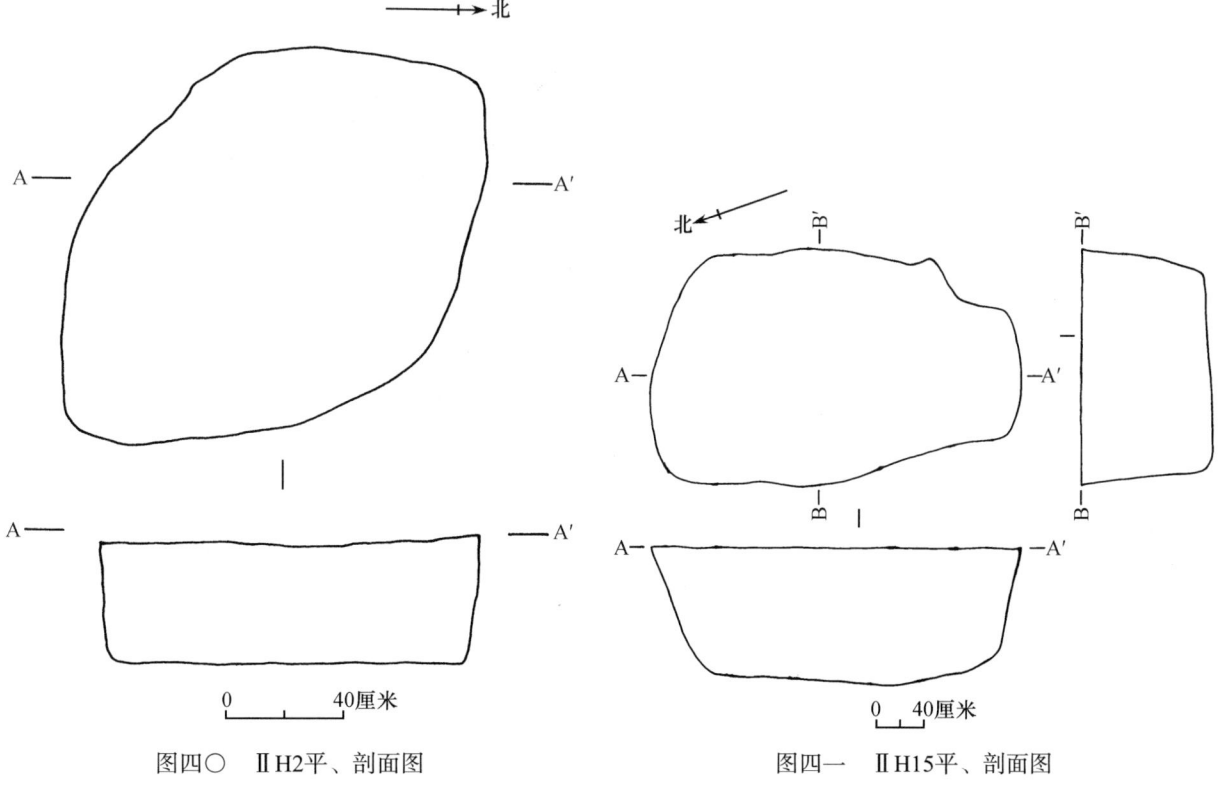

图四〇　ⅡH2平、剖面图　　　　　图四一　ⅡH15平、剖面图

器物残片占71%，窑具、作坊具等占29%。据不完全统计，素烧器和成品器共计近4000件（片），以素烧器为主，占64%；成品器占36%，完整和可复原器物300多件。成品器以三彩为主，占38%；其次是绿釉占14%，酱釉、蓝釉分别占8%，白釉蓝彩占7%，黄釉、白釉绿彩分别占3%和1%，瓷器白釉占15%，黑釉占6%。器形20余种，以碗类器为主，占总出土器物的34%，水注、炉、瓶、钵各占16%、13%、10%和9%，樽、杯分别占4%，盆、豆、盘、盏、罐、盂、洗、盒、器盖、灯、枕、埙等极少，分别占不足1%，有的仅占0.1%。从整体上看，瓷器在这一时期明显减少，三彩、绿釉、酱釉、蓝釉和白釉蓝彩等陶制品逐步占主导地位。由于烧制产品主体的转变，除了早期的三叉支烧广泛应用外，烧制瓷器的碗形、盘形、杯形支烧明显减少，新出现的拱形三叉支烧、垫圈垫烧、垫圈支烧和垫板分层棚烧新工艺，为烧制三彩类陶制品提供了更加便利条件。依据以上产品和烧造工艺的变化，结合地层叠压关系，H15的堆积时间大约不晚于黄冶窑第三期前段。

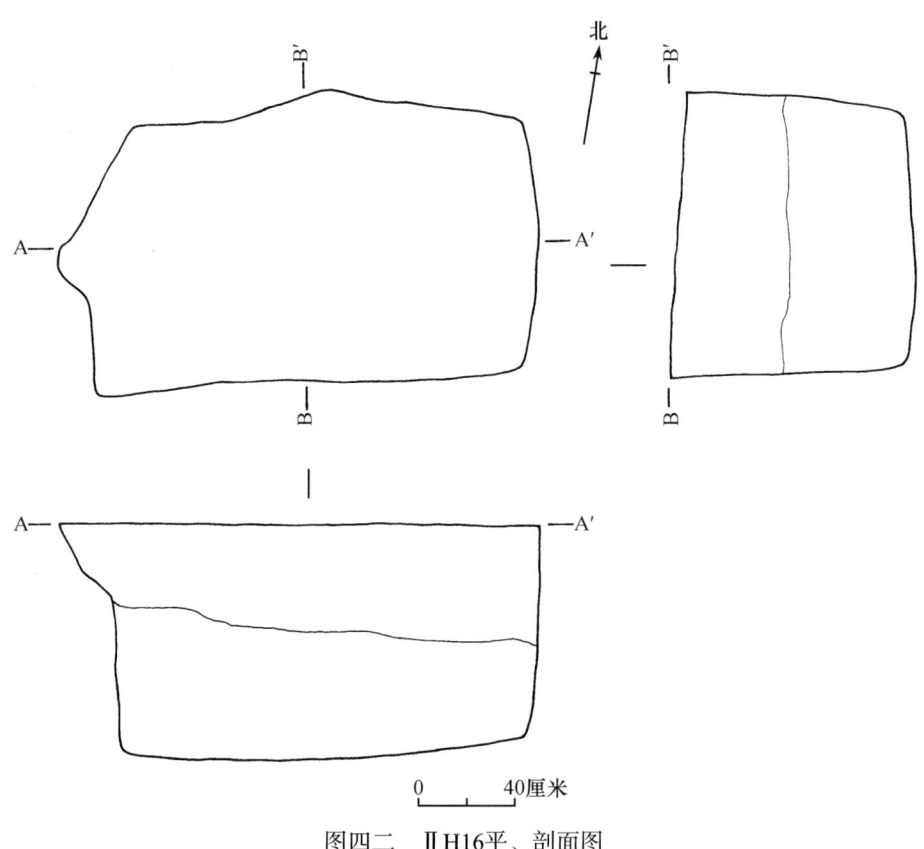

图四二　ⅡH16平、剖面图

H16　位于第二烧造区西北部T5内，开口于第10层下，打破第11层，西部坑口被C1打破。该坑为不规则长方形，东西长2.84米，南北宽1.70米，深1.35米。方向279度。四壁微斜，底近平（图四二）。坑内堆积可分为两层：第1层，土色灰，土质松，内含较多炭粒和烧土，出土遗物丰富，均匀分布（图四三；彩版二一，1）。第2层，土色浅黄，土质较硬，内含少量烧土颗粒，出土遗物亦丰富，主要集中在坑的东部（图四四；彩版二一，2）。上下两层除土质、

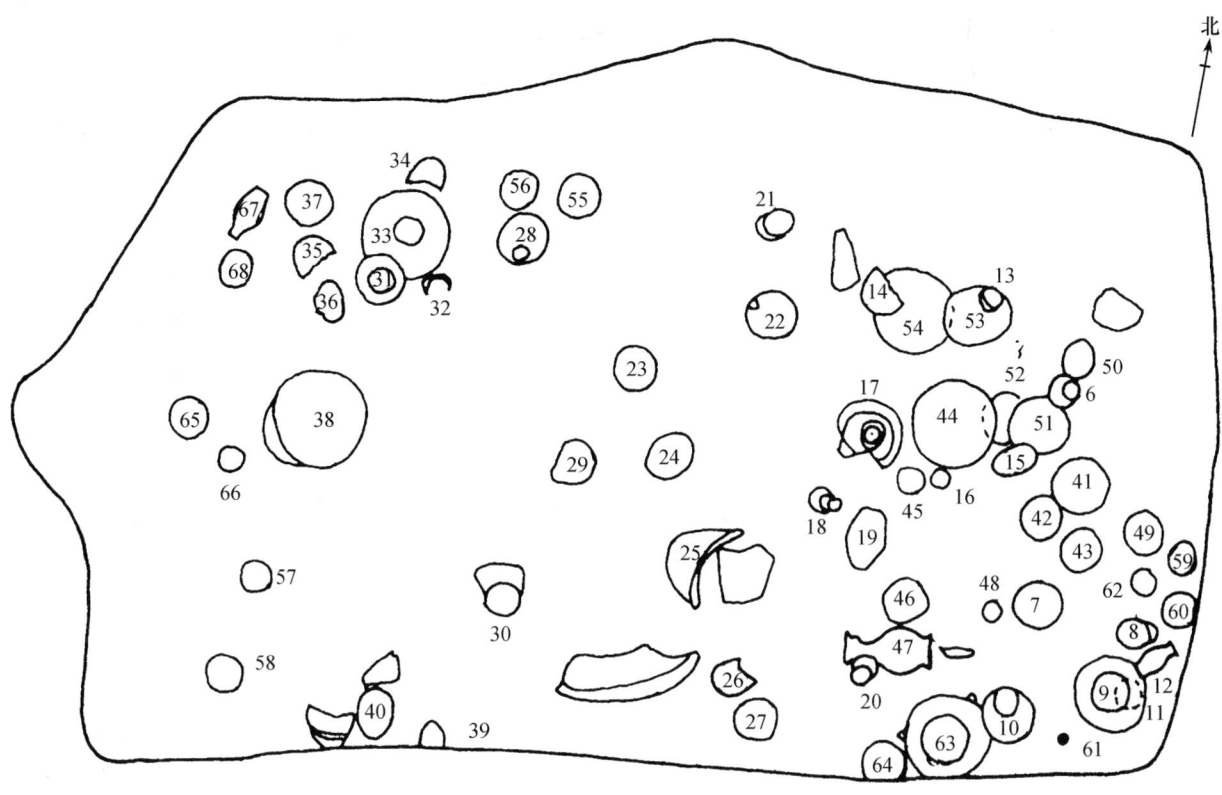

图四三　ⅡH16①层出土器物平面示意图

5、10、24、34、41、52、60. 白釉碗　6、45、48、66. 白釉盅　7、14、15、22、23、26、27、29、36、37、39、42、43、55、56、59、62、64、65、68. 酱釉灯　8、11、13、16、20、21、28、32、40、57、58. 白釉盏　9. 白釉盆　12. 酱釉瓶　17. 白釉器盖　18. 茶叶末釉水盂　19、47、67. 茶叶末釉瓶　25、51、54. 酱釉盆　30、33、38、44、53. 黑釉盆　31、35、46、49. 茶叶末釉灯　61. 铜钱　63. 黑釉三足炉（注：1-4号器物在上层填土中出土）

土色有明显区别外，出土遗物完全一致。共出土完整和可复原器物300多件，以白釉、黑釉瓷为主，酱釉、茶叶末釉瓷不多，合计占总出土遗物99%以上；三彩陶制品和绞胎器占不足1%。器形有盆、碗、盏、杯、盅、钵、瓶、唾盂、水盂、灯、器盖等。窑具、模具不多，素烧器极少。同出的还有4枚"开元通宝"和1枚"五铢"钱币。H16遗存是黄冶窑第二期典型代表之一。

H18　位于第二烧造区西北部T6内，开口在第13层下，打破次生土，南部被T7北隔梁所压。平面呈不规则长方形，东西长3.10米，南北揭露宽1.32米，深0.80米。斜壁，局部作袋状，平底，方向100度（图四五；彩版二〇，2）。坑内堆积亦分为两层：第1层，沙土层，由南向北堆积，厚0.20～0.60米，内含大量小石子。出土遗物多集中在坑的上层西南部。第2层，黄灰土，土质较硬，由北向南堆积，内含少量青灰泥颗粒，厚0.20～0.60米。出土遗物亦丰富，主要集中在坑内的北部。上下两层除土质、土色有明显区别外，出土遗物没什么明显区别。成品器占99%以上，以白釉瓷为主占72%，黑釉、酱釉各占13%，茶叶末釉占2%，不见三彩等陶制品，素烧器仅占出土遗物的1%，窑具占总出土遗物的17%。器形以碗、盅、盏为主，其次是盆、瓶、灯等，壶、钵较少。该坑北距H16不足7米，出土遗物完全一致，时代相近。不同的是H16出土器物分层堆积，H18出土器物则是分组堆积（彩版二一，3）。值得注意的是，

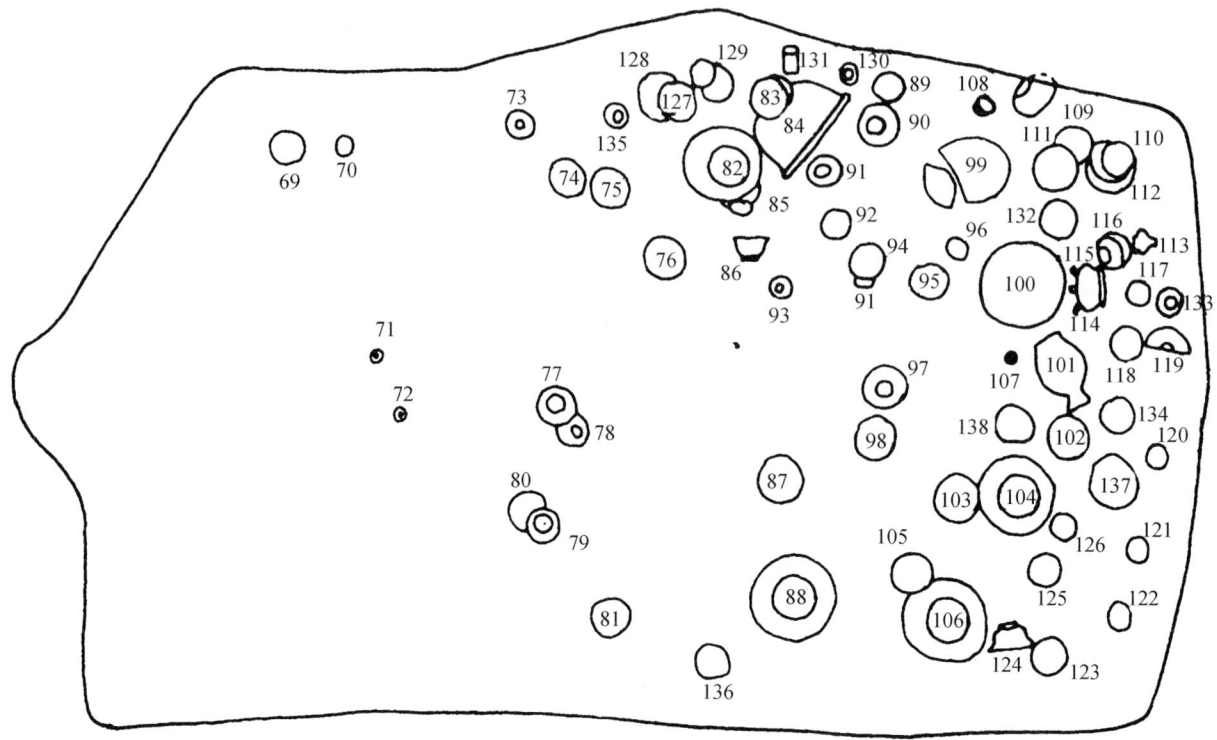

图四四 ⅡH16②层出土器物平面示意图

69、75、78、83、86、95、96、118、123、125、126、130、133. 白釉盏　70. 盅形窑具　71、72、93、107. 铜钱　73. 白釉器盖　74、77、79～81、87、89、91、92、97、98、102、103、105、110、111、132、134、136、138. 酱釉灯　82、84、88、90、99、100、106、109、112、116、128、137. 黑釉盆　85. 水盂　94、127. 白釉盆　101. 茶叶末釉瓶　104. 茶叶末釉钵　108、117、124. 白釉碗　113. 黑釉水盂　114、129. 黑釉三足炉　115. 白釉唾盂　119. 素烧磨　120～122、135. 白釉盅　131. 筒形支烧

这两个坑内出土大量品质很好的完整器，在当时生产力不高，物质条件还很低下的情况下，这些完整瓷器堆积在废墟坑内应属不正常现象。我们推测有两种可能，一是与当朝宫廷贡瓷有关，二是专为某些贵族生产的生活专用瓷。无论是贡瓷还是为某些贵族烧制的专用瓷，都存在着精选后的残次品不得买卖，当场掩埋的可能性，值得进一步研究。

H39　位于第二烧造区西南部T57内，开口在第7层下，打破第8层。平面近长方形，南宽北窄，南部延伸至探方外，尚未揭露。直壁，底近平，方向7度（图四六；彩版二二，1）。南北揭露长3.30米，宽1.30～1.66米，深0.78～1.10米。内填土较杂，以黑、灰色为主，土质疏松，内含有少量小石子和沙子，填土中局部存在着人为活动面。出土遗物不多，以陶器为主，占总出土遗物将近60%，瓷器不足40%。瓷器以青釉瓷为主，其次是白釉瓷，黑釉瓷极少。器形以碗类器为主，壶仅有两件（片）。该坑是目前黄冶窑揭露的唯一一处最早最完整的遗迹单位，我们将黄冶窑这一时期划分为第一期。

三、Ⅲ区灰坑

H19　位于第三烧造区西南部T5内，开口在第6层下，打破第7层。平面近似鞋形，北部两

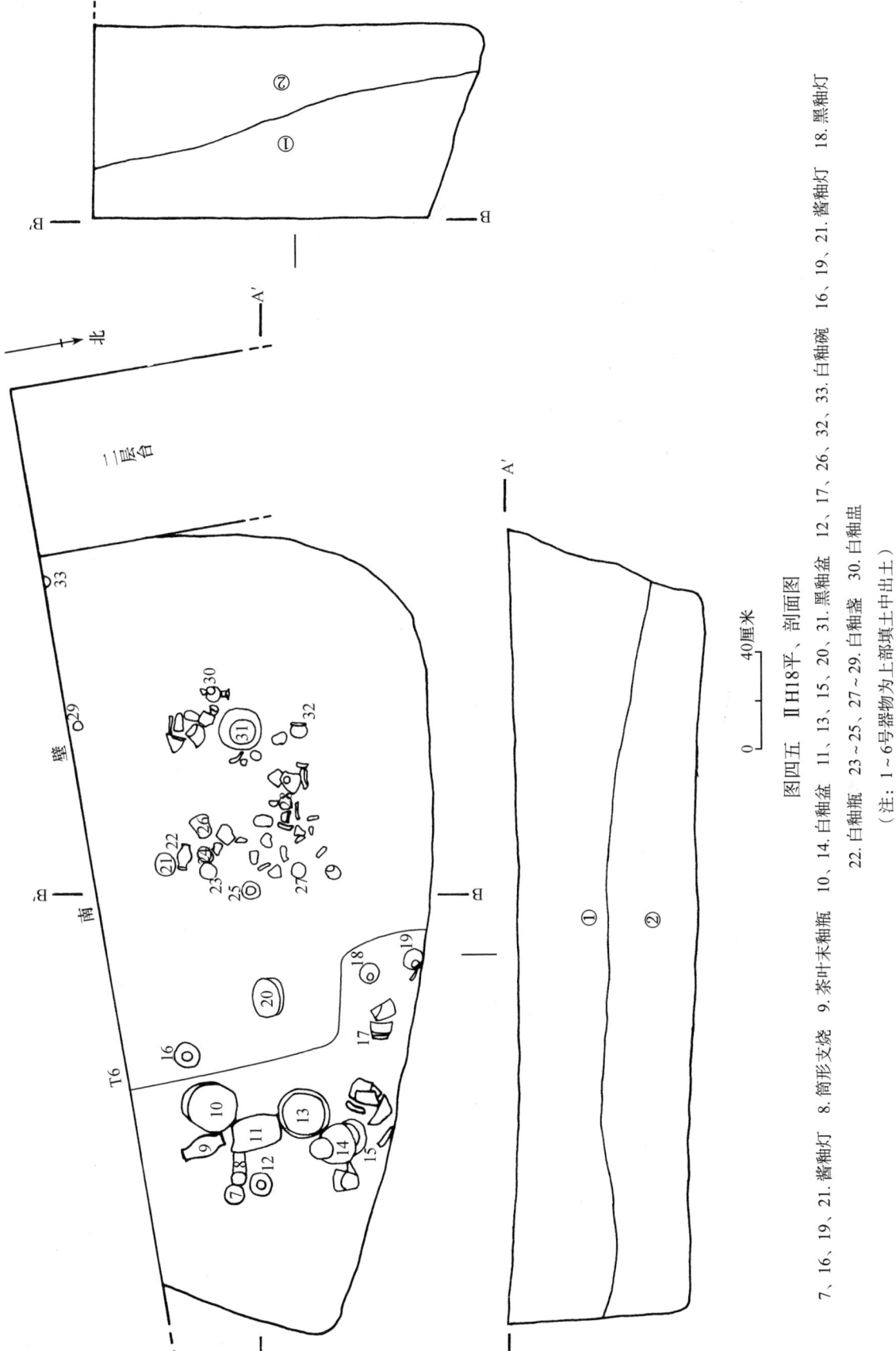

图四五　ⅡH18平、剖面图

7、16、19、21.酱釉灯　8.筒形支烧　9.茶叶末釉瓶　10、14.白釉盆　11、13、15、20、31.黑釉盆　12、17、26、32、33.白釉碗　16、19、21.酱釉灯　18.黑釉灯　22.白釉瓶　23~25、27~29.白釉盏　30.白釉盅

（注：1~6号器物为上部填土中出土）

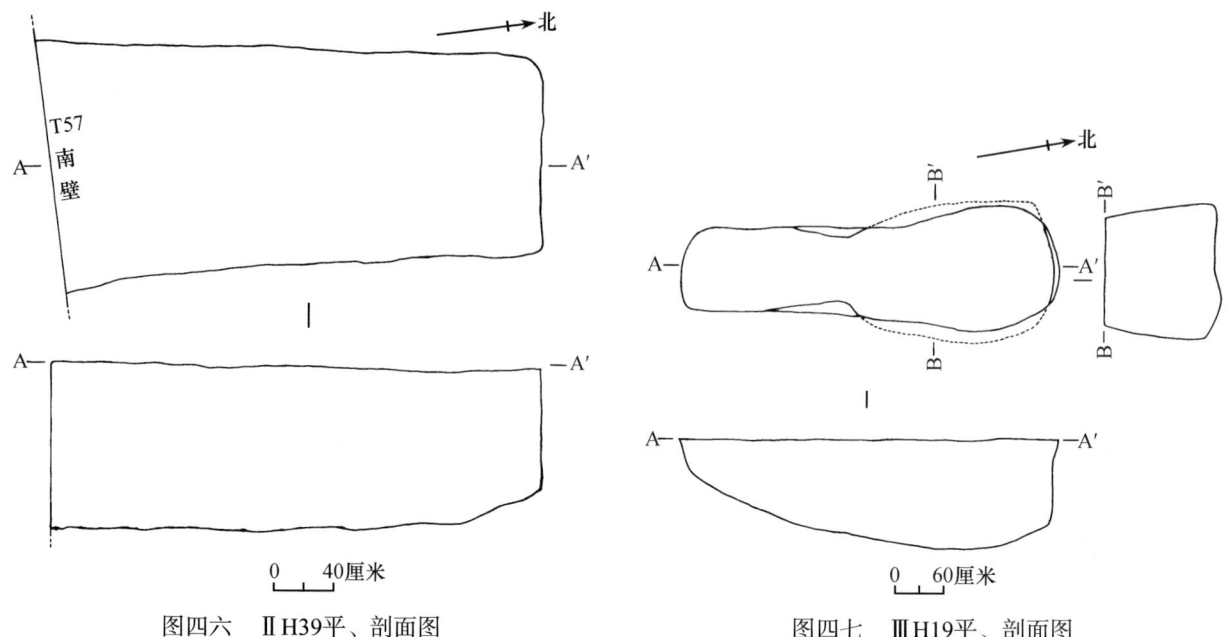

图四六　ⅡH39平、剖面图

图四七　ⅢH19平、剖面图

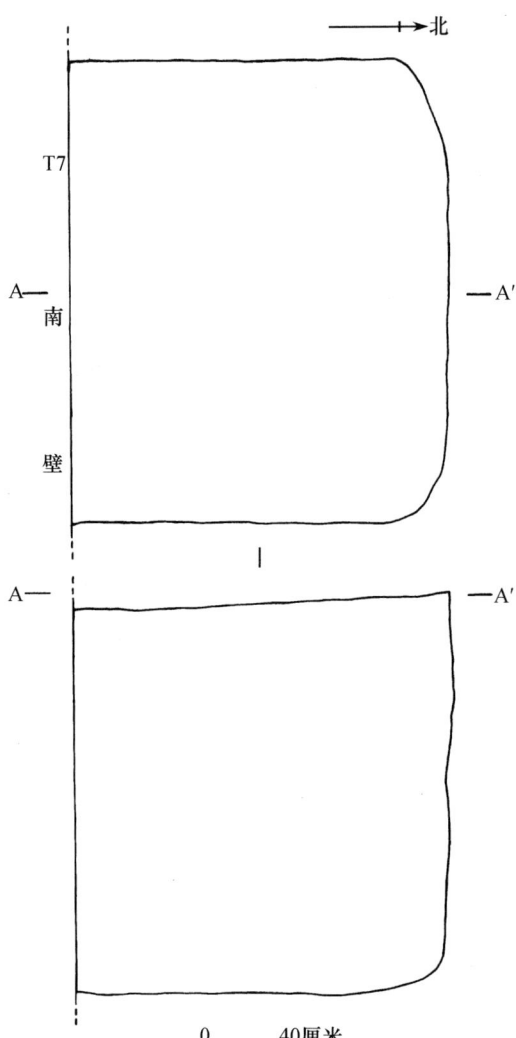

图四八　ⅢH90平、剖面图

侧作袋状，束腰部分两侧底内收，底面南高北低作缓坡状，方向8度（图四七；彩版二二，2、3）。南北长4.44米，东西宽0.96～1.45米，深0.34～1.30米。内填土为红褐色，土质松散，内含有大量红烧土和炭粒。出土遗物丰富，以素烧器为主，占出土遗物的87%；成品器仅占13%，其中三彩最多占41%，绿釉、黄釉和酱釉分别占10%、9%、8%，白釉和黑釉瓷分别占14%、10%，蓝釉、白釉蓝彩各占4%。器形钵、水注、碗分别占28%、24%和14%，盆、盘、豆、杯、洗、罐、瓶、灯、器盖和俑类器分别占4%左右。窑具、作坊具占总出土遗物的11%。依据地层的叠压关系和出土遗物，该灰坑的形成时间大约不晚于黄冶窑的第三期后段。

H90　位于第三烧造区西南部T7内，开口在第9层下，打破第11层，南半部延伸至探方壁外。平面呈长方形，直壁，平底，方向0度。南北揭露长1.74米，宽2.14米，深1.80米（图四八）。坑口被活动层所压，内填土是在多次自然淤积和人为堆积两种情况下形成的，淤积方向由西向东，淤积层与层之间掺杂有灰黑色土，并含有较多的草木灰和烧土。出土遗物较丰富，多见于灰黑色土内。据不完全统计，出土三彩陶制品、瓷器等遗物1000多件（片），同样以

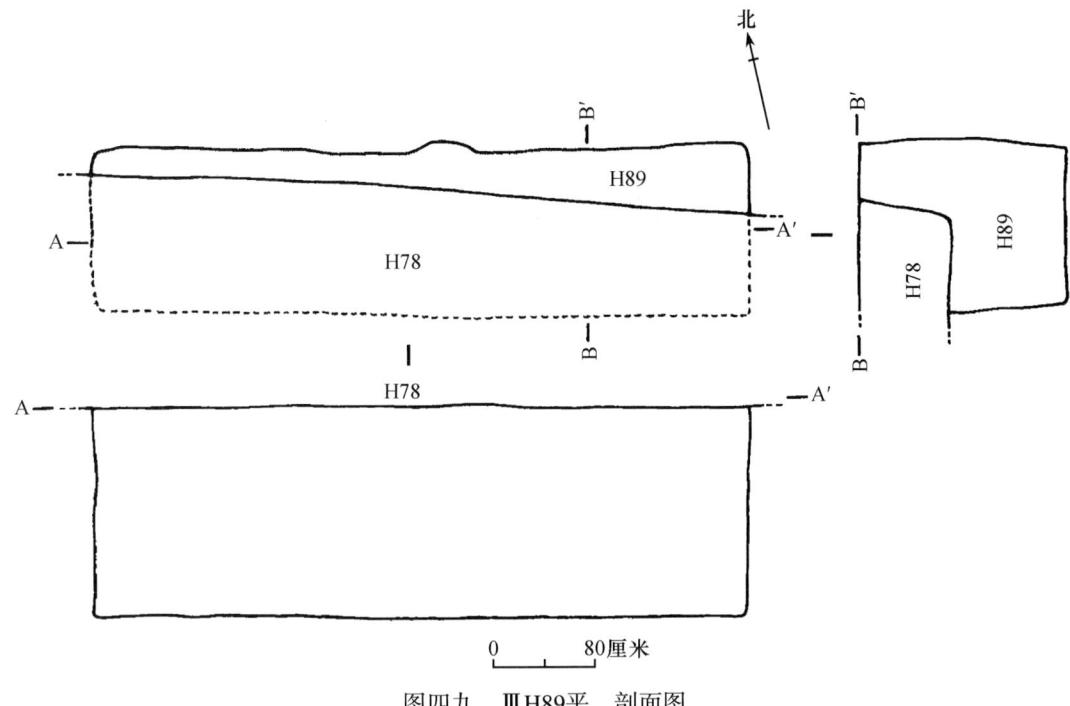

图四九　ⅢH89平、剖面图

素烧器为主，占总出土器物的73%；成品器中的三彩、黄釉、酱黄釉分别占成品器的40%、16%和10%，不见蓝釉、白釉蓝彩等陶制品。瓷器以黑釉瓷为主占24%，白釉瓷占10%。器形以炉、钵、盆、瓶、器盖为主，碗、豆、灯、洗、水盂等相对较少。窑具、作坊具占总出土遗物的11%。依据地层叠压关系和以上出土器物特征，该坑的堆积时间相当于黄冶窑第三期前段。

H89　位于第三烧造区西南部T8内，开口在第8层下，打破第10层，与本探方第9层没有直接关系，南部被H78打破深0.74米。该坑作长方形，北壁略内凹，南壁斜直，平底，方向103度。东西长5.28米，南北宽1.26~1.38米，深1.67米（图四九）。内填土灰杂，土质松散，内含大量草木灰、炭粒和极少量红烧土，局部有淤积现象。出土遗物丰富，据不完全统计，素烧器、成品器多达3000余件（片）。其中以素烧器为主，占总出土器物的87%，成品器仅占13%。成品器以三彩、黄釉、酱黄釉为主，分别占37%、11%和8%，白釉蓝彩极少，仅占0.3%。黑釉、白釉瓷分别占28%和15%，绞胎占0.7%。器形有盆、碗、炉、钵、洗、瓶、罐、盂、豆、器盖、枕、水注、灯、埙、蛋形器等。窑具有杯形、柱形、拱形三叉支烧和垫板等，约占总出土遗物的5%。个别的杯形支烧、柱形支烧和拱形三叉支烧上刻有"元"字和"三"、"六"、"十"等数字符号。拱形三叉支烧摞烧和垫板棚烧是黄冶窑第三期前段新出现的一种烧造工艺，结合该坑的开口层位，H89形成时间不晚于第三期前段。

第四章 出土遗物

黄冶窑烧造时间长达300多年，文化内涵非常丰富。据不完全统计，从2002到2004年的四次发掘，共出土瓷器、陶器制品20余万件（片），其中完整器物、接近完整器物和可复原器物达4000多件。不同时期的瓷器、陶制品主次分明，尤其是瓷器类已远远超出了过去人们对黄冶窑产品的看法，从而使我们对黄冶窑的烧造内涵有了新的认识（详见附表六）。由于黄冶窑从创烧到衰落时间跨度长，而且所有出土器物质地、制法、装饰和烧造工艺错综复杂，因此，我们以期为单位，从器形、质地、装饰和功能四个方面来分类描述。

第一节 第一期文化遗物

该期是黄冶窑烧造业的初创阶段，文化层堆积较薄，分布范围较小，出土遗物不多。这一时期以烧制青釉瓷器为主，白瓷、黑瓷器极少，同出的还有少量灰陶器。器形有碗、壶、杯，以及陶罐、陶瓮和陶筒瓦等建筑材料。

一、瓷　器

1. 青釉瓷器

青釉瓷器是这一阶段的主要产品。器物胎体厚重，呈浅灰色，釉色尚不稳定，个别釉色泛黄，多有垂釉、积釉现象，积釉处呈现黑褐色。器物多为饼形底，器内施满釉，内底遗留有三个较大支钉痕。器形有碗、壶等。

碗　出土数量最多，依据口沿形态的不同可分为三型。

A型　唇口折沿，弧腹，饼形足。标本ⅡT57H39∶2，器形较大。唇沿下饰凹弦纹一周，饼形足内凹。器表施半釉，器内底残存两个较大不规则支钉痕。口径19.2厘米，底径11.8厘米，高10厘米（图五〇，2；彩版二三，1）。标本ⅡT57H39∶5，器形较小。沿微折，器表沿下及内底周边分别饰有一周窄带状凹弦纹，饼形足面上显数周轮旋纹。青黄釉，器表半釉。器内、外底面上分别遗留有三个不规则支钉痕。口径8.6厘米，底径4.4厘米，高5.2厘米（图五〇，3；彩版二三，2）。

B型　敞口圆沿，弧腹，饼形足内凹。内外沿下分别饰有一周凹弦纹。标本ⅡT57H39∶1，

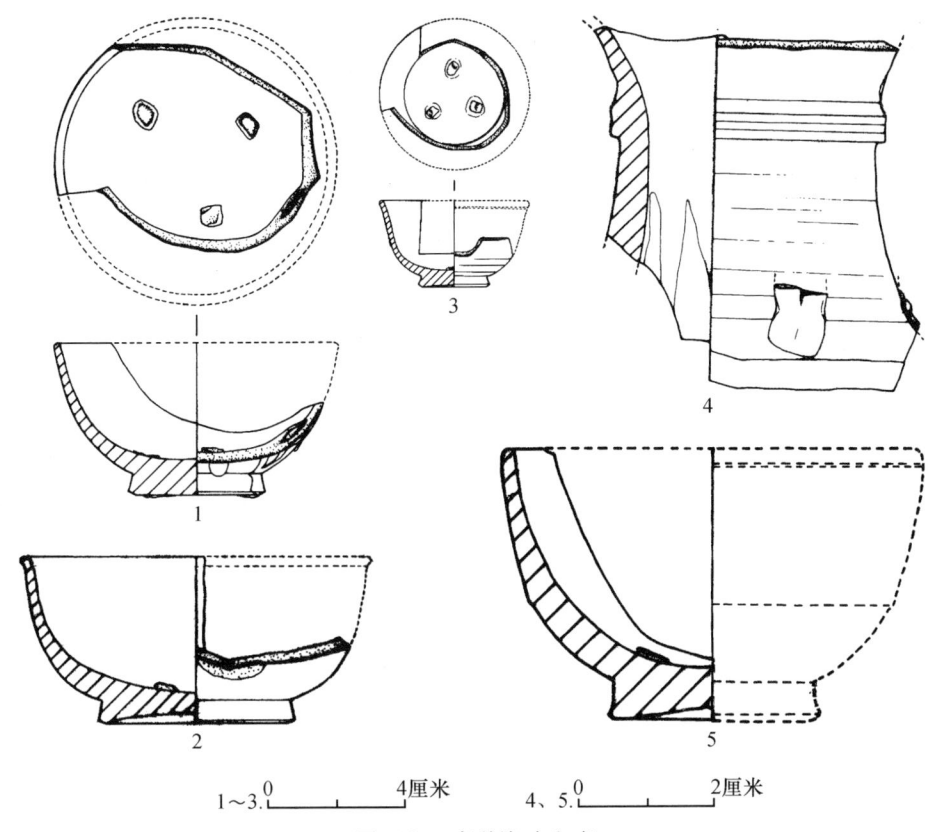

图五〇　青釉瓷碗和壶
1. B型碗（ⅡT57H39：1）　2、3. A型碗（ⅡT57H39：2、ⅡT57H39：5）　4. 壶（ⅡT57H39：4）　5. C型碗（ⅡT57H39：3）

器表半釉，一周垂釉均匀，器内底聚釉较厚。内底面上遗留有三个近方形支钉痕。饼形足底面显密集轮旋纹，并黏结有三处支烧泥饼。口径16.4厘米，底径8.4厘米，高9.2厘米（图五〇，1；彩版二三，3）。

C型　敞口尖沿，深弧腹，饼形足内凹。外沿下饰凹弦纹一周。标本ⅡT57H39：3，器表半釉，器内满釉。器内底残留两个方形支钉痕。口径12厘米，底径6.4厘米，高8.2厘米（图五〇，5；彩版二三，4）。

壶　数量极少，仅1件。标本ⅡT57H39：4，颈部残片，不可复原。颈上部饰两周凸弦纹，肩至口部饰对称四个桥形系，已残。器表施青釉，颈部凸弦纹处因聚釉呈黑色，釉下显带状轮旋纹。残高10.4厘米（图五〇，4；彩版二三，5）。

2. 白釉瓷器

能看出器形的仅一件。标本ⅡT57H39：11，碗底残片。胎体厚重，胎质细腻。饼形底内凹，底面外沿饰同心圆纹半周。器内底施白釉，釉色白中泛黄。底径5.2厘米，残高1.9厘米（彩版二四，1；图版二四，1）。

3. 黑釉瓷器

数量极少。皆为残片，不可复原。标本ⅡT57H39：6，碗腹部残片。白胎，胎体厚重。器内外施黑釉，器表施釉至下腹。器表腹中部刻划凹弦纹三周，分别剔釉露胎，黑白分明，是这一时期黑釉瓷器中的精品（彩版二四，2）。

二、陶　器

这一时期陶器以泥质灰陶为主，泥质褐陶和红陶不多。

陶罐　2件。标本ⅡT57H39：8，腹、底残缺。侈口，圆唇，束颈，弧肩。肩部一侧有一桥形耳。素面，灰陶。口径12.4厘米，残高8.5厘米（图五一，2；彩版二四，3）。标本ⅡT57H39：10，腹、底残缺。侈口，方唇，斜高颈。素面灰陶。口径12.4厘米，残高6厘米（图五一，1；彩版二四，4）。

陶瓮　1件。标本ⅡT57H39：9，口、颈、底残缺。鼓腹。腹中部饰凹弦纹一周，一侧有一小圆穿孔，孔径0.7厘米。肩下及下腹部各饰宽条带纹一周，上部刻树枝纹。残高12.2厘米（图五一，3；彩版二四，5）。

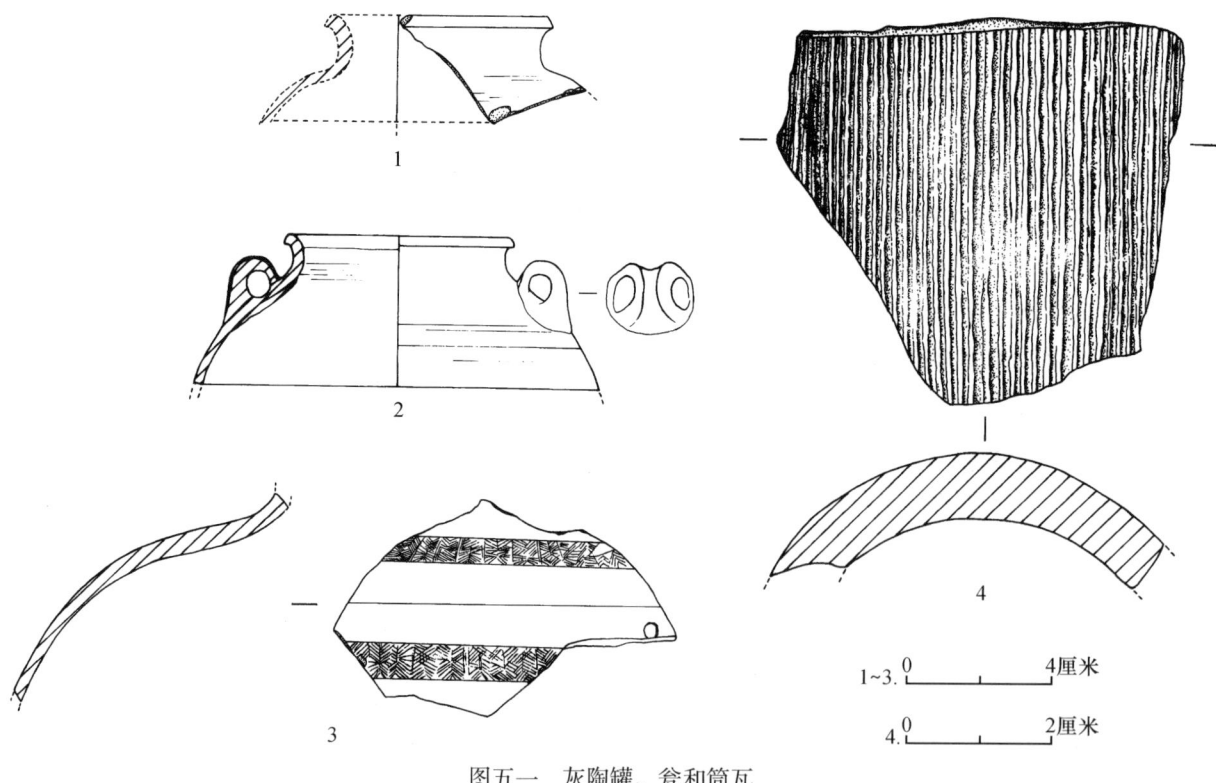

图五一　灰陶罐、瓮和筒瓦
1、2. 陶罐（ⅡT57H39：10、ⅡT57H39：8）　3. 陶瓮（ⅡT57H39：9）　4. 筒瓦（ⅡT57H39：7）

三、建筑材料

建筑材料极少，皆残，能辨别器形的仅有筒瓦。标本ⅡT57H39：7，残片。正面饰粗绳纹，背面印有布纹。残长10.9厘米，残宽11.5厘米（图五一，4；彩版二四，6）。

第二节　第二期文化遗物

该期是黄冶窑烧造业生产与发展的重要阶段，瓷器约占总出土器物的98%左右，其中以白釉、黑釉瓷器为大宗，酱釉、茶叶末釉瓷不多，青釉瓷极少，单彩、三彩器和绞胎器在这一时期开始出现。瓷制品胎体较厚重，但制作工整，胎质细腻坚实，有白、粉白和浅灰三种，前者以白釉瓷器为主，后者常见于黑釉、酱釉瓷等。器物釉色趋于稳定，器表垂釉现象极少。器形以饼形底为主，平底、圜底次之，圈足不多。这一时期作坊具出土数量极少，窑具种类不多，以杯形、碗形、盘形支烧具为主，这些支烧具与器物接触处多采用瓷土粉相隔，三叉支烧、垫板等窑具极少。试釉是这一时期烧造工艺的重要组成部分，有单色釉试烧，也有黑釉、白釉同在一件试釉器上试烧。

一、瓷　　器

1. 白釉瓷器

白釉瓷器是这一时期的主要产品，形制多样，制作精良。施釉均匀，釉色较纯净，垂釉、聚釉现象极少。由于这一时期的器物绝大多数不施化妆土，因胎的作用白釉成品器绝大多数釉色白中泛青或泛灰。常见的器形有盆、碗、杯、盅、盘、豆、洗、罐、瓶、唾盂、水盂、尊、钵、注碗、三足炉、器盖、扑满、蛋形器和埙等。

盆　是白釉瓷器中最多的器形之一。依据腹的不同可分为三型。

A型　出土最多。唇口，微敛，弧沿，鼓腹，饼形底内凹。器表施半釉，器内上腹施极不规则釉一周，下腹及底无釉，沿面施釉的极少。标本ⅡT5H16：172，器形较大。口径20厘米，底径11.2厘米，高12厘米（图五二，2；彩版二五，1）。标本ⅡT5H16：186，器形较小。器表施釉厚薄不均，并有垂釉现象。口径14.8厘米，底径8.2厘米，高8.9厘米（图五二，1；彩版二五，2）。

B型　出土数量较多。敞口，卷沿，弧腹，饼形底内凹。标本ⅢT1H65：57，器形较大。器表施半釉，器内施釉至腹中部。内底显密集轮旋纹，白胎。口径20.9厘米，底径9.9厘米，高12.5厘米（图五二，3；彩版二五，3）。

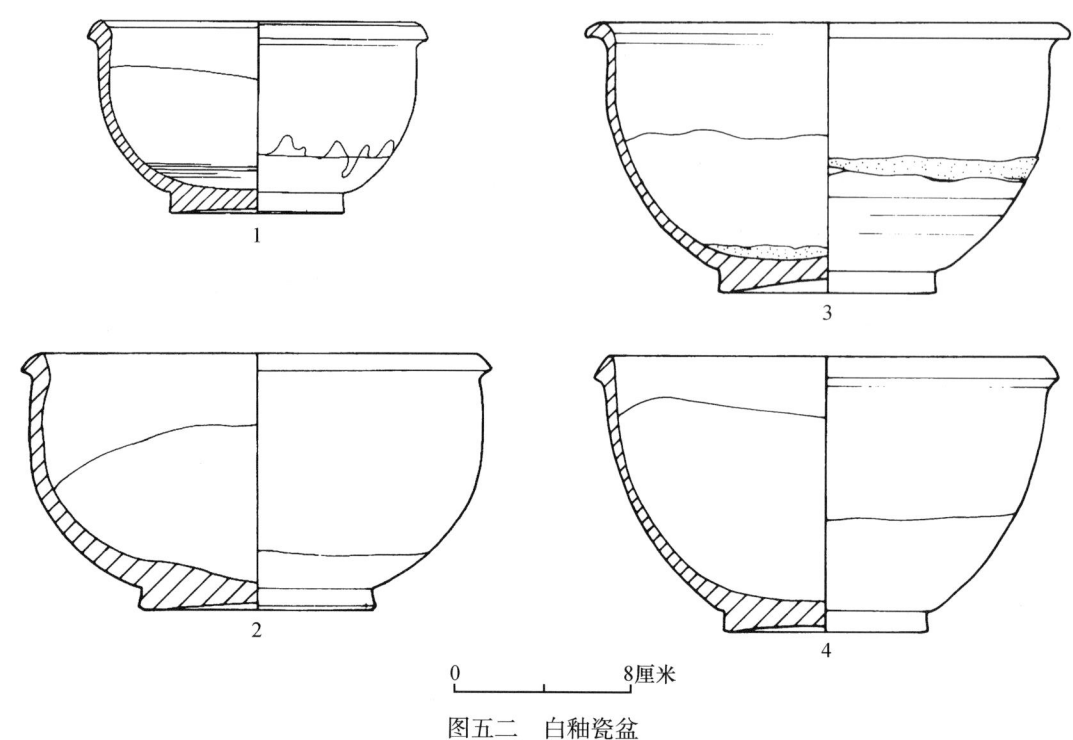

图五二　白釉瓷盆
1、2.A型（ⅡT5H16∶186、ⅡT5H16∶172）　3.B型（ⅢT1H65∶57）　4.C型（ⅡT5H16∶9）

C型　敞口，斜沿，尖唇，深弧腹，饼形底较小。此类盆数量较少。标本ⅡT5H16∶9，沿面及内底无釉，器表半釉极为规整。口径19.2厘米，底径9.5厘米，高12.8厘米（图五二，4；彩版二五，4）。

碗　出土数量较大，种类较多。以饼形足为主，圈足极少。以白釉、白胎为主，个别的器物釉色泛青。依据口沿的不同可分为四型。

A型　唇口，弧腹，饼形足。依据唇沿的不同又分为两个亚型。

Aa型　与A型盆形制相同。尖唇，口微敛，沿面外斜微弧。器内外皆施半釉，多数器表施釉至下腹，器内仅施沿下一周。多数沿面不施釉。此型碗数量最多。标本ⅡT5H16∶180，局部残。腹较深，下腹微鼓，唇沿面无釉，器内外显轮旋纹。口径11厘米，底径5.6厘米，高6.6厘米（图五三，10；彩版二五，5）。标本ⅡT5H16∶34，口沿一侧微残。尖圆唇，饼形足微凹。沿面施釉，器内施不规则釉至沿下。器内露胎处显密集轮旋纹。口径11厘米，底径5.2厘米，高6.7厘米（图五三，11；彩版二五，6）。

Ab型　小圆唇，鼓沿，浅鼓腹，饼形足较小。此类碗出土数量不多，器内施满釉，器表施半釉。标本ⅢT1H65∶68，浅灰胎，釉色淡青。口径9.4厘米，底径4.6厘米，高4.6厘米（图五三，1；彩版二六，1）。

B型　敞口。依据形制的不同又可分为三个亚型。

Ba型　饼形足，出土数量较多。标本ⅢT1H65∶69，弧鼓腹，大饼足微凹，足底面显数周同心圆纹。器内满釉，器表施半釉，局部流釉至足根。釉色白中泛灰青，口沿局部脱釉。口径12.6厘米，底径6.8厘米，高5.6厘米（图五三，6；彩版二六，2）。标本ⅢT7H98∶2，上腹微

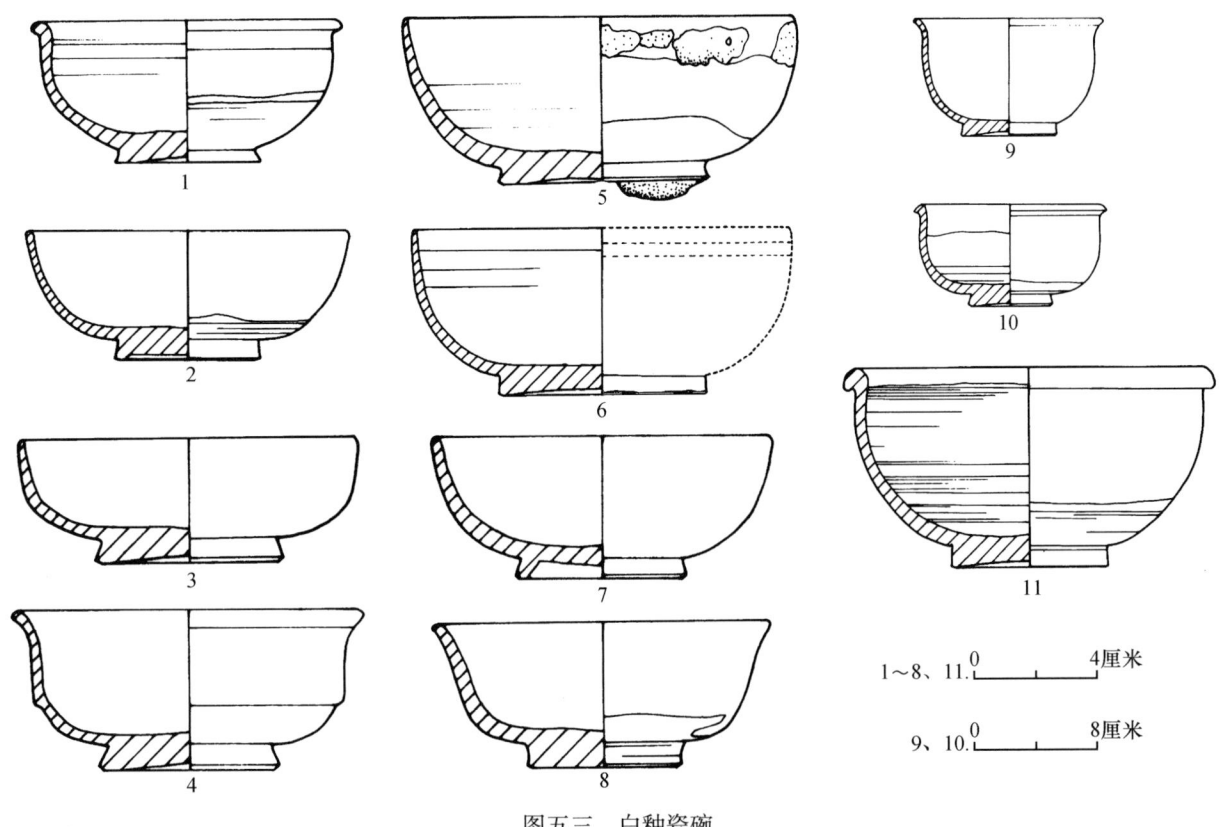

图五三 白釉瓷碗

1. Ab型（ⅢT1H65：68） 2. Bb型（ⅡT5H16：40） 3. Ba型（ⅢT7H98：2） 4. Cc型（ⅡT8H34：31） 5. D型（ⅢT1H65：67） 6. Ba型（ⅢT1H65：69） 7. Bc型（ⅡT6H12：2） 8. Cb型（ⅡT2H56：2） 9. Ca型（ⅡT5H16：179） 10. Aa型（ⅡT5H16：180） 11. Aa型（ⅡT5H16：34）

弧，斜壁鼓腹，足底面上显密集同心圆纹。器内满釉，器表施釉至折腹处，釉色白中泛青，口沿局部有脱釉现象。口径11厘米，底径6.2厘米，高4.2厘米（图五三，3；彩版二六，3）。

Bb型 饼形足内凹，数量较少。标本ⅡT5H16：40，弧腹，饼形足内凹，修整的极为规矩。器内满釉，器表施半釉至上腹。由于火候低，釉面白中无光泽。口径10.2厘米，底径4.8厘米，高4.2厘米（图五三，2；彩版二六，4）。

Bc型 圈足，数量极少。标本ⅡT6H12：2，弧鼓腹，圈足外撇，圈足内底足心微凸。器内满釉，器表半釉。因烧制火候过低，釉色白中泛黄，釉面几乎与胎色接近。口径10.4厘米，底径5.6厘米，高4.8厘米（图五三，7；彩版二六，5）。

C型 折沿敞口，饼形足。数量较多，依据腹的不同又可分为三个亚型。

Ca型 鼓腹，出土数量较多。标本ⅡT5H16：179，深鼓腹。器内外满釉，器表施釉至足根。口径12厘米，底径6.2厘米，高7.8厘米（图五三，9；彩版二六，6）。

Cb型 曲腹，1件。标本ⅢT2H56：2，器内圜底近平。器内施满釉，器表施半釉至下腹。釉色白中闪青，口沿局部脱釉。口径11厘米，底径5厘米，高4.5厘米（图五三，8）。

Cc型 折腹，1件。标本ⅡT8H34：31，器内大平底。上腹直壁，下腹折收与足相连。器内施满釉，器表施半釉至下腹。口径11.3厘米，底径5.8厘米，高5.2厘米（图五三，4；彩版二七，1）。

D型　出土数量较少。标本ⅢT1H65：67，敛口，鼓腹，饼形足。器内满釉，器表半釉。由于烧成火候过高，器物整体已变形，上腹一侧有三处器物黏结痕，局部胎体呈灰黑色。饼足面上黏结有瓷土粉。浅灰胎。口径12.6厘米，底径7厘米，高5.4厘米（图五三，5；彩版二七，2）。

杯　出土数量不多，形制单一。整体造型同A型盆、Aa型碗。依据腹的不同，可分为两型。

A型　唇口微敛，弧鼓腹，饼形足。沿面及内底皆不施釉，内壁施釉至口沿下，器表施半釉。标本ⅡT5H16：78，器形较大。口径8.4厘米，底径4.4厘米，高5.2厘米（图五四，1；彩版二七，3）。标本ⅡT5H16：28，器形较小，饼形足内凹。沿面上一侧黏结一倒置的同类器口沿残块。口径7.4厘米，底径4厘米，高4.8厘米（图五四，2；彩版二七，4）。

B型　出土数量较少，整体形制与A型杯无大差别。敛口，弧腹，饼形足微凹。标本ⅡT5H16：194，器表施半釉，器内施釉至口沿下。口径8.5厘米，底径4.5厘米，高4.9厘米（图五四，3；彩版二七，5）。

盅　形制较小，出土数量不多。依据口沿的不同，可分为两型。

A型　唇口微敛，弧鼓腹，饼形足微凹。器内满釉，器表半釉，沿面上有施釉的也有不施釉的。形制同A型盆、Aa型碗、A型杯。标本ⅡT5H16：145，沿面无釉，器内满釉，器表施釉至下腹。口径5.5厘米，底径2.7厘米，高3.5厘米（图五四，5；彩版二七，6）。标本ⅡT5H16：140，沿面施釉局部脱落，器内满釉，器表施釉至近足根。口径5.8厘米，底径3.4厘米，高3.3厘米（图五四，6；彩版二八，1）。

B型　撇口，饼形足，出土数量极少。依据腹的不同又可分三个亚型。

Ba型　束腰，折腹。标本ⅡT8C3：2，饼形足较高。器内满釉，器表施釉至折腹处，沿面一周脱釉。口径5.1厘米，底径2.4厘米，高3.9厘米（图五四，9；彩版二八，2）。

Bb型　束腰，鼓腹，饼形足较矮。标本ⅢT7H98：10，深腹。由于烧制火候太低，胎色白中泛黄，器内施釉至沿下，器表施釉至下腹。下腹未施釉部分，显密集轮旋纹。口径4.7厘米，底径2.7厘米，高4.1厘米（图五四，10）。

Bc型　1件。敞口，斜弧腹。标本ⅢT7H98：9，饼形足，整体作碗状。器内满釉，器表施釉至下腹，局部垂釉至足根。口径5.6厘米，底径3厘米，高3厘米（图五四，11）。

盘　出土数量极少。依据底的不同，可分为三型。

A型　2件，圈足。标本ⅢT1H65：52，器形硕大，胎体厚重。鼓腹，下腹斜收与饼足相连。器内外对应施半釉，釉色白中泛青。内底面无釉显密集轮旋纹，外底面中部饰数周同心圆纹。口径25.3厘米，底径11.6厘米，高4.3厘米（图五四，8）。

B型　1件，平底。标本ⅢT7H98：1，敞口，浅微鼓腹，器内外大平底。器内满釉，釉层厚薄不均，器表施薄釉近底。釉色白中略泛青，釉下显数周带状弦纹。口径18.6厘米，底径13.6厘米，高3.5厘米（图五四，7；彩版二八，3）。

C型　1件。标本ⅢT1H64：8，残。敞口，浅鼓腹，高圈足外撇。值得注意的是，圈足的

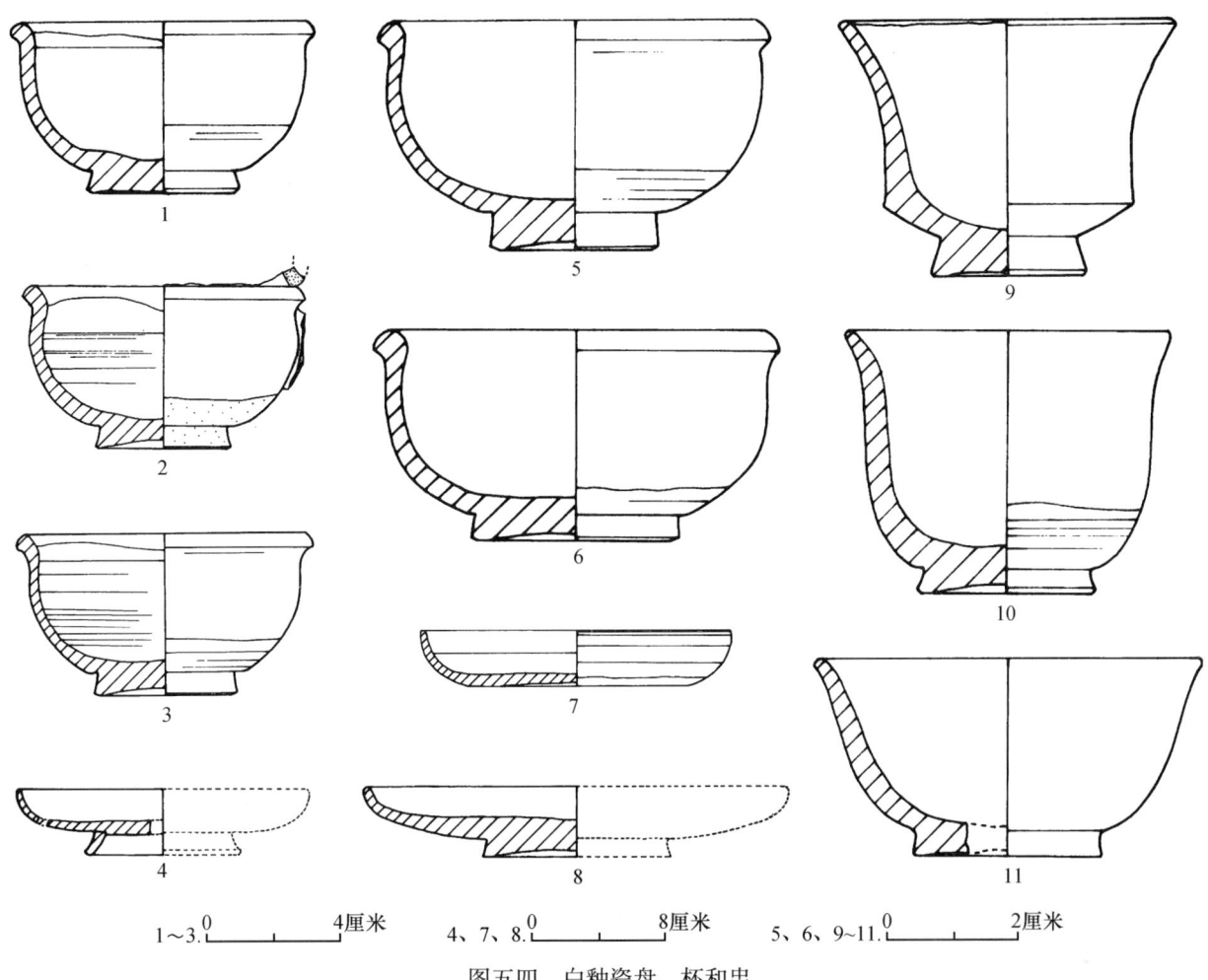

图五四　白釉瓷盘、杯和盅

1、2.A型杯（ⅡT5H16：78、ⅡT5H16：28）　3.B型杯（ⅡT5H16：194）　4.C型盘（ⅢT1H64：8）　5、6.A型盅（ⅡT5H16：145、ⅡT5H16：140）　7.B型盘（ⅢT7H98：1）　8.A型盘（ⅢT1H65：52）　9.Ba型盅（ⅡT8C3：2）　10.Bb型盅（ⅢT7H98：10）　11.Bc型盅（ⅢT7H98：9）

形成是在矮饼形足的外围黏接而成，且器身的胎质、胎色也有微量差别，此工艺在黄冶窑唐代早期尚属首次发现。复原口径17.4厘米，底径9.6厘米，高4厘米（图五四，4）。

豆　也是出土数量较少的产品之一，形制大同小异。标本ⅢT1H65：54，出土时豆盘已严重变形，平面呈蛋形。窄平沿，口微敛，弧鼓腹，喇叭形高柄足，腹底近柄处饰饼状凸起。器内施釉至沿下，器表施釉至柄足上部。柄、足及器内露胎处显密集轮旋纹，盘内底黏结一层瓷土粉。口径10.8～13厘米，底径8.5厘米，高9.6厘米（图五五，2；彩版二八，4）。

洗　出土数量较少。依据腹的不同可分为两型。

A型　1件，鼓腹。标本ⅢT1H65：50，敛口，圆沿，小平底微内凹，器内大圜底。器表上、下腹分别饰线旋纹一周。器内、外分别施半釉，釉色白中泛青。器内、外底分别遗留有一个圆形支烧痕。口径21厘米，底径9.5厘米，高9.6厘米（图五五，5；彩版二八，5）。

B型　1件，弧腹。残，不可复原。标本ⅢT1H65：51，器形较小。敛口，窄平沿内斜，底残缺。器表近底饰凹旋纹一周。器内、外施半釉，釉色白中闪青，玻璃质感较强。口径14.8厘

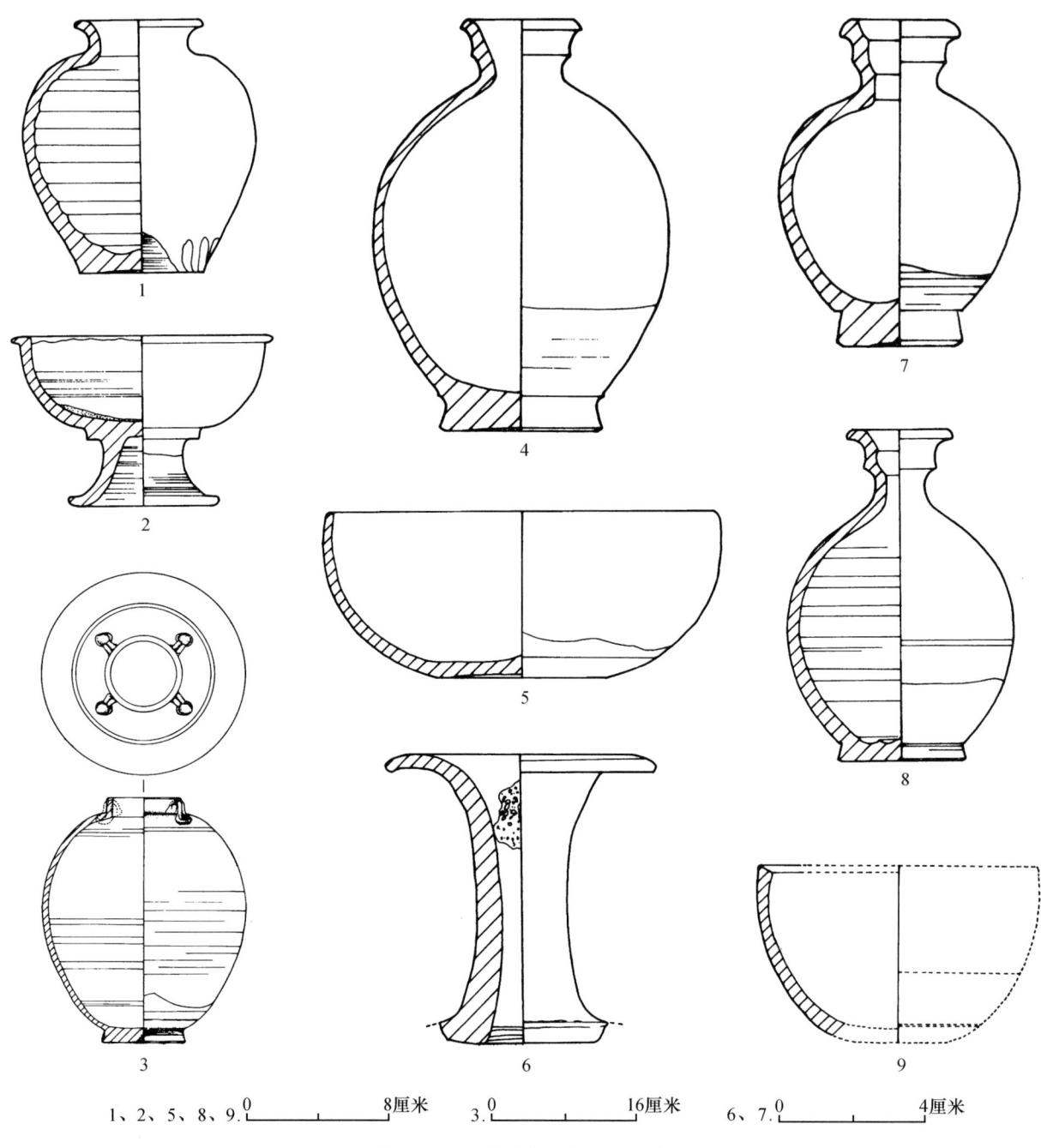

图五五 白釉瓷罐、瓶、豆和洗

1. B型罐（ⅡT3⑦：21） 2. 豆（ⅢT1H65：54） 3. A型罐（ⅢT1H65：56） 4、7. Ab型瓶（ⅡT5C1：20、ⅡT6H18：22）
5. A型洗（ⅢT1H65：50） 6. B型瓶（ⅡT5H16：190） 8. Aa型瓶（ⅢT1H65：72） 9. B型洗（ⅢT1H65：51）

米，复原高10厘米（图五五，9）。

罐 出土数量不多。依据形制的不同可分为直口四系、撇口折沿两型。

A型 2件，直口四系罐，可复原。标本ⅢT1H65：56，器形硕大。直口，窄平沿，溜肩，鼓腹，饼形足外撇。肩部饰对称四个桥形系，肩饰线弦纹两周。器内满釉，器表施极不规则釉至下腹，釉色白中泛青灰。口径7.4厘米，底径9.6厘米，高27厘米（图五五，3；彩版二八，6）。

B型　1件，撇口折沿罐。标本ⅡT3⑦：21，器形较小。小口，折沿，束颈，溜肩，鼓腹，平底。器内满釉，釉下显规整轮旋纹。器表施釉至下腹部，局部垂釉至底，釉层较厚，通体碎密冰裂纹。口径6.5厘米，底径7厘米，高14.3厘米（图五五，1；彩版二九，1）。

瓶　出土数量较多，是该阶段常见的器形之一。依据形制的不同可分为两型。

A型　盘口瓶　在瓶类器中占多数。短束颈，溜肩，鼓腹，饼形足。依据沿面的不同又可分为两个亚型。

Aa型　弧口折沿。标本ⅢT1H65：72，器形较大。器表施釉至下腹，釉色白中泛青，无釉处透胎。沿面无釉，显两处摞烧痕。口径6厘米，底径7厘米，高18.8厘米（图五五，8；彩版二九，2）。

Ab型　斜弧口圆唇。标本ⅡT5C1：20，器形较小。器表施釉至下腹，沿面局部脱釉，釉色白中泛灰。口径2.9厘米，底径4.6厘米，高11.6厘米（图五五，4）。标本ⅡT6H18：22，器形最小。曲口，圆唇。器表施釉至下腹，由于火候的原因，该器物釉层尚未完全溶解，釉面显较多的杂质，无玻璃质感。口径2.9厘米，底径3.7厘米，高9.2厘米（图五五，7；彩版二九，3）。

B型　仅1件，喇叭口，不可复原，数量极少。标本ⅡT5H16：190，宽微弧沿面，细高颈。口沿周边饰凹弦纹一周，肩以下残缺。胎体细白，釉色纯净。从残存的口、颈来看，该器物整体制作工整精致；造型端庄大方；施釉匀称细腻，是这时期难得的一件白釉瓷精品。口径7.8厘米，残高8.2厘米（图五五，6；彩版二九，4）。

唾盂　出土数量较少，常见的有圆鼓腹和扁鼓腹两种。依据腹的不同可分为两型。

A型　圆鼓腹。依据足的不同又可分为两个亚型。

Aa型　1件，矮圈足。标本ⅡT5H16：115，器形较大。盘口，折沿，细颈较高，弧肩。器表施釉近底，器内施釉至颈部，釉色白中略泛青。腹与底交接处饰麻点纹半周，外底面上黏结一件器底残片。口径7.6厘米，底径8.4厘米，通体高12.7厘米（图五六，7；彩版二九，5）。

Ab型　1件，饼形足。标本ⅡT3⑦：6，器形较小。盘口，圆唇，矮束颈，溜肩，足外撇内凹。器表施釉至下腹，器内施釉至颈部，釉色白中微泛黄。口径4厘米，底径4.8厘米，高7.6厘米（图五六，5；彩版二九，6）。

B型　扁鼓腹，1件，不可复原。标本ⅢT1H65：71，器形较大。盘口，折沿，束颈，溜肩，底残缺。器表施釉至下腹，釉色白中泛黄，器内施釉至颈口。口径8厘米，残高10.2厘米（图五六，4；彩版三〇，1）。

水盂　出土数量极少，勉强能复原的仅1件。标本ⅢT1H65：70，敛口，斜高颈，弧肩，鼓腹，饼形底。器表施釉至下腹，器内施釉至颈中部，釉色白中泛灰。口径3.6厘米，底径4.8厘米，高7.7厘米（图五六，11）。

双成柄尊　出土数量极少，皆残片，不可复原。标本ⅢT7H98：11，龙柄残块。龙眼、龙角、龙须清晰，龙身为双泥条捏制黏合而成。胎色灰白，釉色白中泛青灰。残高8厘米（图五六，6；彩版三〇，2）。

钵　是这一时期的主要产品，也是出土数量较多的器形之一。依据腹的不同可分为两型。

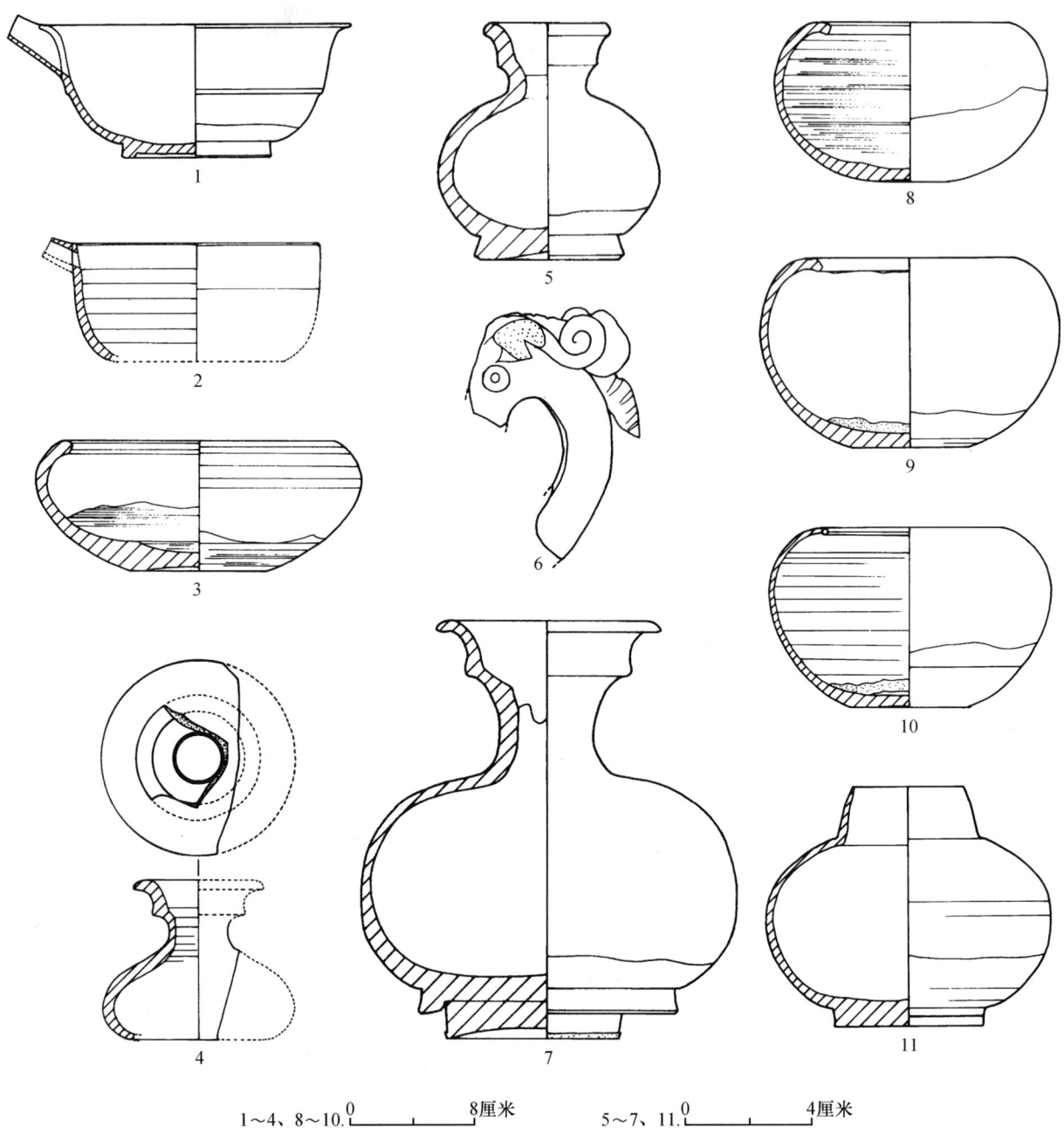

图五六 白釉瓷注碗、钵、唾盂、双龙柄尊和水盂
1. A型注碗（ⅡT5H16：184） 2. B型注碗（ⅡT3⑦：19） 3. B型钵（ⅢT1H65：1） 4. B型唾盂（ⅢT1H65：71） 5. Ab型唾盂（ⅡT3⑦：6） 6. 双龙柄尊（ⅢT7H98：11） 7. Aa型唾盂（ⅡT5H16：115） 8~10. A型钵（ⅢT1H65：39、ⅢT1H65：16、ⅢT1H65：3） 11. 水盂（ⅢT1H65：70）

A型 弧腹，数量最多。敛口内折，周沿略下垂，鼓肩，小平底。近口处饰凹弦纹一周。器表皆施半釉，多数器内不施釉。器内、外底面上多数黏结有瓷土粉。标本ⅢT1H65：3，完整。下腹饰线弦纹一周。器内无釉，底面上黏结一层较厚瓷土粉。器表施釉较薄透胎，釉色白中泛黄，釉面显较多小黑斑点。口径10.7厘米，底径7.7厘米，高11.6厘米（图五六，10；彩版三〇，3）。标本ⅢT1H65：16，斜口，器内无釉，器表釉色白中泛灰。内、外底面上皆

黏结有瓷土粉。口径11.2厘米，底径7.6厘米，高12厘米（图五六，9；彩版三〇，4）。标本ⅢT1H65：39，器表近底饰凹弦纹一周，器内施釉至沿下肩部一周。器内底堆积较多瓷土粉，中部显一圆形饼足垫烧痕，直径4.8厘米。口径10.3厘米，底径5.5厘米，高10.2厘米（图五六，8；彩版三〇，5）。

B型　扁鼓腹，极少，可复原的仅1件。标本ⅢT1H65：1，敛口内折，圆唇，下腹斜弧，小平底。器内施釉近底，器表施极不规则半釉，釉色白中泛灰，器内露胎处显密集轮旋纹。口径16.7厘米，底径8.8厘米，高8.5厘米（图五六，3；彩版三〇，6）。

注碗　出土数量不多，依据腹的不同可分为两型。

A型　折腹。敞口折沿，大圈足。口沿的一侧有一个半圆形流，折腹处饰宽带弦纹一周。标本ⅡT5H16：184，器形较大。器内满釉，器表施釉近底，局部垂釉至足根，釉色白中略泛青。口径19.5厘米，底径9.5厘米，高8.7厘米（图五六，1；彩版三一，1）。

B型　深腹近直，口沿一侧置一半圆形流。极少，皆残。标本ⅡT3⑦：19，下腹及底残缺。器内满釉，釉色匀净，釉下显较规整带状弦纹数周。器表施釉至下腹，脱釉严重，釉色白中泛灰。浅灰胎。口径15.8厘米，残高7.4厘米（图五六，2；彩版三一，2）。

三足炉　出土数量较少。器形相同，弧口，卷沿，束颈，弧肩，鼓腹，小平底，下腹部附三个兽蹄形足。外腹近底饰凹弦纹一周。标本ⅡT5H16：1，器表施釉近底，局部脱釉，器内满釉，沿面一侧局部无釉，釉色白中泛黄。外底上遗留有一个圆形支烧痕。口径13厘米，高16.4厘米（图五七，1；彩版三一，3）。标本ⅡT5H16：173，器表施釉近底，器内施釉至颈部。外底上遗留有一圆形支烧痕，三足下半部残缺。口径11.9厘米，底径5.1厘米，复原高16.8厘米（图五七，2；彩版三一，4）。

器盖　出土数量较多，依据盖面形制的不同可分为三型。

A型　数量最多。依据顶部捉手的不同又可分为两个亚型。

Aa型　盖面隆起，锥帽状纽。周沿微下垂，子口内收。盖面皆施满釉。此型盖多与三足炉和罐类器配套使用。标本ⅡT6H12：9，器形较大。盖面整体缩釉，呈现麻斑点状。盖沿周边及捉手局部脱釉，釉色白中泛黄。盖沿径19.3厘米，子口径14.5厘米，通高6厘米（图五七，11；彩版三一，5）。标本ⅡT5H16：17，器形较小。盖面中部锥帽状捉手较大。盖顶与盖沿相交处饰凸棱纹一周，高子口。釉层均匀，玻璃质感较强，釉色白中泛黄。盖沿径16.5厘米，子口径12.4厘米，通高6.5厘米（图五七，10；彩版三一，6）。标本ⅡT4⑫：8，是此类器盖中最小的1件。盖沿径5.8厘米，子口径3厘米，高2.9厘米（图五七，3；彩版三二，1）。

Ab型　圆饼状纽，盖面隆起折肩，周沿下垂。数量极少，可复原的仅1件。标本ⅡT4⑫：29，盖面与沿相交处饰凸棱纹一周。矮子口，外翻。盖面施满釉，釉色白中泛青。盖沿径12厘米，子口径7.6厘米，高3.2厘米（图五七，4；彩版三二，2）。

B型　平顶，折壁略内收。出土数量极少。标本ⅡT6H12：5，完整。顶面中部一锥帽状捉手，捉手外围饰五周同心圆纹，腹壁上饰凸弦纹三周。器内外白釉泛黄，盖沿及沿内壁一周无釉。盖沿径9.5厘米，盖口径9厘米，通高4.3厘米（图五七，7；彩版三二，3）。

C型　子母盖，盖面内凹，中部一柱状捉手。数量较少。盖面满釉。此类器盖与唾盂配

图五七 白釉瓷三足炉、器盖、扑满、埙和蛋形器

1、2. 三足炉（ⅡT5H16：1、ⅡT5H16：173） 3、10、11. Aa型器盖（ⅡT4⑫：8、ⅡT5H16：17、ⅡT6H12：9） 4. Ab型器盖（ⅡT4⑫：29） 5、6. C型器盖（ⅡT5H16：73、ⅡT3⑦：23） 7. B型器盖（ⅡT6H12：5） 8、12. 扑满（ⅡT5H16：178、ⅡT5H16：166） 9. 埙（ⅢT1H65：13） 13. 蛋形器（ⅡT5H16：141）

套使用。标本ⅡT3⑦∶23，折沿，斜壁，饼形子盖内收。釉色白中略泛青。盖沿径8.5厘米，子盖径3厘米，高2.7厘米（图五七，6；彩版三二，4）。标本ⅡT5H16∶73，折沿，弧壁，饼形子盖外撇。由于烧制的火候太低，土蚀严重，釉面呈银白色。盖沿径7.6厘米，子盖径3.1厘米，高2.3厘米（图五七，5；彩版三二，5）。

扑满 出土数量不多。胎体粗糙，含杂质较大。整体近似球状，圆鼓腹，平底。顶部一侧置一长条形孔。上部施不规则透明釉透胎，通体显密集轮旋纹。浅灰胎。标本ⅡT5H16∶166，器形较大。顶近平，由于火候和胎质的作用，釉色泛灰。底径6.6厘米，高7.6厘米（图五七，12）。标本ⅡT5H16∶178，完整。器形较小，鼓顶，因烧制火候和气氛原因器表局部呈火石红色。底径4.9厘米，高6.4厘米（图五七，8；彩版三二，6）。

蛋形器 出土数量极少，造型精细。两端一尖一圆，与鸡蛋毫无二致。标本ⅡT5H16∶141，素胎，分半模制，中空，黏合而成。圆的一头有明显的轮旋修整痕。蛋体长4.3厘米，最大腹径3.4厘米（图五七，13；彩版三三，1）。

埙 出土数量极少。圆体，皆人面形，前后分别模制，黏合而成。中空，顶部置一吹孔，两颊各有一音孔。标本ⅢT1H65∶13，慈眉善目，眉骨微突，头顶略尖。面部施白釉，釉层未溶解，无光泽。面阔3.8厘米，高3.9厘米（图五七，9；彩版三三，2）。

2. 黑釉瓷器

黑釉瓷器出土数量仅次于白釉瓷器，是该阶段的主要产品。其中的盆类器造型与白釉瓷基本一致，施釉工艺较白釉瓷控制得更好，除个别器物因烧制火候的原因有所偏差外，绝大多数器物釉层厚薄均匀，釉色一致，垂釉、聚釉、脱釉现象极少。与白釉瓷的另一个不同是黑釉瓷没有施化妆土。常见的器形有盆、豆、罐、瓶、水盂、钵、三足炉、器盖和灯等。

盆 出土数量最多，是这一时期最常见的器物之一。除有器形大小之别外，整体造型一致，与同期的A型白瓷盆形制基本相同。唇口微敛，弧腹，饼形底。器表皆施半釉，施釉边缘整齐，无垂釉现象。绝大多数沿面不施釉，器内多施不规则釉至沿下一周，个别的施满釉。标本ⅡT5H16∶174，残。器形较大，浅灰胎。下腹露胎处显数周线旋纹。沿面无釉，器内施釉至沿下。口径19厘米，底径10.4厘米，高11.6厘米（图五八，5；彩版三三，3）。标本ⅡT6H18∶15，完整。器形较大，沿面无釉，器内施釉至沿下。器内底及饼足面上分别黏结有较多瓷土粉，内底中部黏结有三个依次减小的同类残器底足，器底与器底足之间分别用瓷土粉相隔。口径19厘米，底径10厘米，高11.2厘米（图五八，6；彩版三四，1、2）。标本ⅡT5H16∶84，完整。器形较大，沿面施釉局部透胎，呈淡黄色，器内施釉至沿下。值得注意的是，器内中部黏结1件略小的白釉盆，白釉盆的口沿上黏结一件倒置同等大小的黑釉盆口残片。从中不仅可以看出，白釉和黑釉配方一致，可以同窑烧造，同时也表明，同类器除多器套烧外，还采用多器分别对口覆烧。口径19厘米，底径10.2厘米，高12.1厘米（图五八，7；彩版三四，3、4）。标本ⅡT5H16∶187，器形较小。沿面无釉，器内沿下施釉极不规则。器内底黏结有少量瓷土粉。口径15.2厘米，底径9.1厘米，高8.6厘米（图五八，1；彩版三三，4）。标本

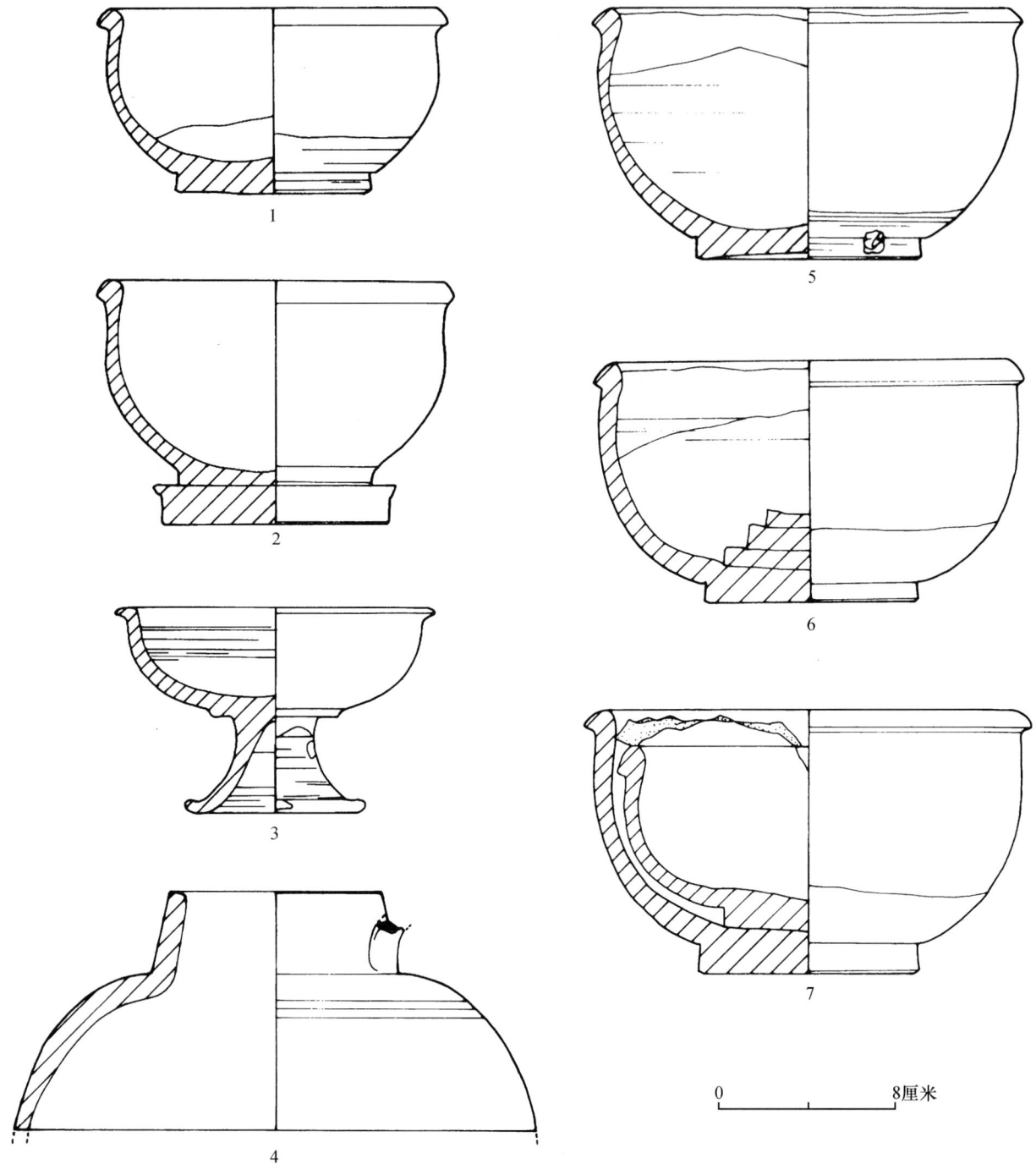

图五八　黑釉瓷盆、豆和罐
1~2、5~7.盆（ⅡT5H16：187、ⅡT5H16：51、ⅡT5H16：174、ⅡT6H18：15、ⅡT5H16：84）　3.豆（ⅢT1H65：81）
4.罐（ⅡT6H18：89）

ⅡT5H16：51，器形较小。沿面无釉，器内施满釉。足底面上黏结一件大一号的盆底残片。口径15.3厘米，底径9厘米，高9.4厘米，通体高11.2厘米（图五八，2；彩版三四，5、6）。

豆　出土数量极少，可复原的仅1件。标本ⅢT1H65：81，口微敛，尖唇，窄沿面近平，弧腹，喇叭形高柄足。器内施不规则半釉，器表施釉至柄中部。器内外无釉处皆显密集的轮旋纹，器内底及柄底面上分别黏结少量瓷土粉。口径13.2厘米，底径8.9厘米，高9.6厘米（图五八，3；彩版三三，5）。

罐　1件。残，不可复原。整体造型与同期A型白瓷罐相同。标本ⅡT6H18：89，高颈，斜直口，窄沿内斜，鼓肩，弧腹，下腹、系和底残缺。肩部饰凹弦纹两周，器内外施釉，沿面无釉。口径8.4厘米，残高11厘米（图五八，4）。

瓶　出土数量仅次于盆类器。依据足的不同可分为两型。

A型　饼形足外撇。数量较多，与同期的Ab型白瓷瓶相同。盘形口，圆沿，短束颈，有溜肩也有鼓腹，器表施半釉，器内施釉至颈部，沿面施釉的极少。标本ⅡT5H16：193，器形最大。鼓肩，弧腹。烧制火候过低，釉层未结晶，釉色无光泽，呈褐灰色，胎色泛黄，露胎处显密集轮旋纹。口径5.9厘米，底径8.5厘米，高23.1厘米（图五九，5；彩版三五，1）。标本ⅡT5H16：177，器形较大。溜肩，鼓腹，足残。肩部饰线弦纹一周，器内外无釉处显轮旋纹。釉色纯净，玻璃质感较强。口径5.8厘米，残高20.6厘米（图五九，6）。标本ⅡT5H16：67，鼓肩，弧腹。火候过低，釉未完全结晶，无光泽，釉面接近茶叶末色。下腹近底无釉处显断断续续线旋纹数周。口径5.1厘米，底径6.3厘米，高18.7厘米（图五九，1；彩版三五，2）。标本ⅡT5H16：12，鼓肩，弧腹。烧制火候过高，器物口颈严重变形。颈、肩局部釉面有密集淡黄色小斑点，下腹露胎处局部呈现火石红色。口径5厘米，底径6.5厘米，高16.8厘米（图五九，7；彩版三五，3）。标本ⅡT5H16：189，器形最小，溜肩，鼓腹。沿面施釉，局部釉层较薄显黄褐色花斑状，器表露胎处显轮旋纹。口径3.7厘米，底径4.9厘米，高12.7厘米（图五九，4；彩版三五，4）。

B型　平底，底面中部同心圆内凹。盘形口，束颈，鼓肩近平，鼓腹，下腹弧收。数量不多，是瓶类器中黑釉瓷独有的一种器形。标本ⅢT1H63：27，沿面无釉，器内施釉至颈部。器表一侧施满釉，一侧施半釉。由于火候太低，釉面呈斑块状，釉色青黄。口径4厘米，底径5.3厘米，高12.7厘米（图五九，2；彩版三五，5）。标本ⅢT1H63：26，因烧制火候过低，釉层未结晶，釉面呈灰褐色。沿面无釉，器内施釉至颈部，器表半釉。口径3.9厘米，底径5.5厘米，高14.5厘米（图五九，3；彩版三五，6）。

水盂　出土数量不多，同类器中黑釉占比重较大。小口，斜高颈，溜肩，鼓腹，饼形底微外撇。下腹无釉处局部呈现火石红色。标本ⅡT6H12：3，器形较大。口沿无釉，器内满釉，器表施釉至下腹，一侧黑釉较纯净，一侧接近茶叶末色。口径4.7厘米，底径6.2厘米，高9.2厘米（图五九，10；彩版三三，6）。标本ⅡT5H16：85，器形较小。口沿一周无釉，器内满釉。器表施釉至下腹，肩部薄釉处透胎呈现黄褐色斑块。口径4.4厘米，底径5厘米，高7.7厘米（图五九，8；彩版三六，1）。标本ⅡT5H16：113，器形较小。颈与肩相交处显凸棱一周，口沿一周无釉，器内施满釉，器表施釉至下腹。口径4.4厘米，底径5.4厘米，高7.9厘米（图五九，9；彩版三六，2）。

钵　出土数量不多，与同期A型白釉钵形制基本相同。敛口内折，周沿略下垂，鼓肩，鼓腹，圜底近平。下腹近底饰凹弦纹一周。器表皆施半釉，器内无釉。胎质细腻，白中略泛灰。标本ⅢT1H65：76，器表近底饰凹弦纹一周。内底黏结较厚瓷土粉，中部显一器物圈足印痕，

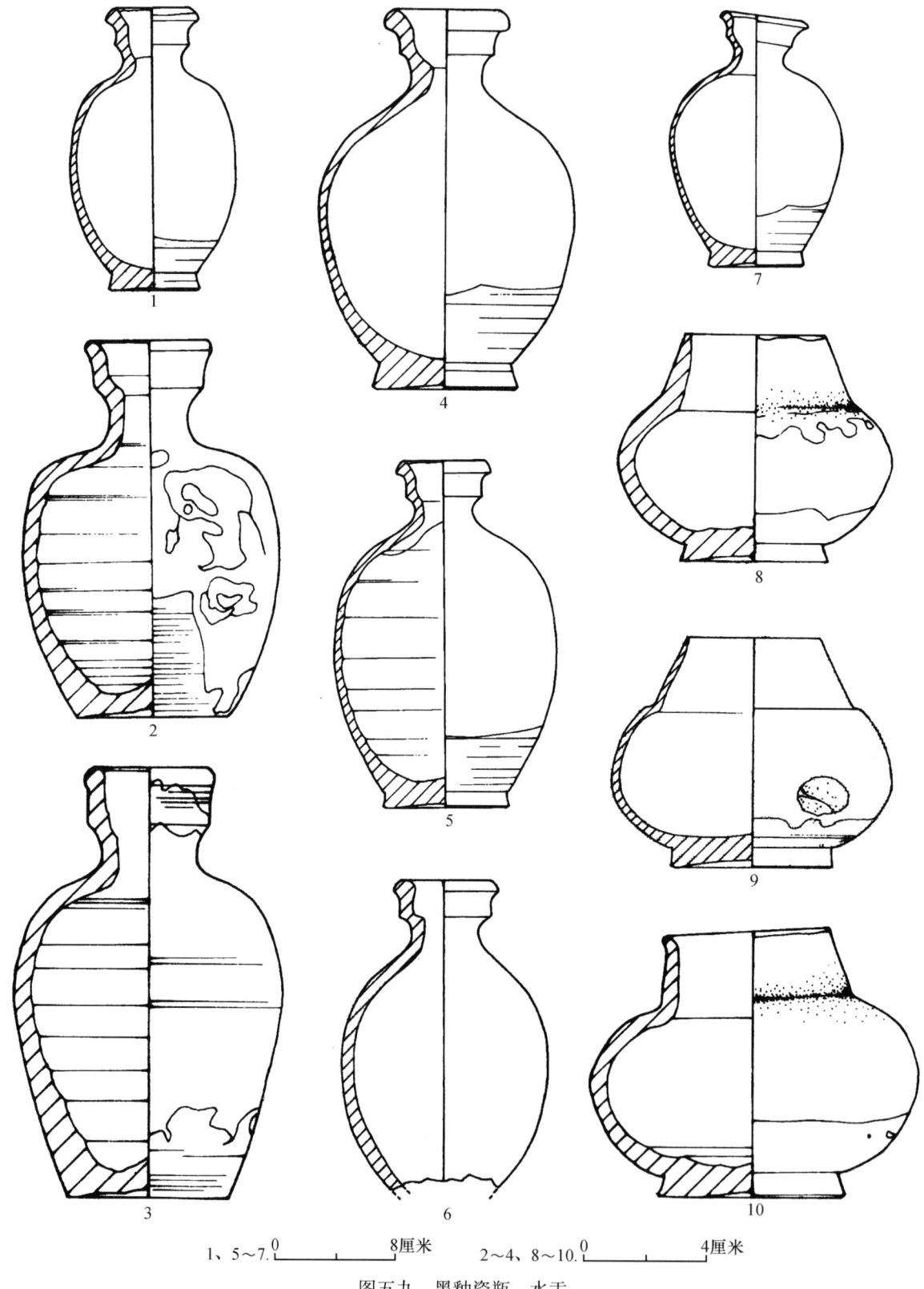

图五九 黑釉瓷瓶、水盂

1、4~7. A型瓶（ⅡT5H16∶67、ⅡT5H16∶189、ⅡT5H16∶193、ⅡT5H16∶177、ⅡT5H16∶12） 2、3. B型瓶（ⅢT1H63∶27、ⅢT1H63∶26） 8~10. 水盂（ⅡT5H16∶85、ⅡT5H16∶113、ⅡT6H12∶3）

直径7厘米；外底黏结一圆饼形瓷土粉，直径8厘米。口径13.6厘米，通高14.2厘米（图六〇，1；彩版三六，3）。标本ⅢT1H65：15，沿面和下腹近底分别饰凹弦纹一周，内外底面上皆黏结少量瓷土粉。口径13厘米，高12.7厘米（图六〇，4；彩版三六，4）。

三足炉　出土数量不多。弧口，折沿，束颈，鼓肩，鼓腹，下腹部附三足。外腹近底处饰凹弦纹一周。器表皆施釉近底，器内荡釉，颈下一周无釉极不规则。器外底常见有瓷土粉相隔的圆形支烧痕。标本ⅡT5H16：63，完整。肩部饰凸弦纹一周，釉面有较多气泡，这些气泡的形成与烧制火候过高有关。底面上显圆形支烧痕，直径7.5厘米。口径13厘米，通高18.7厘米（图六〇，2；彩版三六，5）。标本ⅡT5H16：114，盖残。下腹釉下饰凹弦纹一周，底面中部同心圆纹两周，同心圆外围黏结一圆形支烧痕，直径8.4厘米。口径13.4厘米，通高19.5厘米（图六〇，5；彩版三六，6）。标本ⅡT6H12：10，下腹部附模制三足，作五爪蹄形。外底面显一圆形支烧痕，直径8.6厘米。口径13厘米，高17厘米（图六〇，7；彩版三七，3）。

器盖　出土数量较少。形制单一，皆与三足炉配套使用。盖面隆起，中部一锥帽状捉手，周沿微下垂，敛子口，盖面施满釉。依据盖面形制的差异分两型。

A型　盖面中凹。标本ⅡT5H16：161，鼓肩。盖沿径12.6厘米，子口径9厘米，通高3.6厘

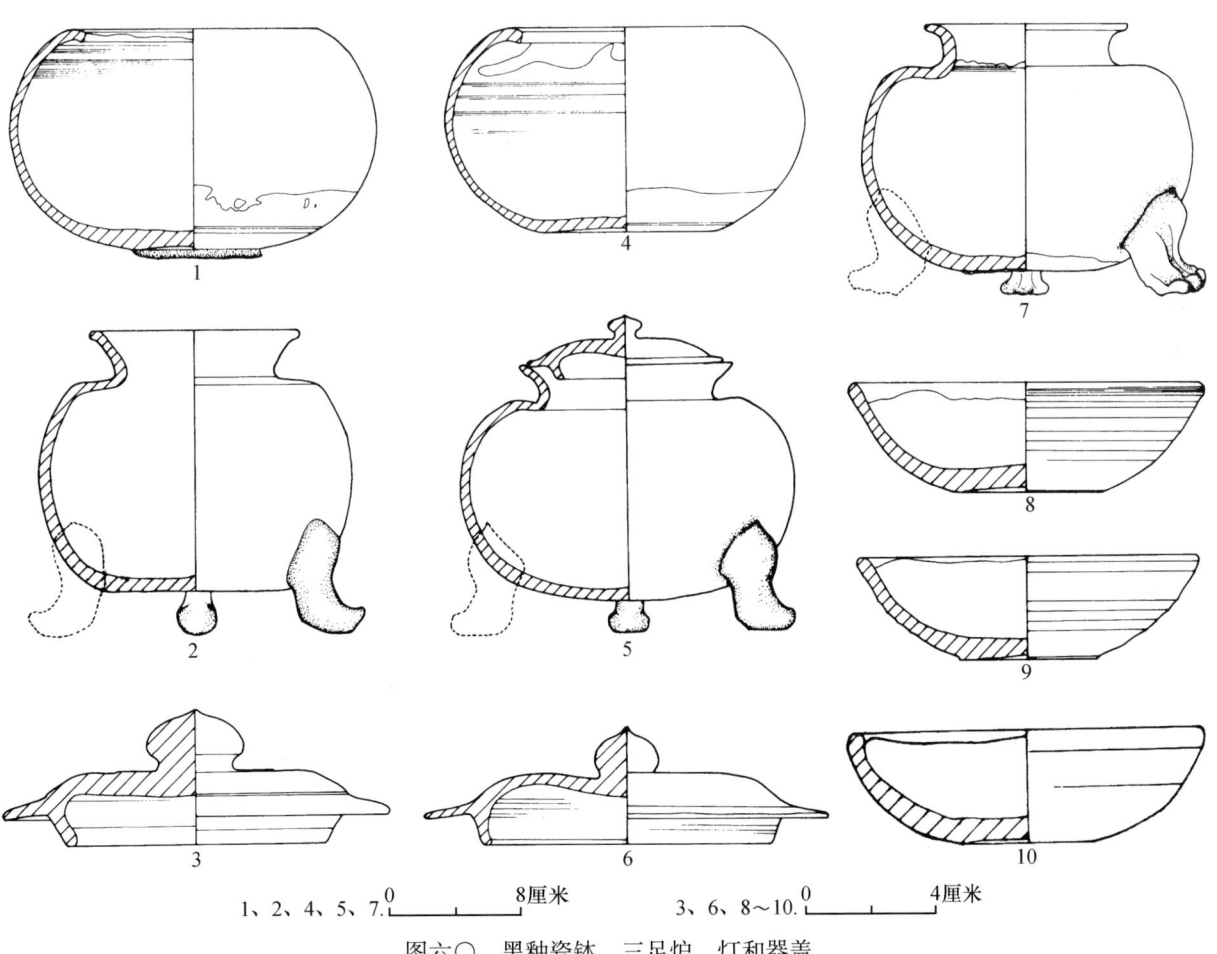

1、2、4、5、7　　0 —— 8厘米　　3、6、8~10　　0 —— 4厘米

图六〇　黑釉瓷钵、三足炉、灯和器盖

1、4.钵（ⅢT1H65：76、ⅢT1H65：15）　2、5、7.三足炉（ⅡT5H16：63、ⅡT5H16：114、ⅡT6H12：10）　3.B型器盖（ⅡT8H34：52）　6.A型器盖（ⅡT5H16：161）　8~10.灯（ⅡT5H16：37、ⅡT5H16：36、ⅡT5H16：49）

米（图六〇，6；彩版三七，1）。

B型　盖顶近平，中部同心圆微凸。标本ⅡT8H34：52，捉手较大，盖面与盖沿相交处显示凸棱一周。盖沿径12厘米，子口径8.1厘米，通高4.1厘米（图六〇，3；彩版三七，2）。

灯　是出土数量较多的器形之一。敞口，圆沿，弧腹，小平底。器表及器内沿一周皆不施釉。常见的釉色有黑釉、酱釉、酱黄釉等，以黑釉、酱釉为主。胎质粗糙，以浅灰胎为主。釉色和胎质的不同与烧制的火候、气氛有关。标本ⅡT5H16：37，器表显密集轮旋纹，底面显不甚规整的刀削痕。酱釉，浅灰胎。口径10.6厘米，底径4.6厘米，高3.5厘米（图六〇，8）。标本ⅡT5H16：36，器表显带状轮旋纹。黑釉，釉色匀净。浅灰胎。口径10.4厘米，底径4.4厘米，高3.2厘米（图六〇，9；彩版三七，5）。标本ⅡT5H16：49，酱黄釉。粉白胎，胎体修整光滑。口径10.5厘米，底径4.3厘米，高3.5厘米（图六〇，10；彩版三七，4）。

3. 茶叶末釉瓷器

茶叶末釉是这一阶段产品中数量不多的一种釉色。器形有碗、瓶、水盂和钵等。

碗　1件。标本ⅢT7H98：3，弧口，折沿，圆唇，鼓腹，饼形足外撇内凹。器表施半釉，局部流釉至足根，器内满釉，沿面脱釉严重。浅灰胎。口径10.8厘米，底径5.4厘米，高5.4厘米（图六一，1；彩版三八，3）。

瓶　1件，不可复原。标本ⅡT6H18：86，器形硕大。小口，圆唇，高颈，广肩，腹、底残缺。器表施茶叶末釉，器内施不规则酱釉至肩部，浅灰胎。口径12.6厘米，残高9厘米（图六一，4）。

水盂　3件。小口，尖沿，斜高颈，弧肩，鼓腹，饼形底。器内满釉，器表半釉近底，沿

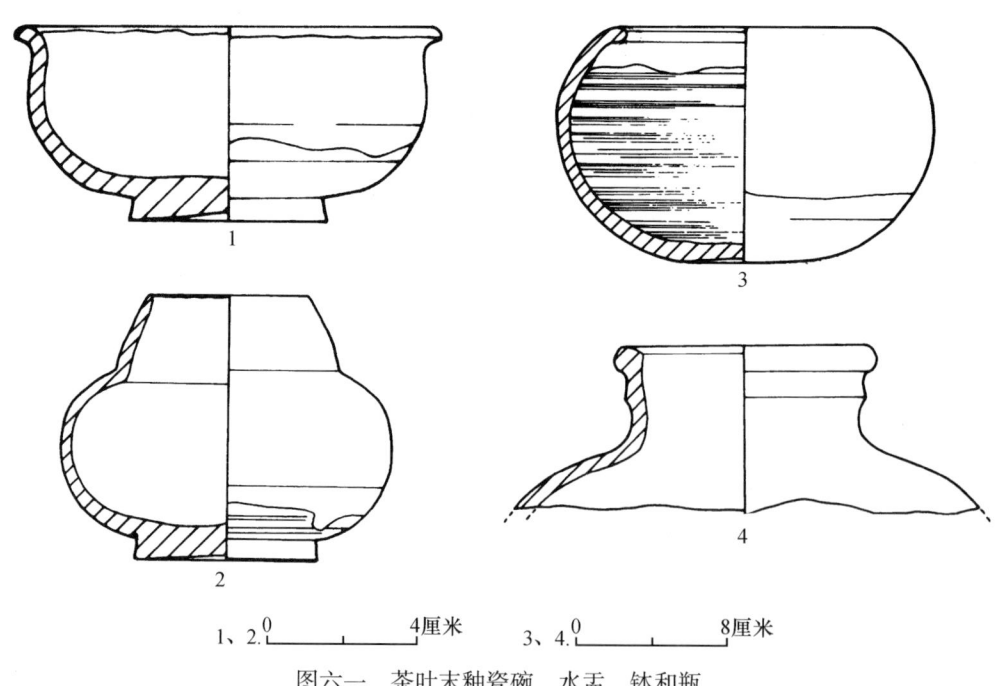

图六一　茶叶末釉瓷碗、水盂、钵和瓶
1. 碗（ⅢT7H98：3）　2. 水盂（ⅡT5H16：18）　3. 钵（ⅢT7H98：6）　4. 瓶（ⅡT6H18：86）

面无釉。标本ⅡT5H16：18，器内施黑釉，器表施茶叶末釉近底，无釉处显规整轮旋纹。浅灰胎。口径4.3厘米，底径5厘米，高7.3厘米（图六一，2；彩版三八，1）。

钵 1件。标本ⅢT7H98：6，敛口，圆沿下垂，鼓腹，圜底近平。器内施不规则黑釉至沿下，器表施茶叶末釉至下腹。底面中部饰一同心圆纹。直径9厘米，口径12.9厘米，高12.5厘米（图六一，3；彩版三八，2）。

二、釉 陶 器

釉陶器是本阶段出现的一个新品种，为黄冶窑后期釉陶器的发展和成熟奠定了基础。常见有单彩器和三彩器两种，两彩器的极少。

1. 绞胎器

绞胎是第二期开始出现的一种新型装饰工艺，出土数量极少，以枕类器为主，皆残片。胎体以白、褐两色胎泥糅合分片单独制作黏合而成，图案以曲线纹为主题。器表釉色常见的有酱黄、绿和白三种（彩版三八，4）。

2. 单彩器

单彩器出土数量较少，以酱黄釉为主。

钵 标本ⅡT8C3：17，敛口，斜口内折，沿下垂，鼓肩，鼓腹弧收，底残。近口处饰凹弦纹一周，下腹部饰线弦纹一周。口部、器内无釉，器表施黄釉过肩，周边垂釉。粉白胎。口径11.5厘米，高13.3厘米（图六二，5；彩版三九，1）。

砚 极少，皆残，不可复原。标本ⅡT8H34：64，器形较小。整体为圆形，台面略高于外沿，下腹壁附八足，皆残。台面无釉，砚池及腹壁施绿釉。台径3.4厘米，池径5厘米，残高1.2厘米（图六二，8）。

3. 三彩器

三彩器出土数量较多，以残片为主，完整的和可复原的极少。釉色以黄、绿、白三色釉为主。常见的器形有钵、豆、盂等。

钵 4件。3件完整，1件残。标本ⅡT5H16：3，敛口，斜口内折，鼓肩，鼓腹，小平底。近口处饰凹弦纹一周，腹部饰凹弦纹一周。口沿及器内无釉，器表施黄、白、绿三色釉至腹中部，周边垂釉。口径9.8厘米，底径5.6厘米，高12厘米（图六二，4；彩版三九，2）。标本ⅢT7H98：5，腹部残片。器表施黄、绿、白三色釉条带相间，釉色深浅不一，极为艳丽（彩版三八，5）。

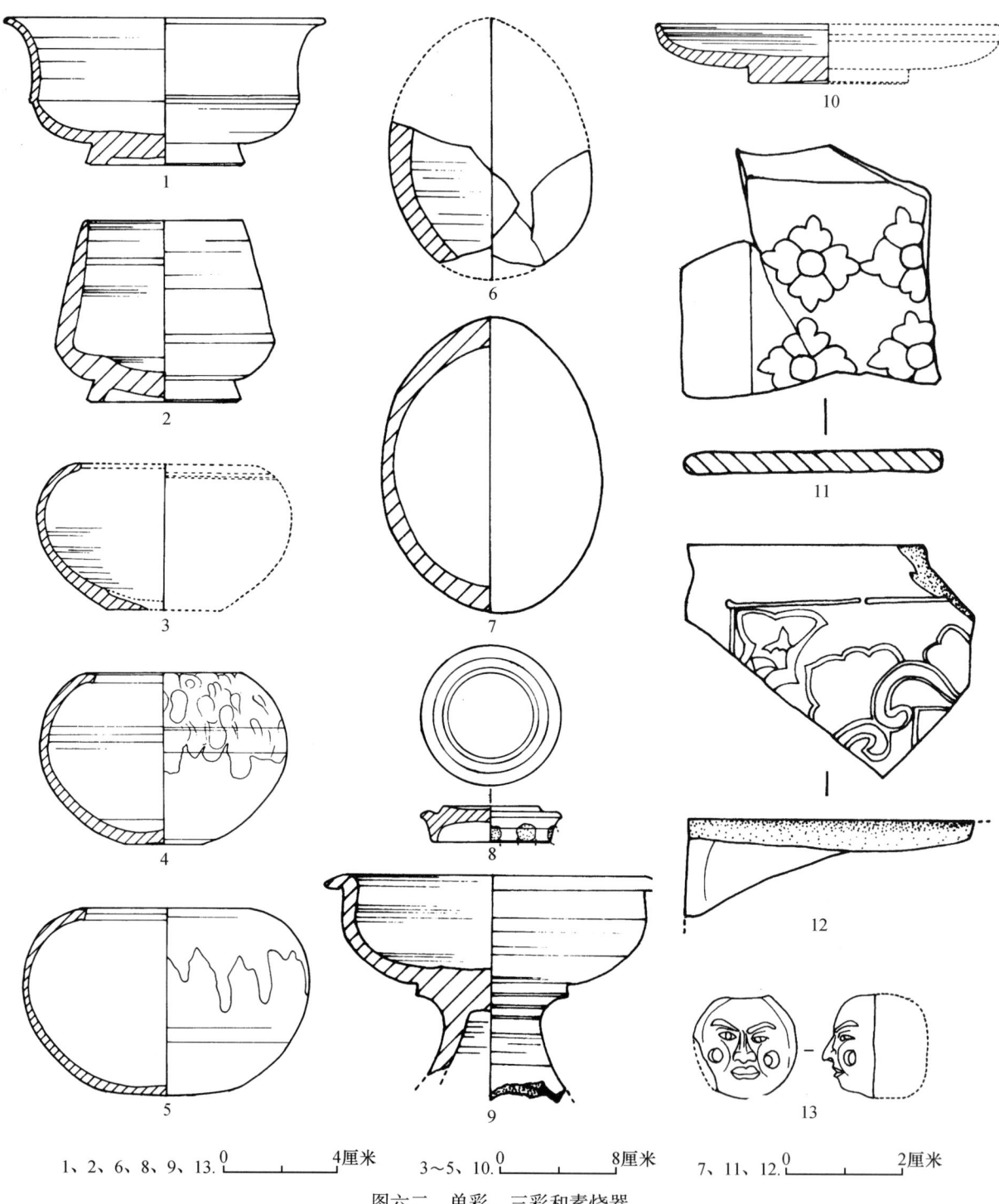

图六二　单彩、三彩和素烧器

1. 碗（ⅡT8C3：28）　2. 杯（ⅡT4⑫：9）　3~5. 钵（ⅢT1H65：49、ⅡT5H16：3、ⅡT8C3：17）　6、7. 蛋形器（ⅡT8C3：29、ⅡT5⑪：10）　8. 砚（ⅡT8H34：64）　9. 豆（ⅡT8C3：4）　10. 盘（ⅢT1H64：7）　11、12. 枕（ⅡT5H16：1、ⅡT9H24：6）　13. 埙（ⅡT6⑬：63）

4. 素烧器

出土数量较少。这些素烧器多为半成品，个别的是成品器，如蛋形器等。以白胎居多，胎色泛黄或土黄的不多。器形有碗、杯、盘、豆、钵、枕、埙和蛋形器等。

碗　1件，与Cc型白瓷碗形制相似。标本ⅡT8C3：28，弧口，折沿，上腹弧壁，下腹折收微鼓，假圈足外撇，器内圜底近平。白胎。口径11.4厘米，底径6.6厘米，高5.3厘米（图六二，1；彩版四〇，1）。

杯　1件。标本ⅡT4⑫：9，敛口，斜直壁外倾，折腹，圈足外撇。白胎。口径5.6厘米，底径5.5厘米，高6.5厘米（图六二，2；彩版四〇，2）。

盘　1件，形制同A型白瓷盘。标本ⅢT1H64：7，器形硕大，胎体厚重。敞口，浅盘，鼓腹，高饼足，足心内凹。底面饰线旋纹两周。白胎。口径24厘米，底径11.2厘米，高4.1厘米（图六二，10）。

豆　1件。足残，不可复原。标本ⅡT8C3：4，敛口，折沿，鼓腹，喇叭形高柄足。器内显密集轮旋纹，器表饰宽带弦纹。白胎泛黄。口径10.3厘米，残高8.2厘米（图六二，9；彩版四〇，3）。

钵　1件，与同期单色黄釉钵形制一致。标本ⅢT1H65：49，敛口内折，鼓肩，鼓腹弧收，小平底。近口处饰凹弦纹一周，器内显密集轮旋纹，器表显带状轮旋纹。粉白胎。口径12厘米，底径8厘米，高10.4厘米（图六二，3；彩版四〇，4）。

枕　出土数量极少，皆为残片。这些枕片应为制作三彩枕的素烧坯体。标本ⅡT5H16：1，枕面残片，周边有栏，栏内饰宝相花图案。土黄胎。残长5.2厘米，残宽4.1厘米（图六二，11）。标本ⅡT9H24：6，枕面残片，周边有栏，栏内饰花卉图案。粉白胎。残长4.6厘米，残宽4.2厘米（图六二，12）。

埙　出土数量极少。标本ⅡT6⑬：63，背面残缺。圆体，前后分别模制，黏合而成。中空，顶部置一吹孔，两颊各有一音孔。剑眉，双目凸出，高鼻。面阔3.3厘米，高3.6厘米（图六二，13；彩版四一，1）。

蛋形器　出土数量不多。与该期白瓷鸡蛋相同。器形大小不一，造型精致，一端尖一端圆，通体磨光，与鸡蛋外观几乎无二致。标本ⅡT5⑪：10，模制黏合而成，粉红胎。体长5.3厘米，最大腹径5.9厘米（图六二，7；彩版四〇，6）。标本ⅡT8C3：29，残。器形较大，轮制而成。器内显密集轮旋纹，粉白胎。复原体长9.3厘米，最大腹径7厘米（图六二，6；彩版四〇，5）。

三、窑　具

出土数量较多，以支烧具为主，火照、试釉器等较少。

1. 支烧具

根据形制的不同可分为杯形支烧、碗形支烧、盘形支烧、盅形支烧和三叉支烧等。

杯形支烧 出土数量最多。胎体厚重，敞口，束腰，有平底和透底两种，其中平底的占多数。形制相近，大小各异（彩版四一，2）。器身多刻有"子"、"丑"、"元"、"十"和"翟"等字样。标本ⅡT9⑮：20，器形最大。圆沿，中空，透底。器内外饰宽带弦纹，下腹有多处手指窝痕。器表施白釉，大面积脱落。上口径11.5厘米，下口径6.1厘米，高19.8厘米（图六三，1；彩版四一，3）。标本ⅡT5H16：131，器形较大。弧沿面，平底。近底周边有四个手指窝痕。器内显密集轮旋纹，器表饰宽带轮弦纹。口径9.8厘米，底径9.3厘米，高13.5厘米（图六三，10；彩版四一，4）。标本ⅡT6H18：8，完整。器形较小，窄鼓沿，下腹微束，平底。下腹部一侧刀削一不规则椭圆形孔，饰凹弦纹两周。腹中部施白釉。口径7.3厘米，底径7.2厘米，高9.6厘米（图六三，2；彩版四一，5）。标本ⅡT4⑫：38，形制细高。敞口外撇，平底。器内螺旋纹。口径8厘米，底径7.9厘米，高15.8厘米（图六三，4；彩版四一，6）。标本ⅡT4⑫：39，形制细高。敞口外撇，腹壁微束，中空，透底作椭圆形。器内外显轮旋纹。上口径7.2厘米，下口径3.2~3.6厘米，高15.1厘米（图六三，3；彩版四二，1）。标本ⅡT9H29：119，器形粗壮，透底。近口内侧壁上刻一"元"字。由于该窑具多次使用，已严重变形。上口径12.5厘米，下口径7.2厘米，高7.1~7.3厘米（图六三，5；彩版四二，2）。标本ⅡT8C3：8，中空，透底。器内外通体饰带状弦纹。上口内侧刻划两个"十"字符号。上口径9.1厘米，下口径2.6厘米，高12.9厘米（图六三，11）。标本ⅡT6H12：29，沿内斜，平底。腹壁上部残留有白釉。器内近口刻一"丑"字。口径8厘米，底径10.6厘米，高13厘米（图六三，9；彩版四二，3）。标本ⅢT1H65：83，上部残缺，平底。近底周边有五个不规则手指窝痕，器内外显密集轮旋纹。器表腹壁上刻一"子"字。底径10.4厘米，残高12厘米（图六三，6；彩版四二，4）。标本ⅡT8C3：10，窄圆沿，平底。器表施一层白釉透胎，底面中部黏结有瓷土粉。器内腹壁上倒刻一"感"字。口径8.8厘米，底径8.2厘米，高10.2厘米（图六三，8；彩版四二，5）。标本ⅢT1H63：31，残。器形较矮，平沿内斜，平底。器表刻"王月良"三字。口径6.1厘米，底径9.4厘米，高8厘米（图六三，13；彩版四二，6）。标本ⅡT8C2：1，大敞口外撇，圆沿，平底。器内外腹壁皆显清晰轮旋纹。器内腹壁上倒刻一"翟"字。口径10.5厘米，底径8.6厘米，高6.8厘米（图六三，14；彩版四三，1）。标本ⅡT5H16：163，完整。器形较矮，敞口外撇，圆沿内斜，平底。沿外侧及底面黏结有瓷土粉。上腹壁敷一层白釉透胎。器内壁倒刻一"十"字符号。口径8.9厘米，底径9.1厘米，高5.9厘米（图六三，7；彩版四三，2）。标本ⅢT7H98：15，完整。器形较大，宽平沿，中空，中心部位透底，径2.3厘米。器表一侧沿下积较厚白釉，另一侧流淌有较多黑釉，表明该窑具曾多次使用，且先后烧过同时期的白釉瓷和黑釉瓷。口径6.5厘米，底径9.3厘米，高14厘米（图六三，12；彩版四三，3）。

碗形支烧 出土数量较少。胎体厚重，器形较矮。敞口，平沿，斜壁近底微束，平底。标本ⅡT6H18：4，器形较大。通体显轮旋纹，器表倒刻一"智"字。口径8.6厘米，底径

第四章 出土遗物

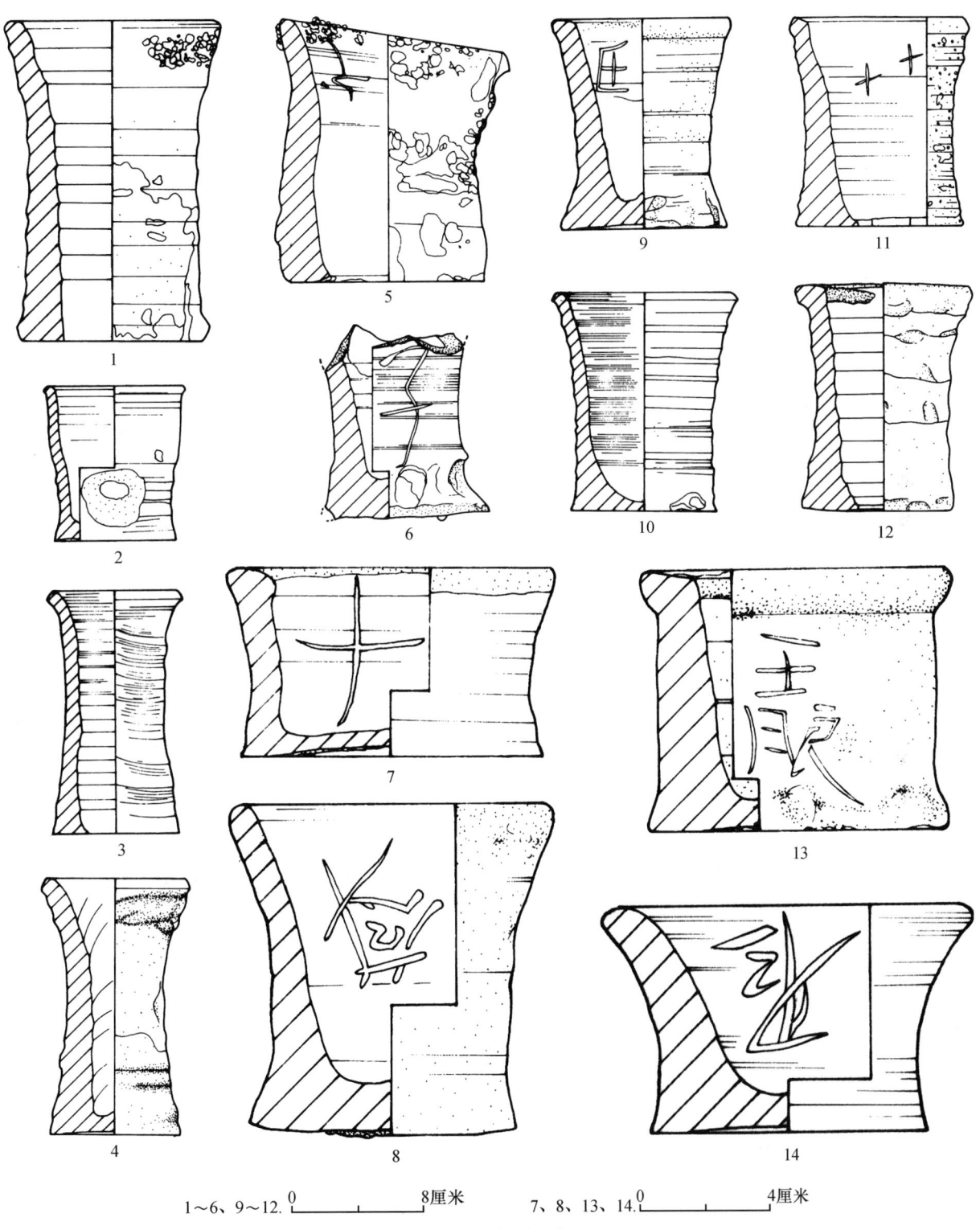

图六三 杯形支烧

1~14.（ⅡT9⑮：20、ⅡT6H18：8、ⅡT4⑫：39、ⅡT4⑫：38、ⅡT9H29：119、ⅢT1H65：83、ⅡT5H16：163、ⅡT8C3：10、ⅡT6H12：29、ⅡT5H16：131、ⅡT8C3：8、ⅢT7H98：15、ⅢT1H63：31、ⅡT8C2：1）

9.5厘米，高3.8厘米（图六四，3；彩版四三，4）。标本ⅢT1H65∶84，完整。上腹壁饰两周凹弦纹，器表近底周边有四个手指窝痕。底面上黏结有较厚瓷土粉，器内刻划一不规则"十"字符号。口径7.6厘米，底径8.6厘米，高4.2厘米（图六四，1；彩版四三，5）。标本ⅢT1H65∶85，完整。器形规整，器表沿下饰凹弦纹一周。瓷化程度较高，沿面及底面黏结有少量瓷土粉。口径6.6厘米，底径8厘米，高3.9厘米（图六四，6；彩版四三，6）。

盘形支烧　出土数量极少。胎体厚重，浅盘，敞口，宽平沿，弧腹，饼形底。标本ⅢT7H98∶12，完整。高饼足。腹壁上饰凸弦纹一周。器内刻一"十"字符号。口径6.6厘米，盘径10厘米，底径7.4厘米，高4厘米（图六四，5；彩版四四，1）。

盅形支烧　出土数量极少。是支烧器中最小的一种窑具，敞口，圆沿，斜壁，平底。标本ⅡT5H16∶70，完整。上腹壁饰凸弦纹一周，下腹壁有轮旋纹数周，器内中心微凸。器表局部流淌有白釉透胎。口径3.9厘米，底径3.2厘米，高2.3厘米（图六四，2；彩版四四，2）。

三叉支烧　1件。标本ⅡT5H16∶140，完整。手捏而成，制作精细。底盘三叉上折，三支钉较高。由于火候过高，局部呈火石红色。高3.2厘米（图六四，4；彩版四四，3）。

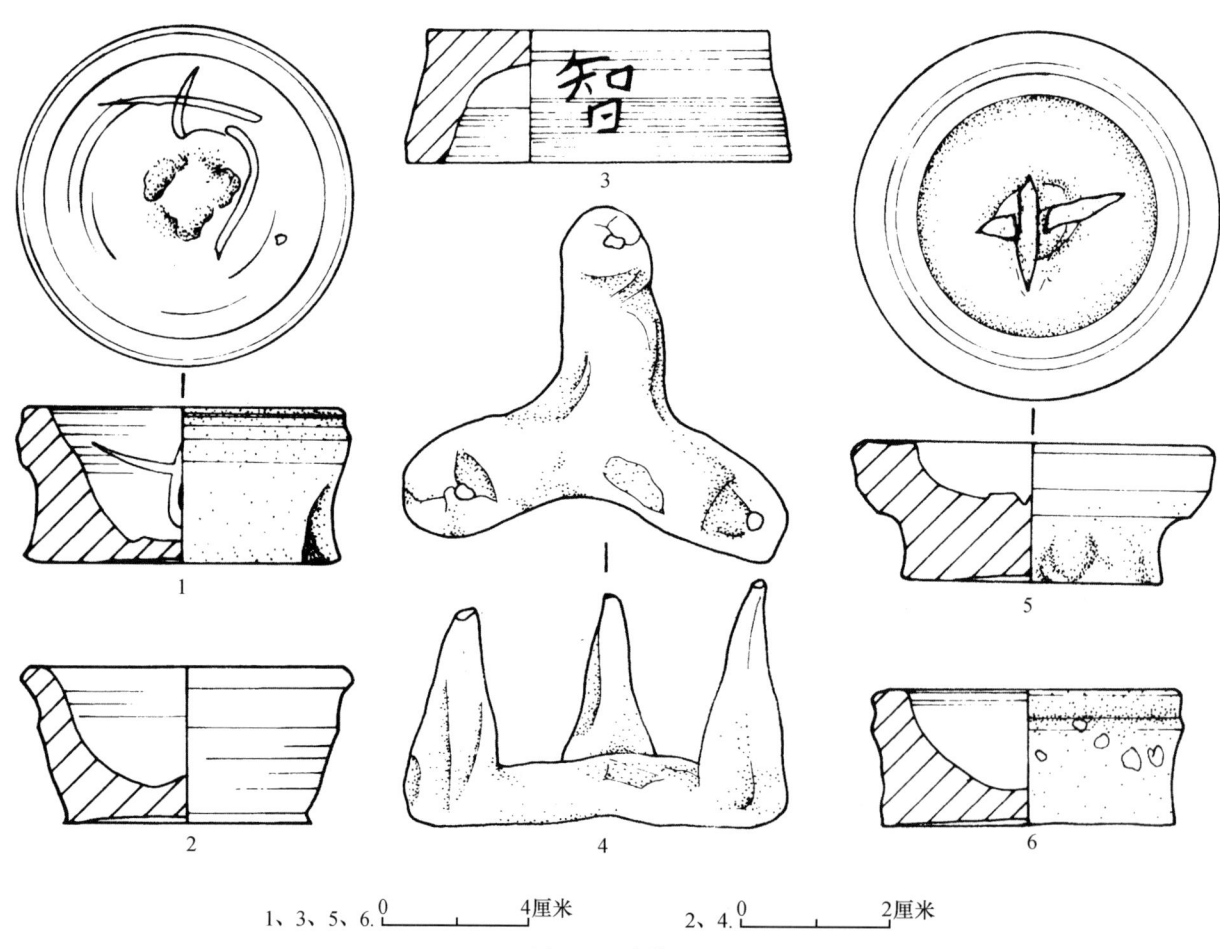

图六四　支烧具

1、3、6. 碗形支烧（ⅢT1H65∶84、ⅡT6H18∶4、ⅢT1H65∶85）　2. 盅形支烧（ⅡT5H16∶70）　4. 三叉支烧（ⅡT5H16∶140）　5. 盘形支烧（ⅢT7H98∶12）

2. 火照

火照数量不多，可分为桥形火照和素烧器残片火照两种。

桥形火照 手制，造型简洁。底座为不规则椭圆形，上置一拱形泥条与底座两端分别相连，在拱形泥条上施釉，以掌握窑内温度（彩版四四，4）。标本ⅡT8C2∶11，完整。形制较大。拱形泥条上施黑釉，未溶解呈褐灰色。长5.1厘米，高4.2厘米（图六五，6）。标本ⅡT6H12∶32，完整。器形较小。拱形泥条上施黑釉，未溶解，釉层大部分已脱落。长5厘米，高3.3厘米（图六五，2）。标本ⅡT8H34∶108，完整。桥形火照最小的一件。拱形泥条上施黑釉，未溶解，釉层大部分已脱落。长4.7厘米，高2.7厘米（图六五，1）。

素烧器残片火照 中部有一圆孔，此类火照多施白釉（彩版四四，5）。标本ⅢT1H65∶88，敛口钵口部残片，经过简单加工。内侧施釉未入窑使用。长4.6厘米，宽3.5厘米（图六五，5）。标本ⅢT2H53∶1，瓶颈部残片，经过简单修整。器表弧面一侧施白釉，由于烧制温度太低，釉面未溶解，浅灰色，无光泽。横长4.2厘米，高2.4厘米（图六五，4）。

3. 试釉器

试釉器出土数量不多，皆为器物饼足加工而成。中心置一小圆孔，饼面上滴釉试烧。标本

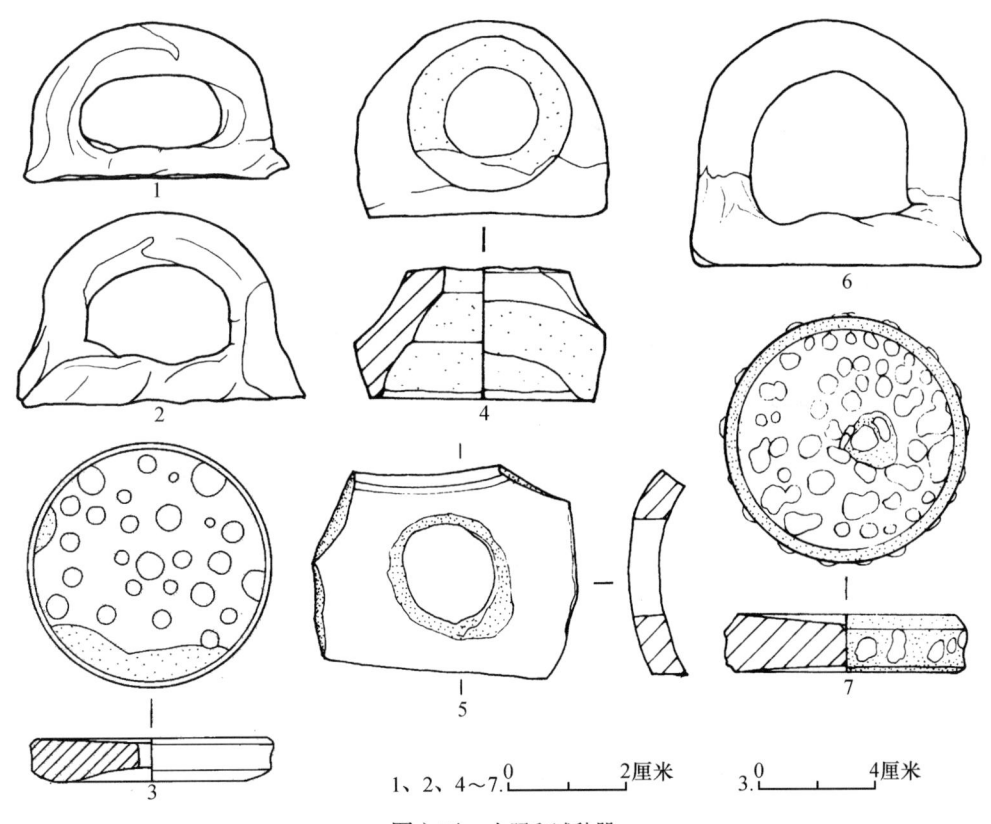

图六五　火照和试釉器
1、2、6.桥形火照（ⅡT8H34∶108、ⅡT6H12∶32、ⅡT8C2∶11）　3、7.试釉器（ⅡT6H12∶31、ⅡT8C2∶9）
4、5.素烧残片火照（ⅡT2H53∶1、ⅢT1H65∶88）

ⅡT6H12∶31，完整。形制较大，是用本期白釉盆底残片加工而成。饼面上滴黑、白釉相间，由此表明这一时期白釉和黑釉配方是一致的，可以同窑烧造。饼径8.4厘米，厚1.5厘米（图六五，3；彩版四四，6）。标本ⅡT8C2∶9，完整。形制较小，是用本期白釉杯底残片加工而成。饼面及周边断面分别点有密集的黑釉，由于烧制温度太低，釉色呈现褐灰色。饼径4.3厘米，厚1厘米（图六五，7；彩版四四，7）。

第三节　第三期前段文化遗物

该期是黄冶窑烧造业发展的鼎盛时期，产品的种类和数量大增。瓷器中白釉瓷仍占主导地位，且造型更加丰富，制作更加精细。黑釉瓷、茶叶末釉瓷趋于衰退，生产量相对减少。釉陶制品是该期的主体，三彩陶制品的釉色、造型等诸多方面已完全成熟；单彩釉釉色繁多，白釉蓝彩器在这一时期开始出现。此外，作坊具、模具及窑具种类与数量较上期有大幅度增加，烧制重形器的杯形、碗形、盘形支烧趋于消失。

一、瓷　　器

瓷器在本阶段虽然不是主流产品，但还是以白釉瓷为主，黑釉瓷相对减少。

1. 白釉瓷器

这一时期的白釉瓷器胎质细腻坚硬，釉色柔和，以高品质的胎釉和精美的造型取胜，是黄冶窑烧制白瓷的精品期，代表了黄冶窑烧造技术的最高水平。常见的器形有盆、碗、盘、罐、瓶、樽、盒、钵和器盖等。

盆　出土数量较少，与前期相比形制上有一定变化。敛口，鼓腹，饼形足。标本ⅡT4H15∶26，胎体厚重，口微敛，圆唇，弧沿，饼形足较大。器表沿下饰线弦纹两周。沿面无釉，器内外施半釉，釉层较薄，釉色泛青灰。口径20.4厘米，底径13.7厘米，高11.8厘米（图六六，1；彩版四五，3）。标本ⅡT5⑩∶16，器形较大。胎体厚重，敛口，厚圆唇，平沿，鼓腹，大饼足。器内外施满釉，器内釉面泛青，器表釉色泛黄，沿面局部脱釉。口径38.4厘米，底径23.6厘米，高17.8厘米（图六六，2）。

碗　出土数量较多，依据形制的不同可分为两型。值得注意的是，在第二期中最常见的盆形碗，本期已不多见。

A型　器形较大。敞弧口，折沿，圈足外撇。依据腹的变化又可分为两个亚型。

Aa型　折腹。标本ⅡT7⑩∶12，器表腹中部饰凸弦纹一周，形似折腹。器内满釉，器表施釉至下腹，整体釉色白中泛青。口径18.4厘米，底径10.6厘米，高7.4厘米（图六六，3；彩版四五，1）。

Ab型　弧腹微鼓。标本ⅡT7⑩∶13，器内满釉，器表施釉近底。口径16.8厘米，底径9.4

厘米，高7.1厘米（图六六，4；彩版四五，2）。

B型　器形较小。敞口，斜鼓腹，器内底近平。依据底的不同又可分为两个亚型。

Ba型　饼形底内凹。标本ⅢT8H89：79，器内施满釉，器表施釉近底，由于烧制火候太低，釉层未完全溶解，器内外缩釉呈麻点纹，釉色白中泛灰青。口径11.1厘米，底径6.8厘米，高4.5厘米（图六六，7；彩版四五，4）。

Bb型　圈足外撇。标本ⅡT4H15：69，器内满釉，器表施釉近底，釉色白略泛灰。口径9.5厘米，底径5.4厘米，高4.2厘米（图六六，6；彩版四五，5）。

盘　出土数量不多，与第二期盘类器相比，形制变化较大。皆敞口，浅盘，大平底。依据腹的不同可分为三型。

A型　弧腹。标本ⅡT6⑫：14，大平底内凹，内底微凸。器内满釉，器表施釉至底面近中部。器表腹壁釉下显规整轮旋纹。口径16.4厘米，底径13.6厘米，高2.4厘米（图六六，8；彩版四六，1）。

B型　曲腹。标本ⅡT4H15：309，折沿。器内满釉，器表施釉过底。口径17.2厘米，底径

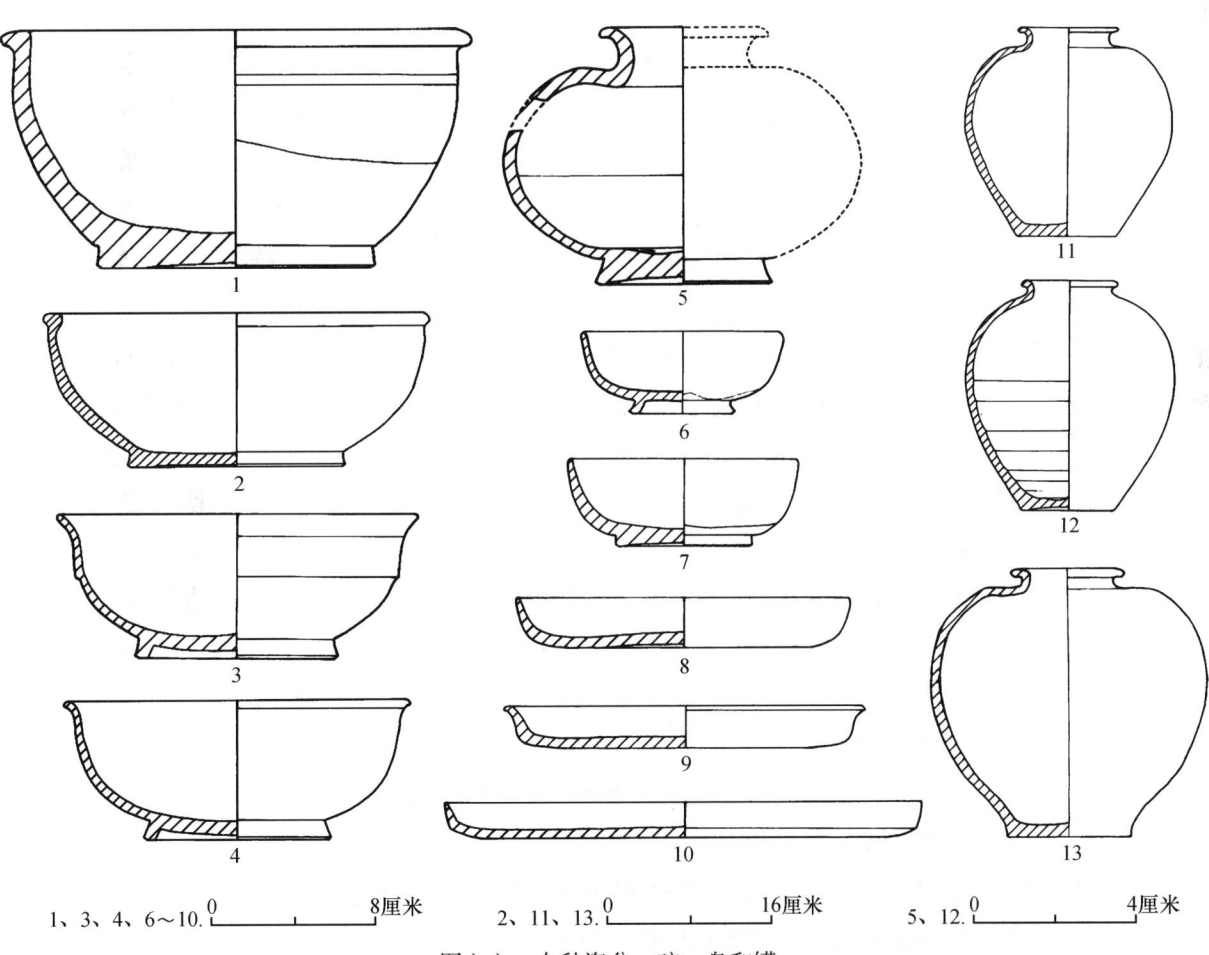

图六六　白釉瓷盆、碗、盘和罐

1、2. 盆（ⅡT4H15：26、ⅡT5⑩：16）　3. Aa型碗（ⅡT7⑩：12）　4. Ab型碗（ⅡT7⑩：13）　5. B型罐（ⅡT6⑫：62）　6. Bb型碗（ⅡT4H15：69）　7. Ba型碗（ⅢT8H89：79）　8. A型盘（ⅡT6⑫：14）　9. B型盘（ⅡT4H15：309）　10. C型盘（ⅢT7H92：10）　11、12. Ab型罐（ⅡT5⑩：5、ⅡT9⑪：7）　13. Aa型罐（ⅠT4⑩：44）

14.3厘米，高2.1厘米（图六六，9；彩版四六，2）。

C型 斜直腹。标本ⅢT7H92：10，器形较大，尖唇沿。器内外施釉刚过腹壁，是盘类器中最粗糙的一件。口径23.8厘米，底径23厘米，高1.8厘米（图六六，10）。

罐 出土数量较少，器形大小各异。皆折沿，矮束颈。依据底的不同可分为两型。

A型 弧口，平底。数量较多，器形较大。依据肩部的不同又可分为两个亚型。

Aa型 溜肩，1件。标本ⅠT4⑩：44，圆唇较厚，鼓腹。器内外施满釉，釉层略厚，器内釉下显数周轮旋纹。口径9厘米，底径9.2厘米，高23厘米（图六六，13；彩版四六，3）。

Ab型 鼓肩，鼓腹斜收，小平底。标本ⅡT5⑩：5，下腹部饰两周线弦纹不甚明显。器内满釉，器表施釉近底，釉层较厚，釉色泛黄。口径9厘米，底径9.8厘米，高21厘米（图六六，11；彩版四六，4）。标本ⅡT9⑪：7，完整，器形较小。肩近平，鼓腹，下腹近底微曲。器表施半釉至下腹，局部垂釉至底，釉色纯净。有细密开片纹。通体敷一层化妆土。口径5.3厘米，底径5.6厘米，高13.5厘米（图六六，12；彩版四六，5）。

B型 饼形底。数量不多，器形较小。鼓肩，圆鼓腹，饼形足外撇。标本ⅡT6⑫：62，残。器内满釉，器表施釉至下腹，釉色较纯净。器内底面显规整螺旋纹。口径3.8厘米，底径4.4厘米，复原高6.5厘米（图六六，5）。

瓶 出土数量极少，依据形制的不同可分为贯耳瓶和净瓶两型。

A型 贯耳瓶。标本ⅡT6H10：5，器形硕大，制作工艺精细。直口，平沿，长颈，溜肩，鼓腹，饼形足略外撇。颈上一对称筒形耳，颈部与耳同位上下分别饰一周线弦纹，底面近沿处饰同心圆纹。器内施釉至颈部下端，器表施釉至下腹部。口径6.2厘米，底径12.9厘米，高32.5厘米（图六七，1；彩版四七，1）。

B型 净瓶，极少，皆不可复原。标本ⅡT6⑪：48，塔式丝口，细长颈微束，腹及底残缺。口下腹壁上饰密集带弦纹。釉色白中泛黄，粉白胎。口径0.7厘米，残高10.8厘米（图六七，4）。

樽 1件。标本ⅡT7⑩：9，制作工艺精湛，釉色匀净，是黄冶窑白瓷中珍品之一。窄平沿，直腹微内斜，蹄形三足，大平底内凹。器表口沿下饰凹弦纹一周。白胎。出土时器内装满铁铲等铁质用具。口径16.2厘米，底径16.5厘米，通高21厘米（图六七，3；彩版四七，2）。

盒 出土数量极少，1件。标本ⅡT10⑩：13，缺盖。子口，斜直腹，大平底。腹壁近底饰线弦纹一周，显示腹壁与底交接处呈带状弦纹。底沿一侧黏结有摞烧器物烧结痕。器内外满釉。口径14.2厘米，底径13.4厘米，高4厘米（图六七，2；彩版四八，1）。

钵 出土数量极少，可复原的仅1件。标本ⅡT10⑩：8，残。器形硕大、规整，是本期中最精美的器形之一。敛口，周沿微下垂，鼓肩，弧腹，小平底内凹。器表肩部饰线弦纹两周，下腹近底饰凹弦纹一周。器内满釉，器表半釉近底，釉色白中泛黄。口径13.4厘米，底径10厘米，高16.8厘米（图六七，5；彩版四八，2）。

器盖 出土数量不多，形制较小。依据盖顶的不同可分为两型。

A型 盖顶近平，1件。标本ⅡT6⑪：9，盖中部一锥帽状捉手，斜盖沿近平微垂，子盖

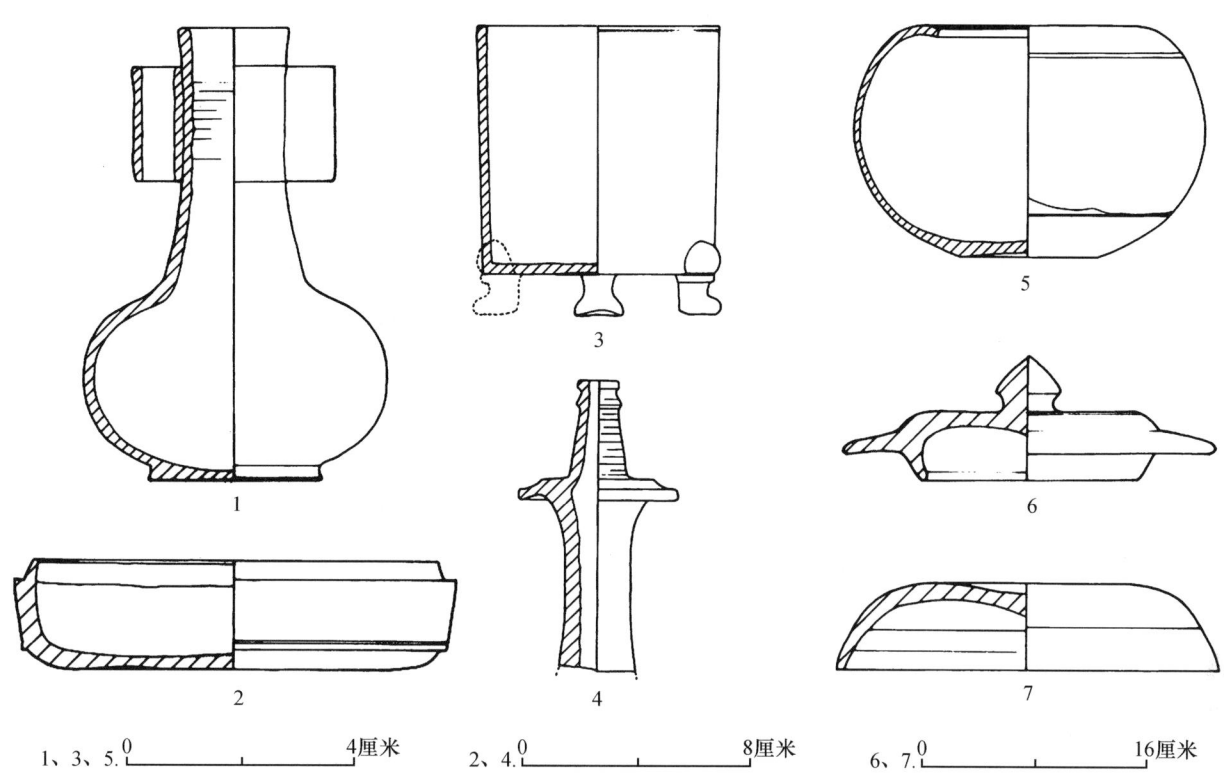

图六七 白釉瓷贯耳瓶、盆、樽、净瓶、钵和器盖
1.A型贯耳瓶（ⅡT6H10：5） 2.盆（ⅡT10⑩：13） 3.樽（ⅡT7⑩：9） 4.B型净瓶（ⅡT6⑪：48） 5.钵（ⅡT10⑩：8） 6.A型器盖（ⅡT6⑪：9） 7.B型器盖（ⅡT9⑩：19）

口内收。盖面满釉，釉色白中泛黄。盖沿径6.8厘米，子口径3.8厘米，通高2.3厘米（图六七，6；彩版四八，3）。

B型 盖顶下凹，1件。标本ⅡT9⑩：19，鼓肩，斜弧腹，窄平沿。盖面满釉，釉色莹润，沿面及盖内无釉。盖径6.9厘米，高1.6厘米（图六七，7）。

2. 黑釉瓷器

黑釉瓷器出土数量不多，以饼形足为主，平底者极少。器形有盆、罐、瓶和水盂等。

盆 是本期黑釉瓷最多的器形，其造型大同小异。标本ⅡT4H15：73，敞口，唇沿，弧腹，饼形足内凹。器内满釉，器表施釉至下腹，沿面不施釉。灰白胎，含杂质较大。口径19厘米，底径11.6厘米，高11.4厘米（图六八，5；彩版四八，5）。

罐 标本ⅡT9⑪：9，器形较大。外翻口，矮束颈，鼓肩，弧腹斜收，平底。肩部对称双系，下腹釉薄处显数周带状轮旋纹。器内满釉，器表施釉近底。灰胎。口径12厘米，底径11.6厘米，高20.8厘米（图六八，1；彩版四八，6）。

瓶 标本ⅡT6⑩：4，唇口外翻，细颈，溜肩，鼓腹，饼形底内凹。腹及近底处显数周带状轮旋纹。口内施釉至颈部，器表施釉至下腹。由于烧制的火候太低，釉层未完全溶解，釉面无光泽。沿面无釉，粉白胎。口径4.3厘米，底径5.1厘米，高12厘米（图六八，7；彩版四九，1）。

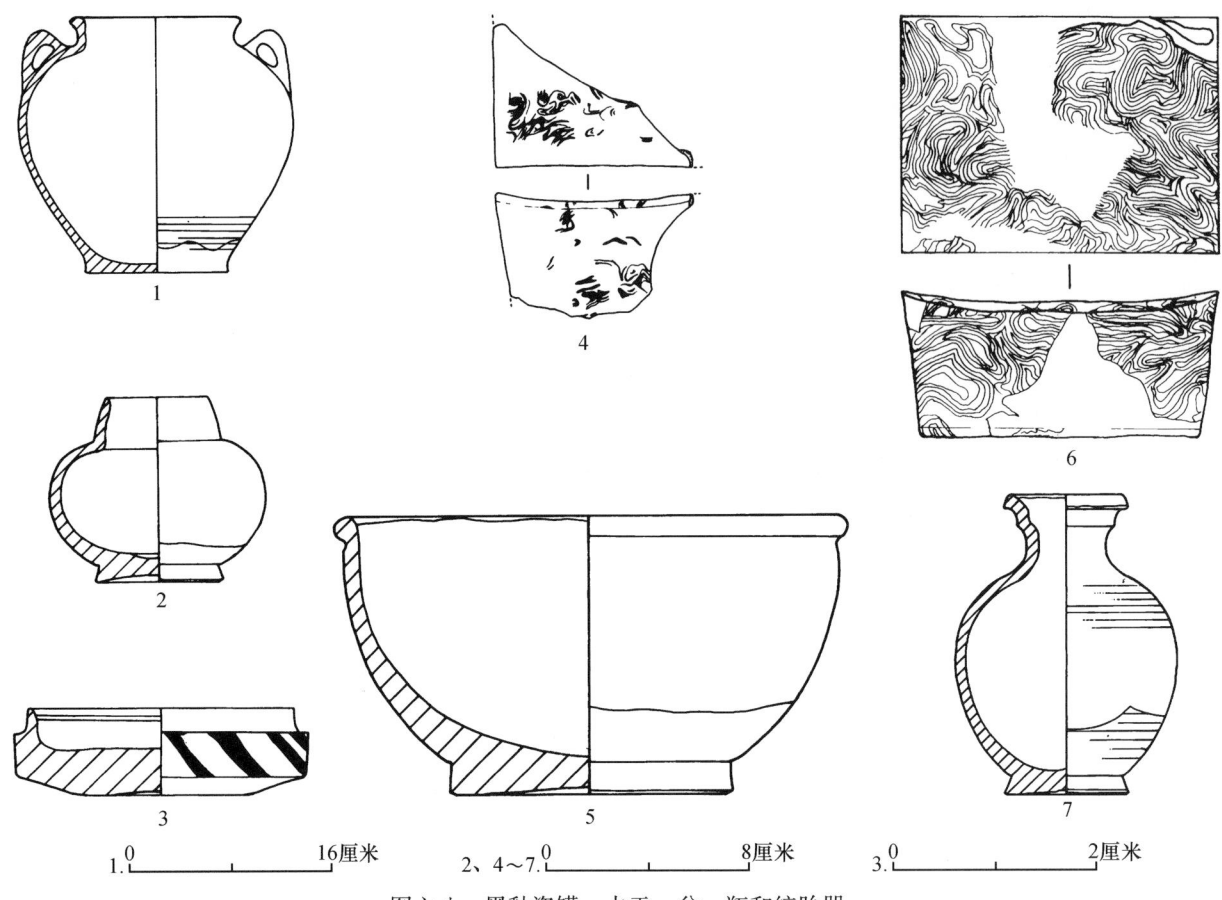

图六八　黑釉瓷罐、水盂、盆、瓶和绞胎器
1.罐（ⅡT9⑪：9）　2.水盂（ⅡT3⑥：5）　3.绞胎盒（ⅡT8⑫：30）　4、6.绞胎枕（ⅢT8H89：96、ⅢT8H89：120）
5.盆（ⅡT4H15：73）　7.瓶（ⅡT6⑩：4）

水盂　标本ⅡT3⑥：5，小口，尖沿，斜高颈，圆鼓腹，饼形足内凹。器内满釉，器表施釉至下腹，沿面无釉。口径4厘米，底径5.2厘米，高7.6厘米（图六八，2；彩版四九，2）。

二、釉 陶 器

釉陶器在本阶段占主流，产品丰富，釉色各异。三彩器釉色常见的以黄、绿、白三色釉为主，黄、蓝、绿、白四色釉的不多。贴花工艺在本期开始出现，制作工艺精湛。特别是单彩器品种更加丰富，数量多于三彩器。

1. 绞胎器

绞胎器出土数量虽然不多，但较第二期从数量和器形上有所增加，常见的器形有枕、盒等。

枕　形制基本相同，做工精细。整体呈长方形，枕面两端高中间低，平底。枕体分六个面，每个面单独制作后黏合而成。枕面为白、褐两种胎泥绞制而成。标本ⅢT8H89：120，残，可复原。器形较小，枕面有三个较大支烧痕，底面残存两个支烧痕。通体施黄、酱和绿三色透明釉。长12.7厘米，宽9.4厘米，高5.3~6.2厘米（图六八，6；彩版四八，4）。标本ⅢT8H89：96，残，不可复原。通体施较厚淡黄色透明釉。枕面木理纹模糊不清。残长8厘米，残宽5.8厘米，残高4.3厘米（图六八，4）。

盒　标本ⅡT8⑫：30，器形较小，胎体厚重，缺盖。子口，浅腹，直壁，底近平，底心内凹，底面上残存两个支烧痕。整体用黑、白两种胎泥绞合而成。器内不施釉，器表腹壁及底施白釉，釉面白中泛黄。口径5.2厘米，腹径6厘米，高1.6厘米（图六八，3）。

2. 单彩器

常见的单彩器有黄釉、绿釉、蓝釉、酱釉、酱黄釉和白釉等，以饼形底、圈足底为主，三足及平底的极少。器形有盆、碗、盏、杯、盅、盘、罐、瓶、净瓶、水注、钵、三足炉、樽、器盖和灯等，埙及动物俑类器等小型玩具类不多。

盆　出土数量不多，常见的有黄釉、青灰釉和蓝釉三种，多为饼形底，三足者较少。依据形制不同可分为两型。

A型　饼形底，出土数量较多。依据口沿的不同又可分为两个亚型。

Aa型　唇口。标本ⅡT4H15：180，弧腹，底面残缺，不可复原。器表唇下饰凹弦纹一周，腹中部饰凹弦纹两周。器内外施黄釉，器表半釉。白胎，较纯净。口径21.4厘米，残高11.4厘米（图六九，5；彩版四九，3）。

Ab型　敞口。标本ⅢT8H89：58，折沿，直壁，鼓腹，直饼足。器内口饰线弦纹两周，近底饰不太规则凹弦纹数周，器表上腹壁饰凹弦纹数周，内底遗留有三个支烧痕。器内外施黄釉，器表半釉。粉白胎。口径18厘米，底径9.4厘米，高8.8厘米（图六九，2；彩版四九，4）。标本ⅢT8H89：70，敞口，折沿，鼓腹，饼形足外撇。器内外施满釉，釉色酱黑。由于火候问题，器表釉面有密集气泡。胎质较松，胎色土黄。口径21厘米，底径11.3厘米，高8.5厘米（图六九，3；彩版四九，5）。

B型　底附三足。标本ⅢT2H42：7，敞口，折沿，折腹，圜底，近底周边附三个蹄形足，残缺。器表沿下饰线弦纹半周，下腹近底饰线弦纹一周，底面外沿饰同心圆纹一周。器内施蓝色满釉，器表半釉。口径20.8厘米，复原通高8.5厘米（图六九，4；彩版四九，6）。

碗　出土数量较多，以圈足底为主，饼形底极少。常见有绿釉、白釉和酱黄釉等。依据腹的不同可分为三型。

A型　折腹。敞口，折沿，圈足外撇。腹中部饰凸弦纹一周，器内满釉，器表施釉至下腹。标本ⅢT9H79：27，器表腹壁上下分别饰凸线纹三周。釉色浅绿泛黄。圈足面较宽，粉白胎。口径16.5厘米，底径9.6厘米，高6.7厘米（图六九，1；彩版五〇，1）。标本ⅡT4H15：249，通体施绿釉。圈足面上遗留有其他器物口沿黏结痕，局部残留有蓝釉。口径10.5厘米，底径5.8厘米，高4.6厘米（图六九，6；彩版五〇，2）。

B型　斜壁鼓腹。折沿，矮圈足外撇。器内满釉，器表半釉，常见的有白釉和酱黄釉两种，多数釉下敷化妆土。标本ⅡT4H15：36，器内底因聚釉呈黑褐色，外围作辐射状，形似太阳纹。器表施半釉，局部垂釉至足根。釉下敷较厚化妆土，粉红胎。口径10.5厘米，底径5

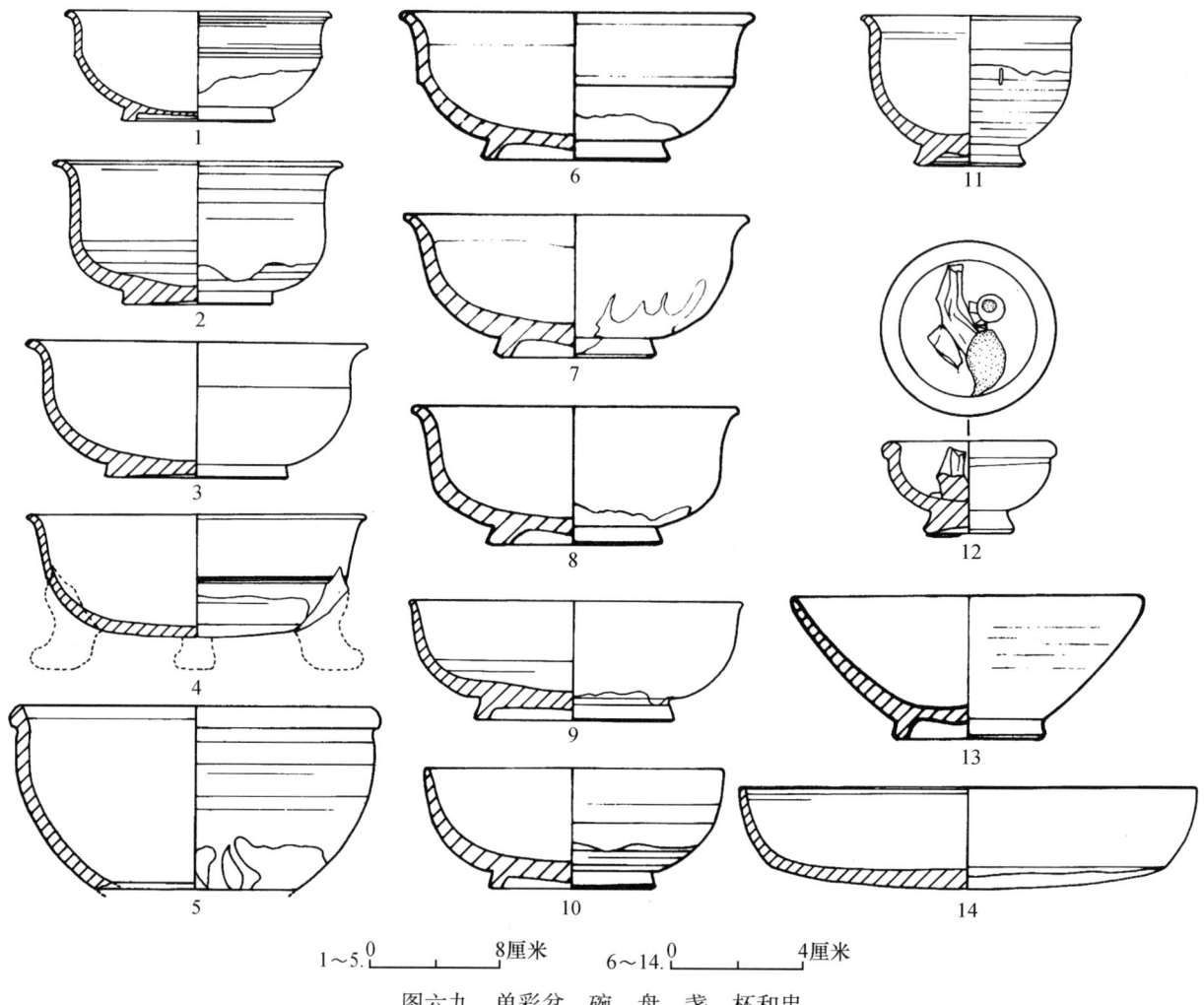

图六九 单彩盆、碗、盘、盏、杯和盅

1、6. A型碗（ⅢT9H79：27、ⅡT4H15：249） 2、3. Ab型盆（ⅢT8H89：58、ⅢT8H89：70） 4. B型盆（ⅢT2H42：7）
5. Aa型盆（ⅡT4H15：180） 7、8. B型碗（ⅡT4H15：36、ⅡT4H15：279） 9、10. C型碗（ⅢT9H79：7、ⅢT9H79：8）
11. 杯（ⅡT5H8：25） 12. 盅（ⅡT4H15：10） 13. 盏（ⅡT4H15：60） 14. 盘（ⅢT7H92：9）

厘米，高4.4厘米（图六九，7；彩版五〇，3）。标本ⅡT4H15：279，器内外施白釉，釉色泛黄。器表釉下敷较厚化妆土近底。白胎。口径10厘米，底径4.4厘米，高4.2厘米（图六九，8；彩版五〇，4）。

C型 鼓腹。敞口，矮圈足外撇。以绿釉为主。标本ⅢT9H79：7，器表腹部饰线弦纹半周。器内满釉，器表施釉至足根，釉色绿中泛黄。白胎泛灰。口径10.1厘米，底径6.2厘米，高3.6厘米（图六九，9；彩版五〇，5）。标本ⅢT9H79：8，器内满釉，器表半釉。器表近底无釉处显规整的宽带轮旋纹。口径9厘米，底径5.2厘米，高3.8厘米（图六九，10；彩版五〇，6）。

盏 是第三期前段出现的一种新器形，数量不多，以蓝釉为主。标本ⅡT4H15：60，敞口，斜腹，小圈足外撇。器内满釉，器表半釉，釉下敷一层较厚化妆土，釉面及化妆土脱落严重。粉红胎。口径10.6厘米，底径4.6厘米，高4.2厘米（图六九，13；彩版五一，1）。

杯 出土数量极少。标本ⅡT5H8：25，折沿，弧口，弧腹微鼓，高圈足外撇。器内壁釉下显轮旋纹，底面为凸出旋涡纹，器表显宽弦纹数周。器内满釉，器表施釉至上腹。釉色绿中泛黄，粉红胎。口径6.5厘米，底径3.4厘米，高4.7厘米（图六九，11；彩版五一，2）。

盅　出土数量较多。标本ⅡT4H15∶10，器形较小。腹较浅，唇口，微敛，弧腹，高饼足外撇内凹。器内黏结有锥形支钉、拱形三叉支烧等窑具残块。器内外施绿釉。口径4.7厘米，底径2.7厘米，高2.8厘米（图六九，12；彩版五一，3）。

盘　出土数量不多。标本ⅢT7H92∶9，敞口，窄沿面内斜，弧腹，大鼓底。器表底面一侧刻"十"字符号。黄釉，器内满釉，器表施釉至底面周边，釉面厚薄不均，局部透胎。口径13.8厘米，底径12厘米，高3.1厘米（图六九，14；彩版五一，4）。

罐　可复原的极少。标本ⅡT4H15∶35，器形较小。唇口，鼓腹，饼形底内凹，底面上有两周同心圆。上腹釉薄处显凹弦纹三周。器内沿下施酱黄釉，器表施绿釉至腹中部。白胎。口径6.1厘米，底径4.7厘米，高5.7厘米（图七〇，1；彩版五一，5）。

瓶　与本期瓷器瓶类器形制差别较大，多为小件器。釉色以绿、蓝釉为主，白釉、酱黄釉不多。依据口部的不同可分为两型。

A型　小口外翻，圆唇，细颈，圆鼓腹，饼形底。皆小件器。依据口沿的变化又可分为两个亚型。

Aa型　小口外翻，出土数量较多。标本ⅡT4H15∶39，器形制作规整，溜肩，饼形底外撇。器表施白釉至上腹，釉色白中泛黄，因火候过高，釉面上有较多小气泡，作麻点状。细白胎。口径2.4厘米，底径3.6厘米，高7.8厘米（图七〇，2；彩版五一，6）。标本ⅢT2H42∶8，口残缺。溜肩，高饼形底外撇。肩部饰凹弦纹三周。通体施蓝釉，釉色匀净。底径4厘米，残高7.3厘米（图七〇，3；彩版五二，1）。标本ⅡT4H15∶18，底残缺。釉薄处显轮旋纹。通体施绿釉，釉层较薄，釉下透规整的带状轮旋纹。口径2.4厘米，残高6厘米（图七〇，5；彩版五二，4）。

Ab型　小口内敛，出土数量较少。标本ⅢT9H79∶58，直饼底较高。器表施绿釉至下腹，器身失色透胎。口径1.2厘米，底径2.4厘米，高5厘米（图七〇，4；彩版五二，2）。标本ⅢT2H42∶1，小巧精致，为瓶类器中最小的一件，高饼底外撇。器表施蓝釉近底，釉色莹润。口径0.8厘米，底径1.6厘米，高3.7厘米（图七〇，6；彩版五二，3）。

B型　盘形口，出土数量较少。标本ⅢT7H90∶30，器形较大。溜肩，弧腹，底残缺。沿面不施釉，器表施酱黄釉至腹中部，釉层较薄透胎，釉下显轮旋纹。口径4.9厘米，残高15.8厘米（图七〇，7；彩版五二，5）。

净瓶　出土数量较多，亦为本阶段新出现的器类之一。常见的有绿釉、黄釉和白釉三种。塔式口，细长颈微束，鼓腹，喇叭状高圈足。腹部一侧有一注水口，颈与肩交接处饰一周凸弦纹，器表施满釉的不多，个别釉下敷化妆土。标本ⅡT4H15∶248，注水口残缺。下腹部饰凹弦纹一周。器表施绿釉近底，釉下敷一层化妆土。白胎。口径1厘米，底径6.8厘米，高25厘米（图七〇，9；彩版五三，1）。标本ⅡT11H4∶28，口、颈及注水口残缺。圈足着地面上有三个泥饼支烧痕。通体施黄釉，粉红胎。底径6厘米，残高14.4厘米（图七〇，10；彩版五三，2）。标本ⅡT4H15∶13，器形较小，注水口残缺。腹部一侧有三处器物黏结痕。器表施绿釉至下

图七〇　单彩罐、瓶和净瓶

1.罐（ⅡT4H15∶35）　2、3、5.Aa型瓶（ⅡT4H15∶39、ⅢT2H42∶8、ⅡT4H15∶18）　4、6.Ab型瓶（ⅢT9H79∶58、ⅢT2H42∶1）　7.B型瓶（ⅢT7H90∶30）　8～11.净瓶（ⅡT4H15∶13、ⅡT4H15∶248、ⅡT11H4∶28、ⅡT4H15∶235）

腹，粉白胎。口径0.6厘米，底径5.5厘米，高19.6厘米（图七〇，8；彩版五三，3）。标本ⅡT4H15：235，器形较大。注水口残缺。肩部饰凹弦纹一周。器表施白釉近底，釉色泛黄。粉白胎。口径0.9厘米，底径7.1厘米，高28.3厘米（图七〇，11；彩版五三，4）。

水盂　出土数量极少，器形同第二期瓷器类水盂。标本ⅢT7H90：6，小口，尖沿，斜高颈，圆鼓腹，饼形底内凹。腹部釉薄处显带状轮旋纹，足底面有密集线状同心圆纹。器内无釉，器表施黄釉至腹中部，因烧制温度过高釉面呈酱褐色。口径4.7厘米，底径5.4厘米，高6.8厘米（图七一，3；彩版五四，1）。

水注　出土数量较多，常见的釉色有蓝釉、白釉和黄釉三种。依据形制的不同可分为碗形、罐形和钵形三型，其中罐形和钵形是本阶段新出现的一种器类。

A型　碗形水注，与第二期瓷器类注碗大同小异。标本ⅡT4H15：175，器形较大。敞口，折沿，折腹，大圈足外撇。在口沿一侧有一柱状流。上腹微曲，下腹弧收，上下腹相交处显凹弦纹两周。器内满釉，器表施釉至腹中部。蓝釉，粉红胎。口径21.4厘米，底径12.4厘米，高9厘米（图七一，5；彩版五四，2）。

B型　罐形水注，是同类器中出土数量最多的一种类型，常见的釉色有白釉、蓝釉、黄釉等。依据腹的不同又可分为两个亚型。

Ba型　圆鼓腹。标本ⅡT4H15：237，圆唇，高圈足外撇，肩部一侧有一柱形流。器内施淡黄釉，器表施白釉泛黄，有细密开片纹，白胎。口径8.4厘米，底径7.2厘米，高8.6厘米（图七一，1；彩版五四，3）。

Bb型　扁鼓腹。标本ⅡT4H15：176，唇口，高圈足外撇，肩部一侧有一柱形流。器底黏结一垫圈支烧，支点向下。器内一侧施蓝釉，一侧施黄釉，器表施蓝釉至腹中部，局部垂釉至圈足，白胎泛黄。口径7.4厘米，底径6.8厘米，高7.8厘米，通高10厘米（图七一，2；彩版五四，4）。

C型　钵形水注，是本阶段新出现的一种器形。出土数量极少，皆不能复原。标本ⅢT9H79：61，唇口，弧肩，鼓腹，小平底。肩部一侧有一圆柱状流。肩部饰凹弦纹两周，腹部无釉处显轮旋纹。器内无釉，器表施黄釉至肩部，口沿无釉。粉红胎。口径12.8厘米，底径6.2厘米，高9.1厘米（图七一，8）。

钵　出土数量较多，同第二期相比，无论从形制、釉色和数量上都有明显增加。常见的釉色有黄釉、酱黄釉、白釉和绿釉等。根据形制的不同可分为敛口钵和双系敛口钵两种，其中的双系敛口钵是本阶段新出现的器类。

A型　敛口钵。数量不多，依据腹的不同又可分为三个亚型。

Aa型　圆腹。标本ⅢT7H90：31，小口沿内折，微垂，鼓肩，小平底。近口处饰凹弦纹一周，腹部饰断断续续凹弦纹数周。下腹近底处有一大口器摞烧时的黏结痕半周，底面上显数周规整的同心圆纹。沿面及器内无釉，器表施酱黄釉至腹中部，大面积垂釉近底，聚釉处呈黑褐色。粉红胎。口径13.4厘米，底径6.6厘米，高14.8厘米（图七一，6；彩版五五，1）。

Ab型　鼓腹。标本ⅢT8H89：108，大敛口，窄平沿内斜，小平底。腹中部饰凹弦纹一

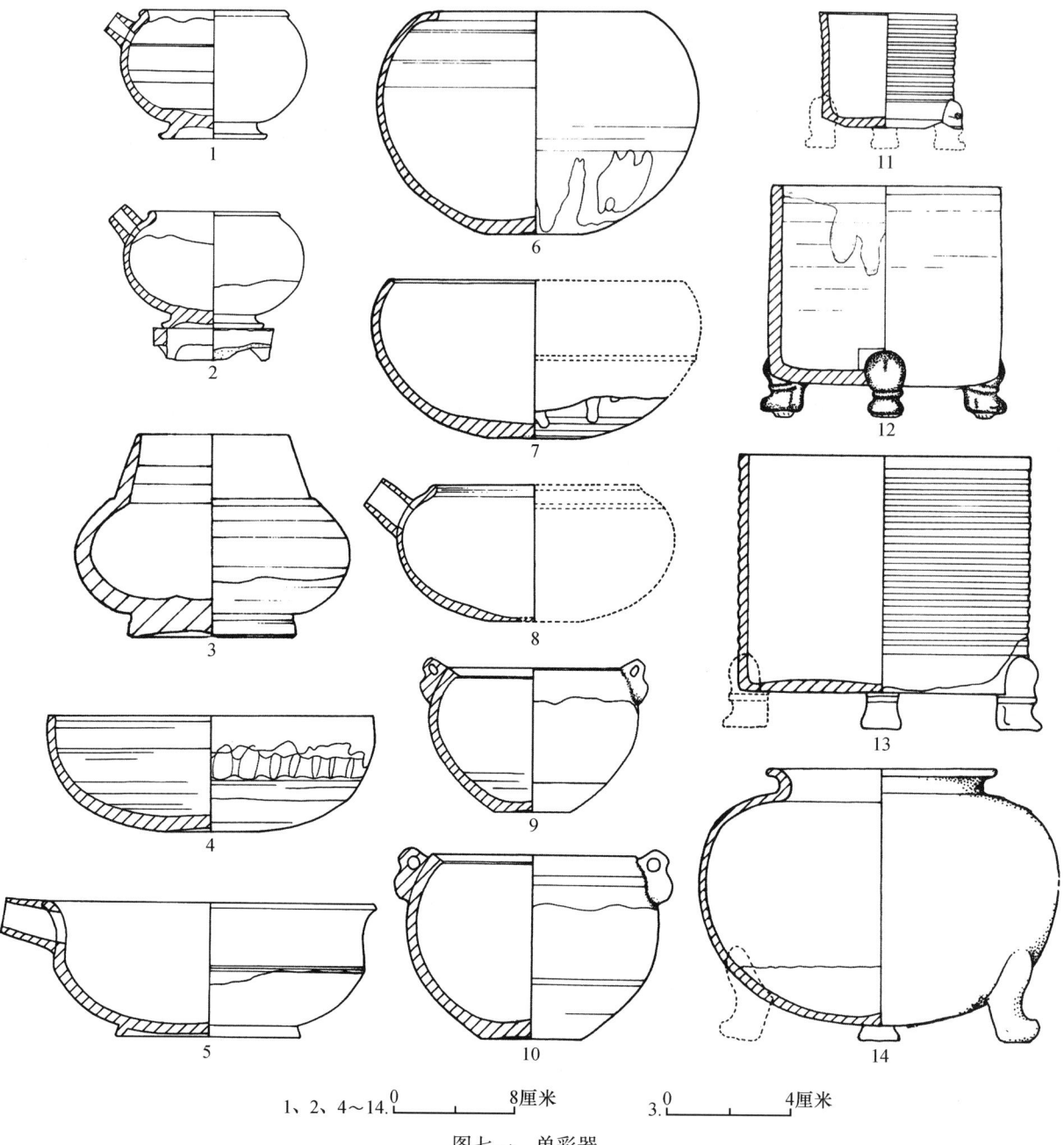

图七一 单彩器

1. Ba型罐形水注（ⅡT4H15：237） 2. Bb型罐形水注（ⅡT4H15：176） 3. 水盂（ⅢT7H90：6） 4. Ac型钵（ⅢT7H90：5） 5. A型碗形水注（ⅡT4H15：175） 6. Aa型钵（ⅢT7H90：31） 7. Ab型钵（ⅢT8H89：108） 8. C型钵形水注（ⅢT9H79：61） 9、10. B型双系敛口钵（ⅡT4H15：325、ⅡT4H15：326） 11～13. 樽（ⅡT4H15：74、ⅡT4H15：99、ⅡT4H15：100） 14. 三足炉（ⅡT4H15：329）

周，下腹近底处饰线状凹弦纹四周。器内施淡黄釉，器表施酱黄釉至上腹，周边皆垂釉。白胎较粗糙。口径18.8厘米，底径6.6厘米，高10.6厘米（图七一，7；彩版五五，2）。

Ac型 弧腹。标本ⅢT7H90：5，大口微敛，窄平沿，小平底微内凹。器内壁显凹凸不平的轮旋纹，器表上腹饰锯齿纹一周。下腹饰凹弦纹和轮弦纹数周。由于烧制火候太低，器内施淡黄釉透胎。器表上腹施黄釉略泛青，釉面未完全溶解，厚薄不均，导致局部与胎体交融不佳，并且存在着局部脱釉现象。口径20.8厘米，底径6.6厘米，高7.8厘米（图七一，4；彩版五五，3）。

B型　双系敛口钵。出土数量略多于A型敛口钵，常见的釉色有白釉和绿釉两种。敛口内斜，鼓腹，小平底，沿下对称双系。标本ⅡT4H15∶326，口沿上等距三组支烧痕，每组两个。器表肩部和下腹分别饰宽带凹弦纹一周。器内底施淡黄色透明釉，器表施白釉泛绿过肩，釉下敷化妆土至下腹。粉灰胎。口径13.5厘米，底径6.6厘米，高12.1厘米（图七一，10；彩版五五，5）。标本ⅡT4H15∶325，器形较小。器表沿下施淡绿釉，釉下敷化妆土至下腹。上腹釉下粉白胎，下腹及底为灰白胎。口径11.2厘米，底径5.2厘米，高9.6厘米（图七一，9；彩版五五，4）。

三足炉　出土数量不多，釉色以绿釉为主。标本ⅡT4H15∶329，器形较大。外翻口，束颈，鼓腹，圜底近平。下腹附三个兽蹄形足，其中一足残缺。口沿处残存两个支烧痕，外腹近底部饰凹弦纹一周。器内上腹部及底施淡黄釉，器表施绿釉至底，通体敷一层较厚化妆土。粉红胎。口径14.4厘米，高18厘米（图七一，14）。

樽　出土数量较多，也是本阶段新出现的器形之一，常见有绿釉和蓝釉两种。直口，窄沿面，直腹，底周边等距附蹄形三足。整体制作工艺十分讲究，足与器体分别制作黏合而成。以素面为主，有装饰的皆为弦纹。标本ⅡT4H15∶100，器形较大。窄平沿，底周边三足仅有一个足跟保存较好。通体饰极其规整的凹弦纹16周。器内施淡绿泛黄色透明釉，器表施绿釉近底。白胎。口径18.2厘米，底径19.2厘米，复原通高18厘米（图七一，13；彩版五六，1）。标本ⅡT4H15∶99，器形较大。窄平沿，底面微鼓。沿面上遗留有三个等距支烧痕，器内底黏结三个不规则素胎支烧垫片。器内腹壁上饰不规整凹弦纹数周，器表沿下和上腹壁分别饰凹弦纹两周，底面近沿处饰同心圆纹一周。器内沿下施酱黄釉，器表施绿釉至底，局部流釉到底面上。粉白胎。口径13.7厘米，底径15厘米，高15.2厘米（图七一，12；彩版五六，3）。标本ⅡT4H15∶74，是该类器中最小的一件。窄平沿内斜，上腹略外撇，底面中部凸出作小平底，外底周边等距三足残缺，其中一个足跟部分保存完好。通体饰凹弦纹12周。器内沿下施淡黄透明釉，器表施蓝釉。粉白胎。口径8.3厘米，外底径8.8厘米，内底径5.1厘米，复原高9厘米（图七一，11；彩版五六，5）。

器盖　出土数量较多。依据形制的不同可分为两型。

A型　捉手器盖，多为炉或罐上器盖。子口径在8厘米以上的为三足炉盖，小一点的应是罐类器盖。依据盖面的不同又可分为两个亚型。

Aa型　盖面隆起，中部略凸起作同心圆状。出土数量较多。标本ⅡT4H15∶62，器形较大。顶近平，中部置一锥帽状捉手，鼓肩，宽盖沿微垂，矮子口内敛。在盖顶中部遗留有三个等距支烧痕，盖内顶面中部墨书一字不甚清晰，已无法识读。盖面施白釉至盖沿下周边，釉色白中泛黄。土黄胎。盖沿径18.8厘米，子口径14.5厘米，通高6厘米（图七二，4；彩版五六，4）。

Ab型　盖面隆起，中部凸起作同心圆状，1件。标本ⅡT4H15∶232，平顶，中部置一锥帽状捉手，弧肩，宽盖沿微垂，矮子口内敛。盖面施绿釉至盖沿周边。白胎。盖沿径13厘米，子口径9.2厘米，通高4.4厘米（图七二，5；彩版五六，2）。

B型　圆弧形盖面，高子口微内收。数量极少，可复原仅1件。标本ⅡT4H15：71，满釉支烧，子口沿面上遗留有三个支烧痕。盖面中部刻一"十"字符号，子口内底刻一字，尚未识读。盖面施深绿釉，盖内施酱黄釉。粉白胎。盖沿径8.2厘米，子口径3.4厘米，高1.8厘米（图七二，11；彩版五六，6）。

灯　出土数量不多。依据形制的不同可分为两型。

A型　敞口，圆沿面，弧腹，小平底。出土数量较多。器表及器内沿一周不施釉。该阶段灯类器胎体厚重，制作工艺粗糙。釉色以黄釉、酱黄釉为主。标本ⅢT8H89：24，浅弧腹，器表显密集轮旋纹，底不甚规整。器内施黄釉。土黄胎。口径8.8厘米，底径3.6厘米，高2.6厘米（图七二，1；彩版五八，2）。标本ⅡT5⑩：9，深弧腹。器内腹壁近底饰宽带弦纹一周。器内施酱黄釉，白胎泛黄。口径8.5厘米，底径4.1厘米，高3.4厘米（图七二，2；彩版五八，1）。

B型　弧口，折沿，折腹，平底。极少，是本阶段新出现的一种器形。皆残，不可复原。标本ⅡT5H8：28，仅残存中部托盘，台柱和底座皆残缺。通体施绿釉，粉白胎。盘径18厘

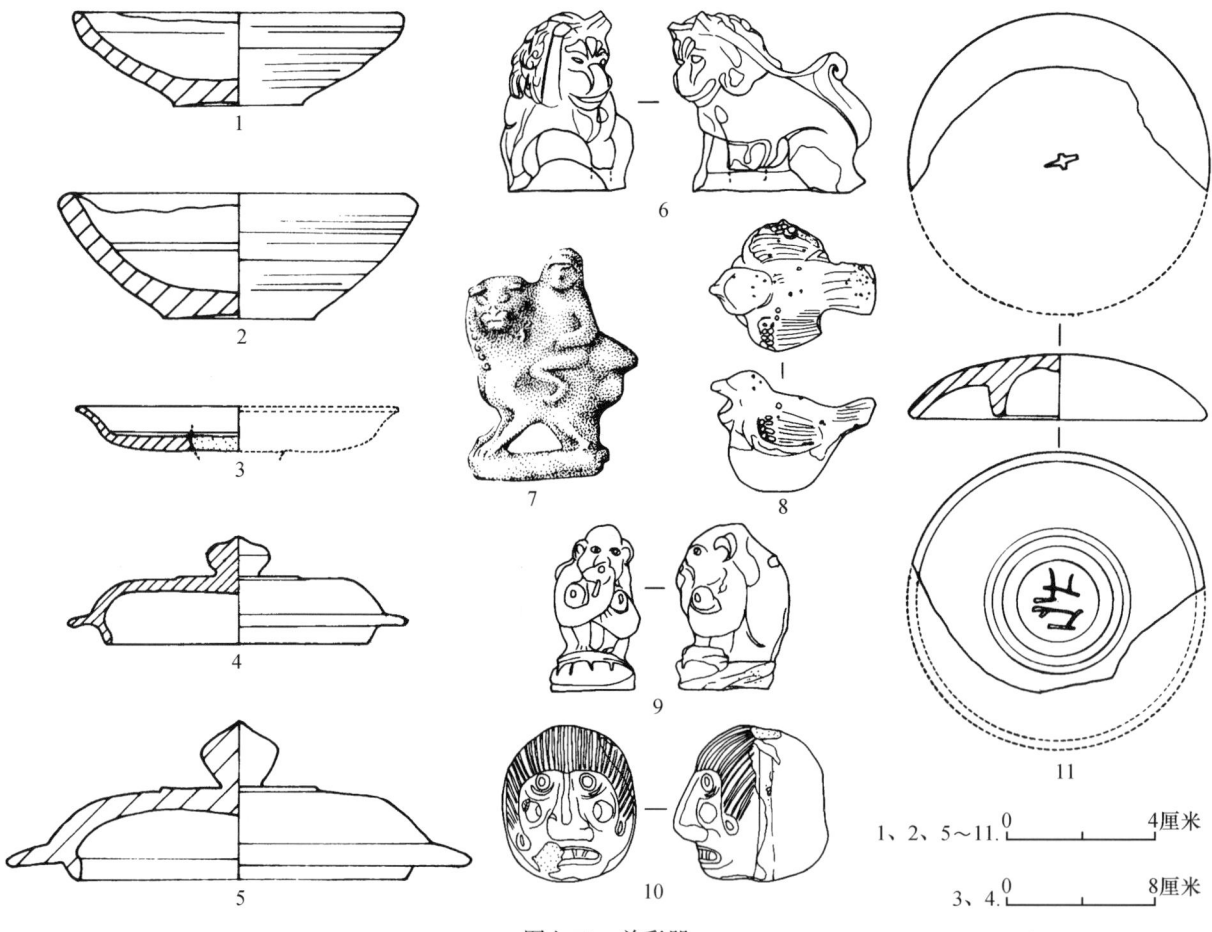

图七二　单彩器

1、2. A型灯（ⅢT8H89：24、ⅡT5⑩：9）　3. B型灯（ⅡT5H8：28）　4. Aa型器盖（ⅡT4H15：62）　5. Ab型器盖（ⅡT4H15：232）　6. 狗俑（ⅡT20⑥：20）　7. 人物俑（ⅢT1H57②：19）　8. 鸽俑（ⅢT1H57②：22）　9. 猴俑（ⅢT1H57②：12）　10. 埙（ⅢT8H89：119）　11. B型器盖（ⅡT4H15：71）

米,残高2.4厘米(图七二,3)。

埙 是本阶段较多的玩具之一。标本ⅢT8H89:119,局部微残。人面形,面容抽象。前后分别模制,黏合而成。中空,头顶端有一吹孔,面颊上各有一个音孔。面部施酱黄釉,釉下敷一层化妆土。粉白胎。面宽3.6厘米,高4.3厘米(图七二,10;彩版五七,3)。

俑类 是本阶段开始出现的一种玩具,出土数量不多。形制较小,皆分半制作,黏合而成。可分为人物俑和动物俑两大类。

人物俑 极少。标本ⅢT1H57②:19,后腿蹲卧,前腿伸展于一方形台座上。狮头折向一侧,怒视前方。狮背上骑士与狮头面向一致,表情模糊,左手折于狮头,右手扶于腿部,双腿紧贴狮身。通体施绿釉泛黄,粉红胎。通高6.4厘米(图七二,7;彩版五七,1)。

动物俑 出土数量较多。

猴俑 标本ⅢT1H57②:12,蹲卧在一不规则泥饼台座上,竖耳平视,一爪折与腿部,另一爪折于口部。通体施白釉,釉厚处呈现黄色。通高4.6厘米(图七二,9;彩版五七,2)。

狗俑 标本ⅡT20⑥:20,蹲卧在一底座上,竖耳折头下视。通体施绿釉,釉色匀净。粉白胎。体长5.5厘米,残高4.9厘米(图七二,6;彩版五七,4)。

鸽俑 标本ⅢT1H57②:22,体态丰满,作飞翔状,腹底中部有一小圆形插孔。背面施淡黄釉,釉面黏结较多窑砂。粉白胎。体长4.6厘米,宽3.6厘米,高3.3厘米(图七二,8;彩版五七,5)。

3. 三彩器

三彩器在本阶段已达到鼎盛时期,器物的造型和施釉工艺已完全成熟,釉与釉交融更加完美,采用的点、划、洒及贴花、堆塑等手法使三彩器更具观赏性。釉的组合以黄、绿、白三色釉为主,黄、白、蓝三色釉较少。器形多为日常生活用品,主要有盆、碗、杯、盅、豆、洗、罐、瓶、盂、钵、水注、炉、器盖、枕、蛋形器、埙和俑类等。

盆 标本ⅢT7H90:37,敞口,窄板沿外卷,斜腹微弧,小平底。器内底中部凸起,显轮旋纹;器表上腹饰数周凹弦纹,底面微内凹显四组规整同心圆纹。沿面及器表上腹部施黄、绿、白三色釉相间,器内无釉。口沿内侧和器表腹中部显器物摞烧黏结痕。白胎。口径19.2厘米,底径9.2厘米,高9.8厘米(图七三,6;彩版五八,4)。

碗 虽然出土数量不是太多,但是器形的制作非常考究,是本期三彩陶制器中的精品器之一。标本ⅢT9H79:54,敞口,折沿,折腹,大圈足外撇。器内施绿、白两色釉相间,然后在白釉中部点缀黄釉,作花卉状,器表上腹施绿、酱黄两色釉相间。由于酱黄釉流动性强,垂釉过下腹,釉薄处呈白色,聚釉的边沿区域为酱黄色,因此下腹出现了白、酱黄两色釉的现象。通体敷有一层较厚化妆土,粉白胎。口径16.3厘米,底径10.2厘米,高6.4厘米(图七三,5;彩版五八,5)。

杯 标本ⅠT1⑨:160,敞口,折沿,曲鼓腹,矮圈足。腹壁上有一环形錾手残缺。器内施白、绿条带釉相间,器表施白釉泛黄,釉面含杂质较多,釉下显较规整带状轮弦纹数周。白

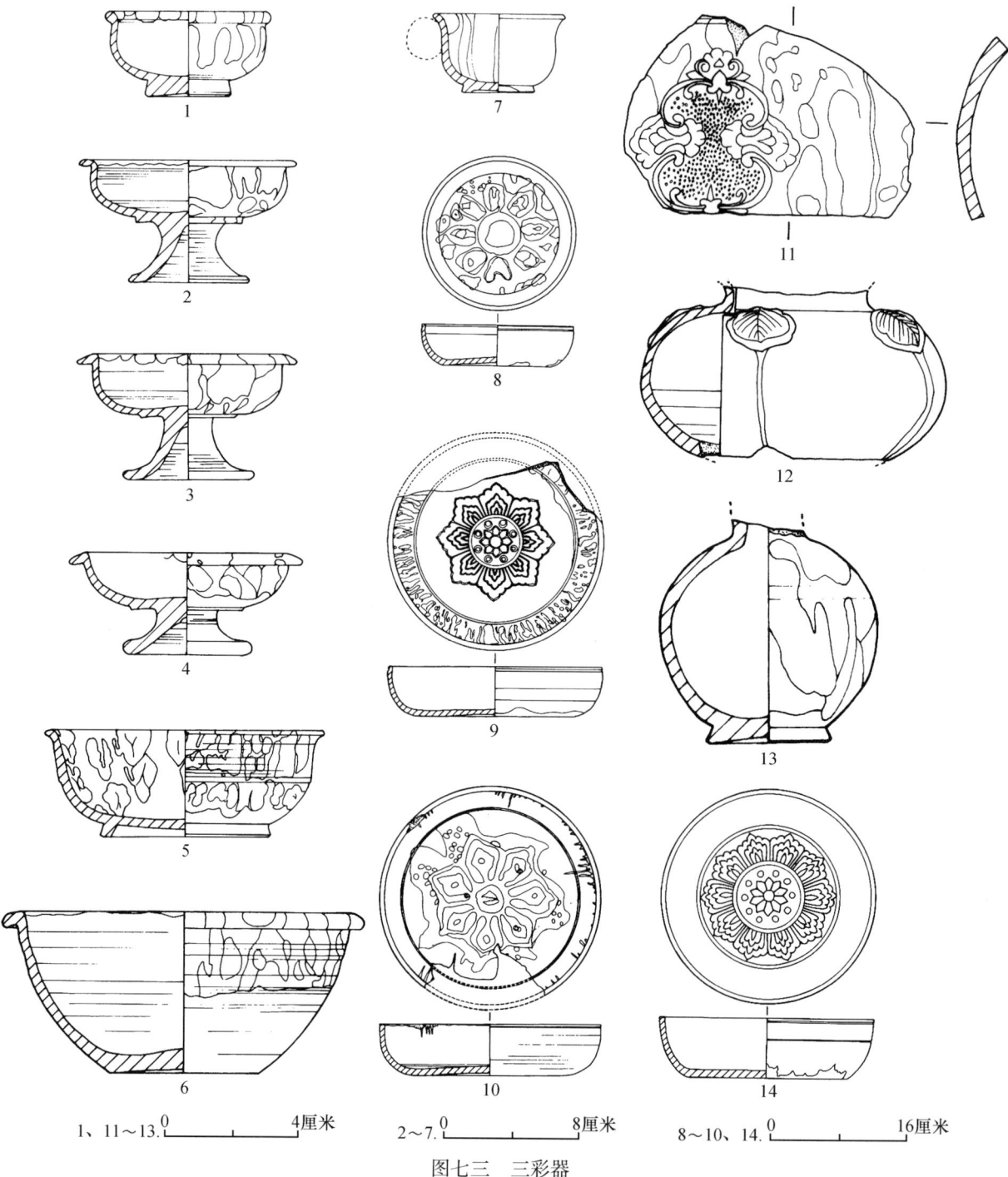

图七三　三彩器

1. 盅（ⅡT6⑫:57）　2、3. B型豆（ⅠT4⑨:7、ⅠT4⑫:8）　4. A型豆（ⅡT4H15:48）　5. 碗（ⅢT9H79:54）　6. 盆（ⅢT7H90:37）　7. 杯（ⅠT1⑨:160）　8、10. B型洗（ⅢT9H79:36、ⅢT9H79:3）　9、14. A型洗（ⅢT9H79:35、ⅠT1⑨:69）　11、13. 瓶（ⅡT3H47:3、ⅡT4H15:11）　12. 罐（ⅢT6H93:2）

胎。口径7.4厘米，底径4.4厘米，高4.8厘米（图七三，7；彩版五八，3）。

盅　标本ⅡT6⑫：57，小圆唇，鼓腹，饼形底。器内沿下施酱黄釉，口沿及器表下腹施绿、白釉相间，釉下敷化妆土。粉白胎。口径4.3厘米，底径2.6厘米，高2.5厘米（图七三，1；彩版五九，1）。

豆　出土数量较多。板沿，喇叭形圈足，腹与柄相交处饰一同心圆凸起。口沿面及器表施釉，器内无釉。依据口和腹的不同可分为两型。

A型　敞口，弧腹。出土数量较少。标本ⅡT4H15：48，浅盘，沿面外斜微下垂，弧腹，矮柄。口沿面及器表施黄、绿、白三色釉相间至下腹，釉下敷有一层较薄化妆土。粉白胎。口径12厘米，底径7.9厘米，高6.2厘米（图七三，4；彩版五九，2）。

B型　口微敛，鼓腹。出土数量较多。标本ⅠT4⑨：7，深盘，沿面近平，高柄。沿面一侧局部残缺（烧造前就已形成）。沿面施酱黄釉，腹部以白、绿釉为主体，近底绿釉间施六组白、黄釉花卉图案。釉下敷一层较薄化妆土至柄部。粉胎。口径11厘米，底径7.2厘米，高7.5厘米（图七三，2；彩版五九，3）。标本ⅠT4⑫：8，深盘，直口，平沿外斜，高柄。沿面施白、黄两色釉相间，腹部施黄、白、绿三色釉，釉下敷一层较薄化妆土，柄以下露胎处显密集轮旋纹。粉白胎。口径10.8厘米，底径8厘米，高7.7厘米（图七三，3；彩版五九，4）。

洗　出土数量较多，造型大同小异。胎体制作规整，釉色丰富多彩。常见的底部模印宝相花图案，然后施三色釉装饰，个别直接采用釉色装饰花卉图案。依据器内底装饰工艺的不同可分为两型。

A型　器内底模印宝相花图案。采用此装饰工艺的较多。窄平沿，有直口也有口微敛的，弧腹，大平底。器内底面上绝大多数遗留有三个支烧痕。标本ⅠT1⑨：69，口微敞。器内底与腹壁交接处饰同心圆纹两周，器表近口处饰凹弦纹一周，上腹部饰凹弦纹半周，底面外沿和中部分别饰同心圆纹两周。器内底模印的宝相花图案，采用绿、黄、白三色釉相间搭配。釉面光洁亮丽，腹壁至底周边施绿、黄、白三色釉交融自然，沿面和器表施酱黄釉近底。内底面中部略偏一侧遗留有三个等距支烧痕。白胎。口径24.6厘米，底径19厘米，高7.2厘米（图七三，14；彩版六一，1、2）。标本ⅢT9H79：35，口微敛。器内底与腹壁交接处饰带状同心圆纹一周，器表腹壁近口处饰凹弦纹一周，底面外沿饰同心圆纹一周。内底中部模印宝相花图案，图案上依次施绿、白、黄三色釉，层次分明，图案外围施酱黄釉，腹壁施绿、白两色釉相间交融，沿面及器表施黄釉近底。器内底面中部遗留有三个等距支烧痕。粉白胎。口径24.3厘米，底径19.8厘米，高6.3厘米（图七三，9；彩版六二，1）。

B型　器内底彩绘花卉图案。出土数量不多。窄平沿，直口，弧腹，大平底。标本ⅢT9H79：3，器形较大。器内底与腹壁交接处饰带状同心圆纹一周，器表腹壁近口处饰凹弦纹一周，底面外沿饰同心圆纹一周。内底面采用黄、白、绿三色釉组成花卉图案，周边局部点白，腹壁施淡绿釉，釉层较薄透胎，口沿及器表施酱黄釉。器内底面中部遗留有三个等距支烧痕。白胎。口径25.5厘米，底径20.4厘米，高6.4厘米（图七三，10；彩版六二，2）。标本ⅢT9H79：36，器形较小。器内底与腹壁交接处饰带状同心圆纹一周，器表腹壁近口处饰凹弦纹一周，底面外沿饰同心圆纹一周。器内底采用黄、白、绿三色釉组成花卉图案，器内外腹壁施清一色黄釉，由于烧制火候过高，整体已严重变形，釉面大部分已呈褐黄色。沿面上残存两个支烧痕。器内底一侧黏结有较多窑砂，白胎。口径19.4厘米，底径13.2厘米，高4.9厘米（图七三，8；彩版六三，1、2）。

罐　出土数量极少，皆残，不可复原。标本ⅢT6H93：2，侈口，矮束颈，鼓肩，弧腹，底残缺。肩部等距粘贴六片叶纹图案，叶面外围施绿釉，中部点黄。器内施淡黄釉透胎，器表施绿、白两色釉。白胎。残高5.3厘米（图七三，12）。

瓶　出土数量极少，皆残，不可复原。标本ⅡT4H15：11，口、颈残。弧肩，鼓腹，饼形底外撇，底面上饰同心圆纹一周。颈部施黄釉，肩和腹上施蓝、白、黄三色釉相间交融近底。釉面光泽莹润，似高山耸立，云雾缭绕。白胎。底径3.8厘米，残高6.8厘米（图七三，13；彩版六〇，3）。标本ⅡT3H47：3，仅残存瓶的腹部。器内无釉显密集轮旋纹，器表施绿、黄釉相间，局部点白。腹部粘贴花卉图案。白胎。残宽8.7厘米，残高6厘米（图七三，11）。

盂　器形较小。依据腹的不同可分为三型。

A型　鼓腹。小口，沿下垂，小平底。标本ⅢT8H89：56，扁圆体。近口处饰凹弦纹一周。器表肩部点绿、黄两色釉，釉色未完全溶解，局部交融。白胎。口径2.2厘米，底径2厘米，高3.2厘米（图七四，5；彩版六〇，1）。标本ⅡT4⑫：7，器形小。平口，鼓肩，鼓腹，小平底。器表施白、绿、酱黄三色釉。白胎。口径2.1厘米，底径2.1厘米，高2.7厘米（图七四，1；彩版六三，3）。标本ⅠT1⑭：80，器形极小。垂沿，鼓肩，鼓腹，小平底。由于烧制火候问题，釉已完全失色。灰白胎。口径1厘米，底径1.3厘米，高1.8厘米（图七四，9；彩版六三，4）。

B型　弧腹。小口，沿下垂，鼓肩，小平底。出土数量较多。标本ⅡT6⑫：17，完整。器表上腹施绿、黄、白三色釉相间。白胎。口径2.2厘米，底径1.8厘米，高2.8厘米（图七四，2；彩版六三，5）。标本ⅠT1⑨：162，完整。器表施绿、白两色釉过肩，由于烧成温度过低，绿釉未溶解，呈黑色斑点状，黄釉泛绿。土黄胎。口径2.1厘米，底径1.6厘米，高2.6厘米（图七四，3；彩版六三，6）。

C型　斜直口，沿下垂，鼓肩，鼓腹，圜底内凹。标本ⅢT1H57②：1，器表施黄、白两色釉，因烧制温度偏低，釉与釉之间尚未完全交融。白胎。口径2.3厘米，高3.8厘米（图七四，4；彩版六〇，2）。

钵　出土数量较多。依据形制的不同可分为两型。

A型　敛口钵。数量较少，皆残，可复原的极少。根据口部的不同又可分为两个亚型。

Aa型　敛口，沿内折下垂。标本ⅠT1⑪：204，鼓肩，弧腹，下腹急收，底残缺。近口处饰凹弦纹一周。器表肩部施黄釉点白，腹部施绿釉，其间点白釉，层次分明，色彩斑斓，近下腹处有垂釉现象。土黄胎。口径14厘米，残高11.4厘米（图七四，6）。

Ab型　敛口圆沿。标本ⅠT1⑨：163，浅弧腹，小平底。器表腹部饰凹弦纹一周，线弦纹两周。器内施绿、黄、白三色釉，器表施绿、黄两色釉相间。粉白胎。口径15.2厘米，底径5.5厘米，高7.4厘米（图七四，7）。

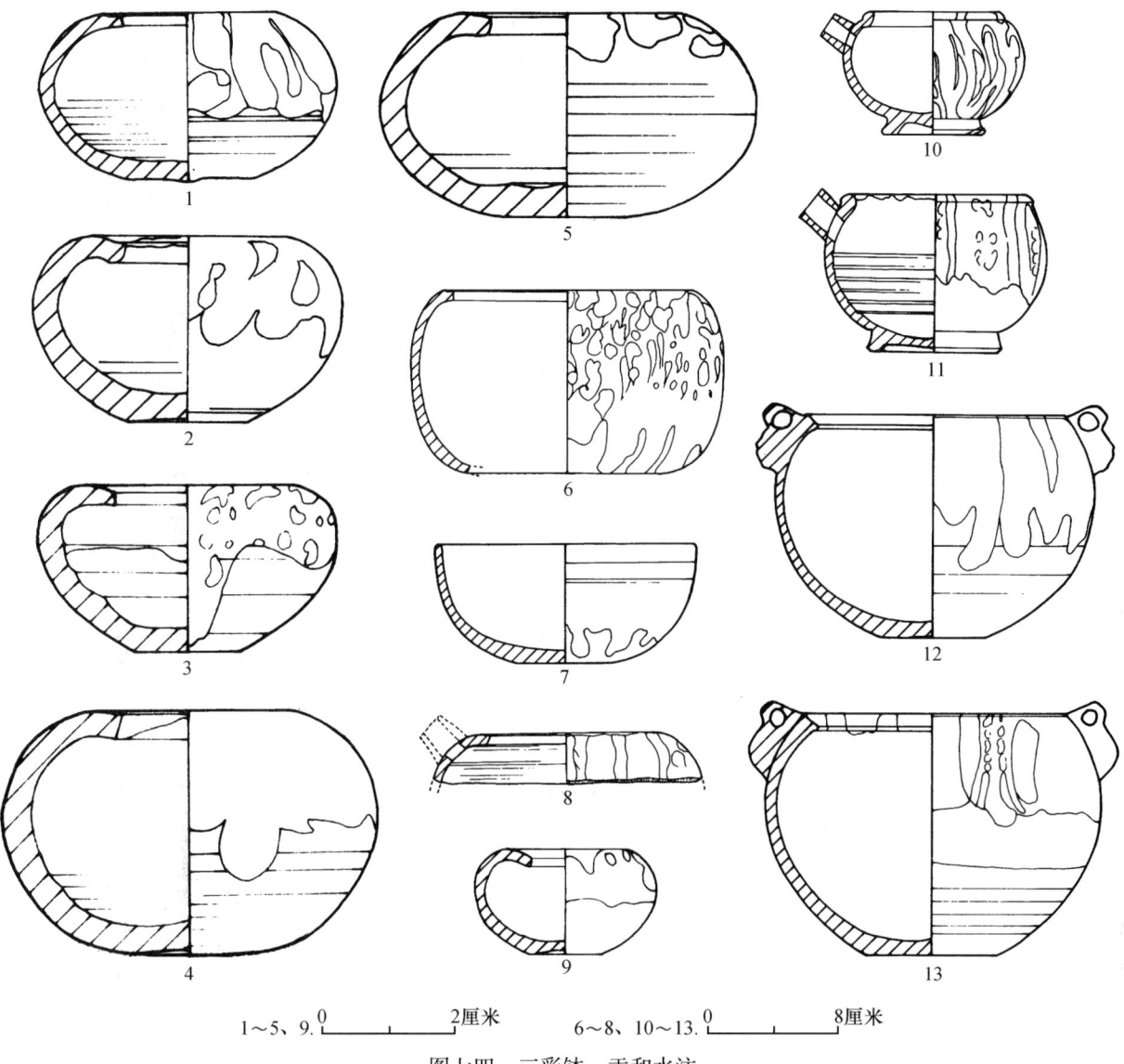

1～5、9. 0 ⊢──┴──┤ 2厘米　　6～8、10～13. 0 ⊢──┴──┤ 8厘米

图七四　三彩钵、盂和水注

1、5、9. A型盂（ⅡT4⑫：7、ⅢT8H89：56、ⅠT1⑭：80）　2、3. B型盂（ⅡT6⑫：17、ⅠT1⑨：162）　4. C型盂（ⅢT1H57②：1）　6. Aa型钵（ⅠT1⑪：204）　7. Ab型钵（ⅠT1⑨：163）　8. B型水注（ⅢT8H89：105）　10、11. A型水注（ⅡT4H15：244、ⅡT4H15：12）　12、13. B型钵（ⅡT4H15：52、ⅡT4H15：316）

B型　双系敛口钵。敛口，厚平沿内斜，鼓腹，小平底。这是本阶段新出现的器形之一。标本ⅡT4H15：316，器表近口饰凹弦纹一周，下腹近底显线弦纹数周。口沿面上残存两个支烧痕，器内底面遗留有三个等距较大支烧痕。口沿及器表施绿、黄、白三色釉相间，釉下施化妆土至腹中部。粉灰胎。口径16.6厘米，底径8厘米，高14.5厘米（图七四，13；彩版六〇，4）。标本ⅡT4H15：52，器表近口饰凹弦纹一周，口沿面上残存两个支烧痕。口沿施黄釉一周，上腹施绿、黄、白三色釉相间，由于烧成温度过高，釉面已完全失去了原有的色彩，釉下敷一层较薄化妆土透胎。灰白胎，含杂质较大。口径14.4厘米，底径6.4厘米，高13.7厘米（图七四，12；彩版六〇，5）。

水注　出土数量较少。依据器形的不同可分为两型。

A型　整体呈罐状。唇口，鼓腹，高圈足外撇，肩部一侧置一筒状短流。标本ⅡT4H15∶12，器内壁显规整轮旋纹六周，器表下腹饰不规则线弦纹两周。口沿及器表上腹施黄、白、绿、蓝四色釉相间，釉下敷一层较厚化妆土近底。粉红胎。口径10.1厘米，底径8.4厘米，高8.8厘米（图七四，11；彩版六四，2）。标本ⅡT4H15∶244，流残缺。圈足内心凸起，外围饰同心圆纹两周。口沿及器表施白、绿两色釉相间，局部垂釉至圈足底面上。白胎。口径7.4厘米，底径6.4厘米，高7.6厘米（图七四，10；彩版六四，1）。

B型　呈钵状。出土数量极少，皆残，不可复原。标本ⅢT8H89∶105，残片。钵形，敛口，鼓肩，流、下腹及底残缺。近口沿处饰凹弦纹一周。器表施绿色、黄色釉相间，白釉点缀。白胎。口径9.4厘米，残高3厘米（图七四，8；彩版六四，4）。

三足炉　出土数量较多，器形大小不一，弧口，折沿，束颈，鼓肩，鼓腹，腹下部附三个兽蹄形足。整体造型端庄大方，施釉匀净。依据腹部装饰工艺的不同可分为两型。

A型　腹部无图案。依据底的不同又可分为两个亚型。

Aa型　圜底微内凹。标本ⅢT7H90∶33，器形较大。口沿内侧残存一个支烧痕，器表底部黏结一器物口沿近半周。肩部以上饰凹弦纹四周，腹中部饰凹弦纹一周，上下分别饰线弦纹和凸棱纹一周，三足内侧饰凹弦纹一周，底面上饰同心圆纹数周。器表口、颈、三足分别施黄釉，肩及腹部施绿、白两色釉，下腹近底施黄釉。通体敷有一层化妆土。粉红胎。口径1.8厘米，通高17.2厘米（图七五，6；彩版六五，1）。

Ab型　小平底。标本ⅡT4H15∶110，口沿内侧遗留有三个等距支烧痕。肩与腹交接处一周凸出，腹中部及近底分别饰凹弦纹一周。器内施淡黄釉透胎，口沿、颈、三足分别施酱黄釉，肩和腹部施蓝、黄、白三色釉，肩上三色釉交融完美，形似花卉状，腹部三色条带釉相间。通体敷一层较薄化妆土。粉白胎。口径16厘米，底径6厘米，通高15.4厘米（图七五，1；彩版六五，2）。标本ⅡT4H15∶126，口沿上残存三个支烧痕。肩与腹相交处饰凸棱一周，腹中部及下腹分别饰凹弦纹一周。小平底内凹，底面上显同心圆纹一周。器内底施淡黄釉透胎，器表口、颈、三足施酱黄釉，肩、腹部施绿、黄、白三色釉相间至下腹。通体敷一层较厚化妆土。粉红胎。口径11.5厘米，底径6厘米，高12.8厘米（图七五，2；彩版六六，2）。标本ⅢT8H89∶97，是同类器中形制最小的一件。肩部饰凹弦纹两组，每组两周，三足内侧饰凹弦纹一周，底面上饰同心圆纹三周。口沿施绿、黄、白三色釉相间，器表施绿釉至腹中部，其间用黄、白两色釉点缀，局部垂釉至下腹，三足施黄釉。粉白胎。口径3.7厘米，底径2.7厘米，高5.9厘米（图七五，4；彩版六六，3）。

B型　腹部贴塑图案。器形较大，圜底微内凹。出土数量较少。标本ⅢT7H90∶34，口沿内侧残存三个支烧痕。沿面上饰两周凹弦纹，肩部饰凹弦纹两周，腹部及三足内侧分别饰凹弦纹一周。腹中部等距粘贴六个图案，大小相间，大的为乳钉状花卉，小的形似蝙蝠。口、颈、三足施酱黄釉，肩部采用绿、黄、白三色釉组成双层花瓣图案，腹中部施绿、白两色釉相间，下腹施黄、白两色釉。器内近底施淡黄色釉透胎。器表通体敷一层较厚化妆土。粉白胎。口径15.2厘米，通高17.4厘米（图七五，5；彩版六六，1）。标本ⅡT4H15∶32，残，不可复原。足

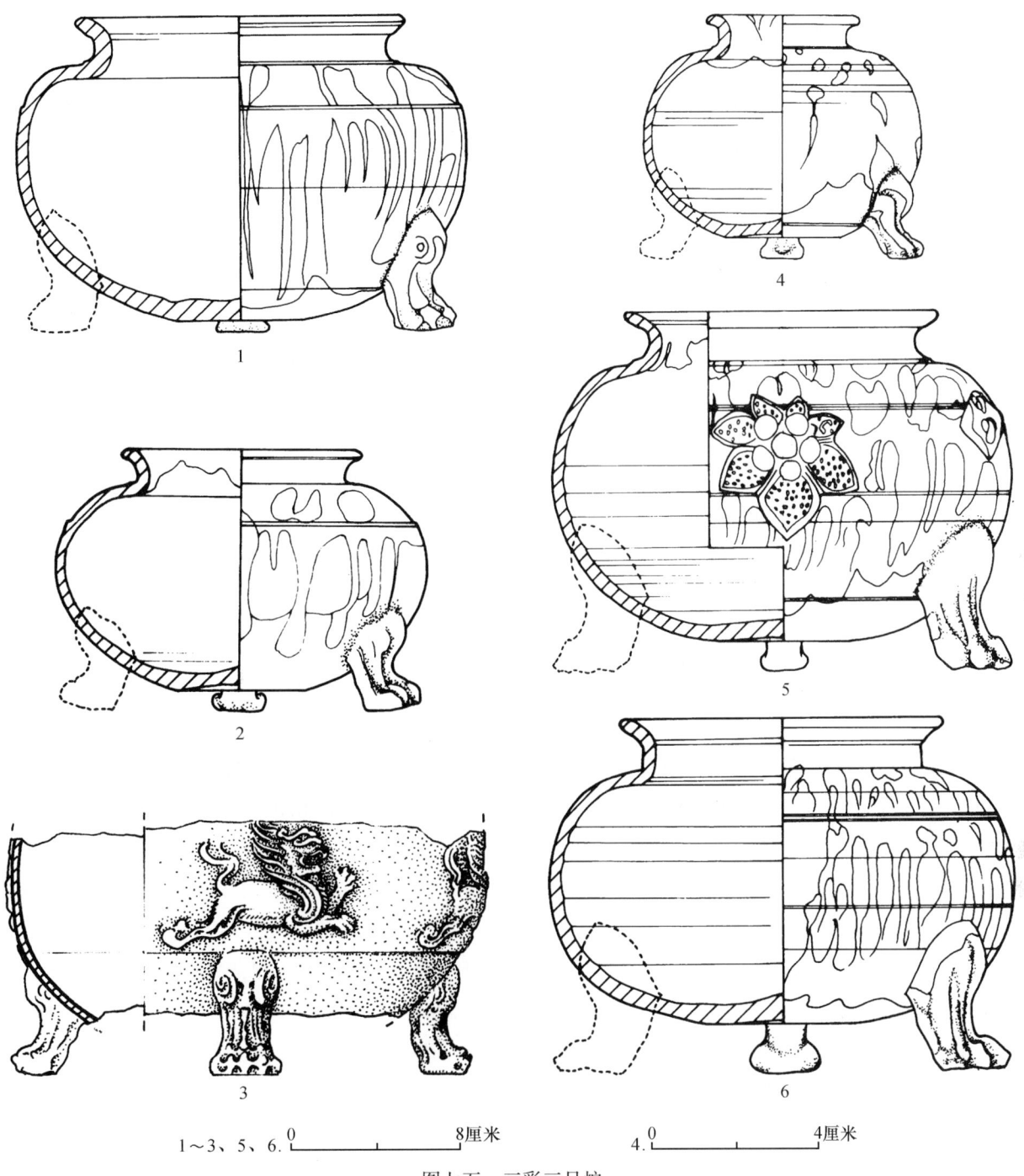

图七五 三彩三足炉
1、2、4. Ab型（ⅡT4H15：110、ⅡT4H15：126、ⅢT8H89：97） 3、5. B型（ⅡT4H15：32、ⅢT7H90：34）
6. Aa型（ⅢT7H90：33）

上部饰凸棱一周。腹中部贴塑三匹麒麟作奔跑状，昂头、张嘴，鬃毛飘直，尾巴上翘，后腿并拢于一处，左前腿折于上部，右腿曲于前方，体健膘肥，栩栩如生。腹及足施绿釉，麒麟身体施绿釉，局部点蓝、黄彩；器内施淡黄釉，显轮旋纹。粉红胎。残高12.2厘米（图七五，3）。

器盖 出土数量较多。依据装饰的不同可分为两型。

A型　盖面无贴塑。出土数量最多（彩版六七，3）。依据盖顶差异又可分为四个亚型。

Aa型　平顶，鼓肩，盖内不施釉。标本ⅠT1⑬：78，盖顶中部置一锥帽形捉手，子盖口微敛，盖面施绿、黄、白三色釉相间，沿面施酱黄釉。黄胎。盖沿径14.1厘米，子口径9.8厘米，高4厘米（图七六，1；彩版六七，1）。标本ⅠT4⑬：11，器形较小。盖顶中部置柱形捉手，直子口，盖沿饰凹弦纹一周。盖顶施酱黄、绿、白三色釉相间，沿面上施酱黄釉。粉白胎。盖沿径10厘米，子口径7.4厘米，高2.6厘米（图七六，2；彩版六七，2）。

Ab型　小平顶凸起，中部置一锥帽形捉手，子口内敛。标本ⅠT1⑨：55，鼓肩，宽平沿。盖面以绿釉为主体，釉色匀净，盖面等分七个白釉叶纹，叶心点黄。粉白胎。盖沿径14.3厘米，子口径9.4厘米，高5.6厘米（图七六，3；彩版六七，4）。标本ⅡT4H15：233，弧肩，垂沿。捉手、盖顶施绿、白、黄三色釉相间，盖面施绿、白、黄三色釉相间等距五个花瓣组成一个完整花卉图案，盖沿施白釉一周。白胎泛黄。盖沿径15.3厘米，子口径10.8厘米，高5.4厘米（图七六，4；彩版六七，5）。标本ⅢT7H90：9，弧肩，沿面近平，盖顶平面上等距遗留有三个圆形支烧痕，肩部饰同心圆纹两周。由于烧制火候过高，釉层已完全失色，仅显黄、酱黄两种釉色组成的六瓣花卉图案。白胎泛黄。盖沿径15厘米，子口径11厘米，高4.3厘米（图七六，5；彩版六八，1）。

Ac型　宽盖沿下垂，盖顶中部置一较小锥帽状捉手，弧面，子口内敛。是出土数量较少的一种。标本ⅢT1H57②：3，盖顶面施绿釉，其间白釉中点黄组成十九个不规则梅花图案，盖沿施黄釉。浅黄胎。盖沿径12.2厘米，子口径9.5厘米，高4.1厘米（图七六，6；彩版六八，2）。标本ⅢT1H57②：21，窄盖沿微下垂，子敛口较矮。沿面外斜。盖面施酱黄、绿、白三色釉相间，捉手及沿面施酱黄釉。由于烧制温度过高，白釉已焦化透胎。灰白胎。子口径9.5厘米，盖径12.7厘米，高4.9厘米（图七六，7；彩版六八，3）。

Ad型　盖面微鼓，中部置一较小锥帽捉手，折肩，宽盖沿下垂，子口内收。出土数量极少，可复原的仅1件。标本ⅢT9H79：2，盖面近折肩处饰同心圆纹两周。主体施黄釉，绿釉点缀其间。粉白胎。盖沿径11.7厘米，子口径8厘米，高4厘米（图七六，8；彩版六八，4）。

B型　盖面有贴塑。出土数量极少，皆残，不可复原。标本ⅢT2H54：2，盖顶残缺。宽沿面上翘，直子口较高。器表近沿处一周相间贴塑蝙蝠、梅花形花卉图案，花蕊分别为麻点纹和乳钉纹。盖面施酱黄、黄、绿、白四色釉。白胎。盖沿径18厘米，子口径12.6厘米，残高2.5厘米（图七六，9）。

枕　出土数量极少，皆残，不可复原。器形较小，胎体较薄，制作工艺非常讲究，枕的六个面分别制作后黏合而成。标本ⅡT6H10：15，残破较为严重。长方形，前低后高，枕壁近直，平底。在后壁中下部有一小圆形透气孔。枕面施绿釉，刻划花卉图案，枕壁施黄釉，白釉点缀其间，局部垂釉至底面。白胎。残长6.7厘米，残宽6厘米，后高5.6厘米（图七七，1；彩版六四，3）。

蛋形器　出土数量极少。标本ⅢT9H95：1，完整。形制与鸡蛋完全相同，一端略尖一端略圆。圆的一端遗留有三个等距支烧痕，在支烧痕的外围饰同心圆纹一周，靠近尖的一端饰线弦纹两周。通体施蓝、黄两色釉相间，通体白釉点缀。体长5厘米，最大腹径3.7厘米（图

图七六 三彩器盖

1、2.Aa型（ⅠT1⑬：78、ⅠT4⑬：11） 3~5.Ab型（ⅠT1⑨：55、ⅡT4H15：233、ⅢT7H90：9） 6、7.Ac型（ⅢT1H57②：3、ⅢT1H57②：21） 8.Ad型（ⅢT9H79：2） 9.B型（ⅢT2H54：2）

七七，2；彩版六九，2）。

埙　整体作人头形，中空，前后分半模制黏合而成，面容清晰夸张。头顶端有一吹孔，面额两侧各有一个音孔。标本ⅢT9H79：32，面部以绿、黄两色釉为主，白釉局部点缀，背部无釉。粉白胎。面宽4厘米，厚4厘米，高4.1厘米（图七七，4；彩版六九，1）。标本ⅢT9H79：20，背近平。面部施绿、黄、白三色釉相间，背部无釉。白胎，质地较粗。面宽4厘米，厚3.8厘米，高4厘米（图七七，5；彩版六九，4）。标本ⅢT9⑩：4，平背微内凹。面部以绿釉为主，黄、白釉局部点缀。通体敷有一层化妆土。粉白胎。面宽3.7厘米，厚3.6厘米，高3.7厘米（图七七，3；彩版六九，3）。

俑类　从本阶段开始大量出现，皆左右模制黏合而成。造型各异，栩栩如生。人物类有骑马俑、骑驼俑等，动物类的有狗、狮、猴、兔等，禽类有鸽和鸳鸯等（彩版七〇）。

人物类　出土数量较少。

骑马俑　标本ⅡT11H4：4，完整。垂首，垂尾，四蹄站立于不规则方形台座上。马背置毯，上坐一骑士，面向右侧，面部表情模糊不清，双手扣于胸前。主体施绿釉，局部黄、白釉点缀，釉下敷一层较厚化妆土。粉红胎。体长7厘米，通高6.7厘米（图七七，6；彩版七一，1）。

骑驼俑　标本ⅢT8H89：63，骆驼蹲卧在一不规则方形台座上，昂首缩颈作嘶鸣状，驼峰上坐一骑士，面向右侧，面部轮廓模糊不清，双手紧抱驼首。由于烧制温度过高，釉面已失去原有的色彩，整体釉面呈黑褐色。通体敷一层较厚化妆土。灰白胎。体长4.9厘米，通高6.2厘米（图七七，7；彩版七二，1）。

动物类　出土数量较多。常见的有狗、狮、猴、兔、鸽和鸳鸯等，其中鸽俑最多。

狗俑　标本ⅢT9⑪：9，完整。身体后倾，仰首翘尾，面容模糊。通体以绿、白两色釉为主，局部黄釉点缀。粉白胎。体长3.9厘米，通高4.9厘米（图七七，8；彩版七一，2）。

狮俑　标本ⅠT1⑨：82，缩身后倾，仰首右折。整体以绿釉为主，黄、白釉局部点缀。通体敷一层化妆土。粉白胎。体长3.7厘米，高5厘米（图七七，9；彩版七二，2）。

猴俑　标本ⅢT8H89：50，完整。蹲卧在一莲蓬泥饼之上，平视，前爪抱物于胸前。通体施绿釉，局部黄、白釉点缀。粉红胎。通高4.4厘米（图七七，10；彩版七二，3）。

兔俑　标本ⅡT20⑥：19，体态肥健，双耳贴于背部，蹲卧在一个椭圆形台板上。通体施白釉，双耳和嘴分别点黄，双眼点蓝。体长6.7厘米，高3.3厘米（图七七，11；彩版七二，4）。

鸽俑　标本ⅢT8H89：74，完整。体态丰满，昂首翘尾，双目上视，作展翅飞翔状。腹背施黄釉，白釉和绿釉局部点缀。白胎。体长5.7厘米，宽3.4厘米，高3.4厘米（图七七，12；彩版七三，1）。标本ⅢT8H89：41，体态丰满，昂首翘尾，双目上视，作展翅飞翔状。腹下中部有一圆形小插孔，孔径0.4厘米。腹背施绿釉，其间黄、白两色釉点缀。粉白胎。体长4.8厘米，体宽3.4厘米，高3.3厘米（图七七，14；彩版七三，2）。标本ⅢT8H89：52，完整。卧状，昂首平视。羽毛清晰，形象逼真。腹背施黄、绿、白三色釉相间，白胎。体长4.8厘米，宽2.7厘米，高3.2厘米（图七七，15；彩版七三，3）。

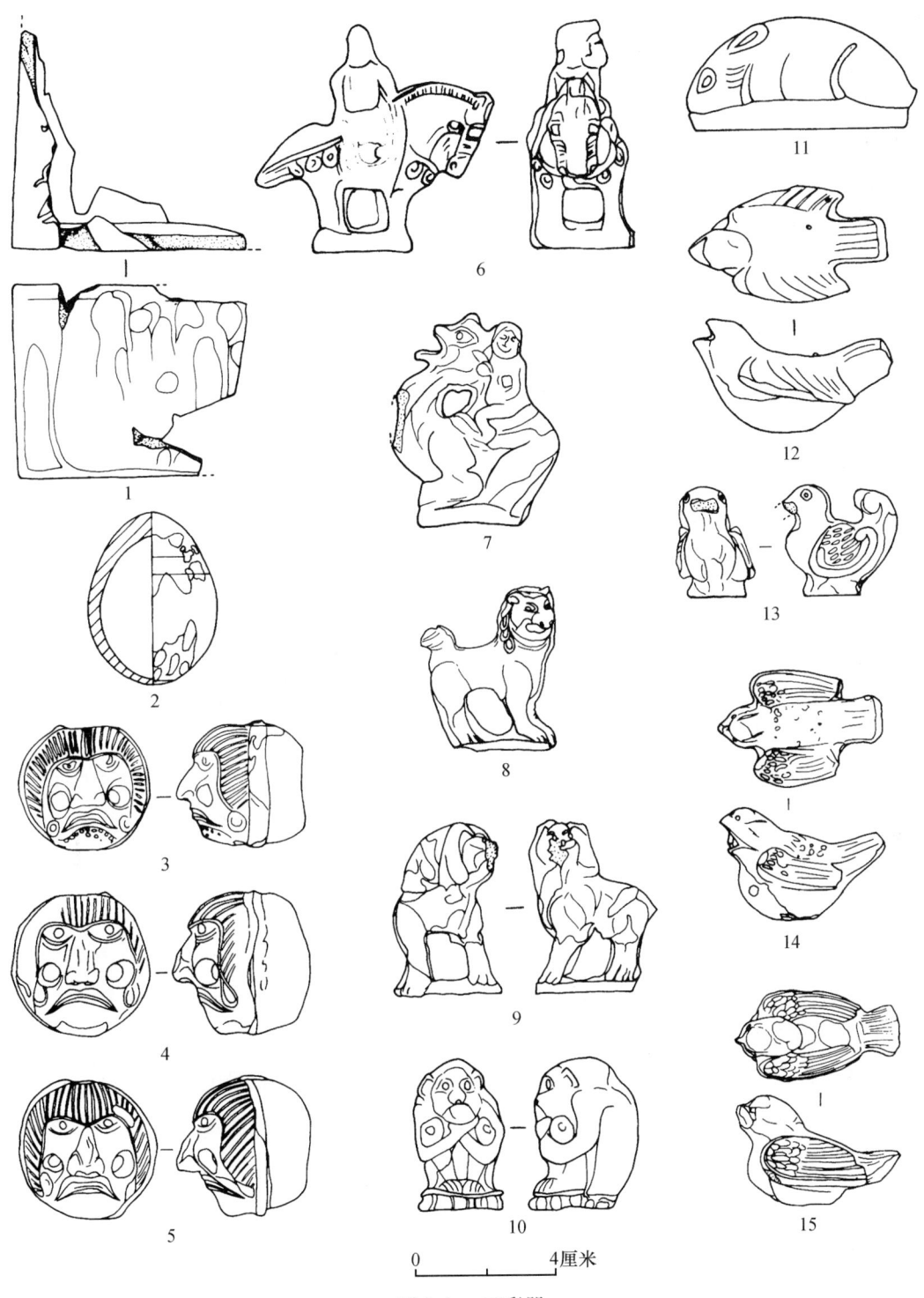

图七七 三彩器

1. 枕（ⅡT6H10∶15） 2. 蛋形器（ⅢT9H95∶1） 3~5. 埙（ⅢT9⑩∶4、ⅢT9H79∶32、ⅢT9H79∶20） 6. 骑马俑（ⅡT11H4∶4） 7. 骑驼俑（ⅢT8H89∶63） 8. 狗俑（ⅢT9⑪∶9） 9. 狮俑（ⅠT1⑨∶82） 10. 猴俑（ⅢT8H89∶50） 11. 兔俑（ⅡT20⑥∶19） 12、14、15. 鸽俑（ⅢT8H89∶74、ⅢT8H89∶41、ⅢT8H89∶52） 13. 鸳鸯俑（ⅢT8H89∶49）

鸳鸯俑　标本ⅢT8H89：49，嘴残缺。形态娇小，昂首平视。头、翅、尾分别施绿釉，背、胸施黄釉，头、尾分别一侧点白釉。粉白胎。体残长3.3厘米，宽2.3厘米，高3.3厘米（图七七，13；彩版七三，4）。

4. 白釉蓝彩器

白釉蓝彩器是这一阶段新出现的装饰工艺。分别采用点、洒、划等装饰技巧，使器物外观更加艳丽、自然，更具观赏性。常见的器形有碗、罐、净瓶、水注、钵和器盖等。

碗　出土数量较多，皆残。依据腹的不同可分为三型。

A型　折腹。出土数量较少。标本ⅡT4H15：79，弧口折沿，圈足外撇。器内满釉，器表施釉至折腹处。白釉泛黄，土黄胎。口径17.8厘米，底径10厘米，高6.4厘米（图七八，4；彩版七四，1）。

B型　浅鼓腹。标本ⅡT8⑩：5，弧口折沿，矮圈足略外撇。口沿施五组蓝色条带釉，每组三道，器内底采用蓝点组成莲叶状图案。器内满釉，器表施白釉至沿下，釉色泛绿。器表敷一层较厚化妆土近底。粉黄胎，含杂质较大。口径15.5厘米，底径8厘米，高5.4厘米（图七八，3；彩版七四，2）。

C型　深弧腹。出土数量极少。标本ⅡT4H15：172，斜直口，高圈足外撇。器内外施极不规则的斜竖向蓝色条带，器内满釉，器表施白釉近底。粉红胎，胎质细腻。口径13.6厘米，底径7.4厘米，高8厘米（图七八，2；彩版七四，3）。

罐　出土数量极少。标本ⅡT4H15：46，器形较小。外翻口，束颈，鼓腹，圈足外撇。肩部饰凹弦纹两周，口沿上四处点蓝，肩部七处点蓝。器内近底施黄釉，器表施白釉至腹中部，釉色泛黄，局部脱釉。釉下敷化妆土，白胎。口径5厘米，底径5.6厘米，高7.5厘米（图七八，8；彩版七四，4）。

净瓶　标本ⅡT4H15：179，注水口残缺。塔式口，细长颈微束，鼓腹，喇叭形高圈足，足面较宽。器表施釉至下腹，釉色白中泛黄，釉上洒蓝，极不规则。通体敷一层较厚化妆土，粉白胎。口径0.8厘米，底径7.8厘米，高26.4厘米（图七八，5；彩版七五，2）。

水注　出土数量不多，常见有碗形和罐形两种，依据形制的不同可分为两型。

A型　碗形。标本ⅡT5H8：19，流残缺。敞口，深弧腹，圈足外撇。器表沿下饰凹弦纹一周。器内满釉，釉色白中泛绿。口沿及内腹壁施蓝色条带，底部采用点、划相结合的技法组成不规则蓝色图案。器表半釉，釉下敷一层较厚化妆土。粉红胎。口径9.6厘米，底径5.4厘米，高6.4厘米（图七八，6；彩版七四，6）。

B型　罐形。标本ⅡT4H15：177，唇口，圆鼓腹，饼形底外撇内凹。肩部一侧置一兽头状小流。器内下腹施黄釉，器表白釉上施片状蓝彩至腹中部。白胎。口径5.6厘米，底径4.6厘米，高6.1厘米（图七八，7；彩版七四，5）。

钵　极少，可复原的仅1件。标本ⅡT4H15：330，敛口，斜沿面，鼓腹，小平底，器表近口部对称双系。沿面一周点蓝，器表釉上施不规则蓝色条带釉，器内施淡黄色透明釉，内底面

图七八 白釉蓝彩器

1.器盖（ⅡT8⑪：9） 2.C型碗（ⅡT4H15：172） 3.B型碗（ⅡT8⑩：5） 4.A型碗（ⅡT4H15：79） 5.净瓶（ⅡT4H15：179） 6.A型水注（ⅡT5H8：19） 7.B型水注（ⅡT4H15：177） 8.罐（ⅡT4H15：46） 9.钵（ⅡT4H15：330）

上残存两个支烧痕。釉下敷一层较厚化妆土。灰胎，含杂质较大。口径13.5厘米，底径7.4厘米，高13.4厘米（图七八，9；彩版七五，3）。

器盖 极少，皆不可复原。标本ⅡT8⑪：9，捉手及盖沿残缺。平盖顶，鼓肩，子口内收。器表白釉泛黄，釉上施蓝彩。土黄胎。残盖沿径11厘米，子口径8.1厘米，残高2.7厘米（图七八，1；彩版七五，1）。

5. 素烧器

素烧器不仅品种丰富，更重要的是部分器形和装饰在成品器中不见。器形常见的有盆、碗、盏、盘、杯、盅、水盂、豆、洗、瓶、净瓶、盂、水注、钵、炉、樽、器盖、枕、埙和人物俑、动物俑、禽类俑等。

盆 出土数量较多，依据底的不同可分为三型。

A型　弧口，大平底。标本ⅡT4H15：312，器形较大。弧口，折沿，折腹，大平底，下腹部附三个蹄形足。近折腹处饰线弦纹一周，下腹饰线弦纹四周。器内外敷一层较厚化妆土。粉红胎。口径29厘米，底径16.8厘米，通高12.6厘米（图七九，5；彩版七六，3）。

B型　敛口，饼形底。标本ⅢT8H89：98，器形较大。沿面外斜，尖唇，弧腹，饼形底外撇。整体制作工艺较粗糙，通体显不规则轮旋纹。土黄胎，含杂质多。口径24厘米，底径16厘米，高15厘米（图七九，7；彩版七六，1）。标本ⅢT1H57②：11，素烧过程已变形。宽沿面近平，鼓腹，饼形底较规整。灰白胎，较细腻。口径18.8厘米，底径11.8厘米，高9.4厘米（图七九，6；彩版七六，2）。

C型　敞口，平底。依据口部的不同又可分为两个亚型。

Ca型　敞口鼓沿。标本ⅢT7H90：7，弧腹，尖唇，小平底内凹。土黄胎，胎质疏松。口径18.8厘米，底径6.7厘米，高7.6厘米（图七九，3；彩版七六，4）。

Cb型　口微敛，窄沿面近平。标本ⅢT8H89：53，素烧过程口及上腹已变形，作椭圆状。深弧腹。下腹近底饰线弦纹数周。土黄胎。口径16.1～19.4厘米，底径10厘米，高9.5厘米（图七九，7；彩版七六，5）。

碗 出土数量最多，依据腹的不同可分为两型。

A型　折腹。弧口折沿，圈足外撇。器表敷化妆土的相对占少数。标本ⅢT2H42：6，器形较大，大圈足，宽足面。器内壁显密集轮旋纹。白胎泛黄。口径19.9厘米，底径12.4厘米，高7.8厘米（图七九，8；彩版七七，1）。标本ⅡT4H15：59，器形较小，规整。器内外敷一层较厚化妆土。粉胎，胎质细腻。口径17.3厘米，底径10厘米，高7.4厘米（图七九，9；彩版七七，2）。标本ⅡT4H15：272，是素烧碗类器最小的一件。器内及器表上腹施单色釉，未入窑烧造，大面积已脱落。通体敷一层较厚化妆土。粉白胎。口径10.2厘米，底径5.3厘米，高4.4厘米（图七九，11；彩版七七，3）。

B型　鼓腹。依据口沿和底的不同又可分为两个亚型。

Ba型　敞口折沿，圈足外撇。出土数量较多。绝大多数器内外敷一层较厚化妆土。标本ⅡT4H15：56，器形制作规整，深腹。口沿一侧局部遗留有与成品器同窑烧造时形成的绿、黄、白三色釉。器表敷化妆土近足根。白胎。口径16.2厘米，底径9.3厘米，高7.2厘米（图七九，10；彩版七七，4）。标本ⅡT8⑩：11，腹较浅，烧制温度较高。器表敷化妆土近底，器形较规整。浅灰胎，含杂质较大。口径15.6厘米，底径9.2厘米，高6厘米（图七九，1；彩版七七，5）。标本ⅡT4H15：314，器表敷化妆土至腹中部，露胎处显密集轮旋纹。白胎泛黄。口径15.6厘米，底径8厘米，高5.8厘米（彩版七七，6）。

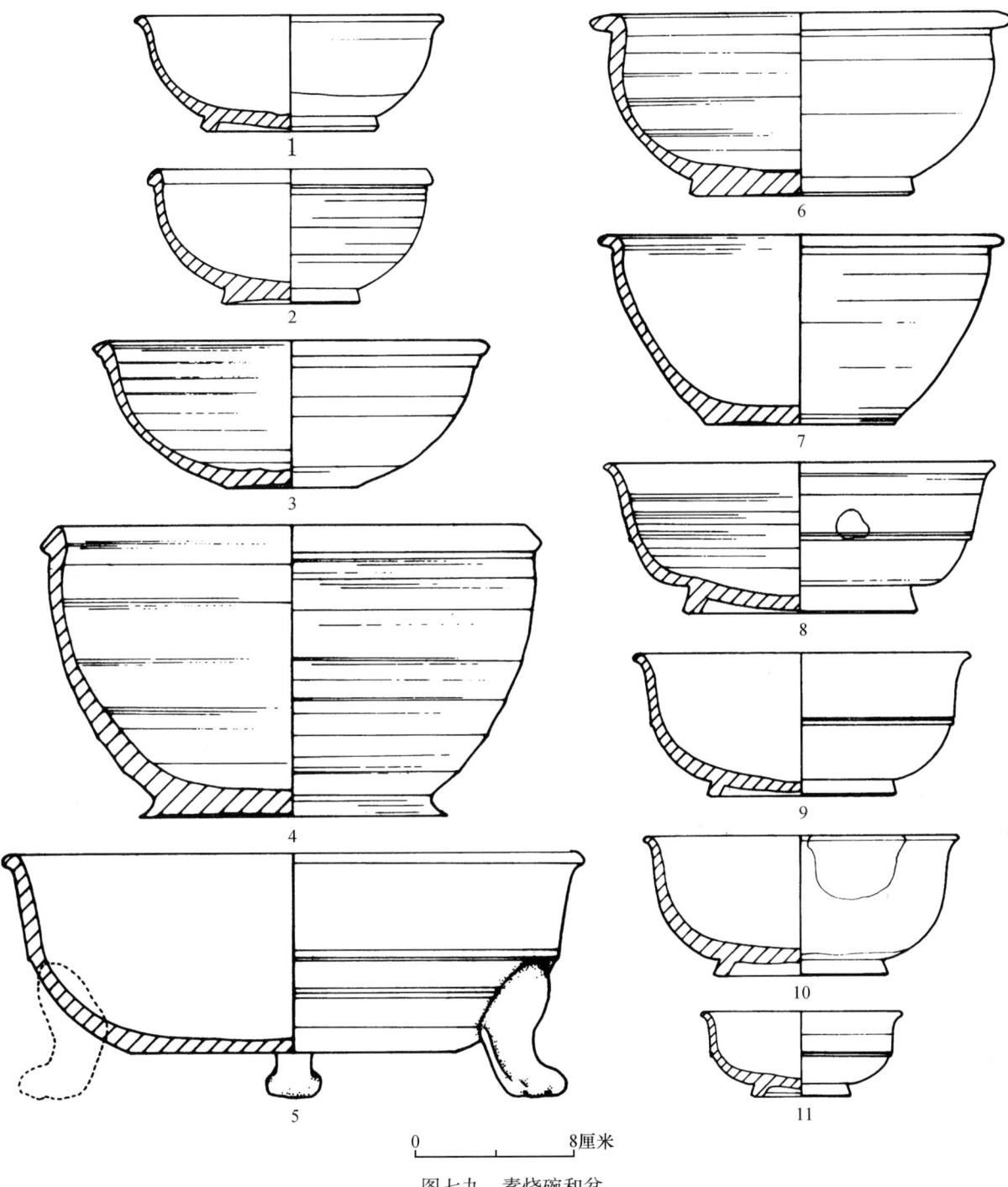

图七九　素烧碗和盆

1. Ba型碗（ⅡT8⑩：11）　2. Bb型碗（ⅡT4H15：296）　3. Ca型盆（ⅢT7H90：7）　4、6. B型盆（ⅢT8H89：98、ⅢT1H57②：11）　5. A型盆（ⅡT4H15：314）　7. Cb型盆（ⅢT8H89：53）　8、9、11. A型碗（ⅢT2H42：6、ⅡT4H15：59、ⅡT4H15：272）　10. Ba型碗（ⅡT4H15：56）

Bb型 口微敛，厚圆唇，饼形底略内凹。标本ⅡT4H15：296，弧腹，器形较小。器表显宽带轮旋纹。粉白胎。口径13.6厘米，底径7.2厘米，高7厘米（图七九，2；彩版七五，5）。

盏 出土数量极少，是本阶段新出现的一种器形。标本ⅡT4H15：47，器形较小。敞口，浅腹，腹壁微弧，小圈足。通体敷一层较厚化妆土。粉红胎。口径10.6厘米，底径4.5厘米，高4厘米（图八〇，1；彩版七五，6）。

盘 出土数量极少，亦是本阶段新出现的一种器形。标本ⅡT4H15：308，浅盘，敞口，斜腹壁，大平底内凹。白胎泛灰。口径15.8厘米，底径13厘米，高2.6厘米（图八〇，4；彩版七五，4）。

杯 出土数量较多，依据形制的不同可分为两型。

A型 口沿下一侧有一环形鋬手。标本ⅡT4H15：67，残。腹壁上显规整宽带轮旋纹数周。敞口折沿，直壁折腹，高圈足外撇。白胎。口径7.4厘米，底径3.8厘米，高5.6厘米（图八〇，2；彩版七八，3）。

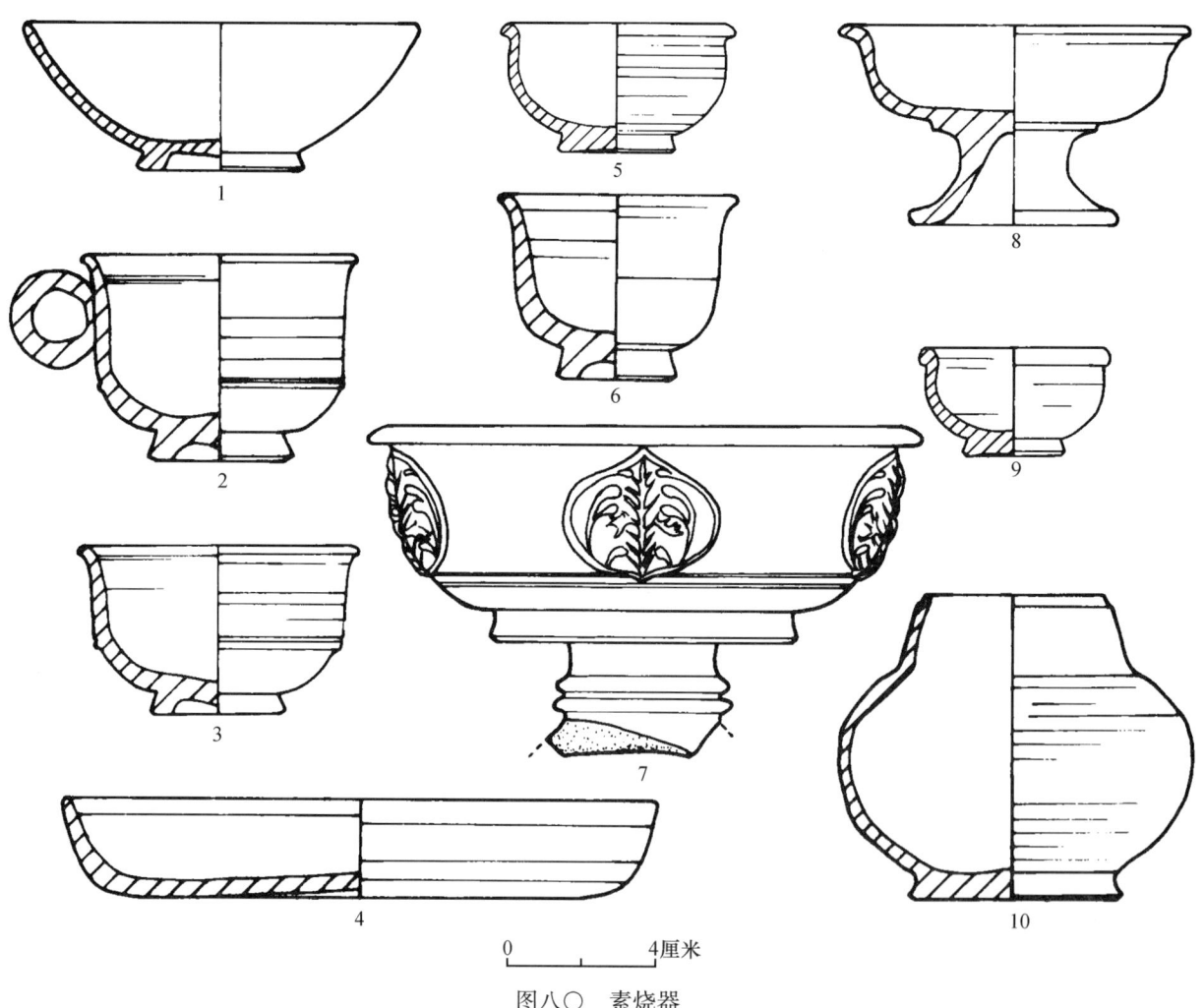

图八〇 素烧器

1.盏（ⅡT4H15：47） 2.A型杯（ⅡT4H15：67） 3.Ba型杯（ⅡT4H15：43） 4.盘（ⅡT4H15：308） 5、9.盅（ⅢT1H57②：6、ⅡT4H15：61） 6.Bb型杯（ⅢT9H79：26） 7.B型豆（ⅢT9H79：63） 8.A型豆（ⅡT4H15：247） 10.水盂（ⅡT4H15：53）

B型　依据腹的不同又可分为两个亚型。

Ba型　折腹。标本ⅡT4H15∶43，敞口折沿，圈足外撇。腹壁上饰线弦纹三周。白胎。口径7.4厘米，底径3.7厘米，高4.6厘米（图八〇，3；彩版七八，1）。

Bb型　深鼓腹。标本ⅢT9H79∶26，完整。器形较小，大敞口，折沿，高圈足外撇。白胎泛黄。口径6.3厘米，底径3.2厘米，高5厘米（图八〇，6；彩版七八，2）。

盅　出土数量较少，造型同第二期白釉瓷盅，本阶段出土数量不多。唇口，鼓腹，饼形底。标本ⅢT1H57②∶6，完整。器表显不规则带状轮旋纹。白胎。口径5.7厘米，底径3.2厘米，高3.5厘米（图八〇，5；彩版七八，5）。标本ⅡT4H15∶61，是盅类器最小的一件，完整。器内及口沿面不敷化妆土。粉白胎。口径4.5厘米，底径2.7厘米，高3厘米（图八〇，9；彩版七八，6）。

水盂　是第二期常见的器形之一，本阶段出土数量极少。标本ⅡT4H15∶53，完整。小口，斜高颈，圆鼓腹，饼形底外撇。器内颈部及底面上施单色釉，器表施釉至腹中部未入窑烧造已完全脱落。白胎。口径4.4厘米，底径5.8厘米，高8.3厘米（图八〇，10；彩版七八，4）。

豆　数量不多，依据形制的不同可分为两型。

A型　器形较小。标本ⅡT4H15∶247，弧口折沿，斜壁鼓腹，圆饼托盘，矮细柄，喇叭形足。通体敷一层较薄化妆土。浅灰胎。口径9.4厘米，底径5.7厘米，高5.4厘米（图八〇，8；彩版七九，1）。

B型　器形较大。标本ⅢT9H79∶63，底残缺，敞口平沿，圆唇，弧腹，圆饼托盘，竹节形矮柄。盘腹壁近底饰凹弦纹二周，腹部等距粘贴五个桃形枝叶纹图案。白胎。口径13.5厘米，残高9厘米（图八〇，7；彩版七九，2）。

洗　是本期中出土数量较多的器形。依据口沿的不同可分为两型。

A型　窄平沿。数量最多，弧腹，大平底。依据装饰手法的不同又可分为三个亚型。

Aa型　器内底中部模印宝相花图案。标本ⅢT9H79∶6，完整。口沿内收，器表近口沿处饰凹弦纹一周，底面外沿饰凹弦纹一周，中部饰同心圆纹数周。器内底周边饰同心圆弦纹一周，白胎。口径24.4厘米，底径19.4厘米，高5.8厘米（图八一，1；彩版七九，3、4）。

Ab型　器内底模印宝相花图案，中部立一凤鸟。标本ⅠT1⑨∶81，器形较大。斜直口，器表近口沿处饰凹弦纹一周，底面上残存三个泥饼支烧痕，器内底周边饰同心圆弦纹一周，凤鸟鸟头右折，翘尾，外围两周同心圆作栏。器内外敷一层较厚化妆土，器表敷化妆土近底。粉白胎。口径26.4厘米，底径20厘米，高7.4厘米（图八一，2；彩版八〇，1）。标本ⅠT1⑨∶170，器表腹壁上下分别饰线弦纹一周，底面显同心圆纹数周。内底宝相花图案外缘饰凹弦纹一周，凤鸟折头翘尾，外围两周同心圆作栏。器内及器表腹壁上敷一层较薄化妆土。底面上遗有多处浅黄釉斑点，土黄胎。口径23.4厘米，底径16.8厘米，高6厘米（图八一，3；彩版八〇，2）。

Ac型　器内底模印宝相花图案，中部有一朱雀。标本ⅠT1⑨∶176，斜直口，器表近口沿处饰凹弦纹一周，腹壁上饰断断续续线弦纹两周，底面上显密集轮旋纹。器内底周边饰同心圆弦纹一周，朱雀作仰首展翅飞翔状，形象逼真，外围双重同心圆作栏。器内及器表腹壁上敷一层较厚化妆土。白胎。口径24.6厘米，底径19.4厘米，高6.3厘米（图八一，4；彩版八〇，3）。

图八一 素烧洗和瓶

1.Aa型洗（ⅢT9H79∶6） 2、3.Ab型洗（ⅠT1⑨∶81、ⅠT1⑨∶170） 4.Ac型洗（ⅠT1⑨∶176） 5、6.B型洗（ⅠT1⑨∶175、ⅠT1⑨∶180） 7、9.A型瓶（ⅡT5⑩∶22、ⅢT9H79∶23） 8.B型瓶（ⅡT4H15∶22）

B型　窄板沿，直口圆唇，沿面近平。弧腹，大平底。数量极少。标本ⅠT1⑨：175，器表底面外沿饰凹弦纹一周，底面上饰数周同心圆纹。腹内壁近口周边分别饰凹弦纹一周，底面上模印宝相花图案，外围花瓣与花瓣之间相互连环捆绑，中心花卉残缺。器内外敷一层较厚化妆土，器表敷化妆土近底。粉白胎。口径24厘米，底径18.8厘米，高6.2厘米（图八一，5；彩版八〇，4）。标本ⅠT1⑨：180，底部残片。外底面饰不甚规整刀削宽带同心圆纹两周。内底模印宝相花图案，外围花瓣与花瓣之间相互连环捆绑，中部为变形花卉图案。烧制火候过高，胎色灰白。残长11.6厘米，宽11厘米（图八一，6；彩版八〇，5）。

瓶　出土数量不多。器物大小差别较大，依据腹的不同可分为两型。

A型　圆鼓腹。标本ⅡT5⑩：22，口残缺。器形较大，短束颈，溜肩，饼形底。腹中部饰线弦纹一周，底面显数周同心圆纹。器表敷一层较薄化妆土至腹中部。白胎泛灰。底径6.8厘米，残高11.8厘米（图八一，7；彩版八一，1）。标本ⅢT9H79：23，完整。器形最小，小口，束颈，溜肩，鼓腹，饼形底。腹部显刀削带状弦纹数周。通体敷一层化妆土。口径0.8厘米，底径2.4厘米，高4.5厘米（图八一，9；彩版八一，2）。

B型　弧腹。标本ⅡT4H15：22，形制同第二期Ab型白瓷瓶。唇口，束颈，鼓肩，饼形底微内凹。器表腹部显刀削弦纹数周。白胎。口径2.2厘米，底径3.6厘米，高7.6厘米（图八一，8；彩版八一，3）。

净瓶　出土数量极少。标本ⅢT6H87：9，口、颈、底残缺，仅存部分肩和腹部。肩部饰凹弦纹一周。腹部粘贴菱形缠枝花卉图案，肩下粘贴变形叶纹图案。白胎。残宽10厘米，高9.1厘米（图八二，1；彩版八一，4）。

罐　标本ⅡT8⑩：8，完整。唇口，扁鼓腹，高饼形底内凹。器表敷一层较厚化妆土至下腹。灰白胎。口径6.6厘米，底径5厘米，高5.5厘米（图八二，2；彩版八一，5）。

盂　依据底的不同可分为两型。

A型　圜底。标本ⅡT10⑩：9，完整。敛口下垂，鼓肩，圆鼓腹。近口沿处饰线弦纹一周，底饰三周同心圆纹。器表显宽带轮旋纹。通体敷一层较薄化妆土。白胎。口径2.6厘米，高3.3厘米（图八二，4；彩版八二，3）。

B型　小平底内凹。标本ⅡT4H15：257，完整。敛口，鼓肩，圆鼓腹。器表近口处饰凹弦纹一周。器表上腹敷一层化妆土。白胎。口径2厘米，底径1.9厘米，高2.6厘米（图八二，6；彩版八二，1）。标本ⅡT4H15：333，器形小，制作工整。敛口下垂，鼓肩，弧腹。近口沿处饰凹弦纹一周。白胎。口径2厘米，底径1.6厘米，高2.9厘米（图八二，7；彩版八二，2）。

水注　出土数量较多。依据形制的不同可分为两型。

A型　罐形。出土数量较多。唇口，鼓肩，圆鼓腹，高圈足。肩部一侧置一注状流。依据流的不同又可分两个亚型。

Aa型　筒形流。标本ⅡT4H15：51，完整。肩部一侧置一筒形流，出水口略外撇。腹部显宽带轮旋纹数周。烧制温度较高，胎体已接近瓷化。白胎泛灰。口径6.6厘米，底径6.2厘米，高7厘米（图八二，8；彩版八二，5）。

Ab型　柱形流。标本ⅢT8H88：5，残。高圈足，宽足面。肩部一侧置一柱形流，肩部饰

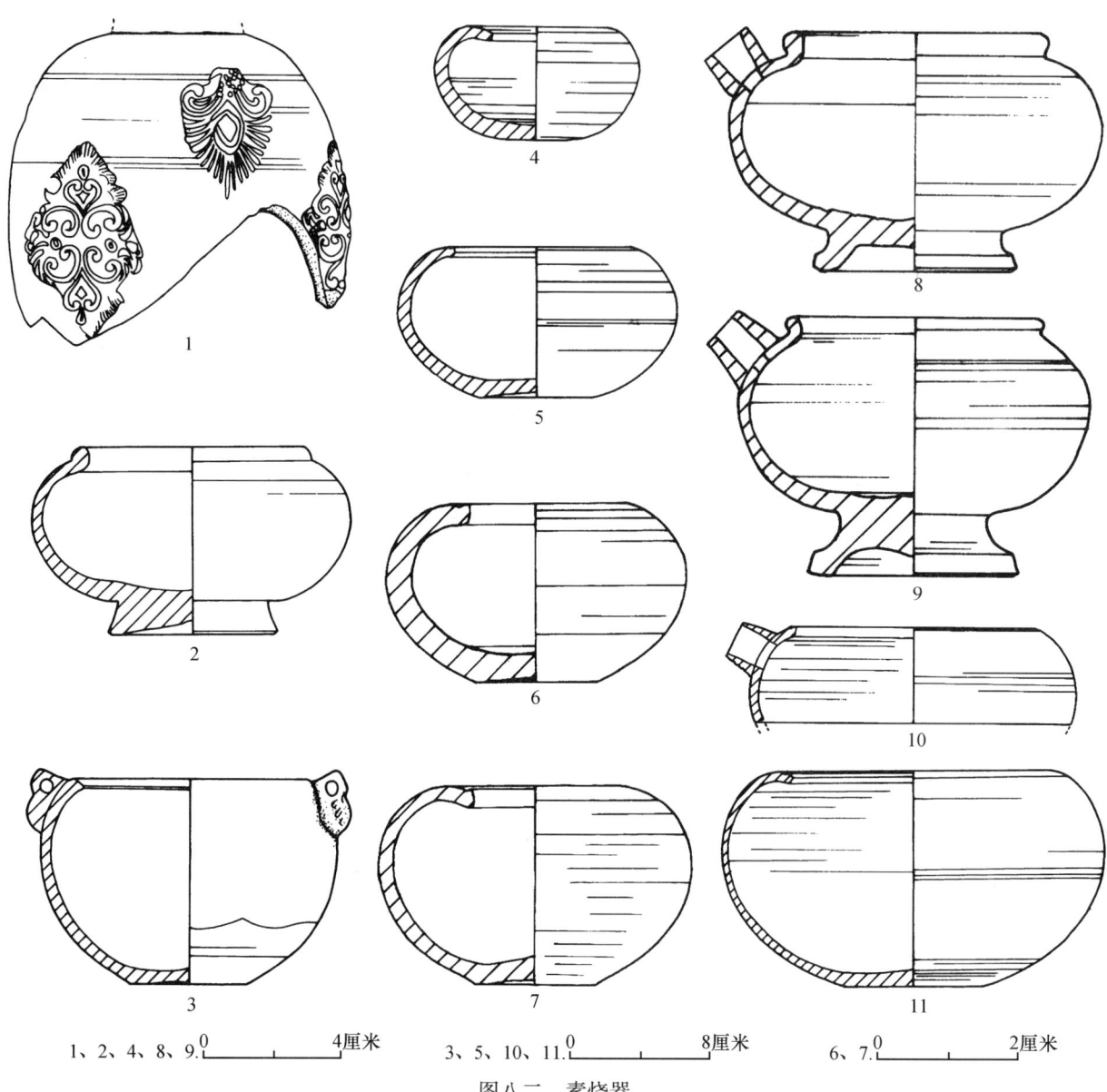

图八二 素烧器

1.净瓶（ⅢT6H87:9） 2.罐（ⅡT8⑩:8） 3.B型钵（ⅡT4H15:54） 4.A型盂（ⅡT10⑩:9） 5、11.A型钵（ⅢT8H89:29、ⅢT8H89:66） 6、7.B型盂（ⅡT4H15:257、ⅡT4H15:333） 8.Aa型水注（ⅡT4H15:51） 9.Ab型水注（ⅢT8H88:5） 10.B型水注（ⅢT8H89:105）

线弦纹两周，腹中部饰凹弦纹两周。白胎泛黄。口径6.9厘米，底径6.3厘米，高7.6厘米（图八二，9；彩版八二，6）。

B型 钵形，出土数量较少，皆残，不可复原。标本ⅢT8H89:105，敛口，鼓腹。肩部一侧有一柱状流。近口处饰凹弦纹一周，流上饰凹弦纹三周。口径14厘米，残高5.7厘米（图八二，10；彩版八二，4）。

钵 是同期出土数量较多的器形之一。依据形制的不同可分为两型。

A型 敛口，沿下垂，鼓肩，鼓腹，小平底。标本ⅢT8H89:66，完整，器形较大。近沿处饰较深凹弦纹一周，腹中部饰线弦纹三周，近底饰线弦纹数周，底面外沿饰同心圆纹一周。粉白胎。口径14.1厘米，底径8.2厘米，高12.6厘米（图八二，11；彩版八三，3）。标本ⅢT8H89：29，残。小平底微凹。近口处饰凹弦纹一周，腹部显带状纹数周。器内敷一层较薄褐红色釉，器表施釉已脱落，未入窑烧造。白胎。口径10.1厘米，底径6.7厘米，高9厘米（图八二，5；彩版八三，1）。

B型　敛口，斜沿面，鼓肩，弧腹，小平底微凹，肩部对称双系。标本ⅡT4H15：54，残。器表近底饰不规则线弦纹两周，底面上显同心圆纹一周。器表敷一层较薄化妆土至下腹。灰白胎，含杂质较大。口径12.6厘米，底径6.8厘米，高12厘米（图八二，3；彩版八三，2）。

炉　是本阶段出土最多的器形，形制大同小异。依据器形和装饰手法的不同可分为三型。

A型　素面。依据腹的不同又可分为两个亚型。

Aa型　弧口，折沿，束颈，鼓肩，圆鼓腹，小平底，下腹附三个蹄形足。有的素烧没施釉，也有的素烧后施釉但没二次入窑烧釉。标本ⅡT10⑩：11，完整，小平底略鼓。肩部饰较深凹弦纹两周，下腹有宽带微凹弦纹数周，近底饰线弦纹一周，底面有不规则同心圆纹数周。白胎。口径12.7厘米，底径8.8厘米，通高13厘米（图八三，1；彩版八四，1）。标本2002ⅢT3H6：4，器形较大，底残缺。肩部饰凹弦纹两周，上下腹分别饰凹弦纹一周。器表颈、肩、腹中部、三足分别采用涂、画、点等手法施釉，釉色酱灰，未入窑烧造。粉红胎。口径14厘米，复原底径7厘米，通高17.6厘米（图八三，2；彩版八四，2）。标本ⅡT4H15：58，器形较小，胎体制作精细。腹壁上下分别饰凹弦纹一周，下腹近底部饰凹弦纹一周。素烧后通体敷一层化妆土。口沿至腹中部施三色釉，未入窑烧造，局部已脱落。粉白胎。口径10.2厘米，底径5.8厘米，通高11.5厘米（图八三，3；彩版八四，3）。

Ab型　折腹，出土数量极少，皆不可复原。标本ⅢT1H57②：47，口沿及三足残缺。束颈，鼓肩，高腹壁微弧，下腹弧收，圜底。器表近折腹处饰凹弦纹一周，圜底面上饰同心圆纹一周。浅灰胎。颈径12厘米，残高14厘米（图八三，4；彩版八四，4）。

B型　贴花装饰。贴花装饰是本阶段新出现的一种装饰工艺，出土数量不多。依据腹的不同又可分为两个亚型。

Ba型　鼓腹。皆不能复原。外翻口，束颈，下腹附蹄形三足。标本ⅢT7H90：12，底残缺。口沿显密集刀削条带状弦纹数周，器内通体轮旋纹，腹中部显轮旋纹数周，肩及下腹饰凹弦纹五周。肩、腹部贴塑变形兽面和花卉图案等距相间，器表通体敷一层化妆土。白胎。口径15.6厘米，通高16.6厘米（图八三，5；彩版八四，5）。标本ⅠT4⑩：27，下腹及底残缺。上腹粘贴麒麟图案，目视前方，卷鬃，翘尾，作奔跑状；麒麟背上一人，面部模糊不清；两骑士之间上方残存一朵心形花卉图案。腹部显密集线弦纹，由于烧制火候过高，器表呈浅灰色，器内作浅黄色。浅灰胎，含杂质较大。口径14厘米，残高7.6厘米（图八三，6）。标本ⅢT7H86：3，残片。弧肩，弧鼓腹。肩部饰凹弦纹三组，上下凹弦纹分别两周，中间三周，其间分别饰双重同心圆纹一周。粉白胎，胎质细腻。复原肩径15.8厘米，残高4.4厘米（图八三，7）。

Bb型　斜腹微弧。标本ⅢT7H86：4，器形较小，腹以下部分残缺。弧口，折沿，束颈，折肩。沿面饰同心圆纹一周，折肩处饰凹弦纹二周。肩部残存变形蝙蝠和花卉图案各一个。灰

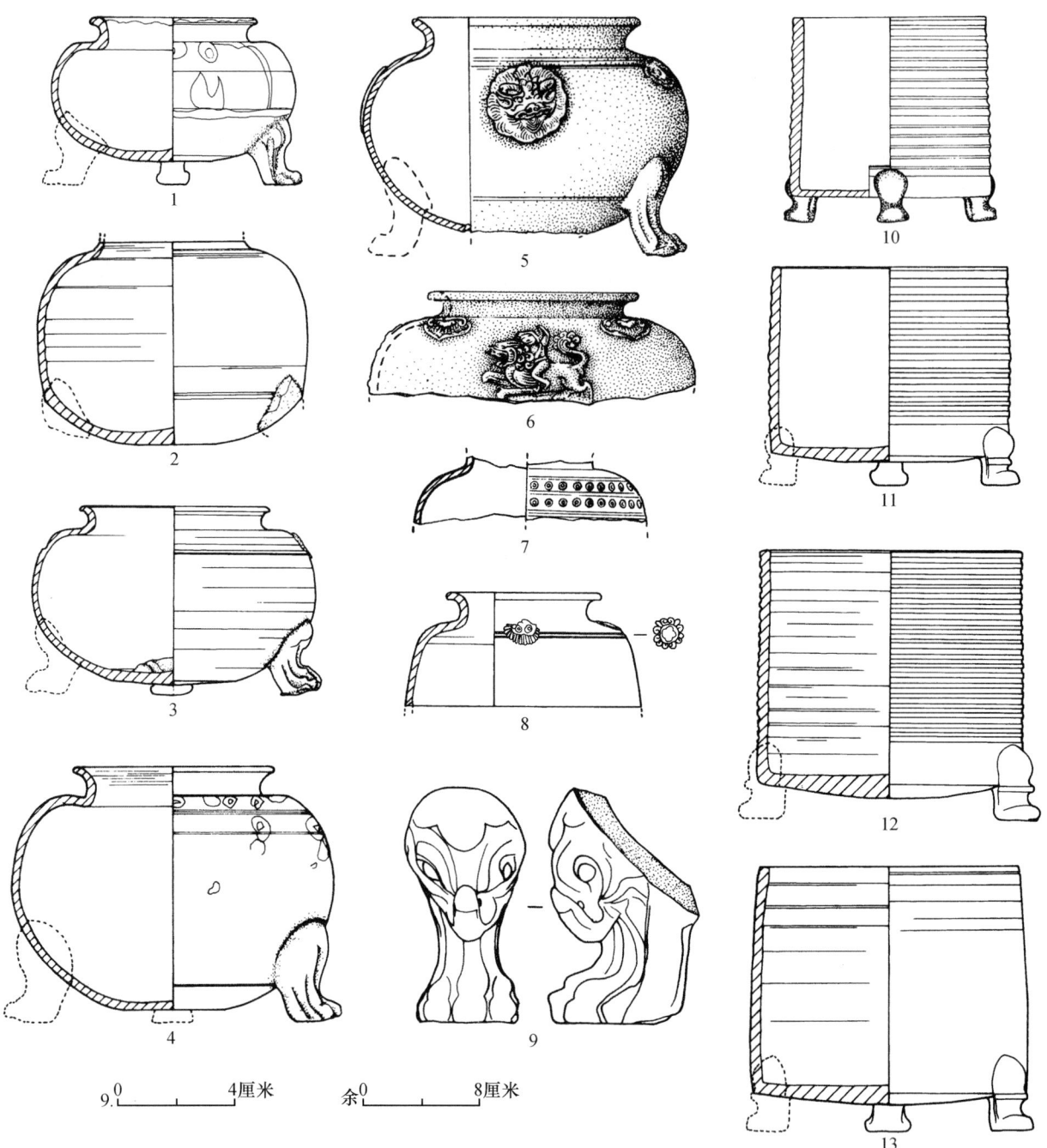

图八三 素烧炉和樽

1~3．Aa型炉（ⅡT10⑩：11、2002ⅢT3H6：4、ⅡT4H15：58）　4．Ab型炉（ⅢT1H57②：47）　5~7．Ba型炉（ⅢT7H90：12、ⅠT4⑩：27、ⅢT7H86：3）　8．Bb型炉（ⅢT7H86：4）　9．C型炉足（ⅢT9H79：95）　10~12．A型樽（ⅢT4H15：87、ⅡT4H15：88、ⅡT4H15：83）　13．B型樽（ⅡT4H15：90）

白胎，含杂质较大。口径10.8厘米，残高8厘米（图八三，8；彩版八四，6）。

C型　是目前黄冶窑发现的最大、造型最复杂的一种炉足。出土数量极少，仅存足部。标本ⅢT9H79：95，模制。象首蹄形足，怒目下视，象鼻上翘，形象逼真。灰白胎。高8.1厘米（图八三，9；彩版八一，6）。

樽　出土数量较多，是该阶段的主要器形之一。由器体和三足两部分组成，器体拉坯成型，足模制黏合而成。工艺精湛，整体制作的非常讲究。依据腹壁装饰的不同可分为两型。

A型　常见的有大、中、小三种。窄平沿，筒形腹，平底，下附蹄形三足。标本ⅡT4H15∶87，器形较大。沿内外削面一周，平底微鼓，底面上显数周同心圆纹。器表通体饰极其规整凹弦纹19周，器内壁显不规则轮旋纹。白胎。口径16.6厘米，底径18.5厘米，通高18.4厘米（图八三，10；彩版八三，4）。标本ⅡT4H15∶88，器形较大。器表近沿处饰线弦纹一周，腹壁上饰宽带凹弦纹12周。粉白胎。口径15厘米，底径16.2厘米，通高15厘米（图八三，11）。标本ⅡT4H15∶83，器形较小。器表近沿处饰线弦纹一周，腹壁上饰较宽带状凹弦纹15周。灰白胎，含杂质较大。口径12厘米，底径13.7厘米，通高14厘米（图八三，12；彩版八三，5）。

B型　极少，可复原的仅1件。标本ⅡT4H15∶90，器形较大。窄平沿，直腹微内收，平底微鼓，下附蹄形三足。器表近沿处饰线弦纹一周，上腹壁饰极浅宽带弦纹数周。粉白胎。口径17厘米，底径18.6厘米，通高18.2厘米（图八三，13；彩版八三，6）。

器盖　出土数量较少。依据器形的不同可分为两型。

A型　出土数量较多，依据装饰的不同又可分为两个亚型。

Aa型　标本ⅢT8H89∶60，完整。器形较小，盖顶面凸起近平，宽盖沿，中部置一锥帽状捉手，高子口。子盖壁上饰凹弦纹一周，盖沿略外撇。白胎。盖沿径5.2厘米，子口径3.4厘米，高2.1厘米（图八四，7；彩版八五，1）。

Ab型　标本ⅢT8H89∶64，小平顶凸起，中部置一锥帽形捉手，弧面，宽盖沿下垂，子口内敛。盖面上等距粘贴三角形如意花朵图案三束，枝叶间如意结捆绑。白胎。盖沿径13厘米，子口径9厘米，高4.6厘米（图八四，5；彩版八五，2）。

B型　是黄冶窑出土的最早仿金银器器盖，皆模制成型。标本ⅠT1⑩∶199，盖顶近平，鼓肩，弧腹，窄盖沿。盖顶模印莲花图案，外围同心圆纹作栏，肩、腹壁上分别模印凸弦纹一周，其间模印麦穗花卉图案。盖沿径9.6厘米，高3.8厘米（图八四，1；彩版八五，3）。标本ⅠT1⑨∶158，盖顶近平微凹，鼓肩，弧腹，窄圆盖沿。盖顶中部模印太阳纹，外围双重连环窝云纹，其间四周同心圆纹相隔，腹壁上凸弦纹两周，近盖沿处凹弦纹一周，其间采用变形兽面纹装饰。粉白胎。盖沿径10厘米，高3.4厘米（图八四，2；彩版八五，4）。

枕　出土数量不多，皆残，不可复原。依据枕面纹饰的不同分为三型。

A型　标本ⅠT1⑨∶157，仅残存枕面。前窄后宽，后沿上折。枕面中部一仙鹤，作飞翔状，周边采用梅花纹、枝叶纹装饰，外围刻凹槽作边框。白胎，胎质坚密纯净。枕面长19.4~20.8厘米，宽13.4厘米（图八四，4；彩版八五，5）。

B型　标本ⅠT1⑨∶178，仅残存枕面局部。中部刻划一天鹅，作站立状，形象生动，周边饰枝叶纹、如意、花卉图案装饰。由于烧制火候过高，已接近瓷化，胎体已变形。浅灰胎。残长8.6厘米，残宽7.9厘米（图八四，6；彩版八五，6）。

C型　标本ⅢT6H87∶5，残存枕面局部。枕面刻划宝相花图案，外围刻凹槽作边框。白胎。残长7.8厘米，宽9.5厘米（图八四，3；彩版八六，1）。

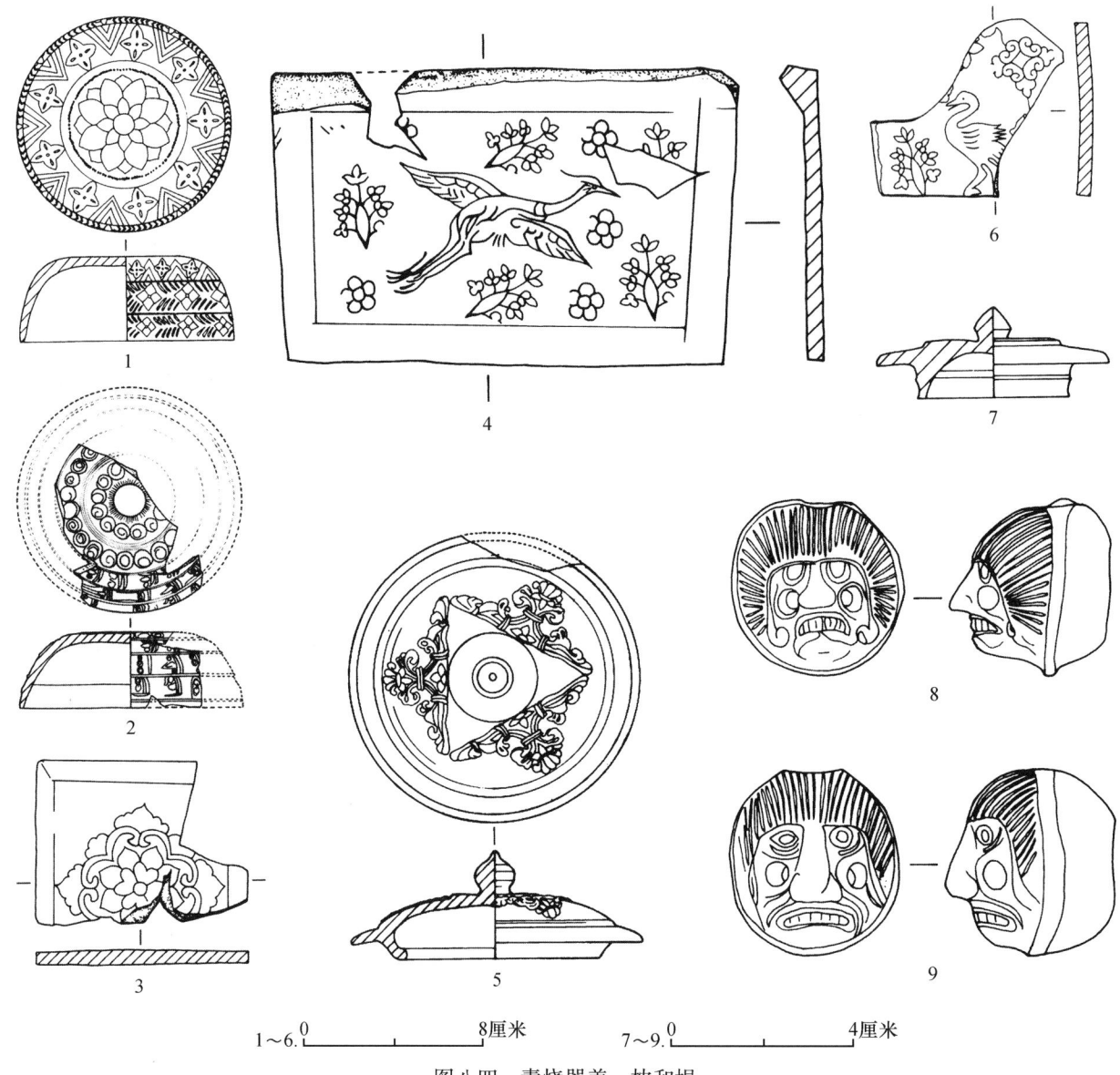

图八四 素烧器盖、枕和埙

1、2. B型器盖（ⅠT1⑩：199、ⅠT1⑨：158） 3. C型枕（ⅢT6H87：5） 4. A型枕（ⅠT1⑨：157） 5. Ab型器盖（ⅢT8H89：64） 6. B型枕（ⅠT1⑨：178） 7. Aa型器盖（ⅢT8H89：60） 8、9. 埙（ⅢT9H79：80、ⅢT1H57②：4）

埙 整体作人头形，前后两半分别模制，然后黏合修整而成。圆平背，中空，面部毛发、眼、口以及牙齿清晰。头顶端正中部一吹孔，面颊两侧各有一个音孔。标本ⅢT9H79：80，完整，面额较小。灰白胎。面宽3.8厘米，背径2.5厘米，厚3.6厘米，高3.9厘米（图八四，8；彩版八六，2）。标本ⅢT1H57②：4，完整，面额较阔。灰胎。面宽3.8厘米，背径2.4厘米，厚3.7厘米，高4.1厘米（图八四，9；彩版八六，3）。

俑类 出土数量较多。绝大多数是左右分半模制黏合而成，个别的也有上下模制黏合而成的。常见的有人物俑和动物俑两大类。

人物俑 出土数量较多，造型逼真，栩栩如生。常见的有吹箫俑、抱瓶俑、骑驼俑等。

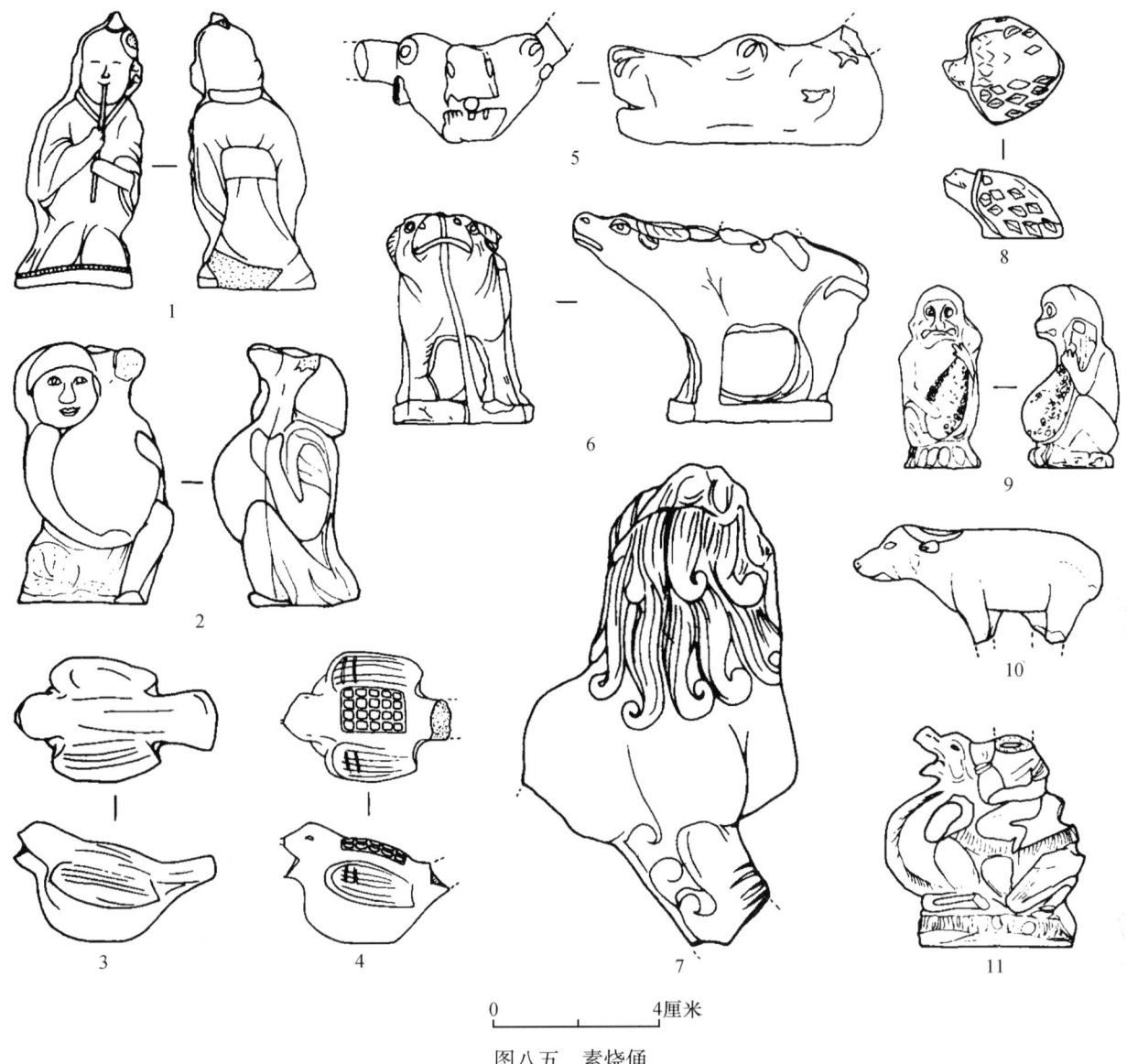

图八五　素烧俑

1. 吹箫俑（ⅢT8H89：73）　2. 抱瓶俑（ⅢT8H89：77）　3、4. 鸽俑（ⅠT4⑩：31、ⅢT8H88：1）　5. 牛头俑（ⅠT1⑨：164）　6、10. 牛俑（ⅢT9H79：24、ⅠT1⑨：165）　7. 狮俑（ⅠT4⑬：42）　8. 龟俑（ⅡT4H15：327）　9. 猴俑（ⅢT8H89：75）　11. 骑驼俑（ⅢT8H89：62）

吹箫俑　标本ⅢT8H89：73，完整。双腿后折跪坐于椭圆形台座上。面部轮廓清晰，眉目清秀。发髻高挽，身穿开领长裙，束腰带，挽袖，双手握箫于口边作演奏状。头顶一侧局部黏结有黄釉，表明这类素烧器和施釉成品器同窑烧制。粉红胎。通高6.7厘米（图八五，1；彩版八六，4）。

抱瓶俑　标本ⅢT8H89：77，完整，坐式。面颊丰满，大眼，塌鼻。右腿上折，双手抱一插花瓶。头戴毡帽，身穿皱衫。粉白胎。高6.4厘米（图八五，2；彩版八六，5）。

骑驼俑　标本ⅢT8H89：62，双腿弓曲平卧在一椭圆形台座上，昂首引颈，驼峰上骑坐一乐手，头残缺，双手抱一腰鼓。通体敷一层较厚化妆土。粉白胎。残高5.3厘米（图八五，11；

彩版八六，6）。

骑牛俑　标本ⅢT9H79：24，昂首上视，尾甩于一侧臀部之上，背坐一牛童残缺，仅存一侧童手童脚。灰白胎。牛体长7.3厘米，高5.2厘米（图八五，6；彩版八七，1）。

动物俑　出土数量较多。常见的有牛俑、猴俑、狮俑、龟俑和鸽俑等。

牛头俑　标本ⅠT1⑨：164，双角残。形象逼真，为河南当地黄牛的一个品种。头的下方置一不规则长方形插孔，插孔径2.3厘米。粉红胎。体长6.8厘米，高3厘米（图八五，5；彩版八七，2）。

牛俑　标本ⅠT1⑨：165，四肢残缺。仰首平视，为水牛中的一个品种。通体敷一层较厚化妆土。粉白胎。体长6.2厘米，残高3厘米（图八五，10；彩版八七，3）。

猴俑　标本ⅢT8H89：75，完整。蹲坐于近圆形花边台座上，双目圆睁，目视前方，猴气十足，双爪抱一花瓶。粉红胎。通高4.5厘米（图八五，9；彩版八七，4）。

狮俑　标本ⅠT4⑬：42，残片。器形较大，站立状，卷鬃。粉红胎。残高11.8厘米（图八五，7）。

龟俑　标本ⅡT4H15：327，完整。器形较小，作爬行状，龟头微折于一侧，龟甲作三角形，线刻金钱纹。灰白胎。长3厘米，宽2.7厘米，高1.7厘米（图八五，8；彩版八八，1）。

鸽俑　标本ⅢT8H88：1，幼鸽。双腿曲卧，双翅微展，作起飞状。底部有一圆形插孔，孔径0.3厘米。背部饰网格纹。白胎。体残长4.1厘米，残宽3.2厘米，高3厘米（图八五，4；彩版八七，6）。　标本ⅠT4⑩：31，完整。仰首平视，束尾，双翅微展，背部饰条形羽毛。通体敷一层较厚化妆土。粉白胎。体长5厘米，宽3.1厘米，高2.9厘米（图八五，3；彩版八七，5）。

三、作　坊　具

本阶段的主要作坊具有轮盘和各种模具等。

1. 轮盘

轮盘数量不多。有陶质和瓷质两种。皆圆饼形，陶质盘头大多正中心有一圆孔，瓷质盘头无孔。标本ⅢT9H79：94，板面平整，制作讲究。中心有一圆孔，孔径1.2厘米，背面孔径1.6厘米。圆孔外围饰一同心圆纹，直径9.6厘米。粉红胎。盘径34.4厘米，厚1厘米（图八六，6）。标本ⅡT4H15：162，瓷质。鼓面，中部饰两周同心圆纹，背面中部凸起作饼状，外围饰宽带同心圆一周。灰胎。盘径29.8厘米，厚2厘米（图八六，5）。

2. 模具

常见的模具有两种。一种是合模，另一种是印模。合模的分前后合模、左右合模和上下合模三种，上下合模的极少。

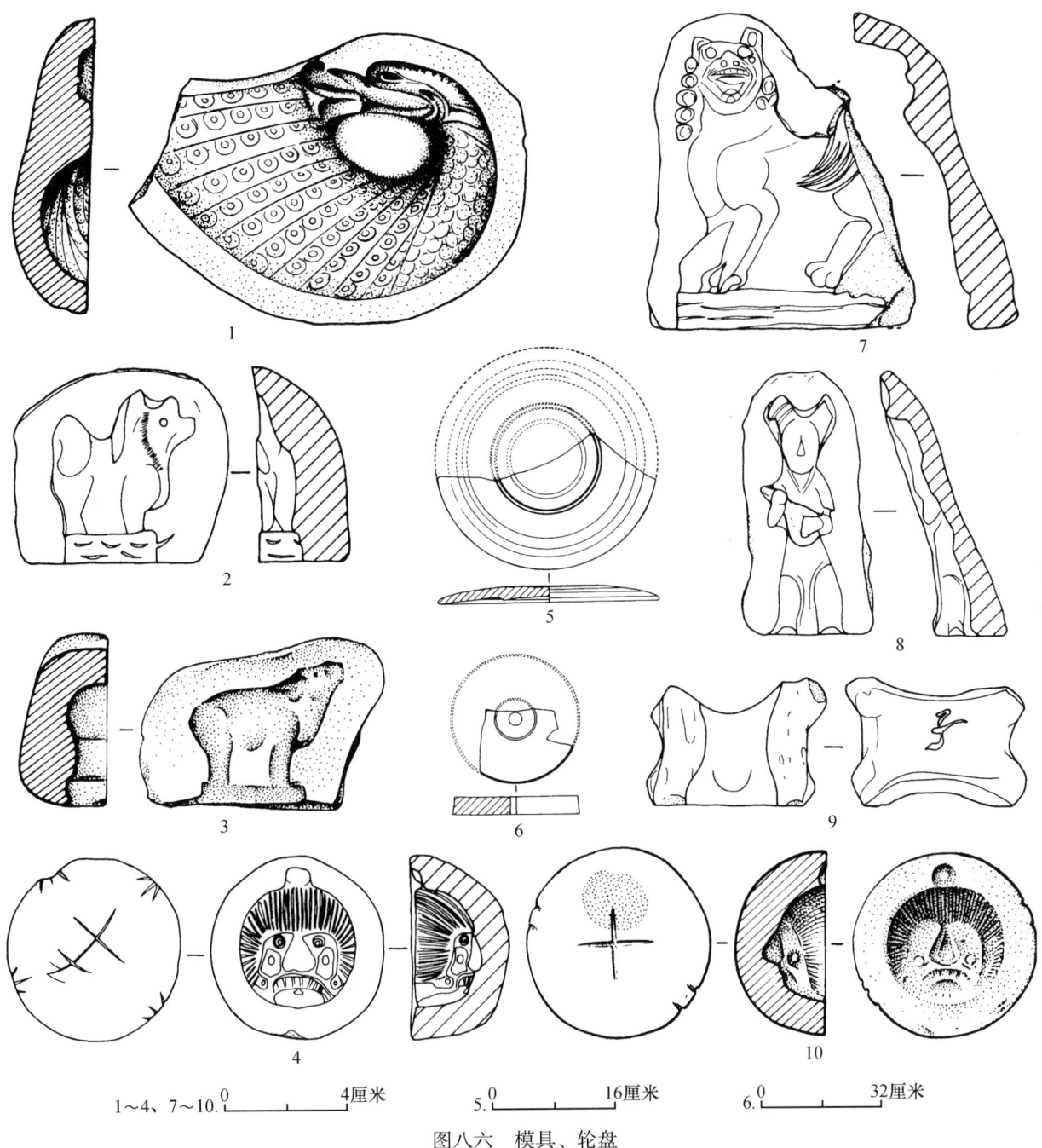

图八六 模具、轮盘

1. 鸭首模（ⅠT4⑫∶9） 2. 狗模（ⅢT9H79∶18） 3. 牛模（ⅢT9H79∶12） 4、10. 人面埙模（ⅢT8H88∶3、ⅠT1⑨∶167） 5、6. 轮盘（ⅡT4H15∶162、ⅢT9H79∶94） 7. 狮子模（ⅠT1⑨∶65） 8. 人物模（ⅠT4⑩∶32）
9. 三足樽足模（ⅢT9H79∶19）

合模 常见于各种俑类和个别器物附件。

人物模 标本ⅠT4⑩∶32，前半模。站立式，面部模糊不清，两束发髻高挽，双手抱琵琶于胸前，作弹奏状。粉红胎。高8.1厘米（图八六，8；彩版八八，2）。

人面埙模 标本ⅢT8H88∶3，前半模。半圆形，外腹壁周沿对称四个箭头合模标记。背面刻"囗"数字符号。通体敷一层较厚化妆土。直径4厘米左右（图八六，4；彩版八八，

3）。标本ⅠT1⑨：167，前半模。半圆形，模范内为人面形。模范背面中部刻"十"数字符号，周沿两侧分别刻半个"二"字合模符号。粉白胎。直径6.2厘米（图八六，10；彩版八八，4）。

牛模 标本ⅢT9H79：12，完整。左右合模，模内刻一水牛，抬头引颈作嘶鸣状。模范表面上部和后部分别刻一凹槽吻合符号。椭圆形底座。座径5~6.2厘米，通高5.8厘米（图八六，3；彩版八八，5、6）。

狮子模 标本ⅠT1⑨：65，左半模范，残。侧头，卷鬃，尾前折贴于脊背上，威武雄健。模范表面凸凹不平。褐红胎。高10.6厘米（图八六，7；彩版八九，1）。

狗模 标本ⅢT9H79：18，左模，完整。站立在一台坐之上，仰首上视，竖耳，翘尾，颈部毛发舒张。灰白胎。体长4.8厘米，通高5.8厘米（图八六，2；彩版八九，2）。

鸭首模 标本ⅠT4⑫：9，残。头折于背部，嘴衔一不明物，珍珠纹羽毛清晰。由于半模且残缺，未发现相对应的器物，器形尚不明确。粉红胎。残长12.3厘米，高9.6厘米（图八六，1；彩版八九，3）。

三足樽足模 标本ⅢT9H79：19，后部半模。上下平沿外斜，正面近沿处内束，背鼓，背面中部刻一"子"字。白胎。宽2~2.8厘米，高2.6~3.6厘米（图八六，9；彩版八九，4、5）

印模 主要用于器物上的附件和贴花装饰。标本ⅠT1⑨：67，完整。整体近圆形，平沿，鼓背。背面凹凸不平，遗留有较清晰的手指纹印痕。模内为一桃形花卉图案。灰胎，胎质坚密。长5.7厘米，宽4.8厘米，厚1.1厘米（图八七，1；彩版九〇，1）。标本ⅢT7H90：13，整体椭圆形。模内为变形蝙蝠图案。粉红胎。残长7.8厘米，宽6.3厘米，厚0.3厘米（图八七，3；彩版九〇，2）。标本ⅡT4H15：78，整体作圆形。平沿、弧壁、平背。模内为抽象蝙蝠图案。粉红胎。残长5.6厘米，宽3.8厘米，厚0.4厘米（图八七，2；彩版九〇，3）。标本ⅢT9H79：33，完整。模范背面凸凹不平，刀削痕和手指纹清晰。背面上方刻划十字交叉符号。模内为麒麟，作奔跑状，张口，翘尾，鬃毛飘直，背上一不明物。与本阶段B型三彩三足炉腹部粘贴的麒麟基本一致。粉黄胎。长8.6厘米，高6.7厘米（图八七，7；彩版九〇，4、5）。标本ⅢT9H79：78，完整。制作规整，斜平沿，表面光滑。背面中部刻"□仙"二字。模内为蹄形足，即三足炉上的专用附件。灰白胎。高6.6厘米（图八七，8；彩版九一，1、2）。标本ⅡT20⑥：37，整体作椭圆形，是为敛口钵配制双系的专用模具。背面倒刻一"仁"字。由于烧制温度过低，胎质较疏松，胎色粉红。宽0.9~1.7厘米，高3.8厘米（图八七，4；彩版九一，3、4）。标本ⅠT1⑨：166，正面作圆形，花蕊图案范模制成，背面似有捉手残缺。褐红胎，这种一般泥土制成的作坊具在黄冶窑址极为罕见。模径4.9厘米，残高1.7厘米（图八七，6；彩版九一，5）。标本ⅢT7H90：17，残破严重，不可复原。该标本刻制而成，是本期Ab型素烧洗底面中部凤鸟印模右翅膀局部。白胎。残长4.5厘米，残宽3.6厘米（图八七，5；彩版九一，6）。标本ⅠT4⑨：23，整体作不规则圆形。瓜棱弧腹，平底，正面刻制花卉图案。粉红胎。残长10.8厘米，宽5.3厘米，厚2.3厘米（图八七，9；彩版九二，1）。

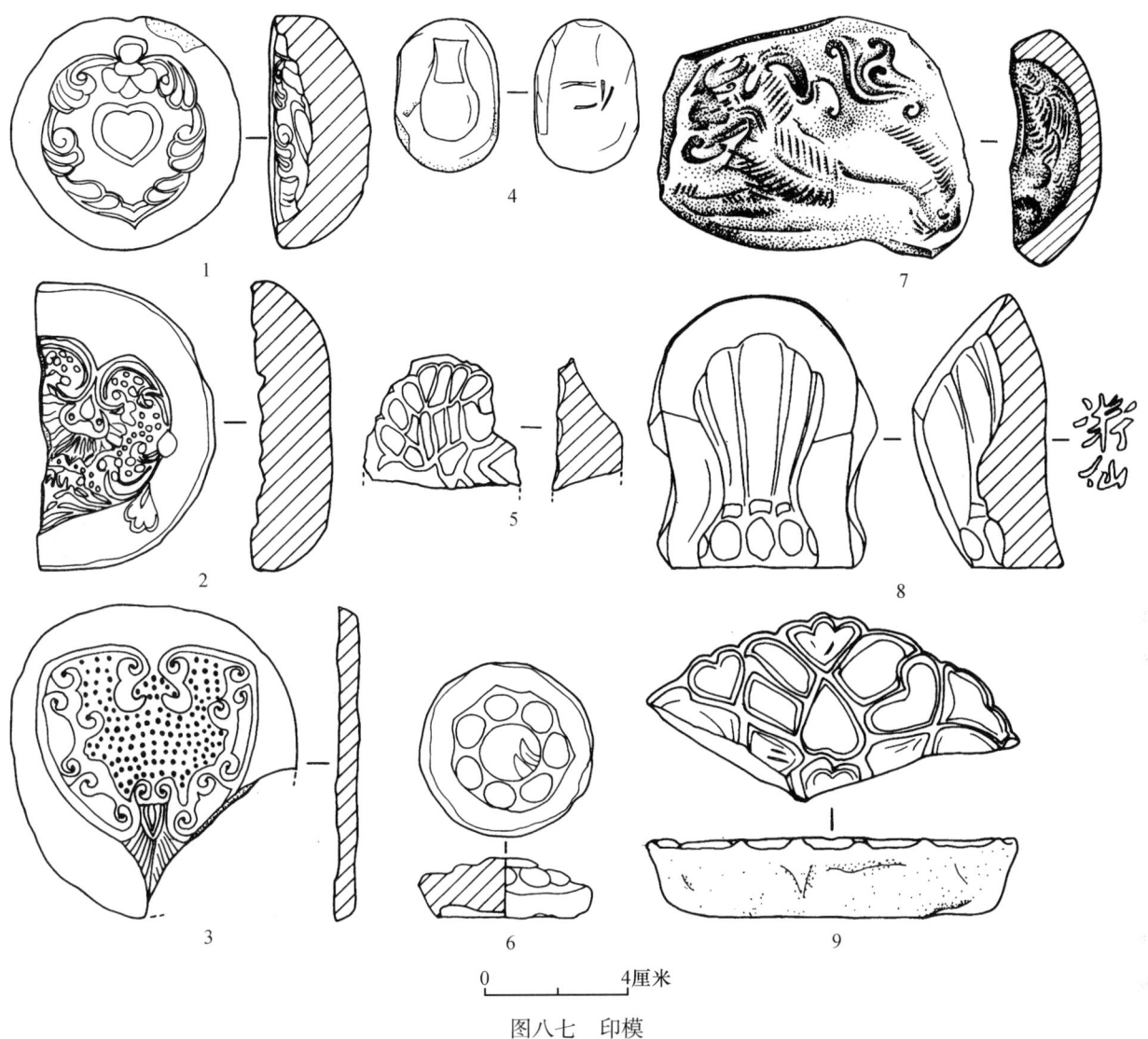

图八七　印模
1. ⅠT1⑨:67　2. ⅡT4H15:78　3. ⅢT7H90:13　4. ⅡT20⑥:37　5. ⅢT7H90:17　6. ⅠT1⑨:166
7. ⅢT9H89:79　8. ⅢT9H79:78　9. ⅠT4⑨:23

四、窑　具

出土数量较多，以支烧具为主，架板、垫板、支垫具和试烧具不多，皆采用高温耐火材料制成。常见的耐火材料有两种，一种是粗糙的含杂质较大的耐火材料，用于制作筒形、杯形、盆形、碗形、盘形、盅形和柱形支烧等，另一种是与烧制器物相同或相近的优质耐火材料，用于制作精巧的各种三叉支烧、架板等。

1. 支烧具

支烧具出土数量最多，依据形制的不同可分为筒形、杯形、盆形、碗形、盘形、盅形、柱形、三叉支烧和垫圈支烧等。

筒形支烧　是本阶段新出现的一种支烧具，出土数量极少。器形较大，采用高岭土制成，内含较多的碎石颗粒。标本ⅠT4⑫：41，口略外撇，窄平沿微内斜，深腹近直，平底。胎体厚重，制作较粗糙。内外通体显轮旋纹和带状弦纹。口径15厘米，底径18.8厘米，高24.2厘米（图八八，1；彩版九二，2）。

杯形支烧　数量最多，形制相同，大小不一。敞口，束腰，平底。器内外皆有较粗的轮旋纹，绝大多数器体上刻字，常见的有"福"、"子"、"去"、"神"、"元"、"翟"、"璋"和"智"等。标本ⅡT4H15：145-1，残。器形较大，平底，底面上有一不规则圆形透孔，孔径3厘米左右，器表近底两侧分别有三个和四个手指窝痕。该窑具经多次使用，腹壁上黏结多层白釉。口径9厘米，底径9.8厘米，高19.8厘米（图八八，8；彩版九三，4）。标本ⅢT7H92：14，残。窄平沿。器内外通体饰较规则带状弦纹，器内沿下倒刻一"福"字。口径9.3厘米，底径9.4厘米，高12.2厘米（图八八，2；彩版九三，5、6）。标本ⅢT7H92：16，敞口外折，内底中心凸起。内沿下倒刻一"玄"字。器内壁饰较规整带状轮旋纹，器外壁局部黏结有酱釉斑块。灰白胎。口径11厘米，底径10厘米，高11厘米（图八八，9；彩版九四，1、2）。标本ⅠT4⑪：58，宽平沿。器表腹壁上刻一"璋"字，近底局部流淌有绿釉，底面上遗留有烧制器物的黏结痕。口径7.3厘米，底径10.3厘米，高11.6厘米（图八八，7；彩版九四，3）。标本ⅢT7H92：15，窄平沿。器表腹壁上饰二周凹弦纹，近底部一则残存一个手指窝痕，器内壁上倒刻一"智"字。口径8.5厘米，底径9厘米，高11.4厘米（图八八，4；彩版九四，4）。标本ⅢT7H92：19，窄沿微鼓，内底中部凸起，器内壁沿下倒刻一"翟"字。由于胎质过于疏松，烧结后起层，且多有空洞。口径11.2厘米，底径10.2厘米，高13.2厘米（图八八，10；彩版九四，5、6）。标本ⅢT6H87：10，器形较小。弧口，折沿。沿面有烧制器物黏结痕，内壁上倒刻一"囗"字。口径8.8厘米，底径7.1厘米，高8.8厘米（图八八，5；彩版九三，1）。标本ⅠT4⑨：26，残片，不可复原。弧口，折沿。胎质细腻，制作规整。器表腹壁上刻一"神"字。残宽9厘米，高6.4厘米（图八八，3；彩版九三，2）。标本ⅢT7H92：12，下腹及底残缺，不可复原。窄平沿，内腹壁上倒刻一"元"字。胎质较细腻。残高9.5厘米（图八八，6；彩版九三，3）。

盆形支烧　出土数量不多。敞口外撇，有平底和透底两种。整体上制作工艺较杯形支烧精细。标本ⅡT4H15：132，中部透底，孔径6.9厘米。口、底两侧分别对应显支烧痕，内外腹壁上流淌有较厚酱色釉，底面的另一侧黏结一不规则圆形小垫饼。灰胎。口径12厘米，底径10.2厘米，高7.9厘米（图八九，1；彩版九五，6）。标本ⅢT7H90：38，圆唇，大口小底，中部透底，孔径2.5厘米。器内腹壁中部倒刻一"十"字符号，外腹壁近底有四个手指印痕。粉红胎。口径11厘米，底径10.3厘米，高6.1厘米（图八九，2；彩版九二，4）。标本ⅡT4H15：143，器形较大。沿面近内斜，外腹壁近底内折。灰白胎。口径12.2厘米，底径1.2厘米，高6.6厘米（图八九，3；彩版九二，5）。标本ⅡT4H15：139，平折沿，斜壁，平底内凹，外壁沿下饰凸棱纹一周，粉白胎。口径7.7厘米，底径6.8厘米，高3.6厘米（图八九，5；彩版九五，3）。标本ⅠT4⑫：50，圆唇，透底，孔径5.2厘米。内壁近底倒刻一"七"字。由于入窑烧造时气氛的原因，器表呈现灰色，内壁为常见的土黄色。口径10厘米，底径8.4厘

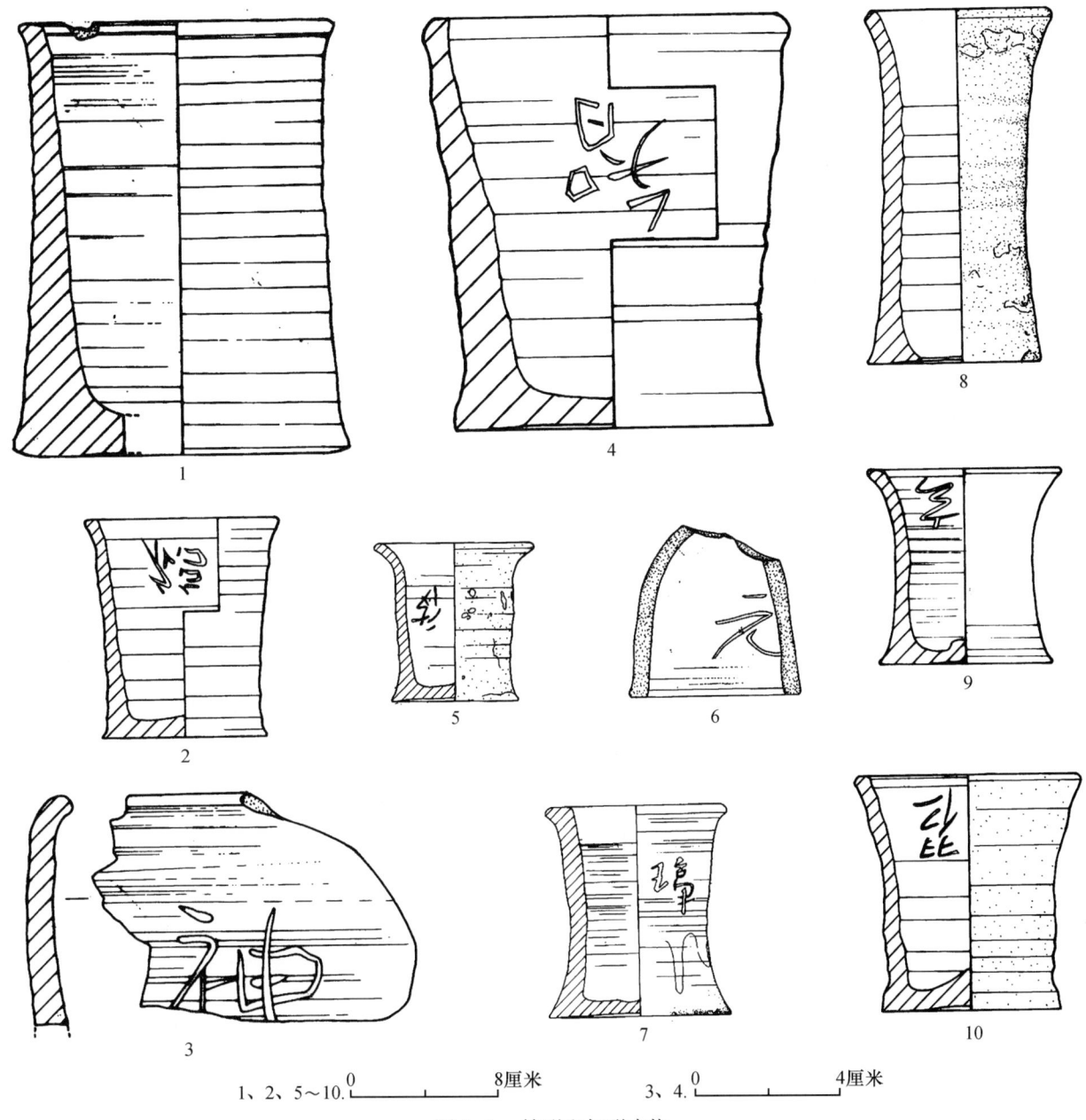

图八八 筒形和杯形支烧
1.筒形支烧（ⅠT4⑫：41） 2~10.杯形支烧（ⅢT7H92：14、ⅠT4⑨：26、ⅢT7H92：15、ⅢT6H87：10、ⅢT7H92：12、ⅠT4⑪：58、ⅡT4H15：145-1、ⅢT7H92：16、ⅢT7H92：19）

米，高4.5厘米（图八九，4；彩版九五，1、2）。标本ⅡT4H15：140，完整。宽平沿微内斜，腹壁中束，透底，孔径4.8厘米。沿面和底面上一侧分别遗留有一个支烧痕，沿面上分别黏结一层较厚绿釉和黄釉，腹壁及底局部流淌一层白釉。口径7厘米，底径8厘米，高3.7厘米（图八九，6；彩版九五，4）。标本ⅠT4⑩：37，斜平沿，腹壁微鼓，平底内凹。内底螺旋纹凸起，外底面饰同心圆纹一周。粉红胎。口径7.8厘米，底径7.4厘米，高3.6厘米（图八九，7；彩版九五，5）。

碗形支烧 器形较小。敞口，平沿，斜壁，平底。标本ⅡT4H15：138，沿面略外斜，斜

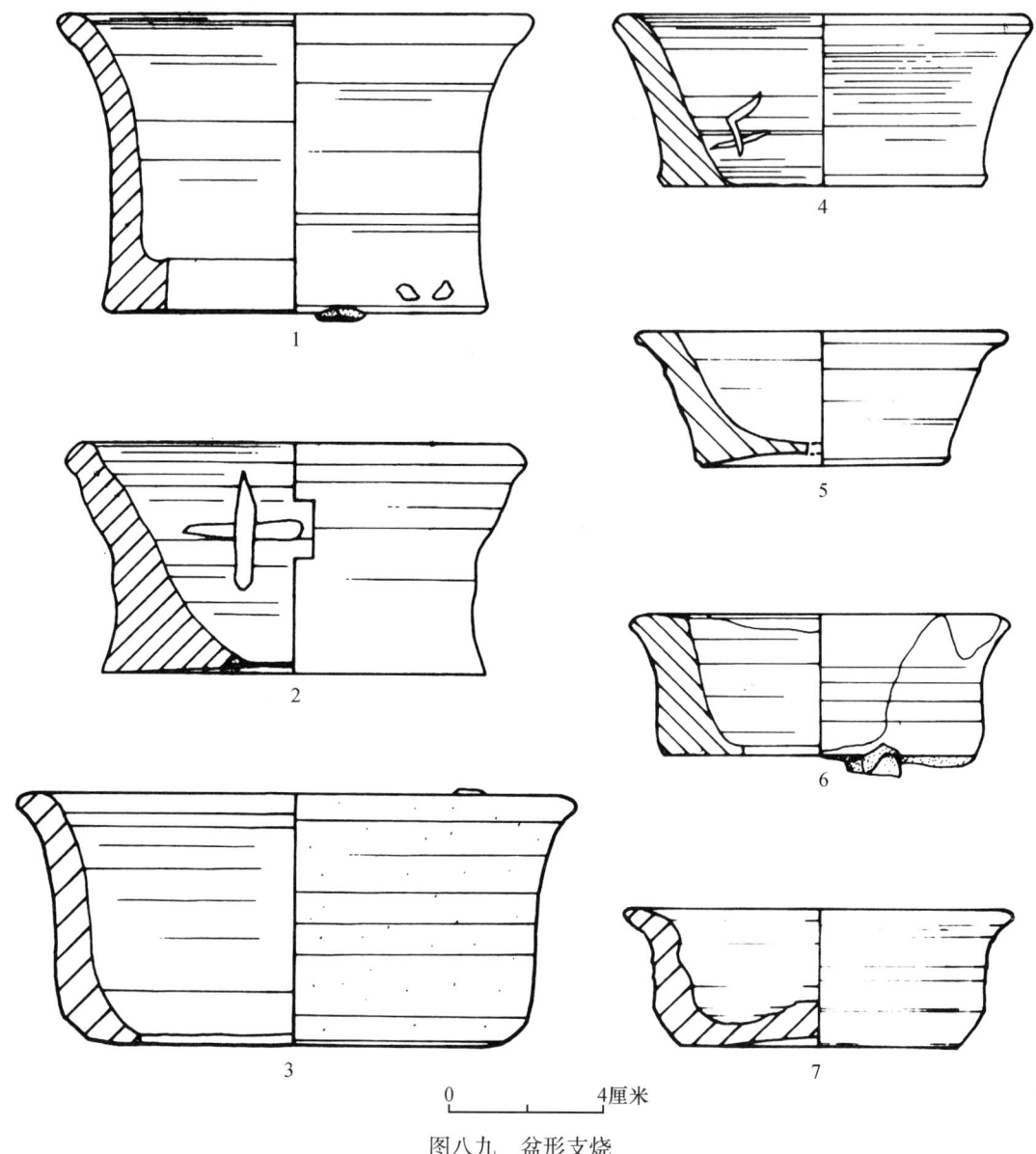

图八九　盆形支烧

1~7.（ⅡT4H15：132、ⅢT7H90：38、ⅡT4H15：143、ⅠT4⑫：50、ⅡT4H15：139、ⅡT4H15：140、ⅠT4⑩：37）

腹壁微鼓，透底，孔径2.5厘米。腹壁两侧分别有一个不规则穿孔，孔径1厘米左右。底面上有密集切割轮旋纹。粉红胎。口径7.1厘米，底径5.7厘米，中孔径2.4厘米，高4厘米（图九〇，1；彩版九二，3）。

盘形支烧　是本阶段支烧具中最少的种类。标本ⅡT6H10：16，完整。胎体厚重，制作粗糙。敞口，宽板沿微内斜，高饼形底。沿面饰凹槽一周，底面上有细密切割轮旋纹。腹壁上施一层浅黄色透明釉。灰胎，含杂质较大。口径9.4厘米，外沿径15.2厘米，底径8.2厘米，高3.8厘米（图九〇，3；彩版九六，1）。

盅形支烧　出土数量较少。器形较小，整体作酒盅状。敞口，圆沿，斜壁束腰，平底。标本ⅡT6⑪：50，完整。腹壁近底一侧有三处手捏痕。烧制温度较高，灰白胎。口径4.4厘米，

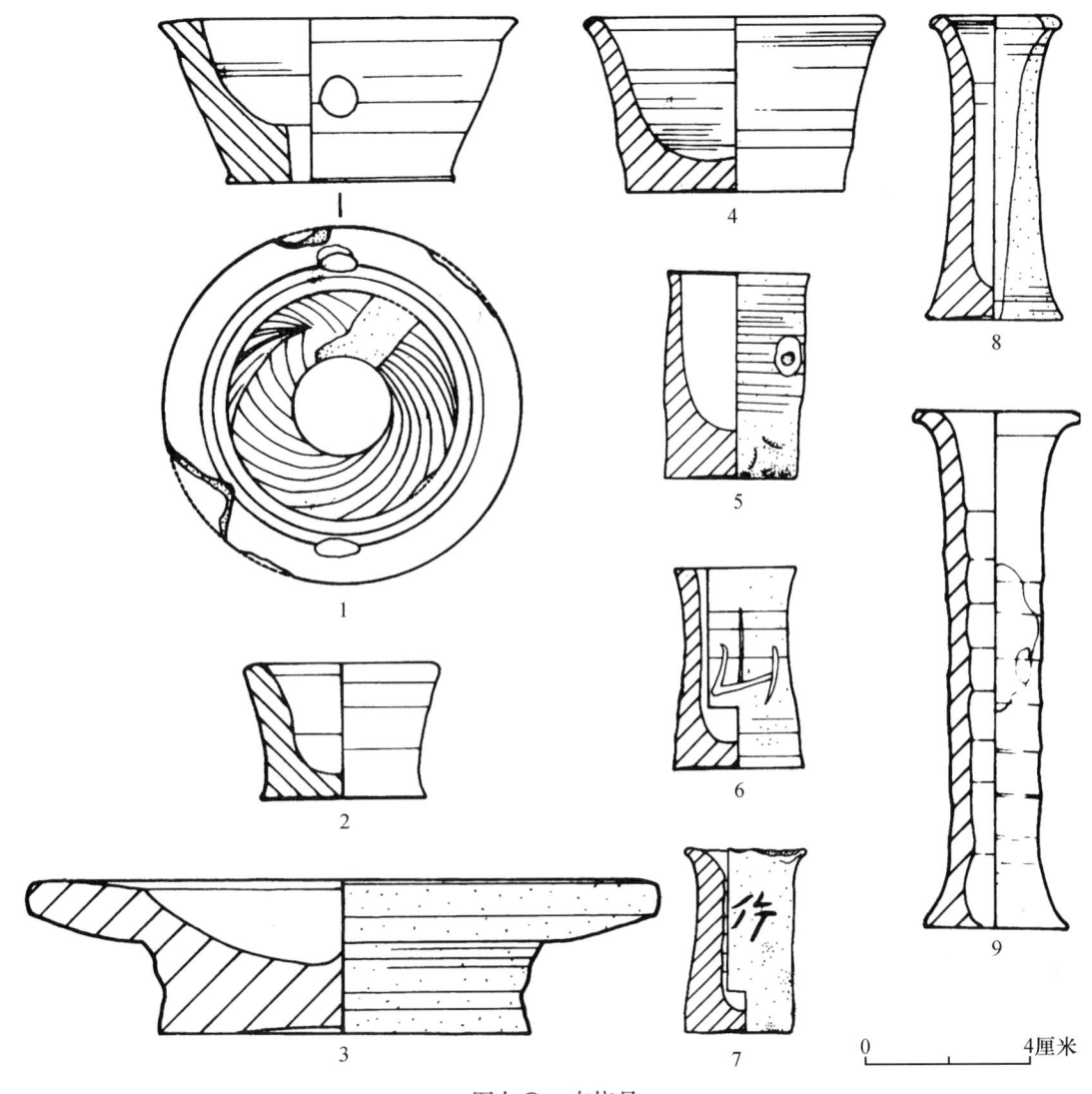

图九〇 支烧具

1. 碗形支烧（ⅡT4H15∶138） 2、4. 盅形支烧（ⅡT6⑪∶50、ⅡT4H15∶145-2） 3. 盘形支烧（ⅡT6H10∶16）
5、6. B型柱形支烧（ⅢT9H79∶87-2、ⅢT9H79∶86） 7~9. A型柱形支烧（ⅢT9H79∶82、ⅠT1⑨∶182、ⅢT9H79∶87-1）

底径4.1厘米，高3.4厘米（图九〇，2；彩版九六，2）。标本ⅡT4H15∶145-2，敞口外撇。通体有密集轮旋纹。烧制火候较低，粉白胎。口径7厘米，底径5.4厘米，高4.3厘米（图九〇，4；彩版九六，3）。

柱形支烧　是本阶段新出现的支烧具之一。常见的有瓶形口和直口两种，前者居多。该支烧具多与垫板、架板配套使用，单独支烧的相对较少。依据口部的不同可分为两型。

A型　瓶形口，束腹，平底。出土数量较多，常与垫板配套使用。标本ⅠT1⑨∶182，器形较大。腹部通体宽带螺旋纹，腹壁上局部黏结有绿、黄、白三种釉色。口径4.2厘米，底径4厘米，高12.8厘米（图九〇，8；彩版九六，4）。标本ⅢT9H79∶87-1，器形较小。口内壁上饰密集凹旋纹。口沿至底一侧流淌一层黄釉。口径2.6厘米，底径3.5厘米，高7.5厘米（图九〇，9；彩版九六，5）。标本ⅢT9H79∶82，器形矮小。腹壁上刻一"□"字。该窑具尚未使用过。土黄胎。口径2.5厘米，底径2.6厘米，残高4.6厘米（图九〇，7；彩版九六，6）。

B型　筒形口，平沿，平底。较少。标本ⅢT9H79：86，完整，束腹。腹壁中部一侧刻一"山"字。口径2厘米，底径3厘米，高4.9厘米（图九〇，6；彩版九七，1）。标本ⅢT9H79：87-2，完整，窄平沿，腹壁中部略鼓。外腹壁显密集轮旋纹，局部有绿釉黏结痕。口径2.8厘米，底径3.2厘米，高5.1厘米（图九〇，5；彩版九七，2）。

三叉支烧　是本阶段烧制三彩陶制品用途最广的一种支烧具。依据形制和用途的不同分五型。

A型　三叉等距分布，支点向上，作尖圆形。出土数量最多，用途最广。标本ⅢT9H79：88，4件，完整。三个支点上分别黏结有绿釉、黄釉、酱黄釉。最大的边长10.5厘米，高2.5厘米，最小的边长7厘米，高2.8厘米（彩版九七，3）。标本ⅠT1⑨：192，形制较大。三个支叉上分别饰一个半圆指甲纹，中部采用三个指甲纹相扣，作同心圆形。边长10.5厘米，高2.8厘米（图九一，7；彩版九七，4）。标本ⅠT1⑬：209，高支点。三个支叉上分别有一个指甲纹，作一字形，中部刻一"僧"字。边长9厘米，高4.9厘米（图九一，1；彩版九七，5）。标本ⅢT9H79：83，中部刻一"大"字，两个完整支点上分别流淌有绿釉和黄釉。直径9.5厘米，高2.4厘米（图九一，12；彩版九七，6）。标本ⅠT4⑫：47，完整。是三叉支烧中最小的一件，支点小而尖。边长3.7厘米，高1.5厘米（图九一，3；彩版九八，1）。

B型　出土数量较多，分大、中、小三种。三叉上分别手捏而成，作竖条状支点，支点向上。标本ⅢT7H92：11，3件，完整。分别编号ⅢT7H92：11-1、ⅢT7H92：11-2和ⅢT7H92：11-3。除了最小的1件标本ⅢT7H92：11-3没入窑使用过外，其中的标本ⅢT7H92：11-1两个支点上分别黏结有黄釉，标本ⅢT7H92：11-2两个支点上黏结绿釉，一个支点上黏结为黄釉。标本ⅢT7H92：11-1边长11.5厘米，高2.7厘米；标本ⅢT7H92：11-2边长7.2厘米，高2.1厘米；标本ⅢT7H92：11-3边长4.2厘米，高1.3厘米（图九一，8、9、11；彩版九八，2）。

C型　出土数量不多，形制较大，脊背分别为"一"字形，无固定支点，我们将这类三叉支烧称之为多功能支烧。标本ⅢT9H79：90，该支烧具最少经过大小不一或形制不同的器物三次使用。支烧点依次黏结有黄釉、酱黄釉、黄釉。最大的支烧点边长15.5厘米，高1厘米；最小的支烧点边长8厘米，高1.5厘米（图九一，10；彩版九八，3）。

D型　该支烧是用于三足炉、洗、罐、钵等上下器物摞烧的专用支烧。拱面向上或向下，因器而宜，不分正反面。标本ⅡT4H15：210，残。两面皆有多次使用过的支点痕，两面分别流淌有较厚深绿釉。边长11.5厘米，高3.6厘米（图九一，13；彩版九八，4）。标本ⅡT4H15：205，完整。两面分别有两次以上支烧痕，支烧点上分别黏结有黄釉和酱黄釉。拱面中部刻一"工"字。粉红胎，含杂质较大。边长9.7厘米，高2.9厘米（图九一，4；彩版九八，5）。标本ⅠT1⑬：208，上下支点局部流淌有黄釉。拱面中部刻一"寸"字。边长8.2厘米，高2.6厘米（图九一，2；彩版九八，6）。标本ⅡT4H15：206，完整，是该类支烧具中最小的一件。拱面支点上局部黏结有白釉。白胎，胎质细腻。边长6.2厘米，高1.8厘米（图九一，5；彩版九九，1）。

E型　此类支烧出土数量极少，为烧造蛋形三彩器上的专用支烧。制作精细、规整（彩版

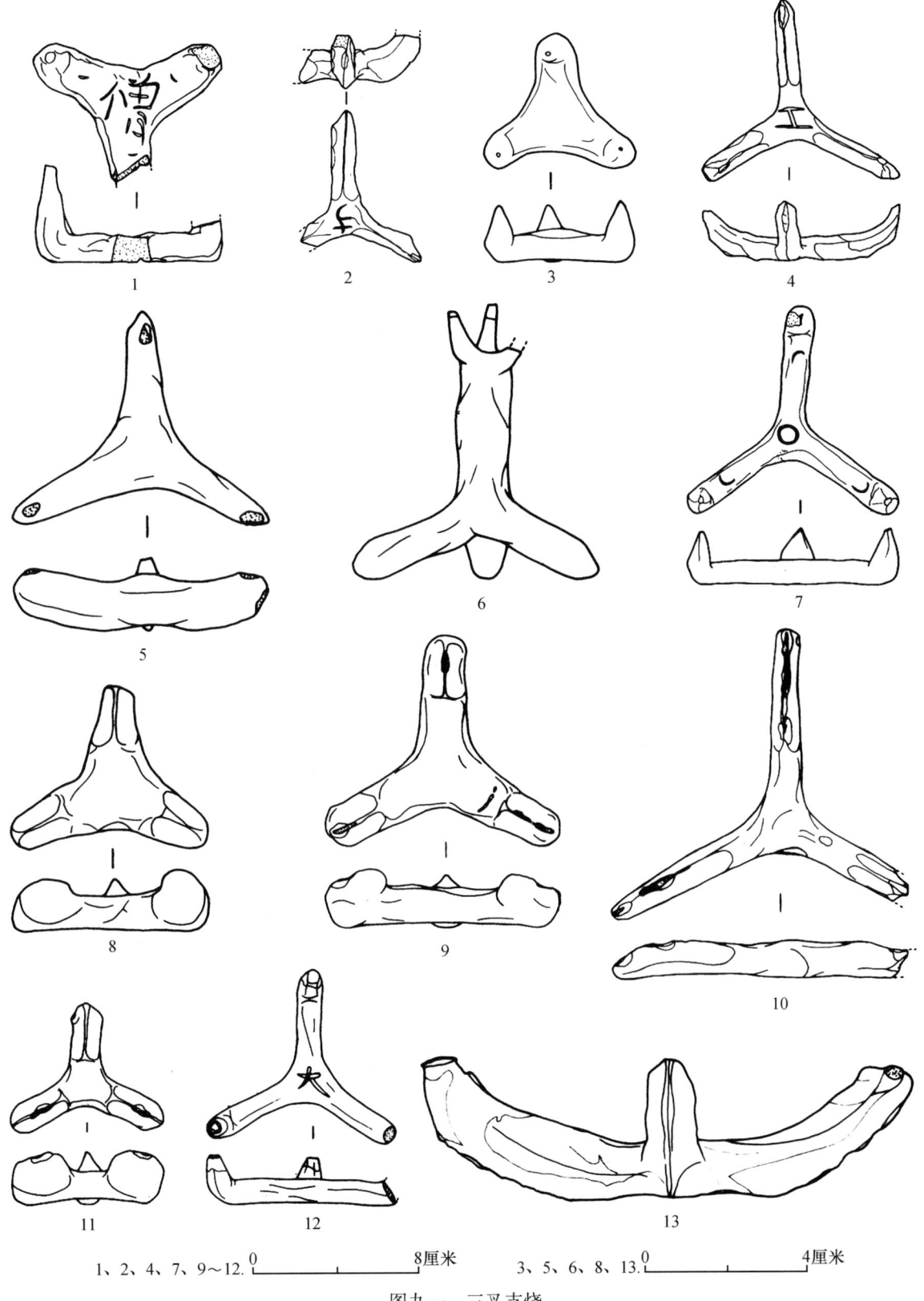

图九一　三叉支烧

1、3、7、12. A型（ⅠT1⑬：209、ⅠT1⑫：47、ⅠT1⑨：192、ⅢT9H79：83）　2、4、5、13. D型（ⅠT1⑬：208、ⅡT4H15：205、ⅡT4H15：206、ⅡT4H15：210）　6. E型（ⅢT8H89：37）　8、9、11. B型（ⅢT7H92：11-3、ⅢT7H92：11-1、ⅢT7H92：11-2）　10. C型（ⅢT9H79：90）

九九，3）。标本ⅢT8H89：37，细高柄，顶端三个分叉支点，下端三个粗壮三支叉着地。顶端支点上分别遗留有绿、黄釉。上支点边1.3厘米，下支点边长6厘米，通高6.8厘米（图九一，6；彩版九九，2）。

垫圈支烧　数量较多。圆形，直壁。依据形制的差异可分为三型。

A型　出土数量较多。从中可分为两种情况，一种是垫圈本身直接垫烧；另一种是在装烧过程中器物所在窑炉中的摆放位置需要提升高度，临时在圈面上黏接泥饼加高，这种情况占少数。由于这种垫圈支烧不是初创者的本意，所以，我们还将这类不规范的垫圈支烧放在垫圈垫烧中一并介绍。标本ⅢT9H79：91，完整。制作较为规整，内外壁上显密集轮旋纹，圈径9.5厘米，高1.9厘米（图九二，1；彩版一〇〇，1）。标本ⅢT9H79：10，完整。外壁一侧中部刻一"神"字，通体流淌一层厚薄不匀淡黄色釉。由于器物在窑炉中摆放位置的需要，临时在垫圈上下面上分别黏结三个不规则小圆泥饼。圈径9.1厘米，通高3.1厘米（图九二，2；彩版一〇〇，2）。标本ⅡT7⑩：17，完整，器形较小。斜直壁。圈内壁饰不规则凹弦纹一周。上圈径6.1厘米，下圈径6.4厘米，高2.1厘米（图九二，3；彩版一〇〇，3）。标本ⅠT1⑨：190，残片。圈面较窄，壁高，器表显密集轮旋纹，器内壁饰两周不规则凸弦纹，内壁中部刻一"□"字。圈径8厘米，高3.3厘米（图九二，4；彩版一〇〇，4）。

B型　出土数量极少。标本ⅡT4H15：153，完整。圈面内斜，正面残存两个圆锥状支钉，背面遗留有三个圆形支钉痕。圈径6.8厘米，高2.2厘米（图九二，5；彩版一〇〇，5）。

C型　出土数量不多。圆形，直壁，平底，圈面上有三个高支点。其制作方法是：先做成一个圆形垫圈，然后在圈面上等距三分凹削，凸出部分就自然形成三个支点。标本

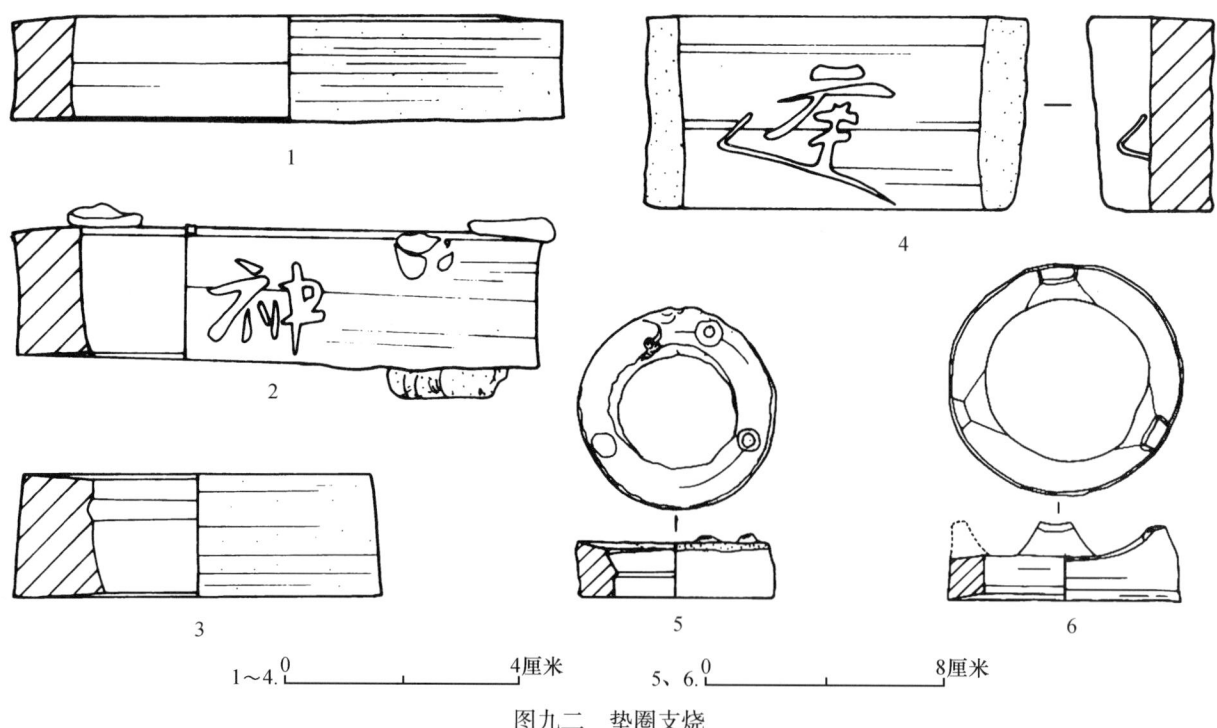

图九二　垫圈支烧

1~4.A型（ⅢT9H79：91、ⅢT9H79：10、ⅡT7⑩：17、ⅠT1⑨：190）　5.B型（ⅡT4H15：153）　6.C型（ⅡT4H15：81）

ⅡT4H15：81，完整。三个支点上分黏结有黄釉和酱黄釉。圈径8厘米，通高2.8厘米（图九二，6；彩版一〇〇，6）。

2. 架板

架板是该阶段新出现的一种烧造工艺。胎质较薄，制作工艺讲究。依据形状的不同可分为两型。

A型　长方形，形制较大，板面平整。标本ⅢT9H79：93，两面皆遗留有柱形支烧和器物底黏结痕，局部黏结有片状绿釉。残长36厘米，残宽28.4厘米，厚1.5厘米（图九三，1；彩版九九，4）。标本ⅠT4⑫：39，残片。正面刻一"李"字，"子"字的下半部残缺。板面上黏结有较多黄釉和酱黄釉。残长14厘米，残宽13.8厘米，厚1.3厘米（图九三，2；彩版九九，5）。

B型　圆形，器形较大。出土数量极少。标本ⅠT4⑫：45，板面平整，制作十分讲究，正面一侧模印花卉图案。板面上残留多处器物支垫痕，局部遗留有酱黄釉、黄釉和白釉釉滴。复原直径34.6厘米，厚1厘米左右（图九三，3；彩版一〇一，1）。

3. 垫板

垫板出土数量较多，以烧单件器物为主。依据形制的不同可分为三型。

A型　平面近满月形，出土数量较多。标本ⅡT4H15：150，椭圆形，完整。正面局部黏结有蓝釉和器物底黏结痕。背面周沿一侧流淌有淡黄色釉，局部亦有器物黏结痕。板径12～12.8厘米，厚0.7厘米左右（图九三，8；彩版一〇一，2）。标本ⅡT4H15：224，形制较小。正背面皆有一层淡黄釉，局部有绿釉斑点。复原直径12.6厘米，厚0.6厘米（图九三，6；彩版一〇一，3）。标本ⅡT4H15：225，一侧留有一个月牙形缺口。中部显数周同心圆纹，背面不甚平整，显轮旋刀削痕。正面边沿一侧黏结一件器物底残片，局部黏结有黄釉。复原直径12厘米，厚0.9厘米（图九三，4；彩版一〇一，4）。

B型　常见有两种，一种是不规则形，另一种是圆形。出土数量极少。标本ⅠT1⑩：197，完整。烧结变形，板面周沿上翘。正面中上部刻"十三"数字符号。正面局部遗留有绿釉斑点。长14厘米，宽8.7厘米，厚0.9厘米左右（图九三，7；彩版一〇一，5）。标本ⅡT4H15：221，完整，垫板残片。原本是圆形，由于残破废物利用，作不规则形。通体有一层黄釉，正面釉较厚，局部有绿釉斑块，中部有一圆形器物底黏结痕。长7厘米，宽6.4厘米，厚1.1厘米（图九三，5；彩版一〇一，6）。

C型　圆形。出土数量极少。标本ⅢT2H53：2，粗胎，厚饼。饼面施白釉。上下饼面皆黏结有瓷土粉，上饼面显多层圆形烧结痕。直径14厘米。饼径20厘米，厚1.8厘米（图九三，9；彩版一〇二，1）。

4. 支垫具

支垫具是该阶段开始出现的一种烧造工艺，出土数量较多。常见的有素烧器残片和泥饼两

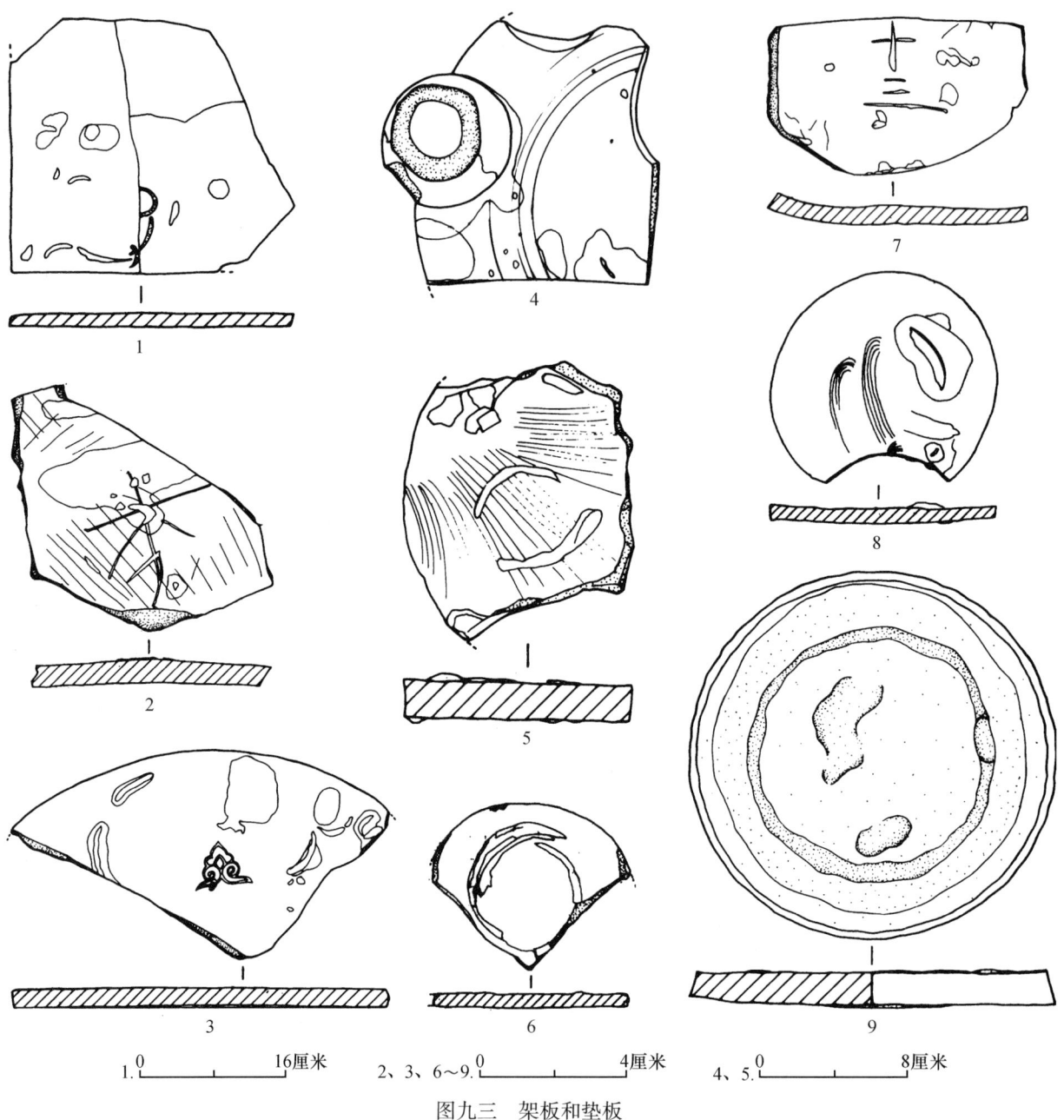

图九三 架板和垫板

1、2.A型架板（ⅢT9H79∶93、ⅠT4⑫∶39） 3.B型架板（ⅠT4⑫∶45） 4、6、8.A型垫板（ⅡT4H15∶225、ⅡT4H15∶224、ⅡT4H15∶150） 5、7.B型垫板（ⅡT4H15∶221、ⅠT1⑩∶197） 9.C型垫板（ⅢT2H53∶2）

种。依据形制的不同可分为两型。

A型　整体作不规则形。出土数量不多。标本ⅡT4H15∶223，完整，双系敛口钵腹部残片，鼓面向下，凹面向上，周沿上翘作支点。作支点的一面流淌一层较厚黄釉，背面无釉。长5.7厘米，宽5厘米（图九四，1；彩版一〇二，2）。

B型　有圆形和不规则圆形两种，前者居多（彩版一〇二，3）。出土数量较多，大小不一。标本ⅡT4H15∶220，完整。形制较大，近圆形，上面放置一三角形垫板残片，背面较平整。直径4.1厘米,厚1.6厘米(图九四,7;彩版一〇二,4)。标本ⅢT9H79:92-2,完整。圆形,正背面平整,局部烧结有裂纹。直径2.8厘米左右,厚1.5厘米(图九四,8)。标本ⅢT9H79:92-1,完整。不规则圆形,上下面平整。直径1.8厘米左右,厚1.4厘米(图九四,6)。

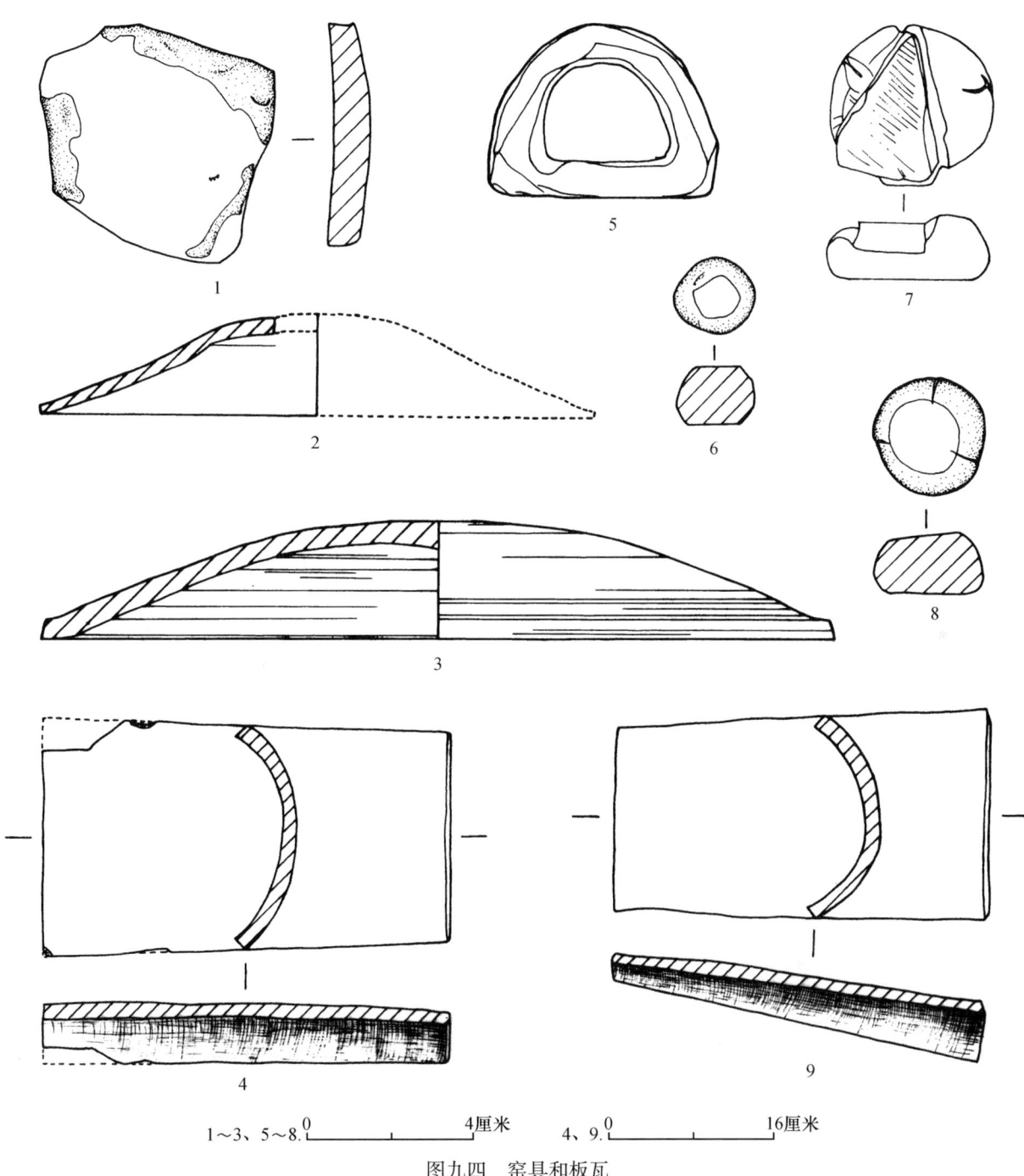

图九四 窑具和板瓦

1. A型支垫具(ⅡT4H15:223)　2、3. 匣钵盖(ⅡT4H15:181、ⅡT4H15:164)　4、9. 板瓦(ⅢT7⑩:10、ⅢT9H95:3)　5. 试烧器(ⅡT4H15:315)　6~8. B型支垫具(ⅢT9H79:92-1、ⅡT4H15:220、ⅢT9H79:92-2)

5. 试烧器

试烧器出土数量极少。标本ⅡT4H15：315，完整。拱形泥条两端连接在一长条形底座上，拱形泥条上施有一层较厚灰白色釉，未烧结，局部已脱落。粉红胎。长5.5厘米，宽2.1厘米，通高4.2厘米（图九四，5；彩版一〇三，3）。

6. 匣钵盖[①]

匣钵盖出土数量极少。皆采用优质耐火瓷土制成，薄胎，制作精细。顶近平，弧腹。标本ⅡT4H15：164，内外显密集轮旋纹。盖沿一周有明显的烧结痕。盖顶径6.3厘米，盖径19.6厘米，高3厘米（图九四，3；彩版一〇二，5、6）。标本ⅡT4H15：181，器形较小。鼓顶，盖显密集轮旋纹。盖径13.6厘米，复原高2.5厘米（图九四，2）。

五、建筑材料

常见的建筑材料以板瓦为主，出土数量不多。皆泥质灰陶，长方形，一头宽，一头窄，外拱内凹。拱面无装饰，凹面以布纹为主。标本ⅢT9H95：3，完整。由于烧制火候过高，已变形。长36.8厘米，宽17.6～20.4厘米，厚1.2厘米（图九四，9；彩版一〇三，2）。标本ⅢT7⑩：10，制作规整，烧成火候较低。长38.8厘米，宽20.4～22.8厘米，厚1.2厘米（图九四，4；彩版一〇三，1）。

六、铁　　器

铁器出土数量不多，能看出器形的多见于本期的前、后段。器形有铁铲、铁斧、铁凿、铁钩和铁锅等。

铁铲　标本ⅡT6⑪：51，完整。圆铲头，双面刃，长方直柄，柄上部作圆锥状穿孔，孔径2.4厘米，穿的一侧留竖向缺口。通体长42厘米（图九五，1；彩版一〇四，1）。标本ⅡT6⑫：58，完整。长条形，中部扁平，两端作方棱状。长14.2厘米，中部最宽处1厘米（图九五，2；彩版一〇四，2）。

铁斧　标本ⅡT7⑩：14，完整。形制较小，梯形，双面刃，断面近上部有一长方形穿孔，孔径长2.4厘米，宽1.4厘米。体长9.6厘米，刃宽7厘米，背长5厘米，宽3厘米（图九五，5；彩版一〇三，5）。

铁凿　标本ⅡT6⑪：53，完整。长条形，上窄下宽，双面刃。长19.8厘米，宽2.6～4厘米（图九五，4；彩版一〇三，6）。

---

① 本阶段中尚未发现匣钵标本，由于它的形制与晚唐五代时期匣钵盖完全相同，从使用痕迹观察也是起到盖的作用，因此，在这里我们暂以匣钵盖定名。

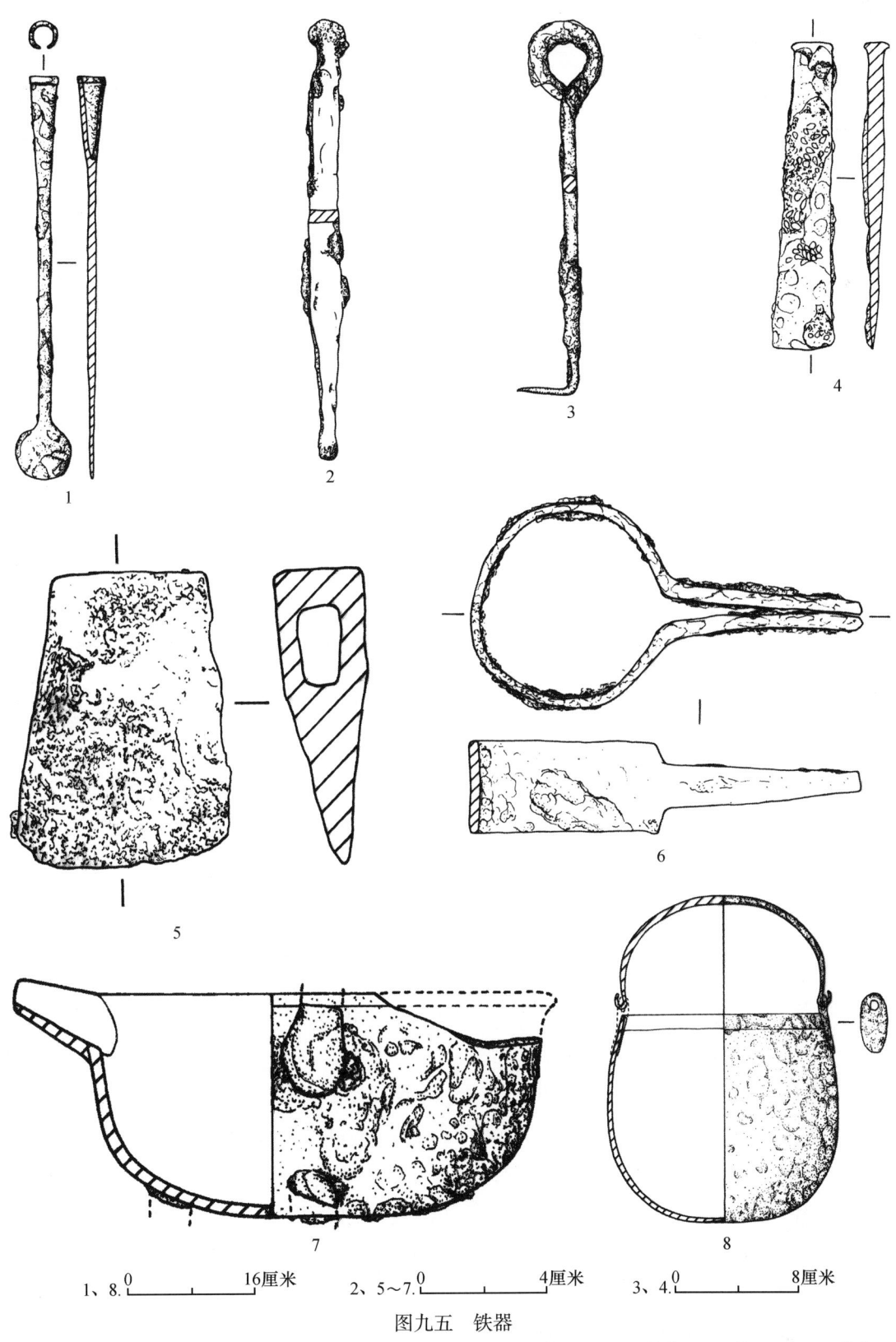

图九五 铁器

1. 铁铲（ⅡT6⑪∶51） 2. 铁器（ⅡT6⑫∶58） 3. 铁钩（ⅡT10⑩∶43） 4. 铁凿（ⅡT6⑪∶53） 5. 铁斧（ⅡT7⑩∶14） 6. 铁饰件（ⅡT6⑪∶52） 7. 三足铁锅（ⅡT6⑪∶54） 8. 提梁铁锅（ⅡT10⑩∶12）

铁钩　标本ⅡT10⑩：43，完整。手柄作圆环形，直径2.6厘米，柄作圆锥体，前部折钩。主体长23.8厘米，折钩长4厘米（图九五，3；彩版一○三，4）。

铁饰件　标本ⅡT6⑪：52，残。主体作圆环形，直径6厘米，插入一端合并作方锥状。通体残长12.8厘米（图九五，6；彩版一○四，3）。

提梁铁锅　标本ⅡT10⑩：12，圆形。口微内敛，圆鼓腹，小平底。口沿上对称凸起半圆形系，腹中部饰一条带铁圈加固。口径26厘米，底径8厘米，高42厘米（图九五，8；彩版一○四，4）。

三足铁锅　标本ⅡT6⑪：54，残。圆形，折沿，圜底，下附三足残缺。口部一侧有一槽状流，另一侧腹部有錾手残缺。口径14厘米，残高7.2厘米（图九五，7；彩版一○四，5）。

第四节　第三期后段文化遗物

第三期后段仍是黄冶窑烧造业发展与鼎盛时期。与前段相比，黑釉瓷、白釉瓷明显减少，尤其是白釉瓷中的大件精品器极少；与此相反，三彩、白釉绿彩、白釉蓝彩和白、黄、绿、蓝等单彩陶制品更加丰富多彩。由于产品变化，粗壮的筒形、杯形、盆形、碗形、盘形、盅形支烧等窑具在本阶段逐渐减少，除了各种三叉支烧外，与柱形支烧相配套使用的架板、垫板在本阶段被广泛应用。

一、瓷　器

本阶段的瓷制品从数量和制作工艺等方面远不如前段。与前阶段相比，以黑釉瓷器为主，白釉瓷器相对减少，尤其是大件器更少。

1. 黑釉瓷器

黑釉瓷器出土数量虽然比白釉瓷器多，但是相比之下品种较少。常见的黑釉瓷器以生活实用器为主，器形有盆、碗、罐和水盂等。

盆　是瓷器中出土数量较多的器形之一，皆饼形底。依据腹的不同可分为两型。

A型　鼓腹。出土数量较多，依据口沿的不同又可分为两个亚型。

Aa型　圆唇直口。标本ⅢT6H81：127，与第二期A型盆形制相同。器内底饰同心圆两周，外底面显数周同心圆纹。沿面无釉，器内半釉，器表施釉至下腹。白胎，胎质细腻。口径20.8厘米，底径11.6厘米，高11.6厘米（图九六，1；彩版一○五，1）。

Ab型　尖唇口微敛。标本ⅢT6H81：128，沿面微鼓。沿面无釉，内沿下施釉一周，器表施半釉。浅灰胎。口径18.8厘米，底径10.3厘米，高9.6厘米（图九六，4；彩版一○五，2）。

B型　深弧腹。出土数量极少。标本ⅢT4H23①：67，器形较大。敞口圆唇，口沿一周无釉，器内施满釉，器表半釉，灰白胎。口径22厘米，底径12.8厘米，高14.3厘米（图九六，8；彩版一〇五，3）。

碗　出土数量不多，工艺较精。依据腹的不同可分为两型。

A型　鼓腹。敞口折沿，矮圈足外撇。器内施白釉，器表施黑釉。标本ⅢT9G6：68，器形较大。器内白釉泛黄青，器表黑釉莹润。土黄胎。口径21.6厘米，底径12.9厘米，高8.2厘米（图九六，5；彩版一〇五，4）。标本ⅢT6H72：11，器形较小。器内白釉莹润、洁白，器表黑釉光亮。白胎。口径18厘米，底径10.6厘米，高6.2厘米（图九六，7；彩版一〇五，5）。

B型　深弧腹。出土数量极少。标本ⅡT5⑨：14，敞口折沿，高圈足。器内外施黑釉近底，器表釉薄处显带状轮旋纹，口沿一周无釉。底面上饰同心圆纹一周。灰胎，含杂质较大。口径18厘米，底径10.6厘米，高9.3厘米（图九六，6；彩版一〇五，6）。

罐　是本阶段新出现的一种器形，出土数量极少。标本ⅢT3H21：1，器形较大，胎体厚重。大口卷沿，圆鼓腹，圜底内凹。器内施满釉，器表半釉。由于烧制火候过高，器表釉面已完全失色。浅灰胎。口径25厘米，高14.2厘米（图九六，3）。

水盂　是第二期和第三期前段常见的器形之一，本阶段出土数量不多。标本ⅢT7H73：18，小口，斜高颈，圆鼓腹，饼形底外撇。底面上显两周同心圆纹。器内满釉，器表施釉至下腹。口径3.6厘米，底径5.2厘米，高7.5厘米（图九六，2；彩版一〇五，7）。

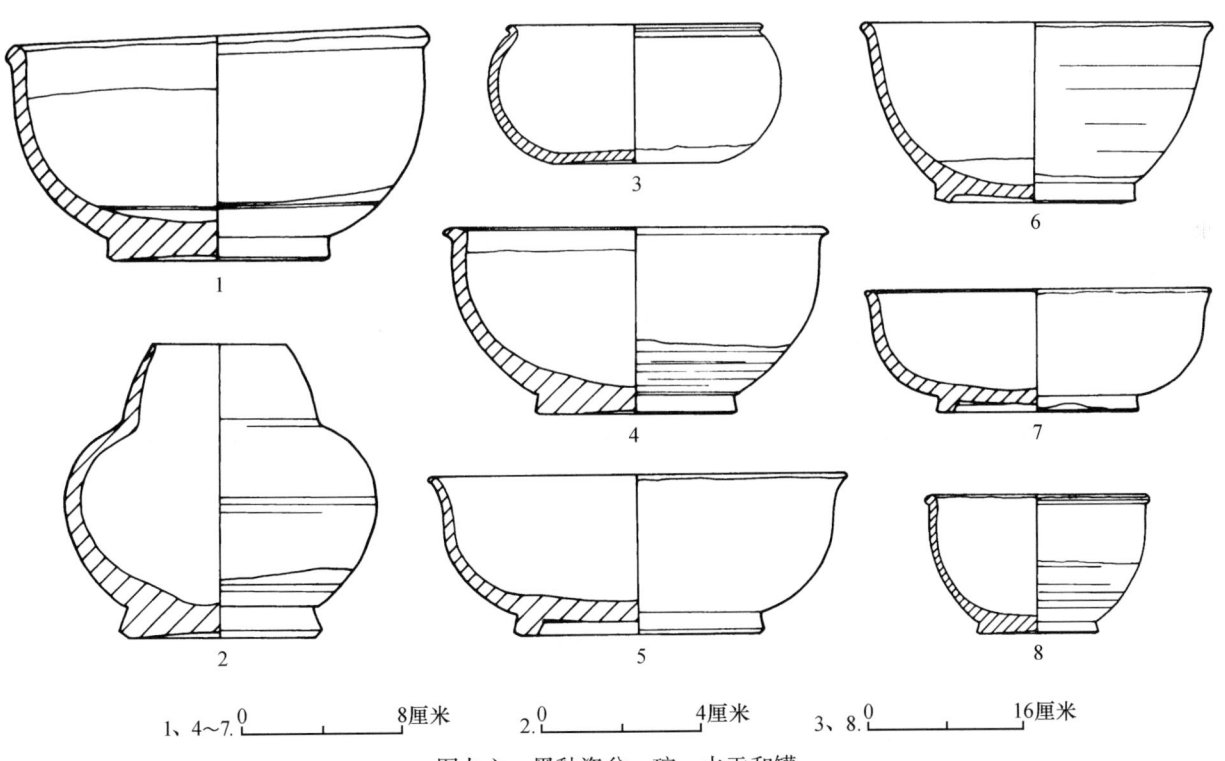

图九六　黑釉瓷盆、碗、水盂和罐

1. Aa型盆（ⅢT6H81：127）　2. 水盂（ⅢT7H73：18）　3. 罐（ⅢT3H21：1）
4. Ab型盆（ⅢT6H81：128）　5、7. A型碗（ⅢT9G6：68、ⅢT6H72：11）
6. B型碗（ⅡT5⑨：14）　8. B型盆（ⅢT4H23①：67）

2. 白釉瓷器

白釉瓷器以圈足底为主，除了盆类器外，饼形底的极少。器形有盆、碗、盘、杯、砚滴等。

盆　盆是本阶段最少的器形之一。标本ⅢT4H23②：59，口微敞，尖圆唇，平沿，上腹微鼓，饼形底内凹。器内满釉，器表施釉至上腹。底面中上部墨书一"琛"字。粉白胎，胎质较粗糙。口径17厘米，底径10.2厘米，高8.6厘米（图九七，6；彩版一〇六，1、2）。

碗　圈足底。出土数量较多。依据腹的不同可分为两型。

A型　斜弧腹。标本ⅠT1⑤：105，敞口，直圈足。口沿无釉，器内满釉，器表施釉至足根。白胎。口径17.6厘米，底径10厘米，高6.2厘米（图九七，2；彩版一〇六，3）。

B型　鼓腹。出土数量较多，器形大小不一。标本ⅠT4⑧：19，敞口折沿，大圈足外撇。器内外满釉，釉色匀净，沿面一周无釉。胎质细腻洁白。由于烧成温度过高，整体变形严重。口径17厘米，底径9.5厘米，高6.4厘米（图九七，3）。标本ⅢT8H78：49，器形较小。敞口折沿，矮圈足外撇，器内满釉，器表施釉近足根。粉白胎。口径11.1厘米，底径5.7厘米，高3.9厘米（图九七，4；彩版一〇六，4）。

盘　极少，可复原的仅1件。标本ⅢT5H25：56，器形较小。敞口折沿，斜腹，平底。器内外满釉，釉色白中泛黄，底面无釉。口径14厘米，底径10.6厘米，高2.3厘米（图九七，5；彩版一〇六，5）。

杯　极少，可复原的仅1件。标本ⅠT1⑤：216，敞口折沿，折腹，高圈足外撇。器内满釉，器表施釉至下腹，口沿一周无釉，釉色纯净，胎质细腻。口径8.4厘米，底径3.6厘米，高5.5厘米（图九七，1；彩版一〇六，6）。

砚滴　1件。标本ⅢT4H23：87，器形较小，缺盖。子口，斜腹，小平底。口部一侧有一缺口作流。器内满釉，器表无釉显轮旋纹。灰白胎。外沿径12.2厘米，子口径10.6厘米，底径3.4厘米，高3.5厘米（图九七，7；彩版一〇七，1）。

3. 茶叶末釉瓷器

茶叶末釉瓷器出土数量较少，器形较小，仅见于碗类器。依据形制的不同可分为两型。

A型　1件。标本ⅢT9G6：88，敞口折沿，弧腹微鼓，圜底近平。沿下一侧置一龟首鋬手。口沿一周无釉，器内满釉，釉色白中泛青，器表及底施茶叶末釉，玻璃感较强。口径8.9厘米，底径3.6厘米，高3.6厘米（图九七，11；彩版一〇七，2）。

B型　1件。标本ⅢT6⑧：20，敞口，折沿，弧腹，圜底近平，底附三足残缺，一侧足上近沿处饰一鋬手残缺。器内施白釉泛黄，器表施深色茶叶末釉。口径9.6厘米，残高3.3厘米（图九七，8；彩版一〇七，3）。

4. 青釉瓷器

仅出土一件青釉瓷残器的下面部分，依据它的形制、成型工艺和装饰手法判断可能是佛像

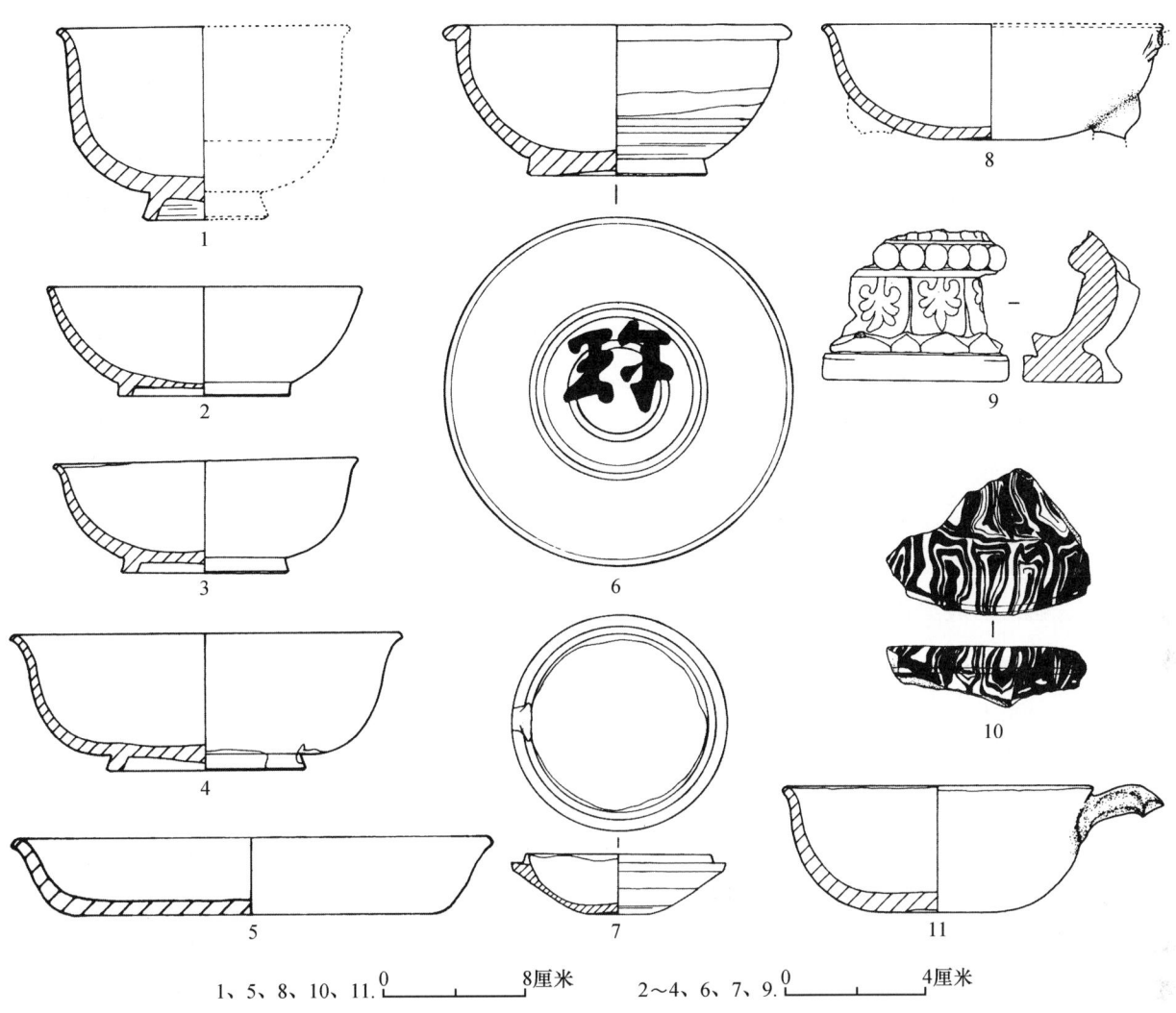

图九七　白釉瓷、茶叶末釉瓷、青釉瓷和绞胎器

1. 白釉瓷杯（ⅠT1⑤：216）　2. A型白釉瓷碗（ⅠT1⑤：105）　3、4. B型白釉瓷碗（ⅠT4⑧：19、ⅢT8H78：49）
5. 白釉瓷盘（ⅢT5H25：56）　6. 白釉瓷盆（ⅢT4H23②：59）　7. 白釉瓷砚滴（ⅢT4H23：87）　8. B型茶叶末釉瓷碗
（ⅢT6⑧：20）　9. 青釉瓷（ⅢT8H78：71）　10. 绞胎盒盖（ⅢT7H68：5）　11. A型茶叶末釉瓷碗（ⅢT9G6：88）

底座。标本ⅢT8H78：71，胎体厚重。成型工艺采用分段模制黏合而成。束腰，圆饼状底，中空，制作的非常规整，中空径8.2厘米。腰部饰覆莲花卉纹一周，覆莲的上部饰连珠纹一周。浅灰胎。底盘径18.6厘米，残高8.6厘米（图九七，9；彩版一○七，4）。

二、釉陶器

釉陶器是本阶段的主流产品，和本期前段相比，器形和釉色及装饰技法都有新的增加。器形制作工艺更加精湛，釉色更加丰富多彩。

1. 绞胎器

绞胎器极少，皆残，不可复原。器形有盒、枕等。标本ⅢT7H68：5，盒盖残片。盖顶平整，腹壁与顶交接处饰凸棱弦纹一周。胎体采用白、褐两种颜色的胎土糅合而成。器内外施黄色透明釉，形成黄、褐两种层次分明的木理纹图案。残长5.9厘米，残宽4.2厘米，残高1.7厘米（图九七，10）。

2. 单彩器

单彩器是本阶段器物的主要釉色装饰之一，釉色稳定，以绿釉、黄釉为主，白釉相对较少。常见器形有盆、碗、豆、杯、罐、水盂、盂、水注、钵、炉、盒、器盖、灯、埙、人物俑和动物俑等。

盆　出土数量较多，以绿釉和黄釉为主。依据形制的不同分为四型。

A型　敞口板沿，沿面微弧，饼形底较厚。标本ⅠT4⑤：16，残，器形较大。弧腹。器内外施绿釉，器表局部垂釉至底面上。通体敷一层较厚化妆土。白胎，胎质疏松。口径19.8厘米，底径11.4厘米，复原高9厘米（图九八，1）。

B型　敛口平沿，外沿下垂，大圜底内凹。标本ⅢT7H74：1，残。器形硕大，胎体厚重。鼓腹。器内施淡黄色釉透胎，器表施黄釉至下腹。粉白胎。口径26.6厘米，高15.8厘米（图九八，3；彩版一〇八，1）。

C型　敞口折沿，圜底。出土数量较多。依据腹的不同又可分为两个亚型。

Ca型　斜弧腹。标本ⅢT9G6：49，器形较大。斜弧腹，大圜底近平，下附三足残缺。腹中部饰凸棱纹一周，下腹近底饰凹弦纹一周，上腹壁釉下显凹弦纹数周。器内满釉，器表施釉至下腹。浅绿釉泛黄，白胎。口径28.2厘米，复原通高12.6厘米（图九八，7；彩版一〇八，2）。

Cb型　折腹。标本ⅢT5H39：6，直壁，折腹，圜底下附三足。器内满釉，器表施釉近底，釉色酱红。口径22.9厘米，通高12.8厘米（图九八，6；彩版一〇八，3）。

D型　八角形。标本ⅢT4H23：11，器形硕大，胎体厚重。直子口，八棱腹，底周边等分八个如意足。足与足之间饰水波纹。器内底无釉，器表施绿釉。粉红胎。口径38厘米，底径43.2厘米，高11.8厘米（图九八，8；彩版一〇八，4）。

碗　以黄釉为主，绿釉较少，出土数量较多。依据腹的不同分为两型。

A型　鼓腹。敞口折沿，圈足。器内满釉，器表半釉，釉下敷化妆土的占多数。依据器物的大小和用途又可分为两个亚型。

Aa型　器形较大。2件。标本ⅢT6H81：83，器表上腹显规整凹弦纹数周。器内施满釉，器表施釉至下腹，局部垂釉至足跟，釉色青绿。釉下敷一层较厚化妆土。口径17.2厘米，底径10.2厘米，高7厘米（图九八，2；彩版一〇八，5）。标本ⅢT6H81：89，器表上腹部饰两周线弦纹。器内施满釉，器表施釉至腹中部，酱黄釉，釉层溶解不匀。器表施化妆土过釉近底。口径16.8厘米，底径9.6厘米，高6.4厘米（图九八，10；彩版一〇八，6）。

Ab型　器形较小，应是茶具的一种。是出土最多的形制之一。敞口，折沿，鼓腹，圈足外撇。标本ⅢT7H74：7，器内施满釉，器表施半釉，釉色浅绿，釉下敷一层较厚化妆

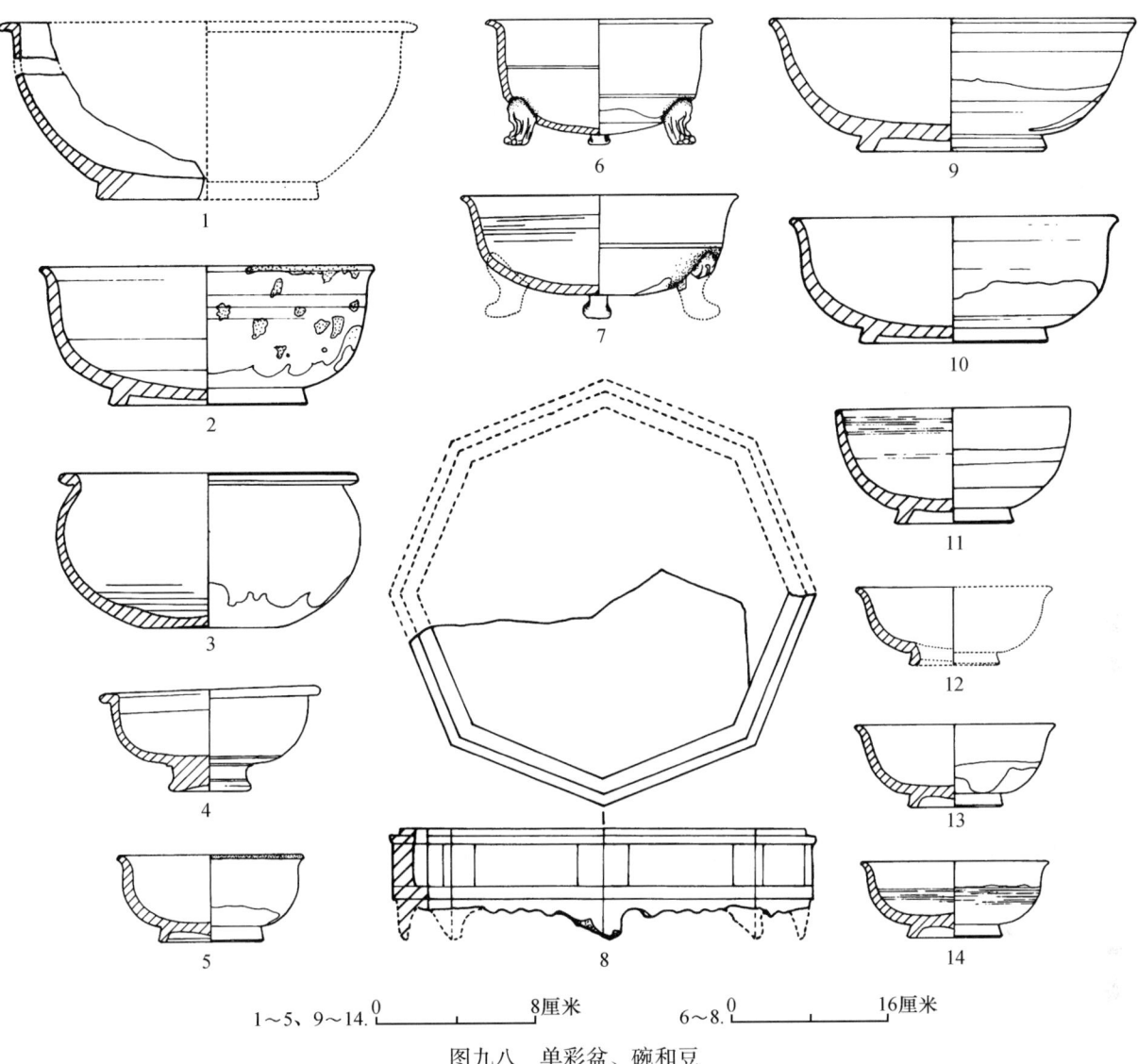

图九八 单彩盆、碗和豆

1. A型盆（ⅠT4⑤：16） 2、10. Aa型碗（ⅢT6H81：83、ⅢT6H81：89） 3. B型盆（ⅢT7H74：1） 4. 豆（ⅠT1⑦：149）
5、12～14. Ab型碗（ⅢT7H74：7、ⅡT8H22：21、ⅢT5H25：40、ⅢT5H25：38） 6. Cb型盆（ⅢT5H39：6） 7. Ca型盆
（ⅢT9G6：49） 8. D型盆（ⅢT4H23：11） 9. Ba型碗（ⅢT5H25：46） 11. Bb型碗（ⅢT5H25：52）

土。粉红胎。口径9.4厘米，底径5.3厘米，高4.4厘米（图九八，5；彩版一〇九，1）。标本ⅢT5H25：38，器内满釉，器表施釉至上腹，釉色酱黄。粉红胎。口径9.6厘米，底径4.9厘米，高3.9厘米（图九八，14；彩版一〇九，2）。标本ⅢT5H25：40，器内满釉，器表施半釉，釉色淡黄，釉下敷一层较薄化妆土。粉红胎。口径10.3厘米，底径5厘米，高4.2厘米（图九八，13；彩版一〇九，3）。标本ⅡT8H22：21，器内满釉，器表施釉至上腹，黄釉，釉下敷一层较厚化妆土。粉白胎。口径10.2厘米，底径4.7厘米，高4厘米（图九八，12；彩版一〇九，4）。

B型 弧腹。出土数量较少。依据口沿的不同又可分为两个亚型。

Ba型 敞口折沿。标本ⅢT5H25：46，器形较大。大圈足外撇。腹中部饰凹弦纹一周。器内满釉，器表施釉至上腹。通体敷一层较厚化妆土。口径18.5厘米，底径9.8厘米，高6.8厘米（图九八，9；彩版一〇九，5）。

Bb型　斜直口。标本ⅢT5H25：52，高圈足外撇。酱黄釉。腹中部饰凹弦纹一周。粉白胎。口径11.7厘米，底径6.2厘米，高6厘米（图九八，11；彩版一〇九，6）。

豆　出土数量极少。标本ⅠT1⑦：149，敛口，板沿，沿面微弧，鼓腹，矮柄，饼形足内凹。器内底显数周同心圆纹，器表下腹饰凹弦纹两周。腹底近柄处残存两个圆形支烧痕。通体施黄釉，粉白胎。口径9.6厘米，底径4.1厘米，高5.2厘米（图九八，4；彩版一〇七，5）。

杯　数量较前段有所增加，皆圈足。常见的釉色有绿釉、黄釉、白釉和蓝釉等，多数釉下敷一层化妆土。依据形制的不同分为两型。

A型　敞口折沿，鼓腹，圈足外撇，沿下一侧置一环形鋬。出土数量较多。标本ⅢT2H34：32，器形较大。器内外绿釉，器表施釉近底，内底面聚铅呈现银白色。灰白胎。口径8厘米，底径4厘米，高5.4厘米（图九九，1；彩版一〇七，6）。标本ⅡT8H22：3，残。圈足内心凸起，外围饰同心圆纹一周。器内外绿釉，器表施半釉，釉下敷一层较厚化妆土。粉白胎。口径7.2厘米，底径3.6厘米，高5.2厘米（图九九，2；彩版一一〇，1）。标本ⅢT5H25：37，器内外白釉泛黄，器表施釉至上腹，釉下敷一层较厚化妆土过釉至下腹。口沿一侧残留有器物黏结痕，周边遗留有蓝釉斑块。粉黄胎。口径8厘米，底径3.8厘米，高5厘米（图九九，3；彩版一一〇，2）。

B型　敞口折沿，腹壁斜直，鼓腹，圈足外撇。依据腹的不同又可分为三个亚型。

Ba型　下腹微鼓。标本ⅢT6H81：140，器内外白釉，器表施釉至下腹，釉下敷化妆土近底。白胎。口径7.8厘米，底径3.6厘米，高5.4厘米（图九九，5；彩版一一〇，3）。标本ⅢT5H25：30，器内外施黄釉，器表施釉至上腹，釉下敷一层较厚化妆土至腹中部。粉白胎。口径7.8厘米，底径4厘米，高5.2厘米（图九九，11；彩版一一〇，4）。

Bb型　曲鼓腹。标本ⅢT8H78：57，腹中部饰凸棱弦纹一周，下腹近底饰线弦纹一周。器内外施蓝釉，器表施釉至下腹，釉下敷一层较薄化妆土。白胎。口径8.2厘米，底径3.6厘米，高5.5厘米（图九九，7；彩版一一〇，5）。

Bc型　曲折腹。标本ⅢT6H72：17，器内外施青绿釉，器表施釉至足根，口沿局部脱釉。绿釉，灰白胎。口径7.7厘米，底径3.8厘米，高5.5厘米（图九九，6；彩版一一〇，6）。

罐　出土数量较少，依据形制的不同可分为两型。

A型　出土数量较多，依据口沿的不同又可分为两个亚型。

Aa型　唇沿。标本ⅢT5H25：39，鼓腹，圈足。口沿上等距有三个支烧痕。器内无釉，器表施蓝釉至腹中部，局部流釉至足根，釉下敷一层较厚化妆土。粉红胎。口径8.6厘米，底径7.2厘米，高9厘米（图九九，10；彩版一一一，1）。

Ab型　小口卷沿。标本ⅠT1⑤：124，底残，短束颈，广肩，圆鼓腹。器表施绿釉至下腹，釉下敷一层化妆土，釉面光泽莹润。浅黄胎。口径4厘米，残高7厘米（图九九，8；彩版一一一，2）。

B型　有桥形系。标本ⅠT1⑤：89，残片，不可复原。敞口，束颈，鼓肩，肩部一侧遗留有一个桥形系，下腹残缺。口沿一侧遗留有一个支烧痕，肩部饰凹弦纹两周。器内沿下施淡黄釉，器表施绿釉。粉白胎。口径14厘米，残高5.8厘米（图九九，13；彩版一一一，3）。

图九九 单彩杯、水盂、罐和盂

1~3. A型杯（ⅢT2H34：32、ⅡT8H22：3、ⅢT5H25：37） 4. 水盂（ⅢT1H44：5） 5、11. Ba型杯（ⅢT6H81：140、ⅢT5H25：30） 6. Bc型杯（ⅢT6H72：17） 7. Bb型杯（ⅢT8H78：57） 8. Ab型罐（ⅠT1⑤：124） 9. B型盂（ⅢT9H99：3） 10. Aa型罐（ⅢT5H25：39） 12. A型盂（ⅢT3H26：26） 13. B型罐（ⅠT1⑤：89）

水盂　是第三期前段以前的常见器形，本阶段出土数量较少，且多为低温釉陶制品。标本ⅢT1H44：5，完整。小口，斜高颈，圆鼓腹，饼形底内凹，饼面上有三周同心圆纹。器内无釉，器表施黄釉至下腹。白胎。口径2.8厘米，底径5.2厘米，高7厘米（图九九，4；彩版一一一，4）。

盂　是第三期前段以后的常见器形。依据口沿的差异可分为两型。

A型　小口，沿微下垂，标本ⅢT3H26∶26，器形较大，鼓肩，圆鼓腹，小平底。器内无釉，器表白釉至腹中部，周边垂釉至底面，釉面上局部流淌有淡黄、淡绿釉斑点。口径3.8厘米，底径3.7厘米，高5.7厘米（图九九，12；彩版一一一，5）。

B型　圆唇，宽沿内斜下垂。标本ⅢT9H99∶3，完整。器形较小。鼓肩，弧腹，小平底内凹。近口处饰凹弦纹一周，腹中部饰凸棱一周。器表施浅绿釉，一侧满釉，另一侧施釉至腹中部。通体敷一层化妆土。口径1.8厘米，底径2厘米，高2.7厘米（图九九，9；彩版一一一，6）。

水注　出土数量较多，前段常见的钵形水注在该阶段已逐渐消失，罐形水注是本阶段的主要器形之一。常见的以白釉为主，绿釉、酱黄釉不多。依据形制的不同分为两型。

A型　罐形水注。依据流的不同又可分为两个亚型。

Aa型　柱状流。圆唇，溜肩，鼓腹，高圈足外撇，肩部一侧置一柱状流，流口部近根部稍细。标本ⅢT9G6∶17，足面残存一个支烧痕。器内外施白釉泛黄，釉下敷一层较厚化妆土。白胎。口径7.7厘米，底径6.7厘米，高8.3厘米（图一〇〇，2；彩版一一二，1）。标本ⅢT6H71∶5，圈足底面上有器物口沿黏结痕一周。器内底施一层淡黄釉透胎，器表施绿釉至下腹，局部垂釉至足面。粉红胎。口径8.5厘米，底径7.6厘米，高8.8厘米（图一〇〇，3；彩版一一二，2）。

Ab型　兽头形流。标本ⅢT2H36∶5，器形较小。肩部一侧置一兽头形流。肩、腹中部及下腹分别饰凹弦纹一周，器底足面上饰同心圆纹三周。器内沿以下施淡黄色釉透胎，器表施酱黄釉至腹中部。粉红胎。口径6.1厘米，底径5.4厘米，高6.2厘米（图一〇〇，1；彩版一一二，3）。

B型　碗形水注。可复原的极少。标本ⅢT9G6∶59，斜直口，弧腹，圈足外撇，口部一侧置一柱形流。器内外施白釉泛黄，器表施釉至下腹，器表施化妆土近足跟。粉白胎。口径14.4厘米，底径8.8厘米，高8厘米（图一〇〇，4；彩版一一二，4）。

钵　出土数量较多。依据形制的不同可分为三型。

A型　敛口钵。是第三期前段的最常见器形之一，从本阶段开始逐渐被双系敛口钵所代替。标本ⅢT9G6∶110，鼓肩，弧腹，下腹斜收，小平底。近口处饰凹弦纹一周，下腹露胎处显数周带状轮旋纹。口沿及器内无釉，器表施黄釉至肩部，因烧制火候过低和还原气氛等因素，釉尚未完全溶解，釉色红褐色，无光泽。土黄胎。口径16.6厘米，底径6.5厘米，高11.3厘米（图一〇〇，5；彩版一一三，1）。

B型　双系鼓腹敛口钵，沿面内斜，沿下对称双系。出土数量较多。依据底的不同又可分两个亚型。

Ba型　圜底。出土数量较少。标本ⅢT7H73∶26，器形较大。圆鼓腹。器表近沿处饰凹弦纹一周，腹中部饰凹弦纹三周。近底遗留有器物口沿摞烧黏结痕一周。器内无釉，器表施绿釉近底，通体敷一层较厚化妆土。口径14.6厘米，高15.4厘米（图一〇〇，6；彩版一一三，2）。

Bb型　小平底。出土数量最多，器形大小不一。标本ⅡT8H22∶11，器形较大。同前段单色釉B型钵形制完全相同。底面上显数周同心圆纹。底内凹，内底遗留三个较大泥饼支垫具。沿面上残存两组4个支烧点，这种支烧方法在黄冶窑址中尚属首次发现。器内底施淡黄色釉，

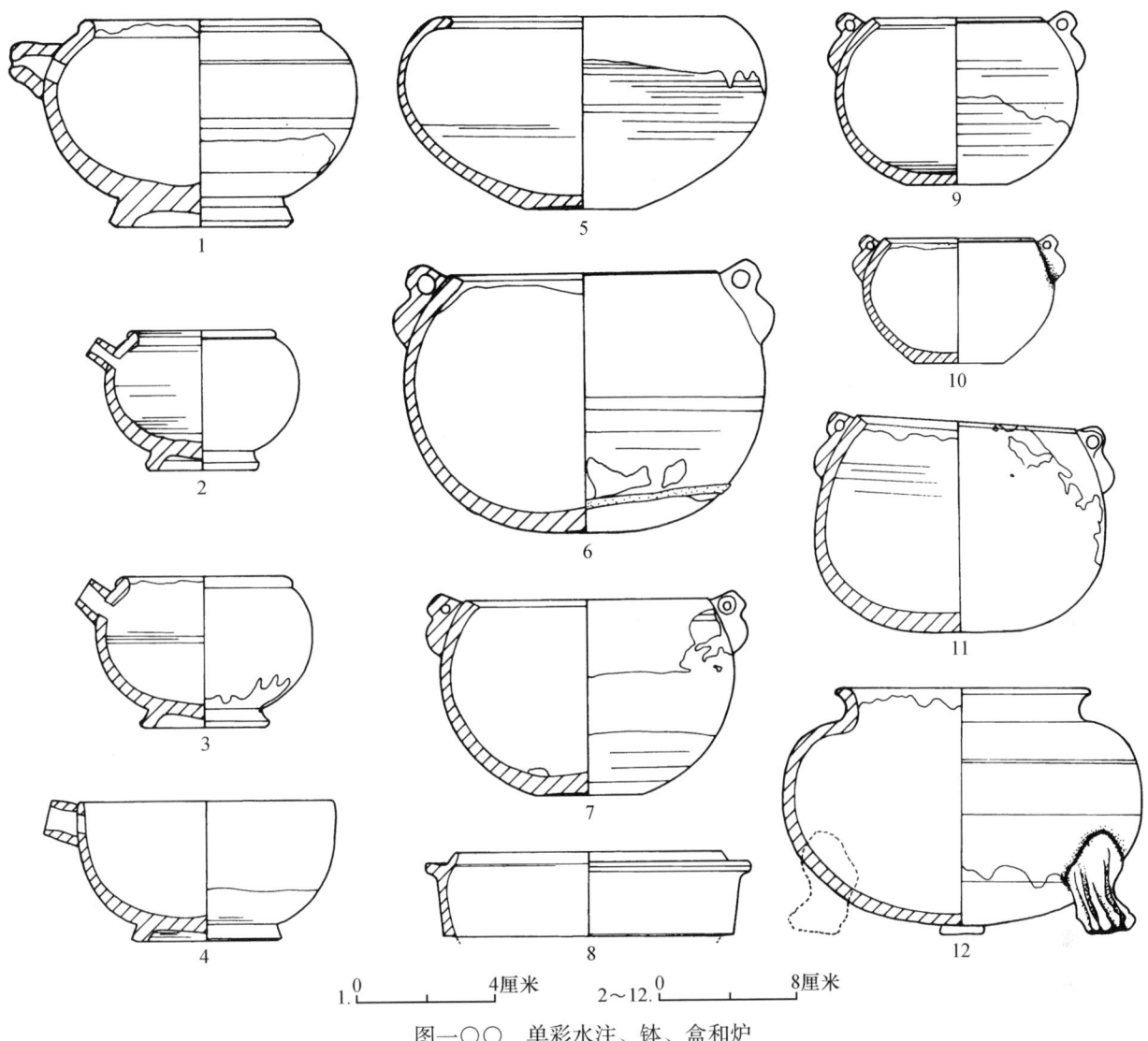

图一〇〇 单彩水注、钵、盒和炉

1. Ab型水注（ⅢT2H36∶5） 2、3. Aa型水注（ⅢT9G6∶17、ⅢT6H71∶5） 4. B型水注（ⅢT9G6∶59） 5. A型钵（ⅢT9G6∶110） 6. Ba型钵（ⅢT7H73∶26） 7、9、10. Bb型钵（ⅡT8H22∶11、ⅠT4⑦∶6、ⅠT1⑤∶94） 8. 盒（ⅠT1⑤∶130） 11. C型钵（ⅢT6H81∶18） 12. 炉（ⅢT9G6∶107）

器表施白釉泛绿至上腹，器表施较薄化妆土至下腹。灰白胎。口径12.5厘米，底径6.4厘米，高11.6厘米（图一〇〇，7；彩版一一三，3）。标本ⅠT4⑦∶6，器形较小。器表近口处饰凹弦纹一周。器内施淡黄色透明釉，器表施绿釉至上腹，局部垂釉近底。白胎。口径9.5厘米，底径6.1厘米，高9.8厘米（图一〇〇，9；彩版一一三，4）。标本ⅠT1⑤∶94，器形最小。器表近口处饰凹弦纹一周。器内无釉，器表通体施黄釉。粉白胎。口径7.4厘米，底径5.4厘米，高7.3厘米（图一〇〇，10；彩版一一三，5）。

C型 双系垂腹敛口钵，器表近口处对应双系。出土数量极少。标本ⅢT6H81∶18，沿面内斜，垂腹，圜底近平。双系顶端饰凸棱纹两条。沿面一侧残存一个支烧痕。器表近口处饰凹弦纹一周。器内施淡黄釉，器表施绿釉至下腹，局部垂釉近底。釉下敷一层较厚化妆土。粉红胎。口径11.6厘米，高12.4厘米（图一〇〇，11；彩版一一三，6）。

炉　以三彩装饰为主，采用单色釉装饰极少。标本ⅢT9G6：107，弧口折沿，束颈，鼓肩，圆鼓腹，下附三个兽蹄形足，口沿内侧残存两个支烧痕。器表肩部釉下显数周暗弦纹，腹部饰凹弦纹三周。器内施淡黄色釉透胎，器表施绿釉泛黄，局部垂釉近底。通体敷一层较厚化妆土。口径15厘米，通高14.4厘米（图一〇〇，12；彩版一一二，5）。

盒　数量极少，皆不能复原。标本ⅠT1⑤：130，器形较大。缺盖，敛子口，平沿外出，斜直壁，底残缺。沿面及器内不施釉，器表施黄釉。粉红胎。盒沿径19.1厘米，子口径15.6厘米，残高5厘米（图一〇〇，8）。

器盖　出土数量较多。常见的有绿釉、白釉和黄釉等。釉下敷化妆土的极少。依据形制的不同可分为两型。

A型　盖顶同心圆凸起近平，中部置一锥帽形捉手，子口内敛。标本ⅢT9G6：13，鼓肩，厚盖沿微下垂。盖面施绿釉，局部流釉至子口处，盖内无釉，显密集轮旋纹。粉红胎。盖沿径13.4厘米，子口径10厘米，高6.2厘米（图一〇一，1；彩版一一二，6）。标本ⅠT1⑤：120，弧肩，盖沿微上翘。盖面施白釉泛黄，局部流釉至子口处。白胎，胎质较粗糙。盖沿径12.7厘米，子口径9.6厘米，高4.6厘米（图一〇一，2；彩版一一四，1）。

B型　饼形大盖面，小子口内收。出土数量极少。标本ⅢT9H83：1，残。盖面施黄釉，盖内无釉。通体敷有一层较薄化妆土，白胎。盖面径8.4厘米，子口径2.6厘米，高1.5厘米（图一〇一，3；彩版一一四，2）。

灯　出土数量较多，常见的炉有酱黄釉、绿釉和白釉等。依据形制的不同分为三型。

A型　碗形灯，最常见。胎体厚重，制作工艺较粗糙。敞口圆唇，斜腹微弧，小平底。器内施釉近口沿，个别的器内施满釉，器表皆不施釉。标本ⅢT7H74①：22，器内施白釉近口沿。灰白胎。口径8.7厘米，底径4.4厘米，高3厘米（图一〇一，12；彩版一一四，3）。标本ⅢT9⑧：15，完整。沿面上遗留有两个支烧点，器内釉下显螺旋纹。器内施满釉，釉色酱黄，灰白胎。口径8厘米，底径4.6厘米，高3厘米（图一〇一，13；彩版一一四，4）。

B型　鱼形灯，出土数量较少，皆残，不可复原。标本ⅢT3⑨：37，整体作鱼形，灯盘作花式口，张口含物折于背部，鱼腹中空，左右分别模制黏合而成，腹下有底座残缺。通体施黄釉。体长15.3厘米，宽5.6厘米，残高8.7厘米（图一〇一，5；彩版一一四，5）。

C型　柱形灯，出土数量较少，皆残，不可复原。标本ⅢT6H81：87，竹节状台柱中空，底座残缺。上呈一折腹托盘，盘外沿和盘底中部分别饰同心圆纹一周。盘心倒置碗形托座，座上一圆柱形高柄，柄顶部置一碗形灯托。柄座、托盘、托座、灯托分别制作，黏合而成，由于托盘与托座黏结不佳，在烧造过程中托座向一侧滑动移位。通体施绿釉。白胎。灯托径11厘米，托盘径16.2厘米，通体残高22.3厘米（图一〇一，4；彩版一一四，6）。

埙　出土数量不多，形制大同小异，皆前后分别模制黏合而成。标本ⅢT2H36：1，作人面形，除高鼻梁清晰外，眉、眼、嘴模糊不清。头顶端有一吹孔，面颊两侧分别有一个音孔。面部施黄釉，背部无釉，通体敷有一层化妆土。面宽3.7厘米，厚4.3厘米，高4厘米（图一〇一，6）。

俑　出土数量不多，可分为人物俑和动物俑两大类。

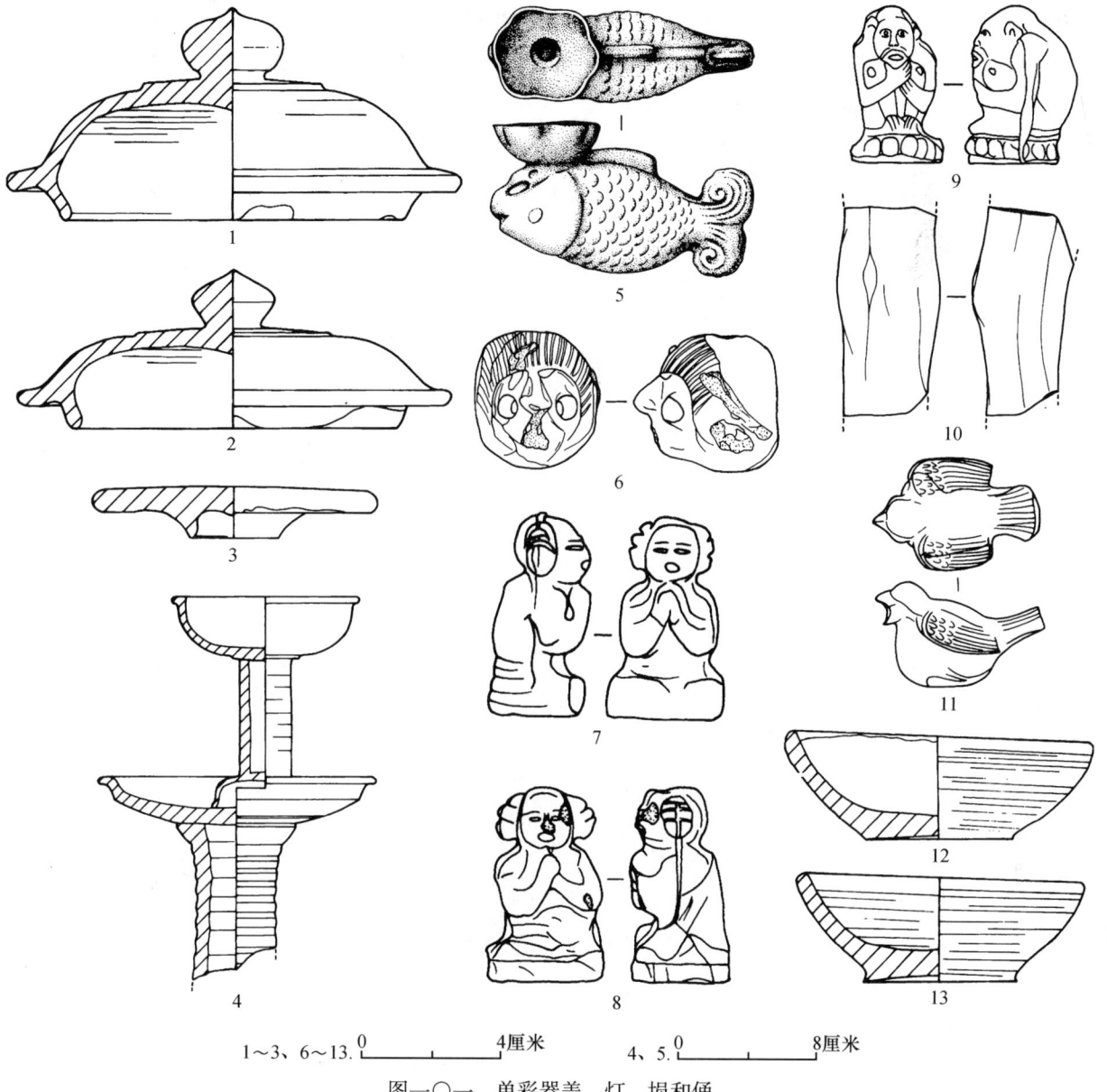

图一〇一 单彩器盖、灯、埙和俑

1、2. A型器盖（ⅢT9G6：13、ⅠT1⑤：120） 3. B型器盖（ⅢT9H83：1） 4. C型灯（ⅢT6H81：87） 5. B型灯（ⅢT3⑨：37） 6. 埙（ⅢT2H36：1） 7、8. 俑（ⅡT7⑧：1、ⅡT7⑧：2） 9. 猴俑（ⅢT9H83：10） 10. 马俑（ⅢT6H81：29） 11. 鸽俑（ⅢT9H99：2） 12、13. A型灯（ⅢT7H74①：22、ⅢT9⑧：15）

人物俑 以女侍俑为主。2件，大同小异，前后合模制成。双腿盘坐于一近长方形台座上。发髻挽于两侧，面颊丰满，面容清晰，双手合拢置于胸前。标本ⅡT7⑧：1，背及底座施绿釉，正面施白釉透胎，局部淡绿色。脸面局部脱釉。粉红胎。通高5.7厘米（图一〇一，7；彩版一一五，1）。标本ⅡT7⑧：2，完整。背部施绿釉，局部流釉至底座，正面施白釉，局部绿釉点缀。粉红胎。高5.8厘米（图一〇一，8；彩版一一五，2）。

动物俑 出土数量不多，皆模制而成。

猴俑　标本ⅢT9H83：10，完整。弓背，抱膝，蹲卧在一连珠纹底座上，双耳竖立，台头平视，左爪折于胸前，右爪折于下额。正面施白釉泛黄，背部及底座无釉。粉红胎。高4.5厘米（图一〇一，9；彩版一一五，4）。

马俑　标本ⅢT6H81：29，是目前黄冶窑出土俑类体形较大的一件，整体高度在30厘米左右。遗憾的是仅残存马的前腿中部一段。施酱黄釉，釉色纯净，玻璃质感较强。粉红胎。残高6.1厘米（图一〇一，10；彩版一一五，5）。

鸽俑　标本ⅢT9H99：2，完整。体态丰满，形象逼真。双翅微展，翘尾，双腿曲卧，似幼鸽作引食状。底部有一圆形插孔，孔径0.3厘米。背部施绿釉，双翅及下腹无釉。白胎。体长5厘米，宽3.3厘米，高3厘米（图一〇一，11；彩版一一五，3）。

3. 三彩器

三彩器虽然与前段相比有所减少，但仍占主流。器形有碗、盘、杯、豆、洗、罐、瓶、盂、钵、水注、器盖、枕、埙和人物、动物俑等小型玩具。

碗　标本ⅢT9G6：51，敞口折沿，弧腹微鼓，圈足外撇。器内外施白釉绿彩，釉色艳丽。器表施釉至腹中部，釉下敷一层较厚化妆土近底。口径16.5厘米，底径9厘米，高6.6厘米（图一〇二，1；彩版一一六，2）。

盘　标本ⅢT8H78：15，浅盘，敞口，窄平沿微内斜，弧腹，平底。器内施黄、绿、白三色釉，器表施绿釉近底，局部白釉点缀与绿釉交融，底面无釉。近底面显同心圆纹一周。白胎。口径15.6厘米，底径9.6厘米，高3厘米（图一〇二，12；彩版一一六，1）。

杯　标本ⅢT2H34：3，弧口折沿，深腹，小圈足外撇，沿下一侧置一环形鋬。器内施白釉泛黄，内沿至下腹施绿、黄、蓝三色彩条带釉，器表施白釉至下腹，釉下敷一层较厚化妆土。粉黄胎。口径8.5厘米，底径4厘米，高9.1厘米（图一〇二，5；彩版一一六，4）。

豆　是出土数量较多的器形之一。依据腹的不同可分为三型。

A型　斜弧腹。标本ⅢT6H81：20，烧造期间已变形。口微敛，沿面外斜，矮柄，盘底与柄交接处饼状凸起，喇叭形足。口沿及腹部施蓝、黄、绿、白四色釉，局部垂釉近盘底，器内无釉。器表敷化妆土至柄中部，粉黄胎。口径9.6厘米，底径6.6厘米，高6.5厘米（图一〇二，3；彩版一一六，3）。

B型　深鼓腹。标本ⅢT9⑧：6，器形稍大，口微敛，弧沿面外斜，盘底与柄交接处饼状凸起，喇叭形高足。腹中部饰带状凹弦纹一周。口沿及器表上腹施绿、黄、白三色釉，作斑块状，未完全交融，釉下敷一层较薄化妆土。粉白胎。口径10.8厘米，底径8.4厘米，高8.8厘米（图一〇二，2；彩版一一六，6）。

C型　弧腹。标本ⅢT7H73：9，敞口平沿，圆唇微下垂，直壁微折，喇叭形足。口沿及腹部施蓝、黄、白、绿四色釉近柄，器内无釉敷化妆土，器表敷化妆土至柄中部。粉红胎。口径10.1厘米，底径6.8厘米，高7.2厘米（图一〇二，9；彩版一一六，5）。

洗　出土数量较多。器物的造型及制作工艺与本期前段大同小异。依据装饰工艺的不同可

图一〇二　三彩碗、盘、杯、豆和洗

1. 碗（ⅢT9G6：51）　2. B型豆（ⅢT9⑧：6）　3. A型豆（ⅢT6H81：20）　4、11. B型洗（ⅢT9G6：94、ⅠT1⑧：62）
5. 杯（ⅢT2H34：3）　6~8. Aa型洗（ⅢT9⑧：5、ⅢT9G6：95、ⅢT9G6：29）　9. C型豆（ⅢT7H73：9）　10. Ab型洗
（ⅠT1⑩：201）　12. 盘（ⅢT8H78：15）

分为两型。

　　A型　器内底模印图案。器形较大，制作讲究。窄平沿，弧腹，大平底。内底显三个支烧痕。器内满釉，器表施釉近底。依据器内底模印图案的不同又可分为两个亚型。

　　Aa型　器内底模印宝相花图案。标本ⅢT9⑧∶5，口微敛，平沿微凹，器表沿下饰凹弦纹一周，底面外沿饰同心圆纹一周。图案上施绿、黄、白三色釉，层次分明。外围及腹壁分别采用黄、绿釉作底，白釉点缀，其间同心圆一周相隔。沿面及器表施淡绿釉。粉白胎。口径24厘米，底径19.9厘米，高5.7厘米（图一〇二，6；彩版一一七，4）。标本ⅢT9G6∶95，敞口，斜壁微弧。器表沿下饰凹弦纹一周，上腹壁饰线弦纹三周，底面外沿饰同心圆纹一周。内底外沿饰同心圆一周作边框，底面中部模印宝相花纹，花瓣与花瓣之间相互联结。宝相花图案外围施黄、白釉点缀，腹壁上绿、白釉相间五出至口沿，沿面施黄、绿、白三色釉相间。器表施黄釉近底。粉红胎，胎质细腻。口径25.2厘米，底径21.2厘米，高6厘米（图一〇二，7；彩版一一七，1）。标本ⅢT9G6∶29，残。器表沿下饰凹弦纹一周，上腹壁饰线弦纹四周，底面外沿饰同心圆纹一周，中部饰同心圆纹数周。器内底中部模印宝相花图案，外围饰同心圆纹一周，其间施酱黄釉，白釉点缀，犹如繁星。腹壁上施绿、白、黄三色釉四组，层次清晰，对比鲜明，形似山川纵横。沿面施绿、黄、白三色釉相间，器表施黄釉近底。白胎。口径25.2厘米，底径21.5厘米，高6厘米（图一〇二，8；彩版一一七，2）。

　　Ab型　器内底模印动物图案。数量极少。器形较小，制作工艺精湛。标本ⅠT1⑩∶201，器表沿下饰凹弦纹一周，内底外沿饰同心圆纹两周，底面上残存两个支烧痕。沿面施绿、黄两色釉，内外壁施黄釉，绿釉施其上部，白釉点缀其间。器内底中部釉下模印一仙鹤，作展翅飞翔状，身躯施黄釉，双翅施白釉，仙鹤的外围残存五朵模印如意形祥云纹。沿面施绿、黄两色釉相间，器表上腹壁施绿釉，下腹壁施黄釉，白釉点缀其间。通体敷一层化妆土，粉黄胎。口径20厘米，底径14厘米，高5.4厘米（图一〇二，10；彩版一一七，3）

　　B型　器内底采用釉色装饰花卉图案。器形较小。窄平沿，弧腹，大平底。器内满釉，器表半釉。标本ⅠT1⑧∶62，敞口，腹微鼓。器表沿下饰凹弦纹一周。器内外腹壁上施黄釉，内底采用绿、白、黄三色釉组成花卉图案。釉下敷化妆土过底。粉红胎。口径20厘米，底径18.8厘米，高5厘米（图一〇二，11；彩版一一七，6）。标本ⅢT9G6∶94，口微敛。器内底中部饰带状同心圆纹一周。器表上腹壁饰凹弦纹数周，底面外沿饰带状同心圆纹一周。器内底施绿、黄釉装饰花卉图案，内外腹壁施黄釉，由于烧制温度过高釉面呈黑褐色。通体敷一层化妆土，粉红胎。口径18.3厘米，底径13.5厘米，高5.4厘米（图一〇二，4；彩版一一七，5）。

　　罐　出土数量较多。器形大小不一，造型各异。依据形制的不同可分为两型。

　　A型　依据口沿和装饰工艺的不同又可分为两个亚型。

　　Aa型　弧口折沿，矮束颈，饼形底。器形较大。标本ⅢT7H69∶2，鼓肩，弧腹。器表施白釉至下腹，绿釉作雨点状施于其间与白釉交融，釉下敷一层较厚化妆土。口沿一周等距点绿釉，沿面上遗留有三个支烧点。器内施淡黄色透明釉，釉下显四周凹弦纹。器表底面上显数周同心圆纹。粉白胎。口径11.6厘米，底径11.2厘米，高17.6厘米（图一〇三，4；彩版一一八，4）。标本Ⅲ采集∶9，口沿残缺。弧肩，鼓腹。底面显数周同心圆纹。器表施绿釉至腹中部，其间施黄、白两色釉组成花卉图案。釉下敷化妆土近底。器内施淡黄色釉泛绿。粉红胎。复原口径8.8厘米，底径9.2厘米，复原高15.2厘米（图一○三，1；彩版一一八，1）。

Ab型　标本ⅢT1H37：9，器形较小。小直口，广肩，圆鼓腹，饼形底外撇。器表肩部饰凹弦纹两周，釉下等距贴三个树叶纹，底面上显数周同心圆纹，内底面显螺旋纹数周。口沿及器内底施黄釉，器表施绿、黄、白三色釉至上腹。由于火候和烧成的气氛原因，釉层未完全溶解，釉色暗淡无光泽。通体敷一层较厚化妆土，粉白胎。口径3.5厘米，底径4.7厘米，高5.8厘米（图一○三，2；彩版一一八，2）。

B型　圆唇口，鼓腹，小平底，沿上一拱形麻花状提梁。器内无釉，器表施釉至下腹。是本阶段常见的器形。器形较小，造型工艺完全一致。常见的有黄、白、蓝，黄、白、绿两种釉色装饰。标本ⅢT9G6：33，底面上黏结一器物残片。器表一侧施黄釉，釉层流淌至底面；另一侧施黄、白、绿三色釉至下腹。粉白胎。口径3.2厘米，底径2.8厘米，通高5.5厘米（图一○三，3；彩版一一九，3）。标本ⅢT9G6：82，器表施黄、白、蓝三色釉，交融较好，通体敷一层较厚化妆土。土黄胎。口径3.2厘米，底径2.1厘米，高6.1厘米（图一○三，5；彩版一一九，4）。标本ⅠT4⑧：21，提梁残缺，小平底内凹。器表施黄、白、蓝三色釉相间，釉层未完全溶解，交融不佳。白胎。口径3.5厘米，底径2.8厘米，残高4.6厘米（图一○三，6；彩版一一八，3）。

瓶　形制较小，绝大多数仿金银器。皆残，不可复原。扁平口，束颈，扁腹，椭圆形平底，肩部两侧分别饰一鸳鸯头形系。常见的有腹部模印双鱼、兽面、鸳鸯、花卉和人物等。前后分别模制，黏合而成。标本ⅠT1⑤：23，口、颈残缺。腹部一面人物，左侧弹琵琶，右侧吹箫；另一面鸳鸯对吻，下方水波纹，上方卷云纹。器表施绿、黄、白、蓝四色釉近底，通体敷一层化妆土。白胎。底径2.6～3.6厘米，残高5.6厘米（图一○三，8；彩版一二一，2）。标本ⅢT6H81：56，底残缺。腹部正背面分别模印龙首图案，龙眉、眼、须、角清晰。器表通体施绿釉，局部黄、白釉点缀。粉白胎。口径1厘米，残高6.2厘米（图一○三，10；彩版一二○，1）。标本ⅢT8H78：41，底残缺。腹部正背面分别模制缠枝花卉图案。通体施黄釉，局部白釉点缀。粉红胎。口径0.7～0.9厘米，残高5.2厘米（图一○三，7；彩版一二○，2）。标本ⅢT1H41：5，口、颈、底残缺。为瓶中最小的一件。正背面分别模制双鱼作腹，形象逼真。器表施蓝、黄、白三色釉相间。粉白胎。残高2.9厘米（图一○三，9；彩版一二一，1）。

盂　与本期前段相比，出土数量明显减少，器形尚无大的变化。依据腹的不同可分为两型。

A型　弧腹。标本ⅠT1⑤：44，敛口下垂，鼓肩，小平底内凹。器表近口处饰同心圆一周，腹中部有摞烧器物的黏结痕。器表施绿、黄、白三色釉相间至腹中部，釉下敷一层较厚化妆土。粉白胎。口径2厘米，底径1.8厘米，高3.2厘米（图一○四，2；彩版一一九，1）。

B型　斜腹。标本ⅡT9⑧：16，敛口下垂，鼓肩，小平底。腹中部显不规则带状刀削轮旋纹。下腹显不规则线弦纹一周。口沿至肩部施绿、黄、白三色釉，器内无釉。粉白胎。口径2.2厘米，底径1.5厘米，高2.3厘米（图一○四，1；彩版一一九，2）。

钵　出土数量仅次于第三期前段。依据器物形制的不同可分为两型。

A型　敛口钵。流行于黄冶窑第二期，到第三期前段逐渐减少，本阶段出土数量不多。标

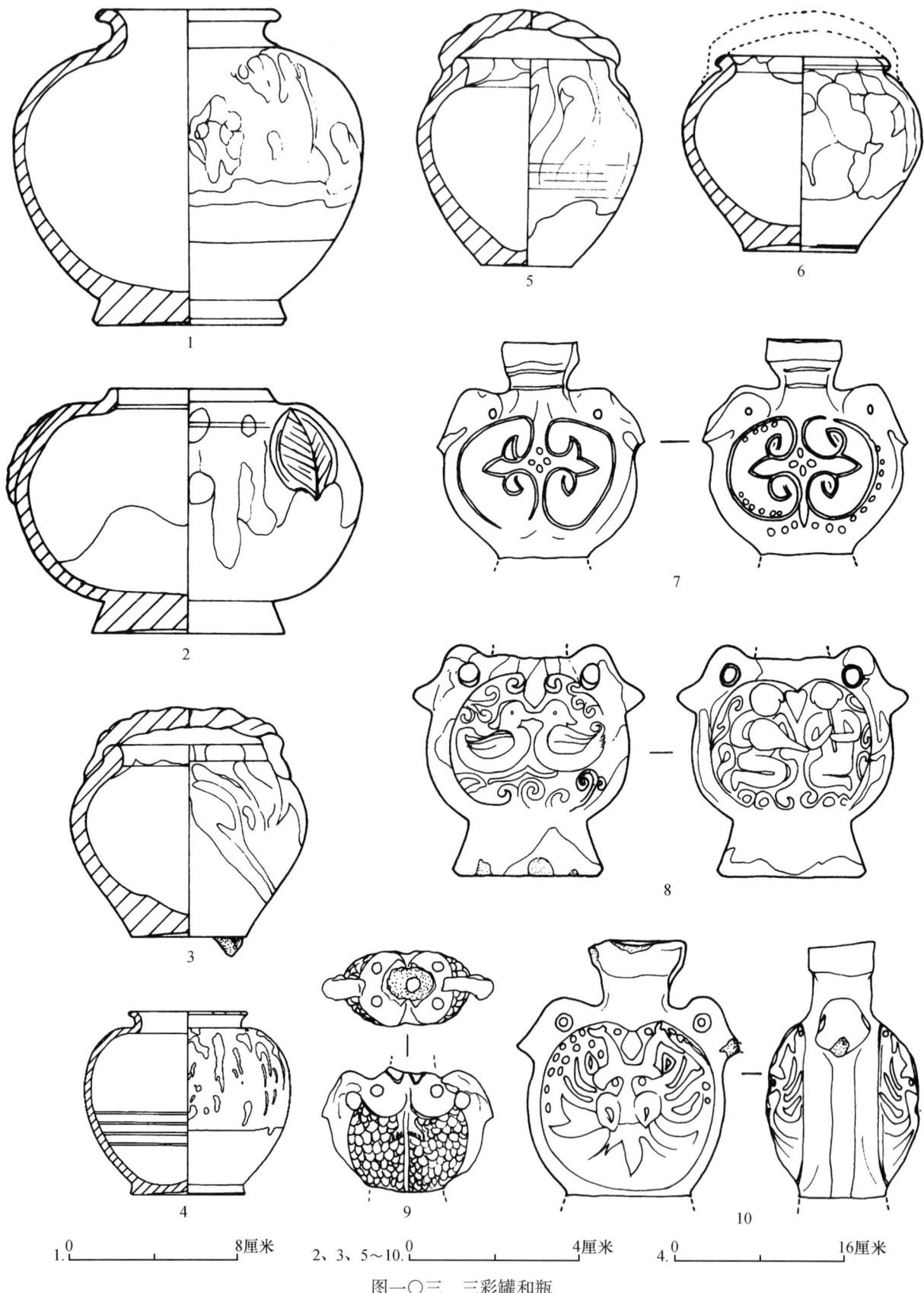

图一〇三 三彩罐和瓶

1、4.Aa型罐（Ⅲ采集：9、ⅢT7H69：2） 2.Ab型罐（ⅢT1H37：9） 3、5、6.B型罐（ⅢT9G6：33、ⅢT9G6：82、ⅠT4⑧：21） 7～10.瓶（ⅢT8H78：41、ⅠT1⑤：23、ⅢT1H41：5、ⅢT6H81：56）

本ⅢT3H26：19，完整。敛口下垂，溜肩，鼓腹，小平底。近口处饰同心圆一周，器内外显密集轮旋纹，器表底面上显同心圆纹两周。器表施绿、白两色釉至腹中部。口径11.4厘米，底径7厘米，高10.8厘米（图一〇四，8；彩版一二二，6）。标本ⅢT3H26：32，残。器形较大。敛口下垂，鼓肩，圆鼓腹，小平底。近口处饰同心圆一周，器表上腹部饰凹弦纹两周，下腹近底遗留有摞烧器物黏结痕一周，底面上显同心圆纹数周。器表施黄、绿、白三色釉至上腹。灰白胎。口径13.5厘米，底径7.6厘米，高14.2厘米（图一〇四，10；彩版一二二，1）。

B型　双系敛口钵。最早见于第三期前段，流行于本期后段。依据腹和装饰差异又可分为两个亚型。

Ba型　垂腹。标本ⅢT7H74：8，斜沿面，小平底。近沿处饰凹弦纹一周，口沿上残存两个支烧痕。器表施绿、黄、白三色釉相间至下腹，釉下敷一层较厚化妆土，器内底施淡黄色透明釉。粉红胎。口径15厘米，底径8.4厘米，高14.8厘米（图一〇四，6；彩版一二二，2）。

Bb型　圆鼓腹。斜沿面，小平底微凹。装饰体材丰富，出土数量多。标本ⅡT8H22：10，

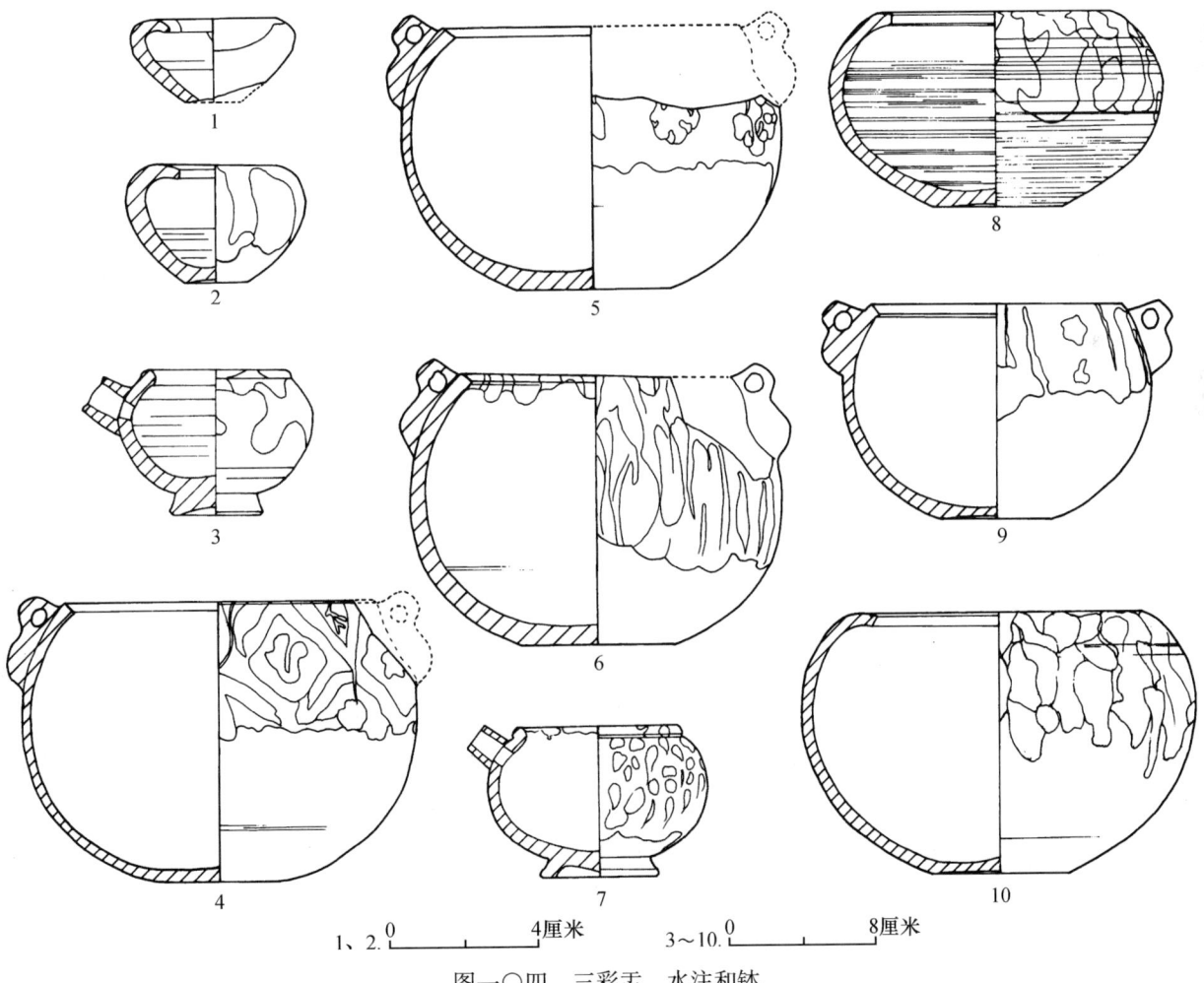

图一〇四　三彩盂、水注和钵

1. B型盂（ⅡT9⑧：16）　2. A型盂（ⅠT1⑤：44）　3. A型水注（ⅡT8H22：5）　4～5、9.Bb型钵（ⅢT7H74①：18、ⅢT5H19：30、ⅡT8H22：10）　6. Ba型钵（ⅢT7H74：8）　7. B型水注（ⅢT2H34：66）　8、10.A型钵（ⅢT3H26：19、ⅢT3H26：32）

器形较小。口沿上残存两组四个支烧痕，内底等距黏结三个支烧小泥饼。沿面施酱黄釉，器表上腹施黄、蓝、白、酱黄四色釉，黄釉间白釉点缀组成梅花图案，器内底施黄釉透胎。器表敷化妆土至下腹。粉白胎。口径14.2厘米，底径6厘米，高11.8厘米（图一〇四，9；彩版一二二，3）。标本ⅢT5H19∶30，器表近口沿饰凹弦纹一周，器内底遗留有三个支烧痕。器表施酱黄釉，其间采用绿、白两色釉点缀组成花卉图案，分上下两层，釉下敷一层较厚化妆土。器内施淡黄釉透胎。口径16.4厘米，底径8.4厘米，高14.4厘米（图一〇四，5；彩版一二二，4）。标本ⅢT7H74①∶18，器形较大。器表近口沿饰凹弦纹一周，底面上饰同心圆纹两周。口沿施酱黄釉，器内壁施极薄淡黄釉，器表上腹施绿、白、黄三色釉组成菱形花卉图案，器表敷化妆土较厚过釉至腹中部。粉红胎。口径17.2厘米，底径8厘米，高15.4厘米（图一〇四，4；彩版一二二，5）。

水注　整体作罐形。圆唇，鼓腹，肩部一侧置一柱形流。出土数量较少。依据底的不同可分为两型。

A型　饼形底。标本ⅡT8H22∶5，是罐形水注中最小的一件。饼形底内凹，器内底凸出螺旋纹数周。整体制作工艺较差，胎质粗糙，脱釉严重。器表以绿釉为主，黄、白釉点缀其间。器内近底施淡黄釉。器表敷一层极薄化妆土透胎。白胎。口径3.3厘米，底径2.6厘米，高4厘米（图一〇四，3；彩版一二三，1）。

B型　圈足。标本ⅢT2H34∶66，高圈足外撇。口部遗留有三处支烧痕，下腹显数周轮弦纹，器表施绿、黄釉，局部垂釉近底，白釉点缀其间，器内沿下施淡黄釉透胎，釉下敷一层较厚化妆土。黄白胎。口径8厘米，底径6.6厘米，高8.3厘米（图一〇四，7；彩版一二三，2）。

炉　出土数量多于本期前段，器物的造型、装饰更加丰富多彩。依据器物形制的差异可分为四型。

A型　敛口，圆唇，折沿，束颈，弧肩，鼓腹，圜底的居多，下腹附三个蹄形足。出土数量最多。器形大小不一，造型端庄大方，施釉匀称。常见的以绿、黄、白三色釉为主。标本ⅢT8H78∶54，圜底，三足残缺。器表肩及下腹近底分别饰凹弦纹两周，口沿上等距遗留有三个支烧痕，内底残存两个支烧痕。器表施黄釉至下腹，蓝、黄、白三色釉点缀其间组成花瓣图案于一身，器内施黄釉。通体敷一层较厚化妆土。粉白胎。口径13.2厘米，残高14.2厘米（图一〇五，3；彩版一二四，1）。标本ⅢT8H78∶51，圜底。口沿及下腹近底一侧残存与其他器物摞烧时的黏结痕。近颈部饰凸弦纹一周，肩部饰凹弦纹两周，下腹近底饰凹弦纹一周，底面上显密集轮旋同心圆纹。器表口、颈、三足施黄釉，器身由上向下分别施绿、白、黄三色釉，肩部绿釉中黄、白釉点缀作梅花图案。器内沿下施黄色透明釉透胎。土黄胎。口径13.4厘米，底径9.3厘米，通高14.8厘米（图一〇五，4；彩版一二三，3）。标本ⅢT9G6∶100，圜底。下腹近底饰凹弦纹一周。器表口、颈、足施黄釉，肩、腹施绿、白釉相间，肩部白釉点黄，形似花瓣。通体敷一层较厚化妆土。粉白胎。口径12厘米，高13厘米（图一〇五，2；彩版一二三，4）。标本ⅢT1H37∶1，小平底。口沿上遗留三个等距支烧点。近颈部同心圆凸起，肩部饰凹弦纹两周，腹中部凸棱弦纹一周，下腹饰凹弦纹一周。器表口、颈、三足施黄釉，肩、腹分别施绿釉、黄釉，白釉点缀其间与绿、黄釉交融。通体敷一层较厚化妆土。粉白胎。

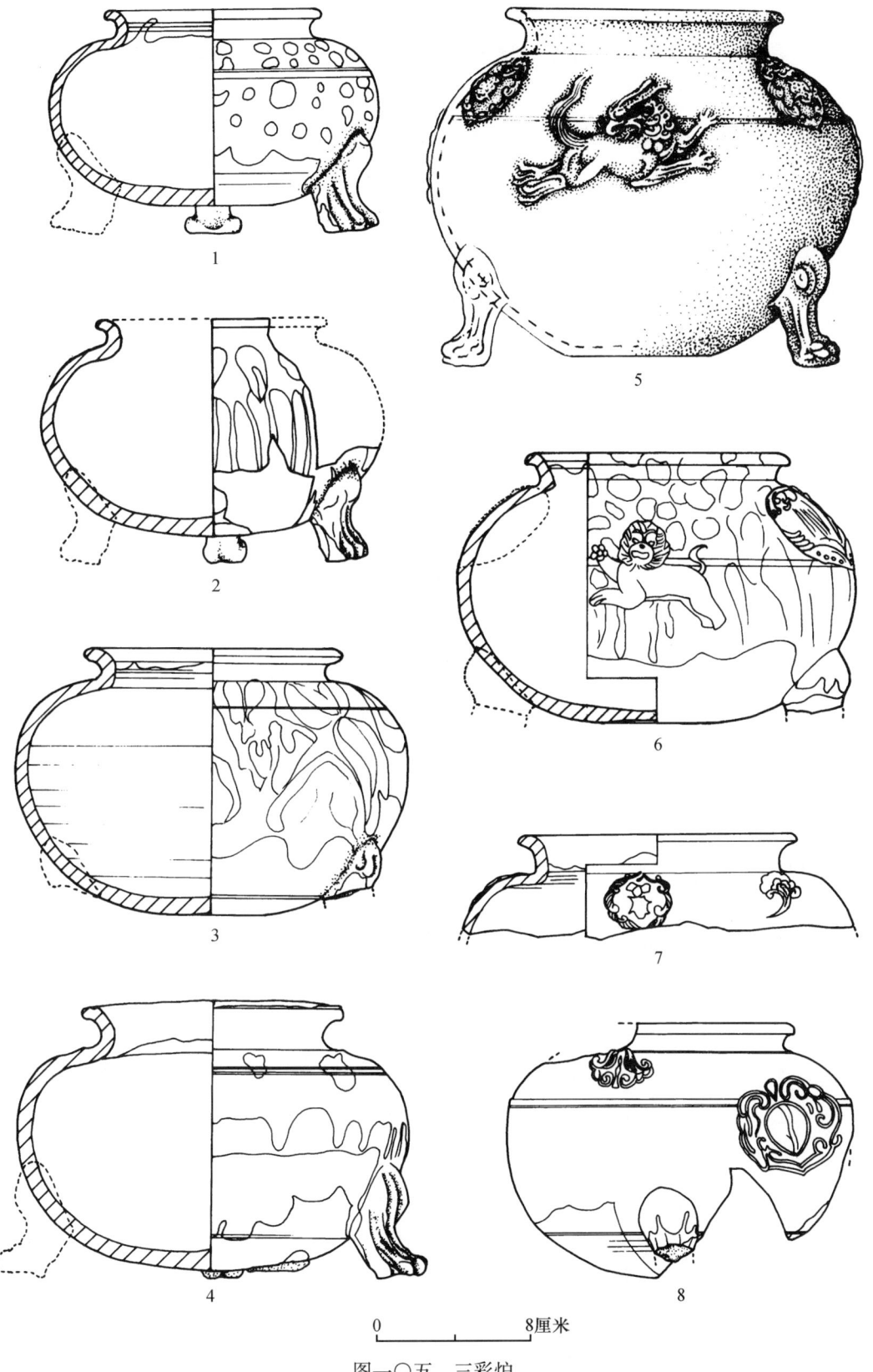

图一〇五　三彩炉

1~4.A型（ⅢT1H37：1、ⅢT9G6：100、ⅢT8H78：54、ⅢT8H78：51）　5~8.B型（ⅢT9G6：106、ⅢT9G6：101、ⅢT9G6：104、ⅠT1⑤：84）

口径11.2厘米，底径6.4厘米，通高12厘米（图一〇五，1；彩版一二四，2）。

B型　多采用三色釉与贴塑相结合的装饰工艺。该工艺最早见于黄冶窑第三期前段，流行于本期后段。器物的造型与A型大同小异，敛口，圆唇，折沿，束颈，弧肩（鼓肩），鼓腹，小平底（圜底内凹），下腹附蹄形三足。标本ⅢT9G6：106，器形较大。深鼓腹，小平底。沿面上残存一个支烧点。口沿内侧釉下显数周线弦纹，器表颈部饰凹弦纹一周，上腹饰凸棱一周。肩部等距贴塑变形兽首图案，腹部等距三处贴塑麒麟图案，作飞奔状，折首，怒目圆睁，凶勇威猛。器表施绿釉，贴塑图案之上分别施黄、蓝、白三色釉点缀，器内沿下施淡黄釉透胎。通体敷一层化妆土。粉红胎。口径15厘米，底径7.7厘米，高18.5厘米（图一〇五，5；彩版一二五，2）。标本ⅢT9G6：101，圜底内凹，三足残缺。肩部与腹交接处饰凹弦纹两周，下腹近底饰线弦纹两周。肩部等距粘贴三朵叶状花卉图案，肩与腹交接处花卉图案之间贴塑狮子装饰，作奔跑状。颈、足施黄釉，口沿、腹部施绿、黄、白三色釉相间，器内口以下施淡黄釉透胎。通体敷一层较厚化妆土。粉红胎。口径13.7厘米，残高14.4厘米（图一〇五，6；彩版一二五，1）。标本ⅢT9G6：104，下腹及底残缺，不可复原。肩部分别相间贴塑变形兽首和如意图案三组。口、颈施黄釉，肩上施绿釉，装饰图案上采用黄、白、绿三色釉点缀，器内沿下施淡黄釉透胎。浅黄胎。口径14.6厘米，残高5.4厘米（图一〇五，7；彩版一二六，4）。标本ⅠT1⑤：84，下腹及三足残缺。肩、腹交接处分别饰凸棱纹和凹弦纹一周，下腹近底饰凹弦纹一周，线弦纹数周。肩部残存一个如意头图案，肩、腹交接处残存两个缠枝花卉图案，黄、蓝、白三色釉点缀其间。口、颈施黄釉，腹部施绿釉，局部点白釉与之交融，釉色艳丽。器内肩以下施淡黄釉透胎，器表敷一层较薄化妆土。土黄胎。口径12.2厘米，残高13.6厘米（图一〇五，8；彩版一二六，1）。标本ⅢT8H78：87，腹部残片。肩、腹部分别饰凹弦纹一周。腹部残存一贴塑琵琶乐女跪卧于蒲团之上，外围连枝花卉作栏，施黄釉于一体。器身施绿、白釉相间。白胎。残片长12.7厘米，宽8.5厘米（图一〇六，5；彩版一二六，2）。

C型　敛口，圆唇，折沿，束颈，鼓肩，斜直壁，折腹，小平底，下腹附蹄形三足。本阶段新出现的一种，数量不多。标本ⅢT9G6：98，器形较大，口、颈残缺。肩、腹交接处饰凸弦纹一周，腹壁中部饰凹弦纹三周，靠近折腹处饰凹弦纹一周。肩部施蓝、黄、白三色釉，组成花瓣状图案，腹壁上施蓝釉，由于烧制火候过高，呈现深蓝色，下腹近底及足部施黄釉。器表通体敷一层较厚化妆土。复原口径14.8厘米，底径7.6厘米，复原通高18.4厘米（图一〇六，2；彩版一二五，3）。标本ⅢT9G6：109，器形较小。沿面上遗留有三个支烧点。腹壁上饰凹弦纹八周，腹近底处饰凹弦纹一周。肩部等距贴塑四个桃形垂帘图案，边框施黄釉，内填蓝、白釉相间。器表主体施绿釉，局部垂釉近底。白胎。口径11.2厘米，底径4.8厘米，高13.4厘米（图一〇六，1；彩版一二五，4）。

D型　是本期阶段新出现的一种器形，数量极少。皆残，不可复原。依据底的不同又可分为两个亚型。

Da型　平底。标本ⅢT9H22：7，敞口，宽平沿，沿面微外斜，斜壁，束腰，折腹，底沿周边等距五足残缺。沿面上遗留有三个支烧点，器表近折腹处饰条带弦纹一周。器内无釉，器表施绿、黄、白三色釉相间至折腹处，釉下敷一层较厚化妆土近底。口径12.4厘米，底径7.7厘

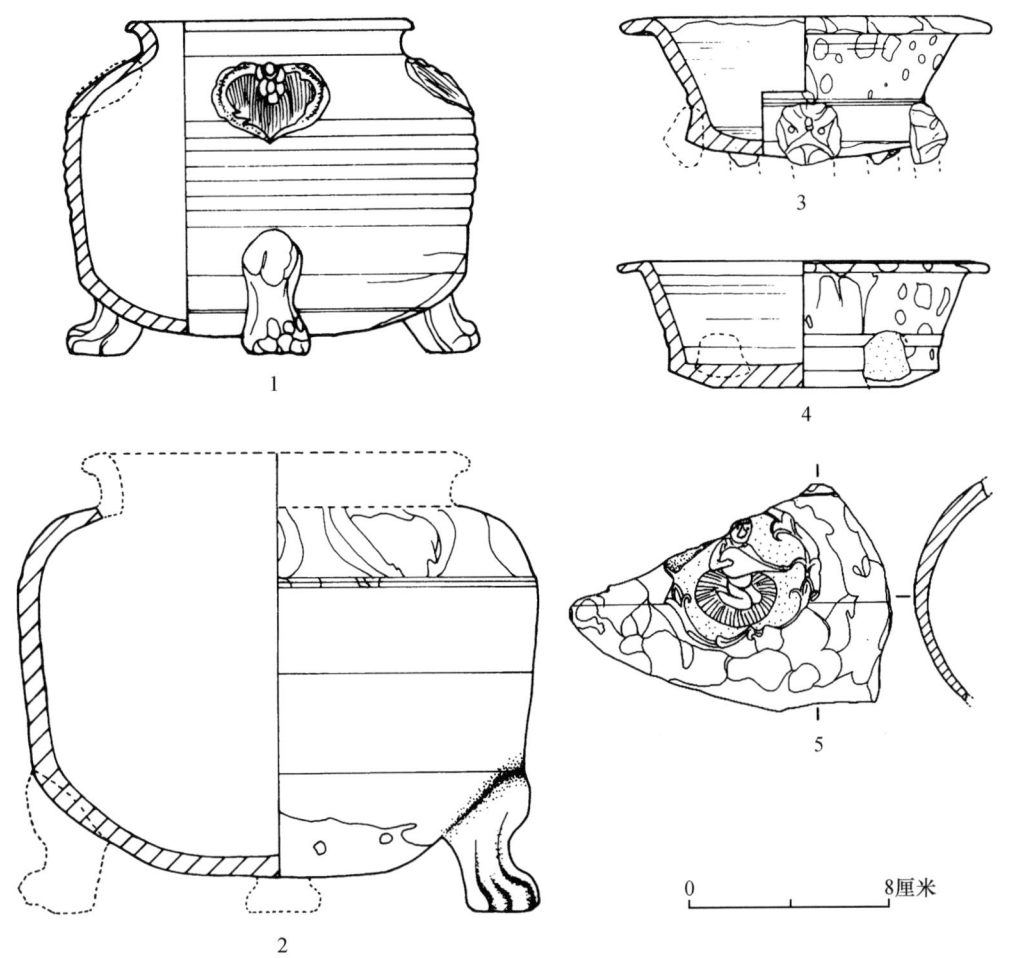

图一〇六 三彩炉

1、2. C型（ⅢT9G6：109、ⅢT9G6：98） 3. Db型（ⅢT5H19：19） 4. Da型（ⅢT9H22：7） 5. B型（ⅢT8H78：87）

米，残高5厘米（图一〇六，4；彩版一二五，5）。

Db型 圜底。标本ⅢT5H19：19，敞口，宽平沿，唇沿微下垂，沿斜壁，束腰，折腹，底沿周边五足下面部分残缺，口沿上遗留有三个支烧点。束腰处饰凸弦纹一周，器底面上显密集同心圆纹。口沿及器表施绿釉，白釉、黄釉点缀其间，器内无釉敷一层较薄化妆土，器表釉下敷化妆土较厚。粉红胎。口径12.2厘米，通体残高5.8厘米（图一〇六，3；彩版一二五，6）。

器盖 出土数量较多，大小不一。依据形制的不同可分为三型。

A型 器形较大。盖顶皆为同心圆平顶，中部置一圆形捉手，宽沿，子盖口内敛。依据盖面的差异又可分为三个亚型。

Aa型 盖沿微上翘。标本ⅢT9⑨：7，折肩，肩部显带状刀削痕两周。捉手上施黄、白两色釉，盖面施黄、绿、白三色釉相间，盖沿施黄釉。白胎泛黄。盖沿径14.4厘米，子口径9.8厘米，通高4厘米（图一〇七，2；彩版一二七，1）。

Ab型 宽沿下垂。标本ⅢT8H78：77，鼓肩，器表施白釉，绿釉点缀其间。白胎。盖沿径14.4厘米，子口径10.4厘米，通高5厘米（图一〇七，3；彩版一二七，2）。

Ac型 宽沿近平。标本ⅠT1⑤：121，弧肩，子盖沿上等距显三个支烧点。捉手和盖顶面

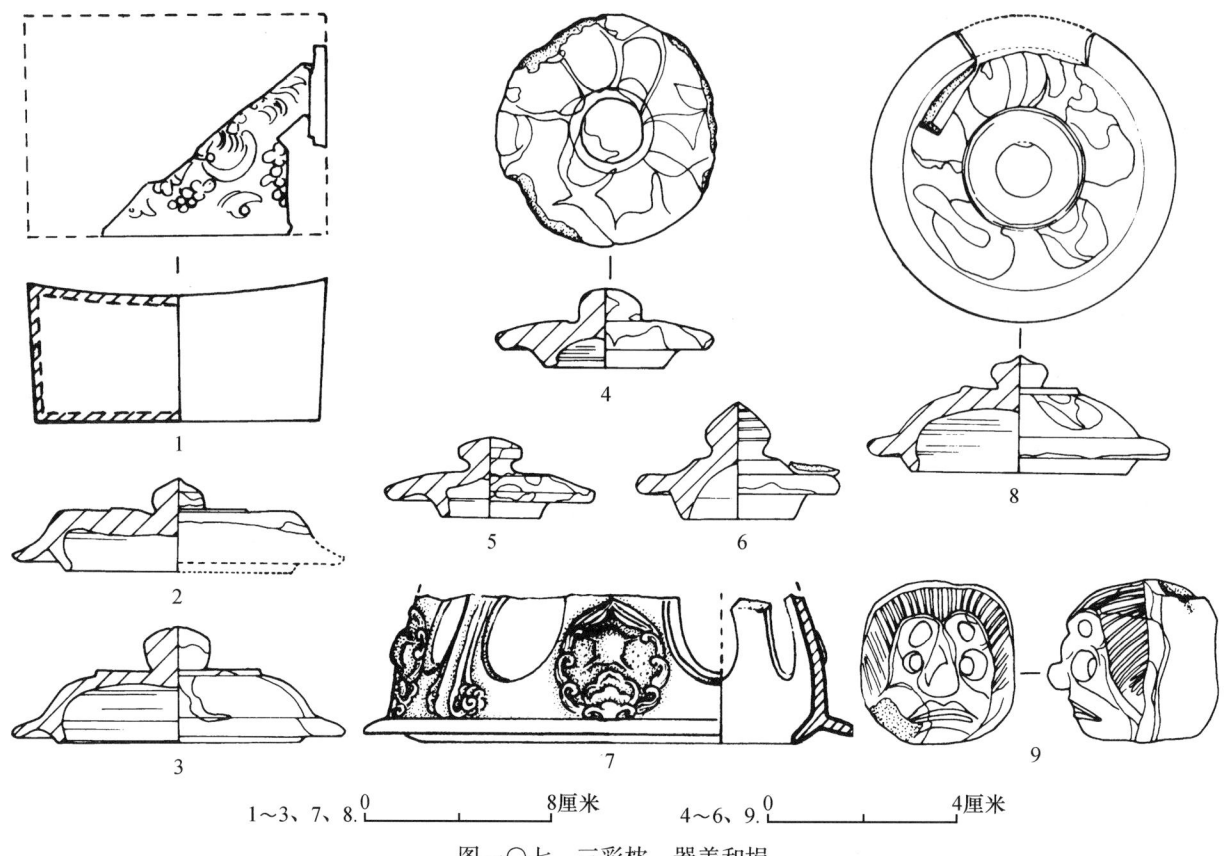

图一〇七 三彩枕、器盖和埙
1. 枕（ⅠT1⑤：125） 2. Aa型器盖（ⅢT9⑨：7） 3. Ab型器盖（ⅢT8H78：77） 4. Bc型器盖（ⅢT6⑧：18）
5. Bb型器盖（ⅢT9H82：9） 6. Ba型器盖（ⅡT7⑧：3） 7. C型熏炉盖（ⅠT1⑤：118） 8. Ac型器盖（ⅠT1⑤：121）
9. 埙（ⅢT9G6：44）

施黄釉，盖面施绿、白釉相间，白釉间点黄釉，形成六瓣花卉图案。粉黄胎。盖沿径13厘米，子口径9.2厘米，通高5厘米（图一〇七，8；彩版一二七，3）。

B型 是器盖中最小的一种。依据捉手和盖面的不同又可分为三个亚型。

Ba型 锥帽形捉手，宽平盖沿。标本ⅡT7⑧：3，完整。盖顶中部置一锥帽形捉手，捉手上饰规整的螺旋纹。小顶面近平，盖面施绿、黄、白三色釉相间。粉红胎。盖沿径4.4厘米，子口径2.4厘米，通高2.4厘米（图一〇七，6；彩版一二七，4）。

Bb型 扣形捉手，同心圆盖顶近平，斜盖沿微弧。标本ⅢT9H82：9，完整。盖面施绿、黄、白三色釉相间，由于烧成火候太低，釉面未完全溶解，局部露胎。白胎。盖沿径4.6厘米，子口径2.1厘米，高1.7厘米（图一〇七，5；彩版一二七，5）。

Bc型 扣形捉手，盖顶微下凹，弧面。标本ⅢT6⑧：18，盖面施蓝、黄、白三色釉相间。粉白胎。盖沿径4.7厘米，子口径2.5厘米，通高1.7厘米（图一〇七，4；彩版一二七，6）。

C型 熏炉盖，出土数量极少，皆残，不可复原。标本ⅠT1⑤：118，器形较大。盖顶残缺，镂孔腹，宽弧盖沿微下垂，子口内敛。腹壁等距相间贴塑如意和变形兽面图案。器表主体施黄、绿釉相间，变形兽面图案上分别施绿、黄、白三色釉，釉下敷一层较厚化妆土，器内无釉。粉白胎。盖沿径21.2厘米，子口径15.7厘米，残高6.3厘米（图一〇七，7；彩版一二六，5）。

枕　出土数量极少。皆残，不可复原。六面胎体分别制作黏合而成。标本ⅠT1⑤：125，长方体。枕面内凹，四面腹壁斜直，平底。枕面施绿釉，黄、白釉点缀组成花卉图案。周边凹槽作边饰。腹壁施黄釉，白釉点缀于其间。通体敷一层化妆土，白胎。残长9.5厘米，残宽7.9厘米，残高3.9厘米（图一〇七，1）。

埙　极少。整体作人头形，中空，前后分别模制黏合而成。标本ⅢT9G6：44，完整。面部五官清晰。头顶端有一吹孔，面颊两侧分别有一音孔。面部施黄、蓝、绿三色釉相间，后部无釉。粉红胎。面宽3.3厘米，高3.5厘米（图一〇七，9；彩版一二六，3）。

俑类　出土数量较多，仅次于本期前段。常见的有人物和动物俑两大类，皆模制黏合而成。人物俑前后分开模制，动物俑等以左右分开模制为主，上下模制极少。人物俑以乐俑和骑士俑为主，动物俑有马、骆驼、狗、猴、大象和鸽等。

人物俑　标本ⅢT6H81：42，身着长袍，盘坐于圆形台座上，双手执腰鼓。俑身施绿釉，局部点黄、白两色釉点缀。通体敷一层化妆土。白胎。通高7厘米（图一〇八，10；彩版一二八，2）。

动物俑　出土数量较多，造型各异，生动逼真。

马俑　标本ⅢT6H81：65，头残缺。锥形短尾，马背置鞍，站立一不规则长方形台座上，台座作椭圆形中空。马身施绿釉至腿部，局部采用黄、白两色釉点缀。通体敷有一层化妆土。粉白胎。体残长8厘米，残高6.7厘米（图一〇八，6；彩版一二八，4）。标本ⅢT6H81：26，四肢残缺。垂头缩颈，鬃毛竖立，短尾。通体施绿、白、黄三色釉。白胎。体长7.5厘米，残高4.7厘米（图一〇八，1；彩版一二八，1）。

骆驼俑　标本ⅢT6H81：58，下体残缺。引颈高仰，驼峰间置驮囊。驼身施绿釉，局部施黄、白釉点缀。白胎。体长5.6厘米，残高4.9厘米（图一〇八，4；彩版一二九，1）。标本ⅢT9G6：31，下体残缺。面部清晰，背首平视，高折驼峰，短尾折于背部一侧。驼身施绿、白、黄三色釉相间。釉下敷一层化妆土。白胎。体长6厘米，残高5.2厘米（图一〇八，2；彩版一二八，3）。标本ⅢT6H81：57，下肢残缺。双驼峰，引颈仰首上视。驼峰间置驮囊。驼身施绿、黄、白三色釉至腿部，通体敷一层化妆土。白胎。体长5厘米，残高5.5厘米（图一〇八，3；彩版一二九，3）。

狗俑　标本ⅢT6H81：59，高首，缩身，长尾贴于背部，直立于近圆形台座上，器身主体施绿釉，酱黄、白釉施于其间。通体一层较薄化妆土。粉红胎。体长3.8厘米，通高5.8厘米（图一〇八，7；彩版一二八，5）。

猴俑　标本ⅠT1⑤：52，子母猴，母猴折首，站立在一椭圆形台座上，腹背上驮子猴两个，前子猴双爪抱于母猴颈上，形象生动逼真。通体施黄釉，局部淡绿釉点缀。体长5厘米，通高5.6厘米（图一〇八，8；彩版一二八，6）。

大象俑　标本ⅢT1H38：6，体态丰满，直立于椭圆形底座上。象鼻着地与底座相接，象尾置于左后侧腿。通施绿、黄、白三色釉相间。釉下敷一层化妆土。浅灰胎。体长8.5厘米，通高6厘米（图一〇八，9；彩版一二九，2）。

鸽俑　标本ⅢT6H81：60，完整。体态丰满，上下体分别模制黏合而成。仰头，张口，平

图一〇八　三彩俑

1、6. 马俑（ⅢT6H81∶26、ⅢT6H81∶65）　2~4. 骆驼俑（ⅢT9G6∶31、ⅢT6H81∶57、ⅢT6H81∶58）　5. 鸽俑（ⅢT6H81∶60）　7. 狗俑（ⅢT6H81∶59）　8. 猴俑（ⅠT1⑤∶52）　9. 大象俑（ⅢT1H38∶6）　10. 人物俑（ⅢT6H81∶42）

视，翘尾。腹底中部有一圆形插孔，孔径0.4厘米。背施绿釉，头尾施黄釉，局部白釉点缀。釉下敷一层较厚化妆土。粉白胎。体长4厘米，背宽2.5厘米，高2.8厘米（图一〇八，5；彩版一二九，4）。

4. 白釉蓝彩器

白釉蓝彩器出现在第三期前段，本阶段在数量上有所增加，皆釉上彩，装饰手法以点、划为主。器形有碗、杯、盅、罐、钵和樽等。

碗　依据腹的不同分两型。

A型　弧腹。标本ⅢT6H71：21，完整。敞口折沿，小圈足外撇。器内外白釉，器表施釉至上腹，白釉上点蓝，大小不一。釉下敷一层较厚化妆土。粉黄胎，含杂质较大。口径10.2厘米，底径4.8厘米，高3.9厘米（图一〇九，2；彩版一三〇，1）。

B型　折腹。标本ⅢT1H38：5，敞口折沿，圈足外撇。圈足内壁近底饰线弦纹一周。器内满釉，白釉上点划蓝彩较规整，器表施釉至折腹处，白釉上蓝彩随意点划。釉下敷一层较厚化妆土。白胎。口径11厘米，底径5.2厘米，高4.7厘米（图一〇九，1；彩版一三〇，2）。

杯　极少，皆残。标本ⅡT8H22：13，外翻口，折沿，折腹，矮直圈足。器底遗留有黏结痕。器内外通体施白釉，釉色泛黄，口沿局部点蓝，器表一侧白釉上刷蓝彩。粉黄胎。口径7.6厘米，底径3.6厘米，高5.2厘米（图一〇九，3；彩版一三〇，3）。

盅　极少，皆残。标本ⅢT7⑧：15，器形较小。唇口，斜弧腹，高饼形足外撇。器内无釉，器表施白釉至腹中部，白釉上划蓝彩，釉下敷一层化妆土。灰白胎。口径4.6厘米，底径2.8厘米，高2.8厘米（图一〇九，4；彩版一三〇，4）。

罐　出土数量不多，皆残。标本ⅢT8H78：37，外翻口，折沿，束颈，鼓肩，弧腹，饼形底。器内施淡黄釉透胎，器表施白釉近底，釉色泛黄，釉上点蓝，局部脱釉严重。釉下敷一层较薄化妆土。口径10.8厘米，底径9.8厘米，高13.8厘米（图一〇九，6；彩版一三一，1）。

钵　出土数量不多，皆残，可复原的器物极少。标本ⅢT7H74①：19，器形较大，双系残缺。敛口，斜沿面，垂腹，小平底内凹。器表近口沿处饰凹弦纹一周，沿面上遗留有三个支烧点。器内施黄釉，器表施白釉近底，蓝彩施于釉上，釉下敷一层较厚化妆土。灰白胎。口径15.8厘米，底径6.4厘米，复原通高16.6厘米（图一〇九，7；彩版一三一，2）。

樽　是第三期前段常见的器形之一，以单色釉为主。本阶段出土数量极少，尤其是白釉蓝彩装饰的更少。标本ⅡT4H11：1，残片。直口，窄平沿，直腹壁，底及三足残缺。腹壁上施规整带状凹弦纹13周，器内外施白釉泛黄，器表釉上点蓝。粉白胎。复原口径14厘米，残高13.4厘米（图一〇九，5；彩版一三一，3）。

5. 素烧器

素烧器在窑址中占总出土遗物的80%左右。常见的器形有盆、碗、盘、杯、洗、瓶、罐、钵、水注、炉、樽、风炉、器座、器盖、枕、蛋形器、埙和人物俑、动物俑等，个别的器形在

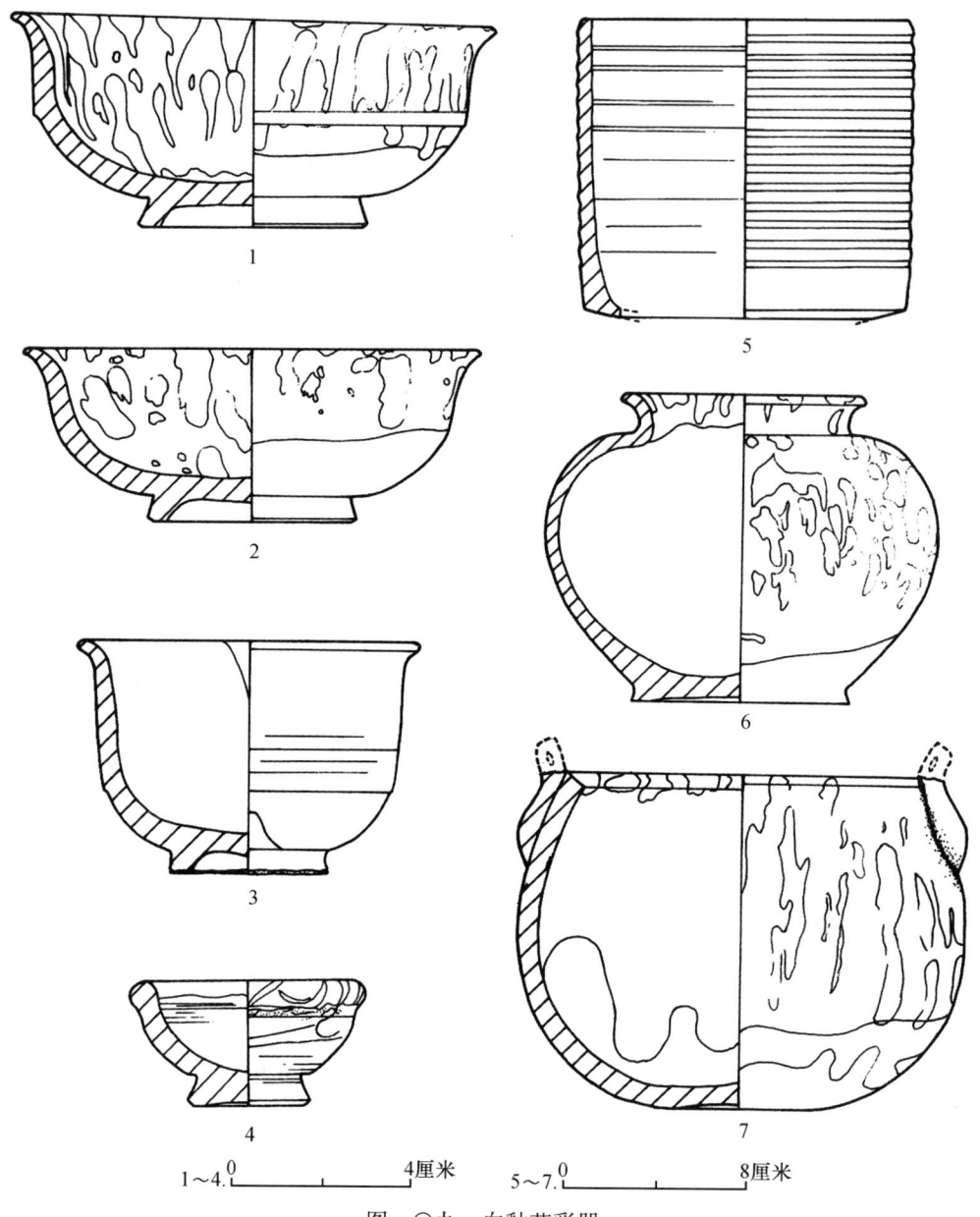

图一〇九 白釉蓝彩器

1. B型碗（ⅢT1H38：5） 2. A型碗（ⅢT6H71：21） 3. 杯（ⅡT8H22：13） 4. 盅（ⅢT7⑧：15） 5. 樽（ⅡT4H11：1）
6. 罐（ⅢT8H78：37） 7. 钵（ⅢT7H74①：19）

成品器中所不见。

盆 器形较大，数量较多。依据形制的不同可分为两型。

A型 依据底的不同又可分为两个亚型。

Aa型 饼形底。出土数量极少，皆残。标本ⅠT1⑤：113，器形硕大，胎体厚重。敞口，圆唇，鼓沿，弧腹，底面上近外沿处饰同心圆纹一周。粉红胎。口径50.4厘米，底径20.8厘米，复原高17.6厘米（图一一〇，9）。

Ab型 平底。大同小异，出土数量较多。有敷化妆土的也有不敷化妆土的。标本

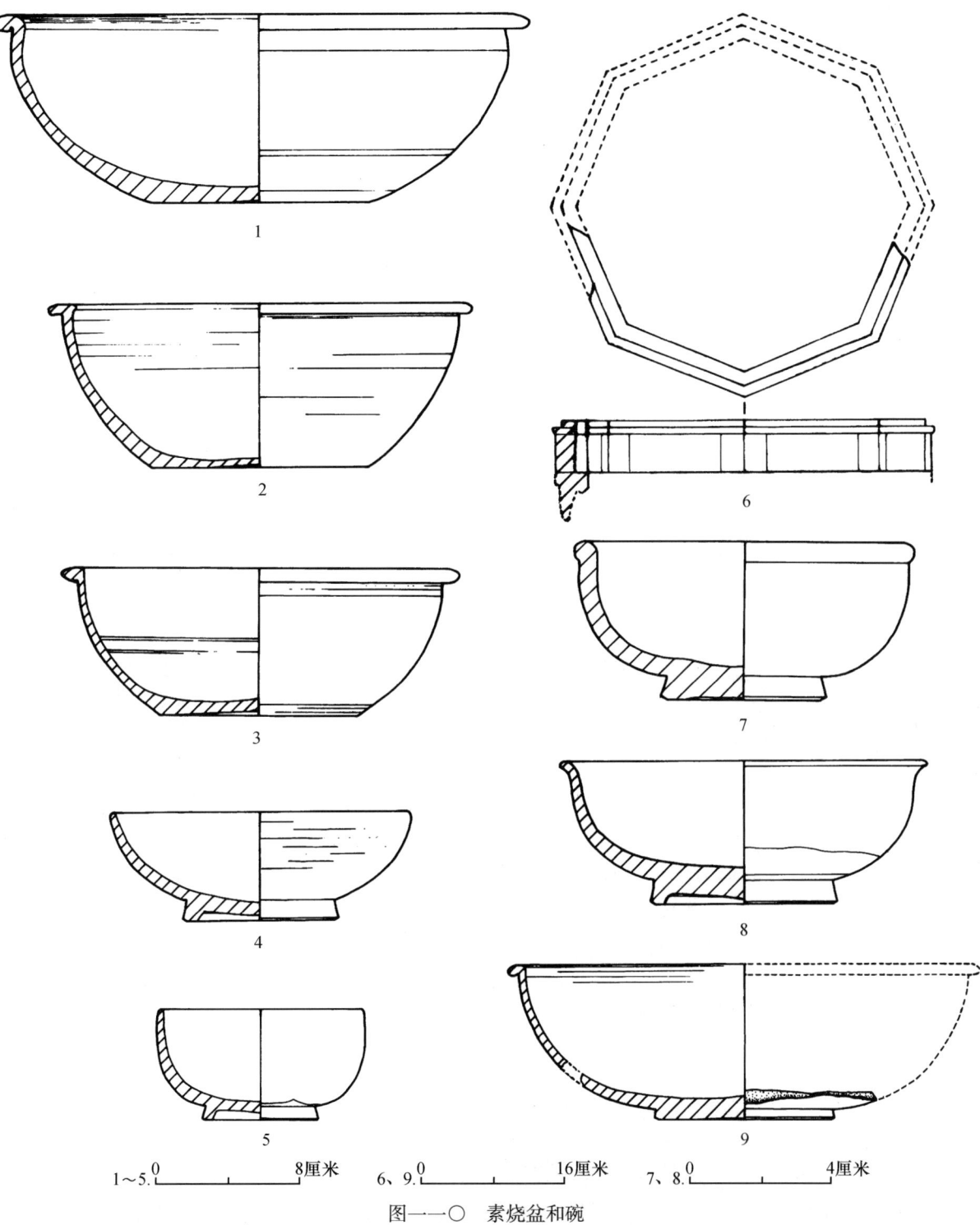

图一一〇 素烧盆和碗

1~3.Ab型盆（ⅢT9G6：111、ⅢT6H81：129、ⅢT1H44：3） 4.D型碗（ⅠT1⑤：101） 5.C型碗（ⅠT1⑤：104） 6.B型盆（ⅠT1⑤：217） 7.A型碗（ⅢT8H78：4） 8.B型碗（ⅠT1⑤：43） 9.Aa型盆（ⅠT1⑤：113）

ⅢT9G6：111，器形较大。敛口，窄板沿外卷，鼓沿面，弧腹，小平底。器表上腹饰带状轮旋纹数周，下腹饰线弦纹一周。粉白胎。口径27.6厘米，底径12.3厘米，高10.7厘米（图一一〇，1；彩版一三一，4）。标本ⅢT1H44：3，器形较小。敞口，弧沿面，尖唇，弧腹，平底内凹。粉白胎。口径20厘米，底径11.3厘米，高8.4厘米（图一一〇，3；彩版一三二，5）。标本ⅢT6H81：129，敛口，沿面近平，外垂内敛，弧腹，平底。器内沿下显数周轮旋纹，器表敷一层较厚化妆土近底，粉红胎。口径20.7厘米，底径12.4厘米，高9.2厘米（图一一〇，2；彩版一三二，6）。

B型　八角形。标本ⅠT1⑤：217，腹以下残缺。直口梯形沿，八棱腹，上下腹之间等分八个长方形凹面。由于器形较大，制作工艺复杂，口、腹、底分别制作黏合而成。粉白胎。口径38厘米，残高8.4厘米（图一一〇，6）。

碗　多数器内外敷化妆土。依据口沿的不同可分为四型。

A型　唇口。是黄冶窑第二期常见的器形之一，本阶段极少。标本ⅢT8H78：4，弧腹微鼓，饼形底外撇。底面上显细密同心圆纹。器内敷化妆土，器表敷化妆土近底。浅灰胎。口径8.6厘米，底径4.8厘米，高4.5厘米（图一一〇，7；彩版一三二，1）。

B型　敞口。标本ⅠT1⑤：43，器形较小。折沿，鼓腹，圈足。器表近底饰线弦纹一周，圈足内底面外沿饰同心圆纹一周。器内外敷一层较厚化妆土，器表敷化妆土至下腹。粉白胎。口径10.2厘米，底径5.4厘米，高4.1厘米（图一一〇，8；彩版一三二，2）。

C型　直口。标本ⅠT1⑤：104，尖圆唇，深腹微鼓，圈足外撇。圈足内底面外沿饰同心圆纹一周。器内外敷一层较厚化妆土，器表敷化妆土近底。灰白胎。口径11.3厘米，底径6.6厘米，高6.2厘米（图一一〇，5；彩版一三二，3）。

D型　大敞口。标本ⅠT1⑤：101，尖圆唇，弧腹，高圈足外撇。粉白胎，胎质较疏松。口径16.6厘米，底径8.8厘米，高6.2厘米（图一一〇，4；彩版一三二，4）。

盘　出土数量极少，可复原的仅1件。标本ⅠT1⑤：126，器形较大，浅盘，广口，折沿，斜腹，大平底，底面周边等距附锥状足三个。器内、底外沿分别饰同心圆纹一周。通体敷一层化妆土。口径27.4厘米，底径20.8厘米，高5.8厘米（图一一一，5；彩版一三三，3）。

杯　出土数量不多。依据腹的不同可分为两型。

A型　鼓腹。标本ⅠT1⑤：4，敞口，折沿，直壁，小圈足外撇，沿下一侧有錾手残缺。器表下腹显带状轮旋纹数周。器内外敷一层较薄化妆土，器表敷化妆土至下腹。浅灰胎，含杂质较大。口径6.5厘米，底径3.4厘米，高5.1厘米（图一一一，2；彩版一三三，1）。

B型　折腹。标本ⅠT1⑤：107，弧口，折沿，直壁，高圈足外撇。器表近折腹处饰凹弦纹一周，足内面上饰同心圆纹三周。器内外敷一层较厚化妆土，器表敷化妆土过折腹。灰白胎，胎质坚密。口径7厘米，底径4.2厘米，高5.7厘米（图一一一，1；彩版一三三，2）。

洗　出土数量不多。器形较大，直口，窄平沿，弧腹，大平底内凹。依据器内底装饰纹样的不同可分为两型。

A型　器内底中部模印宝相花图案。标本ⅢT9G6：92，器表沿下饰凹弦纹两周，底面上外沿饰同心圆纹一周。器内外沿饰凹弦纹一周，通体敷一层较薄化妆土。浅黄胎。口径23.4厘

图一一一 素烧器

1. B型杯（ⅠT1⑤:107） 2. A型杯（ⅠT1⑤:4） 3. A型瓶（ⅢT8H78:7） 4. C型瓶（ⅢT5H19:13） 5. 盘（ⅠT1⑤:126） 6、7. B型瓶（ⅢT6⑧:6、ⅢT9G6:86） 8. A型洗（ⅢT9G6:92） 9. B型洗（ⅢT9G6:93）

米，底径19.6厘米，高5.7厘米（图一一一，8；彩版一三三，5）。

B型　器内底中部模印连枝宝相花图案。标本ⅢT9G6：93，器表沿下分别饰凹弦纹和条带纹一周，下腹饰线弦纹一周，底面上外沿饰同心圆纹一周。器内底外沿饰同心圆纹一周。粉白胎。口径25.2厘米，底径21厘米，高6.2厘米（图一一一，9；彩版一三三，4）。

瓶　出土数量不多。依据腹的不同可分为三型。

A型　鼓腹。标本ⅢT8H78：7，口残缺。细颈，溜肩，圈足，足内底圜凸，外显线状同心圆纹一周，肩部饰凹线纹两周。下腹一侧有一片黄釉釉滴，釉色较纯净，表明素烧的温度与釉的成色温度接近。粉白胎。底径6.6厘米，残高7.6厘米（图一一一，3；彩版一三四，3）。

B型　鼓腹。小口，束颈，饼形足。器形较小，在瓶类器中占多数。标本ⅢT9G6：86，残。弧肩，圆鼓腹，饼形足外撇。器表敷化妆土近底，粉白胎。口径2.3厘米，底径3.4厘米，高6.7厘米（图一一一，7；彩版一三四，1）。标本ⅢT6⑧：6，完整，器形极小。小口内收，溜肩，鼓腹，饼形底凸出。白胎。口径0.9厘米，底径1.7厘米，高4.6厘米（图一一一，6；彩版一三四，2）。

C型　腹部装饰图案。标本ⅢT5H19：13，和该期三彩瓶形制完全相同。腹部一面人物，左侧弹琵琶，右侧吹箫；另一面鸳鸯对吻，下方水波纹，上方卷云纹。整体敷一层化妆土。口和颈部施褐色釉药未入窑烧造。粉红胎。口径0.8厘米，底径2.6~3.5厘米，高7.6厘米（图一一一，4；彩版一三四，4、5）。

罐　出土数量较本期前段有所增多，造型差异较大。为了叙述的方便，依据形制的不同可分为四型。

A型　皆残。标本ⅢT6H81：126，器形较大。外翻口，折沿，束颈，鼓肩，弧腹，平底。器表肩至腹部饰线弦纹四周，口沿内外显密集轮旋纹。灰白胎。口径12厘米，底径10厘米，高15.2厘米（图一一二，3；彩版一三五，1）。

B型　是本阶段罐的主要器形之一。依据圈足的差异又可分为两个亚型。

Ba型　圈足。标本ⅢT6H81：34，完整。唇口，圆鼓腹，圈足外撇。器表近底一侧遗留有摞烧的器物口沿黏结痕。器内外敷一层较薄化妆土。浅灰胎。由于烧制火候过高，接近瓷化，胎体已严重变形。口径6.2厘米，底径5.2厘米，高5.4厘米（图一一二，5；彩版一三五，2）。

Bb型　高圈足。标本ⅠT1⑧：155，大口，小圈沿，圆鼓腹，高圈足外撇。肩部饰凹弦纹两周，器内沿下至底显密集轮旋纹。白胎，胎薄质细，是制作工艺最精细的一种罐。口径8.4厘米，底径7厘米，高7.4厘米（图一一二，1；彩版一三五，4）。

C型　饼形底。标本ⅢT1H44：9，完整。垂口，鼓肩，弧腹，小饼形底。腹中部显带状轮旋纹数周，白胎。口径2.6厘米，底径3.2厘米，高6.4厘米（图一一二，10；彩版一三五，5）。

D型　平底。标本ⅢT8⑧：10，器形较小。圆唇口，鼓腹，下腹斜收，平底微内凹。口沿上有提梁残缺。器表敷一层较厚化妆土。粉白胎。口径3.4厘米，底径2.6厘米，复原通高6.3厘米（图一一二，8；彩版一三五，3）。

钵　器形大同小异。敛口，沿面内斜，垂腹，小平底。沿下对称双系，器表沿下及下腹

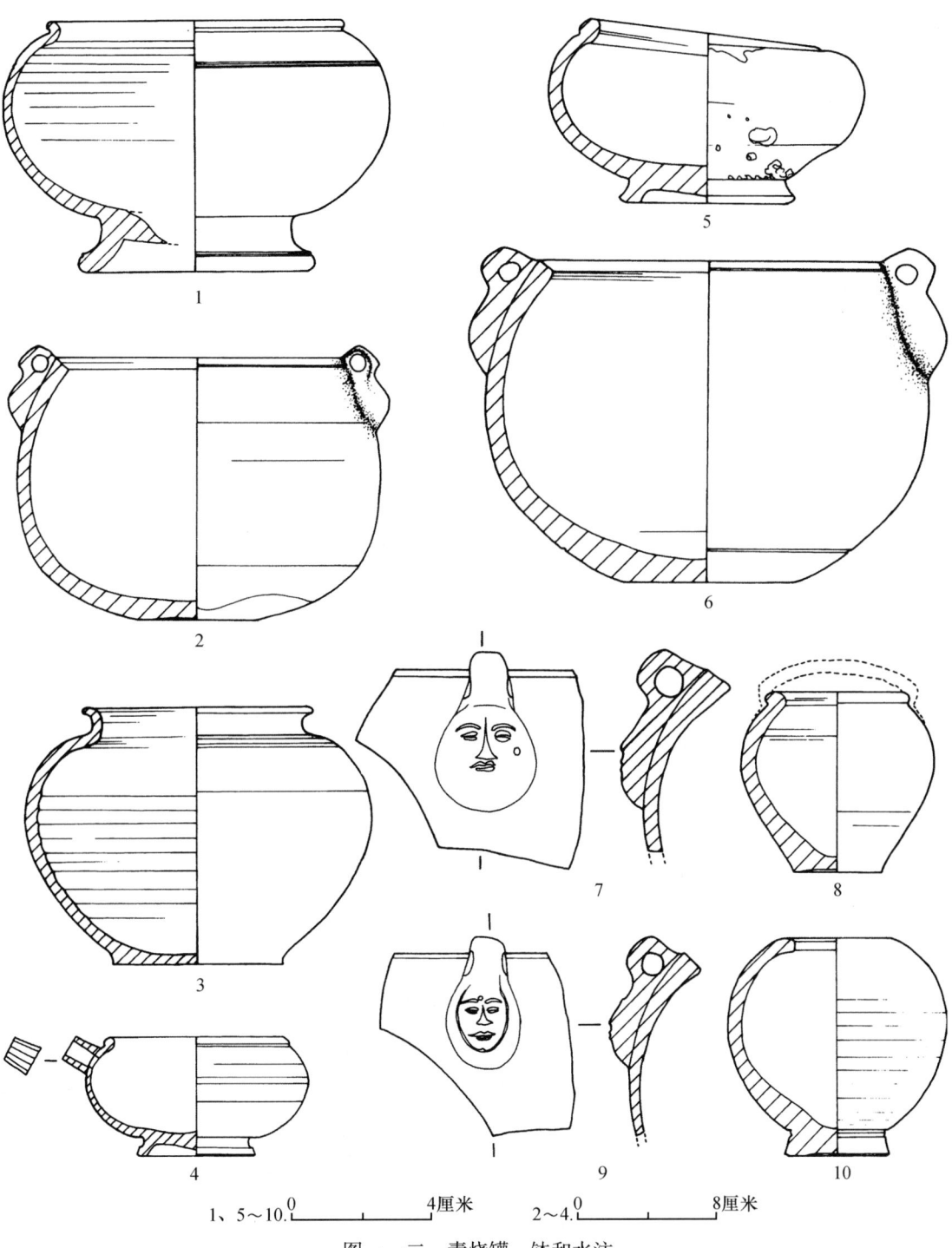

图一一二 素烧罐、钵和水注
1.Bb型罐（ⅠT1⑧∶155） 2、6、7、9.钵（ⅢT6H81∶36、ⅠT1⑤∶48、ⅢT5H19∶35-1、ⅢT5H19∶35-2）
3.A型罐（ⅢT6H81∶126） 4.水注（ⅢT6H81∶90） 5.Ba型罐（ⅢT6H81∶34） 8.D型罐（ⅢT8⑧∶10）
10.C型罐（ⅢT1H44∶9）

近底分别饰凹弦纹一周。器内外敷一层较薄化妆土，器表敷化妆土近底。标本ⅢT6H81：36，器形较大。口径16.2厘米，底径6.8厘米，通高16厘米（图一一二，2；彩版一三六，2）。标本ⅠT1⑤：48，器形较小。口径9.6厘米，底径5厘米，高9.8厘米（图一一二，6；彩版一三六，1）。标本ⅢT5H19：35-1，残片。敛口，沿面内斜，鼓肩，弧腹。肩部残存一人面形系，面目清秀。器表敷一层较薄化妆土。灰白胎，含杂质较大。残宽6.7厘米，残高5.9厘米（图一一二，7；彩版一三六，4）。标本ⅢT5H19：35-2，残片。敛口，沿面内斜，弧肩，鼓腹。肩部残存一人面形系，面部外围饰椭圆形凸线作栏。器表敷一层较薄化妆土。浅灰胎。残宽5.7厘米，残高5.9厘米（图一一二，9；彩版一三六，4）。

水注 标本ⅢT6H81：90，罐形，可复原的1件。口内敛，唇口，圆鼓腹，高圈足外撇，肩部一侧置一个多边形棱柱流。器表敷一层化妆土。土黄胎，由于烧制火候过高，器表面呈灰色，胎体亦变形。口径9.6厘米，底径6.8厘米，高7厘米（图一一二，4；彩版一三六，3）。

炉 不仅是本阶段的主要器形之一，同时也是制作和装饰工艺最复杂的一种产品。依据器物形制和底的不同可分为三型。

A型 小平底。出土数量最多，器形大小不一，形制大同小异。敛口，束颈，圆鼓腹，下腹近底等距附三个兽蹄形足。依据装饰工艺的不同又可分为两个亚型。

Aa型 素面，出土数量相对较少。标本ⅢT6H81：48，器形较大。外翻口，折沿。器表饰断断续续线弦纹数周，下腹近底饰凹弦纹一周，器内底显宽带轮旋纹两周。腹部的一侧和足上局部黏结有成色完美绿釉，说明素烧器可以和三彩成品器同窑烧制。器表敷化妆土近底，粉红胎。口径13.6厘米，底径5.6厘米，高15.6厘米（图一一三，10；彩版一三七，2）。标本ⅢT6H81：14，器形较小。外翻口，折沿。颈下饰同心圆凸起，肩部饰凹弦纹两周，下腹近底饰凹弦纹一周。器表通体敷一层较厚化妆土，土黄胎。口径10.2厘米，底径6.4厘米，高12.4厘米（图一一三，6；彩版一三七，1）。标本ⅠT1⑤：3，是炉中最小的一件。唇口，溜肩，鼓腹。腹部饰断断续续线弦纹两周，通体敷一层较薄化妆土。浅灰胎，含杂质较大。口径2.2厘米，底径1.8厘米，高4.3厘米（图一一三，1；彩版一三七，4）。

Ab型 器表使用贴花装饰。贴花装饰工艺在本阶段中广泛使用，尤其是在炉上最为突出。以单体动物、兽面、花卉等题材为主。器形与Aa型大同小异。标本ⅢT8H78：52，口沿及颈残缺。为炉类器中最大的一件，也是贴花工艺最复杂的一件。颈与肩交接处双重同心圆凸起，肩部饰凸棱一周，上腹及下腹近底分别饰凹弦纹一周。肩、上腹及足跟上分别粘贴团花和菱形叶纹组成花卉图案。灰白胎。底径9.2厘米，残高20厘米（图一一三，4；彩版一三七，3）。标本ⅠT1⑤：85，外翻口，折沿，三足残缺。口沿面上显刀削弦条带纹两周，颈下同心圆凸起，肩与腹相交处饰凸棱一周，下腹部饰凹弦纹一周。肩部一周等距贴三朵花卉图案，花卉图案之间分别贴塑一麒麟装饰。器表通体敷一层较厚化妆土。粉白胎。口径11厘米，底径7.4厘米，残高14.2厘米（图一一三，8；彩版一三七，6）。标本ⅠT1⑤：2，器形较小。外翻口，折沿。颈下同心圆凸起，肩与腹相交处饰凹弦纹两周，下腹近底处饰凹弦纹一周。肩部等距贴塑花卉图案两层。器表通体敷一层较薄化妆土。灰白胎。口径9.2厘米，底径4.2厘米，通高10.6厘米（图一一三，2；彩版一三七，5）。

第四章 出土遗物

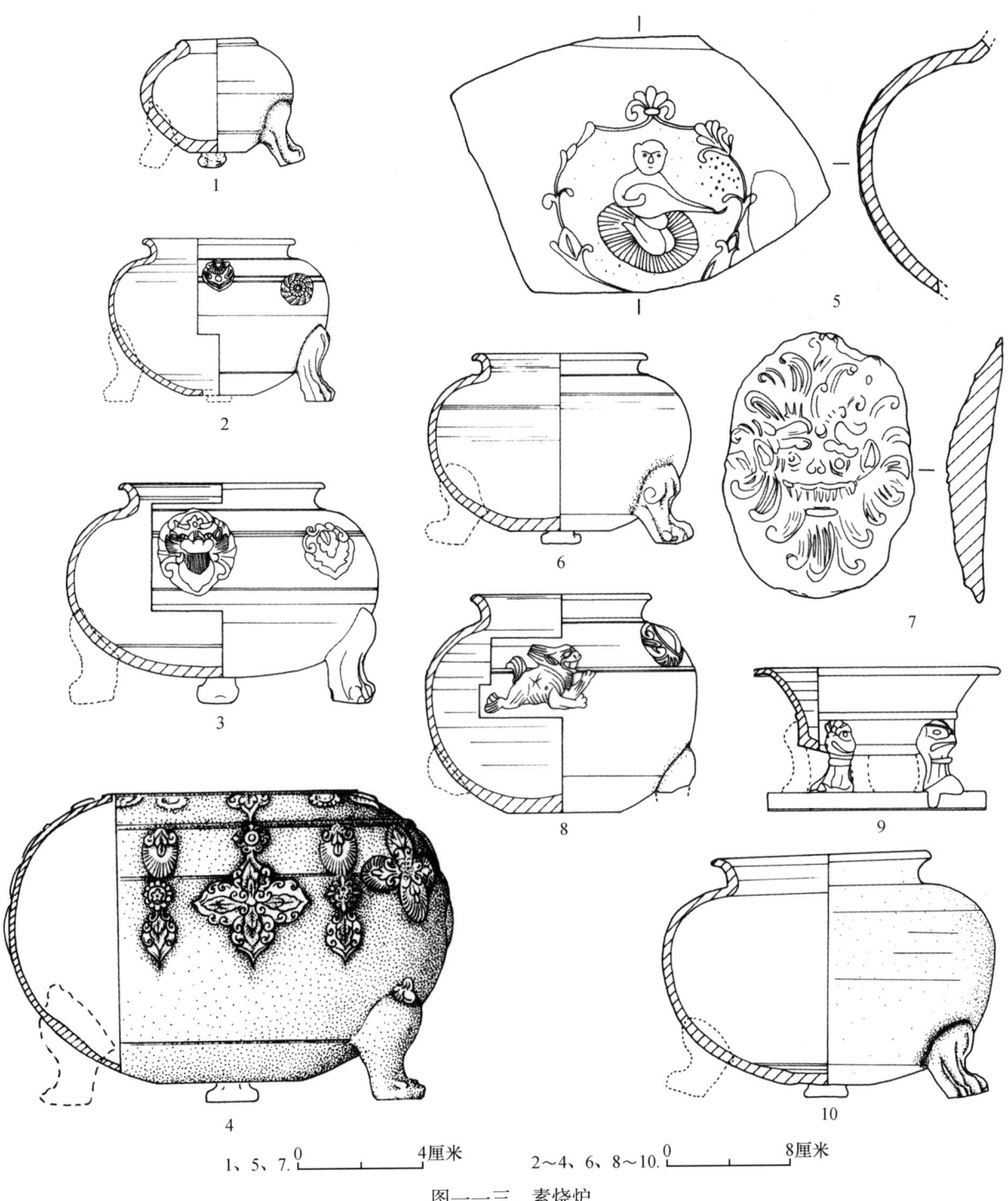

图一一三 素烧炉
1、6、10. Aa型（ⅠT1⑤：3、ⅢT6H81：14、ⅢT6H81：48） 2、4、8. Ab型（ⅠT1⑤：2、ⅢT8H78：52、ⅠT1⑤：85）
3. B型（ⅢT1H37：5） 5.（ⅢT8H78：88） 7.（ⅢT3H26：35） 9. C型（ⅢT7H73：17）

B型　圜底。可复原的极少。标本ⅢT1H37：5，外翻口，折沿，束颈，圆鼓腹，下腹近底等距附三个兽蹄形足。口沿上显较规整轮旋刀削条带状弦纹数周，颈下同心圆凸起，肩部饰凹弦纹两周，腹中部饰凹弦纹三周。下腹近底饰凹弦纹三周。腹部贴塑变形兽面和花卉图案等距相间，器内下腹近底显两周带状轮旋纹。器表通体敷一层化妆土。灰白胎。口径12.8厘米，通高14.2厘米（图一一三，3；彩版一四〇，1）。

C型　数量极少，可复原的仅1件。标本ⅢT7H73：17，大敞口，宽平沿微下垂，束腰，腰部饰凸弦纹一周，折腹，小平底，下腹壁上附等距五个兽面蹄形足，其中三个足残缺，残存的两个足下黏结一残垫圈。器表通体敷一层化妆土。灰白胎。口径14厘米，底径5.5厘米，通体高8厘米（图一一三，9；彩版一三八，3）。

除了以上两型外，还有一部分装饰题材比较特殊的器物，由于残破严重，不便分型的在这里一并介绍。标本ⅢT8H78：88，肩上局部残片。肩部贴塑一琵琶乐女跪卧于蒲团之上，外围连枝花卉作栏。该装饰手法与本阶段三彩B型炉（ⅢT8H78：87）上装饰形制完全相同。在贴塑装饰的一侧遗留有酱釉釉滴。灰白胎。残宽12.4厘米，残高8.2厘米（图一一三，5；彩版一三八，1）。标本ⅢT3H26：35，器表贴塑装饰，完整。椭圆形，鼓面，面部模制兽面图案。灰白胎。宽6.2厘米，高8.6厘米（图一一三，7；彩版一三八，2）。

樽　流行于本期前段，本阶段出土数量不多，其造型大同小异。标本ⅢT6H81：70，器形较大，整体制作工艺较精，与本期前段白瓷樽（ⅡT7⑩：9）形制完全相同。窄平沿，直腹，大平底微鼓，下附蹄形三足，口略大于底。器表近沿处饰凹弦纹一周，底面饰同心圆纹一周。器表通体敷一层薄化妆土。粉白胎。口径17.6厘米，底径18厘米，通高19.5厘米（图一一四，1；彩版一三八，4）。

风炉　出土数量极少，未见成品器标本。标本ⅡT10⑧：4，完整。器形较小，沿面内斜，弧腹，下腹与底交接处饰凸棱一周，高饼足底面微凹似圈足。腹壁两侧分别置不规则镂孔三个，组成三角形，后部一侧有一不规则镂孔。器表近口沿处显线弦纹数周。粉红胎。该器形与巩义站街北瑶湾墓地M50中出土的一件唐代晚期三彩风炉形制相似（未发表）。口径4.4厘米，底径3.4厘米，高5.2厘米（图一一四，7；彩版一三八，5）。

器座　出土数量极少。标本ⅢT9⑨：60，中空，敞口，折沿，圆唇，束腹。器表一侧施褐红色釉，未烧，大部分已脱落。粉白胎。口径21.2厘米，底径18.8厘米，高4.6厘米（图一一四，11；彩版一三八，6）。

器盖　出土数量较多，大小不一。依据形制的不同可分为六型。

A型　造型大同小异，是盖类器最多的一种形制，多与炉、罐等配套使用。依据盖面捉手的差异又可分为三个亚型。

Aa型　锥帽状捉手。标本ⅢT1⑧：14，是盖类器较大的一种。盖顶中部置一锥帽状捉手，弧面，鼓肩，宽盖沿下垂，子盖口内敛。盖面上饰同心圆纹三周。粉白胎。盖沿径14厘米，子口径9.7厘米，通高4.9厘米（图一一四，3；彩版一三九，1）。

Ab型　圆形捉手。标本ⅠT1⑤：40，完整。鼓面，中部同心圆凸起，平顶，上置一圆形捉手，鼓肩，窄盖沿，子口内敛。盖顶上饰同心圆纹一周，肩部饰线弦纹一周，器表敷一层化妆

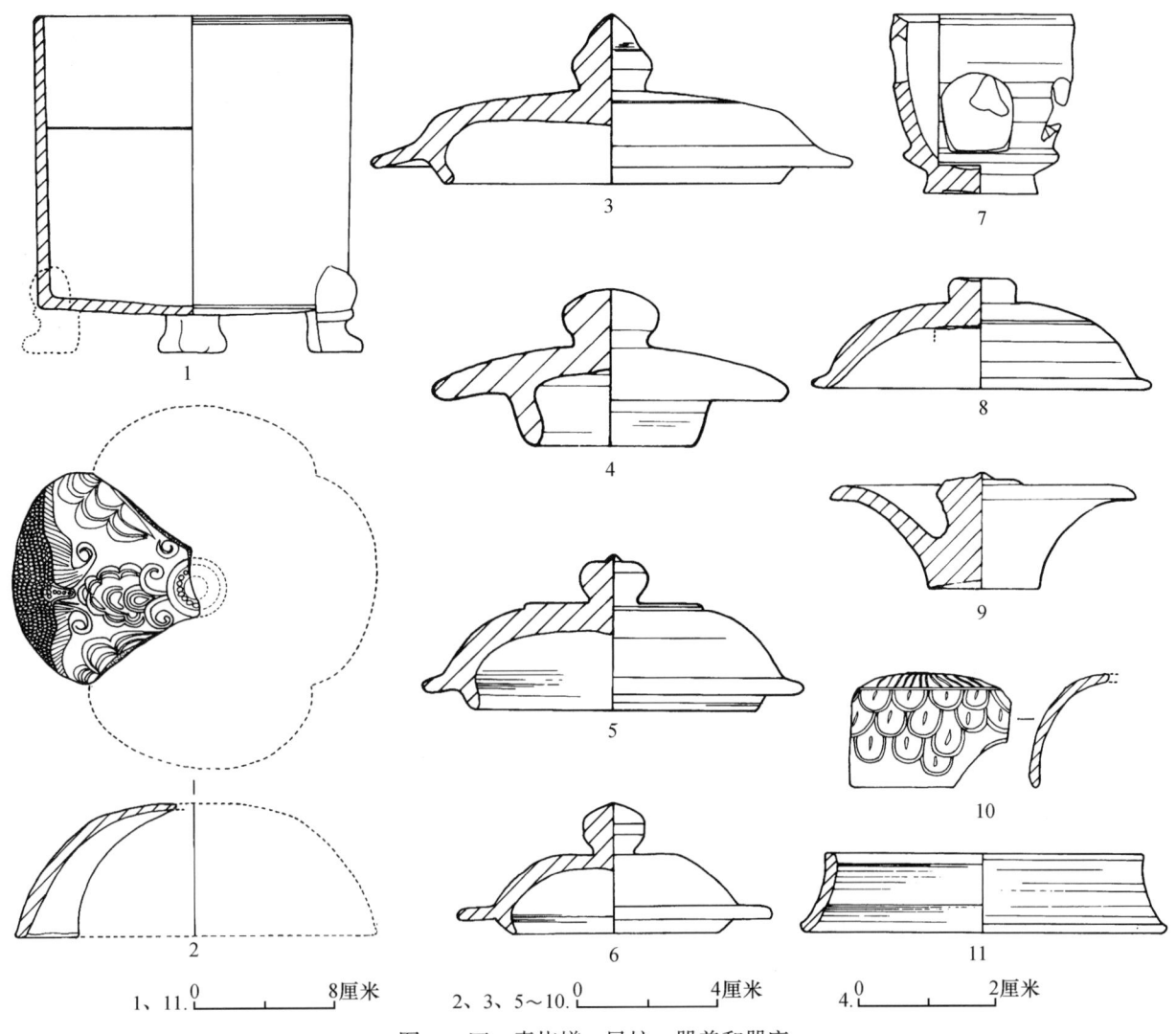

图一一四 素烧樽、风炉、器盖和器座

1. 樽（ⅢT6H81：70） 2. F型器盖（ⅢT5H48：1） 3. Aa型器盖（ⅢT1⑧：14） 4. B型器盖（ⅢT6H81：88） 5～6. Ab型器盖（ⅠT1⑤：40） 6. Ac型器盖（ⅠT1⑤：119） 7. 风炉（ⅡT10⑧：4） 8. C型器盖（ⅢT9G6：24） 9. D型器盖（ⅠT1⑦：60） 10. E型器盖（ⅢT8⑧：28） 11. 器座（ⅢT9⑨：60）

土。浅黄胎。盖沿径11.1厘米，子口径8.2厘米，通高4.5厘米（图一一四，5；彩版一三九，2）。

Ac型　圆帽形捉手。标本ⅠT1⑤：119，鼓面，中部置一圆帽形捉手，捉手上饰带状凹弦纹一周，平沿面，子口内敛。器表敷一层化妆土。黄胎。盖沿径9.2厘米，子口6径厘米，高3.8厘米（图一一四，6；彩版一三九，3）。

B型　标本ⅢT6H81：88，完整，器形较小。弧面下垂，盖面中部置一圆形捉手，小子口内微敛。器表敷一层化妆土。粉白胎。盖沿径5.2厘米，子口径2.4厘米，高2.3厘米（图一一四，4；彩版一三九，4）。

C型　标本ⅢT9G6：24，可复原的极少。鼓面，中部置一扣形捉手，肩部饰凹弦纹两周。器内中部置一柱形子盖口残缺，直径2.8厘米。粉红胎。盖沿径10厘米，残高3.2厘米（图一一四，8；彩版一三九，5）。

D型[①]　标本ⅠT1⑦：60，盖面内凹，中部置一圆饼形捉手，周沿微下折，柱形子盖口。白胎。盖沿径9厘米，子盖径3厘米，高3.4厘米（图一一四，9；彩版一三九，6）。

E型　是该期后段新出现的器形之一，出土数量较少。标本ⅢT8⑧：28，残片。模制，弧面近平，鼓肩，斜弧腹，平盖口。肩部模制曲线叶筋纹，上下凸弦纹作栏，腹壁模印三重连弧图案。白胎。残宽4.8厘米，残高3.3厘米（图一一四，10；彩版一四〇，2）。

F型　亦是该期后段新出现的一种仿金银器器形，流行于黄冶窑第四期。标本ⅢT5H48：1，四瓣瓜棱腹，分别模制黏合而成。顶近平，弧腹，平盖口。顶面同心圆纹两周，其间为连珠纹，腹部两侧分别采用三重连弧纹作栏，中部上下分别以花卉、蝙蝠图案作主体装饰。白胎。复原径10.5厘米，高3.9厘米（图一一四，2；彩版一四〇，4）。

枕[②]　1件。标本ⅢT3H26：50，残，不可复原。器身呈长方形，六面分别制作黏合而成。面平，直壁。全绞胎，木理纹。残长10.2厘米，残宽5.2厘米，残高4.6厘米（图一一五，5；彩版一四〇，3）。

蛋形器　出土数量不多。分半模制，黏合而成。依据形制的不同可分两型。

A型[③]　中空，一头尖一头圆，与鸡蛋形制外观几乎完全一样，个别的体内有一个不规则蛋黄。标本ⅢT9H83：21，器表敷一层化妆土，粉白胎。长5.2厘米，最大腹径3.8厘米（图一一五，7；彩版一四〇，6）。

B型　椭圆球体，极少。标本ⅢT8H77：14，残。鼓顶，圆鼓腹，圜底。腹中部两侧分别有一个小圆形透气孔，孔径0.2厘米左右。由于烧制过程中接触面的受温度差异，器表颜色一半灰一半黄。最大腹径5.8厘米，高4.6厘米（图一一五，6；彩版一四〇，5）。

埙　出土数量较多。皆前后分别模制黏合而成，头顶中部有一圆形吹孔，孔径0.9厘米左右，面颊两侧分别有一个小音孔。形制有人面、动物合一和兽面三种。分三型。

A型　人面埙，近圆形，面部五官清晰。又可分为两个亚型。

Aa型　标本ⅠT1⑤：212，背部残缺。浓眉，双目凸出，高鼻，怒目前视。器内外敷一层较厚化妆土。粉红胎。面宽4.5厘米，高4.6厘米（图一一五，1；彩版一三六，3）。

Ab型　标本ⅠT1⑤：211，完整。鼓面，平背，无下胡须。面部敷一层化妆土。粉黄胎。面宽3.9厘米，高3.8厘米（图一一五，4；彩版一四一，1）。标本ⅠT1⑤：151，完整。鼓面，平背内凹，满面胡须。粉黄胎。宽3.7厘米，高3.8厘米（图一一五，2；彩版一四一，2）。

B型　人与动物合二为一，极少。标本ⅢT6⑧：13，近椭圆形，弧背。正面下部人面，面目慈善，上部为一蝙蝠。通体敷一层较厚化妆土。面宽4.6厘米，高5.2厘米（图一一五，3；彩版一四一，4）。

C型　标本ⅠT1⑤：127，兽面，面目凶猛。面部敷一层较厚化妆土。灰白胎。面宽4.4厘米，高4.3厘米（图一一五，8；彩版一四一，5）。

---

① 该器盖是唾盂上的专用器盖，流行于隋代至唐早期，到了盛唐以后逐渐减少，其细部制作也有所差异。

② 全绞胎枕类器见于黄冶窑的第二期，瓷化程度较高。到了黄冶窑的第四期半绞胎枕类器出现，低温烧釉，可以与三彩陶制品同窑烧成。

③ 从现有材料看，从黄冶窑第二期出现蛋类器开始，一直沿用到第四期。值得一提的是，三彩蛋极少，常见的是素烧蛋，且形制外观与鸡蛋完全一样，我们认为素烧蛋类器也是成品器的产品之一。

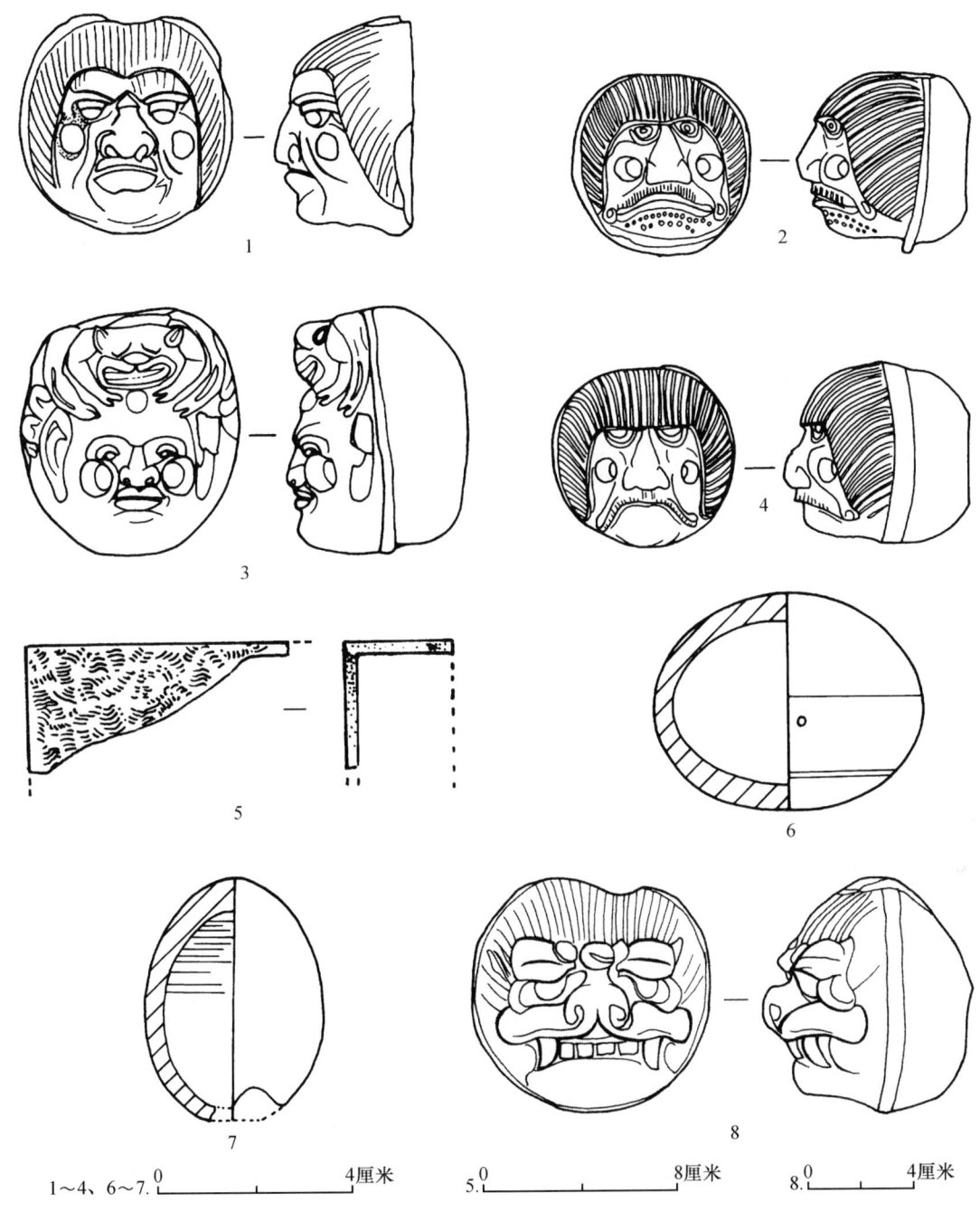

图一一五 素烧埙、枕和蛋形器

1. Aa型埙（ⅠT1⑤：212） 2、4. Ab型埙（ⅠT1⑤：151、ⅠT1⑤：211） 3. B型埙（ⅢT6⑧：13） 5. 枕（ⅢT3H26：50）
6. B型蛋形器（ⅢT8H77：14） 7. A型蛋形器（ⅢT9H83：21） 8. C型埙（ⅠT1⑤：127）

俑类　出土数量较多。皆模制，造型各异，形象逼真。常见的有人物俑和动物俑两大类。

人物俑　出土数量最多，皆前后分别模制黏合而成。依据身份的不同可分乐俑、文官俑和武官俑等。

乐俑　是黄冶窑址出土人物俑最多的一类。标本ⅢT8H78：12，完整。双腿盘坐，挽发髻于两侧，五官清晰，双手抱一乐器置于胸前。通体敷一层化妆土，前身施棕红釉，未烧。粉白胎。通高5.6厘米（图一一六，1；彩版一四二，1）。标本ⅢT1H41：4，完整。右腿跪地，左

图一一六 素烧人物俑
1~3.乐俑（ⅢT8H78：12、ⅢT1H41：4、ⅢT6⑧：19） 4.武官俑（ⅢT6H76：3） 5.文官俑（ⅢT8H78：5）

腿半蹲，发髻挽于两侧，着长裙。双手抱琵琶于胸前。通体敷有一层较厚化妆土。白胎。高6.5厘米（图一一六，2；彩版一四二，2）。标本ⅢT6⑧：19，完整。戴帽，着长袍，双腿盘坐在一不规则椭圆形台座上，双手抱腰鼓于胸前。通体敷一层较薄化妆土。灰白胎。通高7.2厘米（图一一六，3；彩版一四二，3）。

文官俑 标本ⅢT8H78：5，完整。头戴冠，上着襦，下着裳，裳长及地，右手捧于胸前。粉红胎。高12.1厘米（图一一六，5；彩版一四二，4）。

武官俑 标本ⅢT6H76：3，头、右臂及腿残缺，是目前黄冶窑人物俑类器较大的一件，也是服饰最复杂的一件。左手叉于腰际，身着明光甲，胸前左右各一圆护。肩覆兽首披膊，护颈较低。胸甲与颌下纵束甲带相扣，丝带束腰，明光甲下摆处刻出流苏。左足着尖靴。通体敷一层化妆土。灰白胎。残高13.4厘米（图一一六，4；彩版一四二，5）。

动物俑 数量较多，品种丰富，常见的动物俑有猴、大象、马、狗、骆驼、狮子和鸽等。

猴俑 标本ⅠT1⑤：33，完整。母子猴，母猴站立一椭圆形台座上，母猴背上骑大小子猴2个，头折于左侧，前猴双爪抱于母猴脖子。通体敷一层化妆土，烧制温度过高，胎体接近瓷质。浅灰胎。体长5厘米，通高5.5厘米（图一一七，4；彩版一四二，6）。标本

ⅠT1⑤:128，蹲坐于一椭圆形中空底座上，双目圆睁，目视前方，双爪抱一花瓶。通体敷一层较厚化妆土，白胎。通高7.8厘米（图一一七，1；彩版一四三，1）。

大象俑 标本ⅠT1⑤:215，残，不可复原。象背上置一椭圆形花边毡毯，头、颈和臀部分别饰花铃带于一身，背骑一人，上身残缺。通体敷一层化妆土。浅黄胎。复原体长11.5厘米，残高10厘米（图一一七，3）。标本ⅠT1⑤:46，幼象，象鼻残缺。直立于近方形中空底

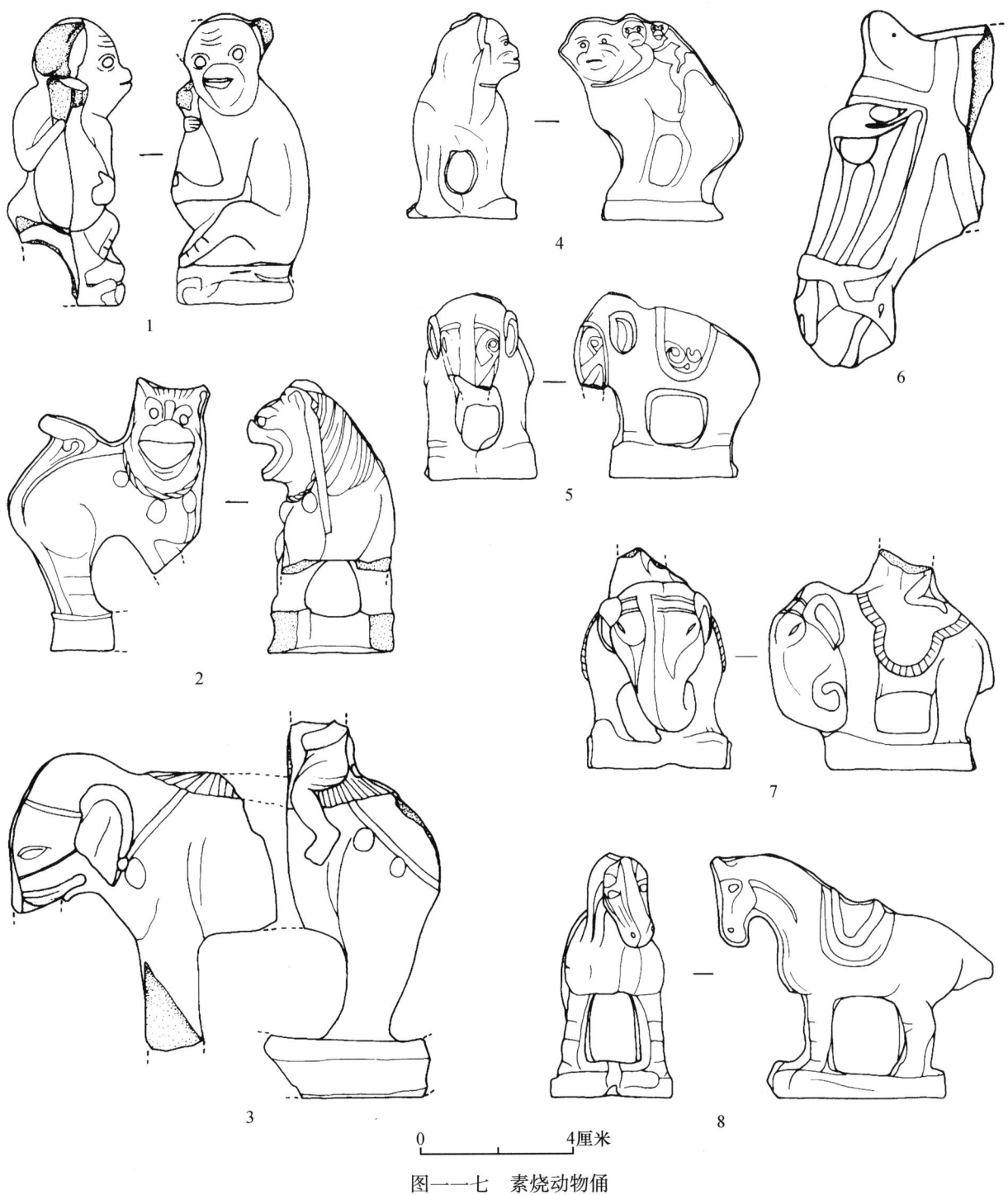

图一一七 素烧动物俑

1、4.猴俑（ⅠT1⑤:128、ⅠT1⑤:33） 2.狗俑（ⅢT5H19:25） 3、5、7.大象俑（ⅠT1⑤:215、ⅠT1⑤:46、ⅢT2H34:54） 6、8.马俑（ⅢT8H78:48、ⅢT6H81:46）

座上，象背置一条带毡毯。通体敷一层化妆土。白胎。体长5厘米，通高5厘米（图一一七，5；彩版一四三，2）。标本ⅢT2H34：54，体态丰满。立于一近长方形中空底座上，象鼻内卷与左前腿相连，背上置一花边毡毯，上骑一人，上身残缺。通体敷一层化妆土，局部遗留有红褐色釉，未烧。粉红胎。体长6.1厘米，残高5.9厘米（图一一七，7；彩版一四三，3）。

马俑　标本ⅢT6H81：46，完整。头偏向左侧，尖尾，站立在一近长方形中空底座上。马背饰简易鞍具。通体敷一层极薄化妆土。灰白胎。体长7.6厘米，通高6.4厘米（图一一七，8；彩版一四三，4）。标本ⅢT8H78：48，是目前黄冶窑俑类器最大的一件。仅残存马头部分，双耳并立，头带辔饰。无化妆土，土黄胎。头宽3厘米，通高9.5厘米（图一一七，6；彩版一四三，5）。

狗俑　标本T5H19：25，前腿残缺。站立于一圆形中空底座上，头折于右侧，张口怒视，尾折于背部，颈下佩项铃三个，通体敷一层化妆土。粉白胎。体长5.4厘米，通高7.3厘米（图一一七，2；彩版一四三，6）。

骆驼俑　标本ⅠT1⑤：49，站立在一近长方形中空底座上，中空，昂首，背部驮载行囊。器表敷化妆土至上身。粉红胎。体残长6.1厘米，高7厘米（图一一八，1；彩版一四四，1）。标本ⅠT1⑤：35，头部残缺。造型及装饰同上，驼上身敷化妆土，化妆土上施棕红色釉和土黄色釉相间，未烧。粉红胎。体残长6厘米，高7.2厘米（图一一八，2；彩版一四四，2）。标本ⅢT6H81：94，下肢及底座残缺。抬首作嘶鸣状，背部垫一网格纹花边毡毯。通体敷一层较厚化妆土，粉红胎。体长6.6厘米，残高6.8厘米（图一一八，5；彩版一四四，3）。

狮子俑　标本ⅠT1⑤：30，头残缺。体后倾，尾高翘折卷，四腿分离站一中空的近梯形台座上，颈下一侧残存三个铃铛。通体敷一层化妆土。白胎。体残长6.3厘米，残高8.4厘米（图一一八，4；彩版一四四，4）。

鸽俑　标本ⅡT7⑨：4，完整。体态丰满，仰头，张口，翘尾，花形背，羽毛清晰。腹下中部有圆形插孔，孔径0.4厘米。通体敷一层化较厚妆土。粉白胎。体长4.9厘米，宽3厘米，高3.6厘米（图一一八，3；彩版一四四，5）。标本ⅠT1⑤：129，手制，造型简易。嘴残缺，仰头，翘尾，展翅，作飞翔状。器表施化妆土至下腹。粉白胎。体残长4.8厘米，宽3厘米，高2.3厘米（图一一八，6；彩版一四四，6）。

三、作　坊　具

本阶段的作坊具主要有轮盘和模范，工具类的极少。

1. 轮盘

出土数量极少。标本ⅢT9G6：127，圆形。整体制作规整，中部圆孔，孔径1.4厘米，中孔外围饰凹弦纹一周。粉红胎。盘径33.6厘米，厚1.4厘米（图一一九，1；彩版一四七，5）。

2. 模具

出土数量较多，有人物、动物、埙、器物和器物附件、装饰等。

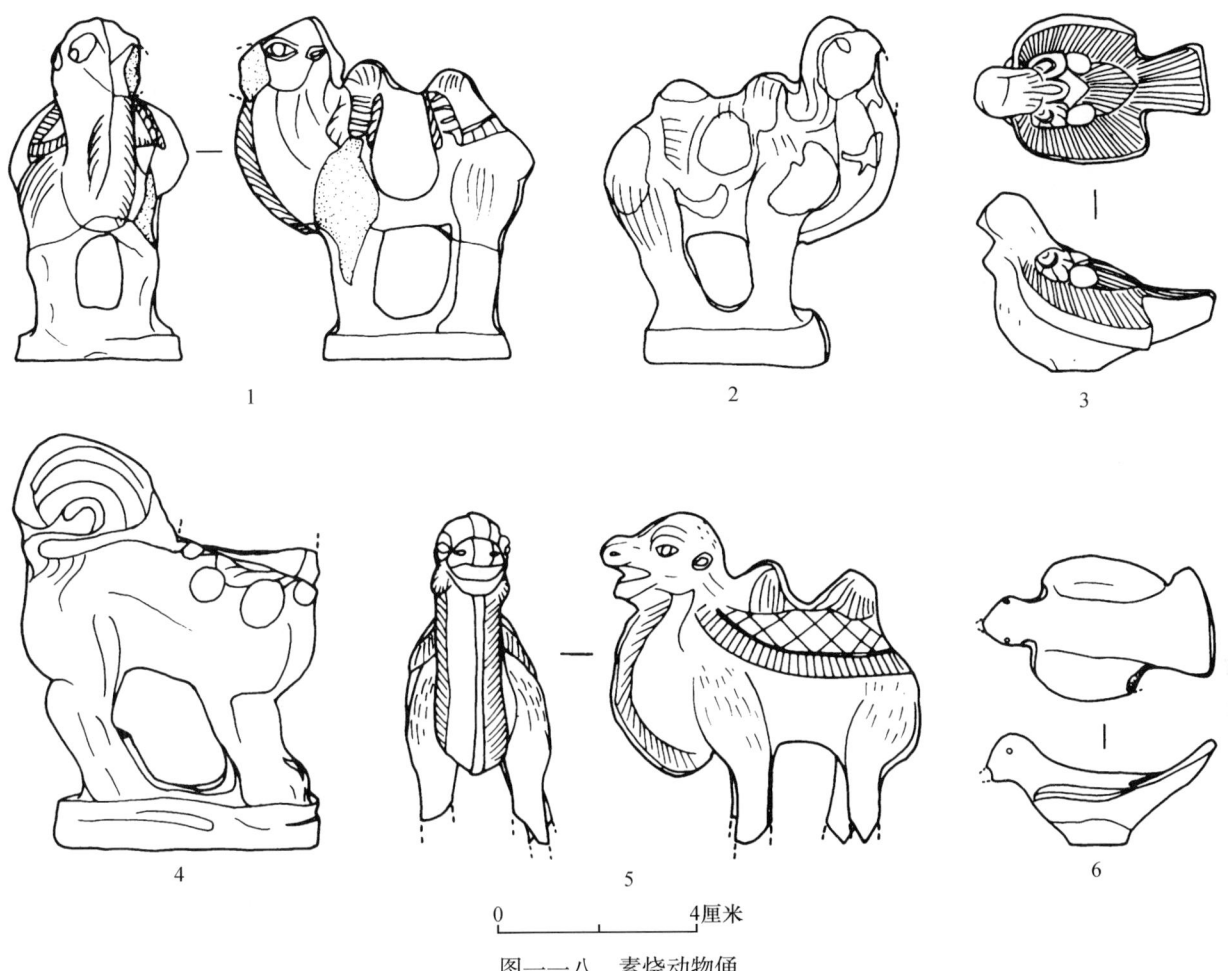

图一一八 素烧动物俑
1、2、5. 骆驼俑（ⅠT1⑤：49、ⅠT1⑤：35、ⅢT6H81：94） 3、6. 鸽俑（ⅡT7⑨：4、ⅠT1⑤：129）
4. 狮子俑（ⅠT1⑤：30）

（1）人物模 数量不多，有乐俑和仕女俑两种，皆前后合模。标本ⅢT6H71：16，前身半模。半蹲式乐俑，圆脸，分发，五官较清晰，双手抱琵琶于胸前作弹奏状。粉白胎。体高6.5厘米（图一一九，5；彩版一四五，2）。标本ⅢT8H77：5，后身半模。束发，条带束腰，着长裙。粉白胎。通体高9.5厘米（图一一九，6；彩版一四五，1）。

（2）动物模 数量较多，有猴、马、骆驼、狗、牛和鸽等。

猴模 标本ⅢT7H73：24，母子猴前身半模，背部背一子猴，头部偏于同一侧，面目不甚清晰，母猴体上有麻点纹装饰。模表面一侧置两横作左右模对接标记。粉红胎。体长5.7厘米，通高6.9厘米（图一一九，2；彩版一四五，4）。标本ⅢT9H83：8，完整。椭圆形，半模，背部凹凸不平，极不规则。形态抽象，未见成品器。粉白胎。体高径3.1厘米（图一一九，3；彩版一四五，3）。

马模 标本ⅢT7H73：31，残。右侧半模，作站立状，低头下视，尖尾，背上置鞍。模表面上方和前中部分别刻两横作左右模对接标记。粉红胎。体长9.4厘米，通高6.8厘米（图一一九，7；彩版一四五，6）。标本ⅢT6H81：24，尾部残缺。右侧半模，作站立状，低头下

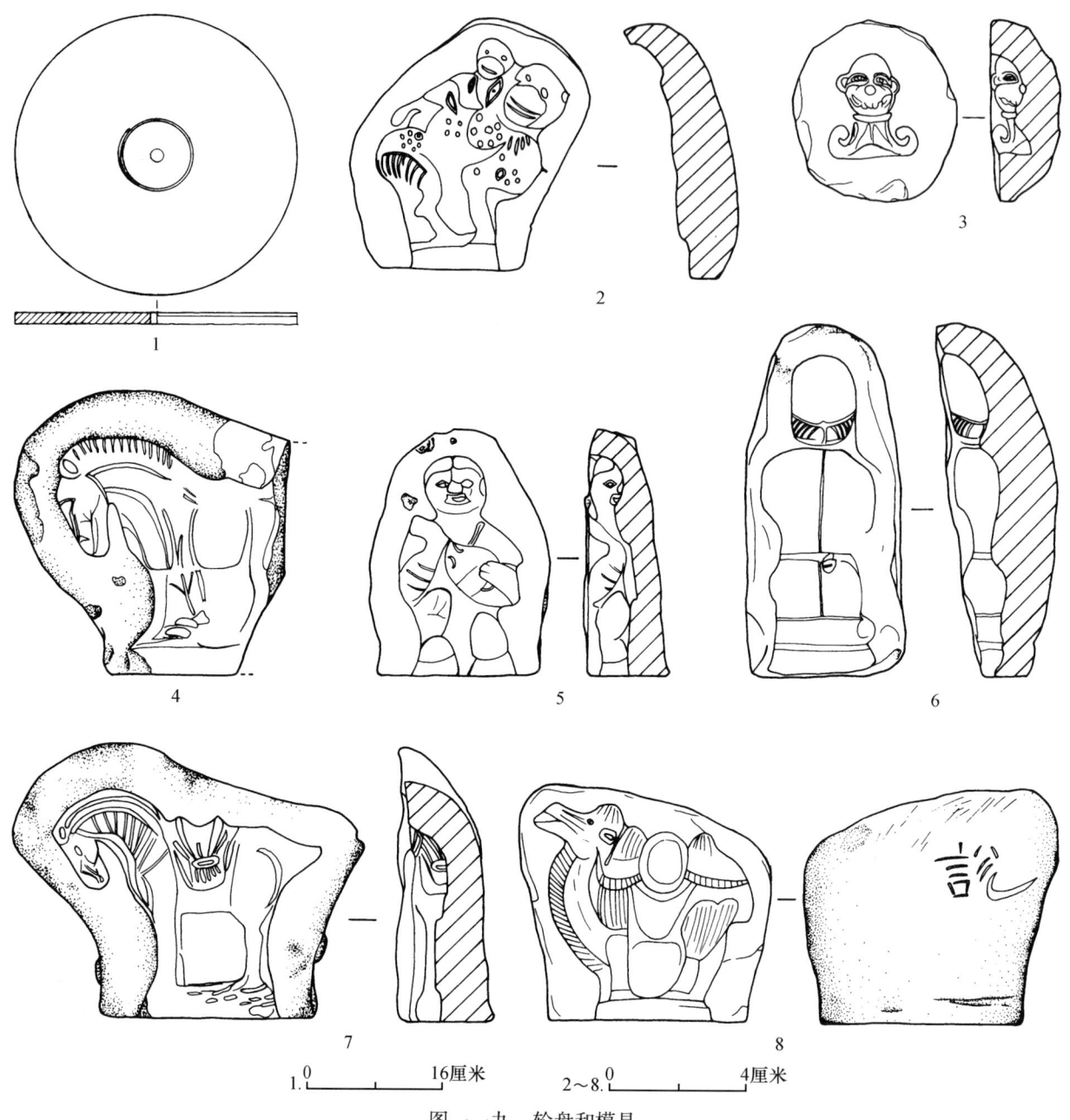

图一一九 轮盘和模具

1. 轮盘（ⅢT9G6∶127） 2、3. 猴模（ⅢT7H73∶24、ⅢT9H83∶8） 4. 马模（ⅢT6H81∶24） 5、6. 人物模（ⅢT6H71∶16、ⅢT8H77∶5） 7. 马模（ⅢT77H73∶31） 8. 骆驼模（ⅢT6H71∶1）

视，背部载行囊。范内上中部合缝面遗有酱黄釉斑块。体残长6.7厘米，高7厘米（图一一九，4；彩版一四五，5）。

骆驼模　标本ⅢT6H71∶1，完整。右侧半模，立式，抬头作嘶鸣状，双峰间驮行囊。背面刻一"说"字。白胎。体长6.6厘米，高6.5厘米（图一一九，8；彩版一四六，1、2）。

狗模　标本ⅢT6H71∶17，完整。右侧半模，侧面立式，头左折平视，尾折于背部。粉白胎。体长6.1厘米，通高7厘米（图一二〇，1；彩版一四六，4）。

牛模　标本ⅢT6H72∶8，左侧半模。立式，尾部残缺，垂头前倾，圆目怒睁。白胎。体残长7.6厘米，高6厘米（图一二〇，6；彩版一四六，3）。

鸽模　标本ⅢT5H25：50，完整。背部单模，羽毛清晰。体宽3.2厘米，长4.1厘米（图一二〇，4；彩版一四六，6）。

（3）埙模　标本ⅢT6⑧：15，完整。半球体，正面半模。张发，浓眉大眼，宽鼻，长须。粉红胎。面宽4.6厘米，高5.1厘米（图一二〇，2；彩版一四六，5）。

（4）器物附件模具　从本期开始，器物上的附件如系、流、足等，无论是有装饰的还是无装饰的，皆采用半模制成。

敛口钵系模　标本ⅢT6H71：4，完整。形制较小，上方下圆。白胎。通体敷一层化妆土。宽0.9~2.5厘米，高3.7厘米（图一二〇，3；彩版一四七，4）。标本ⅢT6H71：2，完整。形制较大，制作较规整，上方下圆。背面刻"崇仙"二字，左侧面刻"魏崇光"三字。通体敷一层化妆土。宽1.2~2.6厘米，厚2.5厘米，高4.2厘米（图一二〇，7；彩版一四七，1、2、3）。

五足炉足模　标本ⅠT1⑦：150，兽面，面目模糊，束腰，蹄形足。粉红胎。高6.6厘米

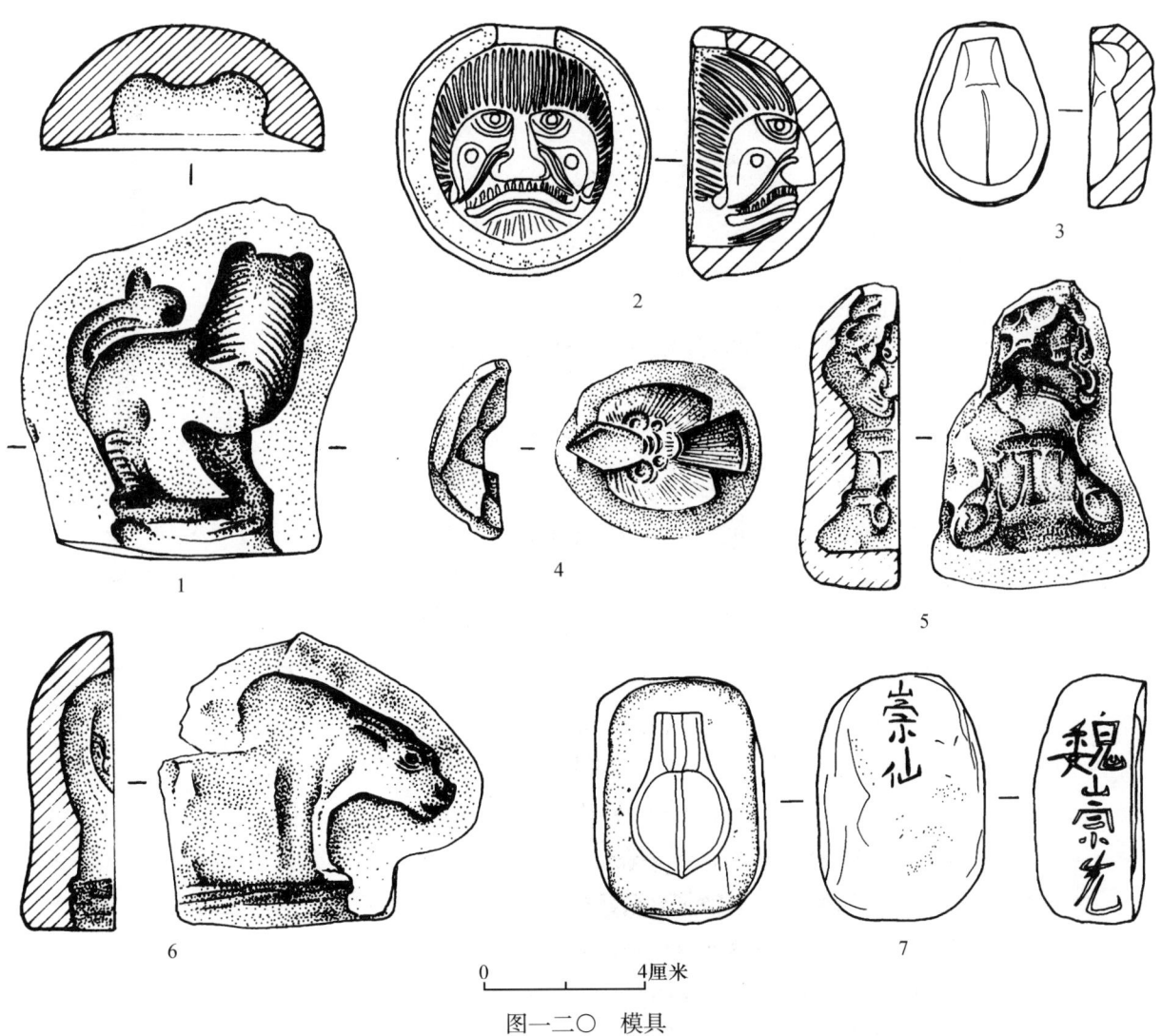

图一二〇　模具
1. 狗模（ⅢT6H71：17）　2. 埙模（ⅢT6⑧：15）　3、7. 敛口钵系模（ⅢT6H71：4、ⅢT6H71：2）
4. 鸽模（ⅢT5H25：50）　5. 五足炉足模（ⅠT1⑦：150）　6. 牛模（ⅢT6H72：8）

（图一二〇，5；彩版一四八，2）。

（5）印模　多见于洗、炉、罐、豆等，装饰内容以动物、花卉为主。

麒麟　标本ⅠT5⑤：3，残。作奔跑状，仰头，张口，平视，鬃毛向后张，尾上翘，尾毛下垂，常见于三足炉腹部装饰。浅灰胎。体长7.5厘米，高5厘米（图一二一，1；彩版一四八，1）。

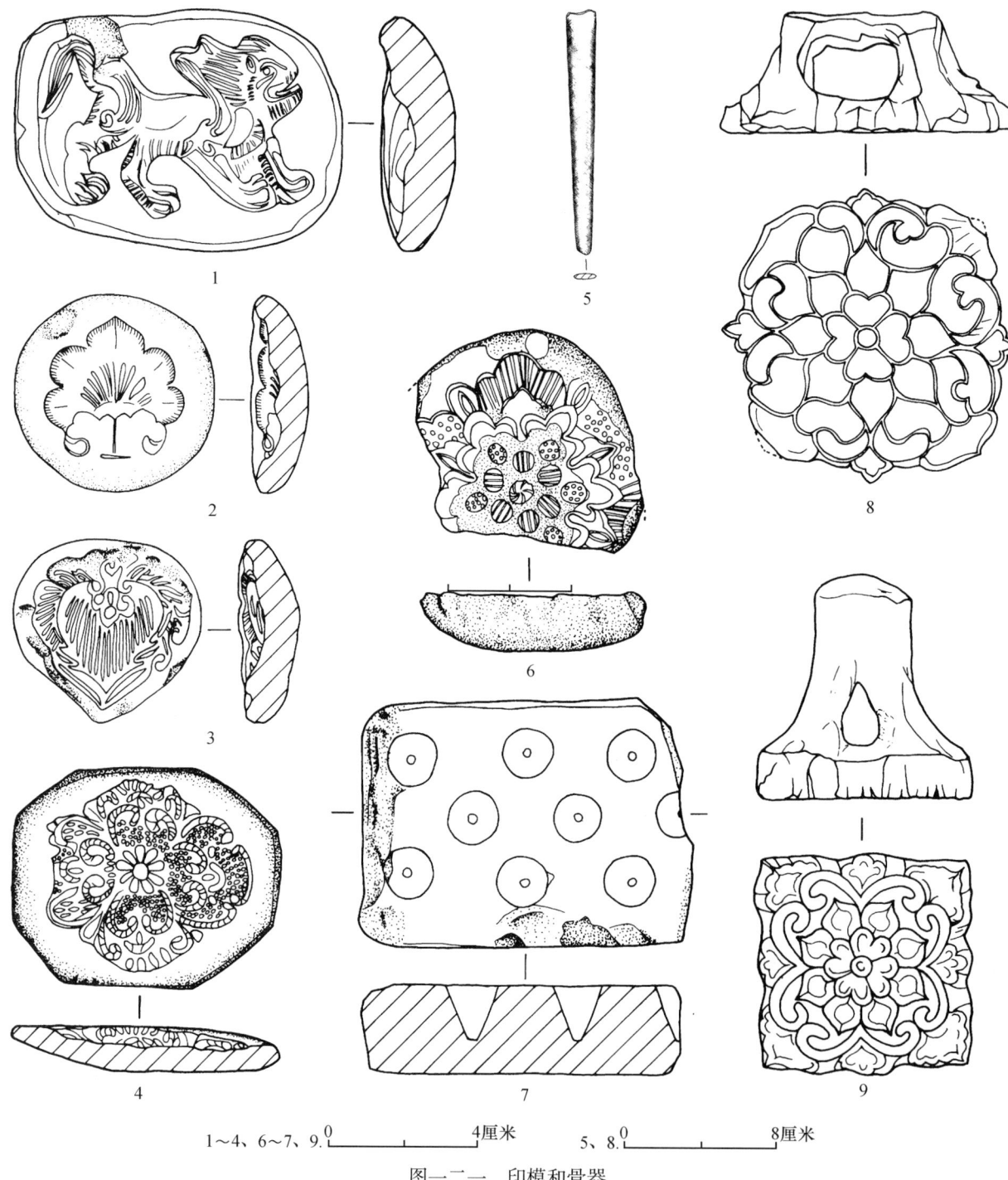

图一二一　印模和骨器

1. 麒麟模（ⅠT5⑤：3）　2～4、6. 花卉模（ⅢT6H71：18、ⅢT8⑧：15、ⅢT9⑧：16、ⅢT8H78：31）　5. 骨器（ⅢT6H81：112）　7. 锥形印模（ⅢT6H81：76）　8～9. 宝相花印模（ⅠT1⑧：63、ⅢT3H26：16）

花卉　标本ⅢT6H71∶18，完整。整体作圆形，枝叶状花卉图案，叶脉、花蕊清晰。粉红胎。直径3.8厘米（图一二一，2；彩版一四八，4）。标本ⅢT8⑧∶15，完整。整体作桃形，枝叶状花卉图案，叶脉、花蕊清晰。白胎。宽4.2厘米，高4.3厘米（图一二一，3；彩版一四八，3）。标本ⅢT8H78∶31，椭圆形三重花卉图案。灰白胎。残长5.4厘米，残宽6厘米（图一二一，6；彩版一四八，6）。标本ⅢT9⑧∶16，完整。椭圆八边形花卉图案。灰白胎。长5.5厘米，宽5.1厘米（图一二一，4；彩版一四八，5）。

宝相花　宝相花印模是三彩洗的专用模具。标本ⅠT1⑧∶63，形制较大。近圆形，背部近平，四面掏空作握手，正面深刻宝相花图案。直径15.7厘米左右，通高6.3厘米（图一二一，8；彩版一五〇，1、2）。标本ⅢT3H26∶16，完整。柱形高握手，四面掏空。正面方形，刻宝相花图案。边长5.8厘米，高6.1厘米（图一二一，9；彩版一四九，1、2）。

锥形印模　极少。标本ⅢT6H81∶76，长方形。正面三排规整锥形孔，每排3个，中间一排边上的残半。粉红胎。残长9厘米，宽6.5厘米，厚2.3厘米（图一二一，7；彩版一四九，3）。

3. 工具

极少。

骨器　标本ⅢT6H81∶112，完整。通体磨损光滑，一端宽一端窄，窄的一端有刃。宽0.8~1.6厘米，作规则形。长13.2厘米（图一二一，5；彩版一四九，6）。

四、窑　具

出土数量较多，种类齐全。与本期前段相比并无太大变化。常见的有支烧具、支垫具、架板、火照和匣钵盖等。

1. 支烧具

支烧具是入窑烧造阶段一种不可缺少的用具。依据形制的不同可分为筒形支烧、杯形支烧、柱形支烧、垫圈支烧和三叉支烧等。

筒形支烧　是黄冶窑第二期和第三期前段烧造瓷制品的一种主要窑具，由于本阶段大件瓷制品减少，筒形支烧已不是本阶段主要窑具，出土数量极少。标本ⅠT1⑤∶132，胎体厚重，制作较为规整。直口，平沿微内斜，直腹，平底。器表近底周边有四个手指搬窝，腹壁一侧近口处局部黏结有黑釉。口径12.7厘米，底径15.4厘米，高11厘米（图一二二，8；彩版一四七，1）。

杯形支烧　出土较多，形制基本相同，大小不一。敞口，束腹，平底。器表及内侧腹壁上常见有刻字和数字符号。标本ⅢT9H83∶22，圆唇沿外斜，通体有轮旋纹。器内外黏结有一层淡黄色泥浆，器内壁倒刻一字，尚未识读。土黄胎。口径6.6厘米，底径7.2厘米，高9.3厘米（图一二二，2；彩版一五一，1）。标本ⅢT8H78∶68，弧沿内斜，平底中空透底，孔径4.2厘米。器表口沿一侧至器底流淌有浅黄釉，器内外底面上饰较规整同心圆纹数周，器表腹壁上倒刻一"元"字。粉红胎。口径7.4厘米，底径7.4厘米，高8.2厘米（图一二二，3；彩版一五一，2）。标本ⅢT8H78：59，折沿，腹壁近直，平底中空透底，孔径2.7厘米左右。器内壁通体显条带状轮旋纹，器表刻一"山"字。由于多次使用，胎体呈浅灰色。口径6厘米，底径5.4厘米，高8.2厘米（图一二二，10；彩版一五一，3）。标本ⅢT6H72：10，折沿内斜，平底。器表沿下饰宽带轮旋纹一周，器表一侧中部刻一"玉"字，口沿上遗留有两处酱黄釉斑块。由于烧结温度过高，器表胎体呈浅灰色。口径7.5厘米，底径8.4厘米，高6厘米（图

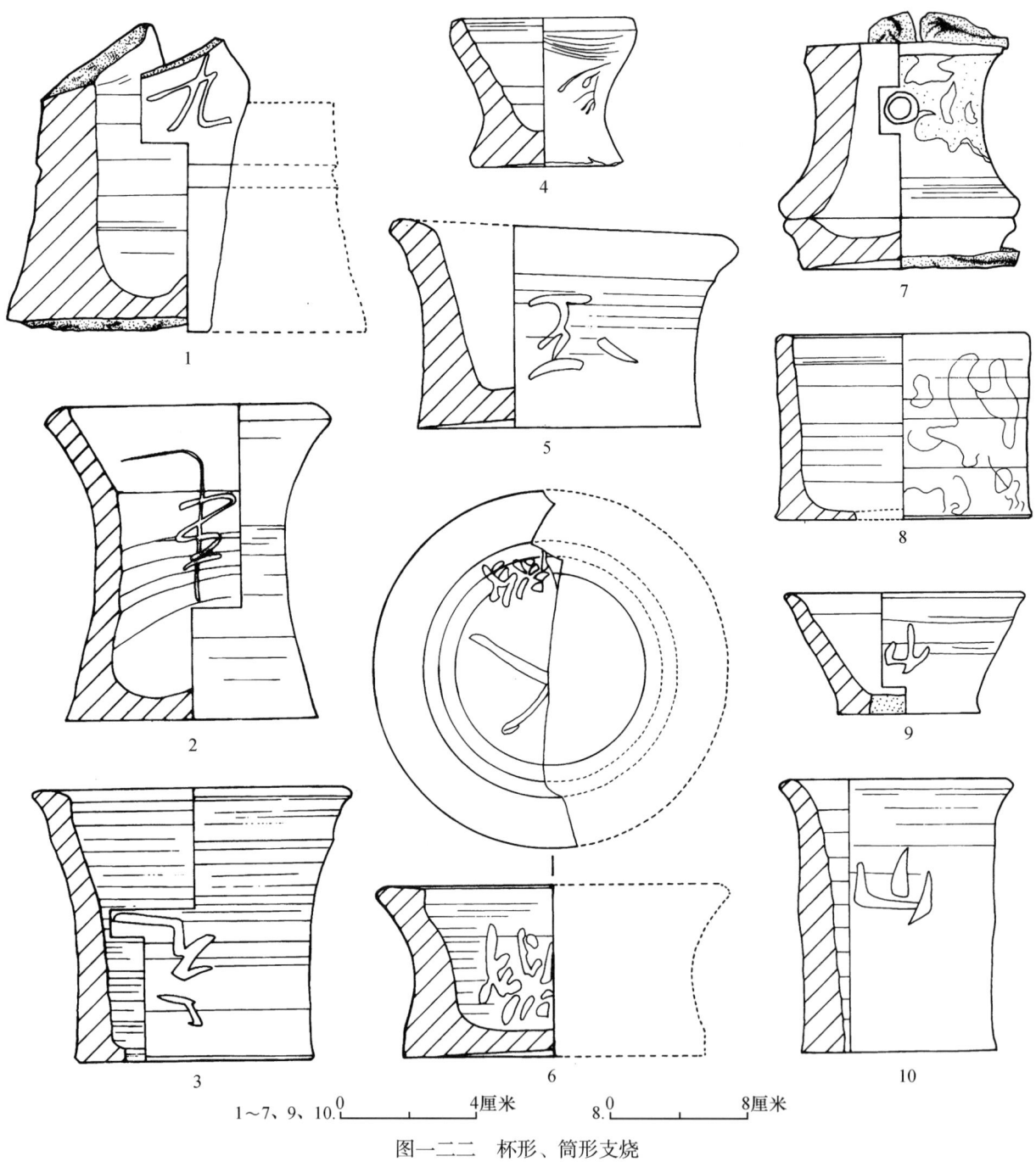

图一二二 杯形、筒形支烧

1~7、9、10.杯形支烧（ⅢT3H26：53、ⅢT9H83：22、ⅢT8H78：68、ⅢT9G6：117、ⅢT6H72：10、ⅠT2⑤：2、ⅢT7H73：43、ⅢT9G6：118、ⅢT8H78：59） 8.筒形支烧（ⅠT1⑤：132）

一二二，5；彩版一五一，4）。标本ⅢT3H26：53，残，不可复原。形制较大，胎体厚重。器表下腹饰凹弦纹一周，近底沿上遗留有一个手指窝痕，腹部一侧中部刻一"九"字符号。器表流淌一层较厚黄釉，局部已脱落。底面上局部黏结有白色瓷石颗粒和黄褐色釉。浅灰胎，含杂质大。底径10.8厘米，残高9.1厘米（图一二二，1；彩版一五一，5）。标本ⅠT2⑤：2，折沿，平沿微内斜。器内壁近底倒刻一字，尚未识读，器内底刻划"十"字符号。浅灰胎。口径8厘米，底径9厘米，高5.1厘米（图一二二，6；彩版一五一，6）。标本ⅢT7H73：43，完整。平沿，平底中空透底，孔径2厘米，腹一侧中下部有一小圆形透孔，孔径1厘米。口沿上黏结一罐类器完整圈足，底面外沿上黏结两个不规则泥饼和一个泥饼印痕。浅灰胎。口径5.2厘米，底径5.7厘米，通高7.5厘米（图一二二，7；彩版一五二，1）。标本ⅢT9G6：117，器形较小，窄平沿，平底。口径4.8厘米，底径4.5厘米，高4.4厘米（图一二二，4；彩版一五二，2）。标本ⅢT9G6：118，弧口，尖唇，斜腹壁微曲，平底中空透底，孔径2.2厘米左右。器表腹中部刻一"山"字。口径7.1厘米，底径4.4厘米，高3.6厘米（图一二二，9；彩版一五二，4）。

  柱形支烧 出土较多，大小不一。常见的器表刻划有"诠"、"光"、"亮"、"元"、"仙"、"雲"、"伏"、"令"、"珣"和"山"等字样。高度在7厘米以上者多与架板配套使用，7厘米以下者与相应单件器物配套支烧。依据口部的不同可分为三型。

  A型 盘形口。出土数量较多。标本ⅢT9G6：124，束腹，中空透底，孔径2.6厘米左右。器表腹部饰螺旋纹。粉白胎。口径4.5厘米，底径4.5厘米，高11.5厘米（图一二三，5；彩版一五三，2）。标本ⅢT6H76：8，矮小，直腹壁，平底。腹中部一侧刻一"光"字，腹壁中部遗留有绿釉斑块。口径3.8厘米，底径2.6厘米，高4.5厘米（图一二三，7；彩版一五三，3）。标本ⅢT6H81：148，直腹壁，平底。通体带轮旋纹。口、底面上分别有器物的烧结痕。器表腹壁中下部一侧刻一"亮"字，腹壁及底外沿一侧上遗留有绿、黄釉斑块。口径3.3厘米，底径2.8厘米，高7.7厘米（图一二三，8；彩版一五三，4）。标本ⅢT8H78：92，斜直壁，平底。器表腹壁中上部一侧刻一"雲"字。浅灰胎。口径3.8厘米，底径3厘米，高8厘米（图一二三，1；彩版一五三，5）。标本ⅢT9G6：123，器形矮小。平宽沿，直壁，平底。腹壁上刻一"令"字，腹壁上局部流淌有绿、酱黄釉。盘径4厘米，底径2.7厘米，高3.8厘米（图一二三，3；彩版一五三，6）。

  B型 弧口。极少。标本ⅢT9G6：121，完整。圆沿面，束腹，平底。腹中部一侧刻一"仙"字。上径3.2厘米，底径3.3厘米，高7.3厘米（图一二三，6；彩版一五四，1）。标本ⅢT9G6：122，口部残缺，中部黏结一不规则圆形垫饼，腹壁微内收，平底。腹壁中部一侧刻一"伏"字，局部黏结有蓝和绿釉斑块。底径2.7厘米，残高6.4厘米（图一二三，11；彩版一五四，2）。

  C型 平沿内斜，束腹，平底。标本ⅢT9G6：120，底面上黏结一个不规则圆形垫饼。腹壁中部一侧刻一"元"字。上径3.6厘米，底径3.6厘米，通高10厘米（图一二三，2；彩版一五四，3）。标本ⅢT6H76：6，完整。腹壁上部一侧刻一"诠"字，腹壁上局部遗留有淡黄色斑块。上径3厘米，底径3.8厘米，高7.9厘米（图一二三，9；彩版一五四，4）。标本ⅢT6H71：32，腹壁上部一侧刻一"珣"字，局部遗留有黄釉斑点。上径3.1厘米，底径3.2厘

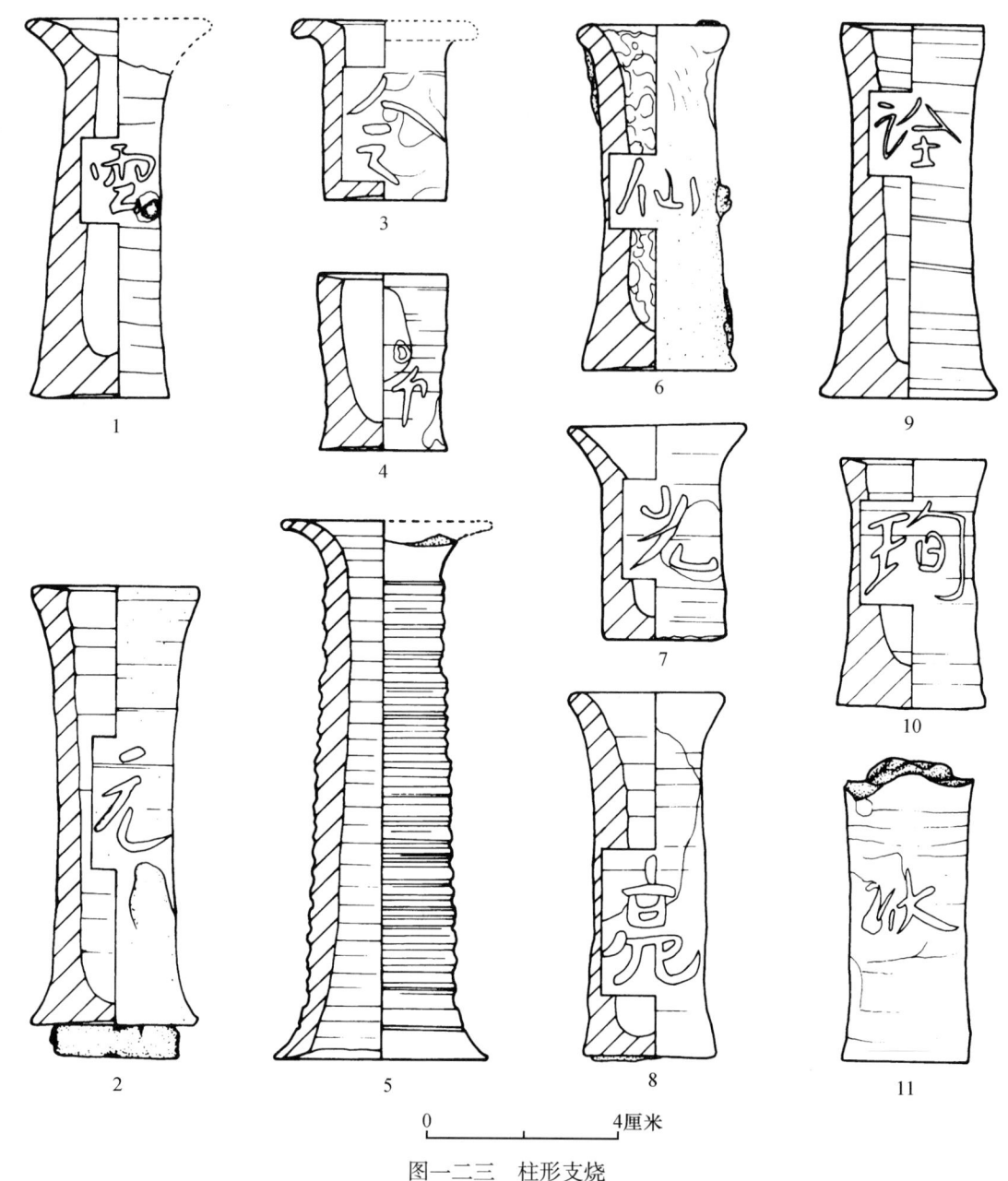

图一二三　柱形支烧

1、3、5、7、8. A型（ⅢT8H78：92、ⅢT9G6：123、ⅢT9G6：124、ⅢT6H76：8、ⅢT6H81：148）　2、4、9、10. C型
（ⅢT9G6：120、ⅢT8H77：10、ⅢT6H76：6、ⅢT6H71：32）　6、11. B型（ⅢT9G6：121、ⅢT9G6：122）

米，高5.3厘米（图一二三，10；彩版一五四，5）。标本ⅢT8H77：10，完整，器形矮小。腹壁下部一侧倒刻一"山"字，局部黏结有蓝釉斑点。上径2.8厘米，底径2.7厘米，高3.7厘米（图一二三，4；彩版一五四，6）。

垫圈支烧　数量同本期前段相比有所减少。制作规整，大小不一，高低不等。从烧造工艺上可分两种：一种是垫圈垫烧，垫圈垫烧的圈面较窄，器物直接放在圈面上；另一种是垫圈支烧，圈面较宽，圈面上等距黏结三个或四个不规则小圆形泥饼，烧制时器物放在泥饼上，成品器底面上常见三个或四个不规则圆形支烧痕。标本ⅢT8H78：34，完整。窄圈面，直壁。内壁饰带状旋纹三周。上沿面局部遗留有绿釉斑块。圈径6.8厘米，高2.8厘米（图一二四，7；彩版一五二，3）。标本ⅠT1⑤：47，完整。竹筒形，窄圈面，高直壁。器内上腹壁饰不规则带状旋纹三周。圈径5厘米，高4.5厘米（图一二四，8；彩版一五二，6）。标本ⅢT6H81：30，完整。形制较大，圈面较宽，束壁。圈面上遗留有三个等距泥饼支垫痕。圈径11.5厘米，高1.9厘米（图一二四，5；彩版一五二，5）。

三叉支烧　出土较多，是本阶段的主要烧造工艺之一。形制繁多，皆手制。依据形制的不同可分为五型。

A型　数量最多，三叉等距分布，尖圆形支点向上，多数支点上残留有低温三彩釉。该支烧在使用时因器而宜，支点多数向下。边长在10厘米以上的支点皆向下，为洗的摞烧专用支具。标本ⅢT6H81：144-1，残。器形最大，三个支点分别流淌有酱黄釉和蓝釉交融，其中一支叉上用指甲压印一"三"字符号。粉红胎。边长20厘米，高5.1厘米（图一二四，6；彩

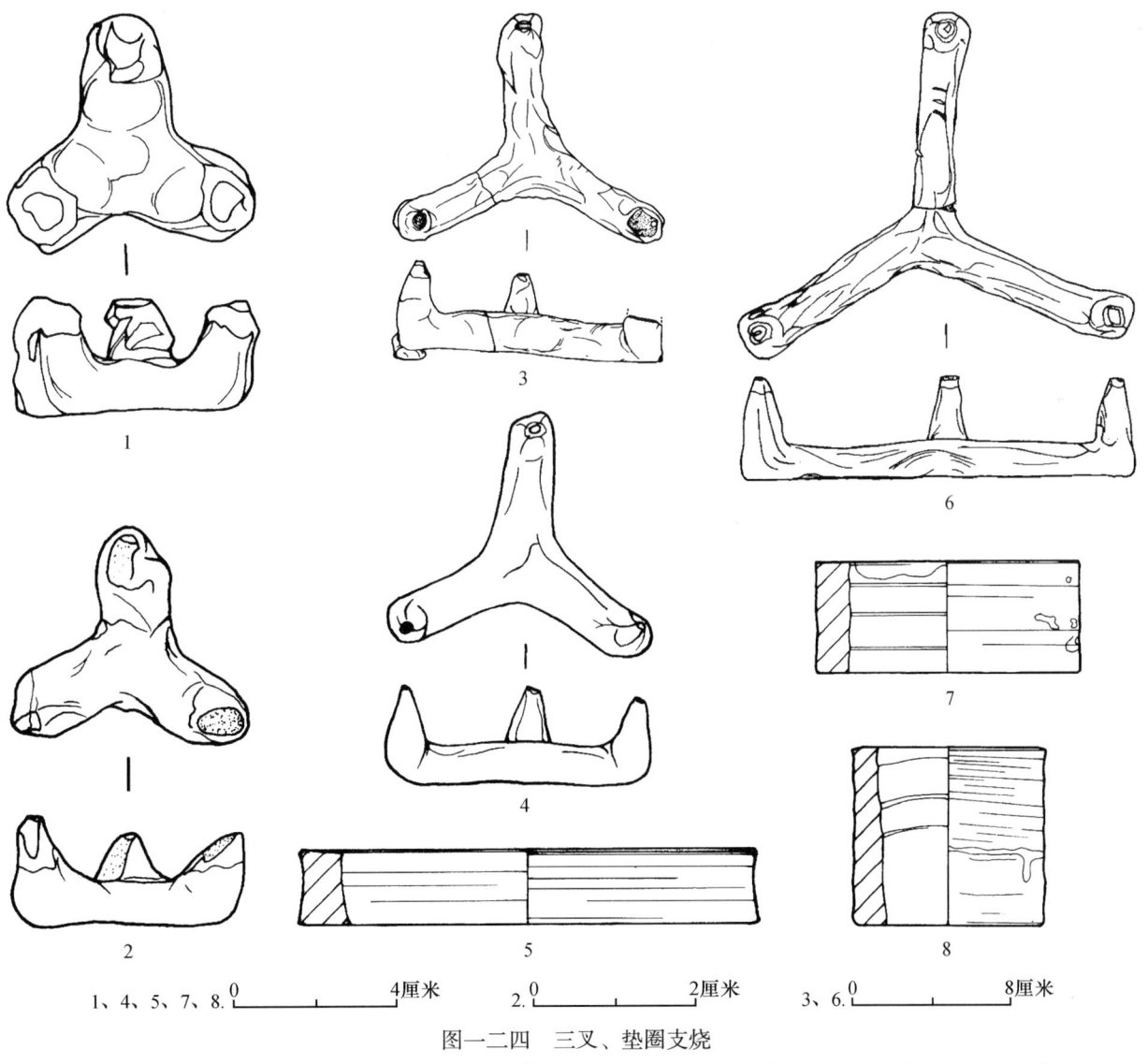

图一二四　三叉、垫圈支烧
1~4、6.A型三叉支烧（ⅢT9H83：23、ⅢT7H74①：24、ⅢT6H81：144-2、ⅢT6H81：22、ⅢT6H81：144-1）
5、7、8.垫圈支烧（ⅢT6H81：30、ⅢT8H78：34、ⅠT1⑤：47）

版一五六，4）。标本ⅢT6H81∶144-2，器形较大。其中一个支点残缺，余两个支点上残留有绿釉，一个支叉上面黏结一不规则圆形泥饼。白胎。边长13厘米，高5.1厘米（图一二四，3；彩版一五六，5）。标本ⅢT9H83∶23，器形较小。器形粗糙，使用时三个支点上分别泥饼加高。白胎。边长6.3厘米，高3厘米（图一二四，1；彩版一五六，6）。标本ⅢT6H81∶22，完整。支点尖圆，支点上遗留有极少淡黄釉。粉红胎。边长6.6厘米，高2.6厘米（图一二四，4；彩版一五五，1）。标本ⅢT7H74①∶24，完整。器形最小，支点上分别遗留有蓝、黄两色釉。粉红胎。边长3厘米，高1.4厘米（图一二四，2；彩版一五五，2）。

B型　极少。双面支点，无反正。标本ⅢT8H78∶70，其中一面的三个支点残，另一面完整支点上遗留有黄釉。边长4.3~5厘米，残高3.2厘米（图一二五，2；彩版一五五，3）。

C型　出土数量较多。是三足炉、罐与洗相间配套的摞烧专用支烧，使用时拱面向下，置于三足炉或罐类器口沿上（烧釉后的器物口沿上往往等距遗留三处条形或线状支烧痕），支点向上一面托撑一件平底洗。标本ⅠT1⑤∶218，其中一个支叉残缺，余两个支叉拱面上分别黏结有黄、白釉，中部饰四个圆形不透孔。黄胎。边长16厘米，高4.8厘米（图一二五，7；彩版一五五，4）。标本ⅢT6H72∶9，仅存一个完整支烧点，凹面中部刻一"珣"字。值得注意的是，"珣"字字体规范，几乎在所有窑具上都有发现，其用意尚不清楚。高5.2厘米（图一二五，6；彩版一五五，5）。标本ⅠT1⑤∶138，两个支叉残。拱面中部采用指甲四次压印成一个"王"字，凹面中部刺虚线"十"字符号。残高3厘米（图一二五，5；彩版一五五，6）。标本ⅢT8H78∶69，完整，器形最小。拱面三个支点上分别遗有白釉和绿釉。边长4.3厘米，高1.7厘米（图一二五，1；彩版一五六，1）。

D型　出土数量不多，不分正背面。依据形制推断，可能为大型平底器或什么特殊器物支垫具。标本ⅢT6H81∶143-1，残。形制较小，三叉扁平，圆头。一个支叉顶端遗留有一竖置棱形泥条，另一面两个支叉中部分别黏结一个大小不一泥饼。支叉两面皆遗留有大片绿釉，灰白胎。边长16.1厘米，厚1.6厘米（图一二五，3；彩版一五六，2）。标本ⅢT6H81∶143-2，残。三个支叉作方棱形，三叉两面顶端平面上分别显器物黏结印痕。白胎。边长17.6厘米左右，厚1.8厘米左右（图一二五，4；彩版一五六，2）。

E型　是烧制蛋形器的专用支烧，出土数量较少。标本ⅢT8H78∶43，完整。柱形，顶端三个较小支叉，支点极小，下部三个粗壮支叉着地。顶端三个支点上分别遗留有绿釉，下面三个支叉中有两个支叉着地面上分别遗留有酱黄釉。上支点边长3.2厘米，下支点边长4.6厘米左右，通高9.9厘米（图一二五，8；彩版一五六，3）。

2. 支垫具

支垫具出土数量较多。以素烧敛口钵残片为主，作不规则形。见于第三期前段，流行于本期后段。依据使用方法和用途的不同可分为四种。

（1）支垫方法采用三个一组相对等距放置在钵、炉、罐类器内的底部，套烧时支垫器物之用。标本ⅢT7H73∶35，敛口钵腹部残片，大小不一。拱面向下，支面上遗留有淡绿釉。长

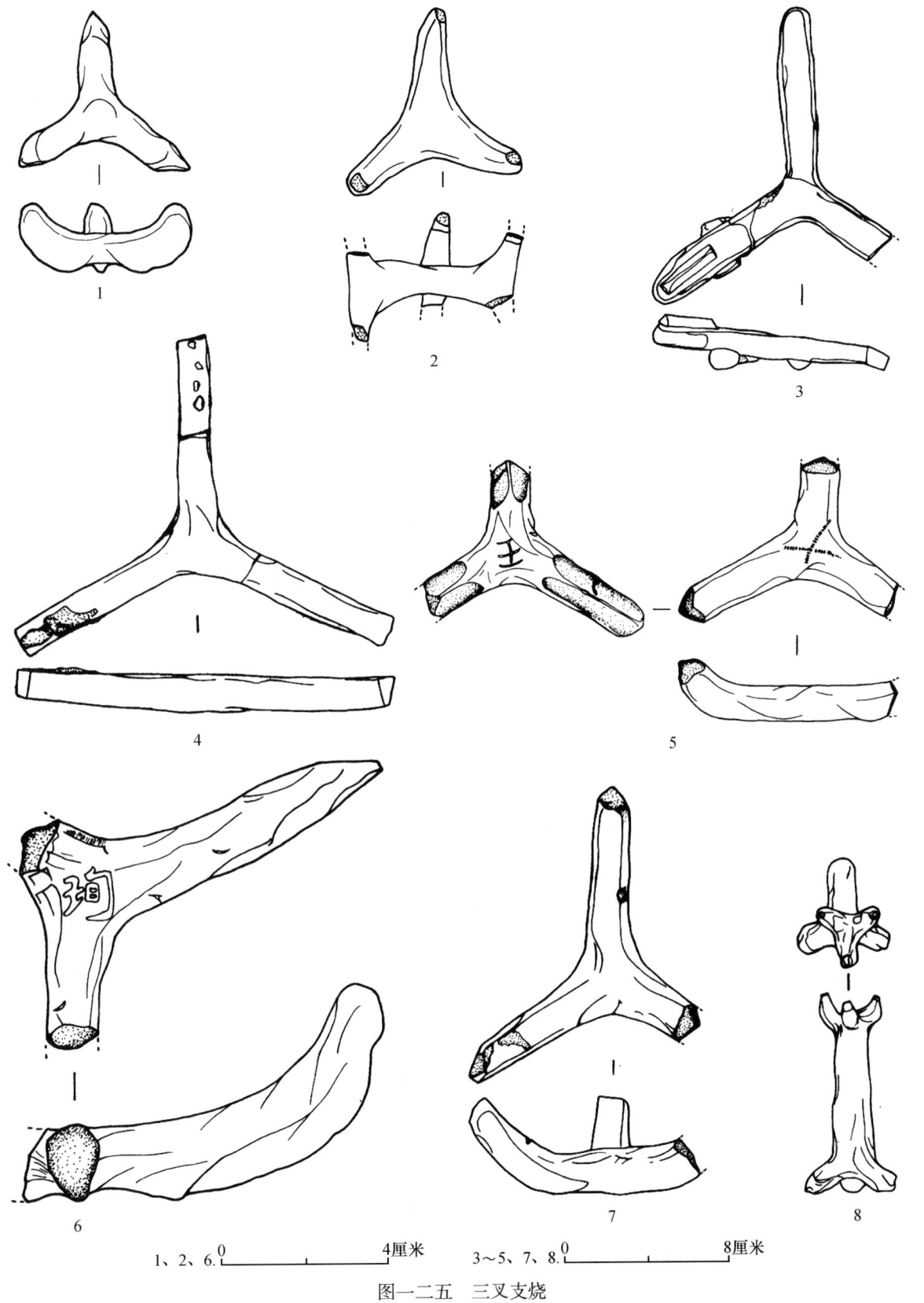

图一二五 三叉支烧

1、5~7. C型（ⅢT8H78：69、ⅠT1⑤：138、ⅢT6H72：9、ⅠT1⑤：218） 2. B型（ⅢT8H78：70）
3. D型（ⅢT6H81：143-1） 4. D型（ⅢT6H81：143-2） 8. E型（ⅢT8H78：73）

3.6~5.4厘米，宽3~4.4厘米（彩版一五七，2）。标本ⅢT7H73：36，敛口钵口部残片。拱面向上，支垫面上遗留有烧制时黏结痕和流淌在支垫具上的深绿釉。长4.3~6.1厘米，宽2~3.8厘米（彩版一五七，3）。

（2）使用方法同上。不同的是单片使用，拱面向下，支垫片的大小，因器而宜。支面上有三个支点和四个支点，支点的多少与支垫片的形状有关。标本ⅠT1⑤：136，4件，完整。大小分别有四个支点和三个支点，四支点的为不规则方形，边长2.5~5厘米。三支点的多为不规则三角形，边长3.5~6厘米（彩版一五七，4）。

（3）出土数量极少。原材料为制作器物的胎泥，皆作不规则形，为装窑时固定器物之用。胎体多为粉红色，烧制温度与素烧器接近，由此表明成品器烧成温度可能要略低于素烧器。标本ⅢT7H69：6，2件，完整（彩版一五七，1）。

3. 架板

架板出土数量较多，皆高温耐火泥制成，胎质细腻，制作讲究。长方形，形制较大，胎体较厚重。板面平整，多数多次利用，不分正反面，皆残，不可复原。绝大多数板面上用尖状工具刻划有"珣"、"说"、"張"、"奉"、"丰王"、"玉"、"元"和"記"等文字及数字符号。标本ⅢT8H78：94，板面右下角刻划一"珣"字，"珣"字上方局部遗留有器物烧结痕，烧结痕周边流淌有淡绿釉。残长15.3厘米，残宽14.5厘米，厚1.5厘米（图一二六，4；彩版一五八，2）。标本ⅢT8⑧：20，板面上刻划"□珣"二字，竖读。另一面遗留有柱形支烧和多处泥饼垫烧黏结痕，黏结痕周围皆淌流有绿釉，局部有黄釉斑块。残长18厘米，残宽13.4厘米，厚1.4厘米（图一二六，5；彩版一五八，3）。标本ⅢT9G6：128，两面局部皆有绿釉斑点。板面的右下角刻划一"说"字。残长21厘米，残宽10.4厘米，厚1.5厘米（图一二六，1；彩版一五八，4）。标本ⅢT8⑧：19，两面皆有器物底黏结印痕，器物底黏结和支垫泥饼周围分别流淌有绿釉和黄釉。板面的右上角刻划一"記"字。残长19厘米，残宽12.6厘米，厚1.5厘米（图一二六，2；彩版一五八，5）。标本ⅢT6H81：113，板面上局部遗有器物或支垫具烧结痕，烧结痕的外围分别流淌有黄釉和绿釉。另一面刻划一个"張"字。残长14.7厘米，残宽13.6厘米，厚1.5厘米（图一二六，9；彩版一五八，6）。标本ⅢT8H78：67，反复多次使用。两面皆遗留有多处支烧点，支烧点的外围黏结有黄釉、酱黄釉、绿釉和白釉。板面的右上角刻划一极不规范"張"字。残长20厘米，残宽14.5厘米，厚1.2厘米（图一二六，3；彩版一五九，1）。标本ⅢT8H77：11，一面制作规整，另一面制作较粗糙，平面显水波纹，中部刻划有字，由于字体不规范，且残缺，尚未识读。残长14厘米，残宽10.8厘米，厚1.2厘米（图一二六，10；彩版一五九，2）。标本ⅢT2H36：7，一侧板面平整，刻划一"秦"字。另一侧有较规整压印条纹。残长9.5厘米，残宽6.2厘米，厚1.3厘米左右（图一二六，8；彩版一五九，3）。标本ⅢT2H34：57，板面一侧刻划"丰王"二字，"丰"字上遗留有青釉黏结点。另一面显几个圆圈形支烧印痕，局部遗留有青釉和淡黄釉。残长13.5厘米，残宽8.8厘米，厚1.5厘米（图一二六，6；彩版一五九，4）。标本ⅢT1H38：8，制作的极为规整，多次使

图一二六 架板

1~12.架板（ⅢT9G6∶128、ⅢT8⑧∶19、ⅢT8H78∶67、ⅢT8H78∶94、ⅢT8⑧∶20、ⅢT2H34∶57、ⅢT1H38∶8、ⅢT2H36∶7、ⅢT6H81∶113、ⅢT8H77∶11、ⅢT1H45∶1、ⅢT1H36∶6）

用，胎体已瓷化。两面黏结有小柱形支烧印痕，板面上刻划"囗记"二字，竖读。另一面流淌多层釉，釉厚部分已成黑褐色。残长11.4厘米，残宽10.1厘米，厚1.2厘米（图一二六，7；彩版一五九，5）。标本ⅢT1H45：1，多次使用，胎体已接近瓷化。两面皆遗留有柱形支烧和泥饼支垫痕，周边分别流淌有黄釉和绿釉。另一面刻一"王"字。残长10厘米，残宽7.2厘米，厚1.4厘米（图一二六，11；彩版一五九，6）。标本ⅢT1H36：6，极为少见。残体作三角形，胎体较薄。板面上刻划一人物图案，仅残存头、颈部分，头带花顶毡帽，帽上流淌有黄釉，是人为还是无意，尚不好界定。残长10.4厘米，残宽4厘米，厚1厘米（图一二六，12；彩版一五八，1）。

4. 垫板

形制较小，胎体薄。出土数量较多。依据已明确的形制差异可分为四个亚型。

A型　由于皆残，类型不明确。我们依据现有复原情况把该类型暂归为圆形。标本ⅢT9G6：126，板面一侧周边局部显器物的黏结痕和淡黄釉；另一面中部刻划一"九"字符号。直径10.7厘米，厚0.5厘米（图一二七，1；彩版一六〇，2）。标本ⅢT8H78：95，中部厚，外围略薄。板面一侧显两处近半圆形支烧痕和深绿釉；另一面近中部刻划一"九"字符号。复原径14厘米，厚0.6厘米（图一二七，9；彩版一六〇，1）。标本ⅢT7H69：4，胎体较厚，制作极为规整。板面一侧局部有绿釉和黄釉斑点；另一面的一侧遗留有三处圆形支烧痕，支烧痕的两侧分别流淌有绿釉。直径12.5厘米，厚0.8厘米（图一二七，4；彩版一六〇，4）。标本ⅢT8H77：13，板面不甚平整，显麻点纹，中部刻划一字，由于残缺，尚未识读；另一面细腻平整。复原径13厘米，厚0.4厘米左右（图一二七，2；彩版一六〇，3）。

B型　为了减少成本，增加窑炉装烧量，这一时期出现了较多缺形垫板，缺口的大小以装烧相邻器物的位置、器形而定。标本ⅢT5H19：34，完整。板面一侧刻划两组分别三折交叉符号。两面中部皆有柱形支烧痕和淡黄釉、酱釉斑块。直径11.3厘米，厚0.7厘米（图一二七，5；彩版一六〇，6）。标本ⅢT2H34：80，缺口不甚规整。板面两侧皆遗留有绿釉、淡黄釉和酱黄釉。其中的一侧板面上刻划一个"今"字。直径10.5厘米，厚0.5厘米（图一二七，3；彩版一六〇，5）。标本ⅢT9G6：28，板面上黏结一个三叉折角支烧，通体流淌一层较厚黄釉，釉厚处呈酱黄色。三叉支烧一侧夹角板面上刻划一"十"字符号，另一面有多处支烧痕。直径12厘米，垫板厚0.5厘米左右，通高6厘米左右（图一二七，7；彩版一六一，1、2）。标本ⅢT2H34：81，形制较小，通体有一层淡黄釉。两面皆有支烧痕，支烧痕的外围分别流淌有深绿釉。直径7.8厘米，厚0.5厘米（图一二七，6；彩版一六一，4）。

C型　璧形，形制较大。出土数量较少。标本ⅢT5H19：33，中部厚外围略薄。中部饰一圆孔，孔径4.5厘米左右。板面一侧刻划一个"元"字，局部黏结有窑砂和绿釉、黄釉斑点，另一面外沿黏结一层淡黄釉透胎。直径13.6厘米，厚0.6~1厘米（图一二七，10；彩版一六一，3）。

D型　极少。标本ⅠT1⑤：141，残。整体呈不规则椭圆形，边缘刀削而成，极不规整。

第四章 出土遗物

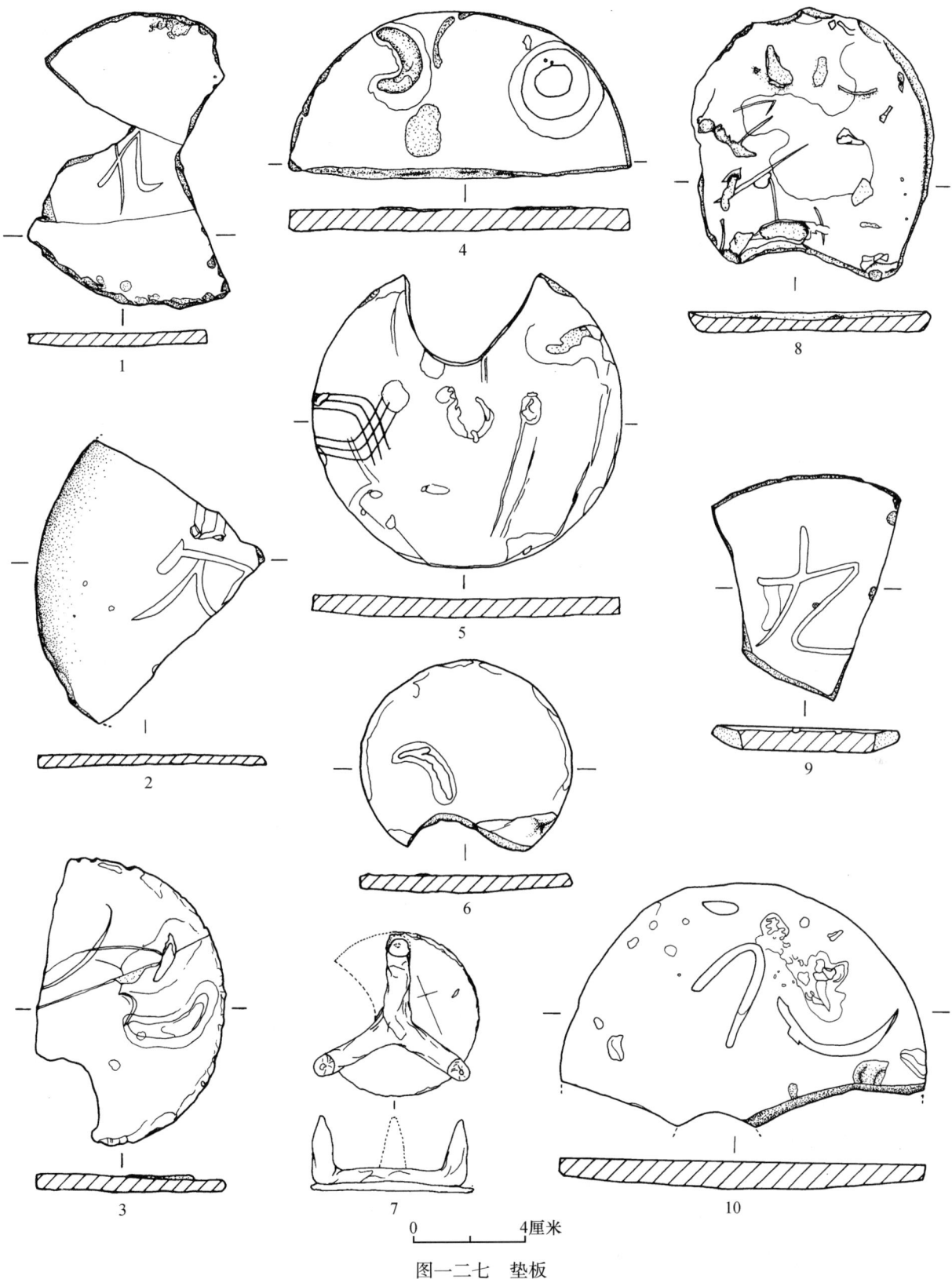

图一二七 垫板

1、2、4、9.A型（ⅢT9G6：126、ⅢT8H77：13、ⅢT7H69：4、ⅢT8H78：95） 3、5~7.B型（ⅢT2H34：80、ⅢT5H19：34、ⅢT2H34：81、ⅢT9G6：28） 8.D型（ⅠT1⑤：141） 10.C型（ⅢT5H19：33）

板面上刻划有"三山"二字，竖读。通体流淌多层黄釉，釉厚处呈现酱黄色。两面皆黏结有较多支烧痕和窑砂。长9.8厘米，宽9厘米，厚0.7厘米左右（图一二七，8；彩版一六一，5）。

5. 火照

火照出土数量极少，皆采用素烧器物残片制成。标本ⅠT1⑤：134，1件完整，1件残。敛口钵腹部素烧残片，中部饰一圆孔，孔径1厘米。未施釉。整件长5.4厘米，宽4.7厘米（图一二八，3；彩版一六二，1）。

6. 匣钵盖

匣钵盖出土数量不多，器形较大，制作规整精细。整体作盘形，弧腹，底近平，通体显轮旋纹。标本ⅢT6H81：151，器形最大。宽沿面微斜，斜腹，平底。灰胎。盖径28.4厘米，底径9.4厘米，高4.8厘米（图一二八，2；彩版一六二，2）。标本ⅢT6H81：150，敞口斜沿，斜腹，平底。器内外通体饰轮旋纹。盖径23厘米，底径6.7厘米，高4.4厘米（图一二八，1；彩版一六二，3、4）。

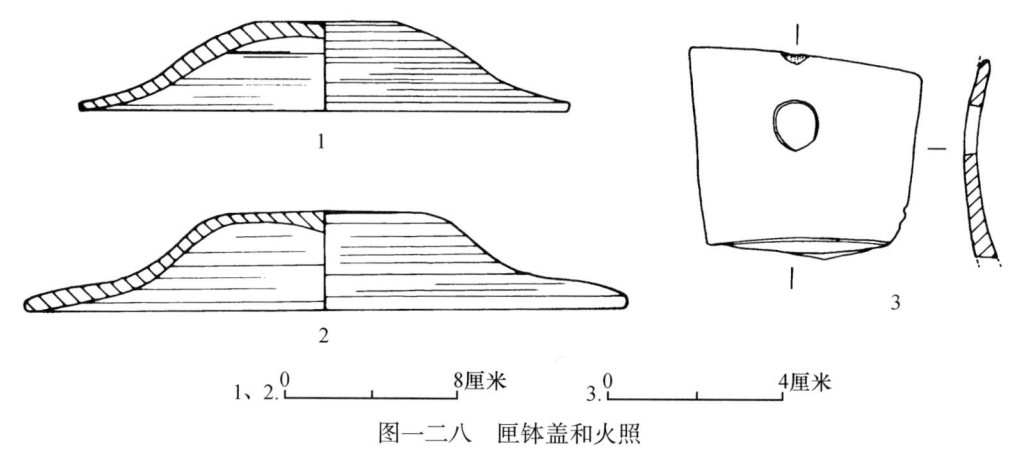

图一二八　匣钵盖和火照
1、2.匣钵盖（ⅢT6H81：150、ⅢT6H81：151）　3.火照（ⅠT1⑤：134）

五、建筑材料

出土数量不多，以砖、瓦为主，均为泥质灰陶。

砖　长方形，规整，大小一致。模板制成，侧、背面平整光滑，正面麻点纹较平整。标本ⅡT4G1：1，完整。长30.8厘米，宽14.6厘米，厚4.6厘米（图一二九，2；彩版一六三，5）。

板瓦　出土数量较少，大同小异。长方形，一头宽，一头窄，外拱内凹。拱面无纹，凹面饰布纹，两侧断面由内向外切割而成。标本ⅡT19H25：2，中部厚两头略薄。长37.8厘米，宽19～21.4厘米，厚1.2～1.8厘米（图一二九，1；彩版一六三，6）。

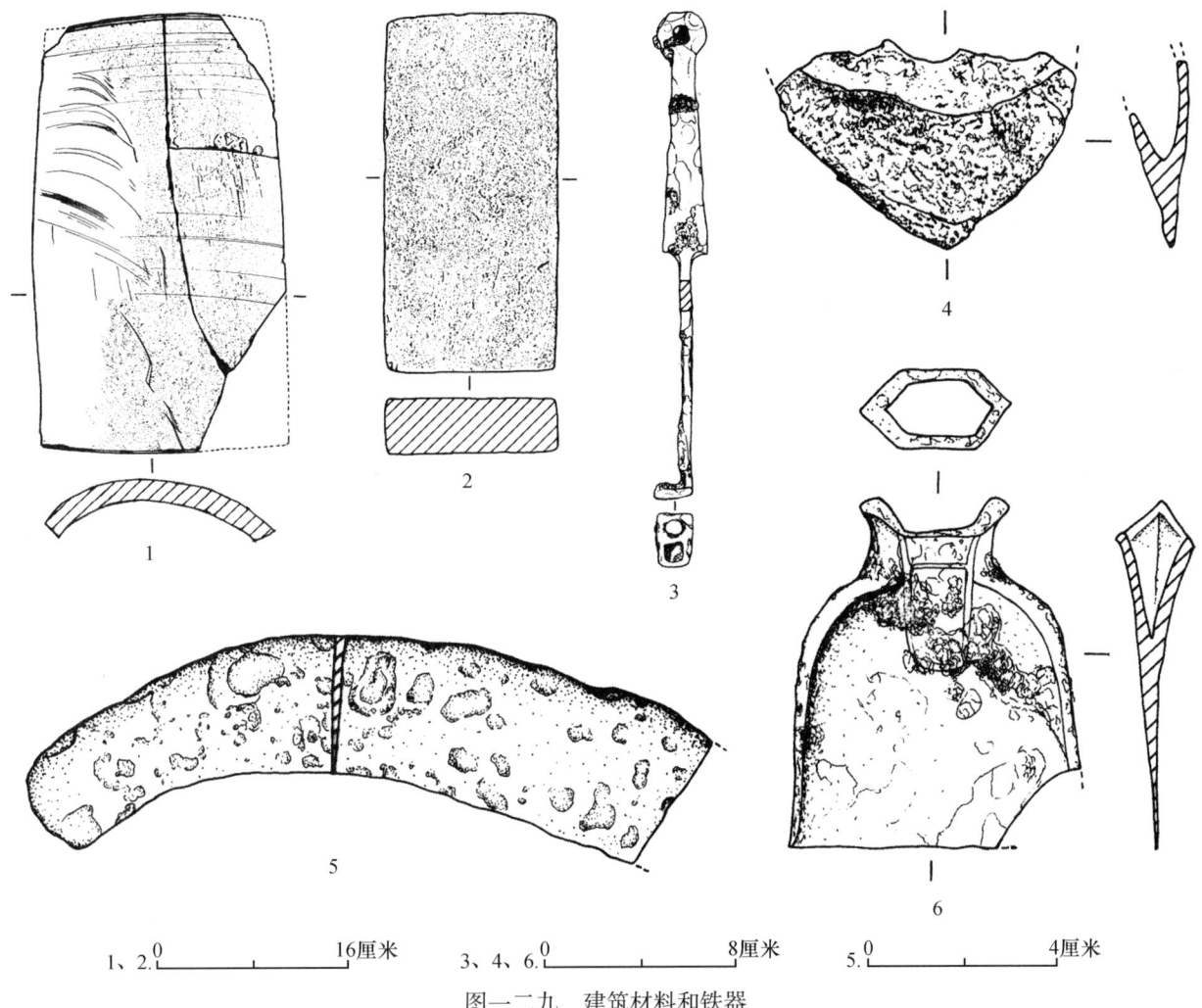

图一二九 建筑材料和铁器

1. 板瓦（ⅡT19H25∶2） 2. 砖（ⅡT4G1∶1） 3. 铁钥匙（ⅡT19⑦∶6） 4. 铁犁铧（ⅢT3ZF1W1∶4） 5. 铁镰刀（ⅢT7H13∶1） 6. 铁铲（ⅢT3ZF1W1∶1）

六、铁　　器

出土数量不多，器形有铁犁铧、铁镰刀、铁铲和铁钥匙等。

铁犁铧　标本ⅢT3ZF1W1∶4，整体作"V"字形。残长9厘米，宽13厘米（图一二九，4；彩版一六三，1）。

铁镰刀　标本ⅢT7H13∶1，半月形，窄背，双面刃。残长15.2厘米，宽2.2～33厘米（图一二九，5；彩版一六三，2）。

铁铲　标本ⅢT3ZF1W1∶1，双面刃。柄口作立"八"字形，铲背面两侧出筋。其用途可做锄、铲等，属多功能农具[①]。长15厘米，宽12.4厘米（图一二九，6；彩版一六三，3）。

铁钥匙　标本ⅡT19⑦∶6，完整。锥状手柄，后端饰一圆环，中部呈长条形，匙头上勾左折，面部饰两圆孔。长21厘米（图一二九，3；彩版一六三，4）。

---

① 李京华、陈长山：《南阳汉代冶铁》，中州古籍出版社，1995年。

第五节　第四期文化遗物

本期是黄冶窑烧造业逐渐走向衰落的时期，精美的白釉瓷和三彩陶制品相对减少。生活实用的小型器类和玩具类占主导地位，器型的制作工艺不甚讲究。从中可以看出，该期无论是器型、釉色、装饰及烧造工艺等方面与前期的同类器相比，有着明显的差异。白釉蓝彩、白釉绿彩、黄釉陶制品和半绞胎类器等，制作相对精良，釉色匀净，在同类器中属于上乘之作。青花瓷伴随白釉蓝彩陶制品在这一时期开始出现。作坊具不多，窑具除了各种支烧外，架板架烧在这一时期被广泛应用，匣钵烧造是本期中新出现的一种窑具，为批量生产瓷器中的碗、盘类器奠定了基础。

一、瓷　器

在窑址中的各个区域都有出土，与陶制品零星混出，尚未发现集中的地层堆积，可复原的极少。其中的第二烧造区出土数量相对较多，以白釉、黑釉瓷器为主，青黄釉和茶叶末釉瓷器极少。

1. 白釉瓷器

白釉瓷器出土数量较多，釉色多数白中泛黄。器形有盆、碗、盘、盏、注碗、罐、钵、盒、器盖和灯等。

盆　出土数量较多，形制大小不一，可复原的不多。皆饼形底。依据口沿的不同可分为四型。

A型　器形硕大。标本ⅡT57G2：122，敛口，鼓沿面，圆唇，弧腹，饼形底微内凹。器内敷一层化妆土，无釉，器表施釉至足根。器表釉下饰带状轮旋纹数周。白胎。口径31厘米，底径18.4厘米，高16.8厘米（图一三〇，5；彩版一六四，1）。

B型　器形较小，依据腹的不同又可分为两个亚型。

Ba型　深弧腹。标本ⅡT57G2：407，口微敛，沿面近平下垂，圆唇。器表腹部饰较规整带状旋纹7周。器内施满釉，器表施釉至上腹，釉下敷一层化妆土。浅灰胎。口径20.8厘米，底径13.2厘米，高12厘米（图一三〇，1；彩版一六四，2）。

Bb型　斜弧腹。标本ⅢT2④：4，沿面近平，内折外斜，圆唇，饼形底。器内外施半釉，釉下敷一层化妆土。器内腹壁上黏结一片外黑内白器物残片。由于烧制温度过高，胎体局部变形，器内外胎、釉有多处大小不一气泡。胎色黄灰，含杂质较大。口径19.6厘米，底径12厘米，高9厘米（图一三〇，2；彩版一六四，4）。

C型　深腹，斜腹壁微弧。标本ⅡT10H2：24，器型较大。口微敛，鼓沿面，重唇，饼形底微内凹。底面上显规整同心圆纹5周。器内施釉近底，器表施满釉，由于烧成温度过低，

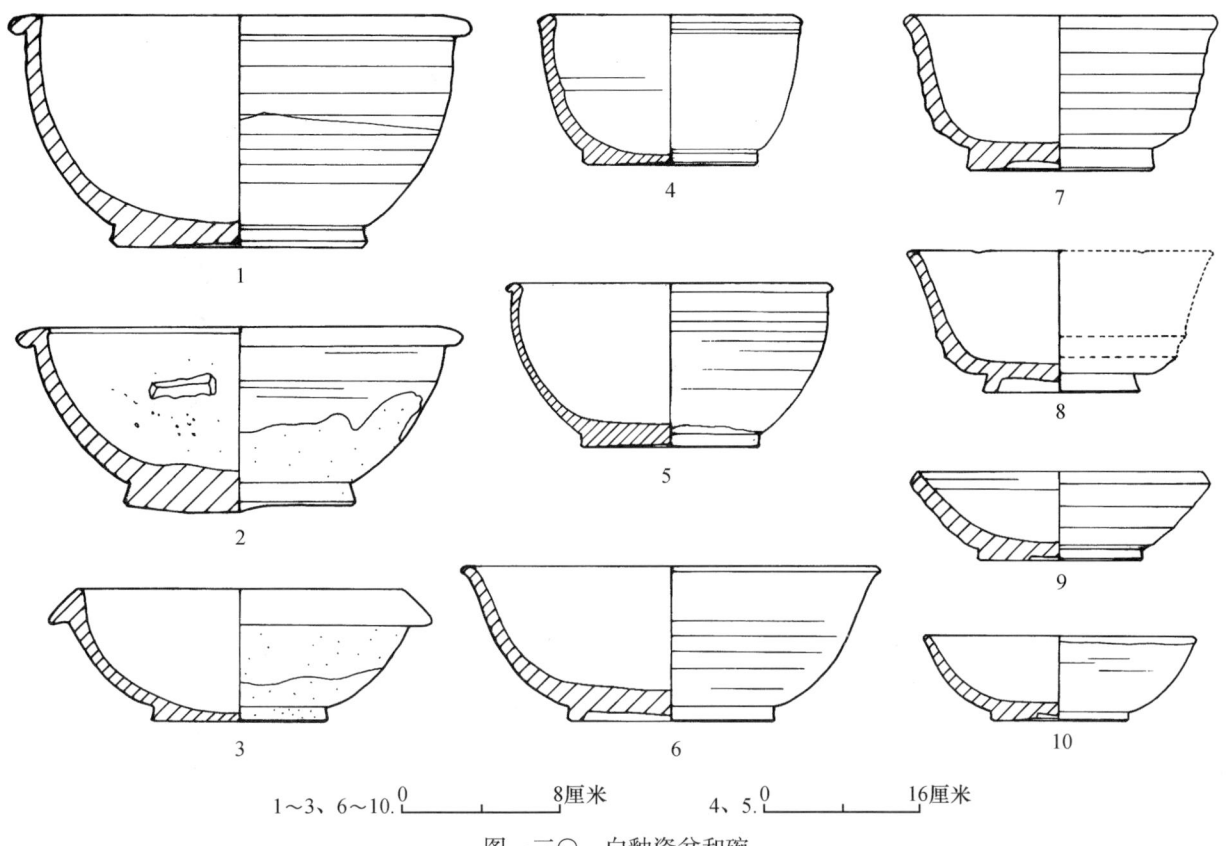

图一三〇　白釉瓷盆和碗

1.Ba型盆（ⅡT57G2：407）　2.Bb型盆（ⅢT2④：4）　3.D型盆（Ⅲ采集：11）　4.C型盆（ⅢT10H2：24）　5.A型盆（ⅡT57G2：122）　6.A型碗（ⅡT35⑩：28）　7.Cb型碗（ⅢT5⑥：39）　8.Ca型碗（ⅢT5⑥：5）　9.Ba型碗（ⅢT5H13：9）　10.Bb型碗（ⅡT17ZF3：21）

釉面几乎完全脱落。浅灰胎。口径24厘米，底径18厘米，高15.4厘米（图一三〇，4；彩版一六四，5）。

D型　浅弧腹。标本Ⅲ采集：11，盆类器中最小的一件。敞口，平沿面外斜，尖唇，饼形底。器内满釉，器表半釉，釉下敷一层特厚化妆土。由于器表化妆土过厚，胎釉结合不佳，脱釉现象严重。灰白胎。口径16.4厘米，底径9厘米，高6.8厘米（图一三〇，3；彩版一六四，3）。

碗　以圈足底的为主，玉璧底在这一时期开始出现，不见饼形底。出土数量不多。依据形制的不同可分为三型。

A型　标本ⅡT35⑩：28，器形较大。敞口折沿，弧腹，大圈足外撇。器内外满釉，圈足着地面一周无釉，垫烧。器表釉下显带状轮旋纹数周。口径21.4厘米，底径10.6厘米，高8厘米（图一三〇，6；彩版一六五，3）。

B型　玉璧底。依据口沿和腹的不同又可分为两个亚型。

Ba型　敞口斜唇沿，斜腹微弧。标本ⅢT5H13：9，残。器内外满釉，足面无釉。器表釉下饰宽带弦纹三周，器内底遗留有三处等距支烧痕。口径15厘米，底径8.6厘米，高4.6厘米（图一三〇，9；彩版一六五，4）。

Bb型　敞口，鼓腹。标本ⅡT17ZF3：21，制作精良，釉色匀净，是本阶段碗类器中的精品之一。器内外满釉，足面无釉。白胎细腻。口径13.8厘米，底径7.2厘米，高4.4厘米（图一三〇，10；彩版一六五，5）。

C型　敞口，折沿，折腹，高圈足外撇。依据口沿和装饰的不同又可分为两个亚型。

Ca型　花式口。标本ⅢT5⑥：5，深腹。折腹处上下分别饰凹弦纹一周。器内外满釉，足面无釉。器内底遗留有三个较大等距支烧痕。灰白胎。口径16厘米，底径8.2厘米，高7.2厘米（图一三〇，8；彩版一六五，1）。

Cb型　标本ⅢT5⑥：39，胎体较厚。宽圈足，足面上显密集轮旋纹数周，器表腹壁上饰凹弦纹五周，下腹壁饰凹弦纹一周。内底遗留有三个等距支烧痕。器内外满釉，足面无釉。灰白胎。口径15.4厘米，底径9.8厘米，高8厘米（图一三〇，7；彩版一六五，2）。

盘　出土数量极少，形制相同，大小不一。标本ⅡT57G2：151，器形较大。母口，圆沿，曲腹，大底近平，下附三个乳钉足。器内满釉，器表施釉底面外沿，通体敷有一层化妆土。口径28.8厘米，底径24厘米，通高6厘米（图一三一，1；彩版一六六，1）。

盏　最早见于黄冶窑第三期前段，皆为单色釉陶制品。瓷制品从第四期开始出现，极少，流行于北宋。标本ⅢT2J1：30，器形较小。胎体薄，制作精良。大敞口，斜腹微弧，小圈足。器内外满釉，釉下敷有一层化妆土。白胎。口径11.8厘米，底径4.2厘米，高3.6厘米（图一三一，2；彩版一六六，2）。

注碗　最早见于黄冶窑第二期，流行于第三期，本期极少，且形制也有较大变化。标本ⅠT1②：153，敞口，圆沿，斜弧腹，圈足。沿下有一圆柱形注水口。器内满釉，器表施釉至下腹，釉下敷有一层化妆土。浅灰胎。口径15厘米，底径8厘米，高7.2厘米（图一三一，12；彩版一六六，3）。

罐　是黄冶窑第三期常见的器形之一，本期出土数量不多，以双系为主，无系的极少。标本ⅡT57G2：406，器形较小。小弧口，圆沿，矮束颈，鼓肩近平，弧腹，饼形底微内凹。肩部对称兔形双系，肩上饰线弦纹一周，底面上显数周同心圆纹。器内满釉，器表施半釉，釉下敷有一层化妆土近底。白胎。口径6.2厘米，底径7.8厘米，高12.4厘米（图一三一，13；彩版一六六，4）。

双系敛口钵　最早见于黄冶窑第三期前段，流行于第三期后段，以三彩和单色釉陶制品为主，瓷制品的极少。本期虽然出土数量不多，但以瓷制品为主。标本ⅠT1⑤：34，器形较小，是本期瓷器中的精品之一。敛口，窄沿面内斜，溜肩，鼓腹，小平底内凹。肩部对称双系，下腹部饰凹弦纹两周。口沿一周无釉，器内外施釉至下腹，釉色匀净润泽。通体敷有一层较厚化妆土。白胎。口径10.2厘米，底径6厘米，通高10.6厘米（图一三一，14；彩版一六七，3）。

盒　出土数量较多。依据底的不同可分为两型。

A型　圈足。标本ⅢT5H13：7，残。器形较大，缺盖。敛子口，斜壁近直，鼓腹，下腹斜收，高圈足外撇。下腹饰凸弦纹一周。器内外施满釉，口部外沿面无釉，器内底遗留有两个支烧痕。白胎泛黄。口径13.4厘米，底径10.4厘米，高10.6厘米（图一三一，4；彩版一六七，1）。

B型　饼形足。标本ⅡT20⑤：15，残。器形较小，缺盖。敛子口，直壁，折腹，饼形足

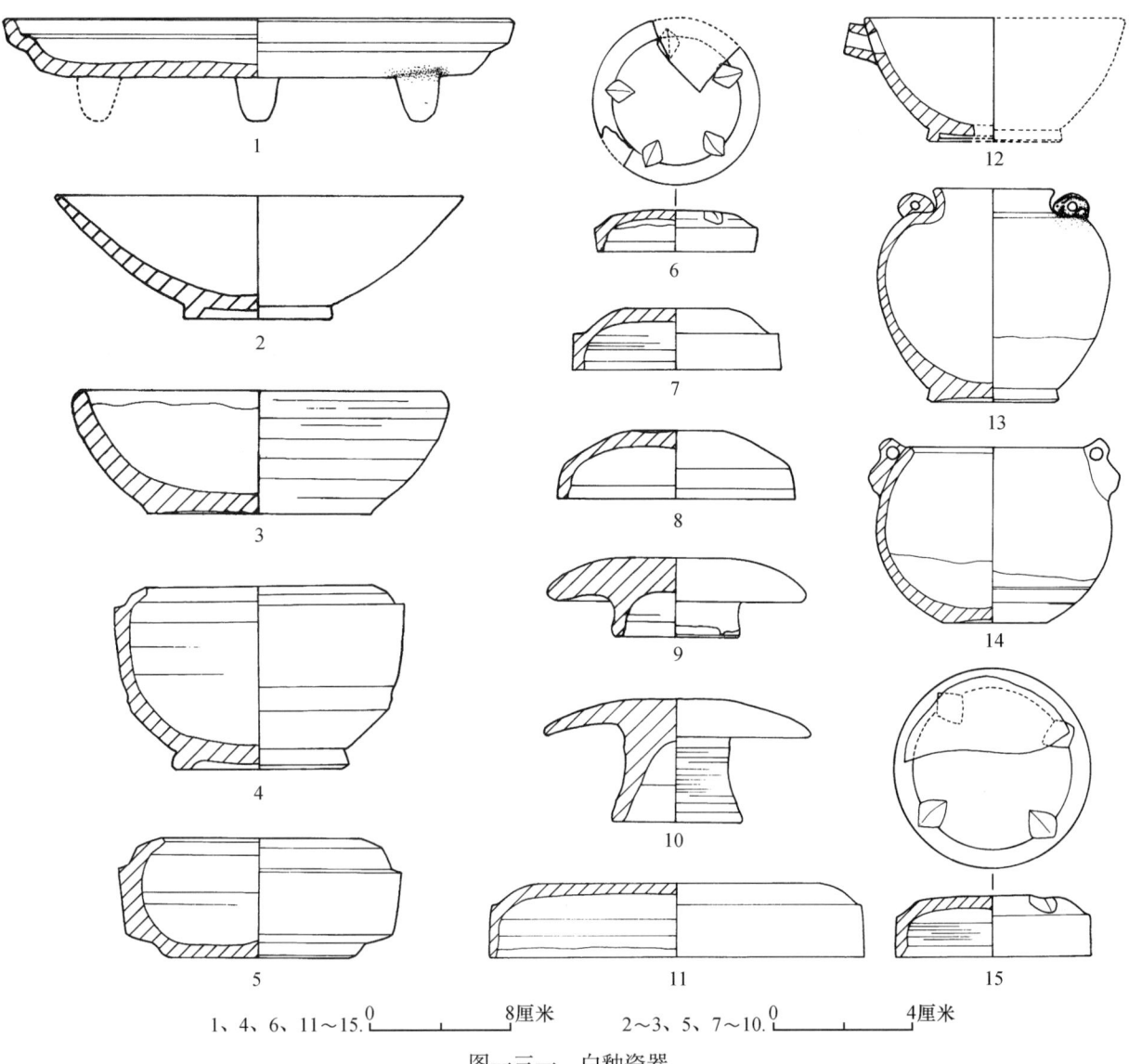

图一三一 白釉瓷器

1.盘（ⅡT57G2：151） 2.盏（ⅢT2J1：30） 3.灯（ⅡT57G2：69） 4.A型盒（ⅢT5H13：7） 5.B型盒（ⅡT20⑤：15） 6、15.B型器盖（ⅢT5⑤：14、ⅢT5⑤：12） 7、11.A型器盖（ⅢT4H10：2、ⅡT57G2：41） 8.C型器盖（ⅢT5H9：24） 9、10.D型器盖（ⅡT17①：8、ⅡT35⑨：153） 12.注碗（ⅠT1②：153） 13.罐（ⅡT57G2：406） 14.双系敛口钵（ⅠT1⑤：34）

不甚规整。器内外施满釉，口部外沿及外底面无釉，釉色白中泛青。口径5.8厘米，底径5.5厘米，高3.5厘米（图一三一，5；彩版一六七，2）。

器盖 出土数量最多，以盒盖为主，形制大小不一。依据盖面的不同可分为四型。

A型 平顶，弧肩，直壁，母盖口。标本ⅡT57G2：41，器形较大。盖沿无釉，器内施一层较厚化妆土，器表满釉，釉色白中泛青。灰胎。盖径22厘米，高4.2厘米（图一三一，11；彩版一六七，4）。标本ⅢT4H10：2，残。器形小，器表施满釉，器内无釉，釉色白净润泽。白胎。盖径5.3厘米，高1.8厘米（图一三一，7；彩版一六八，1）。

B型　花式顶，分四瓣和五瓣，六瓣极少，母盖口。标本ⅢT5⑤：12，器形略大。四瓣花式顶，鼓肩，直壁。器表满釉，器内顶面施釉，腹壁及沿面无釉，釉色白中泛黄。粉白胎。盖径11.6厘米，高3.4厘米（图一三一，15；彩版一六八，2）。标本ⅢT5⑤：14，器形较小。五瓣花式顶，顶面微弧，鼓肩，斜直壁微内敛。器内盖顶施釉，腹壁及沿面无釉，器表满釉。釉色白中泛黄。粉白胎。口径9.2厘米，高2.4厘米（图一三一，6；彩版一六八，3）。

C型　极少。弧顶内凹，鼓肩，母盖口。标本ⅢT5H9：24，器形较小。器内盖顶施釉，腹壁及沿面无釉，器表满釉，釉色白中略泛青。白胎。口径6.9厘米，高2厘米（图一三一，8；彩版一六八，4）。

D型　整体呈蘑菇状。鼓顶，外沿下垂，高子盖口。标本ⅡT17①：8，鼓顶近平。满釉，釉色白中泛青。通体敷一层化妆土。白胎。盖沿径7.6厘米，子口径3.7厘米，高2.6厘米（图一三一，9；彩版一六八，5）。标本ⅡT35⑨：153，鼓顶，高子盖口外撇。盖面满釉，釉色白中略泛青，盖内顶及子盖无釉。浅灰胎。盖沿径7.8厘米，子口径3.8厘米，高3.6厘米（图一三一，10；彩版一六八，6）。

灯　出土较多，以黑釉和酱釉为主，白釉的极少，其造型及施釉工艺完全相同，是唐代黄冶窑三百年中器形和装饰持续不变时间最长的典型器物之一。标本ⅡT57G2：69，胎体厚重。敞口，弧腹，平底。器内施白釉近口沿，器表无釉，制作工艺较粗糙，器表显不规则密集线旋纹。粉白胎。口径10.4厘米，底径6.5厘米，高3.6厘米（图一三一，3；彩版一六七，5）。

2. 黑釉瓷器

本期黑釉瓷器明显减少，制作工艺也不甚讲究，外黑内白是这一时期黑釉瓷中的精品。常见的器形有碗、注盆、罐、瓶、执壶、钵、水盂、尊、臼和灯等。

碗　出土数量不多，大小不一，以圈足底为主，饼形底极少。依据腹的不同可分为三型。

A型　斜弧腹。极少。标本ⅢT2H16：5，器形较大。敞口，折沿，饼形足内凹，足面周边饰同心圆纹一周。器内施满釉，器表施釉至足根，沿面一周无釉。灰白胎。口径22厘米，底径11.6厘米，高7厘米（图一三二，1；彩版一六九，2）。

B型　敞口折沿，鼓腹，以圈足底为主。标本ⅡT57G2：174，器形较小，矮圈足。器内施白釉，釉面已烧焦，显重多大小不一气泡。器表施黑釉至足根，釉面光泽极佳。灰白胎。口径14.6厘米，底径7厘米，高4.6厘米（图一三二，8；彩版一六九，1）。标本ⅡT57G2：414，圈足。器内施半釉近底，器表施釉至足根。浅灰胎，含杂质较大。口径19.2厘米，底径10.4厘米，高8.2厘米（图一三二，2；彩版一六九，4）。标本ⅢT2④：9，器形较小。饼形底。器内施釉近底，器表施釉至足根。浅灰胎。口径19.6厘米，底径10.6厘米，高6厘米（图一三二，3；彩版一六九，3）。

C型　垂腹。极少。标本ⅡT57G2：412，器形较大。敞口，折沿，矮圈足。器内施白釉，显重多大小不一气泡。器表施黑釉至足根，釉面呈色较好。通体敷一层较厚化妆土，灰白胎。口径17.4厘米，底径10.2厘米，高6.4厘米（图一三二，7；彩版一六九，6）。

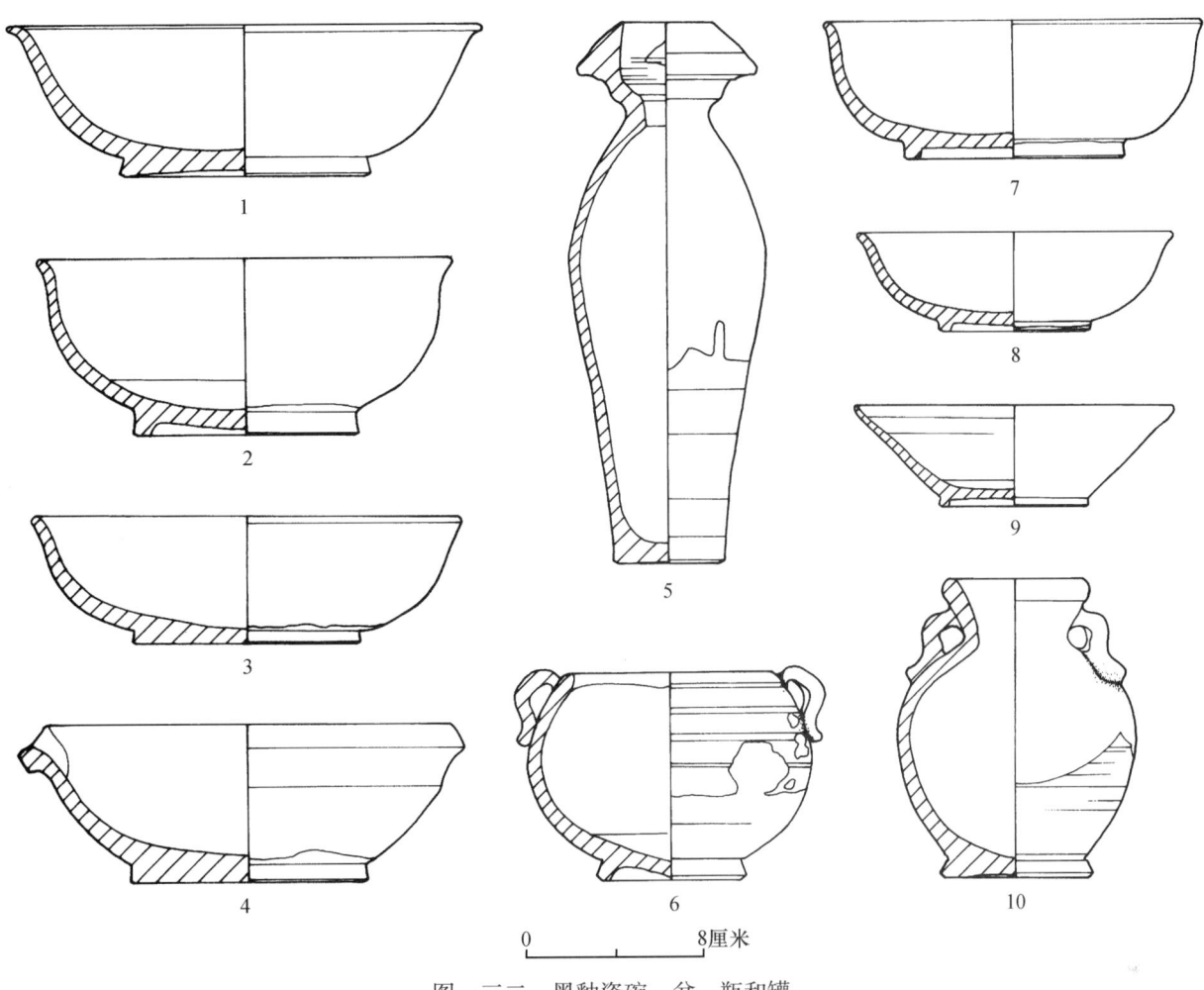

图一三二 黑釉瓷碗、盆、瓶和罐

1. A型碗（ⅢT2H16：5） 2、3、8. B型碗（ⅡT57G2：414、ⅢT2④：9、ⅡT57G2：174） 4. 注盆（ⅡT10H2：23）
5. A型瓶（ⅠT1H1：2） 6. 罐（ⅡT17ZF3②：26） 7. C型碗（ⅡT57G2：412） 9. D型碗（ⅡT57G2：410） 10. B型瓶（ⅡT12Y6：1）

D型 斜直腹。极少。标本ⅡT57G2：410，大敞口，矮圈足。器内施满白釉，器外施黑釉至圈足，内外两种不同釉色烧成温度恰到好处。灰白胎。口径15厘米，底径6.8厘米，高4.6厘米（图一三二，9；彩版一六九，5）。

注盆 是本期黄冶窑新出现的一种器形，数量极少。标本ⅡT10H2：23，敞口，宽沿面外斜，弧腹，饼形足。口沿一侧一缺口作流。器表及流施黑釉，器内下腹壁及底黏结一层窑砂，其功能与研磨有关，属研磨器的一种类型。黄灰胎，含杂质较大。口径19厘米，底径11厘米，高7.2厘米（图一三二，4；彩版一七二，2）。

罐 黑釉罐极少。标本ⅡT17ZF3②：26，唇口，鼓腹，小圈足外撇。肩上对称拱形系，上腹壁饰凹弦纹数周。器内施满釉，器表施半釉，口沿一周无釉。灰胎，内含大量杂质。口径9.2厘米，底径6.8厘米，高9.8厘米（图一三二，6；彩版一七〇，1）。

瓶 出土数量不多，依据形制的不同可分为两型。

A型　是本期新出现的一种器形，流行于五代、北宋。标本ⅠT1H1∶2，残。小口，宽弧沿面下垂，束颈，鼓腹斜收，平底。下腹无釉处饰不规则线弦纹数周。口沿一周无釉，器表施半釉。黄胎。口径4厘米，底径5厘米，高25厘米（图一三二，5；彩版一七〇，2）。

　　B型　标本ⅡT12Y6∶1，唇口外翻，斜束颈，弧肩，鼓腹，饼形底内凹。肩与颈相连对称两个拱形系，腹壁露胎处显不规则轮旋纹，底面上饰同心圆纹数周。器表施黑釉至下腹，因烧制火候和气氛等原因，局部釉面呈茶叶末色。灰胎。口径6.2厘米，底径7厘米，高13.8厘米（图一三二，10；彩版一七〇，3）。

　　执壶　出土数量较多，是本期新出现的典型器物之一。依据形制的不同可分为两型。

　　A型　标本ⅡT10H2∶9，唇口，高直颈，折肩，弧腹，饼形足，颈至肩部有一拱形錾，与之对应的一侧肩部有一柱状流，另两侧对称分别有一拱形系。颈部釉下饰凹弦纹三周，腹中部饰凹弦纹半周。口沿上黏结一块半绞胎枕面残片，底面上黏结一个器物口沿残片。器表施釉至下腹部。灰胎。口径5.8厘米，底径7.6厘米，高18.8厘米（图一三三，1；彩版一七〇，4）。

　　B型　标本ⅡT10H2∶32，外撇口，唇沿，束颈，鼓肩，弧腹，饼形足。沿下至肩部有一拱形錾，与錾对应一侧肩部有一柱状流。肩部饰条带凹弦纹半周，下腹饰线弦纹数周。器表施酱黑釉近底。灰胎。口径7.7厘米，底径7.8厘米，高18.2厘米（图一三三，2；彩版一七〇，5）。标本ⅡT12Y6∶18，器形较大。口沿外翻下垂，束颈，鼓肩，弧腹，饼形底。口沿至肩部有一较大拱形錾，对应的另一侧肩部有柱状流。肩部饰凹弦纹两周。器表施釉至腹中部，器内颈部施黑釉，下腹及底施黄釉。灰胎。口径9.2厘米，底径10.2厘米，高23厘米（图一三三，7；彩版一七〇，6）。

　　钵　出土数量不多，本期新出现的一种钵出现在第四期6号窑炉内。器形较小，造型基本一致。敛口，沿内垂，鼓肩，弧腹，小平底内凹。器内外施满釉，口沿一周皆无釉。标本ⅡT12Y6∶6，制作规整。釉色黑亮莹润，灰胎。口径6.5厘米，底径2.5厘米，高3.9厘米（图一三三，8；彩版一七一，1）。标本ⅡT12Y6∶8，完整。黏结在一双系罐腹壁上。釉色黑亮莹润，恰到好处。灰胎。口径6.9厘米，底径2.4厘米，高3.5厘米（图一三三，10；彩版一七一，2）。标本ⅡT12Y6∶11，完整。一大一小两件相套黏结在一件圈足碗类器内的底面上。大件口径6.3厘米，底径2.2厘米，通高3厘米。小件口径4厘米（图一三三，4；彩版一七一，3）。

　　水盂　流行于黄冶窑第三期后段以前，本阶段出土极少，可复原的1件。标本ⅡT57G2∶54，小口，斜高颈，圆鼓腹，饼形底。器内满釉，器表施釉至下腹，露胎处因火候气氛的原因，胎体表面局部呈火石红色。灰胎。口径3.8厘米，底径5.8厘米，高9.2厘米（图一三三，6；彩版一七一，4）。

　　双龙柄尊　是唐代墓葬和传世品中常见的器形之一，本次发掘出土数量极少，仅出土两件器物口部残片，另1件见于黄冶窑第二期，皆残，不可复原。标本ⅡT57G2∶65，直口，高直颈，鼓肩，肩以下残缺。龙体作系，龙口衔于口壁，直耳，双目怒睁，单鼻上翘，龙首中部独角折于双耳之间，龙体背部等距装饰三个扣形泥饼。龙体及器表通体施黑釉，由于烧制温度和气氛原因釉色黑中泛蓝，器内无釉。灰胎。残高9.7厘米（图一三三，5；彩版一七一，5）。

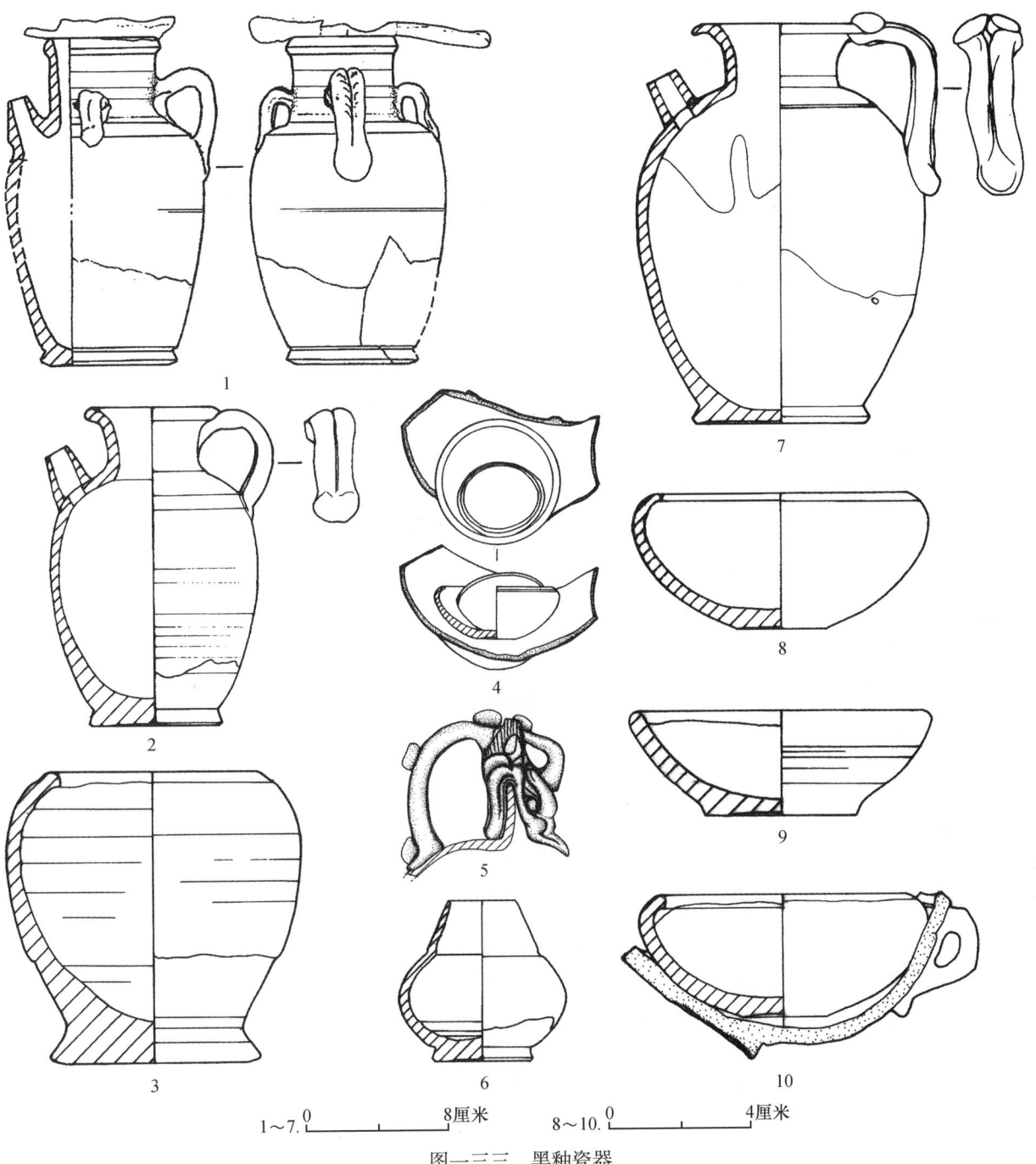

图一三三 黑釉瓷器

1.A型执壶（ⅡT10H2∶9） 2、7.B型执壶（ⅡT10H2∶32、ⅡT12Y6∶18） 3.臼（ⅡT57G2∶122） 4、8、10.钵（ⅡT12Y6∶11、ⅡT12Y6∶6、ⅡT12Y6∶8） 5.双龙柄尊（ⅡT57G2∶65） 6.水盂（ⅡT57G2∶54） 9.灯（ⅡT57G2∶188）

臼 数量极少，亦是本期中新出现的器形。标本ⅡT57G2∶122，器形较大，胎体厚重。敛口，鼓肩，弧腹，大平底。器表近底饰凹弦纹两周。器表施釉至下腹，器内无釉。灰胎，含杂质大。口径10.6厘米，底径12.2厘米，高16.8厘米（图一三三，3；彩版一七一，6）。

灯 是黄冶窑常见的民间生活实用器之一，最早见于第二期，一直沿用到第四期，器形相同，大小略有差异。标本ⅡT57G2∶188，完整。器形较小，敞口，斜弧腹，小平底。器内施釉近口沿，器表无釉，通体显不规则轮旋纹。灰胎，含杂质大。口径8厘米，底径4.4厘米，高3厘米（图一三三，9；彩版一七二，1）。

3. 茶叶末釉瓷器①

该期出土的茶叶末釉瓷器数量极少，器形有罐、执壶、水注和灯等。

罐　依据底的不同分两型。

A型　饼形底。标本ⅡT17ZF3①：11，完整。由于烧制火候过高，器物变形较严重。唇口，鼓腹，下腹及饼足上沿分别饰凹弦纹一周，口沿一侧黏结一层窑砂，另一侧黏结两块不规则胎泥，已完全高温烧结。器内满釉，器表施釉至上腹，口沿无釉。灰胎，含杂质较大。口径10厘米左右，底径8.2厘米，高10.2厘米（图一三四，5；彩版一七三，1）。

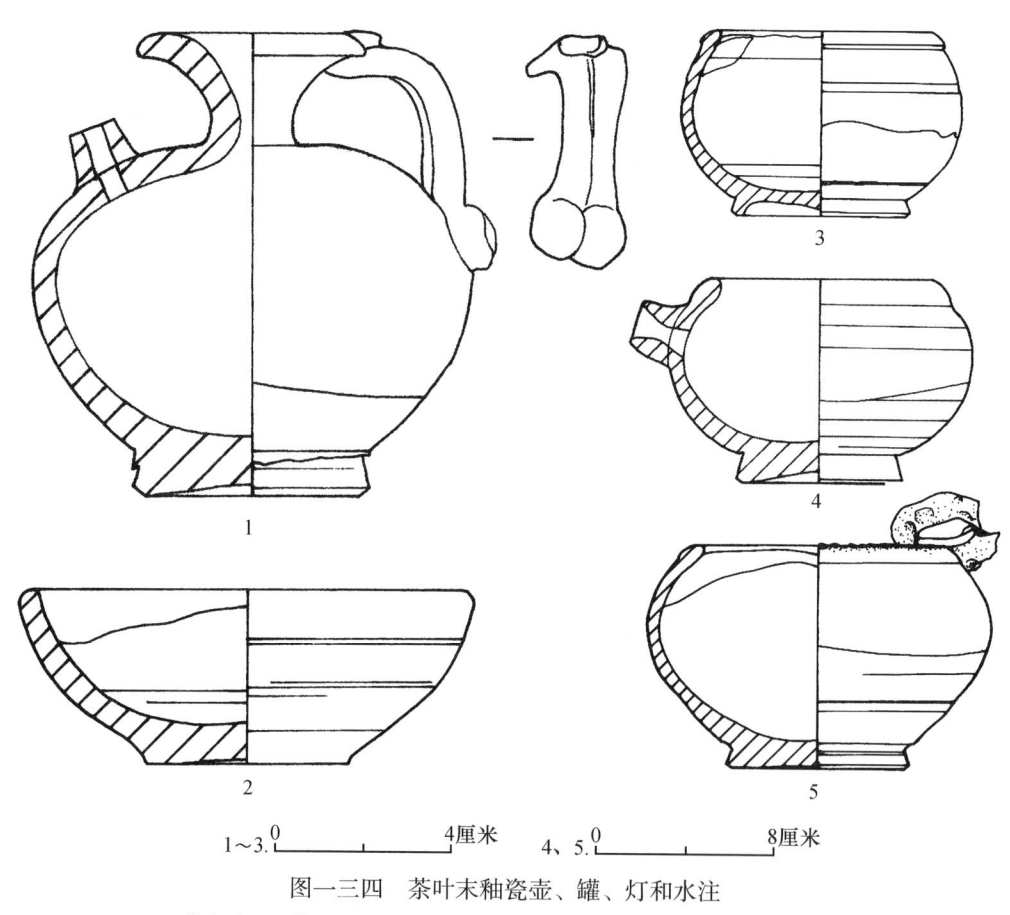

图一三四　茶叶末釉瓷壶、罐、灯和水注
1. 执壶（ⅢT5⑥：44）　2. 灯（ⅡT12Y6：1）　3. B型罐（ⅡT12Y6：2）
4. 水注（ⅡT57G2：198）　5. A型罐（ⅡT17ZF3①：11）

---

① 茶叶末釉见于黄冶窑第二期，从第三期前段开始逐渐减少，到第四期更少。有学者认为，黄冶窑所谓的茶叶末釉就是黑釉瓷，是烧造气氛的因素所出现的一种不正常现象。我们认为，无论是烧造气氛的原因，还是古人有意识配方形成的一种釉色，都要尊重客观事实的存在，本报告称这类釉色为茶叶末釉，供大家研究参考。

B型　圈足。标本ⅡT12Y6:2，完整，器形稍小。唇口，圆鼓腹。器内满釉，器表施釉至腹中部，口沿无釉。器表下腹近底遗留有器物摞烧时的黏结痕。灰胎，含杂质大。口径10.1厘米，底径8.2厘米，高8.6厘米（图一三四，3；彩版一七三，2）。

执壶　标本ⅢT5⑥:44，器形较小。弧口，宽折沿，细颈，弧肩，鼓腹，饼形底，底面饰同心圆纹一周。沿下至腹部饰一拱形鋬，对应一侧有一柱状流。器表施釉至下腹，流及外围二次施黑釉。灰胎，含杂质大。口径4.1厘米，底径5.6厘米，高10.8厘米（图一三四，1；彩版一七三，3）。

水注　标本ⅡT57G2:198，完整，器形较小。罐形，唇口，圆鼓腹，饼形底内凹，底面上饰同心圆纹一周，肩部一侧有一柱形流。器表施釉至腹中部，器内满釉。灰白胎，胎质较细腻。口径4.6厘米，底径3.8厘米，高4.7厘米（图一三四，4；彩版一七三，4）。

灯　标本ⅡT12Y6:1，完整。敞口，弧腹，平底。器内施釉近口沿，器表无釉。器表一侧黏结有黑色釉滴，另一侧因火候气氛原因使得器表局部呈火石红色。灰胎，含杂质大。口径9.6厘米，底径4.6厘米，高4厘米（图一三四，2；彩版一七三，5）。

4. 黄釉瓷器

黄釉瓷器出土数量略多于茶叶末釉瓷器，但造型单纯，绝大多数为碗类器，圈足者居多，饼形底和平底极少。

碗　出土数量较多。依据釉色装饰不同可分为两型。

A型　外黄内白碗，出土数量较多。依据口沿的不同，又可分为两个亚型。

Aa型　敞口折沿。标本ⅠT1H1:15，器形较大。弧腹，圈足外撇。器内白釉泛黄，器表施黄釉泛青至足根，沿面一周无釉。黄灰胎。口径20厘米，底径12.2厘米，高9.2厘米（图一三五，1；彩版一七四，1）。

Ab型　敞口。标本ⅠT1H1:49，器形较小。弧腹，矮圈足。器内白釉泛黄，器表施深黄釉近底，沿面一周无釉。器表下腹一侧釉下横刻"李"字。白胎。口径15.8厘米，底径8厘米，高7厘米（图一三五，3；彩版一七四，2）。

B型　出土数量较多。依据口沿的不同可分为三个亚型。

Ba型　敞口折沿，弧腹，圈足。标本ⅡT57G2:380，器形较大。器内满釉，器表施釉至上腹。器内外底面上刻划有字，因残缺，无法释读。白胎泛黄，胎质细密。口径21.6厘米，底径11厘米，高7.6厘米（图一三五，2；彩版一七四，3）。标本ⅡT16ZF1K2:2，残，器形较小。器表中部饰线弦纹两周。器内满釉，器表施半釉，口沿一周无釉。白胎。口径12.8厘米，底径5.9厘米，高4.6厘米（图一三五，4；彩版一七四，4）。

Bb型　敞口尖唇。标本ⅡT12Y6:32，器形小，整体制作规整。弧腹，矮圈足外撇。器表饰四组线弦纹，圈足内底面上饰同心圆纹一周。器内满釉，器表施釉至沿下。灰胎，胎质细密。口径9.2厘米，底径4.7厘米，高3.5厘米（图一三五，5；彩版一七四，5）。

Bc型　敞口。标本ⅡT57G2:102，器形最小。弧腹，饼形底。器表沿下饰凹弦纹一周，腹部饰线弦纹数周，器内底遗留有三个支钉痕。器内满釉，釉下显密集轮旋纹，器表施釉

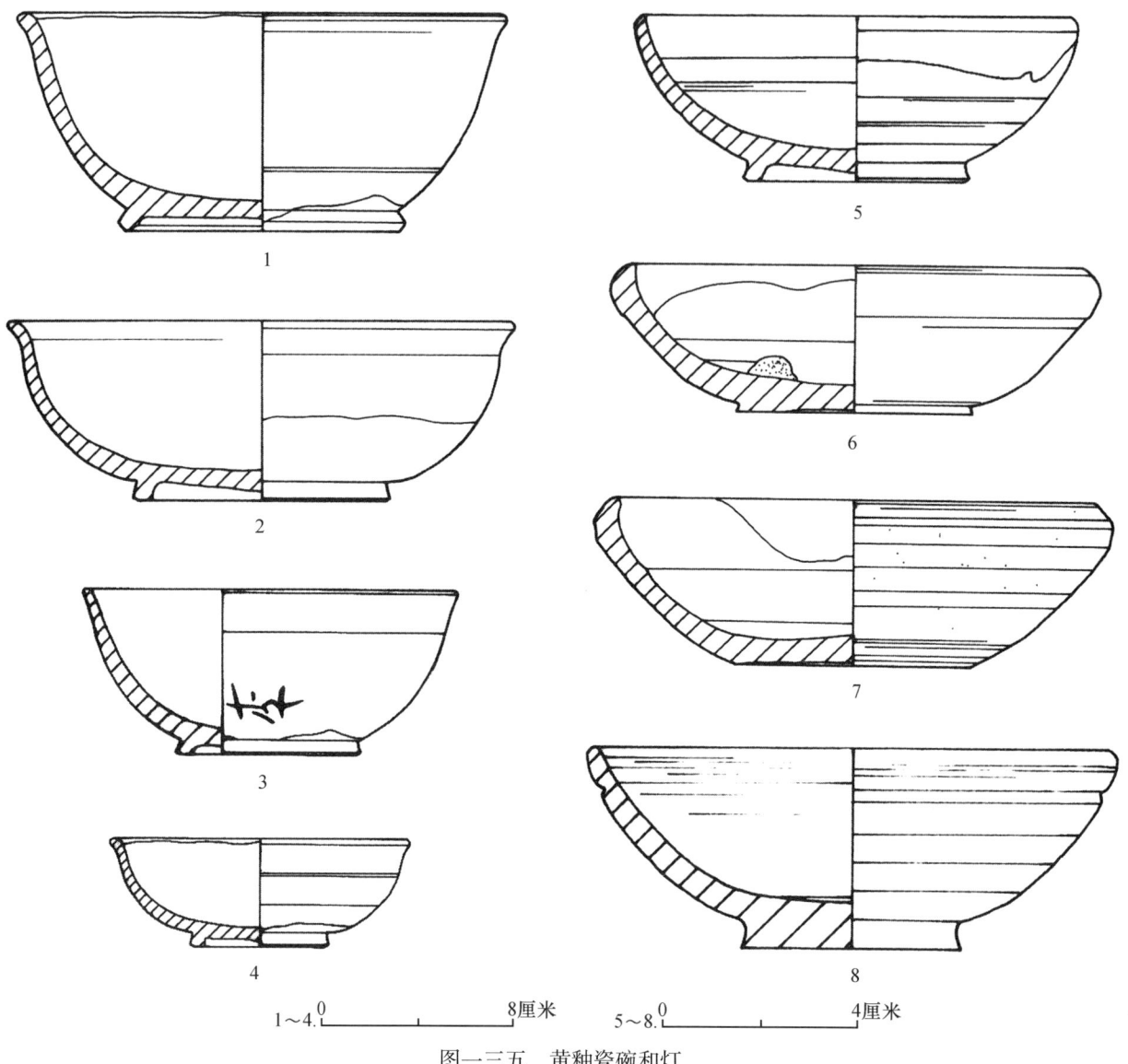

图一三五 黄釉瓷碗和灯

1. Aa型碗（ⅠT1H1∶15） 2、4. Ba型碗（ⅡT57G2∶380、ⅡT16ZF1K2∶2） 3. Ab型碗（ⅠT1H1∶49） 5. Bb型碗（ⅡT12Y6∶32） 6. B型灯（ⅡT35⑨∶107） 7. A型灯（ⅡT35⑨∶82） 8. Bc型碗（ⅡT57G2∶102）

至沿下。粉红胎，胎质较粗糙。口径11厘米，底径4.5厘米，高4.2厘米（图一三五，8；彩版一七四，6）。

灯 依据底的不同可分为两型。

A型 平底。标本ⅡT35⑨∶82，口微敛，沿面外斜，斜腹微弧，器内外分别显数周轮旋纹。器内施黄釉近口沿，器表无釉。粉白胎。口径10厘米，底径5厘米，高3.5厘米（图一三五，7；彩版一七二，3）。

B型 矮饼足。标本ⅡT35⑨∶107，口微敛，沿面外斜微折，斜弧腹。器内施酱黄釉近口沿，内底聚釉处呈黑褐色。浅灰胎，含杂质较大。口径9.2厘米，底径4.8厘米，高3.2厘米（图一三五，6；彩版一七二，4）。

二、釉 陶 器

该期还是以釉陶器为主，产品虽然丰富，但做工不甚讲究。

1. 单彩器

出土数量较多，常见的单彩器有黄釉、绿釉、蓝釉、酱釉、酱黄釉和白釉等。器形有盆、碗、盘、盏、杯、罐、钵、瓶、执壶、水注、三足炉、盒、樽、灯、器盖和器座等，同出的还有不少埙、人物俑、动物俑、铃铛等小型玩具。

盆 在发掘的地层中仅出土少量碎片，皆不可复原。标本Ⅰ采集：1，器形较大，敞口，折沿，折腹，底近平，下腹近底等距三足，足的下面部分在施釉之前人为削掉。底面外沿饰同心圆纹一周。器内满釉，器表施釉至底外沿，釉色酱黄。粉黄胎。口径23厘米，底径10厘米，高9厘米（图一三六，1；彩版一七五，1）。

碗 是釉陶制品中出土数量最多的器形之一，以黄釉为主。器形大小不一，饼形底占多数，圈足底相对较少。依据口沿和形制的不同，可分为五型。

A型 依据腹的不同，又可分为三个亚型。

Aa型 敞弧口，折沿，鼓腹，圈足。此类碗多见于第三期前后段，制造工艺较为精细，绝大多数釉下施化妆土。标本ⅢT2J1：17，完整。器内满釉，器表施釉近口沿，釉下敷化妆土至腹中部。由于烧制火候过低和土蚀等原因，釉已完全失色。口径16.6厘米，底径8.6厘米，高5.8厘米（图一三六，4；彩版一七五，2）。标本ⅡT57G2：387，碗底残片，不可复原。器内施酱釉，器表下腹无釉。圈足着地面上饰凹弦纹一周，局部黏结有酱釉。圈足底面中部刻划一"李"字。土黄胎。底径10.2厘米，残高2.6厘米（图一三六，5；彩版一七五，3）。标本2002ⅢT2H3：9，器形较小。器内外施黄釉，器表施釉至上腹，釉下施化妆土近圈足。白胎泛黄。口径10厘米，底径5.4厘米，高4.3厘米（图一三六，2；彩版一七五，4）。

Ab型 斜弧腹。标本ⅡT15⑨：9，器形较大。酱釉，敞口折沿，饼形底。器内外釉下显密集轮旋纹，内底面上遗留有三个支钉痕。器内外施黄釉，器表施半釉。粉红胎。口径20.8厘米，底径8.6厘米，高7.2厘米（图一三六，3；彩版一七五，5）。

Ac型 斜腹微弧。标本ⅡT17①：4，器形较大。黄釉，花式口，折沿，圈足外撇。器内外腹壁上分别饰线弦纹数周。满釉支烧，釉色淡黄。口径24.2厘米，底径11.4厘米，高6.8厘米（图一三六，9；彩版一七五，6）。

B型 饼形底占多数，玉璧底极少。出土数量较多，是这一时期的典型器物之一。胎体厚重，施釉较薄透胎，胎质粗糙，制作不甚规整。以黄釉、绿釉为主。依据底的不同，又可分为两个亚型。

Ba型 唇口，饼形底。常见的有鼓腹、弧腹和斜弧腹三种，出土数量最多。标本ⅢT3H5：1，弧腹。器内外施绿釉，器表施釉近口沿，器内底残留两个较大支烧痕。粉白胎，胎体厚重。口径18.8厘米，底径9.2厘米，高6.4厘米（图一三六，8；彩版一七六，1）。标本

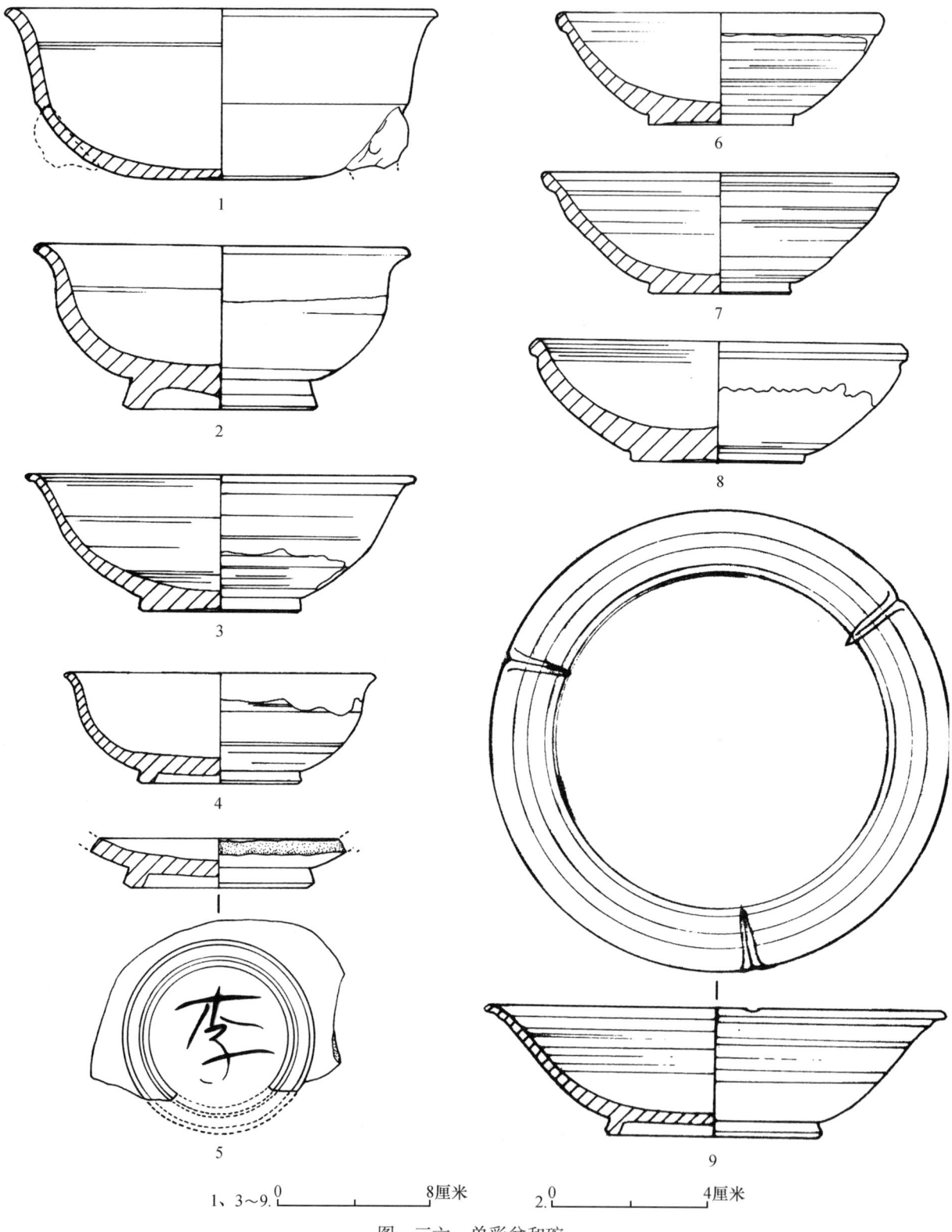

图一三六 单彩盆和碗

1. 盆（Ⅰ采集：1） 2、4、5. Aa型碗（2002ⅢT2H3：9、ⅢT2J1：17、ⅡT57G2：387） 3. Ab型碗（ⅡT15⑨：9） 6~8. Ba型碗（ⅡT17H21：1、ⅡT17ZF3②：15、ⅢT3H5：1） 9. Ac型碗（ⅡT17①：4）

ⅡT17ZF3②：15，完整。器型较大，斜弧腹。因烧制火候过高，整体已变形。器内外施淡黄釉，局部泛绿，器表施釉至口沿下，极不规则。釉下敷一层较薄化妆土。器内底遗留有三个支钉痕，通体显密集轮旋纹。粉黄胎。口径18.2厘米，底径7.6厘米，高6.4厘米（图一三六，7；彩版一七六，2）。标本ⅡT17H21：1，残。斜弧腹，器内外施黄釉，器表施釉唇沿一周。器内底遗留有三个较大支烧痕，器表胎体制作粗糙。粉红胎，含杂质大。口径16.5厘米，底径7.6厘米，高5.8厘米（图一三六，6；彩版一七六，3）。标本ⅢT2H16：7，弧鼓腹。器内外施黄釉，器表施釉唇沿一周。由于烧制火候和施釉过薄透胎等因素，胎体严重变形，釉面已失色，呈青黄色，并有密集麻点小斑。器内底遗留有两个较大支烧痕。粉白胎。口径18.8厘米，底径8厘米，高6厘米（图一三七，5；彩版一七六，4）。标本ⅡT17ZF3②：16，器形较小。斜腹微弧，施釉工艺同上，釉色淡黄。器表唇下饰凹弦纹一周，通体细密轮旋纹。粉红胎。口径14.2厘米，底径7.2厘米，高5厘米（图一三七，4；彩版一七六，5）。标本ⅢT2H8：1，完整。器形最小，鼓腹。器表沿下饰凹弦纹一周，器内底遗留三个支烧痕。器内外施淡黄釉，器表施釉至沿下。灰白胎。口径11厘米，底径6厘米，高4厘米（图一三七，8；彩版一七六，6）。

Bb型　唇口，弧腹，玉璧底。是黄冶窑本期新出现的一种器形，以白釉瓷制品为主，陶制品的极少。标本ⅠT1H1：29，胎体细腻，制作精细，器表底面上显密集规整同心圆纹。器内外施淡黄釉，器表施釉至下腹，粉红胎。口径14.4厘米，底径7.8厘米，高4.4厘米（图

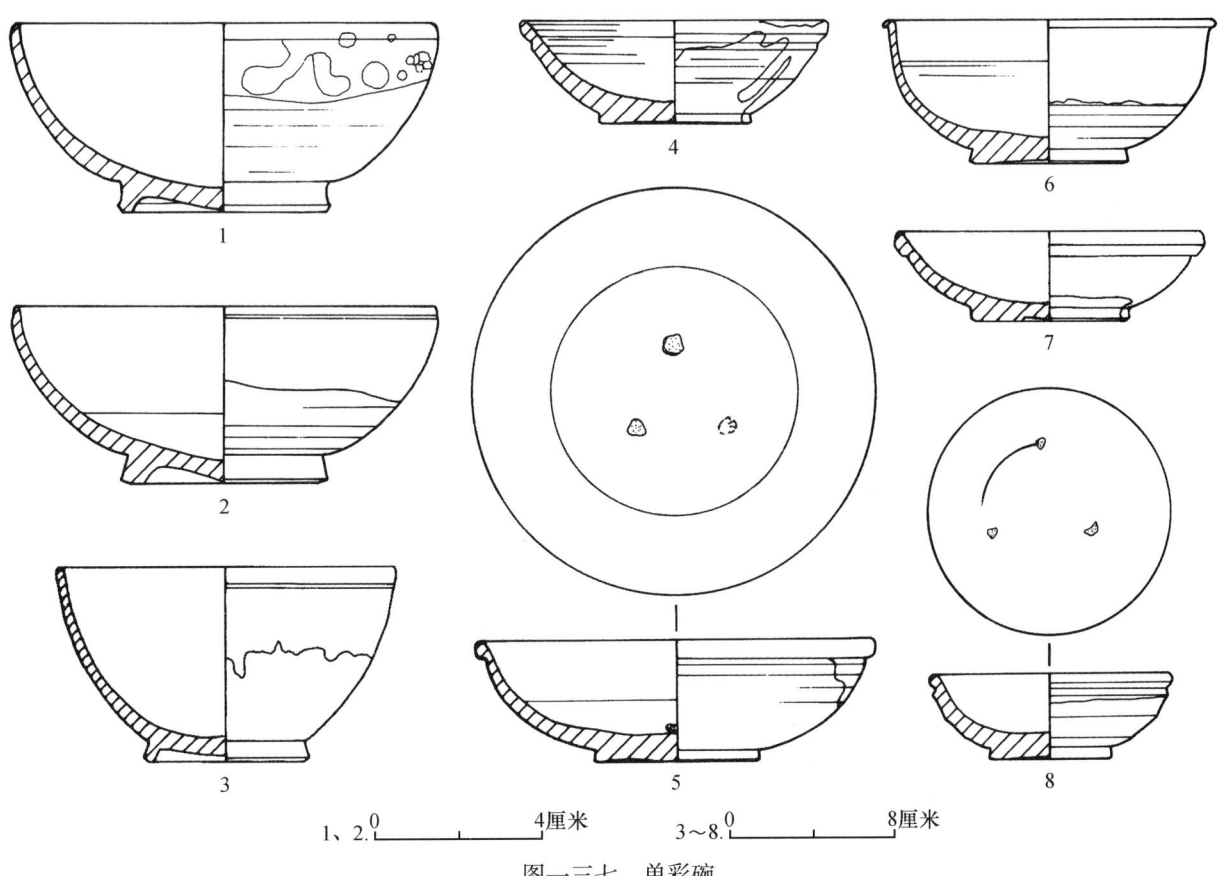

图一三七　单彩碗

1～2. E型（ⅠT1H1：43、ⅠT1H1：44）　3. C型（ⅡT35⑨：177）　4、5、8. Ba型（ⅡT17ZF3②：16、ⅢT2H16：7、ⅢT2H8：1）　6. D型（ⅡT15⑨：10）　7. Bb型（ⅠT1H1：29）

一三七，7；彩版一七七，1）。

C型　敞口，圈足。出土数量极少。标本ⅡT35⑨：177，器形较大。深弧腹，高圈足外撇，器表沿下饰凹弦纹一周，器内外施黄釉，器表施釉至腹中部，釉下敷一层化妆土近底。红胎。口径16厘米，底径8厘米，高9.4厘米（图一三七，3；彩版一七七，2）。

D型　饼形底。极少。标本ⅡT15⑨：10，口微敛，垂沿微卷，鼓腹。器内外施酱釉，器表施釉至腹中部。灰胎。口径15.4厘米，底径7.7厘米，高7厘米（图一三七，6；彩版一七七，3）。

E型　敞口略内收，弧腹，圈足。器形较小，胎质较细腻。标本ⅠT1H1：44，重唇。器内外施黄釉，器表施釉至上腹，釉色较纯净。灰白胎。口径10厘米，底径5厘米，高4.6厘米（图一三七，2；彩版一七七，4）。标本ⅠT1H1：43，口外沿饰凹弦纹一周，圈足内底中部凸脐。器内外施黄釉，器表施釉至上腹，由于烧制的火候、气氛等原因，器内外局部聚釉、局部釉未完全溶解。粉白胎。口径10厘米，底径5.1厘米，高4.7厘米（图一三七，1；彩版一七七，5）。

盘　出土数量较多。依据形制的不同，可分为两型。

A型　常见有平底和圈足底两种，以满釉支烧为主。依据口沿的不同又可分为三个亚型。

Aa型　浅盘，花式口，折沿，圈足，满釉支烧。标本ⅡT17ZF3①：131，三瓣花式口，斜弧腹，圈足底面上有较大圆形支钉痕，其中一个支钉痕残缺。器内外黄釉泛绿。口径18厘米，底径9.8厘米，高3厘米（图一三八，1；彩版一七八，1）。标本ⅡT12Y6：12，四瓣花式口，折腹，圈足底面上遗留有三个极小圆形支钉痕。器内外施黄釉，釉层较厚。口径18厘米，底径8.8厘米，高3厘米（图一三八，2；彩版一七八，2）。

Ab型　浅盘，弧口折沿。标本ⅢT2④：12，斜腹，大平底。满釉支烧，底面上遗留有三个较小圆形支钉痕。通体施绿釉。口径17厘米，底径13.4厘米，高1.9厘米（图一三八，3；彩版一七八，3）。

Ac型　浅盘，口沿微内收，尖圆沿。标本ⅡT35⑨：159，鼓腹，大平底，底面中部显数周同心圆纹。器内外施酱红釉，器表施釉至底面外沿。酱红胎，与釉色相比略淡。口径16厘米，底径12厘米，高2.8厘米（图一三八，4；彩版一七八，4）。

B型　四方委角形，极少。浅盘，弧腹，平底。标本ⅡT11①：21，四个委角分别出筋将盘分成四等份，整体有点变形，器表腹壁及底制作的较粗糙。器内施黄釉，器表无釉。白胎略泛黄。口径13.5厘米左右，底径8.5厘米左右，高2.5厘米左右（图一三八，5；彩版一七八，5）。

盏　与前期相比出土数量较多，器形大同小异。敞口，尖圆沿，圈足。釉色较丰富，常见的有蓝釉、白釉、绿釉和外蓝内绿、外蓝内黄等，釉下皆敷一层化妆土。依据腹壁的不同可分为两型。

A型　弧腹，出土数量较多。标本ⅡT57G2：392，器内外施蓝釉，器表施釉近底。粉白胎。口径11.4厘米，底径4.2厘米，高3.8厘米（图一三八，7；彩版一七九，1）。标本ⅡT57G2：25，器内外施白釉，器表施釉至上腹。由于烧成温度过低，釉层尚未完全溶解，无光泽，口沿脱釉严重。粉白胎。口径10.4厘米，底径3.8厘米，高4.6厘米（图一三八，6；彩版一七九，2）。标本ⅢT4H8：1，浅腹。器内外施绿釉，器表施釉近底。器表腹壁一侧遗留

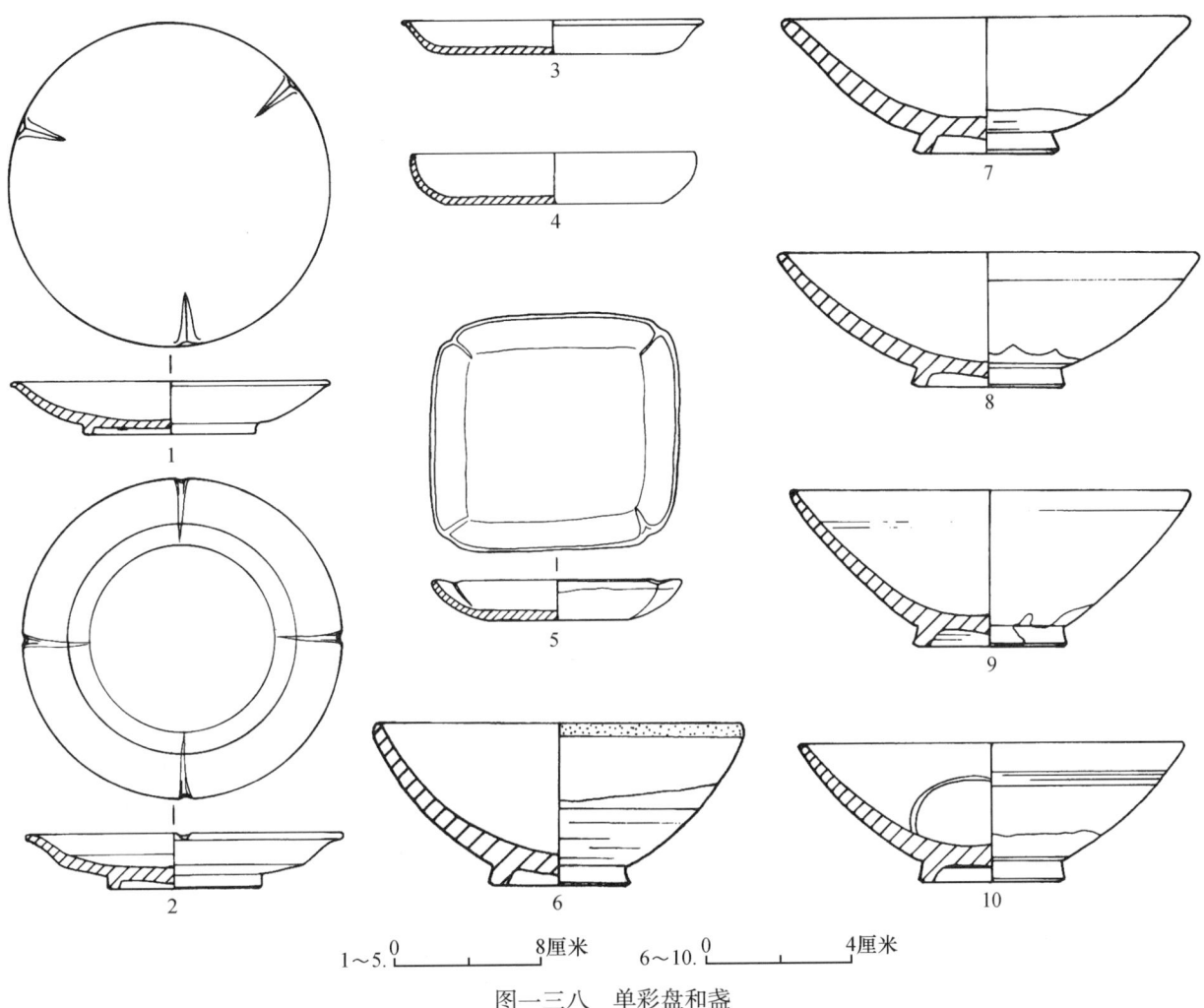

图一三八 单彩盘和盏

1、2. Aa型盘（ⅡT17ZF3①：131、ⅡT12Y6：12） 3. Ab型盘（ⅢT2④：12） 4. Ac型盘（ⅡT35⑨：159） 5. B型盘（ⅡT11①：21） 6~8. A型盏（ⅡT57G2：25、ⅡT57G2：392、ⅢT4H8：1） 9、10. B型盏（ⅢT5⑥：22、2002ⅢT5G1：21）

有另一件器物黏结痕。浅灰胎。口径12厘米，底径4.4厘米，高3.8厘米（图一三八，8；彩版一七九，3）。

B型 斜腹，俗称斗笠碗。该器形出现于黄冶窑第三期，本期出土数量有所增加，流行于北宋时期。大敞口，斜腹，小圈足。标本ⅢT5⑥：22，器内施黄釉，器表施蓝釉近底，局部流釉至圈足。器表近口沿饰凹弦纹一周。粉白胎。口径11.8厘米，底径4.4厘米，高4.4厘米（图一三八，9；彩版一七九，5、6）。标本2002ⅢT5G1：21，器表施蓝釉至下腹，器内施黄釉，口沿蓝釉与黄釉交融局部泛绿。器内底一侧黏结一器物圈足痕。粉黄胎。口径11厘米，底径4.1厘米，高3.9厘米（图一三八，10；彩版一七九，4）。

杯 出土数量较多。除第三期常见的器形外，仿金银器造型在这一时期开始出现。常见的釉色有绿、蓝、黄等，以绿釉为主。依据形制的不同，可分为四型。

A型 敞口，折沿，斜壁，鼓腹，饼形足内凹。是黄冶窑第三期中常见的一种器形。标本ⅢT2⑥：34，底面上饰同心圆纹一周。器内外施蓝釉，器表施釉至腹中部，白胎。口径7.4厘米，底径3.3厘米，高5.1厘米（图一三九，1；彩版一八〇，1）。

B型　敞口，折沿，斜直壁，折腹，圈足，沿下一侧腹壁上有一环形鋬。亦是黄冶窑第三期中常见的一种器形。标本ⅢT2⑥：32，器内外施绿釉，器表施釉至折腹处。粉白胎。口径7.6厘米，底径3.8厘米，高5.5厘米（图一三九，4；彩版一八〇，2）。

C型　椭圆形，花式口，瓜棱腹，矮粗柄，椭圆圈足。是黄冶窑本期中新出现的一种器形。标本ⅡT35⑨：113，器内底面上模制一条鱼纹，周边饰水波纹，器表柄上饰密集竖线纹。通体施绿釉泛黄，器表施釉至圈足。白胎。口径9～12厘米，底径5.5～6.5厘米，高6.5厘米

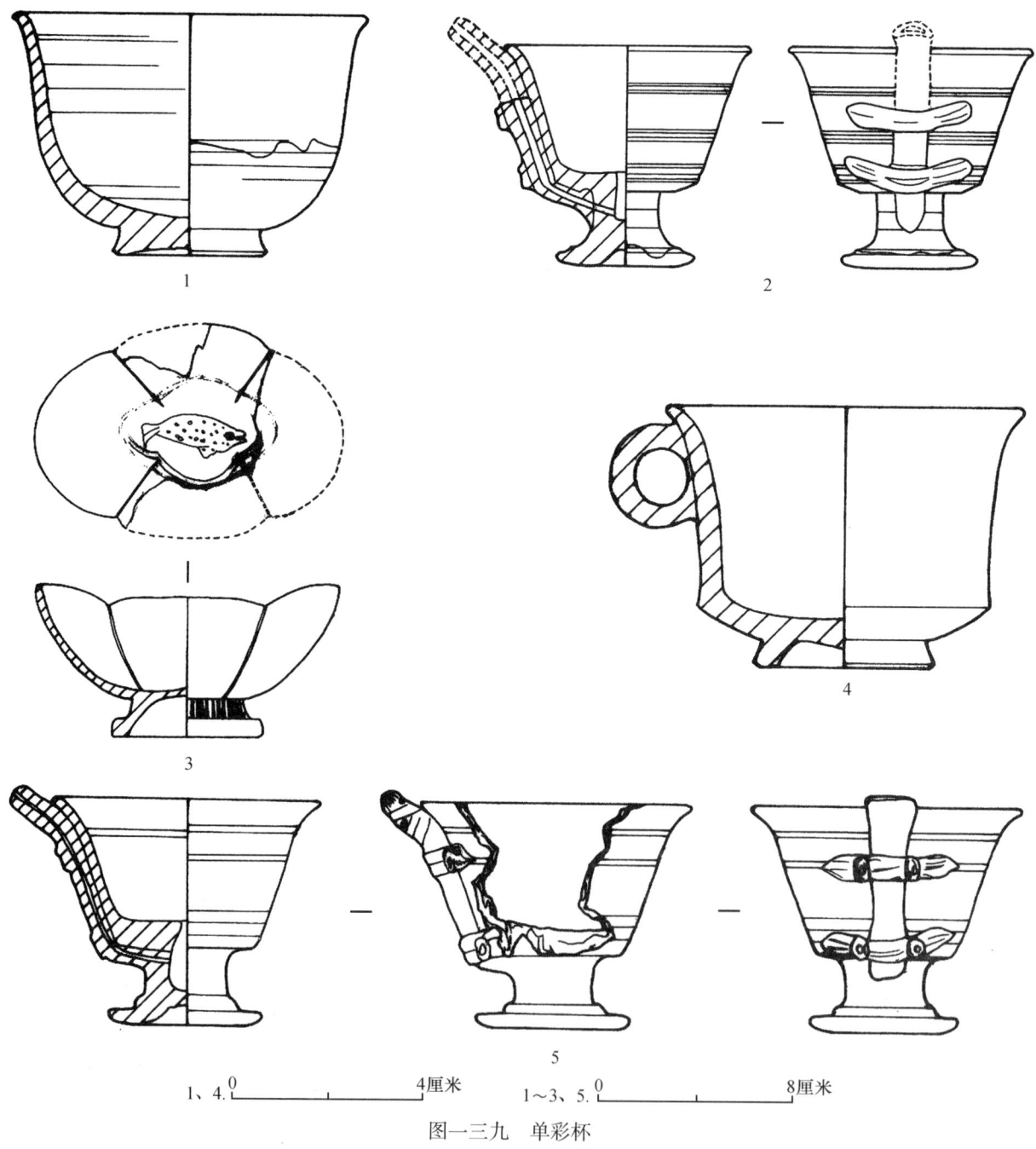

图一三九　单彩杯
1. A型（ⅢT2⑥：34）　2. D型（ⅡT35⑩：46）　3. C型（ⅡT35⑨：113）　4. B型（ⅢT2⑥：32）　5. D型（ⅡT35⑨：193）

（图一三九，3；彩版一八〇，3）。

D型　大敞口，折沿，斜直壁，折腹，高柄中空不透底，喇叭形宽足面，器内底中部有一圆孔与腹壁一侧吸管相通。仿金银器造型，为该期新出现的器形之一。标本ⅡT35⑩：46，吸管上部残缺。吸管上采用两条束带固定，器表上下腹壁分别饰凹弦纹两周，中下部饰线弦纹数周。柄上饰凸弦纹两周，足面中部饰凸弦纹一周。器表施深绿釉至足面，器内腹壁施绿、黄、白三色釉相间，底面上施绿釉。粉白胎。口径10.4厘米，底径5.8厘米，复原通高10.5厘米（图一三九，2；彩版一八〇，4）。标本ⅡT35⑨：193，阶梯形宽足面，主体造型同上。吸管上部正面饰十字交叉花卉图案，器表腹壁上饰凹弦纹三组，上部两组分别两周，近折腹的一组三周，器内上腹壁饰线弦纹数周。器内底遗留有三个较大支钉痕。通体施绿釉，粉白胎。口径11.4厘米，底径6.6厘米，高10厘米（图一三九，5；彩版一八〇，5）。

罐　是单彩器中出土数量最多的器形之一。以圈足为主，饼形足的极少。常见的釉色有黄釉、绿釉、酱釉和酱黄釉等。依据形制的不同，可分为五型。

A型　唇口，圆鼓腹，圈足外撇。流行黄冶窑第三期，本期出土数量相对较少。标本ⅡT57G2：438，器表下腹饰线弦纹数周。口沿上一侧残留一个支烧点，器内底遗留有三个不规则支烧点。器表施酱褐色釉至下腹，局部流釉至圈足，釉下敷一层化妆土，器内近底施一层较薄透明釉。灰胎。口径11厘米，底径7.6厘米，高10厘米（图一四〇，1；彩版一八一，1）。标本ⅡT17ZF3①：127，圈足底面上饰同心圆纹一周。器表施黄釉至腹中部，器内近底施黄釉。粉白胎。口径11.4厘米，底径8.3厘米，高9.6厘米（图一四〇，10；彩版一八一，2）。

B型　器形较大，双系。依据底的不同，又可分为两个亚型。

Ba型　圈足底。是本期新出现的一种器形。标本ⅡT35⑩：270，高圈足外撇。领部饰凹弦纹两周，肩部饰凹弦纹三周，下腹饰断断续续线弦纹三周，器内壁通体饰条带弦纹。器表施酱黄釉至足根，器内近底施黄釉。灰白胎。口径14厘米，底径14.2厘米，高19.4厘米（图一四〇，4；彩版一八一，3）。

Bb型　饼形底。撇口，斜高颈，弧腹，饼形足微内凹。标本ⅡT16ZF1K2：1，器内为条带凹弦纹，器表通体凹弦纹，底面上断断续续同心圆纹数周。器表施酱黄釉至足部，由于烧制气氛原因一侧釉面呈黑褐色，器内口沿以下无釉。土黄胎。口径12.8厘米，底径10.4厘米，高19.8厘米（图一四〇，5；彩版一八一，4）。

C型　唇口，鼓腹，圈足，沿下对称双系。标本ⅡT17H20：1，器表通体饰线凹纹，圈足底面上饰同心圆纹一周。器表施酱黄釉至腹中部，口沿一周无釉，局部显器物摞烧黏结痕。器内沿以下施酱釉，局部无釉。粉白胎。口径11.2厘米，底径8.4厘米，高10.8厘米（图一四〇，2；彩版一八一，5）。

D型　子母口，外沿凸出上翘，内沿敛收。圆鼓腹，高圈足外撇。出土数量极少。标本ⅡT17ZF3①：2，缺盖，母口，鼓腹下折收，喇叭形高圈足。近折腹处凹弦纹一周。器内外饰黄釉，器表施釉近圈足。粉白胎。母口外径13.6厘米，内径9.3厘米，底径9.2厘米，高13.2厘米（图一四〇，3；彩版一八一，6）。

E型　唇口，鼓腹，平底，沿上横置一绳索提梁。器形极小。标本ⅡT35⑨：77，器表腹部

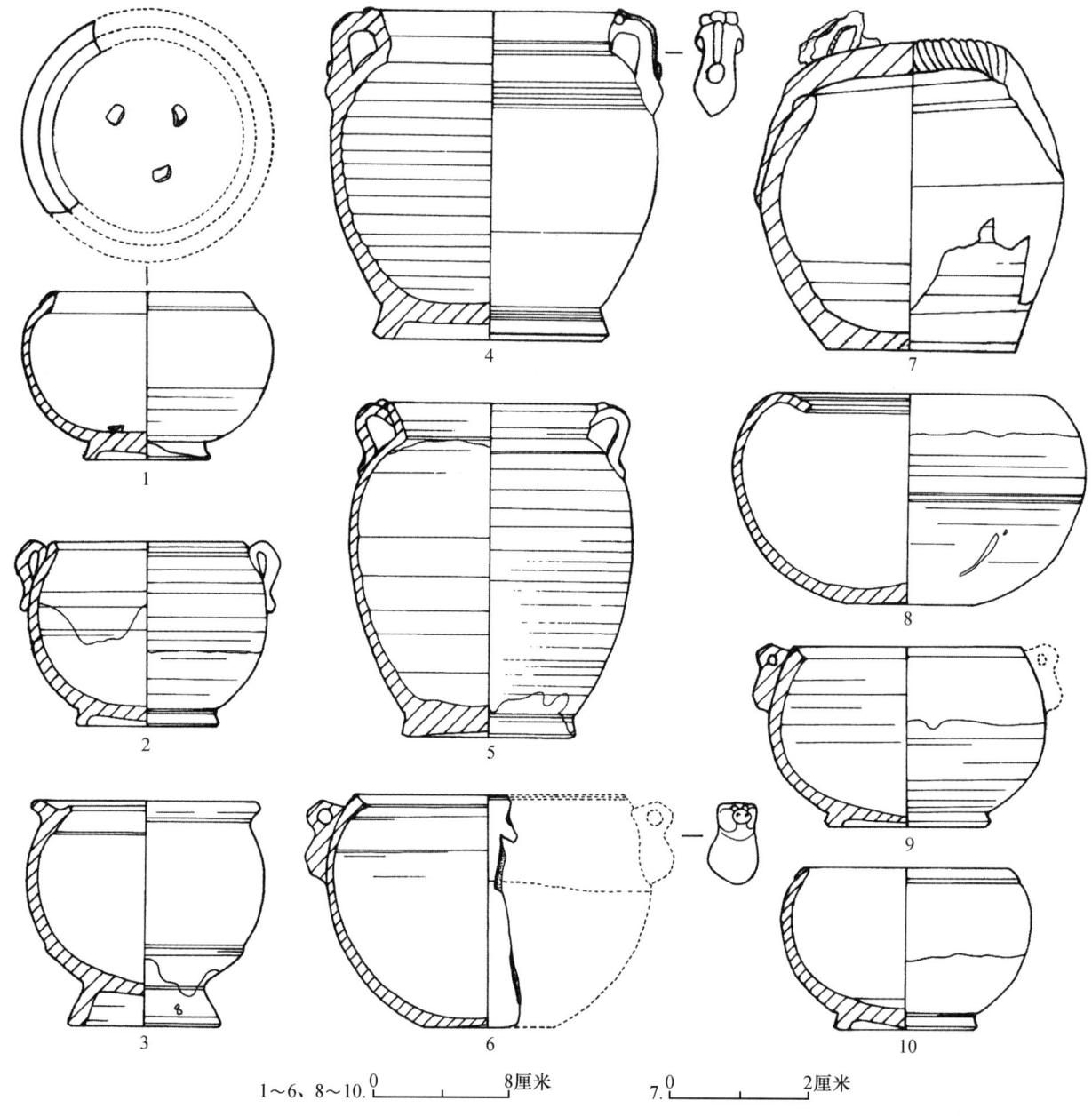

图一四〇 单彩罐和钵
1、10. A型罐（ⅢT57G2：438、ⅡT17ZF3①：127） 2. C型罐（ⅡT17H20：1） 3. D型罐（ⅡT17ZF3①：2） 4. Ba型罐（ⅢT35⑩：270） 5. Bb型罐（ⅡT16ZF1K2：1） 6. Ba型钵（ⅡT19J1：1） 7. E型罐（ⅡT35⑨：77） 8. A型钵（ⅢT3H15：13） 9. Bb型钵（ⅠT1H1：61）

釉下饰线弦纹数周，近底饰凹弦纹一周。器表施绿釉至腹中部，局部垂釉至底。粉黄胎。口径2.6厘米，底径2.7厘米，高4.5厘米（图一四〇，7；彩版一八二，1）。

钵 依据形制的不同，可分为两型。

A型 整体造型与第三期同类器无大变化。敛口，口沿下垂，鼓肩，圆鼓腹，有平底也有圜底内凹。标本ⅢT3H15：13，小平底微内凹。近口沿饰凹弦纹一周，腹中部饰凹弦纹三周，下腹近底饰断断续续线弦纹两周。口沿至肩部施酱釉，无光泽，器内无釉。粉白胎。口径12厘米，底径7.6厘米，高12.4厘米（图一四○，8；彩版一八三，1）。

B型 依据底的不同，又可分为两个亚型。

Ba型 敛口，沿面内斜，圆鼓腹，平底。出土数量较多，是黄冶窑第三期常见器形。标本ⅡT19J1∶1，肩部对称两个兽面纹系，其中一系残缺。器表近口沿饰凹弦纹一周，近底饰线弦纹两周。下腹显数周凹弦纹。沿面及器内底分别残存两个支烧痕。器表施白釉泛黄至上腹，釉下敷一层化妆土至腹中下部，器内底面有一层淡绿釉，外沿极不规则。白胎。口径16厘米，底径7.6厘米，高13.4厘米（图一四○，6；彩版一八三，2）。

Bb型 敛口，沿面内斜，圆鼓腹，溜肩，近沿处对称两个耳形系，鼓腹，矮圈足外撇。出土数量不多，是本期新出现的器形。标本ⅠT1H1∶61，器表近口沿饰凹弦纹一周，下腹显刀削条带弦纹数周。器表施酱釉至上腹，器内下腹近底施釉，由于烧制温度太低，釉色未完全溶解。粉红胎。口径13.5厘米，底径9.6厘米，高10.6厘米（图一四○，9；彩版一八三，3）。

瓶 出土数量虽然不是太多，但种类齐全。依据形制的不同分五型。

A型 形制同黑釉瓷A型瓶。标本ⅡT17ZF3①∶42，器形较大，口、颈残缺，鼓腹斜收，平底微内凹。颈部遗留有两周凹弦纹，底面饰同心圆纹一周。器表饰酱黄釉至腹中部，另一侧因火候过高呈黑褐色。粉红胎。底径6.6厘米，残高22.8厘米（图一四一，1；彩版一八三，4）。

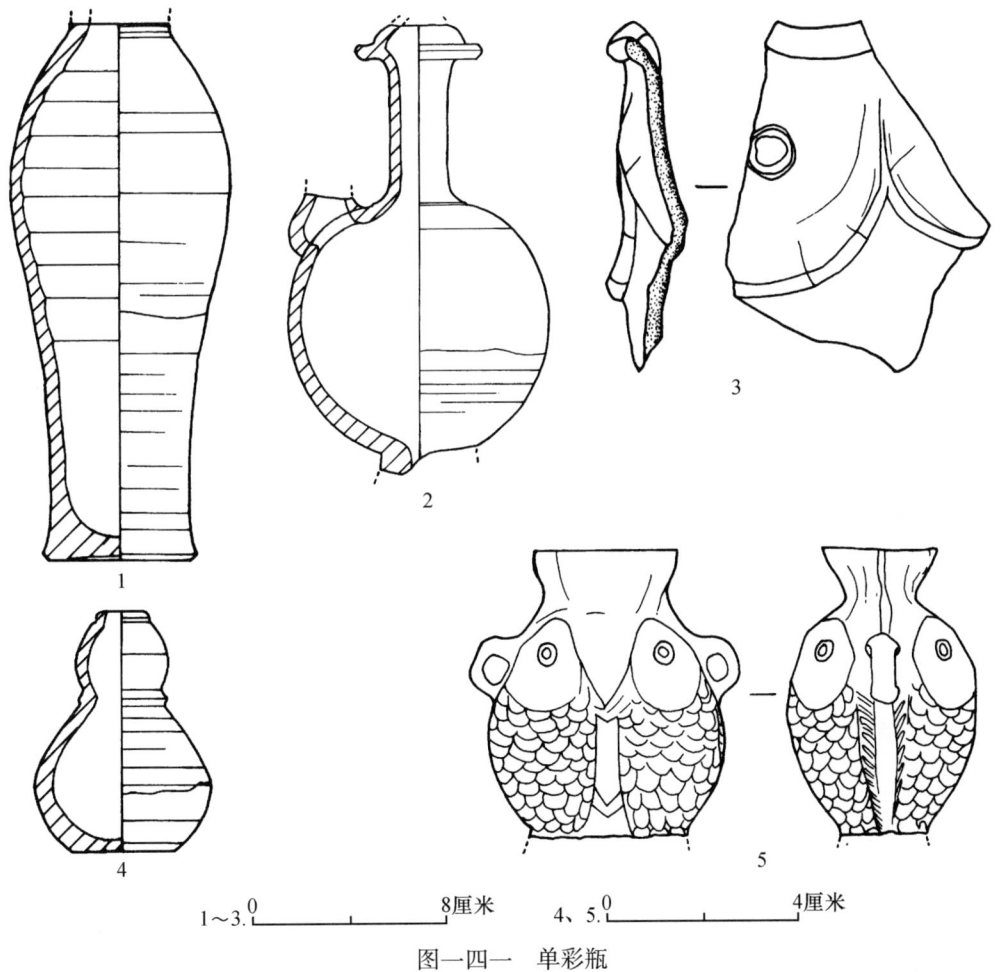

图一四一 单彩瓶

1. A型（ⅡT17ZF3①∶42） 2. B型（ⅡT57G2∶123） 3. D型（ⅡT35⑩∶238） 4. E型（ⅡT35⑨∶118） 5. C型（ⅢT5H9∶26）

B型　是黄冶窑第三期的主要器形之一，尤其是第三期前段出土数量最多。本期出土数量极少，皆不可复原。标本ⅡT57G2：123，口、注水口及足部残缺。细高颈，圆鼓腹。颈根部饰凹弦纹两周，凸弦纹一周，肩部饰凹弦纹一周。器表施绿釉至下腹。通体敷一层较薄化妆土透胎，粉红胎。残高19.2厘米（图一四一，2；彩版一八二，2）。

C型　是黄冶窑第四期常见的一种类型，器形大小不一，前后模制黏合而成。标本ⅢT5H9：26，底残缺。椭圆形口，束颈，扁腹，肩部对称双系，鱼尾作足。腹部分别对称双鱼图案。通体施绿釉。粉白胎。口径1～1.4厘米，残高6.2厘米（图一四一，5；彩版一八二，3）。

D型　标本ⅡT35⑩：238，残片，不可复原。鱼嘴作口，鱼腹作瓶身。通体施绿釉，鱼眼点黑。粉黄胎。残长7.5厘米，残宽5.8厘米（图一四一，3；彩版一八三，5）。

E型　标本ⅡT35⑨：118，完整。器形较小，整体作葫芦形。小唇口，束腰，鼓腹，平底。近口沿饰凹弦纹一周，腰中部饰凸弦纹一周。器表施绿釉至腹中部。粉红胎。口径0.8厘米，底径2.2厘米，高5.2厘米（图一四一，4；彩版一八三，6）。

执壶　是该期新出现的一种器形，也是本期中的主要器类之一。依据形制的差异，可分为两型。

A型　双系，出土数量较多，器形较大。依据口部的不同，又可分为两个亚型。

Aa型　唇口，束颈，溜肩，弧腹，圈足。标本ⅡT35⑩：26，肩上一侧有一柱形流，对应的一侧为一桥形錾，另两侧对称双系，肩部饰凹弦纹两周，腹部饰不规则凹弦纹数周，器内腹部饰条带弦纹。器内外通体施黄釉。粉白胎。口径6.5厘米，底径10厘米，高24.8厘米（图一四二，4；彩版一八四，1）。

Ab型　喇叭口，折沿，束颈，鼓肩，弧腹斜收，饼形足微内凹。标本ⅡT35⑩：257，肩部一侧有一柱形流，对应一侧为一桥形錾，另两侧对称双系，底面上残留两个支烧泥饼。颈下及肩部分别饰凹弦纹一周，腹部饰不规则凹弦纹数周，底面上饰同心圆纹一周。器表施酱黄釉至下腹。粉红胎。口径8.6厘米，底径9厘米，通高24.8厘米（图一四二，1；彩版一八四，2）。

B型　无系是执壶中最常见的一种，器形大小不一。喇叭口，折沿，束颈，饼形足。口沿至肩部有一桥形錾，对应一侧有流。常见的釉色有黄釉、酱黄釉、蓝釉和绿釉等。依据腹的不同，又可分三个亚型。

Ba型　长弧腹。标本ⅡT35⑨：219，器形较大。鼓肩，肩部一侧錾手残缺，另一侧锥形流，流口残缺。上腹饰断断续续凹弦纹两周。器表施釉黄至腹中部，器内施釉至颈部。粉红胎。口径6.7厘米，底径8厘米，复原高19.8厘米（图一四二，3；彩版一八四，3）。

Bb型　圆鼓腹。标本ⅡT17ZF3①：36，器形较小，短柱形流。腹部饰凹弦纹一周。器表通体施酱黄釉，器内施釉至颈部。粉红胎。口径3.5厘米，底径4厘米，高8.3厘米（图一四二，2；彩版一八四，4）。

Bc型　扁鼓腹。器形最小。溜肩，小饼足外撇内凹。标本ⅡT57G2：119，口沿及錾手残缺。肩部饰凹弦纹两周，底面近外沿饰同心圆纹一周。器表施蓝釉至腹中部，器内施釉至颈部。釉下敷有一层较厚化妆土。粉白胎。底径3.7厘米，残高5.2厘米（图一四二，7；彩版一八四，5）。标本ⅡT57G2：39，肩部饰凹弦纹一周。器表施深绿釉至腹中部，釉下敷一层较厚化妆

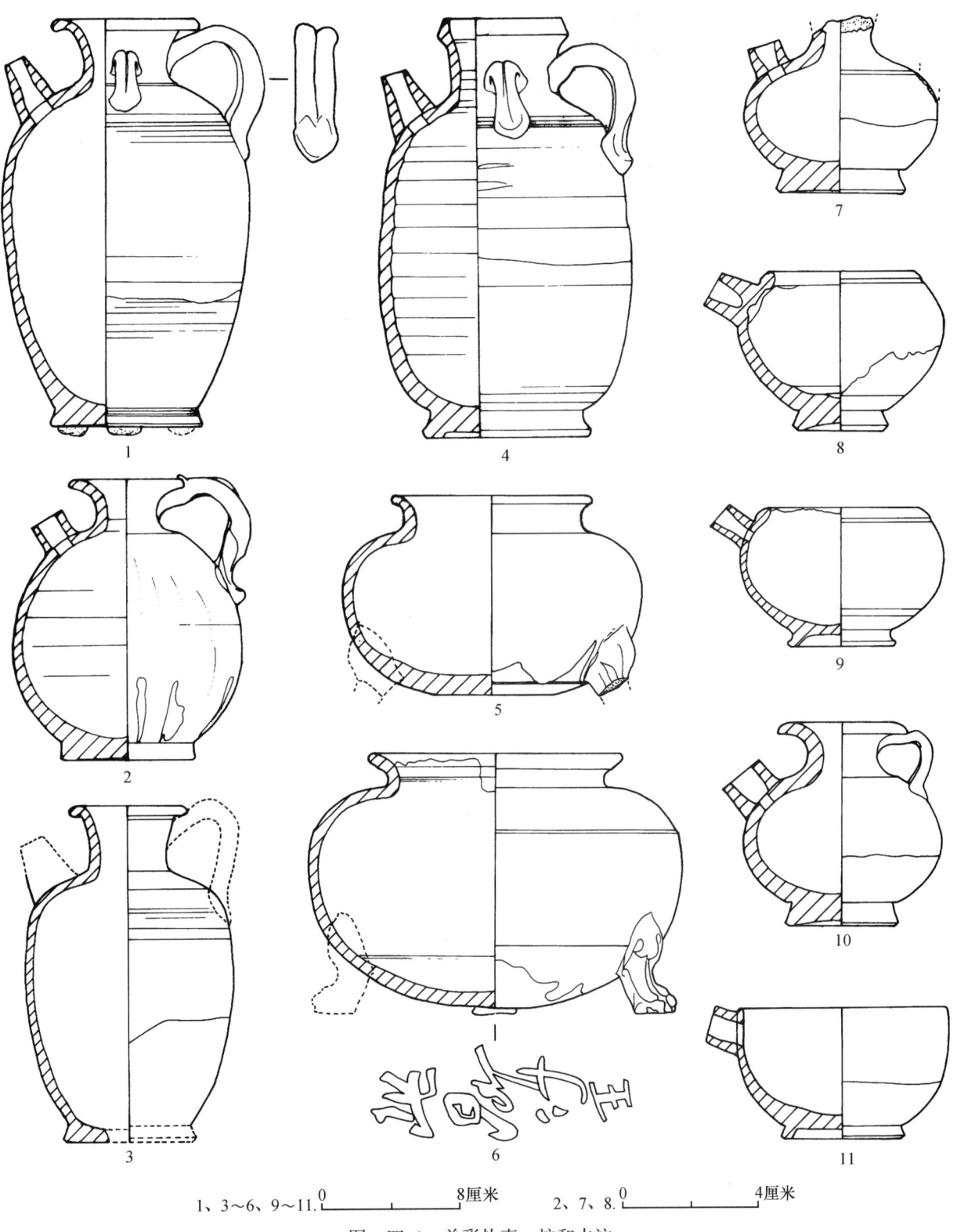

图一四二 单彩执壶、炉和水注

1. Ab型执壶（ⅡT35⑩：257） 2. Bb型执壶（ⅡT17ZF3①：36） 3. Ba型执壶（ⅡT35⑨：219） 4. Aa型执壶（ⅡT35⑩：26） 5、6. 炉（ⅢT3H15：12、ⅢT2⑥：55） 7、10. Bc型执壶（ⅡT57G2：119、ⅡT57G2：39） 8. Bb型水注（ⅡT11：1） 9. Ba型水注（ⅡT57G2：379） 11. A型水注（ⅡT57G2：397）

土。粉白胎。口径3.5厘米，底径3.4厘米，高6厘米（图一四二，10；彩版一八四，6）。

水注　出土数量不多，以罐形为主。依据形制的不同可分为两型。

A型　碗形。最早见于黄冶窑第二期，流行于第三期，本期出土极少。标本ⅡT57G2∶397，直口，弧腹，圈足。沿下一侧有一柱形流。器内外施白釉泛黄，器表施半釉，釉下敷一层化妆土近底。粉白胎。口径12.4厘米，底径7.4厘米，高7.8厘米（图一四二，11；彩版一八五，1）。

B型　罐形。出土数量较多，大小不一，皆残，不可复原。

唇口，鼓腹，肩部一侧有一柱形流，以圈足底为主。依据底的不同又可分为两个亚型。

Ba型　小圈足外撇。标本ⅡT57G2∶379，器形较大，器表下腹饰线弦纹两周，圈足上遗留有两个支烧点。器表施蓝釉至下腹，一侧局部流釉至圈足，器内下腹至底施黄釉。白胎泛黄。口径9厘米，底径6.4厘米，残高8.2厘米（图一四二，9；彩版一八五，2）。

Bb型　小饼形足内凹。标本ⅡT11∶1，器形较小，流黏结不透器表施深绿釉至腹中部，器内下腹至底施淡黄釉泛绿透胎，釉下敷一层极薄化妆土。粉白胎。口径4厘米，底径2.8厘米，高4.7厘米（图一四二，8；彩版一八五，3）。

炉　与第三期相比不仅制作工艺差，数量也大大减少。整体造型大同小异。弧口，折沿，束颈，圆鼓腹。腹下附三个兽蹄形足，常见的釉色有酱黄釉和白釉两种。标本ⅢT2⑥∶55，圜底近平。肩部及下腹分别施凹弦纹一周，器内底饰同心圆纹一周，颈部一周无釉，口沿上遗留有三个支烧痕。器外底面上墨书"此鼎汝王"四字，竖读。器表施酱黄釉至下腹，器内施淡黄釉透胎。器表通体敷一层较厚化妆土。白胎泛黄。口径15厘米，通高15.4厘米（图一四二，6；彩版一八六，2）。标本ⅢT3H15∶12，器形较小，小平底，三足残缺。器表近底饰凹弦纹一周，口沿上遗留有三个支烧痕。器表施白釉泛黄近底，口沿施釉至颈部。粉白胎。口径11.8厘米，底径7厘米，高11.8厘米（图一四二，5；彩版一八六，1）。

盒　出土数量不多，皆缺盖。依据底的不同，可分为两型。

A型　圈足底。标本ⅠT1H1∶1，子母口，直壁，折腹，高圈足外撇，底面中部出脐，内底中部微凸，作圆饼状。器壁施酱黄釉过折腹，盖沿及器内无釉。器表敷一层较薄化妆土至圈足。粉红胎。母口径9.6厘米，子口径7.6厘米，底径5.6厘米，高4.8厘米（图一四三，2；彩版一八六，4）。

B型　饼形底。标本ⅠT1H1∶25，器形较小。子母口，斜直壁，底面上显同心圆纹数周。器壁施酱黄釉，内底施黄釉，盖沿及器内壁无釉。粉红胎。母口径7.8厘米，子口径6.2厘米，底径6厘米，高2.2厘米（图一四三，7；彩版一八六，3）。

水盂　器形较小。敛口，鼓腹，饼形足内凹，该器形与同期的罐类器形制接近。依据口和腹的不同，可分为两型。

A型　唇口，圆鼓腹。标本ⅡT10H2∶13，完整。唇沿下饰凹弦纹一周。器内外施酱釉，器表施釉至腹中部，釉薄处呈淡黄色。釉下敷一层化妆土。白胎，胎质较粗糙。口径5.8厘米，底径3.6厘米，高3.7厘米（图一四三，1；彩版一八六，6）。

B型　小唇口，扁鼓腹。标本ⅡT35⑨∶92，残。器内外施酱釉，器表半釉。由于烧制火

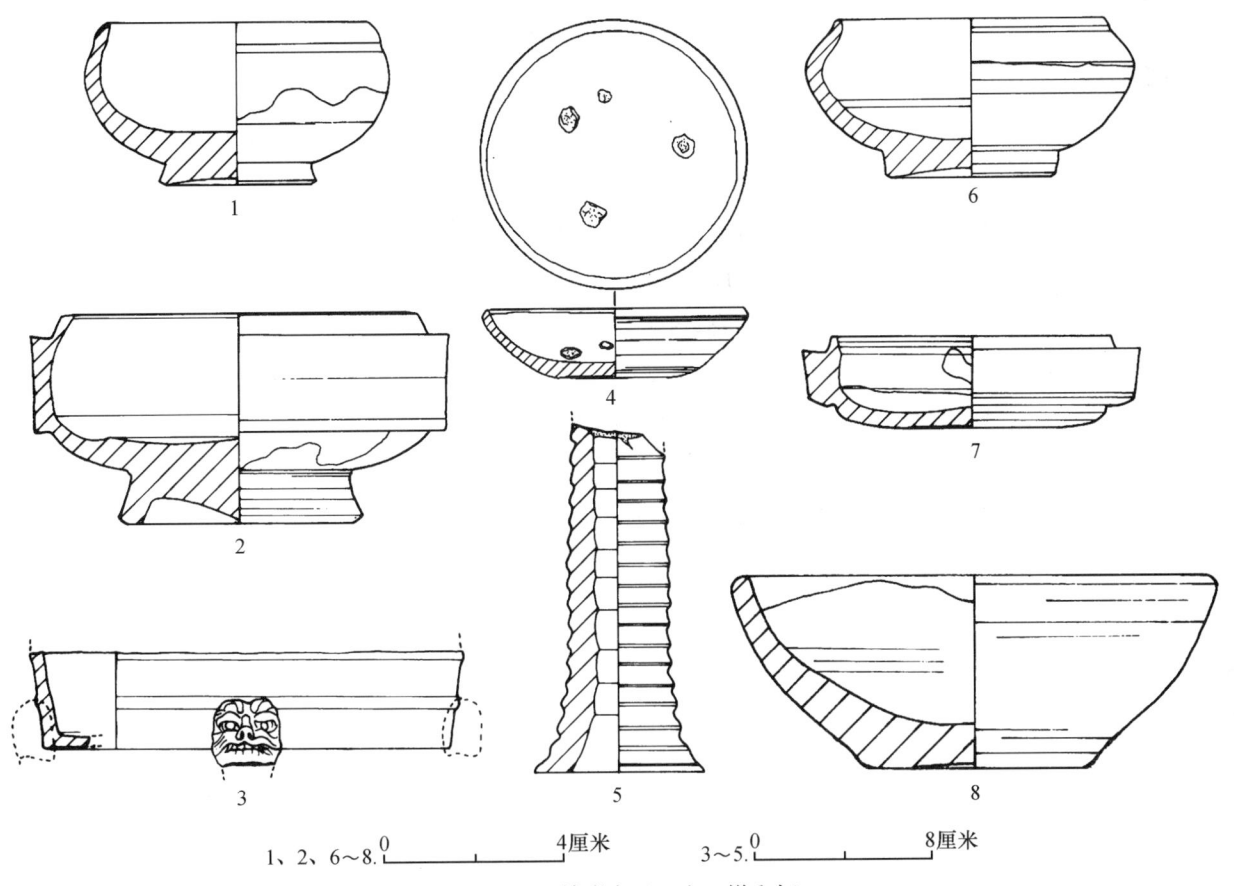

图一四三　单彩水盂、盒、樽和灯
1. A型水盂（ⅡT10H2∶13）　2. A型盒（ⅠT1H1∶1）　3. 樽（ⅢT2⑥∶37）　4、8. A型灯（ⅡT35⑨∶111、ⅡT12Y6∶19）　5. B型灯（ⅡT57G2∶191）　6. B型水盂（ⅡT35⑨∶92）　7. B型盒（ⅠT1H1∶25）

候过高，釉面有大量小气泡。粉白胎，含杂质较大。口径6厘米，底径4.9厘米，高3.6厘米（图一四三，6；彩版一八六，5）。

樽　见于第三期前段，流行于第三期后段，本期出土极少。标本ⅢT2⑥∶37，器形较大，胎体厚重。直壁，平底，仅存一个兽面残足，兽面双目圆睁，威武凶猛。腹部分别残存凹、凸弦纹一周。器表饰蓝釉过底，器内施半釉。白胎。复原底径48厘米，残高9.5厘米（图一四三，3；彩版一八五，4）。

灯　在第三期前段之前以黑釉瓷制品为主。本期除了少数黑釉、酱釉瓷外，同出的还有不少酱釉、黄釉和绿釉陶制品。依据形制的不同，可分为两型。

A型　敞口，尖圆唇，弧腹，平底。标本ⅡT35⑨∶111，浅腹，器内底遗留有三个较大支烧痕，此烧造工艺在灯类器中极少见。器内施酱釉，口沿及器表无釉，器表一侧近口沿局部黏结有绿釉。白胎。口径11.9厘米，底径5.6厘米，高3.4厘米（图一四三，4；彩版一八七，1）。标本ⅡT12Y6∶19，残。深腹，厚胎。器内施黄釉，腹壁釉薄透胎呈酱灰色，口沿及器表无釉。土黄胎。口径10.4厘米，底径5.2厘米，高4.4厘米（图一四三，8；彩版一八七，2）。

B型　极少，整体造型同第三期后段C型灯。标本ⅡT57G2∶191，灯托、盘、底座残缺，仅存底座以上竹节状台柱。台柱与底座分制黏合面成，底径7.9厘米。器表饰绿釉。白胎。残高15.8厘米（图一四三，5；彩版一八七，3）。

器盖　本期不仅出土数量多，而且品种最丰富。常见的釉色有黄釉、绿釉、蓝釉和酱釉等。依据形制的不同，可分为五型。

A型　器形较小。盖顶中部皆捉手，子盖。依据盖面的差异，又可分为四个亚型。

Aa型　斜盖面。标本ⅡT35⑨：10，大捉手，宽盖沿近平。器表满釉，盖内无釉。黄灰胎。盖沿径6.2厘米，子口径3.2厘米，高4.5厘米（图一四四，1；彩版一八七，4）。

Ab型　弧盖面。标本ⅡT35⑩：52，形制较小。盖顶中部一扣形捉手。通体施深绿釉。粉红胎。盖沿径4.1厘米，残高2.4厘米（图一四四，3；彩版一八七，5）。

Ac型　盖面近平，饼形盖顶。标本ⅢT4H20：2，完整。中部一圆锥形捉手，沿面上饰凸弦纹两周。盖面及捉手施黄釉。粉红胎。盖沿径5.5厘米，子盖径2.8厘米，高3.8厘米（图一四四，2；彩版一八七，6）。

Ad型　盖面中凹。标本ⅢT4⑧：17，完整。是同类器中最小的一件。盖沿下垂，中部一锥帽形小捉手，矮子小盖口，中部饰凹弦纹一周。盖面及捉手施绿釉。白胎。盖沿径3.8厘米，子盖径1.9厘米，高1.5厘米（图一四四，4；彩版一八八，1）。

B型　塔形，深鼓腹，母盖口，腹壁一侧饰两个小圆透孔。标本ⅡT35⑨：12，锥形高捉手，斜直壁。器表施深绿釉，内面无釉。白胎。母口径6.1厘米，高6.9厘米（图一四四，7；彩版一八八，2）。标本ⅡT35⑩：66，双重锥帽捉手，鼓壁，微内收。盖顶面上饰带状弦纹数周，腹壁上饰凸弦纹一周。器表施绿釉，内面无釉。粉红胎。母口径5.3厘米，高6.2厘米（图一四四，5；彩版一八八，3）。

C型　标本ⅡT35⑨：174，斜盖面，凸圆顶，中部一锥帽状捉手，高腹壁，母盖口。盖面饰凹弦纹两周，腹壁上部饰宽带凹弦纹一周。器表施黄釉，内面无釉。粉红胎。母口径5.6厘米，高4.6厘米（图一四四，6；彩版一八八，4）。

D型　标本ⅡT35⑨：173，弧盖面，顶部置一扁圆形捉手，母盖口。盖面施白釉泛黄，内面无釉。粉白胎。母口径9厘米，高4.5厘米（图一四四，8；彩版一八八，5）。

E型　标本ⅢT2⑤：27，是盖类器中最小的一件。盖面作六边形，中部置一锥帽状小捉手，盖沿下垂内凹。通体施蓝釉，粉白胎。盖沿径2.8厘米，残高1.3厘米（图一四四，12；彩版一八八，6）。

器座　出土数量极少，可复原的仅1件。标本Ⅰ采集：10，器形较大，制作较精细。敞口，束腰，喇叭口形底。器表近沿处及近底分别饰凹弦纹一周，腹壁中部饰凹弦纹两周。器表施黄釉，器内施青绿釉至腹壁中部。通体敷一层较厚化妆土。口径16.8厘米，底径21.2厘米，高4.8厘米（图一四四，11；彩版一八九，1）。

玩具　以低温单色釉为主，本期出土数量极少。

埙　标本ⅡT57G2：60，完整。前后模制黏合而成，人面形，面容清晰，毛发须张，平背。头顶中部有一吹孔，孔径1厘米，两眼作音孔。面部施深绿釉，通体敷一层较厚化妆土。

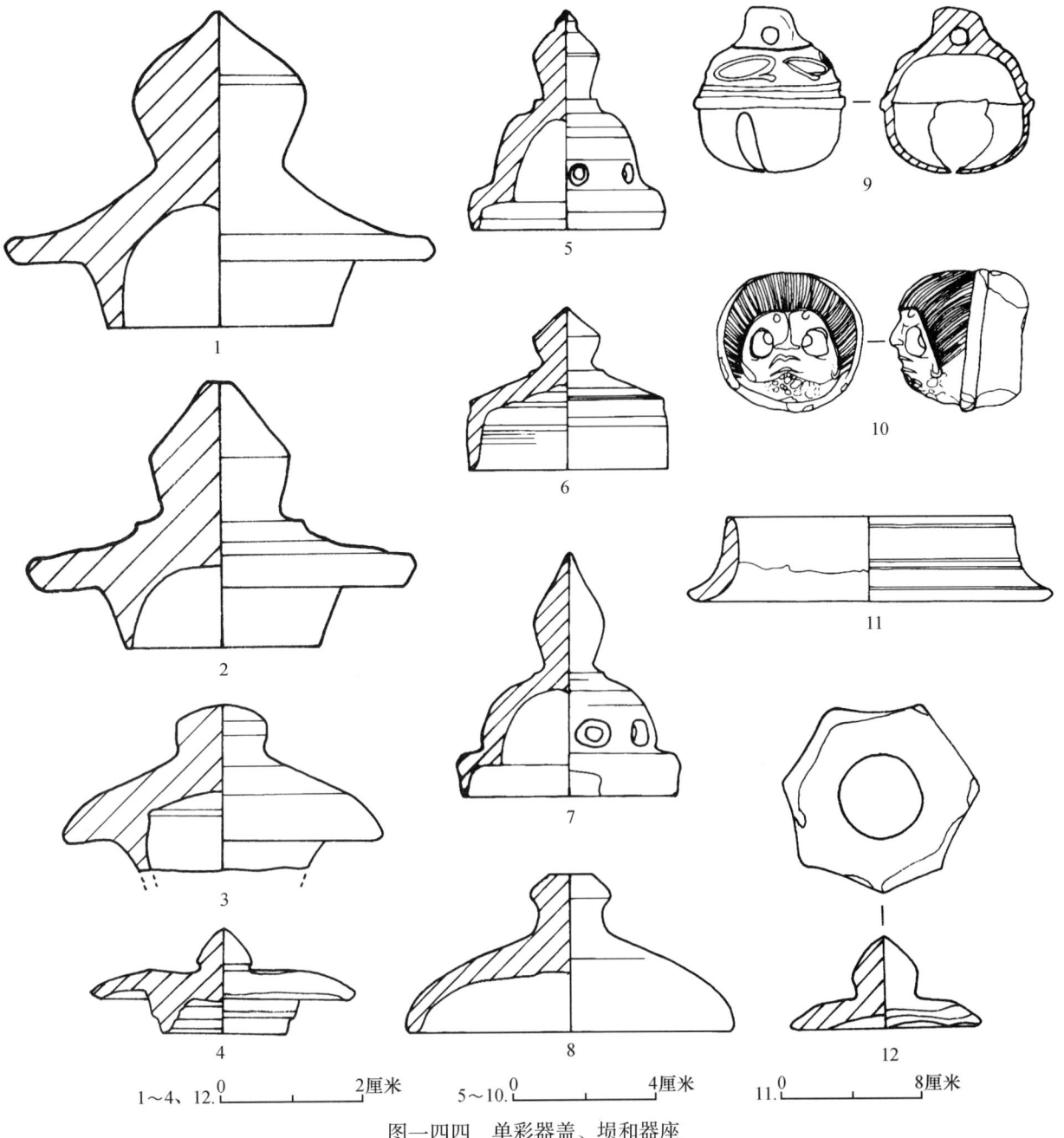

图一四四 单彩器盖、埙和器座

1. Aa型器盖（ⅡT35⑨：10） 2. Ac型器盖（ⅢT4H20：2） 3. Ab型器盖（ⅡT35⑩：52） 4. Ad型器盖（ⅢT4⑧：17）
5、7. B型器盖（ⅡT35⑩：66、ⅡT35⑨：12） 6. C型器盖（ⅡT35⑨：174） 8. D型器盖（ⅡT35⑨：173） 9. 铃铛
（ⅡT12②：15） 10. 埙（ⅡT57G2：60） 11. 器座（Ⅰ采集：10） 12. E型器盖（ⅢT2⑤：27）

粉白胎。面宽4.2厘米，高4厘米（图一四四，10；彩版一八九，2）。

铃铛 标本ⅡT12②：15，上下模制黏合而成。整体近圆形，中空，顶面上置一桥形纽。上腹壁模印凸弦纹和连环纹装饰，下腹素面中部刻横槽与中空相透。顶及纽施酱釉。灰白胎。宽4.4厘米，高4.7厘米（图一四四，9；彩版一八九，3）。

俑类 以单彩为主，三彩的极少。与前期相比这一时期制作工艺不甚讲究、粗糙，以模制为主，雕刻的极少。常见的有人物俑和动物俑两大类。

人物俑 有侍女俑和骑俑两种。

侍女俑 出土数量极少。标本ⅡT35⑨：135，双发髻，半边刘海，面容慈祥，五官较清晰，右手曲折于左臂，手扣一圆形物。上身着圆低领服饰，下身残缺。通体施淡黄釉，粉白胎。残高4.1厘米（图一四五，13；彩版一八九，4）。

骑俑 出土数量较多。以骑马俑、骑象俑最为常见，可复原的极少。

骑马俑 标本ⅡT57G2：57，立式，马腿残缺。垂首下视，短尾下垂。佩络带、攀胸，马背有鞍，鞍上骑座一人，面向左侧，面部五官隐约可见，高挽髻，衣着长袍，双手置物。通体施绿釉，釉下敷一层较厚化妆土。白胎。体长7厘米，通体残高5.5厘米（图一四五，10；彩版一八九，5）。

骑象俑 标本ⅡT16①：2，象站立在一不规则方形台座上，垂首下视，耷耳，象鼻内卷。象背置一花边座毯，背骑一童子残缺。通体施酱黄釉，浅灰胎。体长4.5厘米，通体残高4.2厘米（图一四五，5；彩版一八九，6）。

动物俑 不仅出土数量多，而且品种丰富。常见的有猴俑、马俑、牛俑、狗俑、羊俑、龟俑、蛙俑、鸽俑和鸭俑等。

猴俑 标本ⅢT4⑧：12，完整。蹲卧在一圆形台座之上，头转向一侧，猴气十足。前爪抱一花瓶颈部，后爪紧抱瓶底，通体施黄釉。粉白胎。通高4.7厘米（图一四五，8；彩版一九〇，1）。

马俑 标本ⅡT35⑨：83，立式。马腿、耳、嘴残缺。马头侧与右边，佩络头，分鬃，短尾，马背及两侧显黏结痕，是驮人还是载物尚难确定。通体施绿釉，眼珠点黑釉。粉白胎。体残长7.4厘米，残高6厘米（图一四五，9；彩版一九〇，2）。

牛俑 标本ⅡT35⑧：80，立式，身子微曲，尾下耷。弓背，头正面上方及鼻子佩戴圆环，牛身前后分别刻曲线凹槽，皆施黑釉。牛身主体施绿釉，下身无釉。粉白胎。体长8.2厘米，高4.8厘米（图一四五，3；彩版一九〇，3）。

狗俑 左右分别模制黏合而成。标本ⅡT35⑨：22，残。昂头，翘尾，后腿卧地，前腿屈伸，显得温顺可爱。上身施绿釉，下身无釉。通体敷一层化妆土。白胎。体长5.4厘米，高4.1厘米（图一四五，4；彩版一九〇，4）。标本ⅡT35⑩：62，下肢、尾残缺。立式，昂首，张嘴，平视，颈戴项圈。上身施绿釉，局部施黄釉，下身无釉。灰白胎。体长5厘米，残高4.5厘米（图一四五，2；彩版一九〇，5）。标本ⅡT35⑩：68，四肢残缺。立式，小首平视，大垂耳，短尾。通体施绿釉。粉红胎。体长4.6厘米，残高4厘米（图一四五，12；彩版一九〇，6）。

龟俑 标本ⅡT10H2：37，头残。四肢收身微凸，龟背刻满金钱纹，施酱黄釉。土黄胎。体残长5.1厘米，背宽3.6厘米，高2.5厘米（图一四五，1；彩版一九一，1）。标本ⅡT4⑤：33，幼龟。抬头，翘尾，作爬行状。龟背刻龟甲纹。龟身施酱黄釉，龟头施黄釉，釉薄透胎泛灰，双眼点酱釉，形象逼真。体长3厘米，背宽1.8厘米，高2厘米（图一四五，7；彩版一九一，2）。

蛙俑 标本ⅡT7②：16，前后肢曲张，作匍匐卧地状，似在静静地等待着捕捉食物。蛙背

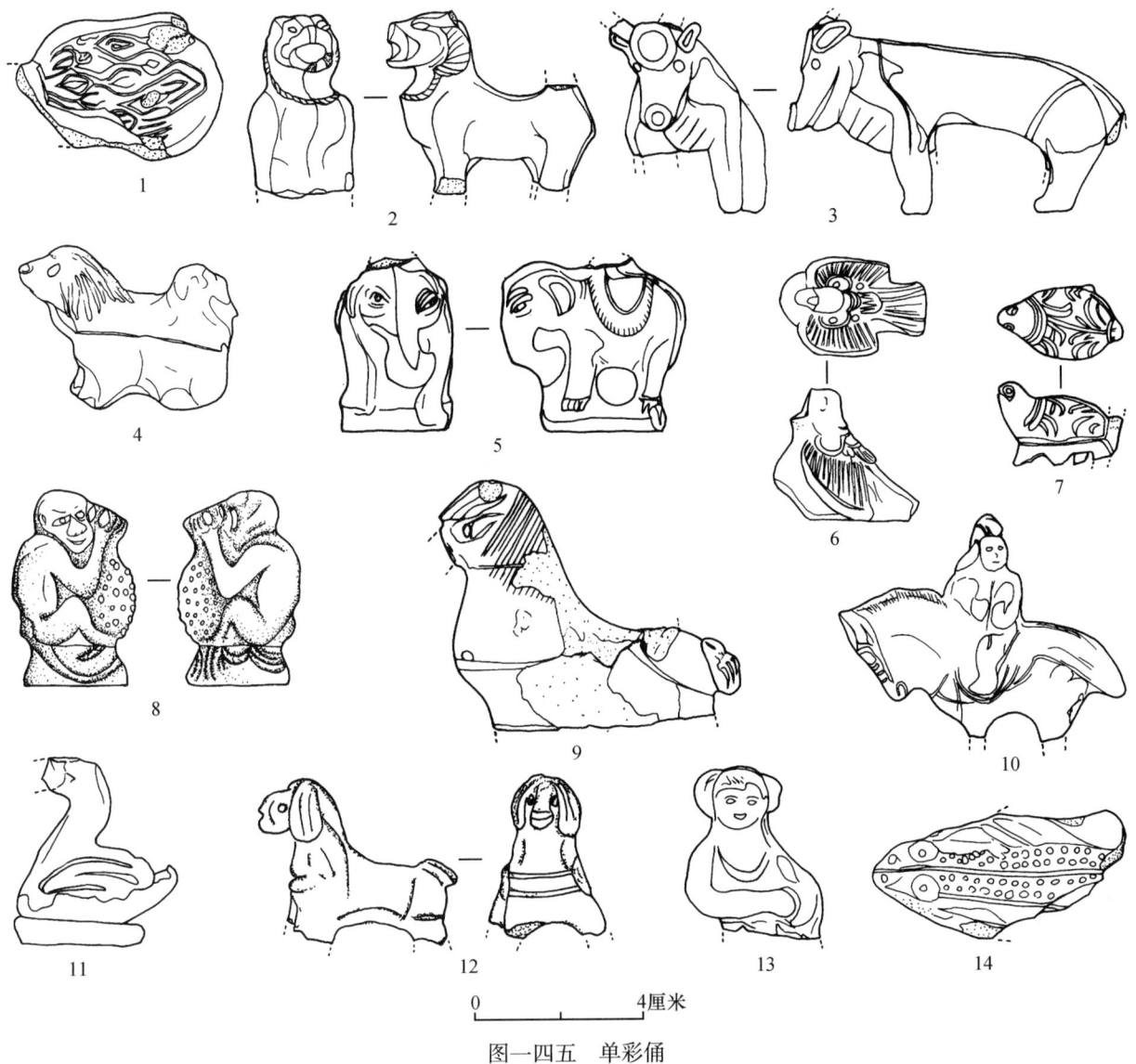

图一四五 单彩俑

1、7. 龟俑（ⅡT10H2∶37、ⅡT4⑤∶33） 2、4、12. 狗俑（ⅡT35⑩∶62、ⅡT35⑨∶22、ⅡT35⑩∶68） 3. 牛俑（ⅡT35⑧∶80）
5. 骑象俑（ⅡT16①∶2） 6. 鸽俑（ⅡT57G2∶40） 8. 猴俑（ⅢT4⑧∶12） 9. 马俑（ⅡT35⑨∶83） 10. 骑马俑
（ⅡT57G2∶57） 11. 鸭俑（ⅡT16ZF1②∶4） 13. 侍女俑（ⅡT35⑨∶135） 14. 蛙俑（ⅡT7②∶16）

饰三竖凸棱纹，其间麻点纹装饰，身施绿釉，通体敷一层较厚化妆土。体残长6.2厘米，残宽3厘米，高1.4厘米（图一四五，14；彩版一九一，3）。

鸽俑　标本ⅡT57G2∶40，完整。仰首，张嘴，展尾。腹中部有一小圆插孔，孔径0.02厘米。花式背，羽毛清晰。器身施绿釉，通体敷一层较厚化妆土。白胎。体长3.6厘米，宽2.4厘米，高3.2厘米（图一四五，6；彩版一九一，4）。

鸭俑　标本ⅡT16ZF1②∶4，整体雕刻而成，嘴残。卧在一不规则台板上，昂首，引颈，短尾上翘，作泳状。施酱红釉近底，粉红胎。体长3.9厘米，宽2.6厘米，通高4.5厘米（图一四五，11；彩版一九一，5）。

2. 三彩器

本期三彩器装饰与前期相比数量上明显减少，器物的造型简单粗糙，大型器类较少，釉色暗淡。器形有碗、盘、豆、洗、罐、水盂、瓶、盒、钵、水注、执壶、炉、器盖、枕，及人物俑、动物俑、埙等。

碗　是本期的主要器形之一。依据底的不同，可分为两型。

A型　饼形底。敞口，宽沿微折，斜腹微弧，饼形底内凹。器内满釉，器表施釉近底。标本ⅡT35⑩：267，器形稍大，胎体厚重。器表沿下饰凸弦纹两周，凹弦纹一周。器内施绿、白、黄、酱黄四色条带釉相间，器表施酱黄釉，整体釉色暗淡。黄白胎。口径19厘米，底径8.7厘米，高7.4厘米（图一四六，4；彩版一九三，1）。标本ⅢT4H4：1，器表沿下施凹弦纹三周。器内施绿、黄、白三色条带釉相间，釉色艳丽。器表施黄釉至下腹，釉下敷一层化妆土至腹中部。粉红胎，胎质粗糙。口径19.8厘米，底径9.2厘米，高7.2厘米（图一四六，8；彩版一九二，1）。

B型　依据口沿和腹的差异，又可分为四个亚型。

Ba型　敞口折沿，斜腹微弧。标本ⅡT35⑨：96，器形稍大，胎体厚重。圈足，内壁四条凸棱等分。器内施绿、黄、白三色条带釉相间，器表施黄釉近圈足，脱釉严重。釉下敷一层较厚化妆土。白胎。口径20.4厘米，底径9.4厘米，高6.8厘米（图一四六，3；彩版一九二，2）。

Bb型　敞口折沿，深弧壁近直，折腹。标本ⅡT35⑨：227，大圈足外撇，宽足内底饰数周同心圆纹。器内施绿釉，白釉点缀其间，其中的一侧绿釉间施竖条带酱黄釉。器表施绿釉，一侧施条带酱黄釉与器内酱黄釉位置重叠，这种鲜明艳丽不对称的装饰方法，在黄冶窑三彩陶制品中极为少见。浅灰胎。口径16.8厘米，底径9.6厘米，复原高10厘米（图一四六，5；彩版一九二，3）。

Bc型　敞口折沿，鼓腹。标本ⅢT4⑧：4，完整。器形较小，小圈足外撇。器内施绿釉，釉上施六组不规则蓝、黄相间条带釉，器表施绿釉至上腹，釉下敷一层较厚化妆土。粉白胎。口径10.3厘米，底径5厘米，高3.9厘米（图一四六，6；彩版一九二，4）。

Bd型　敞口，弧腹，矮圈足略外撇。标本Ⅰ采集：5，器形较大，器内施绿、蓝、黄、白四色釉组成错落有致的花卉图案，器表施酱黄釉至下腹，釉下敷一层较厚化妆土。白胎。口径23厘米，底径9.8厘米，高7.6厘米（图一四六，2；彩版一九二，5、6）。标本ⅡT19J1：9，器表饰不规则凹弦纹数周。器内施黄釉，腹壁施条带绿釉相间。器表施黄釉近底，条带绿釉两层错落相间，上腹饰条带凹弦纹一周。釉下敷一层较厚化妆土。白胎。口径12.2厘米，底径5厘米，高4.2厘米（图一四六，7；彩版一九三，2）。

盘　出土数量较少，以小型器为主，大型器不多。依据用途的不同，可分为两型。

A型　出土数量较少，为民间日常生活实用器。依据底的不同，又可分为两个亚型。

Aa型　敞口折沿，弧腹微鼓，矮圈足。标本ⅡT35⑨：192，器内残存两个较大支烧痕。器内施绿白釉相间，器表施绿釉至腹中部，釉下敷一层化妆土。土黄胎。口径14.7厘米，底径6.8米，高3.4厘米（图一四六，1；彩版一九三，3）。

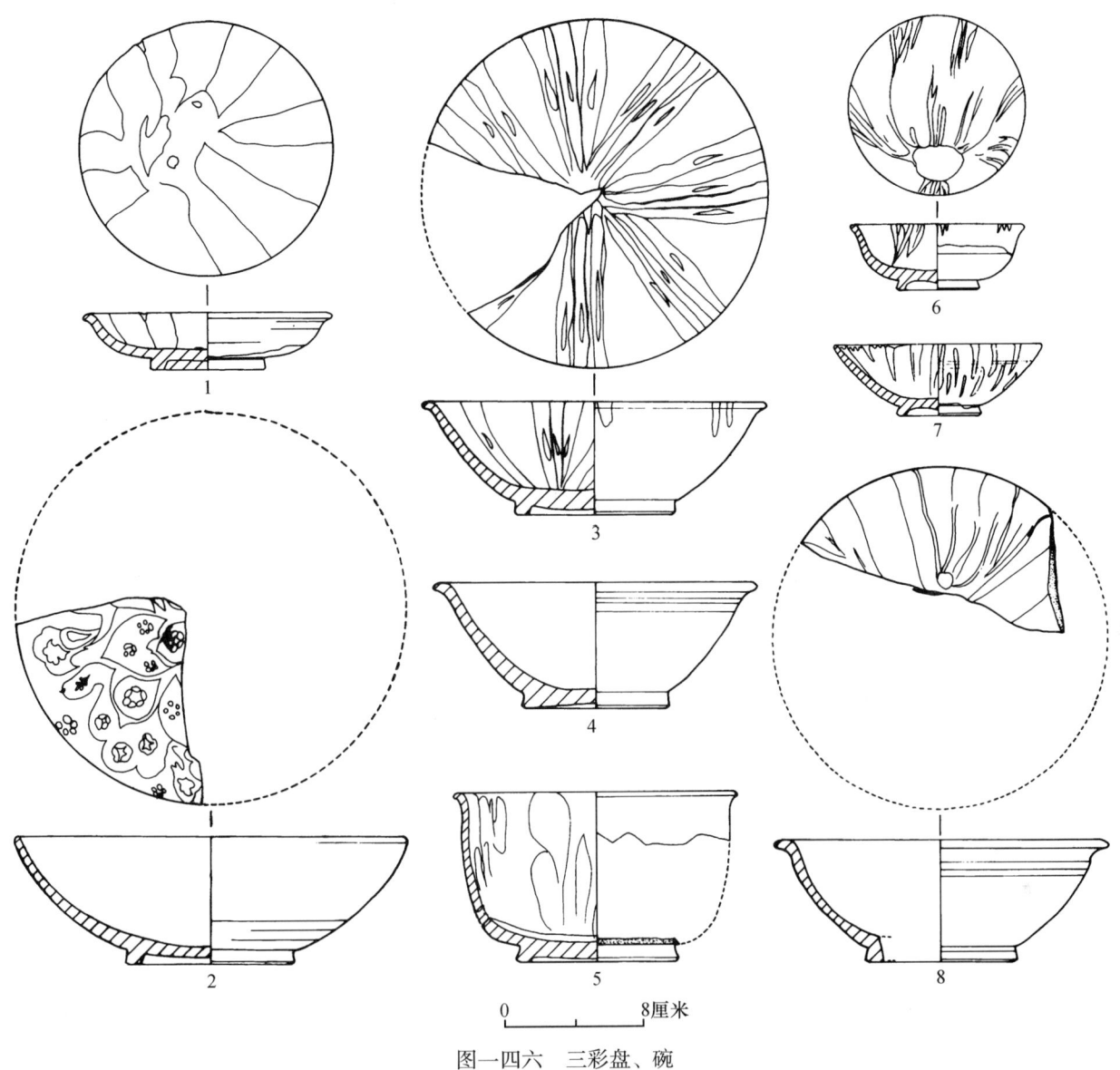

图一四六 三彩盘、碗

1. Aa型盘（ⅡT35⑨：192） 2、7. Bd型碗（Ⅰ采集：5、ⅡT19J1：9） 3. Ba型碗（ⅡT35⑨：96） 4、8. A型碗（ⅡT35⑩：267、ⅢT4H4：1） 5. Bb型碗（ⅡT35⑨：227） 6. Bc型碗（ⅢT4⑧：4）

Ab型　器形较大，浅盘，盘底厚重。尖圆唇，弧腹，大平底。标本ⅢT5⑥：37，器内、外施白釉，绿、酱黄条带釉相间，由于白釉被绿釉渗透，以致白釉泛绿，釉下敷一层较厚化妆土。粉白胎。复原口径24.8厘米，底径19厘米，高1.2厘米（图一四七，3；彩版一九三，4）。

B型　出土数量较多。器形较小，这些盘（盂）与Ab型盘配套使用，三至七个不等，俗称七星盘[①]。器内满釉，器表不施釉。依据底的不同，又可分为三个亚型。

Ba型　浅盘，折沿，平底。标本ⅠT1H1：6，残。器形较大，斜腹，大平底。器表沿下饰凹弦纹一周，底部显数周同心圆纹。器内施黄釉，沿面等分四处点绿，盘底四等分点酱黄釉，

---

① 河南省文物考古研究所、巩义市文物保管所：《巩义市北窑湾汉晋唐五代墓葬》，《考古学报》1996年第3期。

中部点绿，器表无釉。粉红胎。口径10厘米，底径6.9厘米，高1.4厘米（图一四七，2；彩版一九三，5）。标本ⅡT17ZF3采集：1，完整。鼓腹，小平底。器内施绿、酱黄、白三色釉相间。粉红胎。口径7厘米，底径4厘米，高1.3厘米（图一四七，4；彩版一九四，1）。

Bb型　饼形底。出土数量较多。标本ⅡT12Y6：3，完整。敞口，尖圆唇，斜腹微弧。器内施酱黄、黄、白、绿四色釉相间，由于烧制火候过高，釉面已完全失色。器表无釉，浅黄胎。口径8.8厘米，底径4.2厘米，高2.4厘米（图一四七，5；彩版一九四，4）。标本ⅠT1H1：8，敞口，圆唇，斜腹微弧，口沿上遗留有两个支烧痕。器内施绿釉，其间黄、白釉点缀。器表无釉，粉红胎。口径7.8厘米，底径4厘米，高2.4厘米（图一四七，6；彩版一九四，2）。标本ⅡT12Y6：14，唇口折沿，沿面外斜，弧腹。器内显密集轮旋纹，器表宽带弦纹三周。口沿施绿、黄两色釉相间。粉红胎，胎质细腻。口径6.4厘米，底径3.4厘米，高2.6厘米（图一四七，7；彩版一九四，3）。

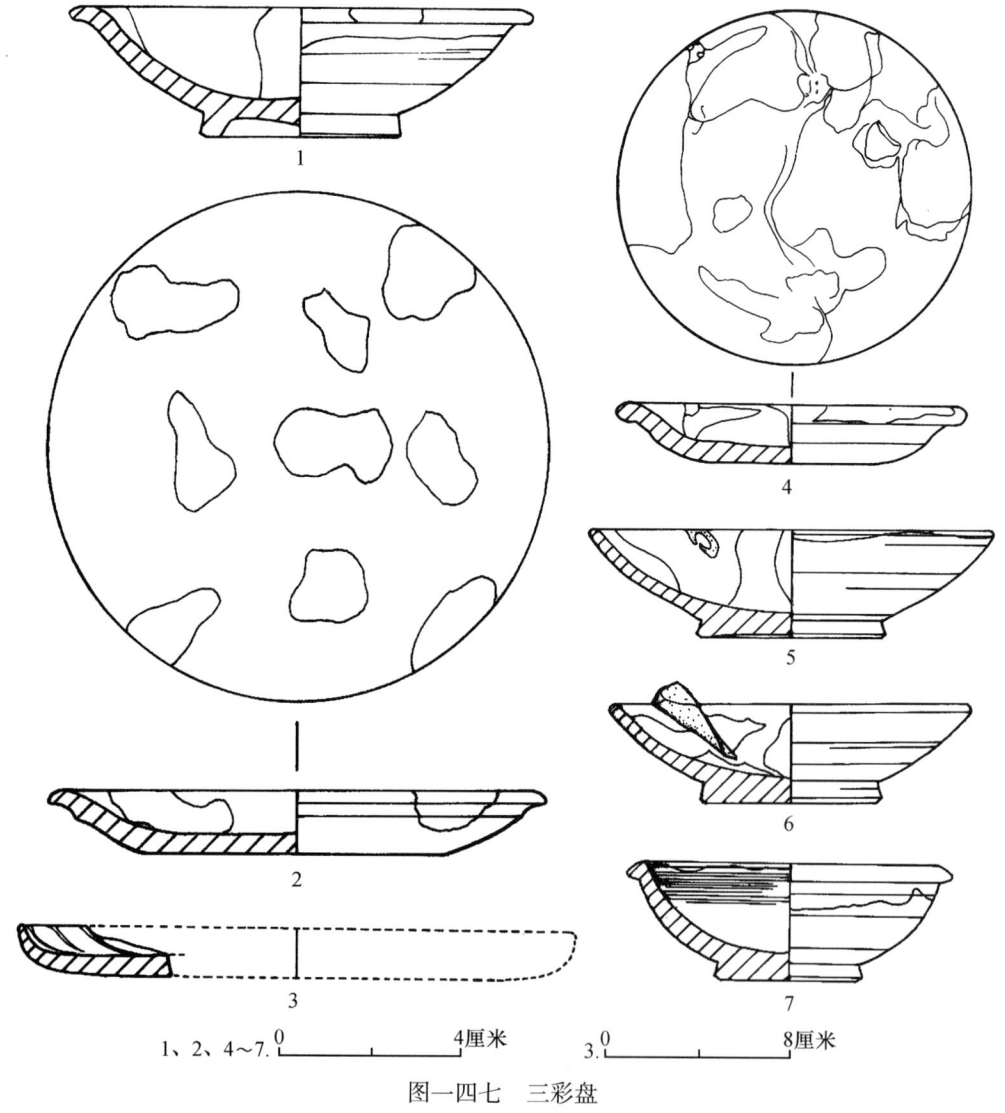

图一四七　三彩盘

1.Bc型（ⅠT1H1：58）　2、4.Ba型（ⅠT1H1：6、ⅡT17ZF3采集：1）　3.Ab型（ⅢT5⑥：37）　5～7.Bb型（ⅡT12Y6：3、ⅠT1H1：8、ⅡT12Y6：14）

Bc型　圈足底。出土数量极少。标本ⅠT1H1：58，敞口折沿，斜弧腹，矮圈足外撇。器内施绿、黄两色釉，器表施黄釉至沿下。粉红胎。口径9.3厘米，底径4.6厘米，高2.9厘米（图一四七，1；彩版一九三，6）。

豆　数量较多。器内无釉，器表半釉，釉下施化妆土的占多数。依据腹的不同，可分为三型。

A型　敞口折沿，斜弧腹，盘底饰圆饼托腹。器内皆无釉，釉下敷一层化妆土。依据圈足的不同，又可分为两个亚型。

Aa型　喇叭形高圈足。标本ⅡT17ZF3②：23，器形较大，斜弧腹微鼓，器内底显器物摞烧圈足黏结痕。沿面施绿、黄、白三色釉相间，器表施黄釉近沿下。粉红胎。口径13.1厘米，底径6.8厘米，高6厘米（图一四八，6；彩版一九五，1）。

Ab型　喇叭形足面上卷。标本ⅡT57G2：79，矮柄。口沿及器表施绿、黄两色釉相间，器表施釉近盘底。粉白胎。口径10.2厘米，底径7厘米，高6.1厘米（图一四八，3；彩版一九五，2）。

B型　敞口折沿，沿面外斜，鼓腹，器内皆无釉。依据圈足的不同，又可分为两个亚型。

Ba型　喇叭形高圈足。标本ⅠT1H1：3，器形较小，器表下沿面饰同心圆纹两周，近沿处饰凹弦纹一周。沿面施绿、黄两色釉相间，器表施黄釉近沿处。粉白胎。口径7.2厘米，底径

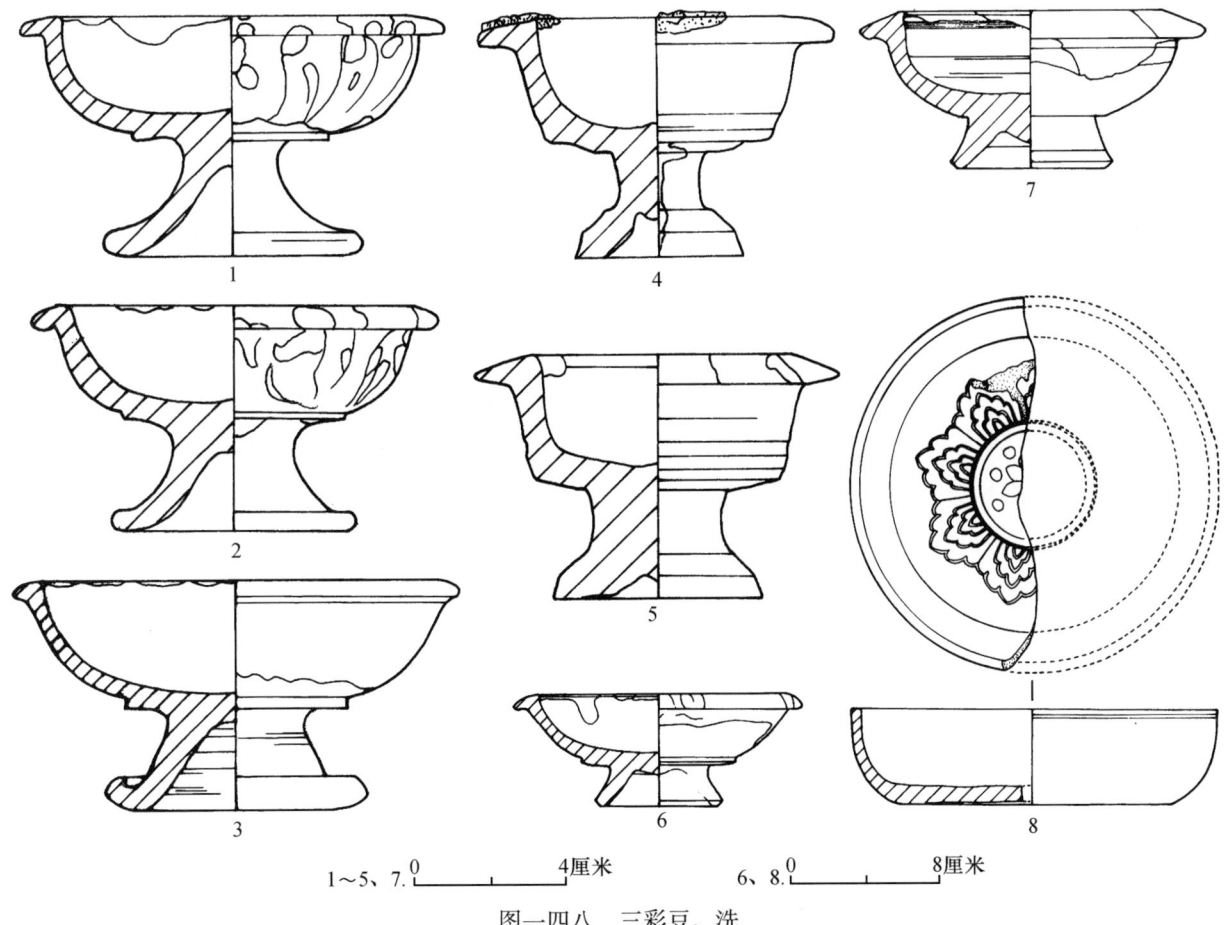

图一四八　三彩豆、洗

1、2. Bb型豆（ⅡT57G2：49、ⅡT57G2：377）　3. Ab型豆（ⅡT57G2：79）　4、5. C型豆（ⅡT35⑨：102、ⅡT35⑨：196）　6. Aa型豆（ⅡT17ZF3②：23）　7. Ba型豆（ⅠT1H1：3）　8. 洗（ⅢT3⑦：14）

4.4厘米，高4.2厘米（图一四八，7；彩版一九五，3）。

Bb型　矮柄，柄上饰圆饼状托盘，喇叭形足。器表皆敷一层较厚化妆土至柄中部。标本ⅡT57G2：49，足面上残存两个支烧痕。沿面施绿、蓝、酱黄三色釉相间，白釉点缀其间。器表施酱黄釉近口沿，腹部施绿釉，白釉点缀其间。粉红胎。口径9.3厘米，底径7厘米，高6.4厘米（图一四八，1；彩版一九五，4）。标本ⅡT57G2：377，沿面施蓝、绿、白三色釉相间，黄釉点缀在白釉之上，显得更加艳丽多彩，器表施绿、黄、白三色釉相间交融。白胎，胎质细腻。口径8.9厘米，底径6.6厘米，高6厘米（图一四八，2；彩版一九五，5）。

C型　是黄冶窑第四期中新出现的一种器形。口近直，宽折沿，沿面外斜，折腹，细柄较高，小底座内凹，着地面较宽。标本ⅡT35⑨：102，口沿上遗留有三个较大泥饼支垫痕。器表腹壁近折腹处饰凹弦纹一周，下腹与柄交接处饰条带同心圆纹两周，柄与底座交接处饰凸弦纹一周。沿面施黄、绿两色釉相间，由于烧制气氛原因绿釉已完全失色，器表施黄釉过折腹。粉白胎。口径6.8厘米，底径4.4厘米，高6.4厘米（图一四八，4；彩版一九六，1）。标本ⅡT35⑨：196，器表近折腹处饰凹弦纹两周，底座面上饰凸弦纹一周。沿面施酱黄、淡黄、白三色釉相间，器表施酱黄釉近柄，一侧淌釉至底座着地面外沿。白胎。口径6.6厘米，底径5.5厘米，高6.5厘米（图一四八，5；彩版一九六，2）。

洗　是第三期前后段最常见的器形，也是制作工艺最讲究的器形之一，本期出土数量极少。标本ⅢT3⑦：14，直口，窄平沿，深弧腹，大平底。器内近沿处分别饰凹弦纹一周，内底面上残存一个圆形支烧痕。器内腹壁施黄釉，底面模印宝相花图案。宝相花图案上施酱黄、蓝、白三色釉相间，图案外围施白釉，器表施黄釉至腹中部。白胎。口径19.8厘米，底径14.4厘米，高5.1厘米（图一四八，8；彩版一九八，6）。

罐　是本期中最常见的器形之一，小型器占多数。依据形制的不同，可分为五型。

A型　外形相同，大小不一。唇口，鼓腹，以圈足底为主，饼形底极少，且多见于小型器。依据底的不同，又可分为两个亚型。

Aa型　圈足外撇，绝大多数釉下敷一层较厚化妆土。标本ⅠT1H1：62，器形较大。肩部饰凹弦纹三周，腹中部饰凹弦纹一周。足面中凸，外围饰同心圆纹一周，凸面上刻划一"人"字。器内底遗留有三个支烧痕。沿面及器表肩部施绿釉，黄、白两色釉对称点缀，器内下腹近底施黄釉透胎。粉红胎。口径12厘米，底径9厘米，高11.4厘米（图一四九，1；彩版一九七，1）。标本ⅡT12Y6：3，残。圈足外撇，足面中心微凸。口沿及器表上腹施绿、黄、白三色釉相间交融，釉下敷一层较厚化妆土，器内下腹及底施黄釉泛青透胎。粉红胎。口径9.2厘米，底径6.6厘米，高8.2厘米（图一四九，4；彩版二〇〇，1）。标本ⅡT17ZF3：69，器形较小。器表口沿及上腹施绿、白、黄三色釉点缀其间，釉下敷一层较厚化妆土，器内沿以下施淡黄釉透胎。白胎。口径6.1厘米，底径4.7厘米，高6.2厘米（图一四九，6；彩版二〇〇，2）。

Ab型　饼形底。标本ⅡT17ZF3：121，完整。器形最小，底面显三个支烧点。器内无釉，口沿至器表上腹施绿、黄、白三色釉，釉下敷一层较薄化妆土，由于温度和气氛原因，釉未正常融化，釉面失色，胎体已瓷化，胎体呈浅灰色。口径4厘米，底径3厘米，高4.2厘米（图一四九，3；彩版二〇〇，3）。

B型 出土数量不多。弧口折沿，束颈，鼓肩，折腹，直壁。依据底的不同，又可分为两个亚型。

Ba型 圈足底。标本ⅢT3⑧：20，器形较大。鼓肩，弧腹，大圈足外撇。颈部饰凹弦纹一周，腹壁上下分别饰凹弦纹一周，沿面上遗留有三个竖条状支烧痕。器内施淡黄釉透胎，口沿至器表下腹施酱釉，肩、腹壁绿釉斑块点缀。通体敷一层较厚化妆土。白胎。口径12厘米，底径10厘米，高12.2厘米（图一四九，7；彩版二〇〇，4）。

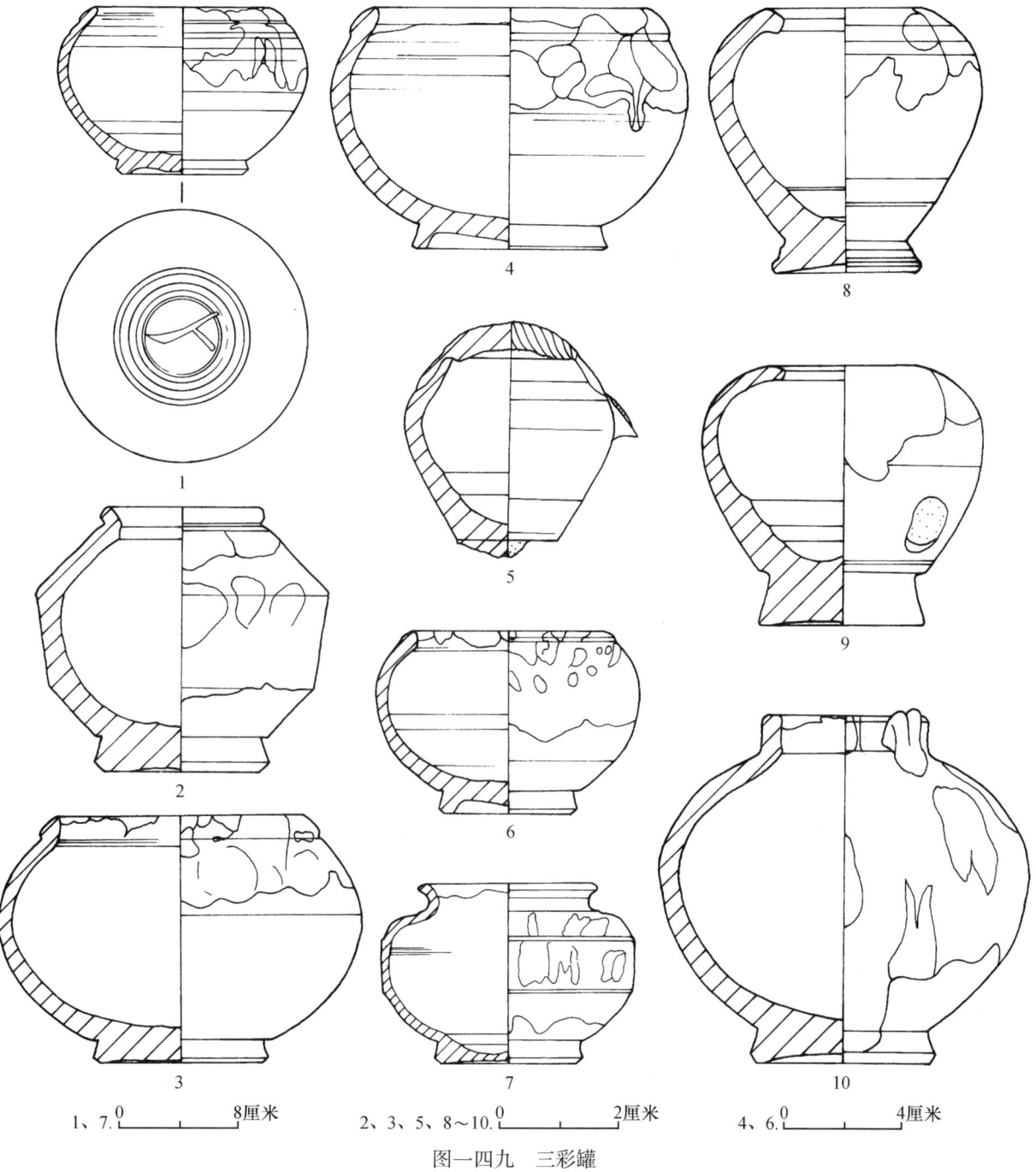

图一四九 三彩罐

1、4、6.Aa型（ⅠT1H1：62、ⅡT12Y6：3、ⅡT17ZF3：69） 2.Bb型（ⅡT12Y6：7） 3.Ab型（ⅡT17ZF3：121） 5.E型（ⅡT35⑩：27） 7.Ba型（ⅢT3⑧：20） 8、9.C型（ⅡT12Y6：9、ⅡT17ZF3②：27） 10.D型（ⅢT2J1：29）

Bb型　饼形底。标本ⅡT12Y6：7，器形较小。斜肩，斜腹，饼形底微内凹。口沿施黄釉，器表施绿、黄、白三色釉相间至下腹，釉下敷有一层化妆土。粉白胎。口径2.6厘米，底径2.9厘米，高4.5厘米（图一四九，2；彩版一九七，2）。

C型　出土数量较少。平口，沿内垂，鼓肩，弧腹，饼形底微内凹。标本ⅡT12Y6：9，完整。饼形足外张上卷。肩部显数周轮旋刀削纹，腹部有不规则线弦纹数周。口沿至上腹施绿、酱黄、白三色釉相间。粉红胎。口径2.1厘米，底径2.5厘米，高4.5厘米（图一四九，8；彩版一九七，3）。标本ⅡT17ZF3②：27，完整。饼形足外张，底面上饰同心圆纹两周。口沿至肩部施绿、黄两色釉相间，白釉点缀。通体敷一层化妆土，粉红胎。口径1.9厘米，底径2.9厘米，高4.4厘米（图一四九，9；彩版一九七，4）。

D型　极少。标本ⅢT2J1：29，完整。高颈，直口，窄平沿，溜肩，圆鼓腹，饼形底微内凹。口外沿至肩部对称四系。口沿面至器表下腹施绿、黄、酱黄、蓝、白五色釉相间。通体敷一层化妆土。白胎。口径2.2厘米，底径3.2厘米，高5.9厘米（图一四九，10；彩版一九七，5）。

E型　标本ⅡT35⑩：27，敛口，鼓肩，斜腹，小平底，肩部置一麻花状提梁。提梁、肩局部随意点绿、酱黄、白三色釉，无规律可循。土黄胎。口径2厘米，底径1.7厘米，通高3.7厘米（图一四九，5；彩版一九七，6）。

盂　皆小型器。依据器物形制的不同，可分为两型。

A型　出土数量较多。小敛口，沿下垂，小平底。依据肩和腹的不同，又可分为两个亚型。

Aa型　溜肩，圆鼓腹。出土数量极少，该器与第三期前段敛口钵的形制雷同。标本ⅢT3⑨：39，完整。近口沿饰凹弦纹一周，肩部饰线弦纹两周。器表多处遗留有其他器物黏结痕。口沿至上腹施绿、黄、白三色釉，一侧局部垂釉近底，通体敷一层化妆土。白胎。口径2.4厘米，底径2厘米，高3.6厘米（图一五○，1；彩版一九八，1）。

Ab型　鼓肩，斜弧腹。通体敷一层较厚化妆土，白胎。标本ⅢT2H35：1，完整。下腹近底饰线弦纹两周。肩部施绿釉，白釉点缀其间，由于烧制的火候和气氛原因，釉层未完全溶解，白釉失色。口径2.5厘米，底径2.6厘米，高3.5厘米（图一五○，2；彩版一九八，2）。标本ⅡT57G2：84，近口处饰凹弦纹一周。口至上腹施绿、蓝、黄、白四色釉相间。口径1.7厘米，底径2.1厘米，高3厘米（图一五○，4；彩版一九八，3）。

B型　敛口，折肩，斜腹微弧。依据底的不同，又可分为两个亚型。

Ba型　小平底。标本ⅡT17ZF3①：3，完整。沿下垂内收，腹壁上饰数周线弦纹。口至肩部施绿、黄两色釉，由于胎质较粗糙，釉下无化妆土，釉面透胎，釉色显的暗淡。粉红胎。口径2.6厘米，底径1.8厘米，高2.8厘米（图一五○，3；彩版一九八，4）。

Bb型　饼形底。标本ⅡT17Y7：1，完整。器形较大，口沿微上翘，饼形底微凹。器表通体显规整轮旋带状刀削纹，足面上有数周同心圆纹。口至肩部施绿、黄、白三色釉相间。粉红胎。口径3.4厘米，底径4.2厘米，高4厘米（图一五○，5；彩版一九八，5）。

瓶　是本期新出现的一种器形。出土数量较多，品种较复杂，依据形制的不同，可分为四型。

A型　标本ⅡT35⑩：240，器形较大。斜直口，鼓肩，弧腹，下腹及底残缺。肩部饰凹弦

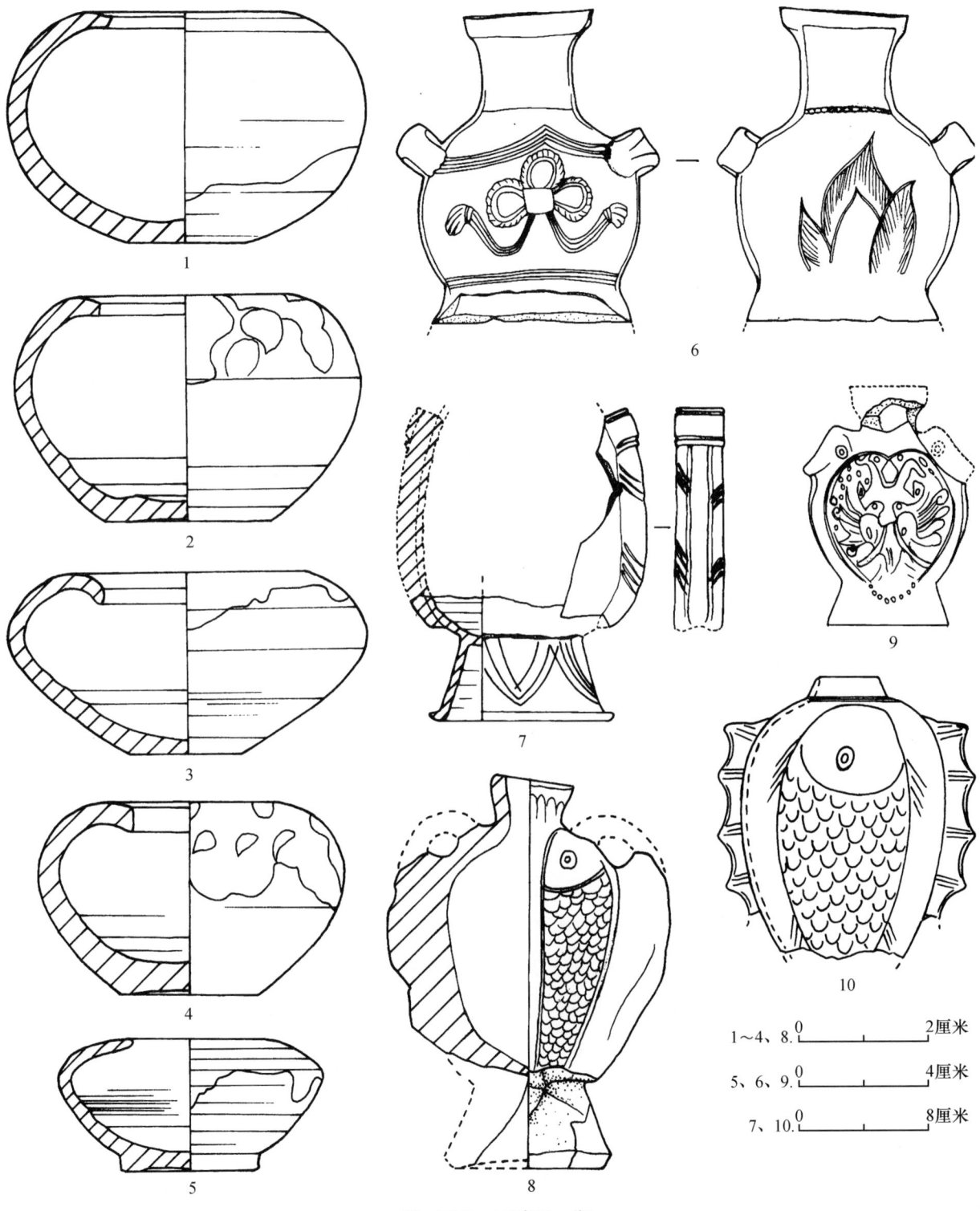

图一五〇 三彩盂、瓶

1. Aa型盂（ⅢT3⑨：39） 2. Ab型盂（ⅢT2H35：1） 3. Ba型盂（ⅡT17ZF3①：3） 4. Ab型盂（ⅡT57G2：84） 5. Bb型盂（ⅡT17Y7：1） 6. C型瓶（ⅡT35⑨：94） 7. B型瓶（ⅡT35⑨：141） 8. Da型瓶（ⅡT35⑨：19） 9. Db型瓶（ⅢT2⑤：25） 10. A型瓶（ⅡT35⑩：240）

纹两周，腹壁置对称扉棱，两面腹部饰鱼形纹装饰，器内通体饰规整宽带轮旋纹。器表施淡绿釉，鱼身施黄釉。粉白胎。口径4厘米，残高17.4厘米（图一五〇，10；彩版一九九，3）。

B型　出土数量极少。标本ⅡT35⑨∶141，口、腹绝大部分残缺。深腹，高圈足着地面外张。腹壁两侧有对称穿带槽，上下皆有穿带孔固定穿带，足壁上刻覆莲装饰。通体施绿釉，穿带槽施黄釉。值得一提的是，这些残片分别出在T35第9层、第10层和H32等遗迹单位内，虽然可拼对黏合在一起，但还是不可复原。底径11.4厘米，复原残高19.4厘米（图一五〇，7）。

C型　皆残，不可复原。半月形口，平沿，束颈，正面鼓腹，背平。标本ⅡT35⑨∶94，底残缺。肩部两侧分别横置一桥形系，颈、肩交接处饰凸弦纹，腹中部模印如意结图案，周边双重凹弦纹作框，背面中部刻花瓣装饰。口、颈施黄釉，腹部以绿釉为主体。黄、白两色釉点缀其间，白胎。口径1.6~3厘米，残高9.5厘米（图一五〇，6；彩版一九九，1、2）。

D型　是该期新出现的器形之一，出土数量不多，皆前后分别模制黏合而成。依据腹的不同，可分为两个亚型。

Da型　圆鼓腹。标本ⅡT35⑨∶19，器形较小。小口，高颈，鼓肩，高足平底内凹。肩部双系与腹壁两侧扉棱相连至足根，两侧双鱼对称装饰腹壁。器表施绿、黄两色釉相间，白釉点缀其间。通体敷一层化妆土。白胎。口径0.7厘米，底径2.5厘米，高6厘米（图一五〇，8；彩版一九九，4）。

Db型　扁腹。标本ⅢT2⑤∶25，口、颈残缺。椭圆平底。两侧肩部对称双系，腹壁对称变形兽面图案。器身施绿、黄、白三色釉相间，通体敷一层较厚化妆土。白胎。底径2.9~3.8厘米，残高7厘米（图一五〇，9；彩版一九九，5）。

盒　出土数量极少。依据形制的不同，可分为两型。

A型　标本ⅡT57G2∶42，器形较大，整体工艺较精。圆形，鼓面，折肩，直壁，母盖口。器身子口，直壁，折腹，大平底，底面外沿饰凹弦纹一周。盖面施白釉，肩部采用绿、白、黄三色釉和绿、黄两色釉组成花卉图案，盖顶中部似有菱形图案装饰，大部分残缺。盖内、盒内分别施白釉，盖内顶部采用黄、白、绿、蓝四色釉曲线相间组成花卉图案。盖、盒腹壁分别施绿釉、白釉等距饰梅花图案一周，花心黄釉点缀。器表施化妆土过底。粉白胎。盖沿径23.6厘米，子口径22.1厘米，底径18厘米，通高9.8厘米（图一五一，1；彩版一九六，3、4）。

B型　标本ⅢT5H9∶20，出土数量极少，缺盖。器身作长方形，模制。子口内敛，曲腹壁，大平底。底面上模印菱形花卉图案。器内施绿、黄两色釉相间，器表施淡黄、淡绿、酱黄、白四色釉相间。粉白胎。残长9.3厘米，残宽4.6厘米，高3.2厘米（图一五一，2；彩版一九六，5、6）。

钵　依据形制的不同，可分为两型。

A型　见于黄冶窑第二期，流行于第三期前后段，本期出土数量极少。标本2002ⅢT2H2∶1，敛口，鼓肩，弧鼓腹，小平底。器表近口沿饰凹弦纹一周。肩部施绿、黄、白三色釉相间，由于烧制火候太低釉与釉之间尚未完全交融。釉下敷一层较薄化妆土。粉红胎。口径12.9厘米，底径5.8厘米，高10厘米（图一五一，4；彩版二〇一，1）。

B型　出现于第三期前段，流行于第三期后段，也是本期常见的器形之一。敛口，沿面下

图一五一　三彩盒、钵和水注

1. A型盒（ⅡT57G2：42）　2. B型盒（ⅢT5H9：20）　3、6. Ba型钵（ⅡT57G2：41、ⅢT5⑥：7）　4. A型钵
（2002ⅢT2H2：1）　5. Ab型水注（ⅢT4⑧：12）　7. Bb型钵（ⅠT1H1：60）　8. Aa型水注（ⅡT17ZF3：143）
9、10、12. B型水注（ⅡT57G2：6、ⅢT2J1：27、ⅢT4⑧：56）　11. Ab型水注（ⅢT4⑧：61）

斜，鼓腹，器表沿下对称双系。依据底的不同，又可分为两个亚型。

Ba型　平底。标本ⅢT5⑥：7，器形较小。沿面遗留有三个较大支烧痕，器表下腹饰数周线弦纹。口沿面施黄釉，器表上腹施绿、黄、白三色釉相间，因烧制火候过高，整体釉面已完全失色，白釉多气泡。釉下敷一层较厚化妆土。白胎。口径10厘米，底径5.6厘米，高9.4厘米（图一五一，6；彩版二〇一，2）。标本ⅡT57G2：41，残片，不可复原。器表近口沿及折腹处分别饰凹弦纹一周。沿面及器内施淡绿釉，器表施白、绿、黄、蓝四色釉，其间以叶纹装饰为主，叶脉施绿釉，叶筋施黄釉。釉下敷一层化妆土。白胎。横长12.9厘米，残高8.5厘米（图一五一，3；彩版二〇一，3）。

Bb型　圈足底。是该期新出现的器形之一。胎体厚重，斜肩，鼓腹，矮圈足，宽足面。标本ⅠT1H1：60，器表近沿处饰凹槽纹一周，下腹部显数周带状刀削轮旋纹。器内底施淡黄釉，器表施绿、黄、酱黄、白四色釉至上腹。口径14.2厘米，底径9.6厘米，高11厘米（图一五一，7；彩版二〇一，4）。

水注　出土数量较多，器形大小不一，整体作罐形。依据底的不同，可分为两型。

A型　唇口，鼓腹，饼形足外撇。器内无釉，器表半釉。釉下敷一层化妆土。依据流的不同，又可分为两个亚型。

Aa型　柱状流。标本ⅡT17ZF3：143，器形相对较大，肩部一侧置一柱状流。器表腹部饰线弦纹数周，足面上显两周同心圆纹。器表施绿釉至上腹，其间黄、白釉点缀作梅花状图案。器表敷一层化妆土近底。粉白胎。口径6.4厘米，底径4.6厘米，高6.6厘米（图一五一，8；彩版二〇二，1）。

Ab型　兽头形流。器形较小，出土数量较多。小饼足外撇。肩部一侧置一兽头形流。标本ⅢT4⑧：12，足面内凹显两周同心圆纹。口至腹中部施绿、黄、白三色釉相间。粉白胎。口径3.1厘米，底径2.7厘米，高4.4厘米（图一五一，5；彩版二〇二，2）。标本ⅢT4⑧：61，足面内凹同心圆纹一周。口至腹中部施绿、蓝、黄、白四色釉相间。粉红胎。口径3.1厘米，底径2.5厘米，高4.4厘米（图一五一，11；彩版二〇二，3）。

B型　唇口，鼓腹，圈足外撇。肩部一侧置一柱形流。器内底施一层较薄淡黄透明釉，器表半釉，釉下敷一层化妆土。标本ⅢT2J1：27，器形较大，胎体厚重。口至腹部施绿、蓝、黄、白四色条带釉相间。器表施化妆土至下腹。粉白胎。口径10.8厘米，底径8.3厘米，高10.8厘米（图一五一，10；彩版二〇二，4）。标本ⅢT4⑧：56，沿面上残存两个支烧痕。器表施绿、蓝、黄、白四色条带釉相间，流上施绿釉。器表施化妆土至下腹。白胎。口径8.6厘米，底径6.3厘米，高8.8厘米（图一五一，12；彩版二〇二，5）。标本ⅡT57G2：6，完整。圈足内底中部凸脐。口至上腹施绿、蓝、黄、白四色釉相间交融。釉下敷一层化妆土。白胎。口径6.6厘米，底径5厘米，高6.8厘米（图一五一，9；彩版二〇二，6）。

执壶　是本期黄冶窑新出现的一种主要器形之一，数量较多，形制多样，大小不一。以饼形底为主，圈足底极少。依据口部的不同，可分为三型。

A型　盘口，束颈，常见以饼形底为主，口沿、肩之间皆有一拱形鋬手。依据流的不同，又可分为两个亚型。

Aa型　是出土数量最多的一种，肩部有一柱状短流。标本ⅡT35⑩：65，鼓肩，瘦长腹，饼形底微内凹。颈部饰凸线纹三周，腹部饰凹线纹数周，底面饰同心圆纹一周。器表施黄、绿、白三色釉相间至上腹。粉白胎。口径3.6厘米，底径3.8厘米，高8.6厘米（图一五二，1；彩版二〇四，2）。标本ⅡT17ZF3①：18，器形较小。溜肩，鼓腹，饼形底。器表肩至腹部饰凸弦纹四周，通体线弦纹，足底面显同心圆纹两周。口、鋬手施黄釉，器身施绿、黄、白三色釉至上腹。粉白胎。口径2.5厘米，底径3厘米，高6.2厘米（图一五二，8；彩版二〇三，1）。标本ⅡT35⑨：226，流、下腹及底残缺。高束颈，鼓肩，瘦长腹。鋬手上近口沿置如意

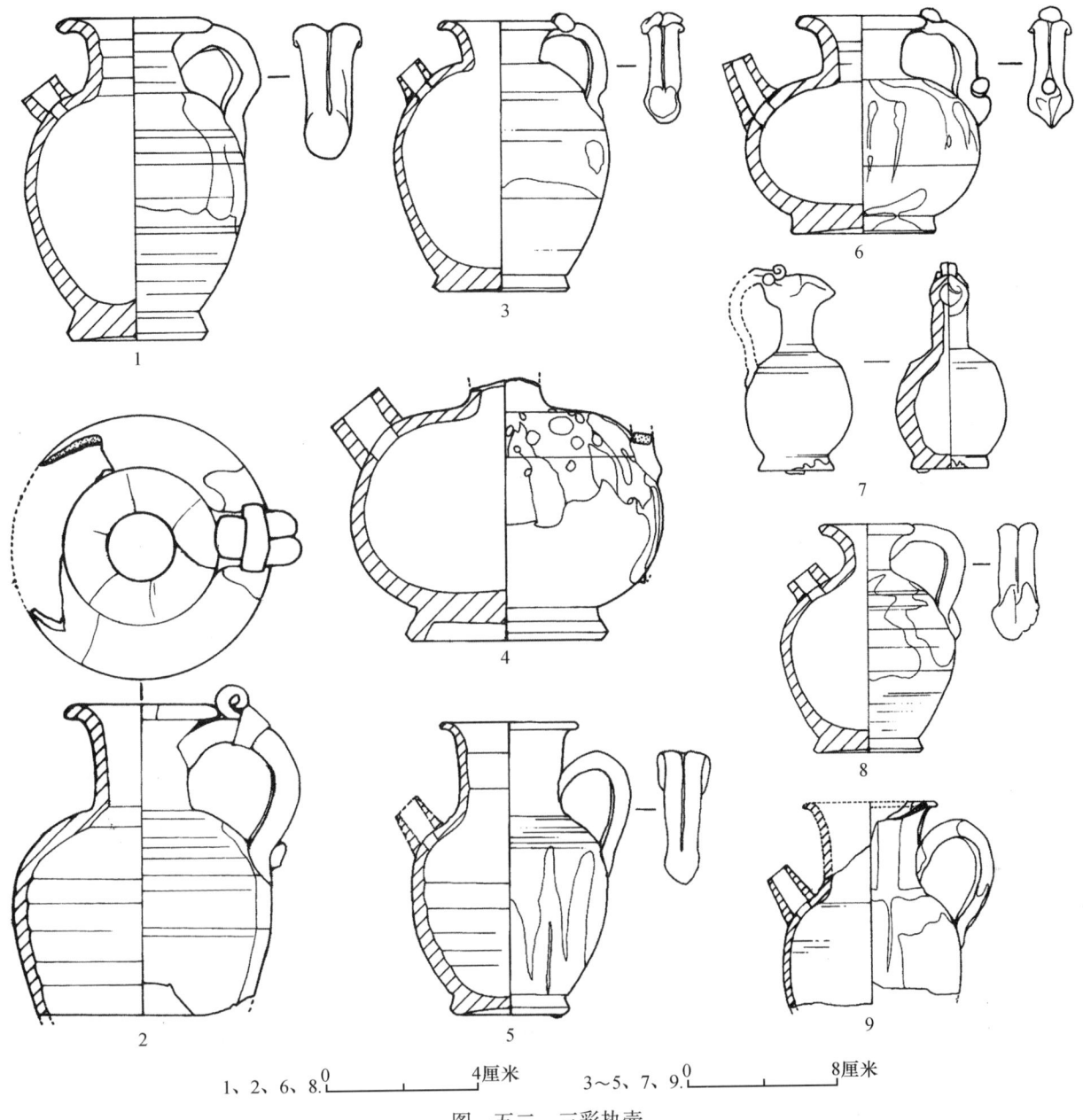

图一五二 三彩执壶

1~4、8.Aa型（ⅢT35⑩：65、ⅡT35⑨：226、ⅡT12Y6：20、ⅡT57G2：178、ⅡT17ZF3①：18） 5.B型（ⅢT35⑨：224）
6.Ab型（ⅢT4H4：2） 7.C型（ⅡT35⑨：223） 9.B型（ⅡT35⑨：90）

结装饰，器表通体饰线弦纹。器表施绿、白两色釉相间。白胎。口径4.2厘米，残高8.4厘米（图一五二，2；彩版二〇四，3）。标本ⅡT12Y6：20，器形较大。弧肩，鼓腹，饼形底。肩、腹部分别饰凹弦纹两周，器表通体有轮旋刀削条带纹，底面上显同心圆纹两周。口至上腹施黄釉，腹部采用淡绿釉点缀其间。粉白胎。口径6.4厘米，底径7.2厘米，高14.4厘米（图一五二，3；彩版二〇四，4）。标本ⅡT57G2：178，口、颈及鋬手部残缺。圆鼓腹，大圈足外撇。肩部饰凹弦纹一周。颈部施酱黄釉，肩及腹施绿、蓝、黄三色釉相间，白釉点缀其间。釉下敷一层较厚化妆土近底。粉红胎。底径5.4厘米，残高7厘米（图一五二，4；彩版二〇四，1）。

Ab型　锥形流。极少。标本ⅢT4H4：2，完整。器形较小，盘口，束颈，扁圆腹，饼形底微内凹。口沿至肩部置一拱形錾手，另一侧肩部置一锥形流，流口上翘。腹中部饰线弦纹两周。口、颈施酱黄釉，腹部施绿、蓝、白、酱黄四色釉近底。通体敷一层化妆土。口径3.5厘米，底径4厘米，高5.8厘米（图一五二，6；彩版二〇三，2）。

　　B型　唇口折沿，高直颈，溜肩，弧腹，饼形底内凹。领至肩部置一拱形錾手，另一侧肩部置一锥状流，颈下饰凸棱一周。标本ⅡT35⑨：224，流残缺。肩部饰凹弦纹数周，饼面上残存一个较大支烧痕。器表通体施绿、白两色釉，器内施釉过颈。口径6.9厘米，底径6.4厘米，高15.6厘米（图一五二，5；彩版二〇三，3）。标本ⅡT35⑨：90，底残缺。器表施绿、白两色釉相间，釉色匀净，交融自然，是黄冶窑白釉绿彩中的精品器之一。粉红胎。口径7.2厘米，残高11.9厘米（图一五二，9；彩版二〇四，5）。

　　C型　标本ⅡT35⑨：223，錾手残缺。凤首流，细高颈，折肩，鼓腹，饼形足内凹。颈肩交接处饰凸弦纹一周。器表施绿、白两色釉近底，凤首局部点黄，器内施釉过口沿。白胎。底径4.1厘米，高11厘米（图一五二，7；彩版二〇四，6）。

　　炉　本期明显减少，制作工艺与前期相比也不甚讲究。依据形制的不同，可分为三型。

　　A型　最早见于黄冶窑第二期，盛行于第三期前后段，和前期相比，釉色暗淡无光泽。器物的整体造型大同小异，可复原的极少。弧口，折沿，束颈，扁圆腹，下腹附蹄形三足。依据底和装饰的不同，又可分为两个亚型。

　　Aa型　圜底。标本ⅢT3H15：3，口沿上残存两个较大支烧痕，肩部饰凹弦纹两周，腹中部及下腹近底分别饰凹弦纹一周。口、颈和三足施黄釉，肩、腹部施绿釉，黄、白釉分三层点缀其间，分布均匀，错落有致，是本期少见的三足炉类器精品。通体敷一层较厚化妆土。口径14厘米，通高15厘米（图一五三，6；彩版二〇五，1）。标本ⅢT3⑦：35，三足残缺。口部遗留有三个支烧痕，肩、腹中部及下腹近底分别饰凹弦纹一周。口、颈和下腹施黄釉，肩及上腹部施绿、白两色釉相间。浅灰胎。口径10.8厘米，残高11.3厘米（图一五三，2；彩版二〇五，2）。标本ⅡT57G2：3，下腹、底及三足残缺。口部残存一个支烧痕，肩及腹中部分别饰凸弦纹一周，肩、腹部分别等距相间贴塑花卉和奔马图案。口、颈及下腹施黄釉一周，肩及上腹施白釉，肩部花卉外围施绿釉，花心点黄。奔马面部及马身施绿釉，马头、尾、四肢施黄釉，器内肩部一周施淡黄釉。白胎。残宽14厘米，残高10.8厘米（图一五三，4；彩版二〇五，3）。

　　Ab型　小平底。器形较小，出土数量极少。标本ⅡT35⑨：110，完整。小唇口，折沿，鼓肩，斜腹，腹上附三个卧足。下腹近底饰线弦纹数周。口至上腹施绿、黄、白三色釉至肩下，因烧制火候过高，釉面失色未交融。白胎。口径3.2厘米，底径3.2厘米，通高4.8厘米（图一五三，1；彩版二〇五，4）。

　　B型　多见于第三期后段，本期出土较少。标本ⅡT35⑨：190，斜直口，宽平沿下垂，斜直壁，折腹，平底。下腹附五个蹄形五足着站于圆形圈座上，腹壁上饰凹弦纹两周。口沿及器表施绿、黄、白三色釉，由于烧制的火候和气氛原因，失色无光泽。粉白胎。口径8厘米，底径5.2厘米，通高7.6厘米（图一五三，5；彩版二〇五，5）。

　　C型　出土数量极少，皆残，不可复原。标本ⅡT35⑨：35，缺盖。子口内敛，宽沿面内

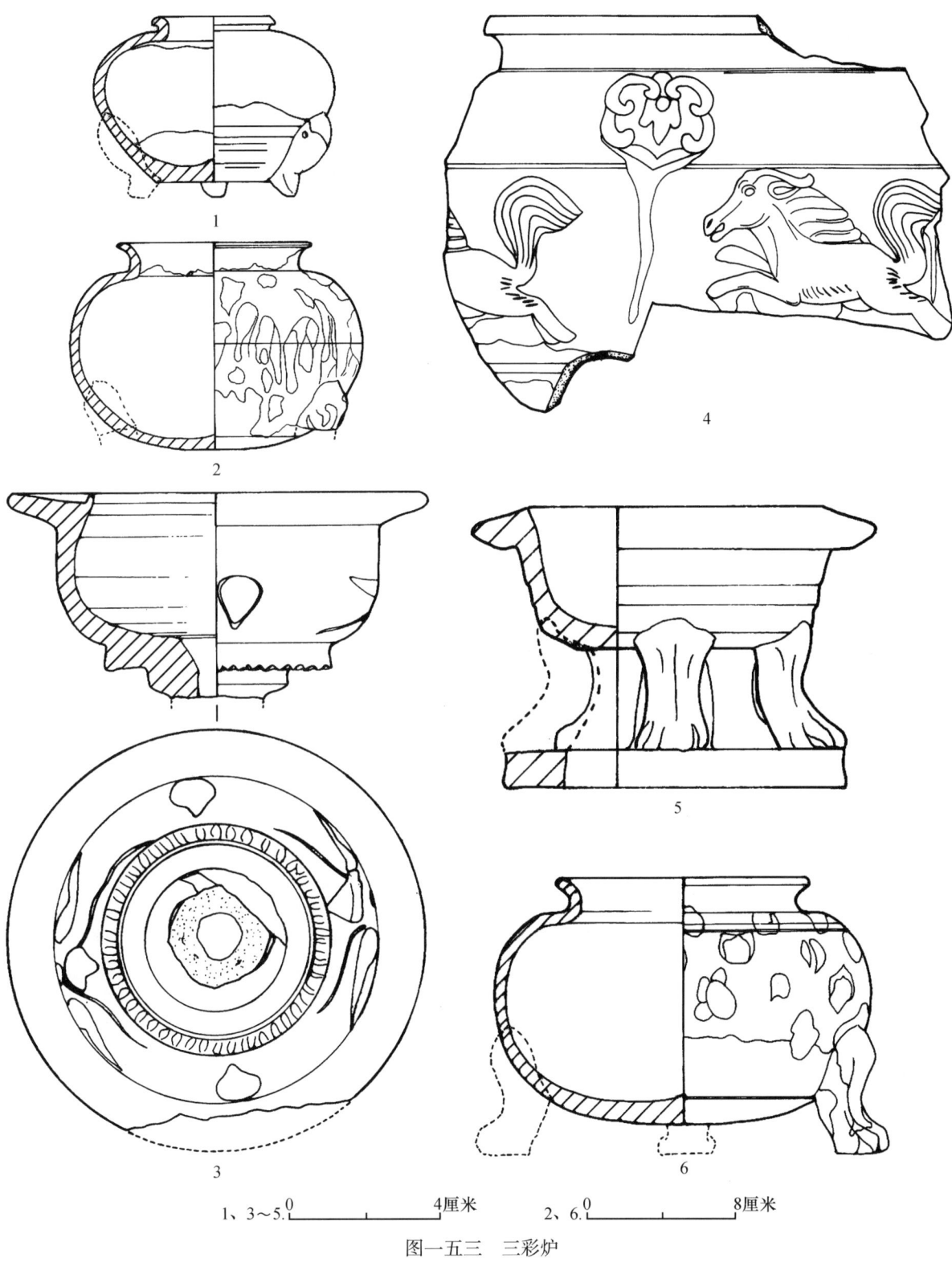

图一五三 三彩炉

1. Ab型（ⅡT35⑨：110） 2、4、6. Aa型（ⅢT3⑦：35、ⅡT57G2：3、ⅢT3H15：3） 3. C型（ⅡT35⑨：35）
5. B型（ⅡT35⑨：190）

斜，鼓腹，腹下双折，细柄残缺。内底中空与柄相通，腹部饰对称抽象兽面镂空和刻划装饰，另两侧分别置桃形镂孔。器表施绿、黄、白三色釉相间，口沿内侧及器内无釉。粉白胎。盖沿径11.3厘米，子口径7厘米，残高5.6厘米（图一五三，3；彩版二〇五，6）。

器盖　出土数量较多，造型各异。常见的形状有圆形、菱形和半月形等。依据形制的不同，可分为三型。

A型　圆形。出土数量最多，此类器盖最早见于黄冶窑第二期，流行于第三期，亦是本期常见的形状之一。依据盖面的不同，又可分为两个亚型。

Aa型　盖面微隆，顶近平，宽沿面，子盖口内敛，盖面中部置一圆锥状捉手。盖内无釉，盖面满釉。标本ⅢT4H5：1，盖沿下垂，子盖沿面上残存两个支烧痕。捉手及沿面施酱黄釉，盖顶面上施绿、黄、白三色釉相间交融。白胎。盖沿径13厘米，子盖径9.7厘米，高3.8厘米（图一五四，7；彩版二〇六，1）。标本2002ⅢT3H6：5，完整。盖沿微上翘。捉手及盖沿施黄釉，盖顶面施绿、黄、白三色釉相间。白胎。盖沿径11.2径厘米，子盖径7.6厘米，高3.6厘米（图一五四，8；彩版二〇六，2）。

Ab型　沿面微斜，鼓顶，顶中部置一扣形捉手，子口内敛。盖内无釉，盖面施满釉。标本ⅡT57G2：211，器形较小。捉手部分施绿釉，盖面施绿釉，白釉点缀其间。白胎。盖沿径5.7厘米，子盖径2.6厘米，高2.9厘米（图一五四，5；彩版二〇七，1）。

Ac型　出土数量较少。弧盖顶，折肩，直壁，母盖口，盖顶中部置一较大扣形捉手。标本ⅠT1H1：20，盖顶饼状微凸，腹壁上中部饰凹弦纹一周。盖内无釉，捉手及盖腹壁施绿釉，盖面施绿、黄、白三色釉相间。粉白胎。盖沿径9.7厘米，高4.3厘米（图一五四，6；彩版二〇七，2）。

B型　盖面作四瓣菱形，皆模制而成。盖顶中部横置一桥形捉手，柱形子盖口。盖内无釉。盖面多模制各种枝叶花卉图案。标本ⅡT16现代扰坑：2，平盖沿，子盖口残缺，仅存椭圆形子盖黏结痕，长3.3厘米，宽2.3厘米。盖面模制扇形四份等分。捉手及扇面菊瓣纹图案施黄釉，其间及外围施绿，白釉局部点缀。粉红胎。盖面长8.3厘米，宽7厘米，残高2.6厘米（图一五四，4；彩版二〇七，3）。标本ⅡT35⑨：91，盖沿下垂，子盖口残缺，仅存椭圆形窝状黏结痕，长5厘米，宽4厘米，深1.1厘米。盖面模制四份等分，分别饰花瓣图案，花瓣周边饰叶草纹作框。捉手及盖面施绿、白两色釉相间，花心点黄。粉白胎。盖面长8.4厘米，宽7.6厘米，残高3.4厘米（图一五四，1；彩版二〇七，4）。

C型　半月形，弧面，盖顶中部置一桥形捉手，椭圆形子盖口。标本ⅡT35⑨：73，盖顶横置一桥形捉手，椭圆形高子盖口，中空。盖面一侧残存一勾连纹装饰，周边凹槽纹作框。盖面施绿、白两色釉相间，釉色艳丽。粉白胎。盖面长10.2厘米，宽6.1厘米；子盖径2.4～2.8厘米，通高5厘米（图一五四，2；彩版二〇六，3）。标本ⅡT16现代扰坑：3，盖顶竖置一桥形捉手，子盖残缺，仅存椭圆形子盖黏结痕，长3.8厘米，宽2.4厘米。盖面中上部饰一蝴蝶结，左、右分别垂吊一只翩翩飞舞凤鸟，捉手两侧垂丝带与蝴蝶结相连，周边双层凹槽作框，指甲纹镶边点缀。盖面施绿、黄两色釉相间，白釉局部点缀。粉红胎。盖面长9.2厘米，宽5厘米，残高2.2厘米（图一五四，3；彩版二〇六，4）。

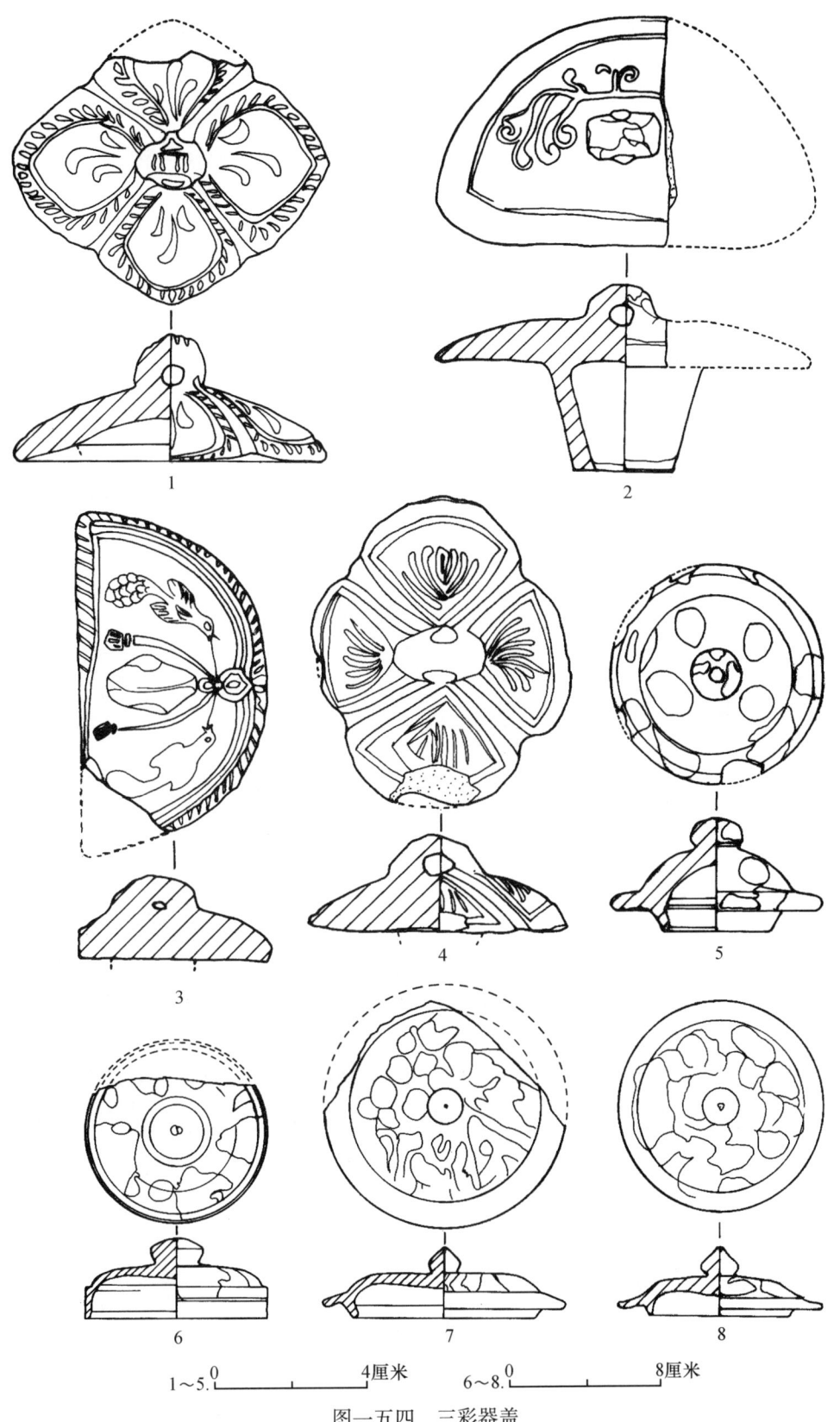

图一五四　三彩器盖

1、4. B型（ⅡT35⑨∶91、ⅡT16现代扰坑∶2）　2、3. C型（ⅡT35⑨∶73、ⅡT16现代扰坑∶3）　5. Ab型（ⅡT57G2∶211）
6. Ac型（ⅠT1H1∶20）　7、8. Aa型（ⅢT4H5∶1、2002ⅢT3H6∶5）

枕 这一时期以绞胎单色釉枕为主，三彩枕出土数量不多，皆残，不可复原。依据形制的不同，可分为三型。

A型 虎头枕，枕面皆残缺。虎身作卧伏状，屈腿前伸。标本ⅡT57G2∶125，前后模制，贴面，黏合而成。怒目圆睁，牙齿外露，虎虎生威。正面施酱黄釉，眼珠点蓝釉，背面施绿釉。粉白胎。残长14厘米，宽15.6厘米，残高6.1~7.4厘米（图一五五，1；彩版二〇八，1、2）。标本ⅡT4⑤∶31，虎头局部残片。左右模制，贴面，黏合而成。形象逼真，前爪似人手，面相显的温顺可爱。虎面施绿、黄、白三色釉相间。粉红胎。残长6厘米，残宽4.5厘米，残高5厘米（图一五五，4；彩版二〇八，3）。标本ⅡT35⑩∶261，虎头局部残片。左右模制，贴面，黏合而成。怒目圆睁，龇牙咧嘴，面目狰狞。虎头施绿釉，局部黄釉点缀，眼、牙施白釉，眼珠点酱黄釉。残长8.2厘米，残宽3.5厘米，残高7.1厘米（图一五五，5；彩版二〇八，4）。

B型 长方形体。六面分别制作，黏合而成。标本ⅡT57G2∶404，枕面残片。枕面施绿釉，酱黄、白两色釉组成大小不一、错落有致的花卉图案，大一点的花卉图案花心点蓝釉。粉白胎。残长12.1厘米，残宽5.7厘米（图一五五，2；彩版二〇八，5）。

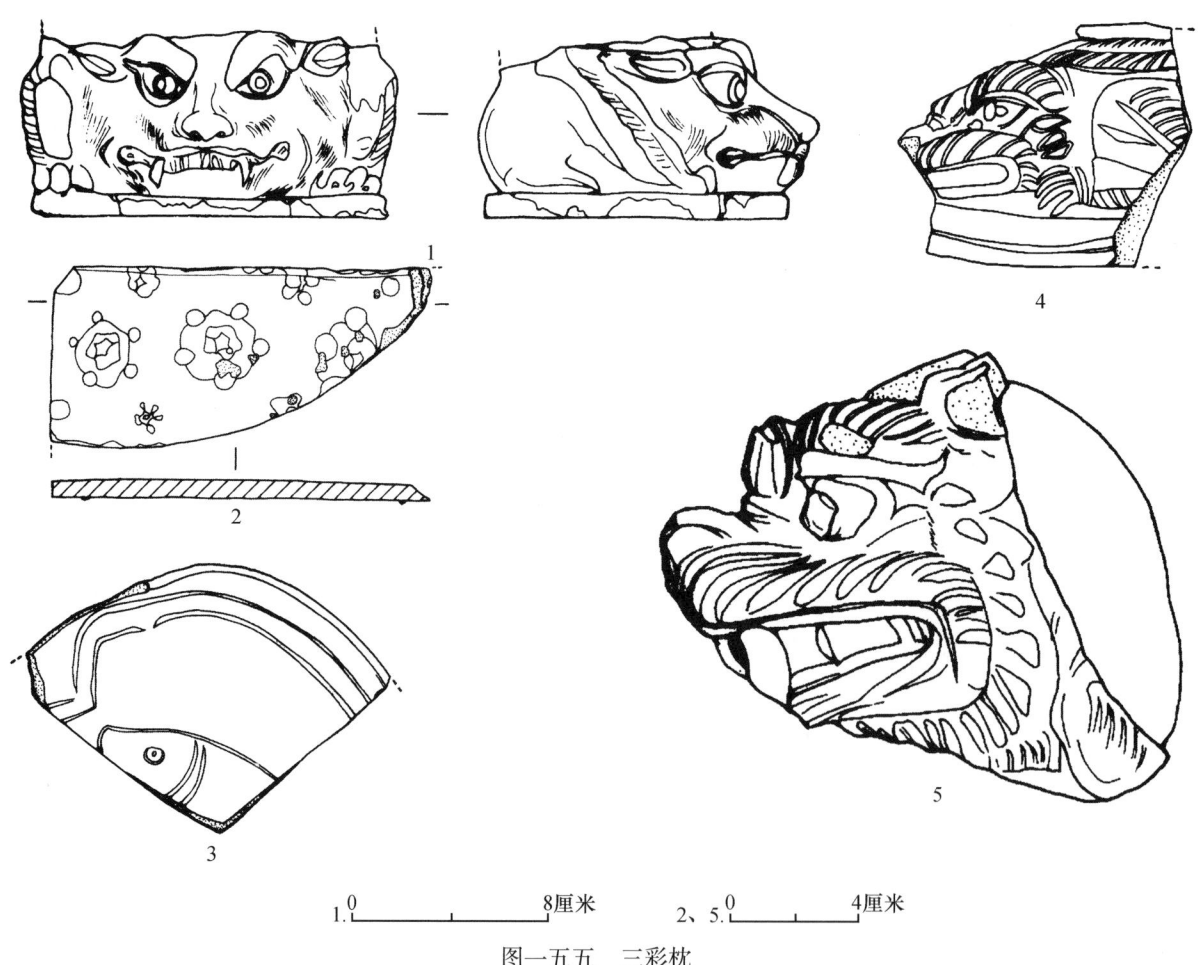

图一五五 三彩枕

1、4、5. A型（ⅡT57G2∶125、ⅡT4⑤∶31、ⅡT35⑩∶261） 2. B型（ⅡT57G2∶404） 3. C型（ⅡT35⑨∶40）

C型　弧面。分别制作，黏合而成。标本ⅡT35⑨：40，枕面残片。枕面中部刻画鱼纹，周边双凹曲线纹作栏，形似水波纹。枕面施绿釉，局部间施黄釉。粉白胎。残长11.2厘米，残宽8.5厘米（图一五五，3；彩版二〇八，6）。

俑类　这一时期俑类比前期品种更加丰富，以三彩为主。常见的有人物俑和动物俑两大类。

人物俑　以前后分别模制的为主，手制的较少。常见的有乐俑、抱宠物俑、侍女俑、观音俑、菩萨俑、童俑和骑俑等。

乐俑　极少。标本ⅡT57G2：17，完整。盘坐在一椭圆形台座上，戴帽，身着低领长袍，面部模糊不清，胸前抱一腰鼓作演奏状。上身施绿釉，白釉点缀其间。通体敷一层化妆土。白胎。通高7.2厘米（图一五六，1；彩版二〇九，3）。

抱宠物俑　标本ⅡT35⑨：79，完整。发髻分后挽，着长袍，腰束带端坐在台板之上。面容清晰，怀抱一宠物，虽然形体不甚清晰，但显得温顺可爱。通体施绿釉，局部点白釉，面部无釉，怀抱宠物施酱黄釉。灰白胎。高5.6厘米（图一五六，4；彩版二〇九，1）。标本ⅢT3⑧：17，头戴僧帽，五官清晰，曲跪在一圆形台板上，身着僧服，半袖，束腰带。怀抱一狗，张嘴伸舌，显的温顺可爱。通体施绿釉，局部点白釉，由于胎质粗糙，烧制温度低，前身大面积脱釉。釉下敷一层化妆土。浅灰胎。通高10.1厘米（图一五六，8；彩版二〇九，2）。标本ⅢT8⑦：2，披发，五官清晰，面容喜庆、苍老，身着宽衫，束腰带跪坐在台板上，怀抱一宠物，仰首张口，口含插饰残缺。整体造型优美，线条清晰，形象逼真，是俑类器中最精美的标本之一。通体施绿、蓝、黄、白四色釉。粉白胎。高5.2厘米（图一五六，3；彩版二〇九，4、5）。

侍女俑　标本ⅡT35⑩：69，底座残缺。面部未显鼻子和嘴，发髻高挽，戴幞头，背面花结飘带清晰，身着长袍，腰束带。双手插于袖口内，怀抱一不明物。头施绿釉，面部及背部飘带施白釉，身施黄釉，局部点白釉。残高5.7厘米（图一五六，6；彩版二一〇，1）。标本ⅡT35⑨：86，下身残缺。平头，前面刘海背竖发，身着低领长袍，面部眉、眼、嘴较清晰。右手折于胸前，手握一环形不明物。刘海及面部施淡黄釉，头背面及身施绿釉，粉红胎。残高4.8厘米（图一五六，2；彩版二一〇，2）。标本ⅡT15⑧：3，完整。手制，是人物俑中最小的一件。因器形太小的缘故，整体模糊不清，形似观音。面部及身体两侧施白釉，前身施绿釉，局部点黄釉。白胎。高3.5厘米（图一五六，5；彩版二一〇，3）。

观音俑　标本ⅡT12Y6：13，完整。带冠，披纱，面部模糊不清，双手合十，双腿盘坐在不规则台座上。胸前佛光普照。面部施白釉，通体施绿釉，局部黄釉点缀。粉红胎。通高7.4厘米（图一五六，7；彩版二一〇，4）。

菩萨俑　标本ⅡT10⑥：28，头残缺。左腿前平折，右腿曲后，坐于台板上。着低领长袍，腰束带。左手扶在左膝上，右手弧折于左手腕上。上身施绿釉，下身施黄釉，背施绿釉，中施淡黄釉与绿釉交融。残高4.8厘米（图一五六，13；彩版二一〇，5）。

童俑　标本ⅡT35⑨：76，完整。背发，圆脸，面容抽象。面向左侧仰首上视，双手着地，双腿伸展作爬行状。面部施白釉透胎，上半身施绿釉，下半身施黄釉。体长4.4厘米，高

图一五六　三彩人物俑

1. 乐俑（ⅡT57G2：17）　2、5、6. 侍女俑（ⅡT35⑨：86、ⅡT15⑧：3、ⅡT35⑩：69）　3、4、8. 抱宠物俑（ⅢT8⑦：2、ⅡT35⑨：79、ⅢT3⑧：17）　7. 观音俑（ⅡT12Y6：13）　9. 童俑（ⅡT35⑨：76）　10. 骑牛俑（ⅢT3⑥：4）　11、12. 骑马俑（ⅡT35⑩：57、2002ⅢT2H3：1）　13. 菩萨俑（ⅡT10⑥：28）　14. 骑狗俑（ⅡT57G2：86）

3.6厘米（图一五六，9；彩版二一〇，6）。

骑俑　是本期出土较多的一种俑。以整体左右分别模制黏合而成为主，整体手工雕塑极少。常见的骑俑有骑马、骑牛和骑狗等。

骑马俑　标本2002ⅢT2H3：1，马腿残缺。立式，体肥健壮，垂首，短尾。马背置毯，上骑座一人，戴风帽，披发，面容模糊，身着宽衣长袍，赤脚。帽施蓝釉，面部施黄釉，身施绿、蓝、黄三色釉交融，恰到好处，彰显古朴大方。釉下敷一层化妆土。粉红胎。体长7.6厘米，残高7厘米（图一五六，12；彩版二一一，1）。标本ⅡT35⑩：57，实腹，马腿残缺。人、马分别手工雕塑黏合而成，整体线条粗犷，显示马背饰件逼真。马头披缨，竖耳，短尾。马背置鞍，上骑座一人，发髻高挽，戴帽，帽佩三条飘带，腰束带，双腿紧扣马胸，双手攀马颈，面容惊恐。马身施黄、白两色釉，人面施白釉泛绿透胎，身施浅绿釉。体长7.9厘米，残高7.9厘米（图一五六，11；彩版二一一，2）。

骑牛俑　标本ⅢT3⑥：4，牛腿残缺。立式，体态丰满，昂首平视，环形长角，长尾甩于左臀。牛背爬一牧童，左臂扶在牛的腹部，右手抱头。通体施绿、黄、白三色釉相间。体长7.2厘米，残高3.2厘米（图一五六，10；彩版二一一，3）。

骑狗俑　标本ⅡT57G2：86，腿残缺。立式，头右折，竖耳，分鬃，目半睁，张口，粗尾上折，项圈上佩戴一铃铛。背骑座一人，披纱，面容模糊，上身右侧。通体施绿釉，黄、白釉点缀其间。灰白胎。体长5.8厘米，残高6.3厘米（图一五六，14；彩版二一一，4）。

动物俑　以模制为主，捏塑不多。模制以左右合模为主，前后合模而成极少。常见的动物俑有马俑、狗俑、猴俑、兔俑、象俑、牛俑、虎俑、鸽俑、鸳鸯俑、鸭俑和麻雀俑等。

马俑　体形较小，皆捏塑而成（彩版二一六，1）。标本ⅡT35⑨：5-2，尾残。长面，竖耳，分鬃，素身。器身施绿、黄、白三色釉。体残长4厘米，高5厘米（图一五七，1；彩版二一六，2）。标本ⅡT57G2：23，头残缺。站立在一不规则方形台板上，体肥身健，短尾。身佩攀胸、鞦，鞦下佩铃。背置鞍，下垫鞯，垂至马腹中部，两侧垂小镫。通体施绿釉，黄、白釉点缀其间。通体敷一层较厚化妆土。体残长6.3厘米，残高6厘米（图一五七，8；彩版二一二，1）。

狗俑　出土较多。标本ⅡT12Y6：15，完整。造型简洁，昂首平视，面容模糊，卷尾。上身施绿釉，黄釉局部点缀，下身无釉。粉红色。体长5.9厘米，高4.2厘米（图一五七，6；彩版二一二，2）。标本ⅡT35⑨：97，底板残。蹲卧式，狮形头，昂首上视，尾折于背。项部戴圈，佩戴小铃铛一周。通体施淡黄釉，白釉、淡绿釉点缀。体长4.5厘米，残高5.1厘米（图一五七，4；彩版二一二，3）。标本ⅡT10H2：2，昂首折与右侧，竖耳，尾上翘，后腿曲卧，前腿直立在一方形台板上，面目模糊。上身施绿、黑、红三色釉，尾巴及周围施黑釉，绿釉泛黄透胎，所谓的黑釉和红釉是由于烧制火候太高形成的窑变现象。体长4.2厘米，通高5.4厘米（图一五七，10；彩版二一二，4）。

猴俑　标本ⅢT2J1：4，完整。蹲卧在一圆形台板上，面目清晰，双目平视，嘴微张，双爪抱一插花筒。猴身施酱黄釉，插花筒及猴的前下身以蓝、绿两色釉为主，局部点缀黄釉和白釉，后腿两侧及背下部无釉。白胎。通高8厘米（图一五七，3；彩版二一二，5）。标本ⅡT12

现代扰坑：2，残。蹲卧在一不规则长形台板上，整体线条模糊。双爪抱不明物于右侧，后面的物件中部有一插孔。前身施绿釉，背部施黄釉，局部点缀白釉。土黄胎。高5.8厘米（图一五七，5；彩版二一二，6）。标本ⅢT8⑦：3，完整。蹲卧在一不规则梯形台板上，身体前倾，前右爪着地，左前爪搭在左后腿上，头左折，目视前方。身施绿、蓝、黄、白四色釉，后腿两侧及背下部无釉。由于烧制火候过高，釉面已失去原有的色彩。通体敷一层化妆土。白胎。通高6.5厘米（图一五七，2；彩版二一三，1、2）。标本ⅢT3H6：2，站立式。猴头折与左侧，平视，背上爬一子猴，面向同母猴，上身前倾，右爪紧抱母猴颈部，左爪扶在母猴左肩上。通体施绿、黄、白三色釉，釉色匀净。体长4厘米，残高4.5厘米（图一五七，7；彩版二一三，3）。

图一五七　三彩动物俑

1、8. 马俑（ⅡT35⑨：5-2、ⅡT57G2：23）　2、3、5、7. 猴俑（ⅢT8⑦：3、ⅢT2J1：4、ⅡT12现代扰坑：2、ⅢT3H6：2）　4、6、10. 狗俑（ⅡT35⑨：97、ⅡT12Y6：15、ⅡT10H2：2）　9. 兔俑（ⅡT17ZF3①：40）

兔俑　标本ⅡT17ZF3①：40，蹲卧在一圆形台座上，体态丰满。后腿曲卧，前腿直立。面目清晰，双耳贴于脑后，缩颈平视，前身及上腹背施绿、黄、白三色釉，后腹背及后腿无釉。体长4.6厘米，通高4.9厘米（图一五七，9；彩版二一三，4）。

牛俑　标本ⅡT57G2：82，仅存左侧一半，腿残缺。立式，头前伸，长角后折，身佩戴牛套。上身施绿釉，局部点缀黄釉、白釉，下半身无釉。釉下敷一层化妆土过下身。体长8.5厘米，残高4.6厘米（图一五八，1；彩版二一三，5）。标本ⅡT57G2：81，四肢直立在一近方形台座上，体肥健壮，伸首昂视，宽口，长角圈折于背部。牛的后背上及牛身外围饰有绳索，由于上部残缺，尚不明确牛背中部托人还是载物。值得一提的是，牛背上无论是托人还是载物，釉下装饰较规整的菱形纹，这种装饰在黄冶窑极为少见。牛身施绿釉，黄釉和白釉点缀其间，四肢无釉。通体敷一层化妆土。体长8.4厘米，残高6.2厘米（图一五八，3；彩版二一三，6）。

象俑　标本ⅡT57G2：207，完整。直立于一方形台座上，肥体，低首下视，垂鼻内勾，垂尾，背部置一净面衬垫。通体施白釉，蓝釉和黄釉点缀其间。体长4.8厘米，高4.5厘米（图一五八，2；彩版二一四，1）。

虎俑　极少。标本ⅡT35⑨：75，残片。主体模制，局部堆塑。凸眉，眼珠外露，眉心饰一圆饼，饼上刻一"王"字。通体施绿釉，"王"字饼面施黄釉，眼施白釉，眼珠点黑釉。灰白胎。残宽4.8厘米，残高3.5厘米，（图一五八，6；彩版二一四，2）。

兽俑　极少。标本ⅡT6⑥：20，是目前发现最大的俑，遗憾的是仅残存腿的局部。四爪分张于一台板上，爪尖锋利。器表施绿、白两色釉交融，局部施酱黄釉。残高8.1厘米（图

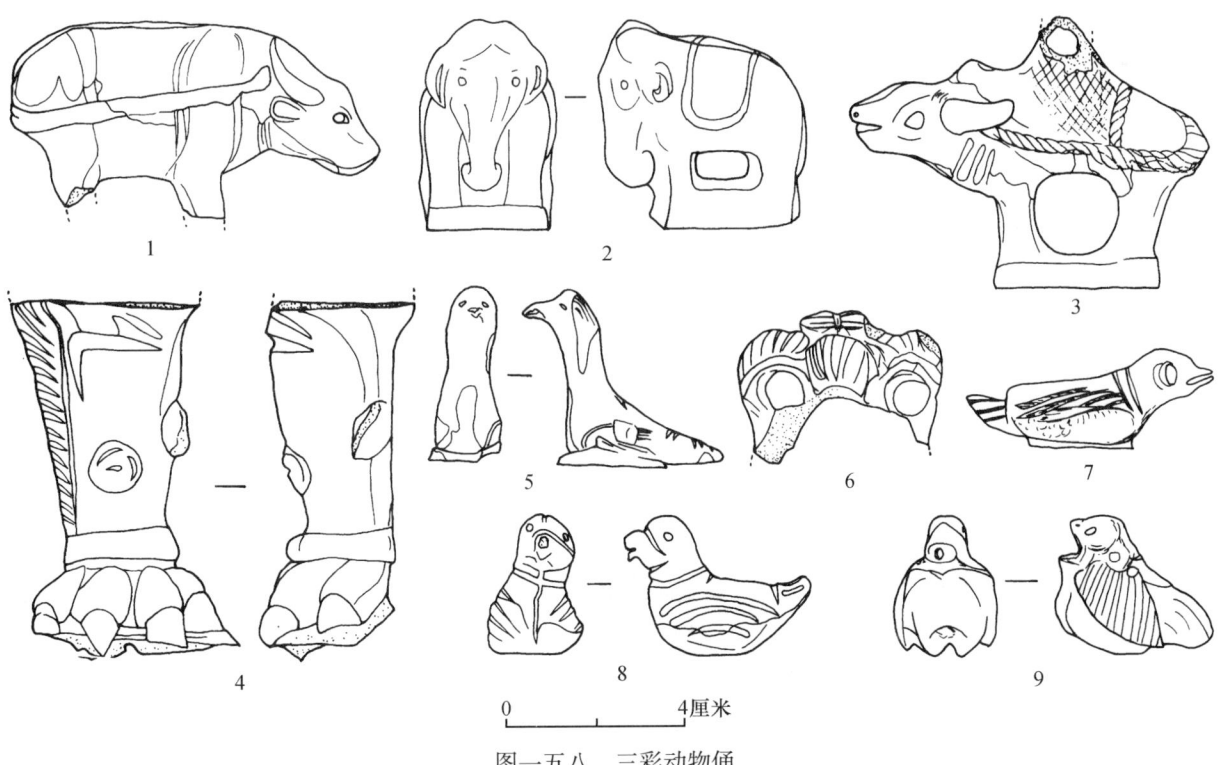

图一五八　三彩动物俑
1、3.牛俑（Ⅱ57G2：82、Ⅱ57G2：81）　2.象俑（Ⅱ57G2：207）　4.兽俑（ⅡT6⑥：20）　5.鸭俑（ⅡT12现代扰坑：4）
6.虎俑（ⅡT35⑨：75）　7.麻雀俑（ⅡT35⑩：29）　8.鸳鸯俑（ⅡT10⑥：3）　9.鸽俑（Ⅱ57G2：142）

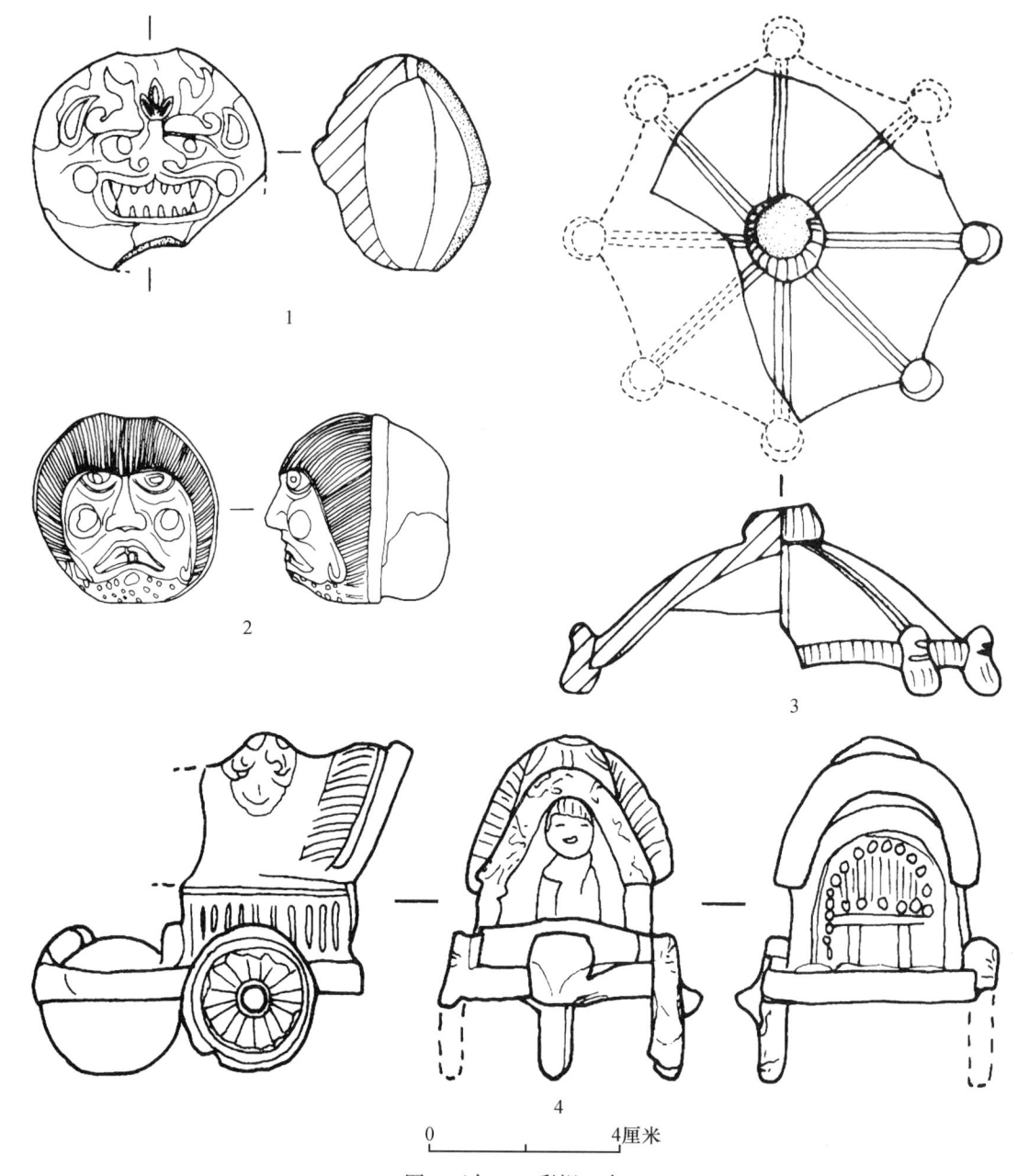

图一五九　三彩埙、车
1. 兽面埙（ⅢT3H15∶15）　2. 人面埙（ⅡT57G2∶73）　3. 车棚（ⅡT16①∶8）　4. 车（ⅡT35⑨∶98）

一五八，4；彩版二一四，3）。

鸽俑　标本ⅡT57G2∶142，完整。仰首，张口，欲展翅，背部羽毛清晰。肚下有一小圆插孔，孔径0.02厘米。身施绿、蓝、黄、白四色釉。通体敷一层化妆土。体长3.7厘米，宽2.4厘米，高3.2厘米（图一五八，9；彩版二一四，4）。

鸳鸯俑　标本ⅡT10⑥∶3，完整。昂首平视，收翅翘尾，腹部两侧饰水波纹。身施绿釉，头面及前腹施淡黄釉，下腹及底无釉。粉红胎。体长4.3厘米，宽2.2厘米，高3.2厘米（图一五八，8；彩版二一四，5）。

鸭俑　标本ⅡT12现代扰坑：4，完整。高颈，伸首平视，似在水中游荡，显得悠闲自在。通体施绿、白两色釉。釉下敷一层化妆土。体长4.7厘米，宽1.6厘米，通高4厘米（图一五八，5；彩版二一四，6）。

麻雀俑　标本ⅡT35⑩：29，残。卧式，下有台板残缺。伸首平视，收翅翘尾。通体施绿、黄、白三色釉相间。粉白胎。体长5.7厘米，宽2.8厘米，高2.2厘米（图一五八，7；彩版二一四，1）。

埙　是黄冶窑各期中常见的一种玩具，以人面为主，兽面的不多，皆二音孔，前后模制黏合而成。

人面埙　标本ⅡT57G2：73，完整。须发开张，面部清晰。头顶中部有一吹孔，两颊各有一音孔。面部绿釉，局部点缀黄、白两色釉，平背微凹无釉。通体敷一层化妆土。面宽4厘米，厚4厘米，高4厘米（图一五九，2；彩版二一五，2）。

兽面埙　标本ⅢT3H15：15，正面兽面纹，鼻阔口宽，牙齿外露，面目狰狞，背面残缺。头顶中部有一吹孔，口部两侧各有一音孔。面部施绿、黄、白三色釉相间。通体敷一层化妆土。面宽5厘米，残厚2.7厘米，残高4.6厘米（图一五九，1；彩版二一五，3）。

车　见于黄冶窑第三期后段，流行于第四期。标本ⅡT35⑨：98，整体贴塑而成。车顶前端残缺，后端上翘，中部凸起，饰花卉图案。车厢分前后舆，舆呈长方形，前端留门，后端作弧形，上部饰竖线条纹作帐，下部为门，一周连珠纹作栏。前舆作三角形，后舆端坐一人，面容及四肢模糊。三轮，刻线为辐，共17辐。车顶、车厢、车轮分别施绿釉，局部黄釉点缀，车顶和车厢内壁施酱黄釉，车内人物施黄、白两色釉。粉红胎。车体长8.2厘米，宽5.4厘米，高7厘米（图一五九，4；彩版二一五，4、5、6）。标本ⅡT16①：8，仅残存车棚。整体作伞状，宝珠式棚顶，八方边微凹，八方边周沿等距坠饰件。棚顶施黄釉，顶面施绿、白、黄三色釉相间。通体敷一层较厚化妆土。粉红胎。棚径9.3厘米，残高4.1厘米（图一五九，3；彩版二一七，1）。

3. 绞胎枕

绞胎枕最早见于黄冶窑第二期，这一时期皆全绞胎。到了第三期后段开始出现半绞胎，即贴面，低温烧制。本期以半绞胎为主，全绞的极少。常见的绞胎枕有黄釉、酱黄釉、青黄釉、绿釉等。整体制做工艺采用贴面和局部贴面，然后上下、前后和左右分别制作黏合而成。枕面微凹，前高后低，前窄后宽，斜直壁，平底。前壁中部皆有一个小圆透气孔，孔径均在0.8厘米左右。底面无釉，皆三个小泥饼支烧，作三角形分布。枕面以菱形、团花、木理纹和木理纹花卉图案为主。

菱形图案　标本ⅡT10H2：7，底面上黏结三个支烧泥饼。枕面对称四个菱形图案，四角木理纹作栏，四壁上局部粘贴不规则木理纹。通体施青黄釉，周壁上有贴面部分施酱黄釉，釉下敷一层化妆土。粉红胎。长12.4～13.6厘米，宽9.5厘米，高6.8～7厘米（图一六〇，2；彩版

图一六〇　绞胎枕

1~6.枕（ⅡT10H2:29、ⅡT10H2:7、ⅡT35⑨:41、ⅡT10H2:14、ⅡT10H2:17、ⅡT10H2:28）

二一七，2）。标本ⅡT10H2：29，底部遗留有一个较大支烧泥饼。枕面中部双重条纹、木理纹和分格条纹组成三重菱形图案，内侧四组，周边采用木理纹作栏，四壁上有五组不规则三角形木理纹。器表施酱黄釉，底面无釉，通体敷一层较厚化妆土。长13～14.6厘米，宽10.4厘米，高6.2～8厘米（图一六〇，1；彩版二一七，3、4）。标本ⅡT10H2：28，器形较大。底面上遗留有三个支烧泥饼。枕面中部四重不同纹样组成菱形图案，四角木理纹作栏，周壁上六组不规则木理纹。器表施酱黄釉，底面无釉，通体敷一层化妆土。长14.5～16.5厘米，宽11.8厘米，高7.2～8.6厘米（图一六〇，6；彩版二一七，5）。标本ⅡT10H2：14，底面上残留一个圆形支烧痕。由于烧成温度、气氛和釉厚等原因，贴面失色，釉下图案模糊不清，周壁上有四组不规则木理纹。器表施深绿釉，底面无釉。粉红胎。长13～14.5厘米，宽10.1厘米，高6.3～7.5厘米（图一六〇，4；彩版二一七，6）。

团花图案　标本ⅡT10H2：17，底面遗留有三个不规则圆形支烧痕。枕面由九个木理纹团花图案组成，周壁局部贴面作不规则木理纹。器表施黄釉泛青，由于烧制气氛原因，枕面大面积呈酱黑色。粉白胎。长12.5～14厘米，宽9.9厘米，高6～7.2厘米（图一六〇，5；彩版二一八，1）。标本ⅡT35⑨：41，底部残存一个较大圆形支烧痕。枕面由七组团花图案组成，木理纹作边饰，周壁上有三组不规则木理纹。通体施黄釉。长11.5～12.6厘米，宽8.9厘米，高5.5～6.4厘米（图一六〇，3；彩版二一八，2）。标本ⅡT10H2：8，底面上遗留有三个较大支烧泥饼。枕面由七组木理纹组成花卉图案，周壁上有四组不规则木理纹。器表施青黄釉，由于烧成温度过高，器表有密集气泡，底面无釉。通体敷一层较厚化妆土。长12～14厘米，宽10厘米，通高6.4～7.4厘米（图一六一，1；彩版二一八，3）。

木理纹图案　标本ⅡT10H2：1，底面上遗留有一个较高支烧泥饼和两个泥饼支烧痕。枕面上分布八组木理纹图案，周壁素面。器表施黄釉泛青，底面无釉。粉白胎。长12.2～14厘米，宽10.4厘米，高6～7.5厘米（图一六一，2；彩版二一八，4）。标本ⅡT10H2：5，底面上遗留有三个支烧痕。枕面有九组多边木理纹组成，周壁上有五组不规则木理纹。器表施黄釉泛青，底面无釉。粉白胎。长12～13.8厘米，宽9.5厘米，高6.3～7.2厘米（图一六一，3；彩版二一八，5）。标本ⅡT10H2：6，底面上遗留有三个泥饼支烧痕。枕面及周壁皆为不规则木理纹。器表施黄釉泛青，底面无釉。通体敷一层化妆土。长12.2～13.5厘米，宽9.7厘米，高6.1～7.1厘米（图一六一，4；彩版二一八，6）。标本ⅡT10H2：20，仅残存枕面。枕面为竖条状木理纹，黄釉。背面遗留有枕面与周壁连接时的泥浆黏结痕，粉白胎。枕面长15～17.2厘米，宽12.8厘米（彩版二一九，1）。

4. 素烧器

同第三期前后段情况一样，以素烧器为主，占总出土遗物60%～80%，个别地层及遗迹单位出土的素烧器多达90%以上。其中陶制品素烧器占95%左右，瓷制品素烧器极少，占5%左右，个别的施釉后未入窑烧造。常见器形有碗、盏、杯、洗、罐、水盂、钵、水注、三足炉、执壶、器盖、双系瓶、埙及铃铛等小型玩具和人物俑、动物俑、禽俑等。

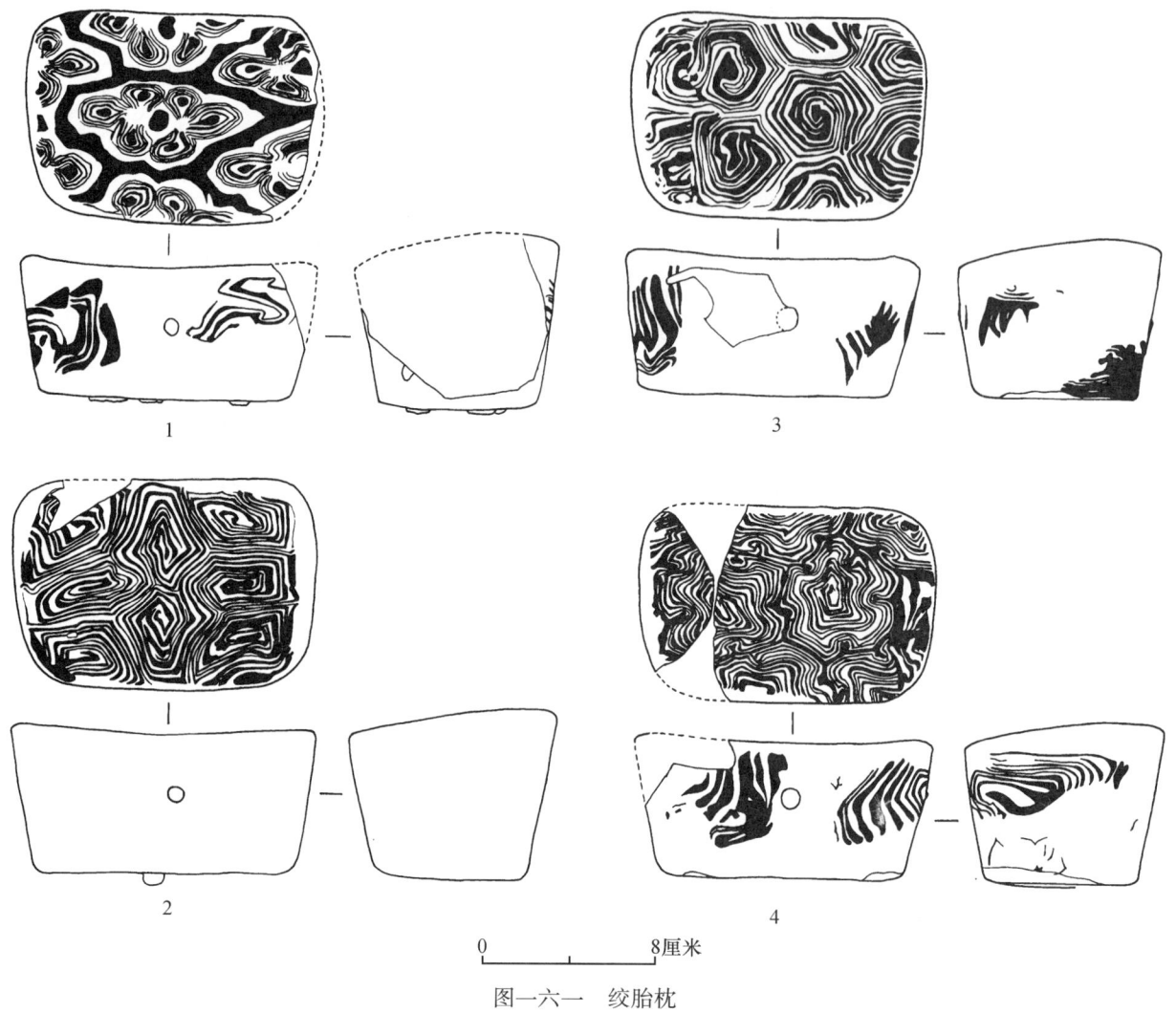

图一六一　绞胎枕

1~4. 枕（ⅡT10H2：8、ⅡT10H2：1、ⅡT10H2：5、ⅡT10H2：6）

碗　出土数量较多，器形大小不一。依据底的不同，可分为两型。

A型　敞口，圈足。施化妆土的占少数。根据口和腹的不同，又可分为三个亚型。

Aa型　敞口折沿，鼓腹，圈足外撇。标本ⅢT3H6：1，完整。圈足内底面上饰同心圆纹三周。器内施化妆土，器表施化妆土至腹中部，器内施满釉，器表施釉至口沿下，未烧，局部已脱落。粉白胎。口径16.3厘米，底径8.8厘米，高5.4厘米（图一六二，1；彩版二一九，2）。标本ⅡT17ZF3LLK3：5，残。圈足较高，圈足底面饰数周同心圆纹。器内施化妆土，器表化妆土施至下腹。粉红胎。口径16.8厘米，底径9.7厘米，高6.2厘米（图一六二，2；彩版二一九，3）。标本ⅡT16ZF1：4，器形较大，大敞口，大圈足。器内近口沿饰线弦纹一周，沿以下显密集轮旋纹。黄白胎。口径22.2厘米，底径12.2厘米，高6.6厘米（图一六二，4；彩版二一九，4）。

Ab型　斜敞口，斜腹，圈足外撇。标本ⅢT5⑥：59，器形较大。器内上腹显密集轮旋纹，无化妆土。粉黄胎。口径22.6厘米，底径10厘米，高7厘米（图一六二，5；彩版二一九，

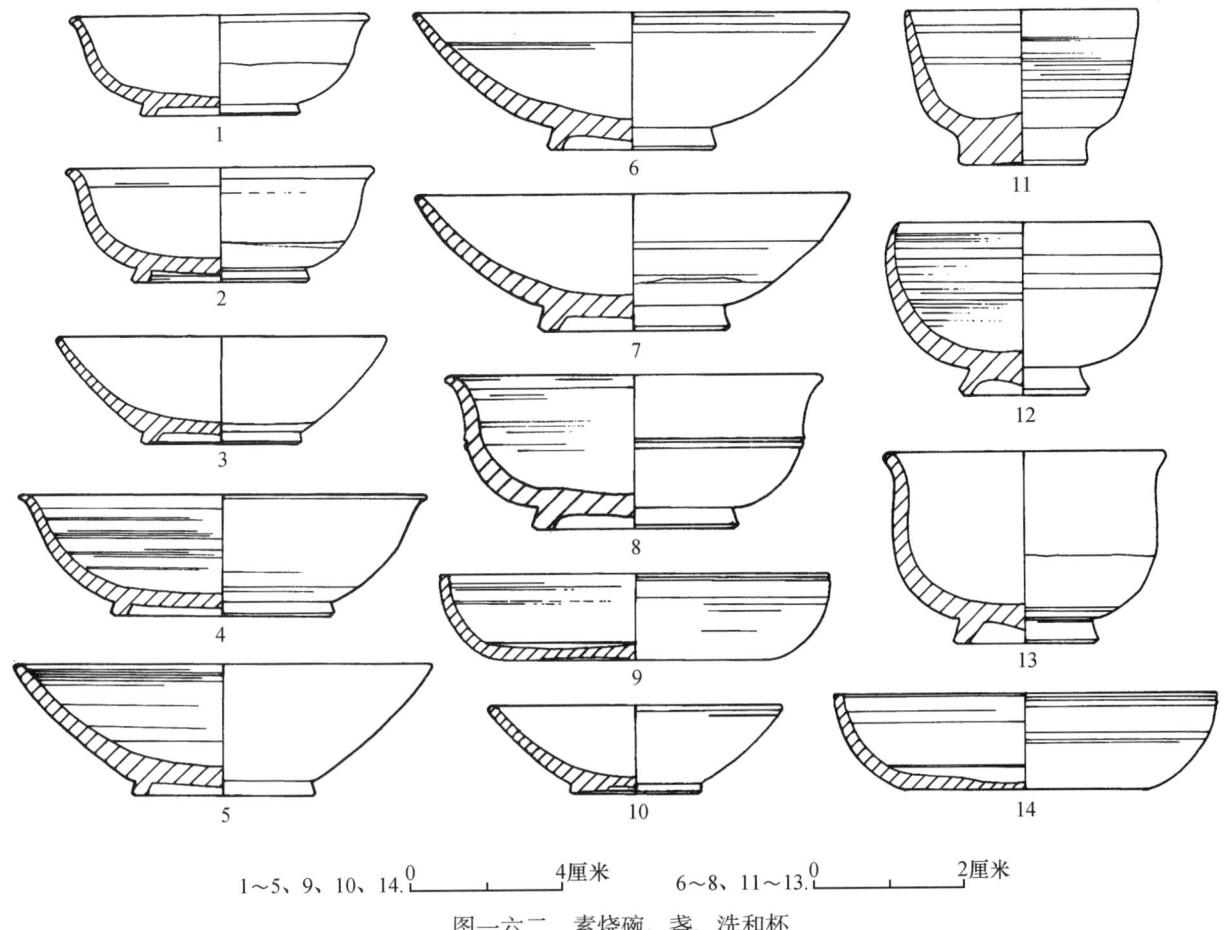

图一六二　素烧碗、盏、洗和杯

1～2、4.Aa型碗（ⅢT3H6：1、ⅡT17ZF3LLK3：5、ⅡT16ZF1：4）　3、5.Ab型碗（ⅢT2J1：20、ⅢT5⑥：59）　6、7.盏（ⅢT4⑧：9、ⅢT2J1：39）　8.Ac型碗（ⅢT2⑥：35）　9、14.洗（Ⅰ采集：7、ⅢT2J1：45）　10.B型碗（ⅡT12Y6：19）　11.B型杯（ⅡT57G2：150）　12.C型杯（ⅡT57G2：21）　13.A型杯（ⅢT2⑥：36）

5）。标本ⅢT2J1：20，器内施化妆土，器表施化妆土近底，整体化妆土较厚。粉红胎。口径17.9厘米，底径8.8厘米，高5.8厘米（图一六二，3；彩版二一九，6）。

Ac型　敞口折沿，折腹，圈足外撇。器形较小。该器形最早见于黄冶窑第二期，流行于第三期前后段，早期皆大型器，晚期大小器型同出，以小型器为主，本期出土极少。标本ⅢT2⑥：35，器形小，制作工艺较精。上腹与下腹交接处饰凸弦纹一周，圈足内底面上显数周同心圆纹。通体敷一层较薄化妆土。素烧温度较高，白胎。口径10.2厘米，底径5.6厘米，高4.2厘米（图一六二，8；彩版二二〇，1）。

B型　大敞口，斜腹，玉璧底。极少，为本期新出现的一种器形，以瓷制品为主。标本ⅡT12Y6：19，胎体厚重，通体敷一层化妆土。白胎。口径15.8厘米，底径7.2厘米，高4.8厘米（图一六二，10；彩版二二〇，2）。

盏　该器形最早见于第三期前段，本期出土器数量不多，流行于五代、北宋早期。敞口，斜腹微弧，小圈足外撇。标本ⅢT4⑧：9，器表近沿处饰线弦纹一周。整体制作工艺较精，不足的是胎含杂质较大。口径11.6厘米，底径4.6厘米，高3.7厘米（图一六二，6；彩版二二〇，

3）。标本ⅢT2J1：39，器内施化妆土，器表施化妆土至下腹，整体施化妆土较厚。粉红胎。口径11.3厘米，底径5.2厘米，高3.7厘米（图一六二，7；彩版二二〇，4）。

杯　依据口沿的不同，可分为三型。

A型　敞口折沿，圆唇，曲鼓腹，高圈足外撇。这类杯流行于第三期前后段，本期出土极少。标本ⅢT2⑥：36，残。器表近底饰线弦纹两周，圈足底面中部出脐，外围饰同心圆纹一周。器内施化妆土，器表施化妆土至下腹。白胎泛黄。口径7.7厘米，底径4厘米，高5.2厘米（图一六二，13；彩版二二〇，5）。

B型　斜口，尖唇，斜直腹，高饼足。标本ⅡT57G2：150，器表腹部饰线弦纹数周，底面上显数周密集刀削同心圆纹，内底中部同心凸起。灰白胎。口径6.4厘米，底径3.6厘米，高4.2厘米（图一六二，11；彩版二二〇，6）。

C型　敛口，尖唇，弧鼓腹，小圈足外撇。标本ⅡT57G2：21，器表腹壁上饰凹弦纹二周，底面中部出脐，外围同心圆纹两周，器内底显轮旋同心圆刀削纹数周。灰白胎。口径6.9厘米，底径3.6厘米，高4.7厘米（图一六二，12；彩版二二一，1）。

洗　是黄冶窑三彩陶制品中最常见的器形之一，最早见于第三期前段，流行于第三期后段，到本期该产品已大量减少。器物的造型、装饰以及釉色都不如前期。整体器形大同小异，敛口，窄平沿，弧腹，大平底。标本ⅢT2J1：45，器内近底外围饰同心圆纹两周，中部饰同心圆纹一周，器表近口沿饰凹弦纹一周，腹部饰线弦纹两周，底面上饰同心圆纹数周。通体敷一层较厚化妆土。土黄胎。口径20厘米，底径13.6厘米，高5.2厘米（图一六二，14；彩版二二一，2）。标本Ⅰ采集：7，器内近底外围及底面中部分别饰同心圆纹一周，器表近口沿饰凹弦纹一周。器表底面上周边黏结有器物摞烧绿釉斑块，由此表明素烧可以和低温釉陶制品同窑烧造。灰白胎。口径21.2厘米，底径15.2厘米，高4.6厘米（图一六二，9；彩版二二一，3）。

罐　出土数量较少，器形大小不一。唇口，圆鼓腹。依据底的不同，可分为两型。

A型　圈足底。出土数量较多。标本ⅡT17ZF3LLK3：12，残。小圈足外撇。器内壁通体凹弦纹。器表施一层较厚化妆土近底。灰胎。口径7.8厘米，底径5.5厘米，高7.7厘米（图一六三，1；彩版二二一，4）。

B型　饼形底，常见于黄冶窑第三期前段以前，到第三期后段减少，本期出土数量极少，且以小型器为主。标本ⅢT2J1：25，完整。器形较小，肩、腹中部分别饰条带弦纹一周。器表施一层较厚化妆土近底，器内、外显密集轮旋纹。灰白胎，含杂质较大。口径3.6厘米，底径2.9厘米，高3.9厘米（图一六三，2；彩版二二一，5）。

盂　数量较少，皆小型器，多数通体施化妆土。依据腹的不同，可分为两型。

A型　敛口下垂，鼓肩，斜腹微弧，平底。标本ⅡT57G2：18，完整。近口沿饰凹弦纹一周。粉红胎。口径2厘米，底径2.2厘米，高3.1厘米（图一六三，3；彩版二二一，6）。

B型　敛口下垂，圆鼓腹，小平底。标本ⅢT4⑧：21，完整。器表近口沿饰凹弦纹一周，内底螺旋凸起。通体施一层化妆土。口径2.2厘米，底径2.1厘米，高2.5厘米（图一六三，7；彩版二二二，1）。

钵　是黄冶窑第二期以后陶瓷制品的主要器形之一，本期出土较少，尤其是瓷制品更少。

依据形制的不同，可分为两型。

A型　敛口，口沿下垂，鼓肩，圆鼓腹，小平底。此型钵流行于黄冶窑第二期和第三期前段，到第三期后段逐渐减少。标本ⅢT3H15：7，器表近口沿饰凹弦纹一周，肩部显数周轮旋纹，底面外围饰同心圆纹数周。腹部流淌有一片黄釉。器表施一层较薄化妆土，局部已脱落。浅灰胎。口径14.3厘米，底径6.6厘米，高11.4厘米（图一六三，6；彩版二二二，2）。

B型　出土数量相对较多，器形较小。敛口，沿面内斜，溜肩，鼓腹，小平底，圜底不多，近口沿皆对称双系。标本ⅢT1⑥：13，完整。器表近口沿饰线弦纹一周，下腹饰断断续续线弦纹三周。器内外皆施一层较厚化妆土至下腹。粉白胎。口径10厘米，底径5.2厘米，通

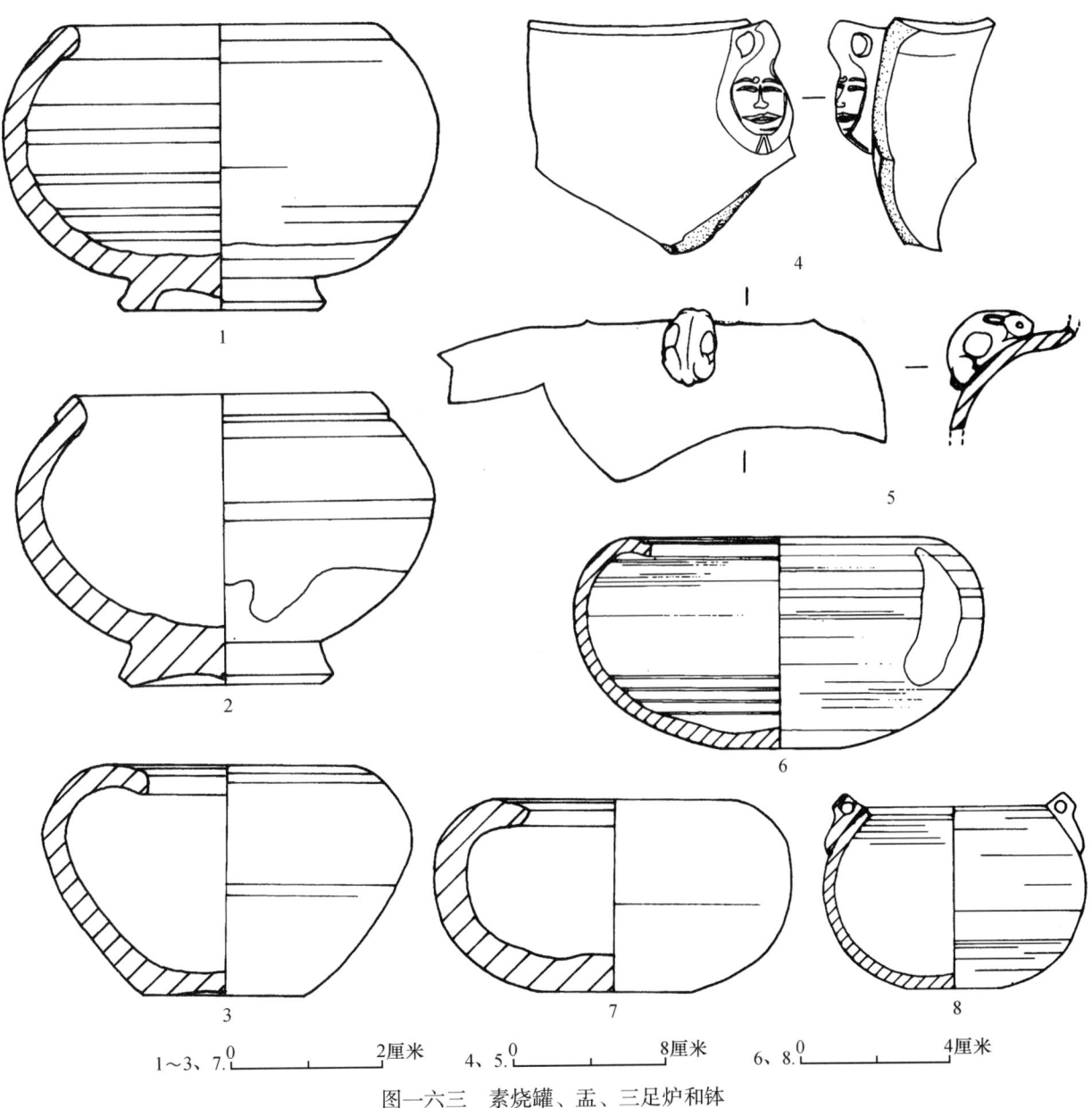

图一六三　素烧罐、盂、三足炉和钵
1. A型罐（ⅡT17ZF3LLK3：12）　2. B型罐（ⅢT2J1：25）　3. A型盂（ⅡT57G2：18）　4、8. B型钵（Ⅱ57G2：405、ⅢT1⑥：13）　5. 三足炉（ⅢT5⑥：58）　6. A型钵（ⅢT3H15：7）　7. B型盂（ⅢT4⑧：21）

高10.4厘米（图一六三，8；彩版二二二，3）。标本ⅡT57G2：405，残片。近口沿残存一人面系，面相逼真。浅灰胎。残宽7.2厘米，残高6.2厘米（图一六三，4；彩版二二二，4）。

三足炉 是第三期后段以前的主要产品之一，本期素烧器出土数量极少，皆不可复原。标本ⅢT5⑥：58，残片。鼓肩，弧腹，肩部残存一兔形系，形象逼真，这种装饰出现在三足炉上，在黄冶窑中极为罕见。浅灰胎，含杂质较大。残长12.2厘米，残宽4.6厘米（图一六三，5；彩版二二二，5）。

水注 依据形制的不同，可分为两型。

A型 罐形水注，出土数量较多。唇口，溜肩，圆鼓腹，以圈足底为主，饼形底的极少，依据流的不同，又可分为两个亚型。

Aa型 肩部一侧一注形流，圈足底，是黄冶窑最常见的一种形制。标本ⅢT2J1：28，残。器形较大，肩及下腹分别饰线弦纹一周。器内施化妆土至沿下，器表施较厚化妆土至下腹。浅白胎。口径10.2厘米，底径7.6厘米，高9.4厘米（图一六四，7；彩版二二二，6）。标本ⅡT17ZF3：124，完整。器形稍小，器表肩及上腹显较清晰轮旋刀削纹。口沿及器表近底施一层较厚化妆土。口径6厘米，底径4.9厘米，高6厘米（图一六四，1；彩版二二三，1）。标本2002ⅢT6H1：2，器表口沿至上腹采用点、画技法，将四种釉药相间施于上腹，未入窑二次烧造。釉下敷一层较厚化妆土至下腹，器内施化妆土过口沿。白胎。口径8.2厘米，底径6.4厘米，高8.4厘米（图一六四，3；彩版二二三，2）。

Ab型 皆小型器，肩部一侧有一兽头形流，注水口极小，且制作工艺较精，我们推测此型水注可能是文房四宝中的砚滴。标本ⅡT57G2：141，完整。高圈足外撇。口沿至下腹近底敷一层较厚化妆土。粉白胎。口径4.3厘米，底径3.6厘米，高4.6厘米（图一六四，4；彩版二二三，3）。标本ⅡT57G2：200，完整。小饼形底内凹，口沿至下腹敷一层较厚化妆土。灰胎。口径4厘米，底径2.9厘米，高4.1厘米（图一六四，12；彩版二二三，4）。

B型 碗形水注。标本ⅡT17ZF3：96，完整。整体作碗状，斜直口，弧腹，圈足外撇。器表近口沿一侧有一柱形流，圈足底面饰同心圆纹一周。器内施化妆土，器表施化妆土近底。灰胎，含杂质较大。口径12.5厘米，底径8.2厘米，高7.4厘米（图一六四，2；彩版二二三，5）。

执壶 执壶是该期中出土数量最多的器形之一，素烧器相对较少，且以小型器为主。标本ⅡT57G2：208，残。喇叭形口，折沿，束颈，弧肩，圆鼓腹，饼形底，肩至颈部有一桥形鋬手，对称一侧有流残缺。肩部饰凹弦纹一周。器表至腹中部敷一层较薄化妆土。土黄胎。口径4.1厘米，底径4.7厘米，高7.5厘米（图一六四，14；彩版二二三，6）。

盒 出土数量较少，皆小型器。依据腹壁装饰的不同，可分为两型。

A型 标本ⅡT57G2：399，上呈盖母口，顶面中部同心圆略凸，肩部饰同心圆纹两周，盖面外沿上翘，腹壁上饰凹弦纹四周。器身子口微敛，深腹，腹壁微束。腹壁饰规整凹弦纹九周，底残破较严重，形制不明。器表通体敷一层化妆土。白胎泛黄。盖径8.6厘米，器身口径6.9厘米，通体残高6.8厘米（图一六四，13；彩版二二四，1）。

B型 标本ⅡT57G2：400，缺盖。整体作漏斗状，敛口，斜直壁，平底，器底制作不甚规整。器表施一层较薄化妆土。白胎。外沿径9.3厘米，子口7.6径厘米，高3.4厘米（图一六四，

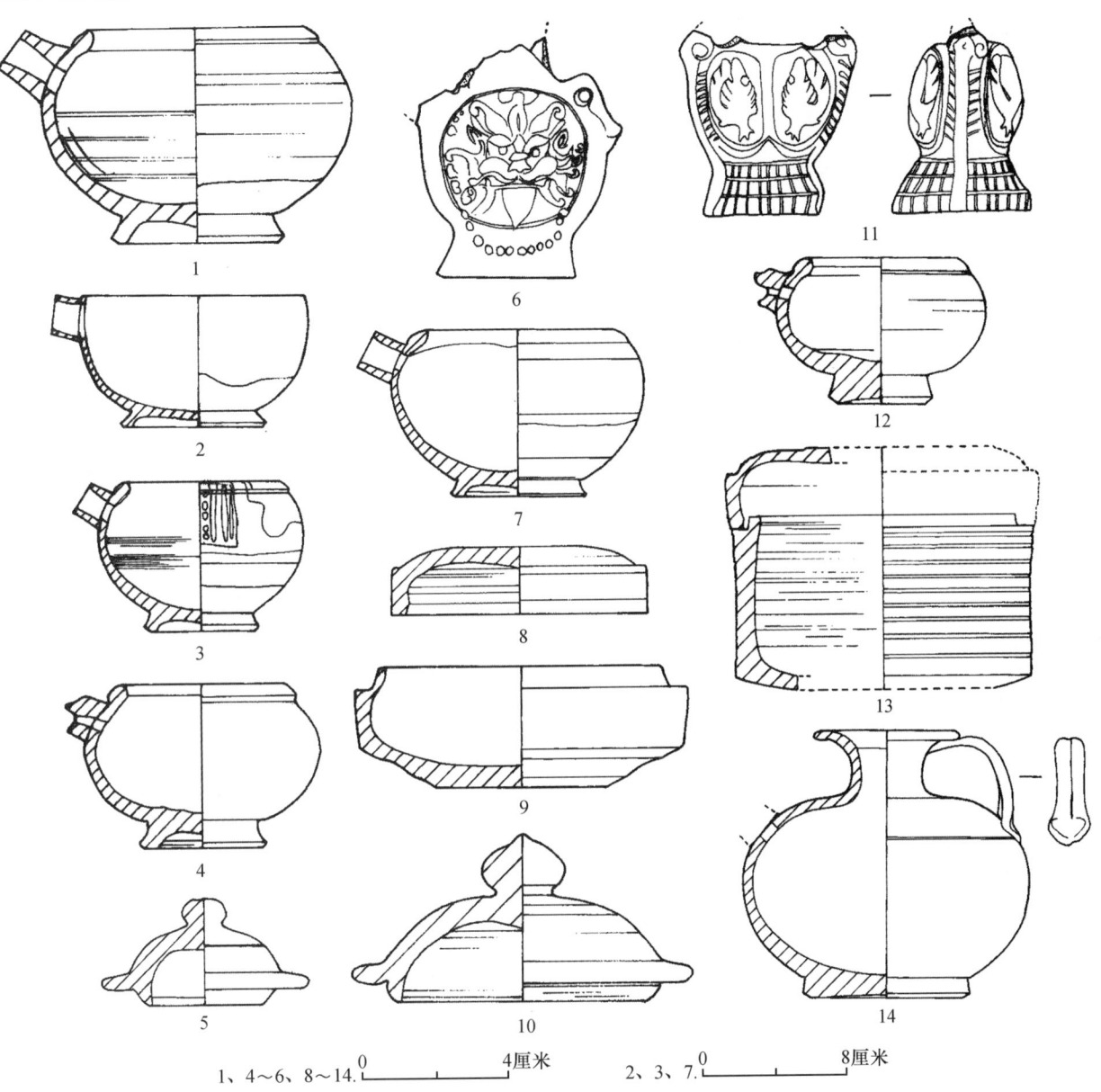

图一六四 素烧水注、器盖、瓶、盒和执壶

1、3、7.Aa型水注（ⅡT17ZF3：124、2002ⅢT6H1：2、ⅡT2J1：28） 2.B型水注（ⅡT17ZF3：96） 4、12.Ab型水注（ⅡT57G2：141、ⅡT57G2：200） 5.Bb型器盖（ⅡT57G2：144） 6.瓶（ⅡT57G2：103） 8.A型器盖（ⅡT35⑩：263） 9.B型盒（ⅡT57G2：400） 10.Ba型器盖（ⅡT57G2：99） 11.瓶（ⅡT15⑧：2） 13.A型盒（ⅡT57G2：399） 14.执壶（ⅡT57G2：208）

9；彩版二二四，2）。

器盖　常见的器盖以罐、盒盖为主。依据形制和用途的不同，可分为两型。

A型　标本ⅡT35⑩：263，残。盖顶近平，鼓肩，周沿上翘，直壁。盖壁近上沿饰线弦纹一周，中部饰断断续续线弦纹一周，器内壁显轮旋纹数周。器表施一层较薄化妆土。白胎。盖沿径7.4厘米，高1.9厘米（图一六四，8；彩版二二四，3）。

B型　盖顶隆起，窄盖沿近平，子口内敛。依据捉手的不同，又可分为两个亚型。

Ba型 锥帽形捉手。标本ⅡT57G2：99，盖顶中部置一锥帽形捉手。盖面敷一层较薄化妆土。盖沿径9.6厘米，子口径6.7厘米，高4.6厘米（图一六四，10；彩版二二四，4）。

Bb型 扣形捉手。标本ⅡT57G2：144，器形较小。盖顶中部置一扣形捉手。盖面中部饰凹弦纹一周。盖面施釉，未烧，大面积已脱落，釉下敷一层较厚化妆土。土黄胎。盖沿径5.8厘米，子口径3.2厘米，高3厘米（图一六四，5；彩版二二四，5）。

瓶 器形较小，皆残，不可复原。前后分别模制，然后黏合而成。扁腹，双系，椭圆形底座。标本ⅡT57G2：103，口、颈部分残缺。底座作横椭圆形。腹部对称兽面纹，面部狰狞，外围连珠纹作栏。通体敷一层较厚化妆土。粉红胎。底径2.8～3.7厘米，残高6.7厘米（图一六四，6；彩版二二四，6）。标本ⅡT15⑧：2，口、颈及两侧双系的上面部分残缺。底座作竖向不规则椭圆形网格纹。腹部两侧模印抽象图案，模糊不清。粉红胎。底径3.1～3.9厘米，残高5.1厘米（图一六四，11；彩版二二五，1）。

埙、蛋形器、铃铛等小型玩具类，分别前后、左右和上下模制黏合而成。

埙 前后分别模制黏合而成。平背，头顶中部有一吹孔，孔径0.9厘米左右。面颊两侧各有一个音孔。标本ⅢT7⑦：6，完整。面容显的较温顺。通体敷一层较厚化妆土。浅灰胎。面宽3.5厘米，厚3.7厘米，高3.5厘米（图一六五，1；彩版二二五，2）。标本ⅢT2⑥：39，完整。高鼻梁，面容凶猛。浅灰胎。面宽3.8厘米，厚3.8厘米，高4厘米（图一六五，3；彩版二二五，3）。

蛋形器 左右模制黏合而成，中空，个别的蛋形器里面有一个不规则圆形蛋黄。该器自第二期出现以后，各期段皆有出土，以素烧器为主，极少采用釉色装饰，目前仅在第三期前段发现一例施三彩釉，由此我们认为素烧蛋形器是成品器中的主要产品。标本ⅢT4⑧：18，完整。形如鸡蛋，形象逼真。椭圆形，一头尖，一头圆，表面光滑、整洁。粉红胎。体长4.6厘米，腹近3.8厘米（图一六五，4；彩版二二五，4）。

铃铛 标本ⅡT17Y7②：2，上下模制黏合而成。圆形，顶部作桥挂纽，中部饰一小圆孔。上腹模制缠枝花卉图案，下腹素面，底面上横刻一槽与中空相透。白胎。腹径4.4厘米，高4.5厘米（图一六五，2；彩版二二五，5）。

俑类 出土数量较多，有前后、左右分别模制两种，器表极少不施化妆土。常见有人物俑和动物俑两大类。

人物俑 人物俑又分乐俑、观音俑、骑俑三种。

乐俑 前后分别模制黏合而成。标本ⅢT5⑥：21，完整。盘坐在椭圆形中空台座上，戴帽，帽后系双飘带，面目清晰，着交领长袍，双手抱腰鼓于胸前。通体敷一层较厚化妆土。白胎泛黄。通高7.6厘米（图一六六，1；彩版二二五，6）。标本ⅢT2⑥：40，完整。盘坐在一不规则圆形中空台座上，低首，戴帽，帽后系双飘带，面目清晰夸张，锁眉，口微张，着交领长袍，双手抱腰鼓于胸前。灰白胎。通体高7.1厘米（图一六六，2；彩版二二六，1）。标本ⅢT5⑥：1，完整。双腿曲跪在一不规则椭圆形中空台座上，发中分，连眉凸目，着交领短袖，腰束带，双手抱琵琶于胸前。通体敷一层较厚化妆土。粉黄胎。通高7厘米（图一六六，4；彩版二二六，2）。

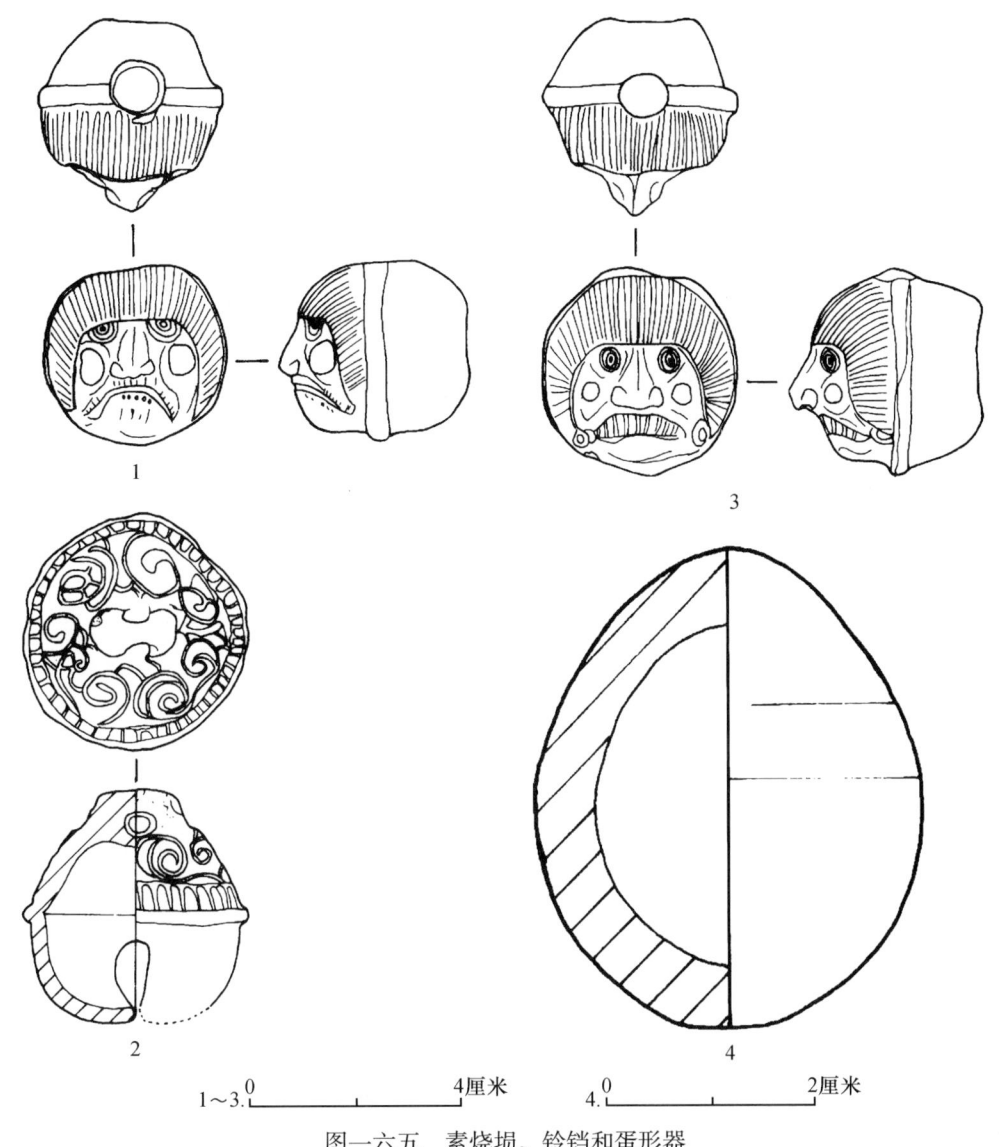

图一六五 素烧埙、铃铛和蛋形器
1、3. 埙（ⅢT7⑦：6、ⅢT2⑥：39） 2. 铃铛（ⅡT17Y7②：2） 4. 蛋形器（ⅢT4⑧：18）

观音俑 标本ⅡT57G2：97，梳发前倾后背，身着长袍，面目清秀，端庄秀丽，双手合十于胸前，双腿并拢前倾，端坐在一椭圆形台座上，台座中束。通体敷一层较薄化妆土。粉白胎。通用高7.3厘米（图一六六，5；彩版二二六，3）。

骑俑 出土数量不多，整体左右分别模制黏合而成。常见的有骑象俑和骑狮俑两种。

骑象俑 标本ⅢT2⑤：22，大象体态丰满，造型极为逼真。直立在一不规则方形中空台座上，背部置花边毯，上部骑座一人，面部模糊不清，身体左折，左腿曲折于象背。体长6厘米，通高7.5厘米（图一六六，6；彩版二二六，4）。

骑狮俑 标本ⅡT57G2：52，完整。狮体态稍瘦，站立在一菱形台座上，狮头右折，张口平视，分鬃，尾上翘。狮背置一网格纹毯，毯上骑座一人，身体右折平视，与狮面向一致。通体敷一层较薄化妆土。灰胎。体长5厘米，高6.4厘米（图一六六，3；彩版二二六，5）。

图一六六 素烧人物俑

1、2、4. 乐俑（ⅢT5⑥：21、ⅢT2⑥：40、ⅢT5⑥：1） 3. 骑狮俑（ⅡT57G2：52） 5. 观音俑（ⅡT57G2：97）
6. 骑象俑（ⅢT2⑤：22）

动物俑　出土数量不仅多，而且种类丰富，形态制作也较规整。制法以左右分别模制黏合而成为主，少数不施化妆土。常见的有马俑、狮俑、猴俑、狗俑、象俑、牛俑、骆驼俑、鸳鸯俑和鸽俑等。

马俑　标本ⅡT57G2：89，尾残缺，直立于一方形中空台座上，低首，缩颈，分鬃，背饰鞍鞯。通体敷一层较薄化妆土。浅灰胎。体长6.8厘米，通高5.4厘米（图一六七，9；彩版二二六，6）。标本ⅢT6⑦：4，完整。体态肥健，直立在一近圆形中空台座上，垂首下视，短尾。通体敷一层较薄化妆土。白胎。体长7.6厘米，通高6.4厘米（图一六七，1；彩版二二七，1）。标本ⅡT57G2：59，马嘴残缺。直立近方形台座上，低首，翘尾，前攀胸后置鞦，背饰鞍鞯。通体敷一层较薄化妆土。体残长7.1厘米，通高5.6厘米（图一六七，5；彩版二二七，2）。标本ⅢT5⑥：7，缺左面半身。直立在一方形台座上，缩颈，低首下视，短尾，分鬃，身佩络带、攀胸和鞦，前后鞦上皆佩戴铃铛，背置鞍鞯。通体敷一层较厚化妆土。白胎。体长6.7厘米，通高5.5厘米（图一六七，7；彩版二二七，3）。标本ⅡT12Y6：6，尾残缺。直立在一方形中空台座上，仰首平视，分鬃，背置鞍鞯。粉红胎。体残长5.6厘米，通高6.6厘米（图一六七，6；彩版二二七，4）。

狮俑　标本ⅡT57G2：228，形制较大，头部残缺。蹲卧在一中空高台座上，四肢合拢前并，垂鬃上卷，长尾夅地折背。通体敷一层较厚化妆土。通体残高9.3厘米（图一六七，10；彩版二二七，5）。标本ⅡT57G2：22，形制较小，整体制作工艺较精，四肢残缺。头折于左侧，分鬃，竖耳，张口，平视，项下系铃，脑门中部饰一"王"字，卷尾。通体敷一层化妆土。残高6.2厘米（图一六七，4；彩版二二七，6）。标本ⅡT57G2：136，完整。后腿蹲卧在一不规则方形中空台座上，左腿直立，右腿贴身上折于头部。竖耳，分鬃，目视前方，项下系铃，尾上翘贴背。器身局部涂块状棕红色釉，未烧。通体敷一层较厚化妆土。白胎。通高7.2厘米（图一六七，3；彩版二二八，1）。

猴俑　标本ⅢT2J1：24，前倾蹲卧在一椭圆形中空台座上，头折于左侧，口微张，双目炯炯有神。右爪着地，左臂搭在左腿上。通体敷一层较厚化妆土。粉红胎。通高6.5厘米（图一六七，2；彩版二二八，2）。标本ⅢT6⑦：5，完整。整体造型同上，应是同一模范制成。由于烧制温度过高，器表化妆土已失色，胎体亦深灰。高6.4厘米[①]（图一六七，8；彩版二二八，3）。

狗俑　标本ⅡT57G2：111，完整。身子后倾站立在一近方形中空台座上，头右折，鬃分，竖耳，张口，目视前方，项下系铃，尾贴背近头部。通体敷一层化妆土。灰白胎。体长5.2厘米，通高6.8厘米（图一六八，6；彩版二二八，4）。标本ⅡT35⑨：20，完整。左右模制，实腹，前后分别并腿相连，无底座。整体制作工艺简单、抽象。头左折，并耳，口微张，项下饰串珠，卷尾折背。粉红胎。体长5.5厘米，高5.2厘米（图一六八，1；彩版二二八，5）。

---

① 标本ⅢT2J1：24和ⅢT6⑦：5猴俑，虽然不是来自一个遗迹单位，但从造型到制作工艺看两者完全是出自同一个模范、同一个窑工之手，它们之间的高度相差0.1厘米。值得一提的是，由于烧制温度上的差异不仅会产生器物表面化妆土、胎的成色，同时对器身以及高度也会产生较大的影响。

图一六七 素烧动物俑

1、5~7、9.马俑（ⅢT6⑦：4、ⅡT57G2：59、ⅡT12Y6：6、ⅢT5⑥：7、ⅡT57G2：89） 2、8.猴俑（ⅢT2J1：24、ⅢT6⑦：5） 3、4、10.狮俑（ⅡT57G2：136、ⅡT57G2：22、ⅡT57G2：228）

象俑 标本ⅡT57G2∶103，完整。直立在一长方形中空台座上，低首下视，象鼻下垂内勾，无尾，背置一毯。通体敷一层较薄化妆土。灰白胎。体长5.1厘米，通高4.7厘米（图一六八，7；彩版二二八，6）。

牛俑 标本ⅢT2⑥∶41，腿残缺。立式，伸首前视，尾圜折于左臀部。牛背趴一牧童，双手紧扶牛背。通体敷一层较薄化妆土。灰白胎。体长7.2厘米，残高3.6厘米（图一六八，3；彩版二二九，1）。

骆驼俑 标本ⅡT57G2∶133，驼头残缺。直立在一方形台板上，引颈，缩身，单驼峰，背载行囊。通体敷一层较薄化妆土。灰白胎。体残长5厘米，通体残高5.7厘米（图一六八，2；彩版二二九，2）。

鸳鸯俑 标本ⅡT57G2∶50，嘴微残。端卧在椭圆形台座上，体态肥健，缩颈下视，收

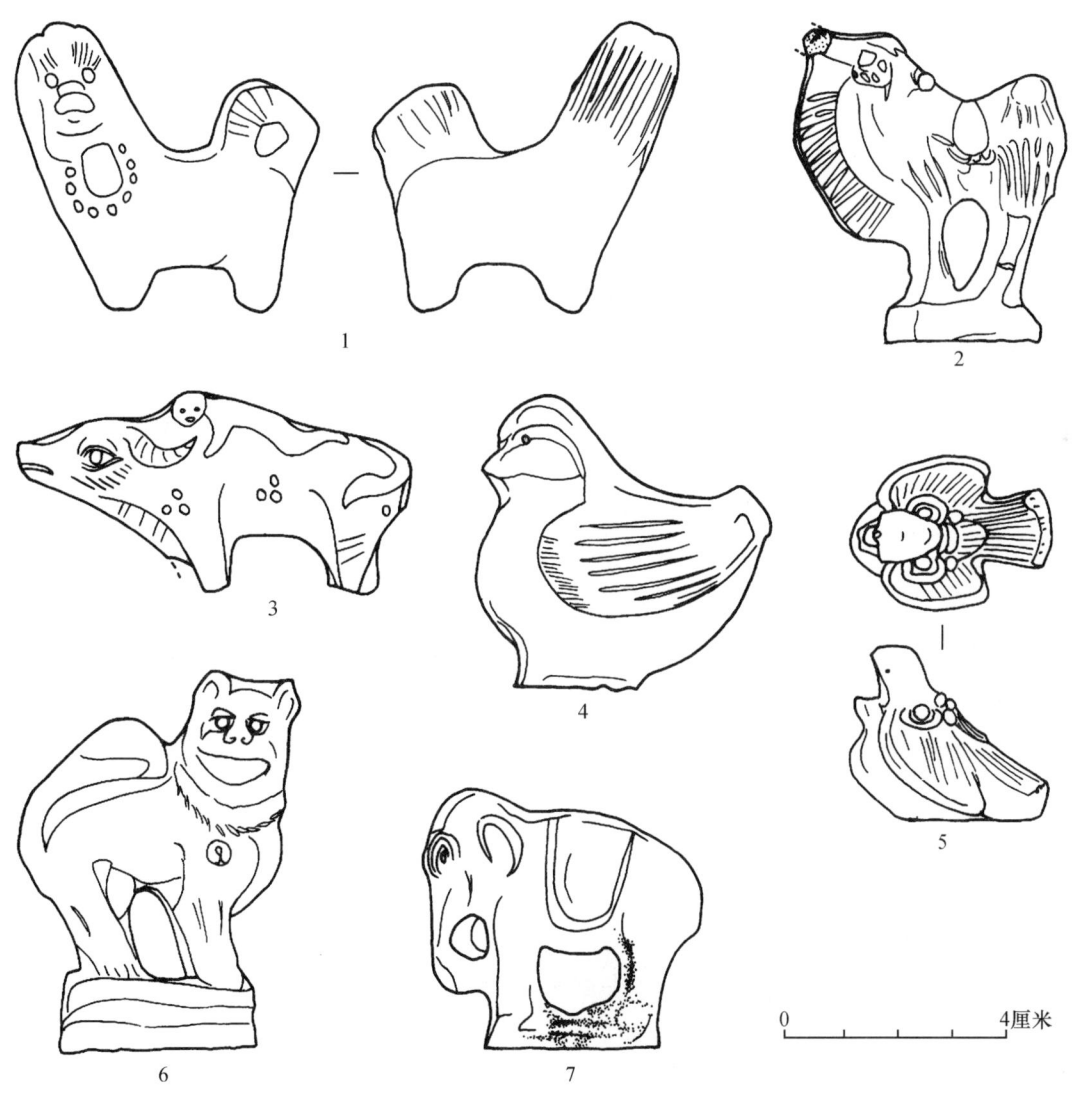

图一六八 素烧动物俑

1、6.狗俑（ⅡT35⑨∶20、ⅡT57G2∶111） 2.骆驼俑（ⅡT57G2∶133） 3.牛俑（ⅢT2⑥∶41） 4.鸳鸯俑（ⅡT57G2∶50） 5.鸽俑（ⅡT57G2∶4） 7.象俑（ⅡT57G2∶103）

翅翘尾。通体敷一层较厚化妆土。粉红胎。体长5.4厘米，通高5.3厘米（图一六八，5；彩版二二九，3）。

鸽俑　标本ⅡT57G2：4，完整。仰首，张口，花背，翅微展，腹下有一圆形插孔，孔径0.03厘米。通体敷一层较厚化妆土。体长3.7厘米，宽2.8厘米，通高3.1厘米（图一六八，4；彩版二二九，4）。

三、白釉蓝彩与青花

1. 白釉蓝彩器

白釉蓝彩器出土数量较多，器形单一，以碗、盏类日常生活实用器为主，在第三期前后段中常见的大件罐类器极少。

碗　出土数量较多，器形大小不一，皆圈足底。依据形制和用途的不同，可分为两型。

A型　极少。标本ⅡT57G2：394，器形较大，胎体厚重，制作工艺粗糙。唇口，斜弧腹，高圈足外撇。器内施白釉，内口沿施竖条带蓝釉一周与白釉相间，内底点蓝构成梅花图案，器表施绿釉至下腹，釉下敷一层较厚妆土。土黄胎。口径23厘米，底径11.2厘米，高8.4厘米（图一六九，5；彩版二二九，5、6）。

B型　是这一时期中的主要器形之一。敞口折沿，鼓腹，圈足。器内皆施满釉，器表施釉至上腹，釉下敷化妆土过釉。多数烧成温度较高，尚未完全瓷化。依据器物的大小和用途上的差异，又可分为两个亚型。

Ba型　器形较大。标本ⅡT57G2：238，器内外施白釉泛黄，釉上撒满不规则点状蓝釉。灰白胎。口径17.4厘米，底径10厘米，残高5.6厘米（图一六九，4；彩版二三〇，1、2）。标本ⅡT57G2：63，烧成温度较低，白釉泛黄透铅。器内底釉下显两周同心圆纹，器表下腹近底有一周线弦纹。器内口釉上施竖向条带蓝釉一周，内底面饰十一朵梅花图案，花苞施蓝釉，花蕊点黄。粉红胎。口径17厘米，底径8.8厘米，高6.2厘米（图一六九，3；彩版二三〇，3）。标本ⅡT57G2：161，烧成温度较高，接近瓷化。器内外施白釉泛黄，器内口沿釉上施竖向条带蓝釉一周，内底蓝釉点缀构成双重花卉图案。灰黄胎。口径16厘米，底径8.2厘米，高5.6厘米（图一六九，1；彩版二三〇，4、5）。标本ⅡT57G2：224，器表近底饰线弦纹一周。器内外施白釉泛黄，器内底釉上点蓝色花卉图案，局部点黄。土黄胎。口径16.4厘米，底径9.2厘米，高5.8厘米（图一六九，2；彩版二三一，1、2）。

Bb型　器形较小，其造型同Ba型，用途可能与饮茶有关。标本ⅢT2⑥：33，完整。器内外白釉泛黄，器内口部施较整蓝色竖向条带釉一周，底面上饰五朵梅花图案，花苞施蓝釉，花蕊点黄。土黄胎。口径10厘米，底径4.9厘米，高3.8厘米（图一七〇，1；彩版二三一，3、4）。标本ⅢT4⑧：1，器表近底饰线弦纹半周。器内外施白釉泛灰，器内口部施密集蓝色竖向条带釉一周，底面上饰五朵梅花图案，花苞施蓝釉，花蕊点黄。浅黄胎。口径10.4厘米，底径5.4厘米，高4.1厘米（图一七〇，2；彩版二三一，5、6）。标本ⅡT57G2：24，器内外施白釉

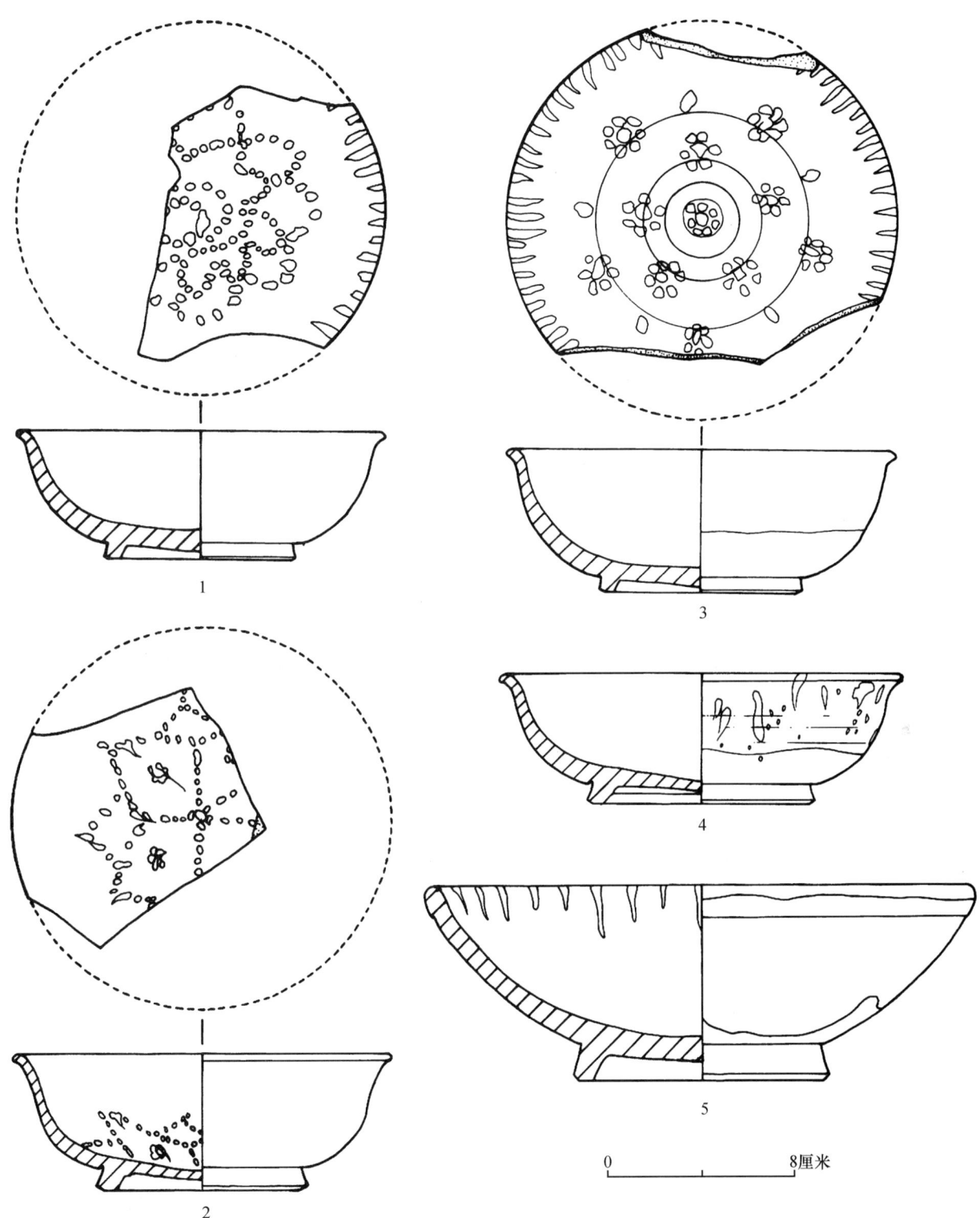

图一六九　白釉蓝彩碗

1~4. Ba型（ⅡT57G2：161、ⅡT57G2：224、ⅡT57G2：63、ⅡT57G2：238）　5. A型（ⅡT57G2：394）

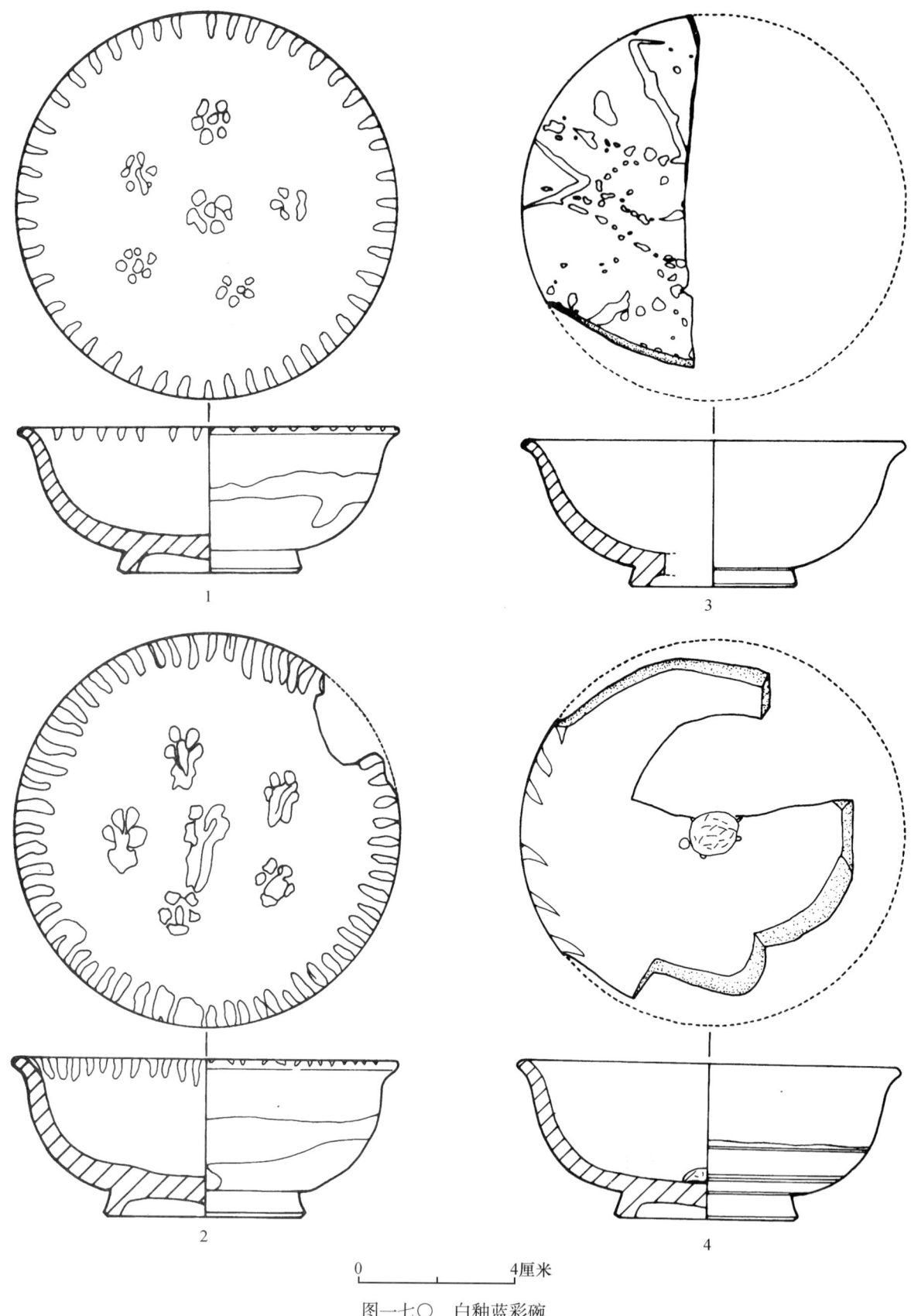

图一七〇 白釉蓝彩碗

1~4. Bb型（Ⅲ T2⑥：33、Ⅲ T4⑧：1、Ⅱ T57G2：24、Ⅲ T5⑥：55）

泛黄，器内釉上施蓝色釉，器表沿下釉上等距点蓝釉一周。灰黄胎。口径10厘米，底径4.4厘米，高3.8厘米（图一七〇，3；彩版二三二，1、2）。标本ⅢT5⑥：55，腹部饰凹弦纹一周，下腹近底饰线弦纹数周。器内口沿施斜条带蓝釉一周，内底粘塑一匍匐前行的金钱龟，龟背、龟头点蓝釉，此装饰在黄冶窑器物中极为罕见。浅黄胎。口径10厘米，底径4.8厘米，高4.1厘米（图一七〇，4；彩版二三二，3）。

盏　最早见于黄冶窑第三期前段，皆为单色釉陶制品，本期中出土数量极少，以白釉蓝彩为主。器形虽小，皆大敞口，斜弧腹，小圈足。标本ⅢT4⑧：6，完整。器内施满釉，器表施半釉，釉色白中泛黄。器内底釉上点饰五组不甚规则蓝色支叶纹花卉图案，釉下敷一层较薄化妆土。粉白胎。口径10.6厘米，底径3.8厘米，高4厘米（图一七一；彩版二三二，4）。

2. 青花瓷器

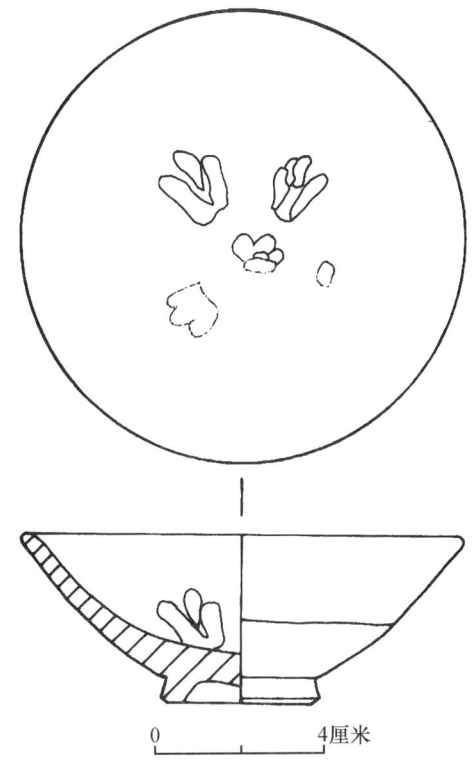

图一七一　白釉蓝彩盏（ⅢT4⑧：6）

青花瓷器在黄冶窑址出土数量极少，能看出器形的仅有一件执壶和一件罐残片[①]。标本ⅡT5⑥：1，执壶残片。器内外施白釉，釉质纯净。釉下残存"Z"形蓝釉。白胎，胎质坚硬。长6.6厘米，宽2.5厘米（彩版二三二，5）。标本ⅡT5⑥：11，罐口残片。唇口，鼓腹。器表白釉，口沿、腹部釉下点不规则蓝釉，釉色纯净。长3厘米，宽2.6厘米（彩版二三二，5）。

四、擂　钵

擂钵出现于黄冶窑第三期后段，本期不仅出土数量多，而且纹样也非常丰富。烧成温度较高，绝大多数接近瓷化或完全瓷化。常见的擂钵以碗形为主，盆形不多。依据形制的不同，可分为两型。

A型　不仅出土数量较多，纹样也最丰富。常见的以花卉、树枝纹、网格纹、竖线纹为主。器形以弧口折沿为主，皆斜弧腹。常见口沿一周至器表上腹施釉，完全不施釉的极少。依据底的不同，又可分为三个亚型。

Aa型　圈足，出土数量最多。

莲花纹　标本ⅠT1H1：32，器表下腹近底饰凹弦纹一周，器内沿下刻凹弦纹三周，

[①] 这两件标本经上海硅酸盐研究所测试，皆属釉下彩，其中执壶的烧成温度在1200摄氏度左右，罐的烧成温度略低一点，蓝釉的成分与扬州遗址出土的青花瓷完全一致。

内底刻同心圆纹三周。器内腹壁刻莲瓣纹一周，其间饰密集锥刺纹。口沿及器表沿下施黑釉。白胎。口径13.6厘米，底径6.4厘米，高3.8厘米（图一七二，1；彩版二三二，6）。标本ⅡT17ZF3①：136，器表近底饰线弦纹一周，器内近口沿及底外沿分别刻凹弦纹四周，腹壁及底面上分别刻莲瓣纹，其间饰密集条形锥刺纹。器内沿及器表上腹施酱釉。浅灰胎。口径13.厘米，底径5.5厘米，高3.8厘米（图一七二，2；彩版二三三，1）。标本ⅡT17ZF3①：132，器内近口沿、腹壁及底分别刻划线弦纹四周，周壁上刻划双重莲瓣纹图案，锥刺纹饰于其间。口沿至器表上腹施酱釉。灰白釉。口径14厘米，底径6.4厘米，高3.8厘米（图一七二，3；彩版二三三，3、4）。标本ⅡT17ZF3①：134，内口沿处刻划弦纹三周，腹壁中部刻划弦纹四周，底面上刻同心圆纹五周，中间刻四条篦纹。周壁弦纹之间分别刻莲瓣纹图案，其间刻划篦纹。口沿至器表上腹施酱黄釉。灰胎。口径14厘米，底径6厘米，高3.8厘米（图一七二，4；彩版二三三，2）。标本ⅡT12Y6：34，器内沿下及近底分别刻划弦纹两周，两组弦纹之间刻莲瓣纹图案，下腹近底刻划篦纹，底中部刻同心圆纹。口沿至器表上腹施酱红釉。浅灰胎。口径13.2厘米，底径6厘米，高3.8厘米（图一七二，5；彩版二三三，5）。

树枝纹　标本ⅠT1H1：30，器表沿下及腹中部分别饰条带纹一周，器内近口沿、近底分别刻划弦纹三周，两组弦纹之间刻树枝纹。内口沿至器表上腹施黄釉。烧成温度较低，土黄胎。口径13.8厘米，底径6.2厘米，高3.6厘米（图一七二，6；彩版二三四，1、2）。标本ⅠT1H1：31，器表近底至圈足微凸同心圆一周，器内近口沿刻划弦纹三周，底面刻同心圆纹三周，腹壁上刻划树枝纹。器内口至器表上腹施酱釉。白胎。口径14厘米，底径6.4厘米，高3.7厘米（图一七二，7；彩版二三三，6）。标本ⅡT17ZF3①：135，器内近口沿和腹壁上分别刻划弦纹四周，两组弦纹之间刻树枝纹，底面中部刻同心圆纹三周，同心圆纹外围等距刻五周弦纹连接与腹壁上，其间刻篦纹点缀。口沿至器表上腹施酱红釉。白胎。口径14厘米，底径3.5厘米，高4.4厘米（图一七二，8；彩版二三四，3）。

竖线纹　标本ⅡT12Y6：2，器表腹壁上局部遗留有器物摞烧时的黏结痕。器内近口沿刻划弦纹四周，近底面刻同心圆纹数周，弦纹与同心圆纹之间刻竖线纹，底面上刻"十"字交叉纹，其间点缀锥刺纹。内口沿施黄釉一周，由于烧制温度太高釉已完全失色。浅灰胎。口径15厘米，底径6.6厘米，高3.6厘米（图一七二，9；彩版二三四，4）。

Ab型　饼形底，出土数量不多。标本ⅡT17ZF3①：133，饼面显不规则同心圆纹三周。器内近口沿及近底分别刻弦纹三周和四周，两组弦纹之间刻斜线分别相交，组成数个三角形图案，底面上刻四出花瓣与中部同心纹相交，其间锥刺纹点缀。器内口沿至器表上腹施酱红釉。浅灰胎。口径14.4厘米，底径6.2厘米，高4.2厘米（图一七三，2；彩版二三四，5）。标本ⅡT17H20：4，口及上腹残缺。器表腹部饰凹弦纹一周，足面上显数周同心圆纹。器内壁及底刻划网格纹。器表上腹施黄釉。底径6.7厘米，残高3.8厘米（图一七三，4；彩版二三四，6）。

Ac型　敞口，斜壁微弧，玉璧底。出土数量极少。标本ⅠT1H1：33，器内腹壁刻划网格纹，底面无纹饰。内口沿至器表上腹施酱红釉。土黄胎。口径16厘米，底径7.4厘米，高4.6厘米（图一七三，1；彩版二三五，1、2）。

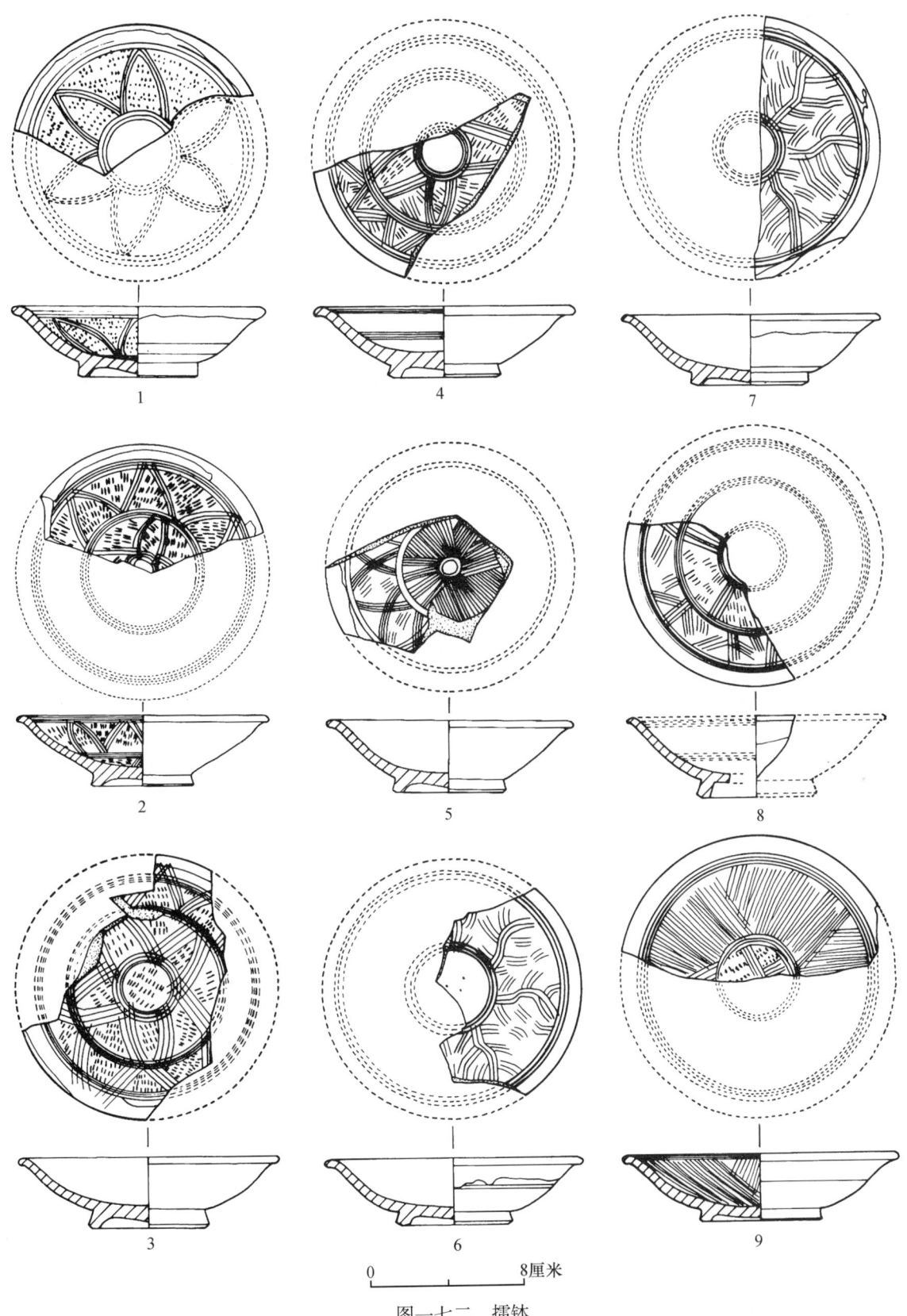

图一七二 擂钵

1~9.Aa型（ⅠT1H1：32、ⅡT17ZF3①：136、ⅡT17ZF3①：132、ⅡT17ZF3①：134、ⅡT12Y6：34、ⅠT1H1：30、ⅠT1H1：31、ⅡT17ZF3①：135、ⅡT12Y6：2）

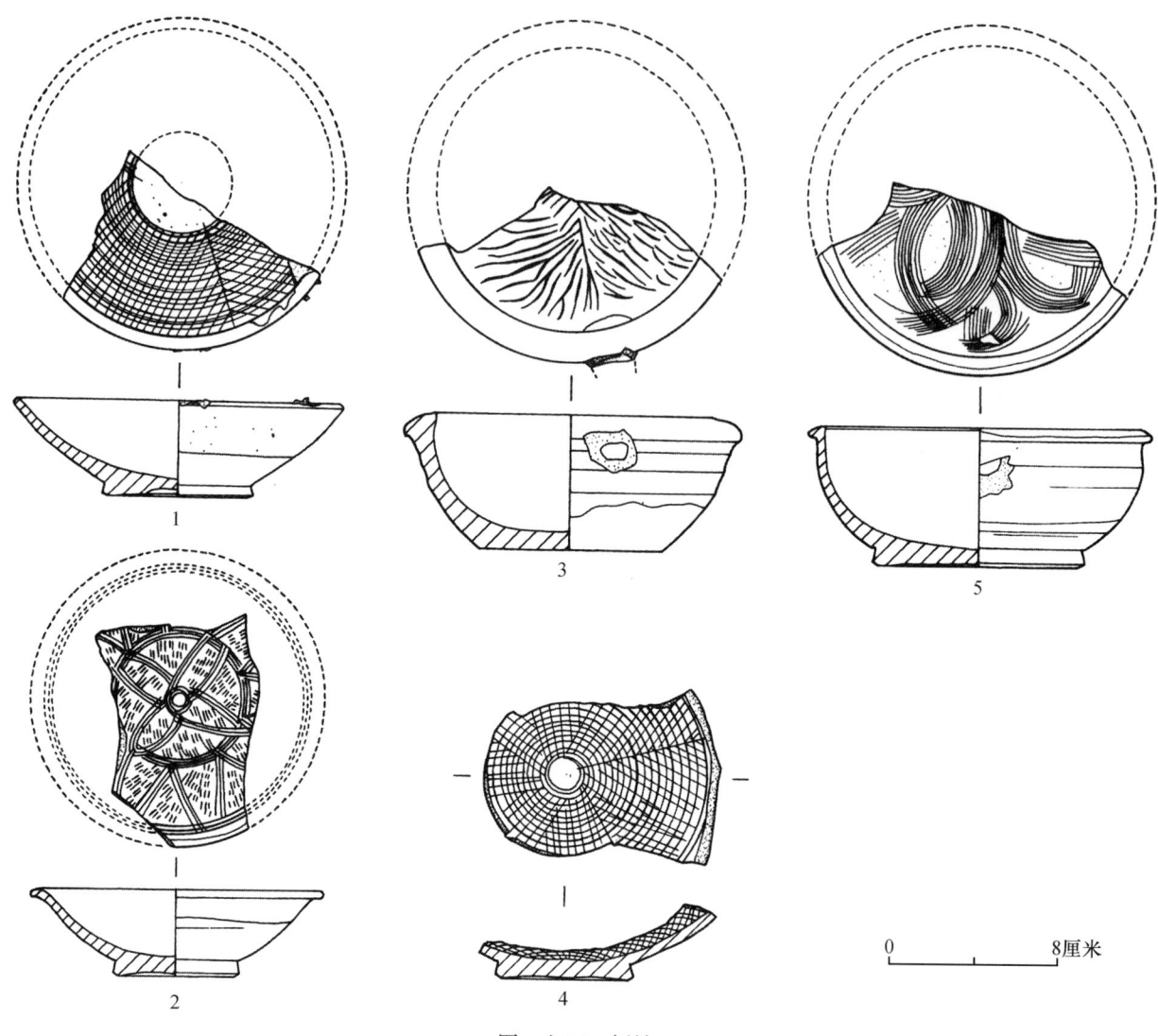

图一七三 擂钵
1. Ac型（ⅠT1H1∶33） 2、4. Ab型（ⅡT17ZF3①∶133、ⅡT17H20∶4） 3. Bb型（ⅡT35⑨∶129）
5. Ba型（ⅡT35⑨∶130）

B型 盆型，出土数量不多。依据口和底的不同，又可分为两个亚型。

Ba型 唇口折沿，鼓腹，饼形底。标本ⅡT35⑨∶130，器内沿下刻划旋转篦纹组成花卉图案。器表施黑釉至下腹，沿面无釉。土黄胎，含杂质较大。口径15厘米，底径10.4厘米，高6.7厘米（图一七三，5；彩版二三五，3、4）。

Bb型 敛口折沿，弧腹，大平底。标本ⅡT35⑨∶129，胎体制作的较粗糙。沿面一侧有流残缺。器表上腹饰凹弦纹两周，器内沿下刻划不规则篦纹。沿面至器表下腹施黑釉。灰白胎，含较多粗砂粒。口径13.6厘米，底径9厘米，高6.6厘米（图一七三，3；彩版二三五，5、6）。

五、作 坊 具

出土数量不多，常见的作坊具有瓷质和石质两种。器形与制瓷相关的有模范、瓷碾轮、石拍、石磨盘、石杵、穿孔石器和长方石器等。

1. 模具

有双面模和印模两种，双面模又分左右模、上下模和前后模，分别模制黏合而成。印模以器物附件和器物装饰为主。有人物俑、动物俑、枝叶、花卉、器物附件等。

（1）人物模具　出土数量不多，常见的有人物俑和骑俑两种。

人物俑　标本ⅡT35⑨：8，前身模范，端坐在蒲团上。面容较清晰，双手合十于胸前。粉红胎。通高6.5厘米（图一七四，2；彩版二三六，1）。标本ⅡT35⑤：2，后身模范，坐式，束腰带。粉白胎。通高5.9厘米（图一七四，3；彩版二三六，2）。标本ⅡT57G2：129，后身模范，坐式。戴帽，背附两条飘带，身着长袍。模外壁遗留有三处两横吻合符号。粉红胎。高8.4厘米（图一七四，4；彩版二三六，3）。标本ⅡT35⑪：70，前身模范。坐在蒲团上，面向左侧，五官较清晰。右腿折于后，左腿折立，左手置于胸前似抱有物，模糊不清，右手放在右腿上，着宽衣长袍。粉红胎。通高11厘米（图一七四，1；彩版二三六，4）。

骑马俑　标本ⅡT57G2：42，左侧半模，马体肥健，直立在一长方形台座上，垂头下视。马背置鞍，颈及臀部分别佩戴铃铛，鞍上骑一人，身体左折，发髻高挽，面容模糊不清，双手前置。粉红胎。体长7.2厘米，通高7.9厘米（图一七四，5；彩版二三六，5）。

骑牛俑　标本ⅢT5⑥：48，左侧半模。直立在一长方形台座上，伸首平视，长角折背，尾折于左臀上，牛背趴一牧童，左手攀于牛腹部。模范表面敷一层化妆土。粉红胎。体长9.6厘米，高6.3厘米（图一七四，6；彩版二三六，6）。

（2）动物模具　常见的有骆驼、大象、狗、海豹、瑞兽和鸽等。

骆驼　标本ⅢT4⑧：16，右侧半模，线条清晰。直立在一长方形台座上，昂首引颈，双驼峰之间托载行囊。模范的外壁接缝处刻划有多处吻合符号。粉红胎。体残长8.6厘米，通高8.8厘米（图一七五，6；彩版二三七，1）。标本ⅡT57G2：132，左侧半模。直立在一台座上，昂首引颈作嘶鸣状，背部托载行囊。模范的外壁接缝处分别刻两横、三横吻合符号。粉红胎。体长7.8厘米，高8.2厘米（图一七五，3；彩版二三七，2）。标本ⅢT8⑦：13，器形较小，左侧半模。直立在一方形台板上，昂首上视作嘶鸣状，单驼峰。模范的外壁接缝处刻多处吻合符号，背面中部刻一"口"字。粉红胎。体长4.3厘米，高6.5厘米（图一七五，7；彩版二三七，3）。

大象　标本ⅡT11①：24，完整。右侧半模，器形较大，体态丰满。直立于不规则台板上，象鼻内卷着地。象背上横置乳钉纹作栏。模范的外壁竖面接缝处分别刻三角形吻合符号，一侧局部遗留有酱黄釉，吻合符号被釉层所覆盖。灰白胎。从整体形制看，该器应是象形枕模范，目前尚未发现成品器标本。通体长14.7厘米，宽6.5厘米，高7.2厘米（图一七五，4；彩版

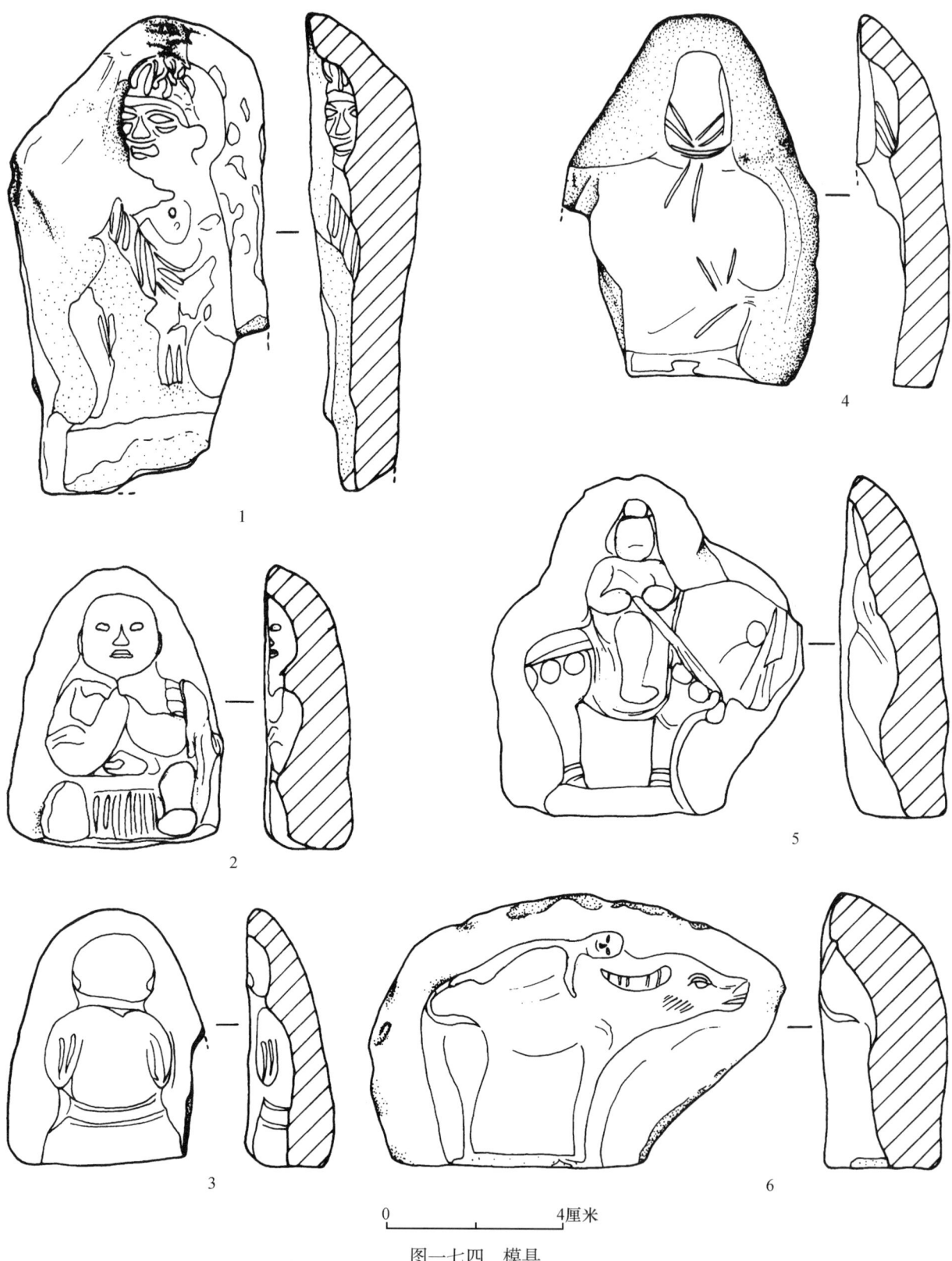

图一七四 模具
1~4.人物模具（ⅡT35⑪：70、ⅡT35⑨：8、ⅡT35⑤：2、ⅡT57G2：129） 5.骑马俑（ⅡT57G2：42）
6.骑牛俑（ⅢT5⑥：48）

第四章 出土遗物

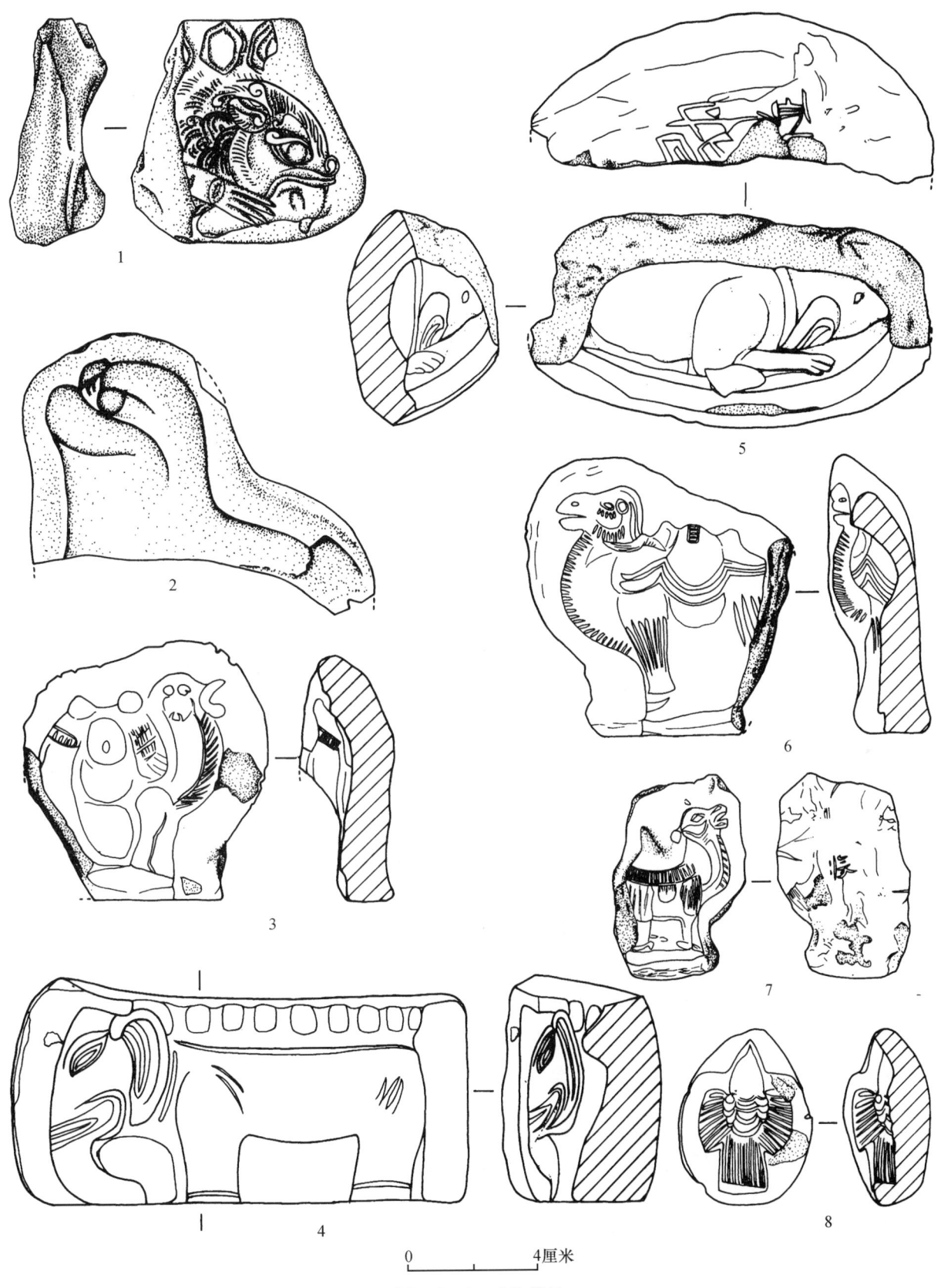

图一七五 动物模具
1. 瑞兽（ⅡT35⑨：134） 2. 海豹（ⅡT35⑨：21） 3、6、7. 骆驼（ⅡT57G2：132、ⅢT4⑧：16、ⅢT8⑧：13）
4. 大象（ⅡT11①：24） 5. 狗（ⅢT5H47：3） 8. 鸽子（ⅢT4H18：3）

二三七，4）。

狗　标本ⅢT5H47：3，左侧半模。俯卧在一圜圆形台板上，伸首，屈肢向前。模范背面刻有"□□"二字，其中一个字残半，尚未识读。黄胎泛红。体残长12.9厘米，高6.8厘米（图一七五，5；彩版二三七，5）。

海豹　出土数量极少。标本ⅡT35⑨：21，右侧半模，身体部分残缺。体态丰满，昂首上视。粉红胎。体宽10.8厘米，残高9.4厘米（图一七五，2；彩版二三七，6）。

瑞兽　标本ⅡT35⑨：134，首部半模。卧姿，平视，眉目清晰，怒目圆睁，前爪扶于额下。粉红胎。体残宽7.6厘米，通高7厘米（图一七五，1；彩版二三八，1）。

鸽子　标本ⅢT4H18：3，背部半模，仰首，收翅展尾，羽毛清晰。模范外壁接缝处两侧及后部分别刻一横吻合符号。灰白胎。体高5.6厘米，宽4.3厘米（图一七五，8；彩版二三八，2）。

（4）埙模具　标本ⅢT4H30：2，前半部模范，半圆形，人面，面容清晰。面颊两侧分别有一个音孔柱，粉红胎。直径6.1厘米，厚3.1厘米（图一七六，1；彩版二三八，3）。标本ⅢT3⑦：49，前半部模范，半椭圆形，人面，面容清晰，鼻阔口宽。面颊两侧分别有一个音孔柱，模范的外壁中上方接缝处分别刻两横吻合符号。白胎。宽径5.2厘米，厚2.5厘米，高6厘米（图一七六，2；彩版二三八，4）。

（5）铃铛模具　标本ⅡT35⑩：56，下半模，半圆形。中部显凸出开槽缝。模范的外壁一侧接缝处刻三横吻合符号。粉红胎。直径6.3厘米，厚3.5厘米（图一七六，3；彩版二三八，5）。

（6）器物附件模具　出土数量较多，以半模为主，双面合模的极少。有器盖、炉足、樽足、钵的系和佛像饰件等。

龙首模具　标本ⅡT35⑩：47，左（右）侧半模。长角，凸眼，张口下视。模范的外壁接缝处三面分别横刻一道吻合符号。灰白胎。该模范的形制与同期双龙尊上龙首非常接近。体残宽6.8厘米，残高9.8厘米（图一七六，7；彩版二三八，6）。

器盖模具　标本ⅡT35⑨：112，椭圆形，平口，模范内作扇面形四份等分，中部一桥形纽。粉白胎。体长10.2厘米，宽9.2厘米，厚3.6厘米（图一七六，5；彩版二三九，1）。标本ⅢT2①：1，圆形，平口，腹壁分别饰凹弦纹、同心圆纹三周，顶部外围饰线弦纹一周，中部饰花卉图案，其间布满锥刺纹。粉红胎。直径14.6厘米，厚5.6厘米（图一七六，9；彩版二三九，2）。

炉足模具　标本ⅢT5H47：1，完整。兽蹄形。粉红胎。宽3.6～5.2厘米，高7.5厘米（图一七六，8；彩版二三九，3）。

樽足模具　标本ⅢT4⑥：1，完整。蹄形。粉白胎。宽4.5厘米，高5.7厘米（图一七六，6；彩版二三九，4）。

敛口钵系模具　标本ⅡT57G2：33，整体作椭圆形。背面刻"记六"二字，竖读。粉白胎。宽6厘米，高8.7厘米（图一七六，10；彩版二三九，5、6）。

器座模具　标本ⅡT35⑨：206，平口。上壁素面，下周壁枝叶纹。浅灰胎。目前尚未发现相对应的成品器，依据形制我们推测，该模范可能是佛像底座。残宽8厘米，高5.1厘米（图

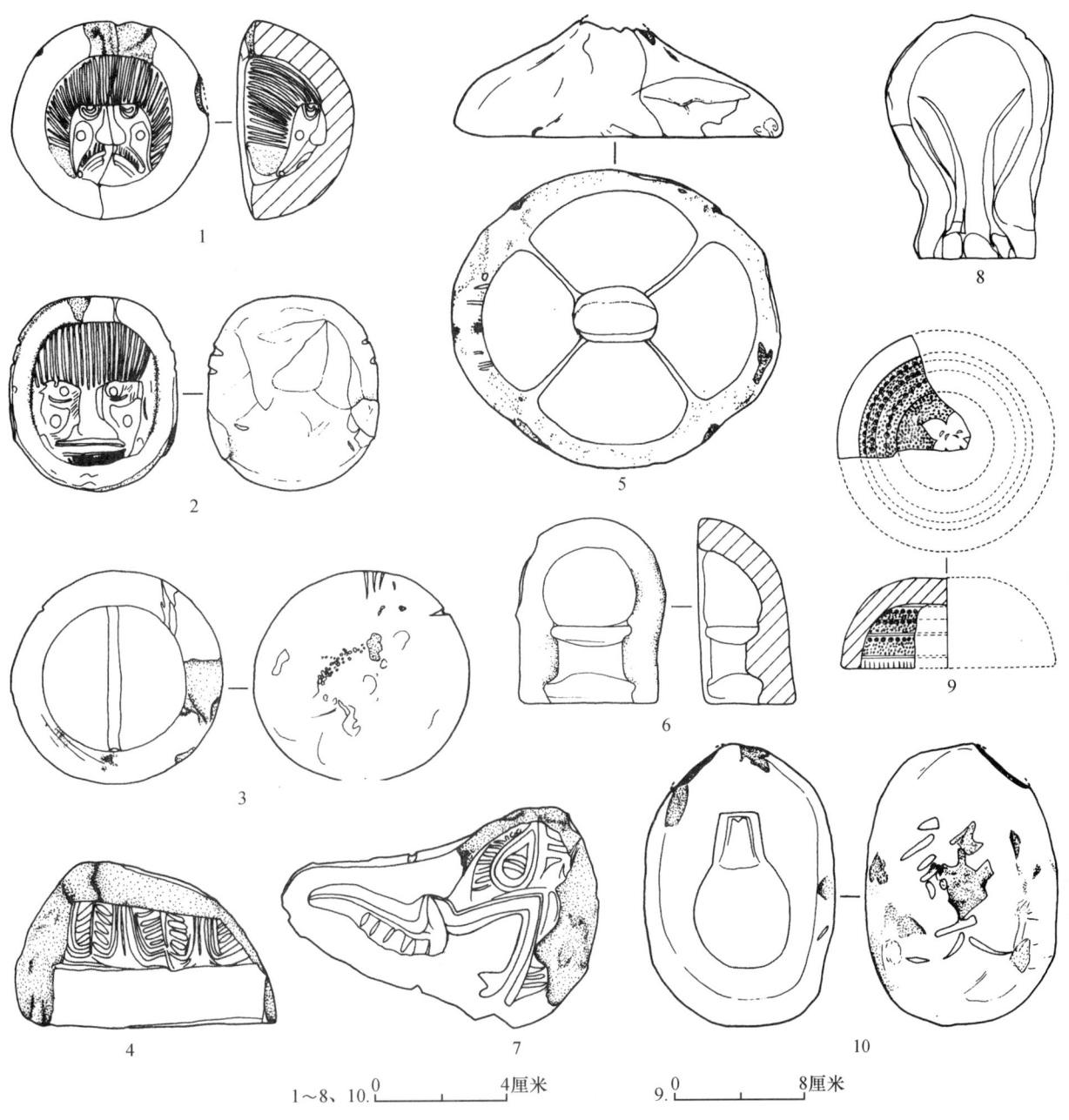

图一七六　模具

1. 埙模具（ⅢT4H30：2）　2. 埙模具（ⅢT3⑦：49）　3. 铃铛模具（ⅡT35⑩：56）　4. 器座模具（ⅡT35⑨：206）
5、9. 器盖模具（ⅡT35⑨：112、ⅢT2①：1）　6. 樽足模具（ⅢT4⑥：1）　7. 龙首模具（ⅡT35⑩：47）　8. 炉足模具（ⅢT3H47：1）　10. 敛口钵系模具（ⅡT57G2：33）

一七六，4；彩版二四〇，1）。

（7）印模　常见的纹样有宝相花、石榴花、菊花、松叶和叶草等。标本ⅠT1H1：80，完整。圆形，模内作宝相花纹图案。灰白胎。面径4.2厘米，高1.8厘米（图一七七，1；彩版二四〇，2）。标本ⅡT35⑤：145，整体作不规则椭圆形。模内为枝叶花卉图案。粉白胎。宽7.3厘米，残长6.5厘米（图一七七，3；彩版二四〇，5）。标本ⅡT12现代扰坑：3，完整。通

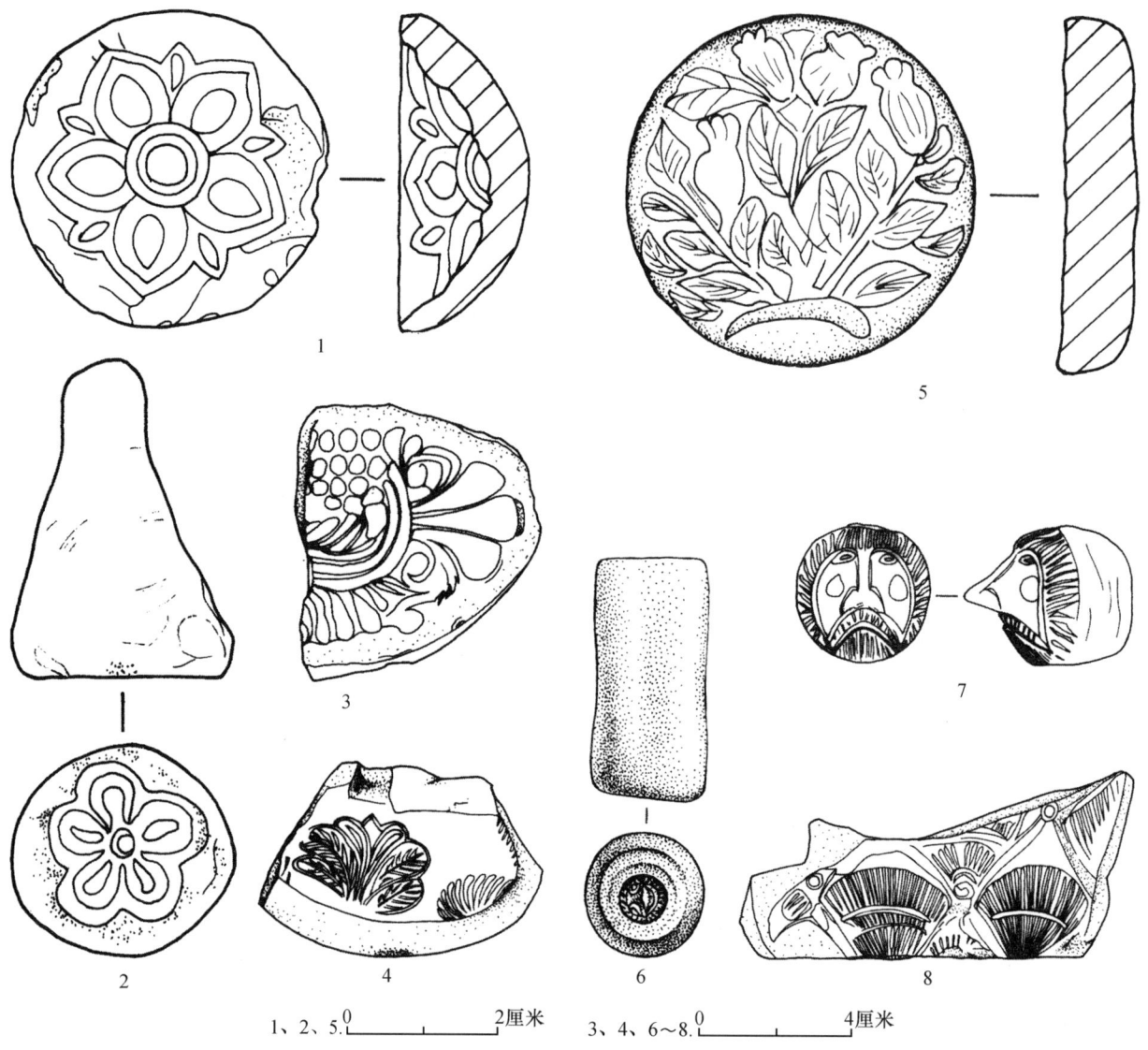

图一七七　印模和范

1~6、8.印模（ⅠT1H1∶80、ⅡT12现代扰坑∶3、ⅡT35⑤∶145、ⅡT35⑨∶202、ⅠT1④∶3、ⅡT57G2∶5、ⅡT35⑩∶271）　7.母范（ⅡT3⑧∶19）

体锥帽状，面作梅花图案。粉白胎。面径3厘米，通高4.2厘米（图一七七，2；彩版二四〇，3、4）。标本ⅠT1④∶3，完整。圆形，饼状，整体制作的极其规整。面刻枝叶石榴花图案。粉红胎。直径5.2厘米，高1.1厘米（图一七七，5；彩版二四〇，6）。标本ⅡT35⑨∶202，残破严重，鼓面，形状不明。内面刻枝叶花卉图案。粉红胎。残长7.7厘米，残宽5厘米，高2.4厘米（图一七七，4；彩版二四一，1）。标本ⅡT35⑩∶271，半圆形，上宽下窄。内作网格扇形松叶纹。粉红胎。残宽10.5厘米，残高5厘米（图一七七，8；彩版二四一，2）。标本ⅡT57G2∶5，完整。圆柱形，两头皆圆形龙首图案。粉红胎。该模具成形为龙首，用于小形水注或砚滴上注水口（图一七七，6；彩版二四一，3、4）。

2. 母范

出土数量极少。标本ⅢT3⑧：19，实心母范，完整。人头形，高鼻梁，五官刻划清晰。浅灰胎。面宽3.6厘米，厚4.5厘米，高3.7厘米（图一七七，7；彩版二四一，5）。

3. 碾轮

标本ⅡT20③：7，圆形。整体制作较规整，一面微鼓，一面近平，轮沿尖圆。中部有一圆形插孔，孔径1厘米。微鼓的一面饰同心圆纹一周。轮径12.6厘米，厚2.2厘米（图一七八，1；彩版二四一，6）。

4. 石拍

标本ⅢT3①：45，完整。圆形，鼓面，青灰色河卵石制成，整体磨损严重。直径8.4厘米，厚4.5厘米（图一七八，3；彩版二四二，1）。标本ⅢT3⑧：49，完整。圆形，不甚规整，自然卵石简易加工而成。直径9厘米，厚4厘米（图一七八，5；彩版二四二，2）。

5. 石磨盘

标本ⅢT5H13：6，残。圆形，砂石质，易碎。正面平整、光滑，中心有一不透圆孔，孔径4.8厘米；背面凸凹不平，盘壁周边显制作时的工具痕。盘径37.2厘米，厚6.8厘米（图一七八，4；彩版二四二，3）。

6. 石杵

标本ⅡT11现代坑：1，残。红石制成，一头大，一头小，杵壁显得凸凹不平。直径12.9厘米，长36厘米（图一七八，2；彩版二四二，4）。标本ⅢT4H20：3，残，青石制成，一头大，一头小。杵壁上显制作时的工具痕。直径11.4厘米，长23.4厘米（图一七八，7；彩版二四二，5）。

7. 穿孔石器

标本ⅢT4H3：3，残。灰石质，整体抛光，保存完整的一侧有明显的使用痕迹。中部有一圆孔，孔径1.6厘米。残长15厘米，宽4.4～8厘米（图一七八，8；彩版二四二，6）。

8. 方形石器

标本ⅢT3⑧：32，完整。长方形，整体抛光，莹润光泽，视如碧玉。侧面有明显磨损痕迹。长9.8厘米，宽6.9厘米，厚1.1厘米（图一七八，6；彩版二四三，1）。

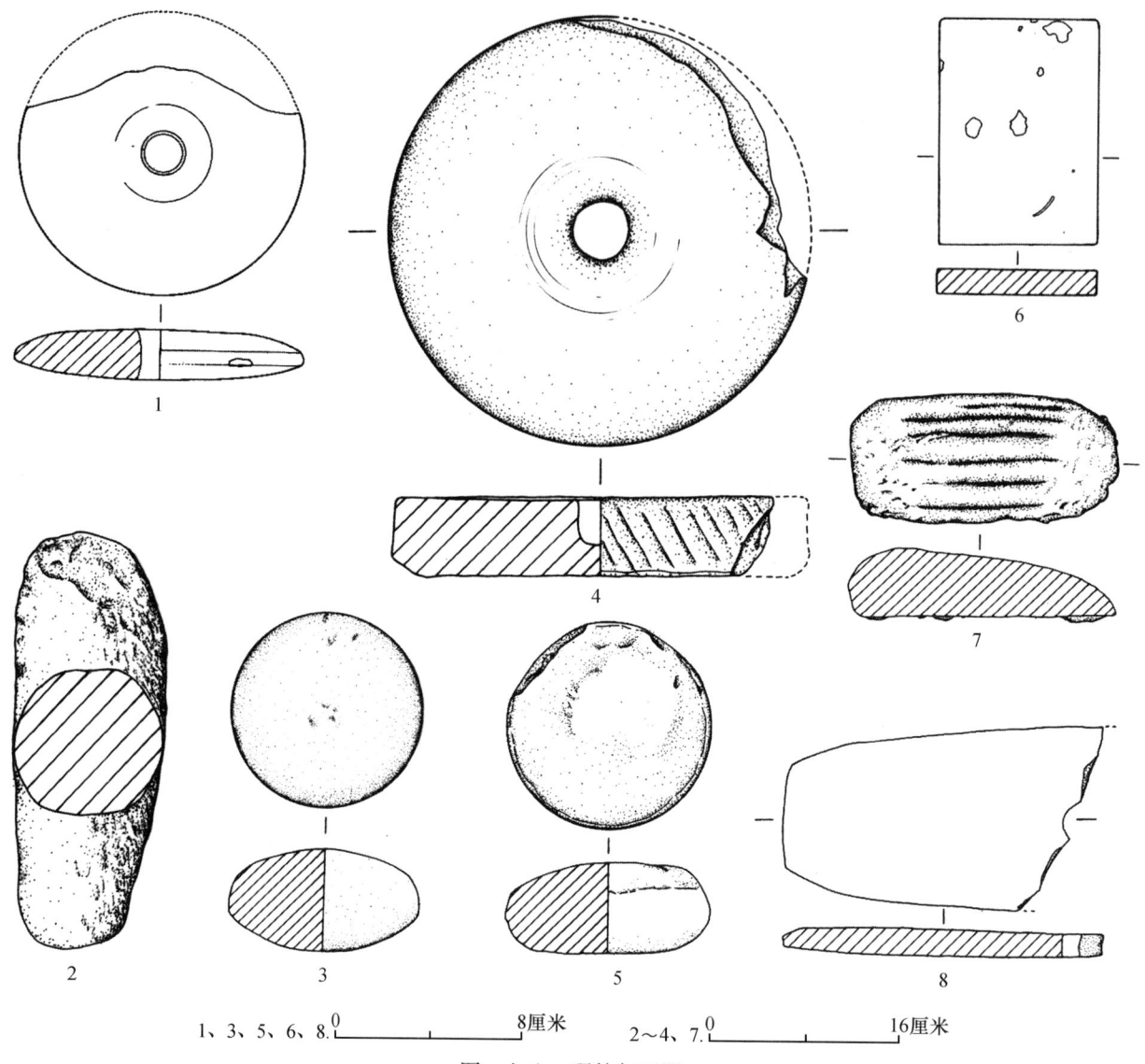

图一七八 碾轮与石器

1. 碾轮（ⅡT20③:7） 2、7.石杵（ⅡT11现代坑:1、ⅢT4H20:3） 3、5.石拍（ⅢT3①:45、ⅢT3⑧:49）
4. 石磨盘（ⅢT5H13:6） 6. 方形石器（ⅢT3⑧:32） 8.穿孔石器（ⅢT4H3:3）

六、窑 具

这一时期的窑具可分为两大类，一种是以烧制陶制品为主的支烧具和架板，另一种是以烧造瓷器为主的支烧具和匣钵。

1. 支烧具

支烧具依据形制的不同可分为杯形支烧、碗形支烧、盅形支烧、柱形支烧、垫圈支烧、垫饼支烧、三叉支烧和锥形支烧等，前三种以烧制瓷器为主。

杯形支烧 依据腹的不同，可分为两型。

A型　束腰，出土数量较多。标本ⅢT4H3：8，残，不可复原。器形稍大，胎体厚重。束腰中空，底外撇。器内外显不规则轮旋纹，器内壁倒刻一"□"字。土黄胎，含杂质较多。残宽10.5厘米，残高10.2厘米（图一七九，1；彩版二四三，2）。标本ⅢT2H16：6，弧口折沿，平底中透。器内外显密集轮旋纹。器表一侧腹中下部刻一"王"字。土黄胎。口径9厘米，底径7.8厘米，高9厘米（图一七九，2；彩版二四三，3）。标本ⅢT3⑧：48，筒形腹中束，上半部分残缺。器内显密轮旋纹，器表通体饰条带弦纹。器内腹壁一侧刻"□五"二字，横读，前面一字残半，依据字形我们推断是"十"字。浅灰胎。残宽7.4厘米，残高6.9厘米（图一七九，3；彩版二四三，4）。标本Ⅲ采集：16，器形较大，残，不可复原。器表束腰部分饰凹弦纹数周，器内一侧下部刻一"信"字。器表流淌高温白釉，器内外壁施一层白色薄釉透胎。灰白胎。底径15.6厘米，残高9厘米（图一七九，5；彩版二四三，5、6）。

B型　微鼓腹。标本ⅢT4ZF1：7，敞弧口，折沿，束颈，平底中透。器内外显细密轮旋纹。灰白胎。口径10.8厘米，底径7.4厘米，高7.5厘米（图一七九，8；彩版二四四，1）。

碗形支烧　形制较小。依据底的不同，可分为两型。

A型　平底。标本ⅢT3H6：5，完整。敞口重沿，斜腹微束，腹壁近底饰凹槽一周。底面上显密集刀削轮弧线纹。浅灰胎。口径8厘米，底径5.7厘米，高3厘米（图一七九，4；彩版

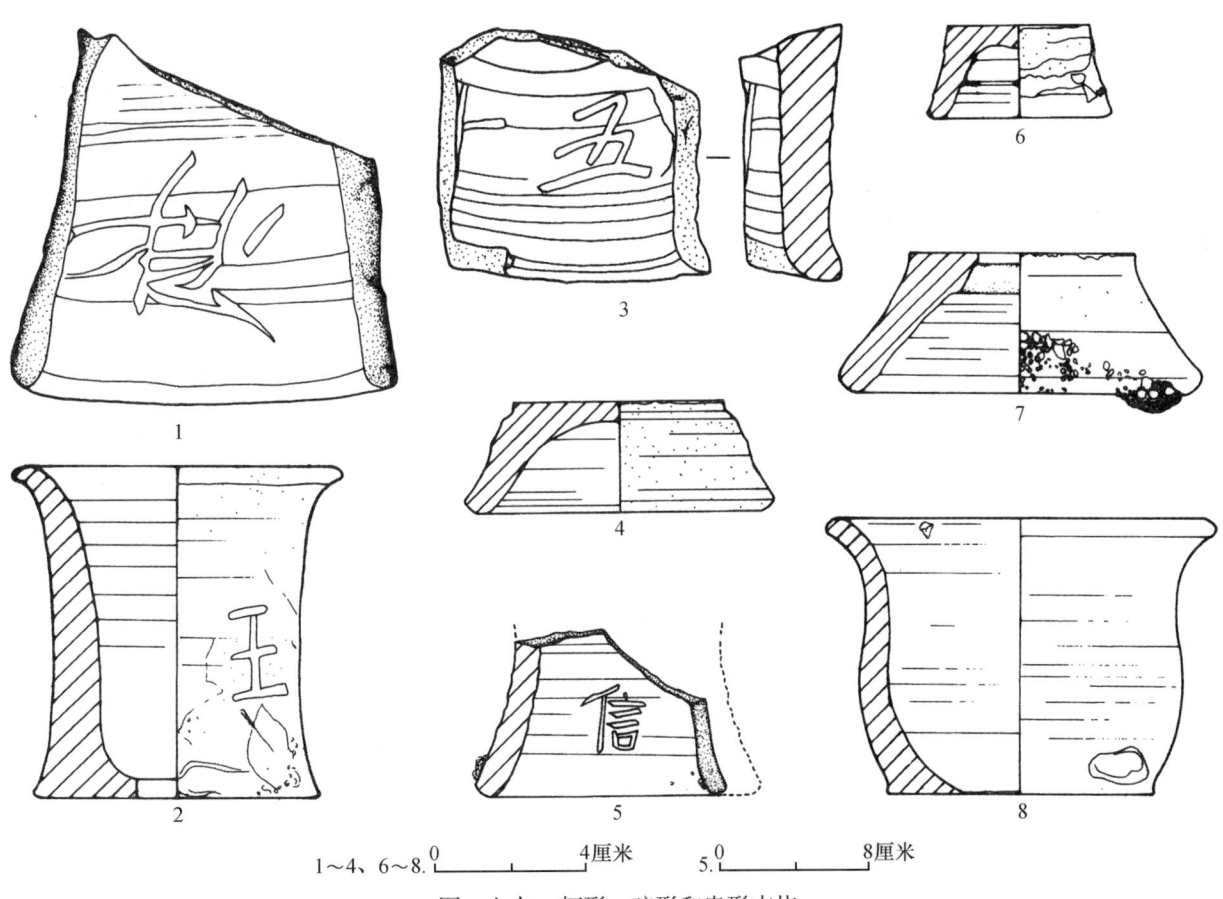

图一七九　杯形、碗形和盅形支烧

1~3、5.A型杯形支烧（ⅢT4H3：8，ⅢT2H16：6，ⅢT3⑧：48，Ⅲ采集：16） 4.A型碗形支烧（ⅢT3H6：5） 6.盅形支烧（ⅢT1⑥：2） 7.B型碗形支烧（ⅢT1⑥：3） 8.B型杯形支烧（ⅢT4ZF1：7）

二四四，2）。

B型　平底中透。标本ⅢT1⑥：3，大敞口，唇沿，斜腹微内收，口沿及器表上腹壁黏结较多窑砂。浅灰胎。口径9.5厘米，底径6.2厘米，高3.8厘米（图一七九，7；彩版二四四，3）。

盅形支烧　出土数量极少。标本ⅢT1⑥：2，完整。敞口，斜腹，平底。器表沿下饰带状凹弦纹一周，器内显较规则轮旋纹数周。器表施釉，大面积已脱落。灰白胎。口径5厘米，底径3.9厘米，高2.5厘米（图一七九，6；彩版二四四，4）。

柱形支烧　是本期中主要支烧具之一，形制大小不一（彩版二四四，5）。常见的支烧腹壁上刻有"奴""山""雷""仙""元""亮""金""会"等姓氏、人名和数字符号。从形制上可分为盘口和直口两种。盘口器形较小，多与薄形架板配套或单件器物支烧使用，直口的相对较少，形制较大，多与大形架板配套使用。依据口的不同，可分为两型。

A型　盘形口，束腰，腹壁近直，中空，平底。标本ⅢT7⑦：13，下半部残缺。通体饰螺旋纹，腹壁一侧中部刻一"奴"字。土黄胎。口径3.2厘米，残高6厘米（图一八〇，6；彩版二四四，6）。标本ⅡT17ZF3：111，口部遗留有两个不规则泥饼支垫。通体饰螺旋纹。粉红胎。口径3.6厘米，底径3厘米，高7.6厘米（图一八〇，1；彩版二四五，1）。标本ⅡT17ZF3：110，上下皆遗留有重复使用的不规则支垫泥饼。两端腹壁上分别流淌有黄釉和酱黄釉，依据釉的流向推测此烧具在使用过程中不分上下，通常的用法多以小头在下，盘口的一头向上。灰白胎。上径4.5厘米，底径6.4厘米，高9.8厘米（图一八〇，3；彩版二四五，2）。标本ⅢT2J1：31，完整。器内壁饰较规整条带弦纹数周，器表显密集轮旋纹。粗白胎。口径6.1厘米，底径5.2厘米，高7.3厘米（图一八〇，9；彩版二四五，3）。标本ⅢT5⑥：51，口及上腹残缺。腹壁中部一侧刻一"元"字。粗白胎。底径3.8厘米，残高7厘米（图一八〇，4；彩版二四五，4）。标本ⅢT7⑦：11，器表腹壁上饰较规整螺旋纹八周，腹壁中下部一侧刻一"亮"字。浅灰胎。口径3.4厘米，底径3.2厘米，高7.5厘米（图一八〇，5；彩版二四五，5）。标本ⅢT1⑥：20，器表腹壁上饰较规整螺旋纹九周，腹壁中部一侧刻一"山"字。灰胎。复原口径3.3厘米，底径3.5厘米，高9.5厘米（图一八〇，2；彩版二四五，6）。标本ⅢT1⑤：16，器形较小，直腹壁。器表腹壁上饰双重凸弦纹三组，腹壁中部一侧刻一"令"字。沿面上显器物黏结痕，腹壁上流淌有淡黄釉斑点。粉白胎。口径3.8厘米，底径2.4厘米，高3.9厘米（图一八〇，10；彩版二四六，1）。标本ⅢT1⑥：19，器表腹壁中上部一侧刻一"金"字。器表灰色，胎色灰白。口径4.7厘米，底径3.2厘米，高5.3厘米（图一八〇，7；彩版二四六，2）。标本ⅢT1⑤：17，完整。器形较小，沿外斜。器表腹壁一侧中部刻一"仙"字。土黄胎。口径2.6厘米，底径3.2厘米，高4厘米（图一八〇，11；彩版二四六，3）。

B型　出土数量较少。上小下大，有中空透底，也有中空不透底，这类支烧具多与大型架板配套使用。标本ⅡT12Y6：24，完整。中空，敛口，宽平沿，平底。器内外通体饰螺旋纹。浅灰胎。上径4.4厘米，底径6厘米，高17.2厘米（图一八〇，12；彩版二四六，4）。标本ⅡT12②：7，完整。器形高大，中空透底，器表通体饰螺旋纹。下部近底流淌有较多白、绿、淡黄三色釉。浅灰胎，含杂质较大。上径4.6厘米，底径6.8厘米，高27.6厘米（图一八〇，

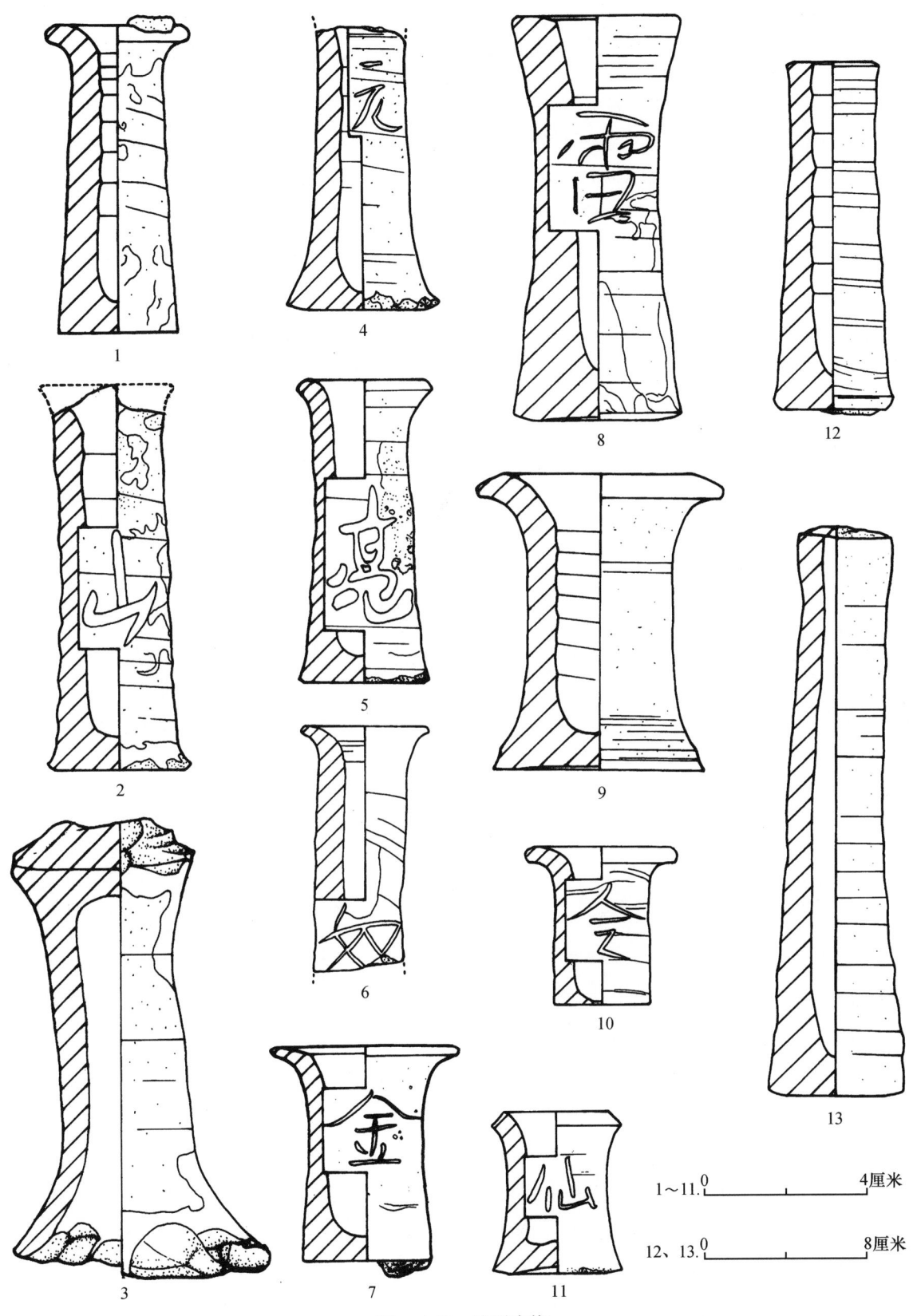

图一八〇 柱形支烧

1~7、9~11.A型（ⅡT17ZF3：111、ⅢT1⑥：20、ⅡT17ZF3：110、ⅢT5⑥：51、ⅢT7⑦：11、ⅢT7⑦：13、ⅢT1⑥：19、ⅢT2J1：31、ⅢT1⑤：16、ⅢT1⑤：17） 8、12、13.B型（ⅡT12Y6：26、ⅡT12Y6：24、ⅡT12②：7）

13；彩版二四六，5）。标本ⅡT12Y6∶26，完整。敞斜口中空，宽平沿，束腰，平底。器表通体饰螺旋纹。腹壁中上部一侧刻一"雷"字，局部流淌有绿、白两色釉。粉红胎。上径4.1厘米，底径4.1厘米，高10.2厘米（图一八〇，8；彩版二四六，6）。

垫圈支烧　是本期中常见的一种支烧具，器形大小不一。依据形制和制作工艺的不同，可分为两型。

A型　标本ⅢT3⑧∶1，完整。器形较大，宽圈面，腹壁微束，内壁上显轮旋纹。圈面上残存一个泥饼支烧点，周围流淌有绿釉斑块，圈底面上残存三个泥饼支烧点和两个支烧点印痕。土黄胎。圈径13.2厘米，高2.4厘米（图一八一，1；彩版二四七，1）。标本ⅢT3⑧∶2，残。圈面外斜，器表束壁，内壁外斜。内壁一侧竖刻一个"二"字。土黄胎。圈径11厘米，高1.8厘米（图一八一，2；彩版二四七，2）。标本ⅡT17ZF3①∶138，完整。器形最小，整体制作规整、精细。窄圈面，直壁。器表腹壁上显密集轮旋纹。上圈面敷有一层较薄化妆土。土黄胎。圈径6.1厘米，高1.4厘米（图一八一，4；彩版二四七，3）。

B型　标本ⅡT12Y6∶36，残。胎体厚重，上小底大，圈面制作的极不规整。内壁饰凸弦

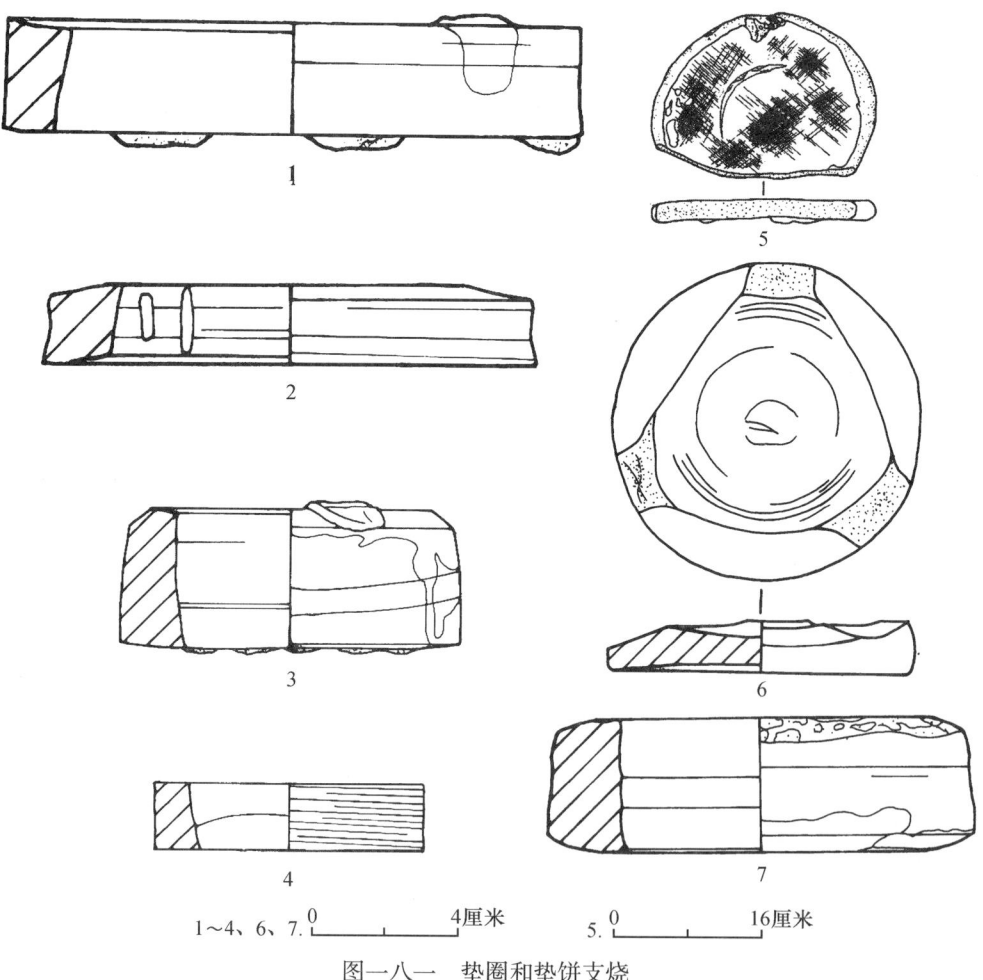

图一八一　垫圈和垫饼支烧

1、2、4.A型垫圈支烧（ⅢT3⑧∶1、ⅢT3⑧∶2、ⅡT17ZF3①∶138）　3、7.B型垫圈支烧（ⅡT12②∶10、ⅡT58Y6∶36）
5.B型垫饼支烧（ⅡT12Y6∶37）　6.A型垫饼支烧（ⅢT5⑤∶15）

纹两周，上下圈面皆有多次烧造黏结痕，器表黏结一层较厚黄、绿、白等三色以上釉相互重叠交融。灰白胎。上圈径9.1厘米，下圈径9.6厘米，高3厘米（图一八一，7；彩版二四七，4）。标本ⅡT12②：10，完整。窄圈面外斜，斜壁微弧。上下圈面上皆有多次使用黏结痕，器表腹壁一侧流淌有酱釉。器表腹壁一侧竖刻一个"二"字。灰白胎。上圈径7.4厘米，下圈径7.8厘米，高3厘米（图一八一，3；彩版二四七，5）。

垫饼支烧（垫饼垫烧）　是本期中新出现的一种烧造工艺，流行五代、北宋时期。依据形制的不同，可分为两型。

A型　标本ⅢT5⑤：15，完整，制作工艺较精。饼面周边三面刀削，其间形成三个支点，平底内凹，底饼面上显三周同心圆纹。灰白胎。饼径6.9厘米，厚1厘米（图一八一，6；彩版二四七，6）。

B型　标本ⅡT12Y6：37，近圆形。制作工艺简易，且较粗糙。饼面两侧皆有器物圈足黏结痕，其中一面流淌有黑釉，另一面遗留有布纹。灰胎。饼径10.1厘米，厚0.7厘米（图一八一，5；彩版二四八，1）。

三叉支烧　出土数量较多。依据形制的不同，可分为五型。

A型　拱形三叉支烧，两面支点，正面三叉支点向上，背部支点在三叉中部，这类支烧流行第三期前后段，本期出土数量不多。标本ⅢT2⑥：83，完整。背部显多次使用支烧痕，支烧点上分别黏结有酱釉、黄釉和绿釉。正面中部刻一"田"字。灰白胎。边长10.9厘米，高5厘米（图一八二，13；彩版二四八，2）。标本ⅢT5⑥：36，背部支点上显有多次使用支烧点，支烧点周围遗留有酱釉和极少白釉、淡黄釉，正面两支叉中部显两个支烧点，周围流淌有绿釉斑块。中部刻一"珣"字，该字是拱形三叉支烧中最常见的一种标志。白胎。边长14厘米，高5.5厘米（图一八二，4；彩版二四八，3）。标本ⅢT3⑧：3，形制较小，其中两个支叉残缺。正面中部刻划一"表"字。灰白胎。边残长8.9厘米，高3.2厘米（图一八二，1；彩版二四八，4）。

B型　模制三叉支烧是本期新出现的一种支烧具，形制较小，出土数量较多。三叉等距分布，支点向上，底面平整。正面中部多数模印一个字或一个符号。标本ⅢT1⑥：23，完整。三个支点中的两个被黏结掉，完整的一个支点上黏结有黄釉。中部模印一"吉"字。灰白胎。边长6厘米，高2.1厘米（图一八二，8；彩版二四八，5）。标本ⅢT1⑤：18，完整，胎体较厚。支点较大，三个支点上皆遗留有淡黄釉。灰白胎。边长6.4厘米，高1.6厘米（图一八二，10；彩版二四八，6）。标本ⅡT17ZF3①：137，完整。制作较规整。仅残存一个完整支点，支点上遗留有黄釉。正面中部模印一符号，尚未识读。边长7厘米，高1.8厘米（图一八二，9；彩版二四九，1）。标本ⅡT17①：7，完整。形制较小。器表通体施有一层淡黄釉，两个支点黏结有酱釉。正面中部模印一"太"字。边长5.1厘米，高1.4厘米（图一八二，5；彩版二四九，2）。标本ⅡT17ZF3①：46，完整，形制较小。器表通体施有一层淡黄釉，三个支点上皆黏结有酱釉。正面中部模印一"田"字。边长4.8厘米，高1.4厘米（图一八二，3；彩版二四九，3）。

C型　手制三叉支烧，这类支烧极少。标本ⅢT1⑥：4，完整。制形较大，三个支叉粗状。上面支叉部分作棱条形，手捏而成，平底。三个支棱分别流淌有较多绿釉，绿釉表面透

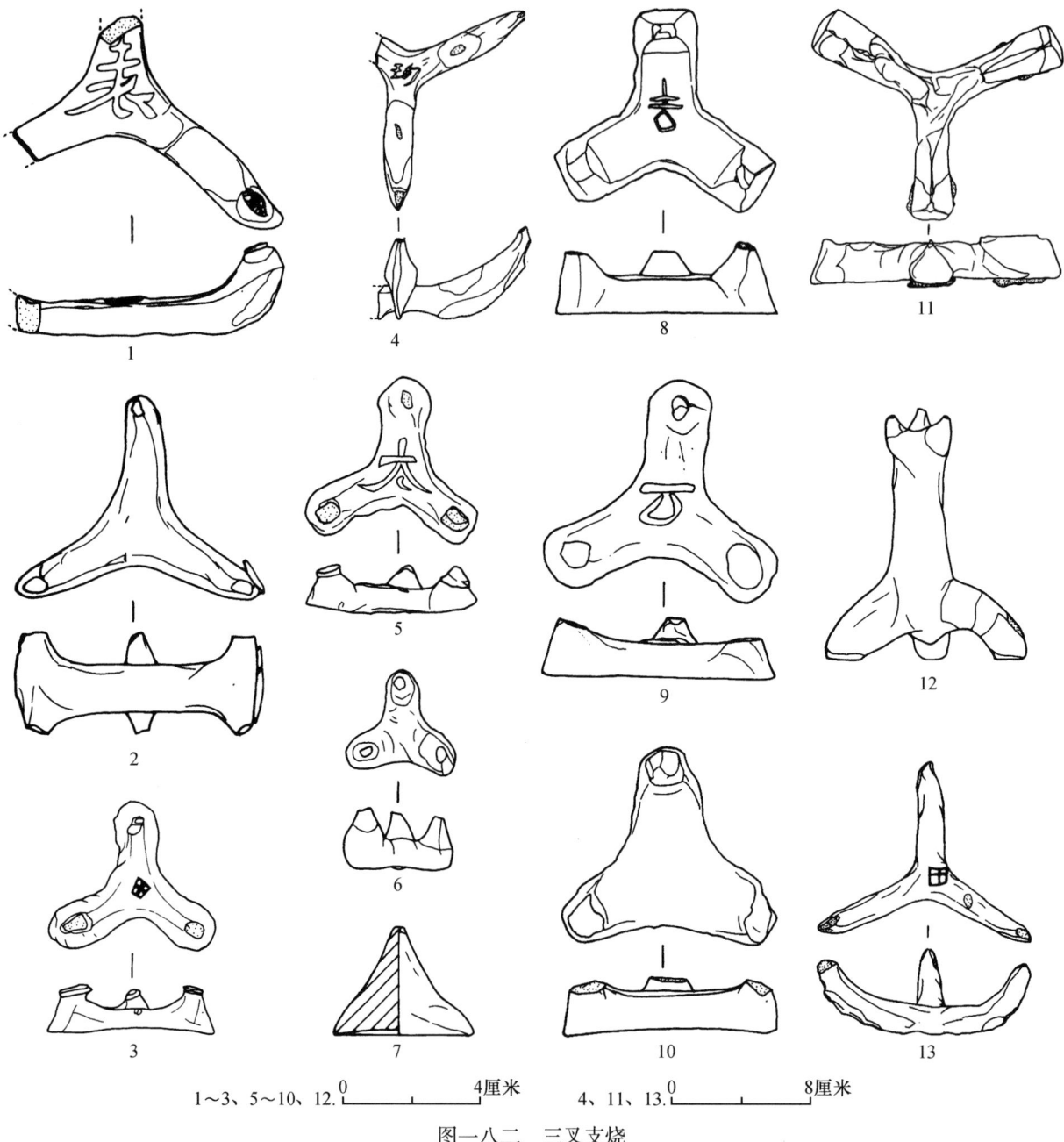

图一八二　三叉支烧

1、4、13. A型（ⅢT3⑧：3、ⅢT5⑥：36、ⅢT2⑥：83） 2、6. D型（ⅢT3⑦：15、ⅢT1⑥：8） 3、5、8~10. B型（ⅡT17ZF3①：46、ⅡT17①：7、ⅢT1⑥：23、ⅡT17ZF3①：137、ⅢT1⑤：18） 7.（ⅠT6①：2） 11. C型（ⅢT1⑥：4） 12. E型（ⅢT3⑧：36）

铅，由此表明该支烧烧制的器物是低温釉陶制品。底面两端分别黏结较多窑砂，另一个支叉下面支垫一不规则圆形泥饼。白胎，胎质细腻。由于手制而成，边长不一致。其中一面边长14厘米，另两面边长分别为13厘米，高2.5厘米（图一八二，11；彩版二四九，4）。

D型　手制折角三叉支烧有两种，一种是上折角，另一种上下折角。标本ⅢT1⑥：8，完整，形制较小。三折角支点向上，三个支点上皆流淌有黄釉。灰白胎。边长3.3厘米，高1.8厘米（图一八二，6；彩版二四九，5）。标本ⅢT3⑦：15，完整。三叉上下折角支烧，出土数量不多。这类支烧多用于两件器物之间摞烧，与垫板窑床没有直触关系。黄胎。边长6.9厘米，通高3厘米（图一八二，2；彩版二四九，6）。

E型　极少。标本ⅢT3⑧：36，完整。细高柄，三个粗壮拱形支叉着地，着地支点上皆黏结有绿釉，顶端三个细小支叉，其用途应是烧制三彩蛋形器的专用支烧。粉白胎。顶端三叉边长1.6厘米左右，高7.4厘米（图一八二，12；彩版二五〇，1）。

锥形支烧　极少。标本ⅠT6①：2，完整。手制，单体圆锥形。顶部为尖圆形支点，支点周围流淌有绿釉。目前尚未发现烧制相对应的器物。粉白胎。底径4.2厘米，高3.2厘米（图一八二，7；彩版二五〇，2）。

2. 架板

架板是本期烧制三彩器的主要窑具之一。

形制较大，整体制作较规整，皆近长方体。该架板不仅出土数量多，且板面上多有刻字或数字符号。胎体质料较好，以灰白胎为主。标本ⅢT2J1：48，板面上遗留有多处泥饼支垫痕和绿釉斑点，中部刻一"谔"字；另一面亦有泥饼支垫痕和绿釉斑块。长39.2厘米，残宽20.6厘米，厚1.6厘米（图一八三，6；彩版二五〇，4）。标本ⅢT3⑦：47，长方体，一头略宽。一侧板面上遗留有多处支烧痕和绿釉斑块，另一面一角黏结一架板残片，并遗留有黄、绿釉斑点。长38.4厘米，宽20.8厘米左右，厚1.6厘米（图一八三，3；彩版二五〇，5）。标本ⅢT2W1：2，长方体。板面一侧中部刻一"于"字，并黏结有多层支垫器物的烧结痕，支垫痕的周围遗留有较多黄釉、绿釉、蓝釉和白釉斑点，另一面虽然支垫痕不是太多，但亦有不少绿釉、酱釉黏结痕，由此表明这些架板不分正反面且可以多次重复使用。长38厘米，宽22.4厘米，厚1.6厘米（图一八三，1；彩版二五〇，6）。标本ⅢT2W1：1，板面已烧结变形。两面皆有支烧痕、绿釉、黄釉和蓝釉斑点，其中一面中部刻一草书，疑似"福"字。长39.2厘米，宽23.2厘米左右，厚1.2厘米（图一八三，4；彩版二五一，1）。标本ⅢT5⑥：14，残片，不可复原。板面上刻一"珣"字。局部遗留有釉滴。残长14.8厘米，残宽13.2厘米，厚1.2（图一八三，8；彩版二五一，2）。标本ⅢT5⑥：15，残片。板面上刻一"记"字。残长8厘米，残宽6.1厘米，厚1.2厘米（图一八三，7；彩版二五一，3）。标本ⅢT2⑤：60，残片，胎体厚重。板面上刻一"谔"字，局部残缺。残长7.8厘米，残宽7.6厘米，厚1.8厘米（图一八三，5；彩版二五一，4）。标本ⅢT2④：49，残片。两侧板面上皆有支烧印痕和绿釉斑块，其中一侧板面上刻一"四"字。残长8.8厘米，残宽6.6厘米，厚1.5厘米（图一八三，2；彩版二五一，5）。标本ⅢT3⑦：46，残片，胎体较薄。正面黏结有三个粉红胎手制小型三叉支烧和一个三叉支烧印痕，背面遗留有一个柱形支烧痕。残长12.5厘米，残宽7.2厘米，厚0.9厘米（图一八三，10；彩版二五一，6）。

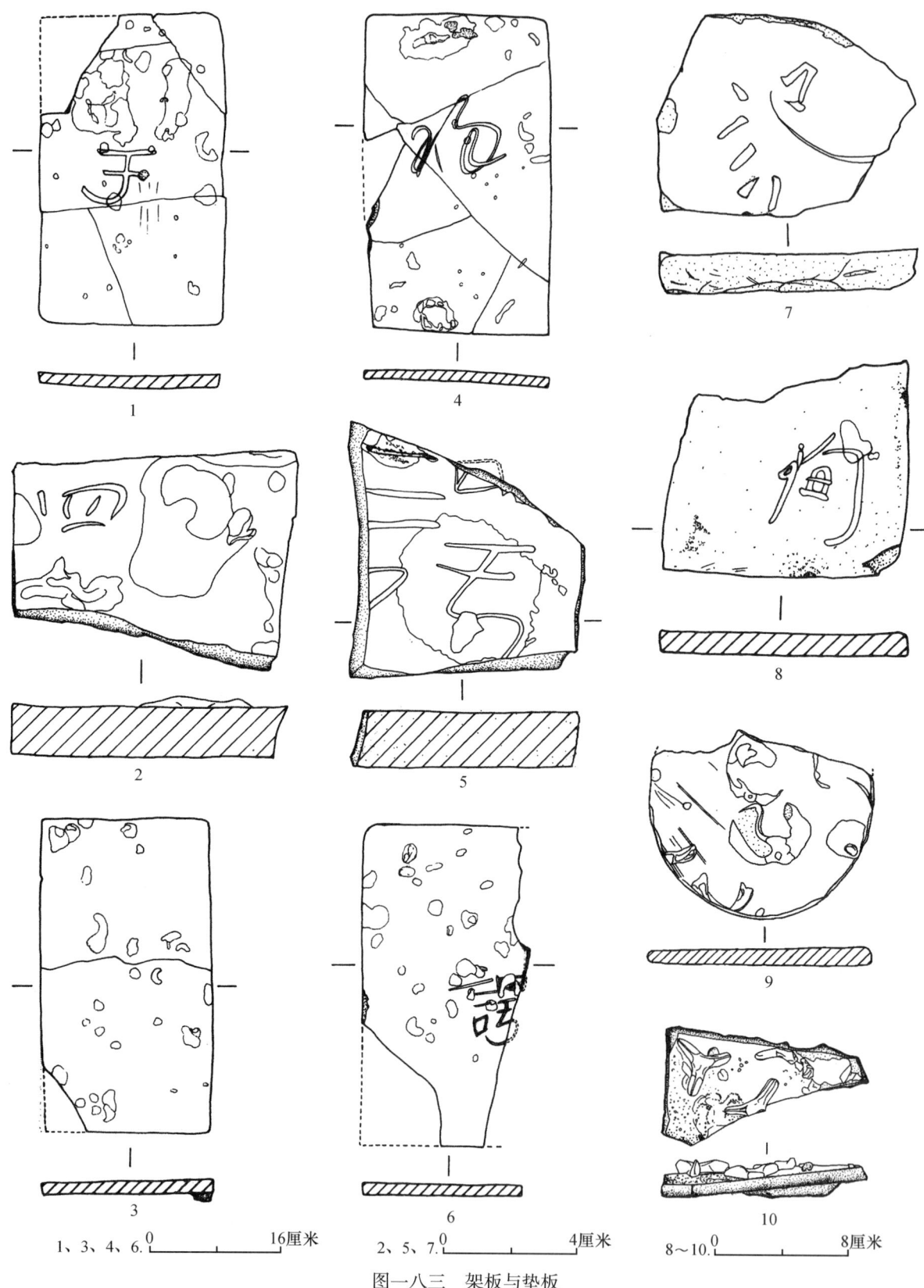

图一八三 架板与垫板

1～8、10.架板（ⅢT2W1：2、ⅢT2④：49、ⅢT3⑦：47、ⅢT2W1：1、ⅢT2⑤：60、ⅢT2J1：48、ⅢT5⑥：15、ⅢT5⑥：14、ⅢT3⑦：46） 9.垫板（ⅢT2⑤：54）

3. 垫板

垫板呈圆形或椭圆形，形制较小，最早见于第三期前段，流行于第三期后段。由于本期产品变化，烧造工艺的改进，这类垫板出土数量不多。标本ⅢT2⑤：54，形制较大，整体作椭圆形，一侧有一刀削不规则形缺口。正面遗留有多处小型器物底黏结痕，黏结痕周围局部流淌有酱釉、黄釉和绿釉，背面外沿遗留有一处器物或柱形支烧黏结痕和淡黄釉斑块。横宽13.7厘米，竖残长11.5厘米，厚1厘米（图一八三，9；彩版二五〇，3）。

4. 匣钵

匣钵烧制瓷制品在本期开始广泛使用。由于这一时期黄冶窑中心烧造区还是以烧造陶制品为主，匣钵的出土数量极少。依据形状的不同，可分为两型。

A型 漏斗形，出土数量较多。直壁，折腹斜收，小平底。粗胎，含杂质较大。标本ⅢT5⑤：17，底残缺。沿面近平，口沿及折腹上分别遗留有匣钵摞烧黏结痕。外壁上施一层白釉透胎。口径19.2厘米，残高5.2厘米（图一八四，1）。标本ⅡT16①：6，尖圆沿面。器内涂抹一层淡红色釉药。器表折腹下饰凹弦纹数周。口径16.8厘米，复原底径5厘米，高7.4厘米（图一八四，2；彩版二五二，1、2）。

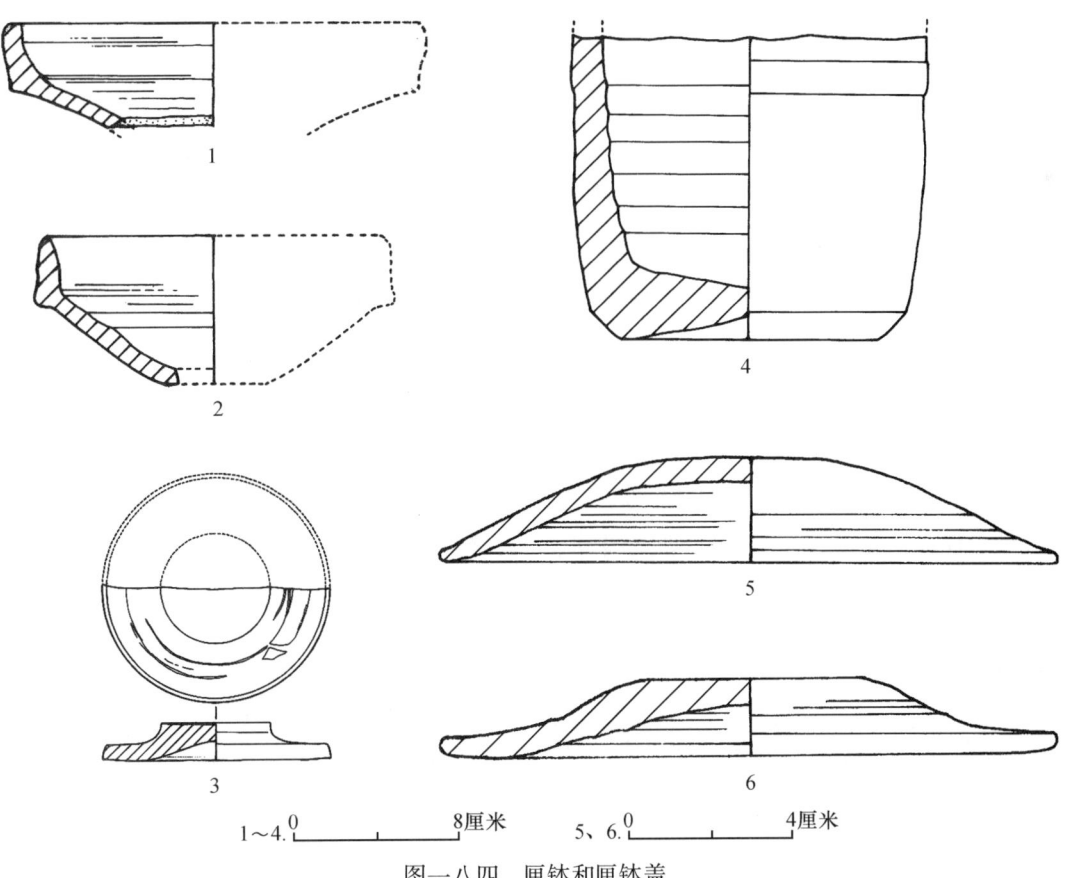

图一八四 匣钵和匣钵盖
1、2. A型匣钵（ⅢT5⑤：17、ⅡT16①：6） 3. A型匣钵盖（ⅡT20④：14） 4. B型匣钵（ⅡT35⑨：220） 5、6. B型匣钵盖
（ⅢT2J1：47、ⅡT16ZF1LLK1：1）

B型　筒形，出土数量极少。标本ⅡT35⑨：220，口及上腹壁残缺。深腹，直壁，平底内凹，腹与底交接处削边一周。器内壁有较规整条带旋纹数周。底径13厘米，残高15厘米（图一八四，4；彩版二五二，3）。

5. 匣钵盖

匣钵盖出土数量不多，依据形制的不同，可分为两型。

A型　标本ⅡT20④：14，形制较小。圆饼状顶，宽盖沿内凹。盖面施一层淡黄釉，近外沿显一圆形器物黏结痕。盖顶径5.6厘米，盖盘径11.4厘米，高1.9厘米（图一八四，3）。

B型　制作工艺较精，胎薄质细。标本ⅢT2J1：47，鼓面，盖顶近平。器表近盖沿处饰条带弦纹五周，器内显密集轮旋纹。灰白胎。盖顶径3.6厘米，盖沿径15.6厘米，高2.6厘米（图一八四，5；彩版二五二，4）。标本ⅡT16ZF1LLK1：1，鼓面，平顶，宽盖沿近平。盖顶面饰同心圆纹一周，器表腹壁上饰条带弦纹五周，器内显密集轮旋纹。盖内缘局部遗留有匣钵口沿黏结痕，外面淡黄色窑汗。盖顶径5.6厘米，盖沿径15.6厘米，高1.9厘米（图一八四，6；彩版二五二，5、6）。

七、建筑材料

1. 板瓦

皆残。数量较多，大小不一，泥质灰陶。长方形，一头窄，一头宽，外拱内凹。拱面较为光滑，无任何装饰；凹面饰有布纹，两沿显瓦与瓦间的切割痕。标本ⅢT9⑦：21，残。长39.2厘米，宽20~21.6厘米，厚0.8~1.8厘米（图一八五，1；彩版二五三，1、2）。标本ⅡT15Y3：2，残。长37.6厘米，宽20~22.4厘米，厚1.2~1.4厘米（图一八五，3；彩版二五三，3、4）。

2. 瓦当

1件。标本ⅢT8⑦：16，残。圆形，边轮饰两周凸棱纹，内模印勾卷纹四份等分，中部双重同心圆纹，内心有一小孔。泥质灰胎。直径12厘米，厚2厘米（图一八五，4；彩版二五三，5）。

3. 石碾轮

1件。标本ⅢT4H10：3，残。灰石质，质地坚硬。圆弧面，不甚光滑，直壁，中心柱孔径7.6厘米。背面凹凸不平。直径28厘米，厚8厘米（图一八五，2；彩版二五三，6）。

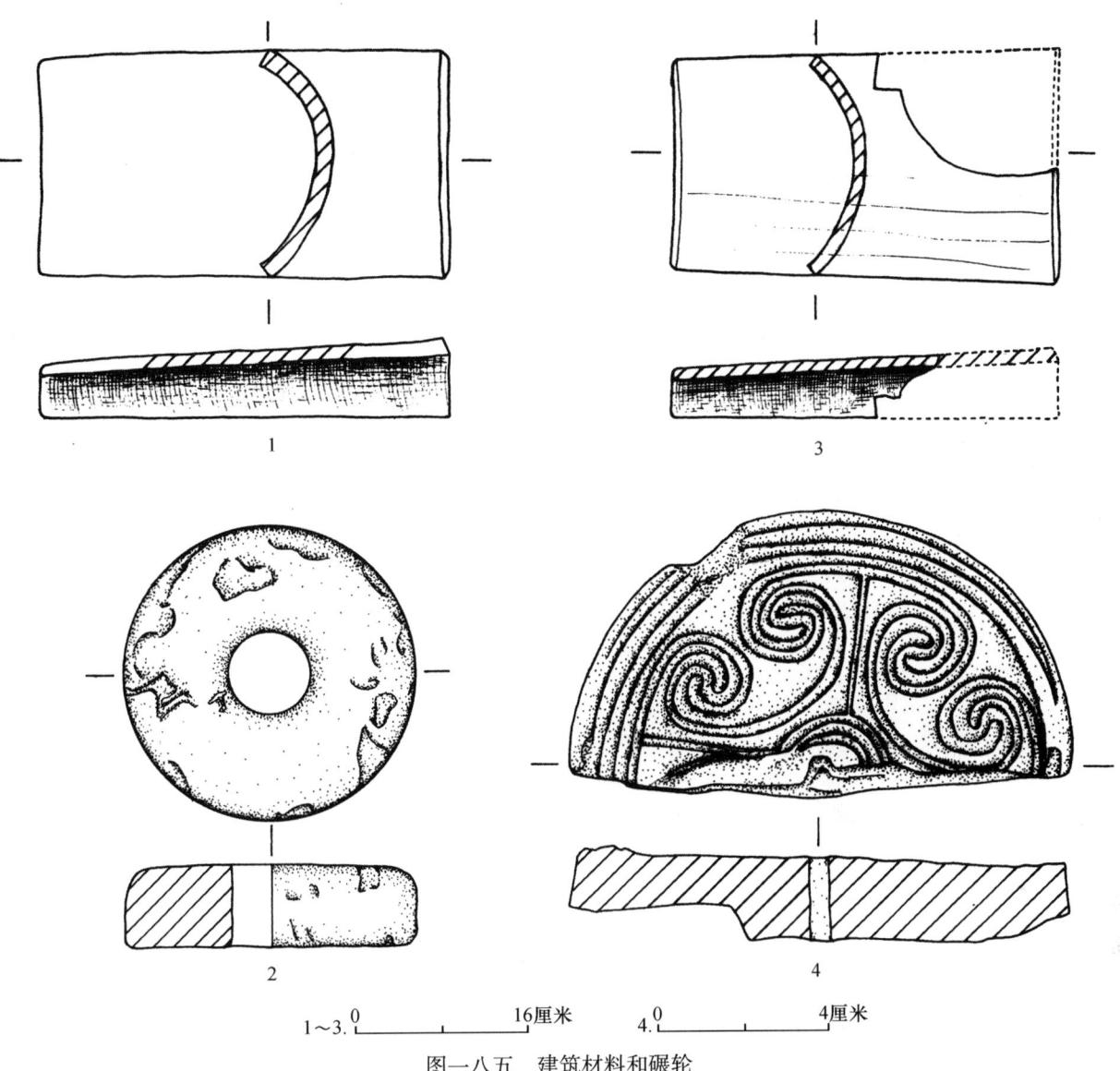

图一八五　建筑材料和碾轮

1、3. 板瓦（ⅢT9⑦：21、ⅡT15Y3：2）　2. 石碾轮（ⅢT4H10：3）　4. 瓦当（ⅢT8⑦：16）

第六节　钱　币

共出土钱币58枚，其中"货泉"1枚，"五铢"3枚，"开元通宝"47枚。钱身直径在2.1~2.5厘米，其中直径在2.4厘米的钱币占近一半，其次是直径在2.5厘米。宋代钱币2枚，清代钱币4枚，字文不明的1枚（详见附表七）。为了便于介绍，我们选择一些与黄冶窑烧造有关的地层出土的钱币，按期别先后顺序重点介绍。由于第一期没有出土钱币，我们直接从第二期开始介绍。

一、第二期钱币

共出土钱币10枚,"开元通宝"9枚,字文不明1枚。标本ⅡT6H12:6,钱身较大,制作极为规整。外郭较宽,面文"开元通宝"对读。字文清晰、精美,"元"字的第二笔左上挑。背素,外郭略窄。钱径2.4厘米,穿径0.7厘米(图一八六,1)。标本ⅡT6H12:13。钱身略小,正面制作规整。面文"开元通宝"对读,字文清晰,"元"字的第二笔左上挑。背素,外郭宽窄不均。钱径2.3厘米,穿径0.7厘米(图一八六,2)。标本ⅡT8H34:63,是"开元通宝"钱币中最小的一件,对读。胎质极薄,窄郭。背素,外郭较窄与肉近平,穿郭较宽,略凸出。钱径2.1厘米,穿径0.6厘米(图一八六,3)。

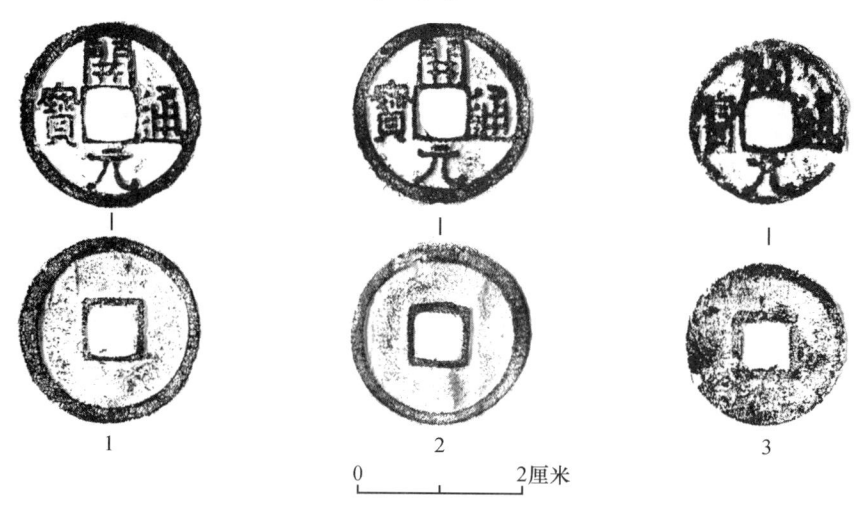

图一八六　第二期钱币拓片
1~3.开元通宝(ⅡT6H12:6、ⅡT6H12:13、ⅡT8H34:63)

二、第三期前段钱币

共出土钱币15枚,其中"五铢"1枚,其余皆"开元通宝",对读。钱身厚薄不一,字体略有差异,钱身规整的占多数。标本ⅢT8H89:17,钱身较小,钱文"五铢"二字右读。郭较窄,字文与郭近平。背素,穿郭较宽。钱径2.3厘米,穿径0.8厘米(图一八七,1)。标本ⅡT10⑩:17,钱身较大,制作极为规整。字文清晰,"元"字的第二笔左上挑。背上贴近穿郭有一横,右侧贴近外郭有一竖。钱径2.5厘米,穿径0.7厘米(图一八七,2)。标本ⅡT9⑪:17,钱身较大,出土数量较多。整体制作规整,字文清晰,"元"字的第二笔左上挑。钱面除有铜锈外,有大面积铜红色透斑。钱径2.4厘米,穿径0.7厘米(图一八七,3)。标本ⅡT9⑪:13,钱身略小,出土数量较多。去锈后质地金黄。字文清晰,"元"字的第二笔左微上挑。背素,外郭与肉近平,穿郭相对凸出。钱径2.4厘米,穿径0.7厘米(图一八七,4)。标本ⅡT8⑩:3,钱身较小,出土数量极少。郭窄肉薄,铜质较差,锈蚀严重。"元"字的第二笔左折上挑,接近直角。钱径2.3厘米,穿径0.7厘米(图一八七,5)。

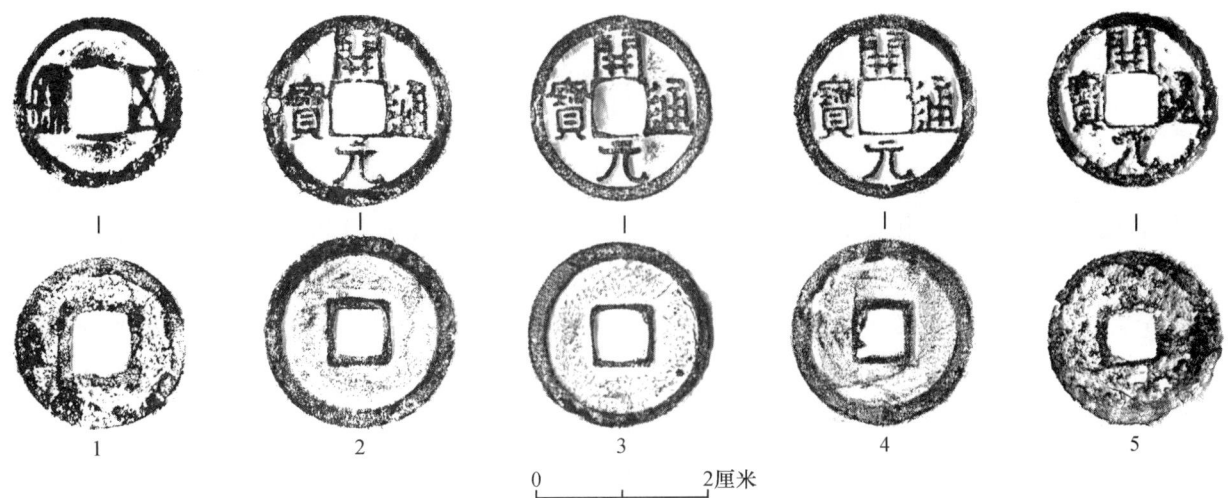

图一八七　第三期前段钱币拓片

1. 五铢（ⅢT8H89∶17）　2～5. 开元通宝（ⅡT10⑩∶17、ⅡT9⑪∶17、ⅡT9⑪∶13、ⅡT8⑩∶3）

三、第三期后段钱币

共出土钱币11枚，皆"开元通宝"，对读。其中7枚整，4枚残，钱身较大的占多数。标本ⅢYD1H4∶2，在本期段中钱身较大，制做极为规整。外郭较宽，字文清晰、精美，"元"字的第二笔左上挑。背素，穿郭较宽。钱径2.5厘米，穿径0.7厘米（图一八八，1）。标本ⅢT3H26∶34，钱身略小，出土数量较多。制做规整，钱文清晰，"元"字的第二笔左上挑。背素，穿郭略宽。正背面显粉红锈斑。钱径2.4厘米，穿径不足0.7厘米（图一八八，2）。标本ⅢT3⑨∶31，是"开元通宝"中最小的一种钱币，出土数量极少，胎质极薄。窄郭，字文清晰，"元"字的第二笔左笔峰突粗且上挑。背素，内外郭与肉近平。钱径不足2.2厘米，穿径不足0.7厘米（图一八八，3）。

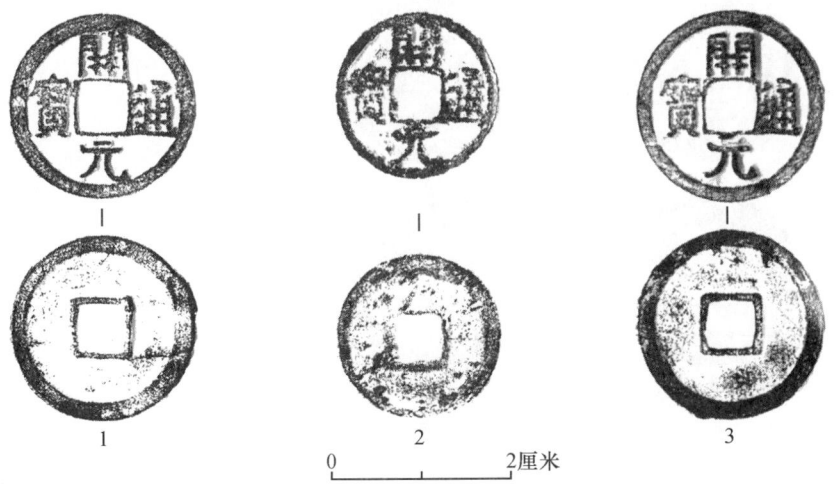

图一八八　第三期后段钱币拓片

1～3. 开元通宝（ⅢYD1H4∶2、ⅢT3H26∶34、ⅢT3⑨∶31）

四、第四期钱币

共出土钱币15枚，其中11枚整，4枚残。除"货泉"1枚外，其余皆"开元通宝"，对读。标本ⅢT2⑤：15，钱身极小，钱文"货泉"，篆书，右读。胎质极薄，窄郭大穿。背素。钱径2.0厘米，穿径近0.8厘米（图一八九，1）。标本ⅢT1⑥：11，外郭较宽，规整，"元"字的第二笔左上挑。背内外郭略宽，穿的上方偏右侧有一上月牙。钱径2.5厘米，穿径0.7厘米（图一八九，2）。标本ⅢT1⑥：10，正背郭宽度一致，钱文清晰、规整，"元"字的第二笔右上挑与第一笔上横平行，这种字体极少。背素，穿郭较宽。钱径2.5厘米，穿径0.7厘米（图一八九，3）。标本ⅢT3⑧：28，正背郭较窄，宽度一致，规整。钱文清晰，"元"字的第二笔左上挑。背素，穿郭较窄。通体铜锈红，局部显绿锈斑。钱径2.3厘米，穿径0.7厘米（图一八九，4）。标本ⅢT1⑥：12，钱身较小，窄郭，肉薄。钱文小而规整，"元"字的第二笔左折上挑。背素，外郭宽窄不均，与肉近平。钱径2.2厘米，穿径不足0.7厘米（图一八九，5）。

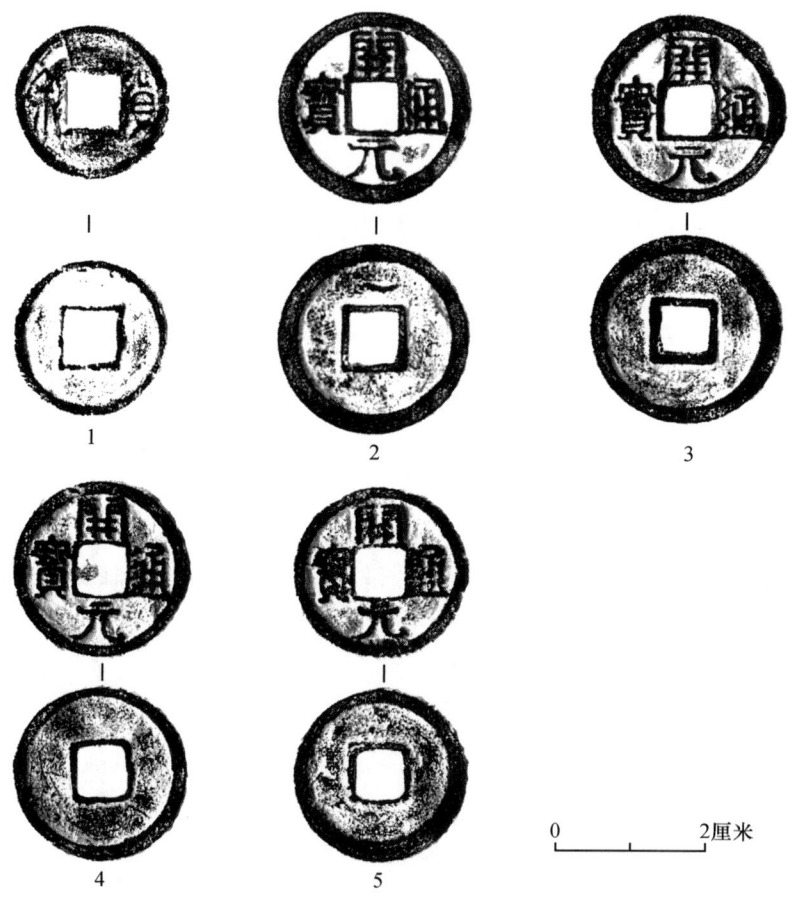

图一八九　第四期钱币拓片

1.货泉（ⅢT2⑤：15）　2~5.开元通宝（ⅢT1⑥：11、ⅢT1⑥：10、ⅢT3⑧：28、ⅢT1⑥：12）

第五章 结 语

第一节 各期的器物特征

一、器物成型与烧造工艺

（一）原料的制备及器物的成型

从发掘的一组淘洗池、沉淀池、陈腐池和作坊内相关遗迹等现象观察，黄冶窑的原料制备是先将采回坩土矿石粉碎，放在淘洗池内，注水搅拌成泥浆；然后使瓷土矿石杂质自然沉于池底，瓷土粉与水融合后的细泥经过排水口流入另一个池内沉淀；上面的清水自然循环排出，沉淀到一定量时将生泥浆挖出，转到另一个池内陈腐，待水分渗漏蒸发到一定程度，坩泥浆就变成了坩泥。把坩泥挖出来运到作坊内继续陈腐，之后，经过锤炼，就成了制作瓷器的泥料，便可以制胎成型。这就是黄冶窑场胎料的基本制备工艺过程。

黄冶窑从创烧到停烧前后跨度300多年，器物的成型工艺在此期间也存在着不断地变化，大致可分为四期。

第一期：是黄冶窑的创烧阶段，出土遗物不多。器形有碗、盘、杯、瓶等，以饼形底为主，器体拉坯成形，瓶类器附件如系为捏塑而成。

第二期：出土遗物较丰富，圆形器如盆、碗、盘、钵、炉、瓶等，无论是平底、圜底、饼形底还是圈足底，皆拉坯成形，带足的器物如炉足和蛋形器等分别模制黏合而成。圈足器在这一时期开始出现，仅见于个别碗和唾盂等。圈足的成形是在饼形足上掏挖后轮旋修整而成，深浅不一，有的似假圈足。

第三期：从后段开始，圈足器基本上成熟，器形有碗、杯、水注、唾盂、净瓶和个别盆类器等。成形工艺绝大多数还是沿用第二期制法，主体拉坯成形，圈足另制黏合上的极少。这一时期器物的附件如双系敛口钵上的系、水注上的流、三足炉上的足和腹上的贴花等能模制皆模制而成。除此之外，仿金银器的盒、小型双系瓶、人物俑和各种动物玩具等，以分半模制黏合而成为主，个别合模挤压一次成形，这些器物皆实腹。常见的模具有合模和单模两大类，合模的又分前后模、左右模和上下模三种，其中人物、小型瓶类器、坩等多为前后合模，动物类多为左右合模，禽类、仿金银器盒、铃铛等多为上下合模，模的外面接缝处往往刻划二至四处吻合符号。单模多为器物上附件，如三足器上的足、双系敛口钵上的系、器物上的贴花等皆为单模制成。平面器如枕，有装饰图案的以刻划花为主，绞胎枕除外。大型器不便整体模制的、装饰图案又特别复杂的，如洗类器，以模具压印为主，刻划花装饰的极少。

第四期：除了传统手拉坯成形工艺外，模制成型的器物更加成熟完善，部分三叉支烧也是模制成型。

（二）烧造工艺

第一期：出土遗物不多，没有发现相关的窑具和窑炉，从出土的少量器物支烧痕观察，这一时期的敞口器还是以套烧、摞烧为主，器物的内底面上常见三个较大支钉痕。大件的如瓶类器，不能套烧或摞烧的则单体裸烧。

第二期：烧造工艺继续沿用第一期明火裸烧，为了充分利用窑室空间，套烧和摞烧是这一时期瓷制品烧造工艺的主要特点之一。窑具除个别的沿用第一期常见的三叉支烧外，新出现有碗形、盘形和杯形支烧等（彩版二五四，1）。

为合理利用这些窑具和增加窑内的装烧量，绝大多数器物往往依据烧造方法的不同采用不同的施釉工艺。如一些瓶类器的器口沿不施釉，在瓶口上放一件平底器摞烧。大件器物如三足炉、敛口钵等器表施半釉，采用相应的碗形、盘形或杯形支具支烧，支烧具的大小高低不等（彩版二五四，2），因器物所放窑炉的位置而定，器内不施釉的放一小件器物套烧。敞口器如盆、碗、杯、盏等，器物的造型完全一样，器表施半釉，器内多施釉，口沿下、腹及底不施釉，由大到小套烧，器物与器物之间用瓷土粉相隔（彩版二五四，3、4）。这类器物绝大多数口沿沿面一周无釉，从部分同类器口沿与口沿相互对接的黏结痕观察，敞口同类器的装烧方法不仅多器套烧，而且还要多器上下对口烧（彩版二五四，5）。为了釉色和烧成的温度恰到好处，在正式配釉之前进行试烧，除了一种釉试烧外，还有白釉和黑釉同在一件试烧器上试烧，表明这一时期的瓷制品所要求的温度是一致的，并且可以同窑烧制（彩版二五四，6）。

本期以瓷器为主，三彩陶制品极少。值得注意的是，与大量瓷器有关的素烧器极少，占不足1%。由此我们推测，瓷器在这一时期还是以一次性烧成为主。

第三期：由于这一时期黄冶窑白瓷深受上层贵族喜欢，除了部分器物继续沿用第二期的烧造工艺外，为满足上层贵族的需要，大件精美器增多，尤其是白釉瓷，器内外施釉匀净，以单体裸烧为主，在第二期中常见的套烧、摞烧和对口烧芒口器物减少。

从本期前段开始，除了少数供上层贵族使用的精美白瓷和部分黑瓷外，三彩陶制品在这一时期占主导地位。由于三彩器的装饰是多种釉色相间交融在一件器物上，为使不同的釉色在一件器物上烧成温度达到一致，在正式施釉烧造之前，采用多种釉色在同一件素烧器上进行试烧（彩版二五五，2）。由于主流产品的改变，这一时期的窑具以及烧造工艺也产生重大变化。新出现的拱形三叉支烧、折角三叉支烧、平直三叉支烧（彩版二五五，3），与不同类型的器物相结合，形成一种套、摞并用的烧造方法（彩版二五五，4）。大口器如三足炉内套一件小器物，口部采用拱形三叉支烧相隔，拱面向下，三叉支点向上托一件敞口洗类器，然后再用一个折角三叉支烧支点向下，三叉的背面托一件相应的器物。为了增加窑炉装烧量，从第三期后段开始出现柱形支烧与圆形、不规则形、长方形垫板相结合的架板棚烧新工艺。

黄冶窑瓷器和三彩器使用的胎体材料一样，在烧制过程中它们之间的最大区别是：三彩属于低温釉，为了提高胎体硬度，减少吸水率，采用二次烧成，即胎体成形后晾干，施化妆土高温素烧，然后低温烧釉（彩版二五七）。值得一提的是，不施化妆土素烧占少数，个别的是在晾干后的泥胎上直接施釉一次烧成，这些器物的成品器多为粉红胎。由于高温烧胎，素烧成品率相对较低，低温烧釉，成品率较高，在发掘出土的数万件（片）标本中，素烧器占90%以上，成品器不足10%（彩版二五五，1）。

第四期：由于三彩陶制品大件器减少，完全架板分层棚烧工艺更加成熟（彩版二五八，1、2）。这一时期还是以三彩和单色釉陶制品为主。匣钵在这一时期开始出现，出土数量不多，常见的形制有筒形、漏斗形和洗形三种（彩版二五六，2）。筒形匣钵以一钵多器摞烧为主，皆碗类器。一件匣钵装烧器物10件左右，器物与器物之间用饼状三叉支烧相隔，支点向下，饼面向上，烧成后器物的内底面上有明显三个支钉痕（彩版二五六，3）。

二、釉色与装饰

黄冶窑的釉色和装饰可分为两大类，一是瓷器类，二是釉陶器类。由于时代的早晚不同釉色和装饰变化较大。

（一）釉色

第一期：出土遗物极少，以青釉为主，白釉、黑釉不多。

第二期：出土遗物较丰富。瓷器类以白釉为主，其次是黑釉，茶叶末釉和酱釉不多。由于胎体的原因，白瓷绝大多数釉色白中泛青或泛灰。釉陶类极少，以三彩为主，常见的三色釉以黄、白、绿或黄、白、蓝居多，器形有豆、钵等。单色釉有酱黄釉和绿釉两种，器形有钵、枕、砚等。

第三期：分前段和后段。以三彩陶制品为主。前段瓷器以白釉为主，虽然出土不多，但器形大质量高，器形有盆、碗、盘、罐、敛口钵、贯耳瓶、三足樽等。后段瓷器类更少，黑釉占主流，器形以盆、碗、水盂等民间生活实用器为主。前后两段的陶制品在釉色方面没有大的区别，多数器物釉下施一层较厚化妆土。釉色有三色、两色和单色三种，常见的釉色有白、黄、绿、蓝、酱、酱黄等。同一件器物上以施三色釉为主，四色、五色釉较少。两色釉的器物以白釉蓝彩为主，白釉绿彩极少。器形有碗、罐、水注、净瓶、双系敛口钵和器盖等。单色釉有白、黄、绿、蓝、酱、酱黄等，其中的以黄釉（酱黄）和绿釉占多数，白釉、蓝釉相对较少。常见的器形有盆、各类碗、杯、净瓶、水注、三足弦纹樽和少量水盂、敛口钵、双系敛口钵、炉、器盖等。

第四期：瓷器有所增加，以白釉、黑釉为主，青花瓷在这一时期开始出现。陶制品中三色

图一九〇　第三期纹饰

1. 宝相花　2. 祥云神鸟　3. 太阳神鸟　4. 三色釉花卉　5. 釉下贴花叶纹　6. 釉下贴花花卉纹　7. 釉下贴花人物纹　8. 釉下贴花兽面纹

第五章 结 语

9.釉下花卉纹　10.釉下人物纹　11.釉下兽面纹　12.釉下鸳鸯纹　13.釉下蝙蝠纹　14.釉下木理纹　15.釉下团花纹　16.釉下菱形纹

釉明显减少，绝大多数釉色也不如第三期艳丽。两色釉除白釉蓝彩有所增加外，白釉绿彩是第四期的主要釉色之一。单色釉以黄釉、酱釉、酱黄釉为主，单色绿釉、蓝釉相对较少。常见的器形有碗、盘、杯、枕、瓶、炉、水注和较多动物玩具等。

（二）装饰

1957年，北京故宫博物院冯先铭先生在河南调查古窑址时，在黄冶河两岸采集到三彩双系罐、三彩三足炉、三彩洗和单彩碗、壶以及绞胎枕等，第一次将黄冶窑公布于世。从此唐三彩便成为黄冶或大小黄冶的代名词。实际上黄冶窑产品不仅有三彩，而且有青瓷、白瓷和黑瓷器等多种，其装饰的主体风格也是随着时代发展而变化的。

第一期：黄冶窑无论是青瓷、白瓷还是黑瓷都是单色釉，器表以凹弦纹装饰为主，常见的器形有碗、盘、瓶等。凸弦纹和器物附件装饰多见于瓶类器，个别的黑釉器凹弦纹剔釉露胎，黑白分明，既美观又实用，是第一期黑瓷中的精品。

第二期：以单色釉装饰瓷器为主，常见的有白釉、黑釉、茶叶末釉、酱釉等，酱釉、绿釉仅见于全绞枕类器。除了极少器物附件有雕塑造型和器盖上常见螺旋纹装饰外，这一时期的产品以素面为主。为了增加白度，个别器物釉下施化妆土装饰瓷器。低温釉陶制品在这一时期出现，以三彩装饰为主，单色酱黄釉装饰极少（彩版二六〇，1）。器形有豆、钵、枕、砚、埙、蛋形器等，出土数量不大，以冥器和玩具类为主，实用器极少。刻花装饰仅见于个别枕类器（彩版二六〇，2）。

第三期：分为前后段，是黄冶窑烧造鼎盛时期。瓷器数量不多，以白釉、黑釉瓷为主，个别的碗类器，器表施黑釉，器内施白釉。陶制品是这一时期的主体，多样的釉色、丰富的图案和造型装饰构成了黄冶窑第三期的特殊风格。由于器物造型和用途的不同，完全采用一种釉色装饰一类器形的不多，贴花、印花、刻划花装饰因器而宜。盆、碗、杯、瓶、净瓶、三足樽等，分别以黄、酱黄、绿、蓝、白等单色釉装饰为主，三种釉色装饰的仅见于个别盆、碗类器，两种釉色以白釉蓝彩为主，器形有碗、罐、水注、净瓶等，白釉、绿釉的极少（彩版二五九，1）。豆、洗类器皆采用三种釉色装饰，个别豆还有釉下贴花、凸弦纹和凹弦纹并用的。洗除了造型、工艺精美外，其装饰也是黄冶窑陶制品上最复杂的器形之一。常见的有内底釉下模印或刻划宝相花（图一九〇，1）或刻划祥云神鸟（图一九〇，2）、太阳神鸟（图一九〇，3）等图案，采用三种彩釉色组成的花卉图案也占一定数量（图一九〇，4）。罐常见的装饰有三彩和两彩，两彩的以白釉蓝彩和白釉绿彩为主。还有一种提梁罐，出土数量较多，器形极小，皆采用三种釉色装饰。钵、水注有三色彩釉装饰，也有单色釉的，单色釉的以白釉、绿釉为主。钵的形制有两种，一种是敛口钵，另一种是双系敛口钵。敛口钵以单色釉为主，双系敛口钵以三色釉装饰占多数（彩版二五九，2）。三足炉是这一阶段最常见的器形之一，其装饰也颇为复杂。无贴花装饰的以三色彩釉为主，单色釉和两色釉的极少。常见釉下贴花装饰的图案有叶纹、花卉、人物、动物和兽面等（图一九〇，5~8）。个别的三彩和两彩罐、瓶、器盖等也出现了简单的釉下贴花装饰（彩版二六〇，3）。仿金银器的扁瓶、盒类器等模制成型，器表以三彩装饰为主，单色釉的极少，釉下图案有花卉纹、人物纹、兽面纹、鸳鸯纹、蝙蝠纹和连珠纹等（图一九〇，9~13）。

第四期：瓷器有所增加，以白釉为主，其次是黑釉，碗和极少小型盆类器还有黄釉、酱黄釉和外黑内白釉装饰的。这一时期虽然还是以陶制品为主，但由于产品种类和器形主次的变化，釉下贴花、印花、刻划花等装饰工艺极少。除豆类器外，在第三期中最流行的洗、钵、水注、三足炉等三色釉装饰明显减少，且釉色也不如前期艳丽。碗是本期中常见的器形之一，以单色黄釉或酱黄釉装饰为主，其次是白釉蓝彩装饰，采用三色釉装饰的不多（彩版二六一，1）。盘也是这一阶段主要的器形之一，除以单色黄釉或酱黄釉装饰外，还有绿釉和白釉绿彩的（彩版二六一，2）。执壶是这一阶段新出现的器形，从形制上可分为三大类，装饰各有特色。最大的器形造型粗犷，以单色黄釉或酱黄釉装饰为主。瓷质的极少，以黑釉为主。中型的个体比较小，制作工整，以白釉绿彩装饰为主，釉色柔和优美。最小的造型各异，以三彩装饰为主，单色釉和两色釉装饰的极少（彩版二六一，3）。仿金银器耳杯、椭圆形花口杯以单色绿釉装饰为主，蓝釉、白釉蓝彩和三彩的极少（彩版二六一，4）。

绞胎是黄冶窑第二期开始出现的一种新型装饰工艺。所谓的绞胎是采用深浅不同的两种瓷泥相间糅合在一起，拉坯成形，素烧后的纹理多成赭石色。然后在胎体上施一层黄、绿、酱黄或酱色透明釉（个别的枕类器也有施黄、酱和绿三种釉色并用），焙烧后即成绞胎器。由于烧成温度的差异，绞胎器中温度低的断面纹理多保持赭石色，烧成温度高的成灰色，烧成温度过高的为黑灰色。黄冶窑常见的绞胎器有两种，一种是全绞胎，另一种半绞胎。第二期和第三期前段，器形有枕、碗、盘、杯、盒等，以枕类器为主，除了极个别厚重平面器半绞贴面外，其余皆为全绞胎。由于绞胎器的制作工艺复杂且成本高，为了降低成本，从第三期后段开始，枕类平面器有所增加，以半绞贴面为主，极少全绞胎。绞胎部分占整器的三分之一、四分之一、五分之一不等，个别的薄如纸。枕面装饰图案以团花纹、菱形纹、木理纹为主（图一九〇，14~16）。为了节俭绞胎材料和突出装饰效果，枕的四壁采用局部贴面装饰。器表施一层黄、酱黄或绿色透明釉，如同木漆器的包镶工艺一样，仍不失绞胎器的装饰艺术。

第二节　各期年代的讨论

通过发掘，我们对黄冶窑的创烧、兴盛到停烧的发展过程有了较全面的了解。由于有关黄冶窑的文献资料极少，各期出土的遗物均没有确切纪年，因此我们只能依据窑址考古的地层叠压关系和出土遗物特点以及烧造工艺的变化，并与安阳、郑州、洛阳、西安等地纪年墓葬出土器物相比较，将黄冶窑的分期年代作一大致推断。

第一期：由于这一时期是黄冶窑的初创阶段，遗存分布范围小，文化层堆积稀薄，同时被第二期和第三期前段地层破坏严重。出土遗物不多，以青釉瓷为主，白釉、黑釉瓷极少。本期出土的青釉四系壶和各种青釉碗，胎体厚重，釉色青中泛黄，常见有泪痕现象，这些都具备隋代瓷器的特点。该期中的小型碗与林州北陵阳村隋代墓中出土的两件青瓷碗，器形、釉色及烧造工艺完全相同[①]。因此，我们将第一期的年代大致推定在581～618年间的隋代。

第二期：该期虽然与第一期文化层没有直接叠压关系，所有遗迹如淘洗池、沉淀池、陈腐池、灰坑和灰沟等都出现在各区的最下地层，出土遗物较丰富。常见的器形有盆、碗、盘、盏、盅、豆、钵、炉、瓶、罐、水盂、枕和扑满等，皆为日常生活实用器，玩具如埙、蛋形器和明器砚等极少。装饰手法以白釉、黑釉瓷为大宗，酱釉、青釉、茶叶末釉瓷不多，黄釉、三彩陶制品极少。胎体制作比较工整，胎质细腻、坚实，有白、粉白和灰白三种，前者以白釉瓷为主，后者常见于黑釉、酱釉瓷等。通体釉色一致，器表垂釉现象极少。器物造型比较丰富，烧造工艺以及釉色等诸方面趋于成熟。本期典型器物之一A型瓶与巩义芝田唐墓第二期前段（675～680年）88HGZM112出土的一件C型盘口壶的形制、施釉工艺相同或相似[②]，与陕西富平上元二年（675年）李凤墓中出土的一件瓷壶形制相似[③]。A型罐的造型、釉色及施釉工艺与偃师麟德元年（664年）柳凯墓内出土的一件青白釉四系瓷罐完全相同[④]。A型钵与山西长治县宋家庄贞观十年（645年）范澄夫妇墓中出土的一件青釉钵十分相似[⑤]。安阳桥村隋墓中出土瓷器140件，其中的一件唾壶[⑥]与本期B型唾盂形制基本一致，唾壶上的盖与本期C型器盖的造型也有相似之处，从中可以看出黄冶窑第二期部分器物还没有完全摆脱隋代造型特点。依据以上纪年材料，结合第二期器物的装饰特点和器物群所在的层位关系，可大致推定该期的年代在唐代早期，即618～684年。

第三期：是黄冶窑烧造业鼎盛时期，产品的种类和数量大增，绝大多数器物与前期器物相对应。依据地层叠压关系、器物的排比分析，第三期可分为前后两个阶段。其理由如下：

第三期前、后段地层叠压关系清楚，出土的器物具有一定的时代差异。

（1）前后段的器物釉色、装饰手法及烧造工艺有明显区别。第三期前段仍以白釉瓷为大宗，但三彩陶制品明显增多，黑釉瓷趋于衰退，白釉蓝彩和绿釉、黄釉、蓝釉亦为这一时期的重要装饰手法之一。第三期后段白釉、黑釉瓷减少，制作工艺也较粗糙，瓷制品趋向大众化是这一时期的主要特点。三彩类陶制品以及贴花、印花装饰更加丰富。

（2）器形上有一定的发展变化。第三期前段白釉瓷产品器形硕大、造型规整，以大件器为主。常见的器形有敛口钵、双系敛口钵、三足炉、贯耳瓶、三足樽、罐等。胎质细腻坚实，釉面光润，釉色柔和。此时的白釉瓷产品主要以高品质的胎釉和精美的造型取胜，从中可以看出黄冶窑这一时期的白釉瓷不是一般的民间生活用瓷。过去陶瓷界对于唐代精细白瓷，多认为产自河北邢窑、定窑，一般认为河南地区的白釉瓷比较粗。黄冶窑细白瓷的出土，为收藏于国

---

① 张增午、付晓东：《河南林州出土隋瓷研究——兼谈隋相州窑与湘阴窑的异同》，《中国古陶瓷研究》第九辑，紫禁城出版社，2003年。
② 郑州市文物考古研究所：《巩义芝田晋唐墓葬》，科学出版社，2003年。
③ 富平县文化馆、陕西省博物馆、陕西省文物管理委员会：《唐李凤墓发掘简报》，《考古》1977年第5期。
④ 洛阳市第二文物工作队、偃师县文物管理委员会：《河南偃师唐柳凯墓》，《文物》1992年第12期。
⑤ 长治市博物馆：《长治县宋家庄唐代范澄夫妇墓》，《文物》1998年第6期。
⑥ 安阳市文物工作队：《河南安阳市两座隋墓发掘报告》，《考古》1992年第1期。

内外各大博物馆的那部分不属于邢窑和定窑的唐代精细白瓷找到了产地。因此，我们认为黄冶窑这一时期的精细白瓷，就是《新唐书·地理志》中记载河南府开元贡白瓷的重要窑口之一。此外，出土的部分白釉蓝彩器物标本，胎质坚细，釉色纯净，色泽鲜艳，为青花瓷的起源提供了重要的实物依据。由于北方各地白瓷烧造业的兴起，社会意识形态的变化，厚葬之风的盛行，三彩类陶制品的器形到了第三阶段后期更加丰富，这一时期的三彩陶制品基本上取代了盛行一时的白釉、黑釉瓷。此时，白釉、黑釉瓷生产极少，制作工艺也较粗糙，以盆、碗类民间大众化生活实用器为主。

纵观第三期出土遗物，虽未发现纪年器物，但前、后段的变化是清楚的。关于前、后段的具体年代，我们只能结合相关的纪年材料比较来确定。

第三期前段：Aa型碗与巩义芝田、孝北唐墓第三期（690～700年）92HGSM1两件C型碗器物造型完全相同[1]，与西安东郊开元廿年韦美美墓出土的一件三彩碗器形相近[2]。这类碗的造型最早见于黄冶窑第二期，流行于本期。B型豆与偃师杏园村李嗣本夫妇合葬墓（709年）M1928出土的一件三彩豆相同[3]。由此推测，第三期前段大约在684～756年，即盛唐时期。

第三期后段：可对比的纪年材料不多，从地层的叠压关系上看，第三期前、后段在各区的地层中直接叠压（详见附表二）。出土器物除前段特有的大件白瓷敛口钵、罐、贯耳瓶、三足樽等在本阶段不见外，还有几种比较有特点的器物，如白、黄、绿、蓝单色釉净瓶、三足樽等陶制品本阶段极少。白釉绿彩和白釉蓝彩是这一时期的主要装饰之一，常见的器形有各种碗、罐、双系敛口钵等。三足炉不仅比前段形制多样，无论单色釉还是三彩，以釉下贴花装饰为主。本段特有的器物A型碗，与郑州市化工厂贞元十三年（797年）墓出土的一件外黑内白碗无论是造型、装饰手法还是烧造工艺都完全相同[4]。因此，我们推断第三期后段的烧造时间大约在756～840年。

第四期：精美的白釉瓷和三彩制品相对减少，生活实用的小型器类和玩具占主导地位，器形的制作不甚讲究。这一时期出土的大量白釉蓝彩、半绞胎枕和黄釉、绿釉器皿，制作精良，釉色匀净，在本期的釉陶类产品中属于上乘之作。该期新出现的一批白釉玉璧底碗的形制与偃师杏园村会昌二年（842年）李郁墓出土的瓷碗相同或相近[5]，单色釉Ab型执壶与山西长治县郝家庄大中三年（849年）郭密墓出土的瓷注相似[6]。值得注意的是，执壶、半绞胎贴面枕、擂钵和仿金银器类等是黄冶窑本期中新出现的器形，为本期的年代提供了参考依据。此外，从出土的各类器形、釉色、装饰及烧造工艺看，也与前期有着明显的差异，反映了时代较晚的特征。因此，我们推断本期的年代上限大约不早于841年，下限不晚于907年，即唐代末年。

---

[1] 郑州市文物考古研究所：《巩义芝田晋唐墓葬》，科学出版社，2003年。
[2] 呼林贵、侯宁彬、李恭：《西安东郊唐韦美美墓发掘记》，《考古与文物》1992年第5期。
[3] 中国社会科学院考古研究所河南第二队：《河南偃师杏园村的六座纪年唐墓》，《考古》1986年第5期。
[4] 郑州市文物工作队：《郑州地区发现的几座唐墓》，《文物》1995年第5期。
[5] 中国社会科学院考古研究所河南二队：《河南偃师杏园村唐墓的发掘》，《考古》1996年第12期。
[6] 王进先、朱晓芳：《山西长治县郝家庄唐郭密墓》，《考古》1989年第3期。

第三节 巩义窑的兴衰

通过2002~2007年对巩义黄冶窑和白河窑的考古发掘和初步研究，不仅完整地再现了巩义窑的烧制技术和工艺水平，还使我们对巩义窑的制瓷历史有了一个比较全面地了解。从目前掌握的资料看，巩义窑约创烧于北魏，隋唐为它的鼎盛时期，至宋代走向衰落，退出历史舞台。

北魏是巩义黄冶窑的初创期，仅在白河的西岸局部地点烧造，产品以青瓷为主，兼烧少量黑瓷，在烧制青瓷的过程中逐渐发明了早期白瓷。在巩义白河窑址出土的早期白瓷，主要有杯、碗、盘、洗等小型器物，胎质细白，器壁较薄，一般呈直壁深腹，底部附圆饼状实足，器内满釉，器外施釉过腹，没有垂釉现象（彩版二六二）。颜色一般都是白中泛青，尤其是底部釉厚处青色更浓，这应是早期白瓷的特征[1]。值得注意的是，这批早期白瓷与青瓷伴出，有的白釉瓷器还和青釉瓷器叠烧，表明两者是同窑烧制，可见它与青瓷的渊源关系。说明白釉瓷器是在烧制青釉瓷器的基础上，逐步改进对原料的筛选，降低胎釉中的含铁量实现的。这是制瓷技术的重大突破与进步，从根本上改变了青釉瓷器一统天下的局面。此次巩义白河窑址出土的大量青瓷，与洛阳汉魏故城内出土的北魏青瓷造型完全一致[2]；巩义白河窑生产的早期白瓷，由于与北魏洛阳大市遗址出土的Ⅱ式青瓷杯完全相同，其年代也应属于北魏时期[3]。清人蓝浦在《景德镇陶录》卷七《古窑考》"洛京陶"条中云："亦元魏烧造，即今河南洛阳也。初都云中，后迁都此，故亦曰洛京所陶，皆供御物。"巩义白河窑距离北魏洛阳城仅20余千米，很有可能就是文献中记载的"洛京窑"，这也为北魏皇室使用瓷器找到了产地。从巩义窑产品仅在北魏洛阳城发现推断，巩义窑应始烧于北魏后期，即494年魏孝文帝迁都洛阳之后，烧造的时间也不会太长。

北魏灭亡后，北齐建都于今河北临漳境内的邺城，巩义窑由此停烧，至隋炀帝营建东都后复兴。隋代烧瓷规模扩大，隋代窑址主要分布在白河的西岸今铁匠炉村和黄冶河的东岸今大黄冶村，产品有青瓷和白瓷。1981年在距窑址南10千米的夹津口镇一砖厂发现1座隋墓，出土有白瓷俑12件、镇墓兽2件、家畜家禽6件和一些模型明器[4]，表明当时生产的白瓷已不限于日常生活用具。巩义市博物馆还在窑址附近采集到隋代白瓷杯、白瓷瓶等器物，这时的白瓷胎体致密，釉色白度也较前大大提高。

唐代洛阳为东都，尤其是武则天执政时期长期在洛阳生活，洛阳遂成为当时的政治、经济和文化中心。巩义隶属河南府，距离洛阳不远，又地处隋唐大运河通济渠的附近，巩义窑由此

---

[1] 河南省文物考古研究所、中国文化遗产研究院：《河南巩义市白河窑遗址发掘简报》，《华夏考古》2011年第1期。

[2] 中国社会科学院考古研究所洛阳北魏城队：《北魏洛阳城内出土的瓷器与釉陶器》，《考古》1991年第12期。

[3] 刘涛、钱国祥：《北朝的釉陶、青瓷和白瓷——兼论白瓷起源》第53页图一七，《中国古陶瓷研究》第十五辑，紫禁城出版社，2009年。

[4] 巩义市博物馆：《河南巩义市夹津口隋墓清理简报》，《华夏考古》2005年第4期。

走向辉煌。从上游的白河村到下游的小黄冶村，唐代的巩义窑南北长达4千米，生产品种也不仅限于传统的青瓷、白瓷和黑瓷，它还为满足市场需要，大规模烧制单彩和三彩的釉陶器、绞胎器，并探索和开发出主要用于外销交流的青花瓷器，充分展现了唐代陶瓷业的发展与繁荣。就唐三彩而言，既有实用价值的日常生活用具和小型玩具，又有作为陪葬品的模型明器、动物和人物俑，器类丰富多样，几乎包括了当时社会生活的各个方面。

唐代青花瓷是一种唐代生产的白釉绘钴蓝彩纹饰的瓷器。1975年，南京博物院等单位在江苏扬州唐城遗址首次发现1件青花瓷枕残片，枕面釉下蓝彩绘有菱形朵花图案装饰[1]。它的发现遂引起人们的极大关注，改变了传统认为中国青花瓷器起源于元代的看法。此后，文物考古工作者分别在扬州市文昌阁、三元路和文化宫唐代建筑基址陆续发现数十片唐青花瓷器残片，器形有碗、盘、罐、枕、执壶等，青花图案包括流云、卷草、花卉和菱形图案等内容。1980年，冯先铭先生依据胎釉等外部特征，首先提出香港大学冯平山博物馆（现为香港大学美术博物馆）收藏的1件白釉蓝彩三足炉，有极大可能是巩义窑的产品[2]。科学工作者也对扬州唐城遗址出土的青花瓷标本多次化验，认为从胎釉成分分布确证唐青花瓷片的烧造地点是在河南巩义一带，它的发现说明了唐代已用钴料作釉下彩料装饰瓷器[3]。1999年在印度尼西亚海域发现了一艘9世纪的"黑石号"沉船，从水里打捞出6万7千余件中国唐代陶瓷器，其中有3件完整唐青花瓷盘，研究表明这艘满载中国瓷器的唐代船只正是从扬州港出发的[4]。但由于巩义窑未经过大面积考古发掘，唐青花瓷是否为该窑所生产，一直缺乏有力的实物证据。

这次在巩义黄冶窑和白河窑址的发掘中，在唐代晚期地层内清理出少量青花瓷，主要有盘、碗、盒、枕和执壶等器类。这批青花瓷胎体坚实，烧成温度偏高，釉面洁白，青花绘在釉下，图案分别为曲线、花卉和菱形图案装饰。此外，在唐代中晚期地层和灰坑内，还出土有一批在白釉上洒点蓝彩的器物，此类器物用高岭土制成，胎质细腻，胎色灰白，先挂一层化妆土，再上白釉，在白釉上洒点蓝彩。此类器物常见于碗，一种是在口沿部位密集排满蓝彩条带，碗心处一朵梅点纹，碗内壁均匀排列五朵梅点纹；另一种碗是仅在碗内壁上绘出五朵梅点纹。梅点纹分别由五个蓝彩点组成，其中心处往往再加施一个黄彩点。罐的口沿和肩部分别施有大块的蓝彩斑点，蓝彩已与白釉交融流淌。与青花瓷相比，此类白釉蓝彩器物入窑烧制的火候不高，器物的瓷化程度较低。虽然上述的白釉施蓝彩器物还不属真正意义上的青花瓷，但它是由唐三彩中的蓝色彩釉器向唐青花瓷过渡产物，为青花瓷的起源提供了重要资料。

唐人李吉甫《元和郡县志》卷五《河南道·贡赋》条记述："开元贡绫、绢、白瓷器……"。《新唐书·地理志》"河南府"条也记载有"开元元年为府，土贡文绫、缯谷丝葛、埏埴益缶、苟杞黄精、美果酸枣……"河南府下属20余县，其中登封、巩县（今巩义市）、密县（今新密市）、新安、寿安（今宜阳县）均产瓷器。据目前掌握的考古资料，新安

---

① 南京博物院等：《扬州唐城遗址1975年考古工作简报》，《文物》1977年第9期。
② 冯先铭：《有关青花瓷起源的几个问题》，《文物》1980年第4期。
③ 罗宗真等：《扬州唐城出土青花瓷的重要意义》，《中国古陶瓷研究》，科学出版社，1987年。
④ 谢明良：《记黑石号沉船中的中国陶瓷器》，《美术史研究集刊》2002年9月第13期。

城关窑和宜阳西街窑属河南临汝窑系，以烧制素面和印花青瓷器为主，烧制瓷器的年代均为宋元时期；登封曲河窑和新密西关窑属北方磁州窑系，虽然以生产白瓷制品为主，但两窑始烧年代约在中晚唐，尚未达到盛唐时期的开元年间。

1957年，冯先铭先生曾在陕西西安唐大明宫遗址中，采集到十余件与巩义窑完全相同的白瓷器[①]。1995~1996年唐大明宫含元殿遗址的考古发掘中，也出土有与巩义窑产品近似的白瓷标本[②]。这次在巩义黄冶窑和白河窑址的考古发掘中，除了发现大量唐代三彩器、少量黑瓷和青花瓷外，还出土有一批精美白瓷器，胎质坚细，釉色纯正，尤其是白瓷贯耳瓶、三足樽、三足炉、唾盂、钵和罐等，皆器形硕大，制作规整，非一般百姓所用之物，很有可能是唐开元年间为唐皇宫烧制的贡瓷（彩版二六三）。

巩义窑烧制的白釉瓷器，胎质坚实细腻，釉色洁白匀净。经中国科学院上海硅酸盐研究所对巩义窑唐代白瓷胎、釉化学组成分析，白瓷釉的氧化物含量中，Fe_2O_3仅为0.57%，比唐代邢窑的0.88%还低[③]。据中国科学院上海硅酸盐研究所、河南省轻工业科学研究所和原巩县陶瓷厂的试验数据[④]，巩义窑白瓷胎的化学成分具有以下三个特点：一是Al_2O_3的含量非常高，达37.15%~37.49%；SiO_2的含量则非常低，为52.75%~53.41%；是我国南北各地所有瓷胎中Al_2O_3含量最高和SiO_2含量最低的瓷器。二是R_2O的含量也特别高，达7.15%~7.35%；是我国南北各地瓷胎中R_2O含量最高的一种瓷器。三是Fe_2O_3较低，含量在0.5%~0.75%；与唐代邢窑白瓷相近；而TiO_2较高。巩义窑白瓷釉已发展为石灰碱釉，其烧成温度在1300~1350℃，断口已具有玻璃态光泽。上述表明，当时巩义窑制瓷工匠已经成功掌握了白瓷的选料配方，烧制工艺也达到了前所未有的高度，成为唐代制瓷业"南青北白"中北方白瓷的代表性窑口之一。

宋代的巩义窑已经走向衰落，仅在黄冶河两岸的大黄冶村发现了几座残破窑炉，生产的品种也大为减少。宋人张耒的《柯山集》中有一首诗，题为《谢黄师寔惠碧瓷枕》，为我们生动描绘了宋巩义窑瓷枕的釉色与质地："巩人作瓷坚且青，故人赠我消炎蒸。持之入室凉风生，脑寒发冷泥丸惊。梦入瑶都碧玉城，仙翁支颐饭未成。鹤鸣月高把三更，报秋不劳桐叶声。我老耽书睡苦轻，迸床唯有书纵横。不如华堂泮玉屏，宝钿欹斜云髻倾。"黄寔和张耒都是北宋末期人，这件枕也应为同时期产品。此诗题名《碧瓷枕》，首句又为"巩人作瓷坚且青"，可知这件枕釉色青绿，质地坚实。目前在巩义市区域内尚未发现过宋代青瓷窑址，我们怀疑这件枕应属于宋三彩范畴的绿釉陶枕。除上述巩义黄冶窑址外，还在巩义市西南11千米的芝田镇芝田村西发现1处宋三彩窑址[⑤]。因此见于宋人文献的这件"碧瓷枕"，究竟属于巩义黄冶窑还是芝田窑尚不能完全确定。

---

① 冯先铭：《河南巩县古窑址调查纪要》，《文物》1959年第3期，第56~58页。
② 中国社会科学院考古研究所西安唐城工作队：《唐大明宫含元殿遗址1995~1996年发掘报告》，《考古学报》1997年第3期。
③ 周仁、李家治：《中国历代名窑陶瓷工艺的初步科学总结》，《考古学报》1960年第1期。
④ 李家治、张志刚、邓泽群等：《河南巩县隋唐时期白瓷的研究》，《中国古陶瓷》，科学出版社，1987年。
⑤ 巩义市文管所：《巩义市芝田宋三彩窑址调查》，《中原文物》1992年第4期。

第四节　黄冶窑唐三彩与其他唐三彩窑的异同

目前已发现的唐三彩窑址已有五处，分别为河南省巩义市黄冶窑、陕西省铜川市黄堡窑、西安市唐长安醴泉坊窑、河北省内丘县西关窑和山西省浑源县界庄窑。除唐长安醴泉坊窑专门生产唐三彩外，另外四处均以生产白瓷为主，唐三彩只是其产品之一。其中，巩义市黄冶窑址发掘面积最大，烧造品种最多，制作质量最精，三彩釉色最艳。经科学测试成分证明，洛阳唐墓出土的不少唐三彩应该是巩义黄冶窑生产的。

一、陕西铜川市黄堡窑

铜川市黄堡窑的唐三彩窑址发现于1984年，经陕西省考古研究院的大面积发掘，揭露出唐三彩作坊1处和窑炉3座，出土有大量的唐三彩、低温釉单彩器物、陶范和支烧工具[①]。唐三彩作坊东西长31.8米，南北宽20米，由7孔坐北朝南的窑洞所组成。烧制三彩器物的3座窑炉都比较残破，其中以Y10的燃烧室保存较好，也为北方地区常见的馒头形半倒焰式窑。黄堡窑出土的唐三彩可分为日用器皿、陶塑和建筑构件等。日用器皿有碗、盆、罐、灯、壶、瓶、杯、盒、炉、灯、枕等；陶塑中以动物形象为多，有马、狗、狮、虎、猴、鸡、骆驼，人物类只发现侍立俑和素胎人物头像；建筑构件有龙头脊饰、兽面饰件、筒瓦和板瓦。上述遗物，约分属于盛唐和中唐时期的产品。

铜川黄堡窑发现的成组作坊和窑炉，为我们研究唐三彩器物的烧制工艺和当时陶瓷手工业的发展水平，提供了不可多得的实物资料。其中三彩作坊规模较大，组织严密，内部分工细致，设施比较齐全，完整地再现了当时唐三彩的制作过程。黄堡窑窑炉与巩义黄冶窑窑炉结构基本相同，其窑炉面积较之同时期烧制瓷器的窑炉，规模要小一些。在巩义黄冶窑除了窑洞式作坊以外，还发现了地面连间式房屋建筑作坊。建筑构件中的龙头脊饰，施黄、绿、赭三色釉，器体高大，晶莹亮丽，为同时期诸唐三彩窑址中所仅见。与黄堡窑出土的三彩器相比，巩义黄冶窑的唐三彩胎色较白，而且淘洗得很纯净，基本不含杂质。在釉质方面，铜川黄堡窑的三彩釉玻璃质感强，透明度高，釉与釉之间交融性差；巩义黄冶窑的三彩釉质浓厚，具有乳浊感，彩釉间互相交融流动。从釉色方面看，铜川黄堡窑的三彩釉色种类单调，极少使用蓝色釉，不似巩义黄冶窑的丰富多彩。正因为如此，巩义黄冶窑的三彩器璀璨艳丽，花纹繁缛，器表常见几何形、点彩和垂带状花纹，并有贴花、印花和刻花等装饰，铜川黄堡窑的三彩器则比较清淡素雅，不太注重器表装饰。

[①] 陕西省考古研究所：《唐代黄堡窑址》，文物出版社，1992年。

二、陕西西安市唐长安醴泉坊窑

西安市醴泉坊窑位于今陕西省西安市西门外，这里在唐时属唐长安城西市北侧的醴泉坊。1999年3月发现，同年5月陕西省考古研究院对残存的遗址进行了抢救性发掘，共清理出唐代残窑址4座，出土了万余片三彩残片。4座窑炉属平地起建的半倒焰式馒头窑，从分布上看，似乎是对子窑或组窑的形式，两两并列，且两两相对，分布集中而紧凑[①]。该窑址出土大量素烧器、三彩器片、单色釉残片、绞胎器和窑具等遗物。三彩器胎体以红胎为主，有少量白胎。器类以日用器皿为主，有少量建筑构件、宗教用品和人物俑残片。其中单彩和三彩日用器皿有瓶、豆、罐、水注、樽、碗、碟、钵、盂、盅、枕等；建筑构件有三彩方砖和绿釉板、筒瓦；宗教用品有三彩佛弟子坐像、狮子残件；三彩俑发现较少，可辨的仅有人物坐俑和俑身残片。其中大型俑类有镇墓兽、天王俑、男立俑、女立俑、胡人俑、骑马俑、杂技俑以及动物模型等。其中在一件红陶俑（镇墓兽）残片上刻有"天宝四载……祖明"等字，大致可以推定醴泉坊窑为盛唐时期烧制陶俑和三彩器的窑场。

醴泉坊窑出土的三彩器明显分作两种胎体：一种胎体较白，胎质较硬，与巩义黄冶窑三彩胎体极为相似；而绝大多数为陶土胎，胎体呈瓦红色，烧制火候较低；器表都使用化妆土，釉质玻璃感较强，又与巩义黄冶窑有明显不同。由于附近有建筑物，受发掘面积的限制，醴泉坊窑三彩的器类较少，不见黄冶窑的三足炉、印花洗等较大件器物和陶塑小品；但这里出土有较多的宗教用品，为同时期唐三彩窑址中所仅见。值得注意的是，这里使用白胎制作的三彩器，原材料是从外地输入的，其中白胎三彩制品所用的白色黏土原料可能多来自于河南巩义窑[②]。

三、河北内丘县西关窑

邢窑是唐代著名的白瓷窑场，唐李肇《国史补》："内丘白瓷瓯，端溪紫石砚，天下无贵贱通用之。"说明当时邢窑白瓷与端砚齐名，并且为寻常百姓所乐用。邢窑遗址以内丘县城为中心，包括邢台、内丘、临城和高邑等四县一区，目前已经确认了北朝至元明时期瓷窑址26处。自20世纪80年代以来，河北省文物部门先后对内丘县城关和临城县祁村等窑址进行了多次考古发掘，发现窑炉10余座，出土各类器物标本上万件。考古资料表明，邢窑创烧于北朝晚期，兴盛于隋唐时期，衰落于唐末五代时期。1984年，内丘县文物保管所在内丘境内进行调查，采集了大量的唐三彩实物标本，主要器类有碗、盘、炉、钵、壶、枕和素烧器等生活用具，还发现有大量的印模和三叉形支具等窑具[③]。1987～1991年河北省文物研究所对邢窑遗址进行了较为系统的调查，基本上摸清邢窑遗址的分布范围和产品、种类的时代特征，并对内丘县城关和临城县祁村进行试掘。其中内丘城关的西关北窑区规模较大，保存较好。以烧造白瓷

---

① 陕西省考古研究院：《唐长安醴泉坊三彩窑址》，文物出版社，2008年。
② 陕西省考古研究院：《唐长安醴泉坊三彩窑址》第136页，文物出版社，2008年。
③ 内丘县文物保管所：《河北省内丘县邢窑调查简报》，《文物》1987年第9期，第1～10页。

为主，出土有少量唐三彩，釉色有黄、绿、棕、褐和白等色，釉面带有细小开片，主要器物有钵、三足炉、高足盘等[①]。

内丘县西关窑唐三彩基本以高岭土作胎，胎体有瓷化现象。从器形上看，邢窑三彩的器形多是碗、盘、杯、钵、炉、壶等日用器皿，专用于随葬的明器如人物俑、动物俑等极为少见。这里出土的三彩炉、钵、杯和盘主要发现于第四期，与白瓷玉璧足碗同出，应是中晚唐时期产品。与巩义黄冶窑唐三彩相比，内丘县西关窑三彩胎体坚硬，胎色多泛红；较少使用氧化钴为釉料，而较多的使用绿色，釉的呈色较为均匀，玻璃质感也较强。邢窑三彩的三足炉颈长、肩阔、足矮，肩腹部的凸棱突出，其釉色浓重暗淡，没有贴花装饰，较之巩义黄冶窑的三彩炉明显逊色。由于未经大面积发掘，邢窑没有发现专门烧制唐三彩的窑炉和作坊，这里的三彩制品较少，也不见三彩俑类，没有巩义市黄冶窑的产品丰富。

四、山西浑源县界庄窑

1997年山西省考古研究所对浑源县界庄窑进行了全面调查，并进行了小规模的试掘，不仅发现有青瓷、白瓷、黑瓷器，还发现有少量唐三彩和绞胎器等[②]。这里出土的三彩器物残片，可辨器形有执壶、钵、碗、罐、盒、炉等，釉彩主要有赭、绿、黄三种。胎质细密坚硬，呈黄红色或土黄色，烧成温度较高。其中，黄釉执壶质量上乘，清亮明快，玻璃质感强，胎釉之间不施化妆土，器表釉下有跳刀刻出的席纹装饰。绞胎器为赭、白两色相绞，器表施黄釉，器形有碗、盏托、枕等。绞胎枕为素烧器物，仅枕面为绞胎贴面，纹理全部为多组木理纹黏联组合而成。制作工艺普遍使用三叉支具，烧造时间大致为晚唐时期。

浑源县界庄窑没有发现唐三彩窑炉和作坊，出土的三彩器和绞胎器数量又少，尚不能窥其全貌。其中素烧器也占有一定比例，应为二次上釉的三彩器的素烧坯，器形有罐、执壶、雕塑等。相对于河南巩义窑和陕西铜川黄堡窑而言，这里的釉彩种类少，不见蓝彩；装饰手法略显单调，仅有刻花、捏塑和印花贴塑装饰等。绞胎器只有黄釉，纹理也显得简单。

第五节　唐代青花瓷器的产生与发展

巩义黄冶窑大量蓝花陶器的出土，为我们探讨青花瓷器的起源、来源与演变提供了科学依据。通过对出土器物的初步研究可以看出，唐代青花瓷器的产生大致经过了孕育期、萌发期和成熟期三个阶段。当蓝花陶器完成了一个由低温到高温、由釉上到釉下的发展演变后，唐青花瓷器便应运而生了。

---

① 河北省文物研究所、内丘县文物保管所、临城县文物保管所：《邢窑遗址调查、试掘报告》，《考古学集刊》第14集，文物出版社，2004年。

② 山西省考古研究所：《山西浑源县唐代瓷窑》，《考古》2002年第4期，第60~68页；孟耀虎：《浑源窑唐三彩及其他低温釉陶器》，《中国古陶瓷研究》第九辑第363~368页，紫禁城出版社，2003年。

一、蓝花加彩陶器——青花瓷器的孕育期

蓝花加彩陶器是孕育阶段的青花瓷器，它以瓷土为胎，施有化妆土，烧成温度较低。这些具有独特风格的蓝花陶器是唐代黄冶窑品种创新的标志，它的出现对于研究青花瓷器的起源具有重要的学术价值。

（一）蓝花陶器的种类

1. 蓝花多彩

蓝花多彩陶器指的是在器物上以白色作地，以蓝色为花并添加其他色彩进行装饰的器物。蓝花多彩包括蓝花加黄彩、蓝花加绿彩与蓝花加黄、绿彩数种，在这些器物中蓝色为主体色调，其他色彩只作为点缀。其中蓝花加黄、绿彩作为唐三彩的一类，在窑址出土器物中，占有一定比重（彩版二六四，1、3、4）。1972年河南洛阳关林唐墓出土的一件三彩菱纹罐[①]，罐高29.4厘米，器身饰以棕黄釉和连续白釉点组成的菱形格，格内交错填以蓝釉地黄白釉花和绿釉地蓝白釉花。器盖饰以蓝、黄釉色条纹与绿釉地蓝白釉花相交错的图案（彩版二六四，2）。蓝花多彩陶器与三彩一样使用了相同的色彩与工艺，但是，它开创了以白色作地，彩色为花的装饰新品种。在这类器物中，黄、绿两色已完全退居到图案的点缀。唐三彩是大唐文化高度发达的产物，它的出现不但是古代艺术宝库的珍品，还是蓝花陶器乃至青花瓷器的摇篮。如果追根溯源的话，可以说青花瓷器最早萌发于唐三彩中的蓝花多彩陶器。

2. 蓝花加绿彩

蓝花加绿彩是蓝花多彩陶器的一种，当蓝花多彩陶器中大面积使用的其他色彩减少后，蓝花纹便成了主要的装饰色彩，这种以蓝花为主要色调并添加有少量绿彩的蓝花加彩以其清新的色彩和高雅的格调形成了一种新的瓷器品种。ⅡT57G2出土的蓝花加绿彩钵残片（彩版二六四，5），从其上面的色彩可以看出，当绿进一步减少到仅作为点缀的时候，蓝花便占有绝对的优势，ⅡT57G2出土的蓝花加绿彩碗（彩版二六四，6）和T5H25出土的蓝花加绿彩碗（彩版二六五，1）更具为代表性。这些蓝加绿的器物不像三彩那样大面积的使用黄绿彩，而只是作为点缀。

3. 蓝花加黄彩

蓝花加黄彩在出土器物中数量较多，这些器物的主要花纹用钴蓝料绘制，只是在个别处用黄彩加以点缀（彩版二六五，2~6；彩版二六六）。此类蓝花器物在Ⅱ区、Ⅲ区的发掘中普

[①] 王锈：《洛阳文物精粹》，第198页，图52，河南美术出版社，2001年。

遍出现，尤其ⅡT57G2出土最为集中，有残片，有完整者，还有可以复原者。造型以碗最为常见。其中口径在10厘米、高在5厘米左右的小碗出土数量最多，蓝花朵花小碗ⅢT4H23的碗心绘有两层、三层花纹，图案全部由朵花组成，中心一朵，外围五朵，每组朵花由六组圆点点绘而成，中心的一点为黄色，其余的五点为蓝色。器物的口部绘一周竖线纹，此种蓝花碗出土数量较多。ⅡT57G2出土的蓝花朵花碗则是一件口径较大蓝花碗的底部，根据碗底大小推测其口径应在20厘米左右。它出土于ⅢT57G2，足径7.8厘米，黄白胎，碗的里部满釉，碗外壁施釉不到底，胎体上施有白色化妆土，瓷化程度较高。碗心分布三层纹饰，中心为一朵由六点组成的朵花，外围的一层均匀地分布有5朵与中心相同的花纹，每组朵花由五个蓝色的花瓣和一个黄色的花心组成。这些花纹全部点绘而成，发色纯正。部分器物呈色不稳定，ⅡT57G2出土的蓝花小碗，纹饰流淌现象比较严重。

这些碗多出土于探方的4～8层，如Ⅲ区T1⑤、T1⑥、T1H41、T2⑥、T2H17、T2H34、T4⑥、T4⑧、T4东二层台8层，T5④、T5④下、T5H48、T5H39，以及Ⅱ区T57G2各地层。从地层看，经历了一个很长的生产时期。

荥阳的陈景顺也收藏有这样的小碗，据说是在遗址附近的村庄收集的，与窑址所出完全一样[①]。日本出光美术馆也有一件三上次男先生寄赠的器物收藏。

如果说蓝花加绿彩尚遗留诸多三彩特征的话，那么，这些蓝花加黄彩陶器为蓝花单彩乃至青花瓷器的诞生奠定了技术条件。

（二）蓝花陶器造型

蓝花陶器造型主要有碗、罐、小盅、杯、双耳敛口钵等，其中以碗的出土数量最多（彩版二六七）。

1. 碗

目前所见，碗的形体可以分为两式。一式是撇口，圆唇，弧腹，圈足，平底，口径16厘米，这是截至目前所见个体最大者，而且蓝花纹饰也与其他的不同。釉面发蓝近似鸭蛋蓝色。胎体粉红，烧结度不是很高。里外施化妆土，外不到底。另一式是出土数量最多的一种，小撇口，圈足，弧腹，平底，有的器底中心有一尖状凸起，胎体有黄白与粉白两种。外部化妆土不到底，口径在10、高度5、足径4.5厘米左右。

2. 小盅

所见不多，个体较小，高2.3、底径2.5、口径5.3厘米，敛口，圆唇，平底。里外半釉，粉白胎，竖条纹，施化妆土。

---

① 陈景顺：《三只小碗与唐代青花瓷的兴起》，《文物天地》2004年第3期，第42页。

3. 杯

出土于ⅢT2H34的一件用蓝花装饰的杯，高6、口径8.9、足径4.2厘米，撇口，圆唇，深腹，腹壁较直，圈足，平底，底心有一尖状凸起，口沿下有一环形柄，柄内径1.1厘米，外径2.5～2.7厘米。施白色化妆土，外部不到底，里满釉，外釉不到底，里口沿处有蓝花彩条纹饰四组，每组由两道蓝彩和一条细细的绿彩组成，每两组之间有一道较长的绿彩条纹相间。蓝彩粗短长2厘米，绿彩细长4.5厘米。这种杯的完整个体发现不是太多，但是指环状的杯柄出土较多。

4. 双耳钵

敛口，方唇，鼓腹、环底，口沿两侧各贴一耳，粉白胎，施化妆土，里满釉，外半釉。个体较大，是黄冶窑址出土数量最多最为流行的一种造型。

5. 罐

罐是黄冶窑址常见的形体，但蓝花品种出土数量较少，大量流行于三彩与单色釉器物中。

蓝花陶器的胎体，唐代蓝花瓷器的胎可以分为粉白、黄白、灰白、白色四种，这四种胎中，以粉白胎的出土数量所占比例最大，黄白、灰白胎的瓷化程度较高。白胎的瓷化程度最高。以粉白胎的吸水率最高，瓷化程度最低。个别器物胎体半粉白半黄白，可能是因为在烧造过程中上下部位受热不均所致。所有蓝花陶器胎体上都施有白色化妆土，器物外壁的化妆土不到底，大多在外腹中部距口沿4～5厘米处，有的在足上部2厘米处结束。

从大量素烧坯半成品可以看出，无论蓝花和三彩，应是先经过低温素烧再经绘画施釉二次入窑烧造而成。

（三）蓝花陶器的装饰

蓝花陶器的装饰题材主要有朵花纹、花卉纹、条纹、圆点纹等几种方式，装饰手法主要有点彩法和彩斑法。

1. 装饰题材

朵花纹　这是出土器物中所见最为流行的，以六点梅居多，绝大多数出现在碗的图案中，如ⅡT57G2、T1⑤、T2③、T2⑤、T2⑥、ⅢT2J1、ⅢT2H34、T4⑥、T4⑦、ⅢT4H10、ⅢT5H25所出的蓝花碗采用的全部是这种图案，个别者也有用7点梅花者，里心一点，周边6点，如T4⑥出土的蓝花钵，外腹部全部用蓝花绘画7点梅。这些朵花排列有序，整齐划一，具有很强的装饰效果。

花卉纹　用钴料点绘出图案花纹，如ⅡT6⑩东隔梁所出土的蓝花碗，即采用此种方法点绘出花朵、花苞与枝叶，此碗的图案具有浓郁的西域风格，应是当时作为外销瓷或接受外域定制所为。

条纹　多绘画在器物的口沿处，有的采用过枝画法绘制而成。在所出土的蓝花器物中占有一定的比重，用蓝花在器物的口部绘画一周竖条纹。其在蓝花瓷器的使用中有两种情况，一种是作为主要装饰，将条纹绘画在器物的主要部位，或者是绘在蓝花碗的口处。另一种则作为辅助装饰，这类条纹的排列比较具有规律，大多作为主要花纹的点缀，如上面提到的六点梅花碗口沿处的条纹彩绘，这种条纹要比作为主要装饰的条纹短。

还有一种是在烧制过程中因釉的流淌所致，ⅡT57G2出土的蓝花双耳敛口钵可视为代表。钵的外腹部所呈现的全部三个一组的条纹，这种条纹的组合排列完全是因为釉的流淌所形成。如果釉不流淌，应该是朵花图形。ⅡT57G2出土的蓝花碗残片，粉白胎，施化妆土，碗的口沿处绘有6道蓝花竖线纹。T4东二层台第8层出土的蓝花碗残片，口部绘画7道竖线，蓝花发色纯正翠蓝。ⅡT57G2和T4东二层台第8层所出蓝花碗的残片基本相同。

圆点纹　用涂点的方法绘出，图案呈不规则的蓝色斑块，这种纹饰多出现于敛口双耳钵的腹部。如ⅡT57G2出土蓝花瓶残片的口沿处点有一周蓝色的圆点。

2. 装饰手法

点彩法　运用比较多的一种装饰手法，无论是在蓝花单彩还是蓝花多彩器物中都广泛使用，尤其在蓝黄两彩器物的应用中更为普遍。丹麦哥本哈根博物馆收藏的白釉蓝彩鱼藻纹罐，也是用点彩的方法绘画出5条鱼的纹饰，中间点缀有梅花形朵花，口沿饰弦纹。另一件收藏在美国波士顿泛美美术馆的蓝花花卉碗，里心绘画三叶纹，口沿点彩。

彩斑法　唐代黄冶窑普遍采用了彩斑法对瓷器进行装饰，其中的大圆斑以大块的色彩点成斑纹，小圆斑则以小的色点点绘成图案，ⅢT1H38出土的蓝花碗是窑址所出比较有代表性的作品。这种用彩斑进行装饰的蓝花陶器在河北省沧州也有出土（彩版二六八，1、2），现藏于沧州博物馆的青花碗器里器外全部用钴蓝彩斑装饰而成，色彩纯正艳丽，可谓这一手法的代表。

综上所述，唐代蓝花器物装饰采用了点、线、块的表现手法，以斑、点为主，彩线为辅，往往点与线交替或块与线组合使用，在陶瓷装饰中独放异彩。

二、白地蓝花陶器——青花瓷器的萌发期

1. 白釉蓝花

白釉蓝花陶器在窑址出土器物中占有一定比重。其中ⅡT57出土数量最为集中（彩版二六八，4、5）。Ⅱ区T8东隔梁10层出土的一件唐代蓝花碗（彩版二六八，3），高5.7厘米，足径约8.3厘米，口径约16厘米。粉黄胎，胎体中夹杂有微小的黑色颗粒，提炼纯度不是很高，坯胎上施白色化妆土，外部化妆土不到底。碗的里部满釉，外部釉不到底仅至口沿下2~3厘米处。釉色白中泛青呈鸭蛋青色，釉面不太细润。碗里部绘画花纹，口沿处绘三组竖条纹边

饰，每组3条，采用过枝画法绘制而成。里心点绘枝叶纹。花纹清晰，呈色稳定明快，发色青翠纯正，无晕散无流淌。

在瓦窑沟Ⅲ区发掘中也出土了大量蓝花器物。其中有一件碗的残片（彩版二六八，6），呈色稳定，纹饰清晰，无晕散流淌。由于残片的部位所限，只能看到口部绘画的蓝花竖条纹图案。与此同时在清理过程中也发现了2枚"开元通宝"铜钱。

白釉蓝花器物的造型除了碗之外还多见于钵、水注、小罐、杯等（彩版二六九，1~3）。经上海硅酸盐研究所的最新测试结果表明，这些器物属于低温釉上彩陶器。如果这些器物的烧造温度再高一些的话，则完全具备了青花的特点。

2. 绿釉蓝花

绿釉蓝花是唐代黄冶窑继白釉蓝花之后的又一品种创新，T4⑧出土的绿釉蓝花碗（彩版二六九，4），足径8.6厘米。粉白胎，里外施化妆土，外部化妆土不到底。器里满釉，器外釉至口沿下2.5厘米处，碗口沿部位绘画蓝花竖条纹一周，里部绘蓝花六点梅花纹，与上面白釉蓝花器物基本相同。

如果说黄冶窑青花的成功烧造是中国陶瓷史上具有划时代意义的重大突破的话，那么绿釉蓝花的问世具有同等重要的意义。

三、唐青花——成熟阶段的青花瓷器

1. 唐青花瓷器的出土

冯先铭先生在其主编的《中国陶瓷》一书中说："青花瓷是指一种在瓷胎上用钴料着色，然后施透明釉，以1300℃左右高温一次烧成的釉下彩瓷器。釉下钴料在高温烧成后呈现出蓝色，习惯上称为'青花'。……标准的青花，应该指釉下彩。""名为青花瓷器，当然以釉下钴蓝彩绘装饰为主"。

黄冶窑2002年度发掘时，在ⅡT5第6层中出土的一件执壶和罐口沿残片，胎体坚硬、细腻、瓷化程度很高，釉色透明，符合青花瓷器的标准（彩版二六九，5、6）。2004年5月在郑州举行的汝州张公巷窑、河南省巩义窑考古新发现专家研讨会上，复旦大学高能物理研究所承焕生教授在发言中讲到，经过测试表明黄冶窑唐青花使用的是质量最高的钴料；2009年，这两件标本又经上海硅酸盐研究所测试，皆属釉下彩。其中执壶残片的烧成温度在1200℃左右，罐的烧成温度略低一点，蓝釉的成分与扬州遗址出土的青花瓷完全一致。

从出土器物不难看出，这个时期制瓷质量已大为提高，制瓷原料经过很好的粉碎和淘洗，胎质细腻致密，胎体洁白，釉面均匀润泽，也显示了唐代青花瓷器的制作水平。

2. 青花瓷器的产生与演变过程

从黄冶窑址出土的蓝花和青花器物可以看出，唐代青花瓷器历经了三个不同的发展阶段，经过一个由蓝花多彩到蓝花单彩再到青花的发展演变过程,首先是源于三彩的蓝花多彩陶器的产生为白釉蓝花器物的出现奠定了基础,而白釉蓝花器物的烧造又为青花瓷器的萌生奠定了基础。半陶半瓷性质的白釉蓝花器物在经过了由低温到高温、由釉上到釉下的演变发展之后,终于变成了真正意义上的青花瓷器。

唐代青花瓷器的产生是历史发展到一定阶段的必然产物,也是蓝花陶器发展的必然结果。

四、青花瓷器产生的技术条件

1. 釉下彩的成功烧制

早在三国时期,制瓷工匠即已掌握了釉下彩的烧制技术,根据已有的考古资料可知,最早的釉下彩瓷器产生于三国时期的吴国,经逐代的不断发展,至唐代有了更进一步的发展,釉下彩的烧造范围已经比较普遍,烧造工艺已经相当成熟。除了黄冶窑之外,四川邛崃窑的釉下彩绘瓷,以铜、铁两种矿物为彩画原料,烧制出了呈色漂亮的釉下彩瓷器;长沙铜官窑更是以釉下彩而闻名遐迩,其中以氧化铜、氧化铁为着色剂烧制出的红、绿、褐色彩斑斓的产品,为釉下彩瓷的装饰技术开拓了广阔的空间。唐代中、晚期,长沙窑把釉下彩的技术进一步发展与提高,以氧化铁和氧化铜为着色剂,烧造出釉下褐、绿、红等色的釉下彩瓷器。无论娴熟的绘画还是丰富多彩的图案,都显示着釉下彩绘的不断发展与取得的成就。釉下彩瓷器的烧制成功为青花瓷器的产生奠定了技术条件。

2. 钴料的成功使用

繁荣昌盛的大唐时代,国力强盛,科学技术迅猛发展,中外交流空前活跃,钴蓝的成功使用为青花瓷器的出现起到了积极的促进作用,也为青花瓷器的产生奠定了技术条件。

1972年,陕西乾县郑仁泰墓出土的一件唐麟德元年(664年)白釉蓝彩盖罐,盖纽上的蓝彩既以氧化钴作为呈色剂,说明早在唐初人们已经开始使用氧化钴对瓷器进行装饰了,此罐是目前所知使用钴蓝料最早的例证。到了盛唐时期,唐三彩中大量使用钴蓝做装饰的工艺以及蓝釉器物的烧造已经非常成熟。尽管它们的制造工艺和烧成温度与瓷器不同,但其中蓝彩、蓝釉却与青花瓷器的青料一样,都是以钴为原料。钴蓝料的使用为青花瓷器的诞生提供了先决条件。

黄冶窑发掘出土的大量蓝釉器物具有发色明快,呈色纯正,工艺娴熟的特点。ZF1-3和ⅡT57G2出土的蓝釉器物(彩版二七〇,1~3),釉面细润光亮、釉层厚薄均匀、釉质肥厚,表明钴蓝的使用已经达到了相当成熟的阶段。在出土标本中,蓝釉器物占有相当比重,表明蓝釉的产量是很大的。它的成功烧制,为青花的产生奠定了技术条件。

3. 白瓷的成功烧制

白瓷的烧制成功为青花瓷器彩画奠定了基础,冯先铭先生在其主编的《中国陶瓷》一书中说："成熟的元青花瓷器主要要素有三点：①洁白的瓷胎和纯净的透明釉。②运用钴料产生蓝色的花纹。③掌握釉下彩绘的工艺技术。"他把洁白的瓷胎列为首选，是因为青花瓷器的蓝色花纹只有绘在洁白的胎体上才能衬托出它的美丽和湛蓝。窑址出土的大量白釉器物表明，白瓷的烧造质量已经很高。中国科学院上海硅酸盐研究所对巩县唐代白瓷的胎、釉做过分析，结果表明"巩县瓷釉已发展为石灰碱釉，……巩县白瓷的烧成温度一般在1200～1350度。……巩县白瓷和邢窑白瓷的外观质量无论白度和反射率方面都很接近，胎釉的显微结构相类似。因而巩县白瓷唐时可能作宫廷用瓷是有其原因的。"[①]

巩义窑白瓷以其高超的技术在赢得市场广泛需求的同时也赢得了宫廷的青睐，一度作为贡品供奉宫廷。《元和郡县志》卷五"河南贡赋"条记载："开元中河南贡白瓷"，《新唐书》卷38"地理志"以及《国史补》中也有相同的记载。

与此同时，河北邢窑所生产高质量的白瓷，唐代李肇《国史补》云："内丘白瓷瓯，端溪紫石砚，天下无贵贱通用之"。1980年在临城—内丘交界的磁窑沟和临城县境内的程村、解村、岗头等地发现了唐代窑址多处。1985年发掘出土的高质量唐代白瓷，用"白如雪"来形容一点也不过分。除此之外，山西浑源窑、河南密县窑、四川大邑窑、河北定窑等在唐代也成功地烧造出了高质量的白瓷，高质量白瓷的烧制成功为青花瓷器彩画奠定了基础。至此，青花瓷器产生的三个基本要素——釉下彩技术的运用、钴料的使用和白瓷的烧造均已成熟，青花瓷器的产生乃是势在必行。

五、巩义与扬州——产地与集散地

20世纪70年代以来，在我国扬州唐代遗址中不断有唐青花瓷片的出土（彩版二七〇，5、6）。1975年南京博物院在江苏农学院基建工地晚唐地层的发掘中，出土了一块蓝花枕的瓷片，上面绘画有几何图形纹饰；1983年国家文物局扬州培训中心的学员在唐城遗址范围内又先后拣到了二十几块蓝花瓷片；1990年中国社会科学院在扬州文化宫唐代遗址的发掘中又出土了十四块蓝花瓷片。因此，唐城遗址出土的青花瓷片在黄冶窑址发掘之前就成为研究我国青花瓷器起源最珍贵的第一手资料，被视为20世纪中国陶瓷重大的考古发现。

1996年上海硅酸盐研究所对扬州唐城唐蓝花瓷片的胎、釉和蓝花色料的测试结果表明，这些样品胎釉间施化妆土，钴料装饰在釉下，烧成温度在1250℃左右，因此可以认定这些样品都是我国现今发现的最早青花瓷器。同时指出，这些样品与唐代巩县白瓷相比较，不仅在胎、釉化学组成上接近，而且在制作、烧成工艺以及同类器物造型上也很相似，因此可以认为唐代青花瓷的产地在河南巩县窑。唐代青花所用钴料种类不同于宋、元、明和清代青花瓷，它是用伴生有少量铁和铜的硫钴矿着色，青花料中硅和铝的氧化物含量相对较少，致使青花纹饰晕散，钴料颗粒较粗，故形成很多不均匀分布的深蓝色点[②]。但当时苦于没有科学的窑址考古资料，

[①] 李家治：《河南巩县隋唐时期白瓷的研究》，《中国古陶瓷研究》，第137～140页，科学出版社，1987年。

[②] 陈尧成等《唐代青花瓷器及其色料来源研究》《考古》1996年第9期第87页。

因此从研究的角度讲仍处于推测阶段。此次黄冶窑唐青花瓷器的出土，首次以科学考古发掘资料为依据，从时、空两方面证实了青花瓷器产生的时间与地点。

从目前的资料可以看出，唐青花瓷器产生之初，主要是作为外销产品销售国外，由于使用对象和生产数量所致，唐青花在国内出土范围与出土量很小。1999年，德国"海底探险"公司在印度尼西亚忽里洞岛海域发现并打捞的"黑石号"沉船，船中出土的约六万件中国瓷器中有三件完整的唐青花瓷盘，为我们研究唐青花的产地及其外销提供了重要资料。这三件青花盘上面的花纹、图案、胎釉与巩县窑发掘出土及扬州所出的青花基本相同。印尼黑石号沉船所出唐青花说明，黄冶窑生产的青花瓷器在当时曾作为外销所用。也就是说，作为产地的黄冶窑所生产的青花瓷器通过扬州销往到国内外。这也就是唐青花为什么在扬州唐城遗址不断出土而在国内其他遗址与墓葬中却很少发现的根本原因所在。

唐青花瓷器这一新兴的瓷器品种在远销海外的过程中，对世界陶瓷生产技术产生了深远的影响和积极的促进作用，世界各地争相仿制我国这一新兴的制瓷工艺，这正如冯先铭先生在《中国陶瓷》一书中所说："9、10世纪，中东很多国家都进口我国的唐青花瓷"。"这种新出现的制瓷工艺必然给予当地制陶工匠以很大的吸引力，目前在世界某些大博物馆就有当时当地的仿制品，如美国华盛顿佛利尔博物馆有9、10世纪伊拉克的青花碗，纽约大都会博物馆有9世纪伊朗西部地区所制造的青花碗及9世纪伊拉克烧制的青花碗。波士顿博物馆有9、10世纪（美苏波达米亚）的青花碗，但这些器物烧成温度不高，胎质粗松，釉不透明，都属于半瓷半陶性质。显然，都是当时模仿唐青花的烧造工艺而生产的。"

距唐代东都洛阳近50千米的巩义窑，西临洛水，北靠黄河，有着极为优越的水路、陆路运输条件。其产品沿黄冶河而下仅3千米即入洛河，溯河而上可达洛阳，顺河而下可入黄河，溯黄河而上又可达长安。由洛阳陆路至长安可达安西道，过运河至扬州经长江入赣江可达广州道。大运河与黄河、长江的沟通，造就了唐代巩义窑便利的水路运输条件，源出陕西洛南县西北部的洛水，东入河南，流经洛宁、卢氏、洛阳，在偃师东部与伊水会合后称伊洛河，伊洛河在巩义市东北部注入黄河，为巩义窑产品的外销大开了门户。

隋唐时期，南北大运河的开通，为黄冶窑产品水陆运输提供了极为便利的条件。大运河是贯通黄河与淮河、黄河与长江水系的重要通道，构成唐代中原与东南地区的交通大动脉，也是通往海上的重要国内航道，对当时社会经济文化具有重要的影响。《通典》中曾这样记载运河的繁忙："运漕商旅，往来不绝"。《元和郡县图志》卷五也有类似的描述，由此可见唐代水路的通达和繁忙。1998~2000年淮北柳孜大运河遗址发掘出土的8艘唐代沉船[1]，数量之多，反映了当时运河的繁荣与商品经济的发展。大运河历史悠久，分布广泛，跨区域、跨水域、跨国界，是人类征服自然的象征，也是中华民族得以发展延续的纽带。扬州，既是当时漕运的中转码头，又是较大的商品集散地。正是由于历史上扬州与黄冶窑所处地理位置及其便利的运输条件，才造就了它们产地与集散地的特殊关系。扬州之所以不断有黄冶窑青花瓷片出土，就是由于它所处的独特地理位置所致。

---

[1] 安徽省考古研究所、安徽省淮北市博物馆：《淮北柳孜运河遗址发掘报告》第146页，科学出版社，2002年。

总之，青花瓷器起源于唐代，发源于巩义窑址，来源于白地蓝花陶器。青花瓷器经历了一个产生、发展和不断成熟的过程，首先，在唐三彩基础上派生出的蓝花加彩，经过不断演变发展成蓝花单彩，再经过进一步的发展变化，这些以瓷土为胎以钴料进行釉下彩绘的蓝花器物，随着烧成温度的增高和胎体提炼纯度的加大，以及化妆土的消失便形成了具备瓷器标准的青花瓷器。

青花瓷器是中国陶瓷发展史上一朵盛开的奇葩，也是世界艺术宝库一颗璀璨的明珠。青花瓷器以其清新的色调，素雅的纹饰在万紫千红的彩瓷中独树一帜，历经元、明、清直至现代，经久不衰。青花瓷器的发明，不但在中国陶瓷史上留下了最辉煌的一页，而且在世界文化史乃至艺术史和科技史中都写下了光辉的篇章。

附　　表

附表一　探方情况统计一览表

区别	探方号	发掘面积（平方米）		方内最深处深度（米）	探方内主要遗迹	相邻探方	备注
		布方面积	实际发掘面积				
Ⅰ区	T1	5×5	4×4	1.40	H1、M3、M5、M6、M7、M8	T2、T4	
	T2	5×5	5×5	1.40	G1、L1	T1、T3、T5	
	T4	5×5	4×4	5.60	H2、M4	T1、T5、T7	
	T5	5×5	5×5	1.70	G1、L1	T2、T4、T6	
	T6	5×5	4×4	1.55	M1、M2、G1	T5	
	T7	5×5	4×4	3.60	H3	T4	
Ⅱ区	T1	3×10	3×10	1.30			
	T3	6×6	5×5	2.35	H46、H47、H48	T20	
	T4	5×5	4×4	3.45	H7、H11、H15、H19、G1	T3、T5、T20	
	T5	5×5	5×6	3.20	H8、H14、H16、H17、C1	T4、T6、T8	
	T6	5×5	5×6	3.70	H8、H10、H12、H18	T5、T7、T9	
	T7	5×5	4×5	3.45	ZF2、Z1、Z2、H18	T6、T10	
	T8	5×5	5×7	2.65	H22、H23、H34、H35、H36、H37、H17、H38、C2、C3	T5、T9、T19	
	T9	5×5	4×5	3.50	H24、H27、H29、H31、H33、D1、D2、D3	T6、T8、T10	
	T10	5×5	4×5	3.40	H2、F2、Z3、Z9	T7、T9	
	T11	5×5	5×5	1.15	H1、H3、H4、H5、H6	T12、T16	
	T12	5×5	5×5	4.10	Y1、Y2、Y6、Y7、Y8	T11、T13	
	T13	5×7	4×7	4.00	Y6	T12	
	T15	6×12	6×12	5.15	Y3、Y4、Y5、Z8		
	T16T18	5×8	5×8	1.00	F1、F1Z4、F1Z5、F1Z6、F1Z7	T11、T17	
	T17	5×5	5×9	2.25	ZF3、H20、H21、H28	T11、T12、T16、T18	
	T19	5×5	5×4	2.95	H25、H26、J1、D1—D5	T4、T8	
	T20	6×6	5×5	2.95	H40、H41、H42、H43、H44、H45、G3	T3	
	T35	5×10	7×10	7.00	H30、H32		

续表

区别	探方号	发掘面积（平方米）		方内最深处深度（米）	探方内主要遗迹	相邻探方	备注
		布方面积	实际发掘面积				
Ⅱ区	T57	5×10	5×10	3.30	H39、G2	T58	
	T58	5×5	5×5	1.75	G2	T57、T59	
	T59	5×5	5×5	2.95		T58	
Ⅲ区	T1	10×10	9×9	2.80	H37、H38、H40、H41、H44、H45、H56、H57、H58、H62、H63、H64、H65、H66、Y1、Z3	T2、T5	
	T2	10×10	9×9	3.30	H8、H16、H34、H35、H36、H42、H43、H51、H52、H53、H54、H55、H59、H60、G5、J1、M1	T1	
	T3	10×10	9×9	2.90	H6、H11、H12、H14、H15、H21、H22、H26、H31、H32、H61、F1、Z2	T4	
	T4	10×10	9×10	2.95	H1、H2、H3、H4、H5、H7、H10、H18、H20、H23、H24、H30、H33、F1、Z1	T3	
	T5	10×10	9×9	3.10	H9、H13、H19、H25、H27、H28、H29、H39、H46、H47、H48、H49、H50、G1、G2、G3、G4	T1	
	T6	8×10	7×9	3.05	H70、H71、H72、H75、H76、H81、H82、H85、H87、H93、H94	T7	
	T7	8×10	7×9	2.75	H68、H69、H73、H74、H80、H84、H86、H90、H91、H92、H98	T6、T8	
	T8	8×10	7×9	3.00	H77、H78、H88、H89、H101、Y2	T7、T9	
	T9	8×10	7×10	3.20	H67、H79、H83、H95、H96、H97、H99、H100、G6、Y2	T8	
	T1	4.2×4.2	4.2×4.2	1.55	Z1、Z2		
	T2	5×5	4×4	3.60	H2、H3、H9、G2	T3、T4	
	T3	5×5	4×4	3.50	H6、G1	T2、T5	
	T4	5×5	4×4	3.70	H4、H5、H7、H8、H10	T2、T5	
	T5	5×5	4×4	3.55	G1	T3、T4	
	T6	5×5	5×5	3.45	H1		

注：局部扩方不在统计范围内

附表二 探方地层堆积对应关系一览表

区别/编号	层位 时代	近现代	明清	宋元	唐代晚期	唐代中期后段	唐代中期前段	唐代早期	隋代	汉代	备注
Ⅰ区	T1	①		②	③④	⑤⑥⑦⑧	⑨⑩⑪⑫⑬⑭	⑮⑯⑰			
	T2	①		②③	④	⑤	⑥⑦	⑧⑨⑩			
	T4	①		②	④	⑤⑥⑦⑧	⑨⑩⑪⑫⑬⑭	⑮⑯⑰		⑱⑲	
	T5	①		②③	④	⑤⑥⑦⑧		⑨⑩⑪			
	T6	①		②③	④	⑤⑥⑦⑧					
	T7					⑧	⑨⑩⑪⑫				
Ⅱ区	T3	①②			③④	⑤	⑥	⑦⑧			
	T4	①②		③④	⑤	⑥⑦⑧⑨⑩	⑪	⑫			
	T5	①②		③④	⑤⑥⑦	⑧⑨	⑩	⑪			
	T6	①②		③④	⑤⑥⑦	⑧⑨	⑩⑪⑫	⑬			
	T7	①②		③④	⑤⑥⑦	⑧⑨	⑩	⑪			
	T8	①②		③④	⑤⑥⑦	⑧⑨	⑩⑪⑫⑬⑭	⑮			
	T9	①②		③④	⑤⑥⑦	⑧⑨	⑩⑪⑫⑬⑭	⑮⑯			
	T10	①②		③④	⑤⑥⑦	⑧⑨	⑩	⑪			
	T11	①		②	③④⑤⑥	⑦					
	T12	①②③			④⑤⑥						
	T13	①②		③							
	T15	①②③④⑤⑥			⑦⑧⑨	⑩⑪					
	T16	①									①下ZF1
	T17	①									①下ZF3
	T18	①									①下ZF1
	T19	①②		③④	⑤	⑥⑦⑧⑨⑩	⑪⑫⑬⑭				
	T20	①②			③④	⑤	⑥	⑦⑧			
	T35	①②	③④	⑤	⑥⑦⑧⑨⑩⑪	⑪⑫⑭					

续表

区别/编号		近现代	明清	宋元	唐代晚期	唐代中期后段	唐代中期前段	唐代早期	隋代	汉代	备注
Ⅱ区	T57	①②	③④⑤	⑥		⑦			⑧		
	T58	①②	③④⑤	⑥							
	T59	①②	③④⑤	⑥			⑦				
Ⅲ区	T1	①a①b	②	③	④⑤⑥	⑦⑧	⑨a	⑨b			
	T2	①	②	③	④⑤⑥	⑦⑧	⑨	⑩			
	T3	①②	③④⑤	⑥	⑦⑧	⑨					
	T4	①②	③④⑤	⑥	⑦⑧						
	T5	①	②	③④	⑤⑥	⑦⑧	⑨			⑩	
	T6	①②③	④⑤	⑥	⑦	⑧⑨	⑩	⑪			
	T7	①②③	④⑤	⑥	⑦	⑧⑨	⑩	⑪			
	T8	①②③④	⑤	⑥	⑦	⑧⑨	⑩	⑪			
	T9	①②③	④⑤	⑥	⑦	⑧⑨	⑩⑪				
Ⅲ区02	T1	①②		③	④（次生土）						
	T2				⑥	⑦	⑧⑨				⑥层以上被破坏
	T3					⑦	⑧⑨				⑦层以上被破坏
	T4				⑥	⑦	⑧⑨				⑥层以上被破坏
	T5					⑦	⑧⑨				⑦层以上被破坏
	T6			⑤	⑥	⑦（河卵石堆积）					⑤层以上被破坏

附表三　典型遗迹单位出土陶瓷釉色装饰统计一览表

(单位：百分比)

期别	典型遗迹	瓷器				陶器								备注
		青釉	白釉	黑釉	茶叶末釉	酱釉	黄釉	绿釉	蓝釉	酱釉	酱黄釉	白釉	白釉绿彩	白釉蓝彩	三彩	素烧器	
一期	ⅡT57H39	70	22	8													
二期	ⅡT5H16		50	37	4	7									1	1	
	ⅡT6H18		72	13	2	13										0.3	
	ⅢT1H65		75	25												0.1	
三期前段	ⅡT4H15		15	6			3	14	8	8				7	38	64	
	ⅢT8H89		15	28			11			8			1		37	87	
	ⅢT7H90		10	24			16			10					40	73	
三期后段	ⅢT5H19		14	10			9	10	4	8		21		4	41	87	
	ⅢT2H34		2	7			10	6		2				8	44	64	
	ⅢT6H81		8	5			4	8	2	2				4	67	71	
四期	ⅠT1H1		2	31	4		29	1		11	1				20	2	
	ⅡT57G2		11	16			9	8	4	2		11	3	7	30	87	
	ⅡT10H2		9	2			35	15		17	16				7	13	

附表四 探方遗迹分期一览表

区别\期别遗迹	第一期	第二期	第三期前段	第三期后段	第四期	备注
I区	T4L1	T4H2、T1M3、T4M4、T1M5、T1M6、T1M7、T1M8		T6M1、T6M2	T1H1	
II区	T57H39	T6H12、T5H14、T5H16、T5H17、T6H18、T9H24、T11H28、T9H29、T9H31、T9H33、T8H34、T8H35、T8H36、T8H37、T3H48、T10ZF2、T5C1、T8C2、T8C3、T10Z1、T10Z2、T10Z3、T10Z29	T11H4、T11H5、T11H6、T5H8、T6H10、T4H15、T4H19、T9H27、T8H38、T20H45、T3H46、T3H47	T4H11、T8H22、T8H23、T19H25、T19H26、T20H44、T4G1	T11H1、T10H2、T11H3、T4H7、T35H32、T20H42、T20H43、T12Y1、T12Y2、T15Y3、T15Y4、T15Y5、T12Y6、T17Y7、T17Y8、T57G2、T16ZF1、T17ZF3、T19J1、T15Z8、T16ZF1Z4、T16ZF1Z5、T16ZF1Z6、T16ZF1Z7	T9H29与T8H34合并
III区		T2H56、T2H59、T1H62、T1H63、T1H64、T1H65、T1H66、T7H98、T8H101	T2H42、T2H43、T4H24、T2H52、T2H53、T2H54、T2H55、T1H57、T1H58、T2H60、T7H79、T7H84、T6H85、T7H86、T6H87、T8H88、T8H89、T7H90、T7H91、T7H92、T6H93、T6H94、T9H95、T9H96、T9H100、T2G5	T5H19、T3H21、T3H22、T4H23、T5H25、T3H26、T5H29、T3H31、T3H32、T2H34、T2H36、T1H37、T1H38、T5H39、T1H40、T1H41、T1H44、T1H45、T5H46、T5H48、T5H49、T5H50、T3H61、T7H68、T7H69、T6H70、T6H71、T6H72、T7H73、T7H74、T6H75、T6H76、T8H77、T8H78、T7H80、T6H81、T6H82、T9H83、T9H97、T9H99、T9G6、T9Y2、T1Y1、T1Z3、T4ZF1	T4H1、T4H2、T4H3、T4H4、T3H5、T3H6、T4H7、T2H8、T5H9、T4H10、T3H11、T3H12、T5H13、T3H14、T3H15、T2H16、T4H18、T4H20、T5H27、T5H28、T4H30、T4H33、T2H35、T5H47、T5G1、T5G2、T5G3、T5G4、T2J1	
III区2002			T3H6、T2H9、T4H10	T4H8、YD1	T6H1、T2H2、T2H3、T4H4、T4H5、T4H7、T5G1、T2G2	

注：本表不包含与窑址无关的遗迹单位。

附表五　灰坑登记一览表

区别	灰坑号	形状	尺寸（米）			层位			坑内堆积的土层及主要包含物	期别	备注
			长（径）	宽	深	开口层位	被遗迹打破	打破地层			
Ⅰ区	T1H1	不规则圆形	1.75		0.86~1.00	②		③	土色灰黑，质松。黄釉、三彩成品器占98%，素烧器仅占2%。器形有罐、执壶、擂钵等	第四期	
	T4H2	长方形	2.45	1.28	0.40	⑰		⑱	沙土，质松。遗物较少，白釉、黑釉瓷占99%以上，三彩陶制品占不足1%。器形有钵、瓶、罐等	第二期	
Ⅱ区	T11H1	长方形	1.65	0.80	0.40	③		⑤	土色黄，质松。遗物有黄釉、酱釉、三彩等，素烧较少。器形有灯、执壶和玉璧底碗等	第四期	
	T10H2	不规则椭圆形	1.78	1.20	0.40	⑦		⑧	土色灰，质松。遗物以贴面绞胎枕为主，占60%，罐、执壶和玉璧底碗等占40%	第四期	
	T11H3	圆形	0.48		0.30	④		⑤	土色灰，质松。遗物有酱釉、三彩和白釉、黑釉瓷，器形有罐、擂钵、执壶等	第四期	
	T11H4	长方形	1.50	1.10	0.70	⑦		生土	土色灰，质松。素烧占90%，成品器占10%，成品器以三彩为主，绿釉、酱釉较少。窑具占总出土遗物8%	第三期前段	
	T11H5	长方形	1.50	0.70	0.40	⑦	H4	生土	土色灰，质松。遗物仅有少量的素烧器和窑具，器形有水注、双系敛口钵、碗等	第三期前段	
	T11H6	长方形	1.70	0.70	0.16	⑦		生土	土色褐，质松。遗物不多，以素烧器和窑具为主，器形有双系敛口钵等。三彩成品器仅1件（片）	第三期前段	
	T4H7	不规则形	1.85	1.10	0.20	⑥		⑦	土色黄，质松。遗物较多，以三彩为主，酱釉、白釉次之，同出的还有大量窑具	第四期	
	T5H8	长方形	1.50	0.40	0.50	⑨		⑩	土色灰，质松。遗物较丰富，以三彩陶制品为主，素烧器不多。器形有钵、碗、瓶、器盖等	第三期前段	

续表

区别	灰坑号	形状	尺寸（米）			层位			坑内堆积的土层及主要包含物	期别	备注
			长（径）	宽	深	开口层位	被遗迹打破	打破地层			
Ⅱ区	T6H10	长方形	1.70	1.68	0.30	⑩		⑪	土色灰，土质松。素烧器占75%，成品器占25%。釉色以三彩、白釉蓝彩为主。器形有洗、炉、钵、杯、瓶等	第三期前段	
	T4H11	椭圆形	1.90	0.74	0.15	⑨		⑩	浅灰土，土质松。遗物以素烧器为主，成品器不多。器形有碗、钵、炉、瓶等	第三期后段	
	T6H12	长方形	2.50	1.70	1.00	⑫		⑬	①草木灰，厚0.40米；②灰土，厚0.60米。遗物瓷器占99%，三彩等陶制品仅占%，窑具占总出土遗物5%左右	第二期	
	T5H14	不规则形	1.60	1.00	0.48	⑩		⑪	黄土，含大量粉红色釉料。遗物以白釉瓷为主，黑釉瓷不多，不见三彩陶制品。器形有盆、碗、杯等	第二期	
	T4H15	不规则形	3.10	1.92	1.10	⑩		⑪	土色浅灰，质松。素烧器占64%，成品器36%，窑具、作坊具占总遗物29%。器形主要有碗、水注、炉、瓶、钵等	第三期前段	
	T5H16	不规则长方形	2.84	1.70	1.35	⑩	C1	⑪	①灰土，遗物均匀分布；②浅黄土，遗物集中坑的东部。瓷器占99%，三彩陶制品等占不足1%	第二期	
	T5H17	圆形	0.45		0.20	⑩		⑪	黄土，含大量粉红色釉料，未出土任何遗物	第二期	
	T6H18	长方形	3.10	1.32	0.80	⑬		生土	①层沙土；②层黄灰土。两层分别出土遗物丰富，以白釉瓷为主，其次是黑釉瓷。成品器占总出土器物99%以上，素烧器占不足1%	第二期	
	T4H19	长方形	1.65	1.00	0.80	⑩		⑪	土色灰，土质松。遗物较少，釉色以三彩、白釉蓝彩为主，器形有钵、炉、洗、樽等	第三期前段	

续表

区别	灰坑号	形状	尺寸（米）			层位			坑内堆积的土层及主要包含物	期别	备注
			长（径）	宽	深	开口层位	被遗迹打破	打破地层			
Ⅱ区	T8H22	长方形	2.32	1.08	0.30	⑨	H23	⑩	土色深灰，土质松。出土遗物以素烧器为主，成品器仅占30%，窑具、作坊具占总出土遗物6%左右	第三期后段	
	T8H23	圆形	0.67		0.58	⑨	H22	⑩	黄色淤积土，土质较硬。未出土任何遗物	第三期后段	
	T9H24	圆形	0.75		0.25不及底	⑯		生土	草木灰堆积。出土遗物有少量白釉、酱釉瓷，素烧器仅1片。器形有碗、瓶、灯等	第二期	
	T19H25	椭圆形	1.40	0.90	0.90	⑧		⑨	灰色淤积土，土质较硬。出土遗物不多，有素烧器、三彩陶制品和白釉、黑釉瓷。器形有瓶、钵、三足炉等	第三期后段	
	T19H26	圆形	1.50		0.12	⑧		⑨	沙石堆积，疏松。遗物不多，以素烧器和三彩陶制品为主。器形有碗、钵、炉等	第三期后段	
	T9H27	椭圆形	2.75	1.45	0.32	⑬		⑭	黄灰土，土质硬。遗物仅有少量白釉、酱釉、黑釉瓷和窑具。器形有碗、盏、杯等	第二期	
	T11H28	不规则形	1.50	1.15	0.54	Y7、Y8	现代坑	生土	土色黄，质松。出土遗物有少量白釉、酱釉、黑釉瓷和窑具，器形有盏、碗、灯等	第二期	
	T9H29	长条状	7.80	1.50	1.06	⑬	H27	⑮	共分5层。出土遗物丰富，成品器占99%，素烧占1%，窑具占总出土遗物3%	第二期	T9H29 T8H34 合并
	T9H31	不规则形	1.40	1.10	0.75	⑬		⑮	①层沙土；②层青灰泥颗粒。出土遗物皆瓷器，以白釉为主，黑釉次之，茶叶末釉极少。器形以碗、灯类器为主	第二期	

续表

区别	灰坑号	形状	尺寸（米）			层位			坑内堆积的土层及主要包含物	期别	备注
			长（径）	宽	深	开口层位	被遗迹打破	打破地层			
Ⅱ区	T35H32	长方形	2.10	1.05	1.10	⑩		⑪	①层黄土；②层灰土。遗物丰富，成品器占99%以上，素烧器占不足1%，窑具占总出土遗物7%。主要釉色有酱釉、白釉绿彩、黄釉、青黄釉和三彩等。器形有执壶、枕、碗、罐、俑等	第四期	
	T9H33	圆形	2.40		1.00	⑭		⑮	土色黄灰，质松。出土遗物以瓷制品为主，三彩和素烧仅占1%左右。器形有碗、灯、瓶、盏、盅等	第二期	
	T8H35	长方形	1.67	1.27	0.24	⑭		⑮	黄灰土，土质疏松。未出土任何遗物	第二期	
	T8H36	不规则形	1.40	1.16	0.73	⑭	H35	⑮	土色黄，质松。出土遗物有少量白釉、酱釉瓷，素烧器仅1件（片）。器形有盆、碗、瓶、灯等	第二期	
	T8H37	长方形	0.76	0.40	0.32	⑭	H35 H36	⑮	土色黄灰，质松。遗物较少，以白釉、黑釉瓷为主，不见三彩陶制品。器形有盆、碗、钵、盅等	第二期	
	T8H38	长方形	1.15	0.85	0.42	⑩		⑪	土色灰，质松。出土遗物以素烧器和三彩陶制品为主，器形有碗、钵、瓶和水注等	第三期前段	
	T57H39	长方形	3.30	1.30~1.66	0.78~1.10	⑦		⑧	土色杂乱，土质疏松。遗物灰陶器占60%，瓷器占40%，以青瓷为主，白釉、黑釉瓷极少，器形有碗、壶等	第一期	
	T20H42	圆形	2.98		0.66	②	现代坑	③	土色灰黄，质松。遗物有少量三彩陶制品和素烧器。器形有执壶、擂钵、灯等	第四期	
	T20H43	圆形	1.23		0.77	③	现代坑	④	土色杂乱，质松。遗物有少量素烧器和三彩陶制品。器形有执壶、水注、罐等	第四期	

续表

区别	灰坑号	形状	尺寸（米）			层位			坑内堆积的土层及主要包含物	期别	备注
			长（径）	宽	深	开口层位	被遗迹打破	打破地层			
Ⅱ区	T20H44	圆形	1.06		0.30	⑤		⑥	①层灰土；②层黄土，土质较硬。遗物仅有少量瓷制品。器形有碗、瓶、灯、器盖等	第三期后段	
	T20H45	不规则形	4.00	2.04	0.30	⑥		⑦	土色杂乱，质松。遗物丰富，瓷制品占97%，以白釉、黑釉、酱釉瓷为主；陶制品三彩、绿釉等占3%。窑具占总出土遗物4%。器形有盆、碗、盏、瓶、灯等	第三期前段	
	T3H46	椭圆形	3.66	2.80	0.36	⑥		⑦	土色黄灰，质松。出土遗物以瓷制品为主，三彩和素烧器占15%左右。器形有碗、盏、瓶、灯等	第三期前段	
	T3H47	不规则形	2.05	1.90	0.36	⑥	现代坑	⑦	土色浅灰，土质松。出土遗物以瓷制品为主，三彩和素烧器不多，器形有碗、钵、豆、罐、炉、灯、器盖等	第三期前段	
	T3H48	不规则形	2.38	0.46	0.38	⑦		⑧	花土，质松。出土遗物仅有白瓷盅和极少板瓦、陶片等	第二期	
Ⅲ区	T4H1	不规则形	1.20	0.40	0.38	⑥		⑧	浅黄土，质松。遗物有素烧器、三彩、白釉瓷等，器形有钵、炉、罐和水注等	第四期	
	T4H2	梯形	0.90	0.40~0.60	0.48	⑥		⑧	土色浅黄，质松。遗物有少量的素烧器、三彩和白釉绿彩等，器形有碗、盘、水注、炉等	第四期	
	T4H3	椭圆形	3.64	1.84	0.30	⑥		⑧	灰褐土，质松。遗物较多，成品器占95%，素烧仅占5%，窑具占总出土遗物7%	第四期	
	T4H4	圆形	1.15		0.60	⑥		⑦	灰土，质松。遗物有少量的三彩陶制品和素烧器。器形有碗、钵、水注和执壶等	第四期	
	T3H5	长方形	3.25	1.50	0.35	⑦		ZF1	灰褐土，质松。遗物较多，素烧器占90%，成品器仅占10%，窑具占总出土遗物8%左右	第四期	

续表

区别	灰坑号	形状	尺寸（米）			层位			坑内堆积的土层及主要包含物	期别	备注
			长（径）	宽	深	开口层位	被遗迹打破	打破地层			
Ⅲ区	T3H6	长方形	5.78	3.00	0.16	⑦		⑧	土色杂乱，质松。遗物以素烧器为主。器形有钵、洗、炉和少量执壶残片等	第四期	
	T4H7	圆形	1.22		0.50	⑦		⑧	浅灰土，质松。遗物以素烧器为主，三彩和瓷制品不多，器形有玉璧底碗、钵、执壶	第四期	
	T2H8	不规则形	3.40	1.45	0.50	④		⑤	黄灰土，质松。遗物不多，釉色有三彩、黄釉和绿釉等。器形有罐、碗、瓶、钵	第四期	
	T5H9	不规则形	6.60	3.25	0.60	⑤	G2 G3	⑥	深灰土，土质疏松。以素烧器为主，成品器不多，窑具占总出土遗物8%左右	第四期	
	T4H10	圆形	2.75		0.48	⑥	H1	⑧	浅灰淤积土，质硬。遗物有少量素烧器和三彩陶制品，窑具占总出土遗物的10%	第四期	
	T3H11	长方形	1.90	1.05	0.30	⑦		⑧	浅灰土，质松。出土遗物有素烧器和三彩陶制品。器形有炉、钵、瓶、碗等	第四期	
	T3H12	长方形	2.50	2.00	0.15	⑦	H11	⑧	浅灰土，质松。遗物较多，以素烧、三彩类陶制品为主，白釉、黑釉瓷极少，器形有碗、炉、罐、瓶等	第四期	
	T5H13	不规则形	5.75	1.08	0.85	⑤		⑥	灰黄土，质松。遗物以素烧、三彩陶类制品为主，白釉、黑釉瓷不多。器形有碗、执壶、炉等。窑具占总出土遗物6%左右	第四期	
	T3H14	圆形	2.64	1.80	0.55	⑦		⑧	浅灰土，质松。遗物以素烧和三彩类陶制品为主，器形有钵、洗、瓶、炉、器盖等	第四期	
	T3H15	圆形	2.20		0.66	⑦		⑧	浅灰土，质松。坑中一残陶盆内放置完整和基本完整素烧器和三彩9件。此外，还出土有少量钵、瓶、埙残片	第四期	

续表

区别	灰坑号	形状	尺寸（米）			层位			坑内堆积的土层及主要包含物	期别	备注
			长（径）	宽	深	开口层位	被遗迹打破	打破地层			
Ⅲ区	T2H16	圆形	2.20		0.50	④		⑤	黄土，质较松。遗物以筒瓦、板瓦、砖等建筑材料为主，其次是三彩类陶制品器和素烧，窑具占总出土遗物5%	第四期	
	T4H18	不规则形	3.85	0.60	0.44	⑧		⑨	深灰土，质松。遗物有少量的素烧器、三彩类陶制品，器形有碗和动物、人物俑等	第四期	
	T5H19	鞋形	4.44	0.96~1.45	0.34~1.30	⑥		⑦	红褐土，质较硬。遗物丰富，素烧器占87%，成品器占13%，窑具、作坊具占11%	第三期后段	
	T4H20	圆形	1.26		1.03	⑧		⑨	浅灰土，质松。遗物不多，以素烧器和陶器残片为主器形有碗、瓶、执壶、炉等，同出的还有垫板、柱形支烧等窑具	第四期	
	T3H21	圆形	1.05		0.28	⑧		⑨	浅灰土，土质较硬。遗物仅有少量的素烧和三彩类陶制品，窑具占总出土遗物8%	第三期后段	
	T3H22	圆形	0.60		0.22	⑧		⑨	浅灰土，质硬。遗物素烧和成品器个各占50%。窑具占总出土遗物54%	第三期后段	
	T4H23	不规则形	4.44	1.20	0.74~0.90	⑧		⑨	褐灰土，质松。遗物丰富，素烧占80%，成品器占20%，窑具占总出土遗物的9%	第三期后段	
	T4H24	不规则形	1.54	0.56	0.22	⑧		⑨	浅灰土，质松。遗物有素烧、三彩类陶制品等，器形有碗、水注和动物、人物俑等	第三期后段	
	T5H25	不规则形	3.50	2.44	1.07	⑥		⑦	浅灰土，质松。遗物丰富，素烧器占66%，陶制品占34%，窑具占总遗物的22%	第三期后段	
	T3H26	长方形	2.50	2.10	0.85	⑧		⑨	①黄灰土；②灰褐土，质较松。遗物丰富，三彩类成品器占55%，素烧器占45%，窑具、模具占出土遗物15%	第三期后段	

续表

区别	灰坑号	形状	尺寸（米） 长（径）	宽	深	层位 开口层位	被遗迹打破	打破地层	坑内堆积的土层及主要包含物	期别	备注
Ⅲ区	T5H27	圆形	1.15		0.50	⑤	H28	⑥	浅褐土，质硬。出土遗物有素烧钵、碗和三彩1片，同出还有少量作坊具和板瓦	第四期	
	T5H28	不规则形	1.72	0.34	0.40	⑤		⑥	浅褐土，质硬。遗物有少量的素烧、三彩类陶制品和白瓷。器形有钵、炉、瓶等	第四期	
	T5H29	椭圆形	2.10	1.47	0.20	⑥		⑦	浅褐土，土质硬。遗物有少量的素烧、三彩、黄釉和白釉蓝彩、绿釉等。器形有碗、洗、水注等，窑具占15%	第三期后段	
	T4H30	长方形	2.10	0.70~1.14	0.30	⑧		⑨	黄灰土，土质松。遗物不多，成品器占52%，素烧占48%，窑具等占总出土遗物10%	第四期	
	T3H31	圆形	1.78		0.40	⑧		⑨	土色黄灰，土质较松，内含青灰泥。遗物丰富，素烧器占90%，成品器占10%，窑具占总出土遗物10%左右	第三期后段	
	T3H32	圆形	1.10		0.65	⑧		⑨	土色浅灰，质松。出土遗物极少。器形有碗、瓶、炉等	第三期后段	
	T4H33	长方形	1.10	1.10	0.18~0.34	⑥		⑧	土色褐灰，质松。出土遗物不多，以白釉和酱釉瓷为主。器形有玉璧底碗、罐等。窑具占总出土遗物的11%	第四期	
	T2H34	不规则形	2.44	0.90	0.90	⑥		⑧	土色灰，质较松。出土遗物丰富，素烧器占64%，成品器占36%。窑具占总遗物17%	第三期后段	
	T2H35	椭圆形	1.16	0.72	0.62	⑤		⑦	黄灰土，质松。遗物仅有几片碗、钵残片和2件三彩器残片	第四期	
	T2H36	圆形	4.45		1.20不及底	⑦		⑧	①黄色淤积土，②黑灰土。遗物素烧器占57%，成品器占43%，窑具占总出土遗物9%	第三期后段	

续表

区别	灰坑号	形状	尺寸（米）			层位			坑内堆积的土层及主要包含物	期别	备注
			长（径）	宽	深	开口层位	被遗迹打破	打破地层			
Ⅲ区	T1H37	不规则形	1.60	0.70	0.30	⑥		⑦	黄色淤积土。遗物较多，素烧器占49%，三彩类陶制品占51%。内出土可复原器物10余件，主要有碗、洗、炉等	第三期后段	
	T1H38	不规则形	4.80	1.40	0.40	⑥	H40	⑦	黑灰土，土较质松。出土遗物丰富，素烧器占70%，成品器占30%，窑具、模具占总出土遗物20%左右	第三期后段	
	T5H39	椭圆形	1.88	1.50	0.40	⑧		⑨	灰土，质松。遗物较多，素烧器和三彩类成品器各占50%，窑具、模具占出土遗物11%	第三期后段	
	T1H40	长方形	1.45	1.00	0.40	⑥		⑦	浅灰土，土质松。遗物有少量的素烧、三彩类陶制品和黑釉瓷。器形有洗、炉、三足樽等	第三期后段	
	T1H41	不规则形	2.10	1.45	0.90	⑥		⑦	烧土渣堆积，质地松散。遗物不多，有素烧、三彩、黄釉和白釉、黑釉、茶叶末釉瓷，器形有钵、洗、炉和罐等	第三期后段	
	T2H42	不规则形	2.20	1.40	0.30	⑧		⑨	黄灰土，土质松。遗物有少量的素烧、三彩类陶制品。器形有碗、洗、钵和三足炉等	第三期前段	
	T2H43	不规则形	3.40	1.90	0.22	⑧	H54	⑨	土色黄灰，土质较松。遗物不多，以素烧钵、豆、瓶和炉为主，三彩陶制品仅1片	第三期前段	
	T1H44	不规则形	2.00	1.70	0.40	⑥	H37	⑦	土色浅灰，质松。遗物较多，素烧器占59%，成品器占41%，窑具、模具占总出土遗物5%	第三期后段	
	T1H45	不规则形	1.08	0.80	0.60	⑥	H38	⑦	土色灰，土质松。出土遗物素烧器占67%，成品器占33%。窑具占总出土遗物11%	第三期后段	
	T5H46	椭圆形	1.20	1.05	0.14	⑧		⑨	浅灰土，土质较松。出土遗物仅有几片素烧碗残片	第三期后段	

续表

区别	灰坑号	形状	尺寸（米）			层位			坑内堆积的土层及主要包含物	期别	备注
			长（径）	宽	深	开口层位	被遗迹打破	打破地层			
Ⅲ区	T5H47	长方形	1.40	0.65	0.34	⑥		⑦	浅灰土，土质较松。遗物有少量素烧器和黄釉残片。器形有钵、洗、罐、执壶等	第四期	
	T5H48	不规则形	2.80	0.50	0.38	⑧		⑨	灰土，土质松。出土遗物不多，有素烧、三彩、黄釉陶制品和白釉、黑釉瓷等，器形有碗、洗、炉、罐、灯、器盖等	第三期后段	
	T5H49	不规则形	0.98	0.84	0.14	⑧		⑨	浅灰土，质松。出土遗物仅有少量素烧、三彩和黑釉、白釉瓷等，器形有钵、豆、器盖	第三期后段	
	T5H50	长方形	3.70	1.10	1.90	⑧		⑨	褐灰土，土质硬。遗物仅有少量的素烧器和三彩、黄釉等。器形有钵、炉、豆、器盖等	第三期后段	
	T2H51	长方形	0.60	0.48	0.60	⑨		⑩	水锈土，土质较硬。出土遗物黄釉瓶和黑瓷碗各1件；此外，还出土有陶器残片和建筑材料砖、瓦等	第三期前段	
	T2H52	长方形	0.70	1.54	0.50	⑨		⑩	土色黄，土质较松。遗物有少量白釉碗和黑釉瓷盆残片等。同出还有作坊具砖、板瓦等	第三期前段	
	T2H53	长方形	1.45	1.00	0.90	⑨		⑩	堆积分三层，①②层遗物基本一致，以白瓷为主，黑瓷和素烧不多。③层遗物以素烧为主，白釉、黑釉瓷较少。器形有盘、钵、瓶、器盖等	第三期前段	
	T2H54	不规则形	0.50	0.35	0.55	⑧		⑨	土色灰，土质松。出土遗物有少量的素烧瓶、炉、灯残片和酱釉灯2件（片）。	第三期前段	
	T2H55	圆形	1.10		0.50	⑧		⑨	土色黑灰，质松。出土遗物有少量素烧、三彩和白釉、黑釉瓷等，器形有碗、炉等	第三期前段	

续表

区别	灰坑号	形状	尺寸（米）			层位			坑内堆积的土层及主要包含物	期别	备注
			长（径）	宽	深	开口层位	被遗迹打破	打破地层			
Ⅲ 区	T1H56	圆形	1.50		0.50	⑨b		⑩	土色灰，土质较松。出土遗物以白釉和黑釉瓷为主。器形有碗、钵、瓶、罐、灯等。窑具占总出土遗物25%	第二期	
	T1H57	长方形	3.00~3.50	3.00	1.15	⑧	H55	⑨a	①黄淤积土；②黑灰土；③黄灰土。出土遗物大同小异，素烧器占55%，器瓷占24%，三彩类陶制品占21%，窑具占总出土遗物12%	第三期前段	
	T1H58	长方形	2.00	1.40	0.70	⑧		⑨a	深灰土，质松。遗物有少量素烧器、三彩和白釉、黑釉瓷。器形有碗、豆、枕等	第三期前段	
	T2H59	不规则形	2.44	1.60	0.50	⑨	H60	⑩	黑灰土，质松。出土遗物以白釉、黑釉瓷为主，陶制品极少。器形有碗、钵、瓶等	第二期	
	T2H60	长方形	3.70	1.80	0.50	⑧		⑨	黄色淤积土。出土遗物极少，以素烧器为主。器形有钵、瓶等，瓷器盆类仅1件（片）	第三期前段	
	T3H61	长方形	2.40	0.64	0.25	⑧		⑨	黄灰土，质硬。出土遗物以垫圈和三叉支烧为主，仅完整垫圈31个有规律成排摆放，素烧和成品器残片极少	第三期后段	
	T1H62	长方形	3.00	1.75	0.60	⑨		⑩	土色黄灰，土质较硬。遗物以瓷制品为主，素烧器和三彩类陶器极少。器形有盆、碗、钵、炉、灯等	第二期	
	T1H63	长方形	2.75	1.40	0.90	⑨		⑩	土色灰，质松。出土遗物丰富，以白釉瓷为主，黑釉瓷次之，素烧器、三彩极少	第二期	
	T1H64	长方形	7.40	1.20	1.30	⑨b		⑩	土色浅灰，质松。遗物较多，以白釉、黑釉瓷为主，素烧器和三彩类陶制品极少。器形有盆、钵、瓶、灯等	第二期	

续表

区别	灰坑号	形状	尺寸（米）			层位			坑内堆积的土层及主要包含物	期别	备注
			长（径）	宽	深	开口层位	被遗迹打破	打破地层			
Ⅲ区	T1H65	长方形	7.65	1.70	0.90	⑨		⑩	土色杂乱，质松。遗物丰富，瓷器类占99%，素烧器和三彩占1%，器形有盆、碗、钵	第二期	
	T1H66	圆形	1.30		0.60	⑨b		⑩	土色浅灰，质松。遗物仅有极少量白釉瓷和三彩炉残片	第二期	
	T7H68	不规则形	1.20	1.10	0.30	⑦	H69	⑧	土色杂乱，质松。遗物较多，素烧器占60%，成品器占40%，窑具、模具占遗物13%	第三期后段	
	T7H69	不规则形	2.20	1.10	0.50	⑦		⑧	沙石堆积。遗物丰富，素烧器占78%，成品器占22%，窑具占总出土遗物16%	第三期后段	
	T6H70	长方形	1.94	0.82	0.20	⑦		⑨	黄灰土，质松。遗物较多，素烧器占77%，成品器占23%，窑具、模具占遗物26%	第三期后段	
	T6H71	长方形	2.54	1.14	1.40	⑦		⑧	土色灰，土质松。遗物丰富，素烧器占88%，成品器占12%，窑具、模具占遗物44%	第三期后段	
	T6H72	长方形	2.12	1.68	1.44	⑦		⑨	黄灰土，质松。出土遗物丰富，器物残片2000余件片，素烧器占86%，成品器仅占14%，窑具、模具占总遗物25%	第三期后段	
	T7H73	长方形	3.60	1.30	0.90	⑦		⑧	土色浅灰，土质较松。遗物丰富，以素烧器为主占90%，成品器仅占10%，窑具、模具占总出土遗物38%	第三期后段	
	T7H74	长方形	2.50	1.60	1.10	⑦		⑧	土色灰杂，质松。遗物丰富，器物残片3000余片。素烧器占90%，成品器仅占10%，窑具占总出土遗物25%。器形仅双系敛口钵多达500余件（片）	第三期后段	

续表

区别	灰坑号	形状	尺寸（米）			层位			坑内堆积的土层及主要包含物	期别	备注
			长（径）	宽	深	开口层位	被遗迹打破	打破地层			
Ⅲ区	T6H75	不规则形	2.10	0.60	0.50	⑦		⑨	土色黄灰，质松。遗物不多，有素烧为主，三彩类陶制品不多。器形有钵、洗、水注等，同出的窑具占总遗物19%	第三期后段	
	T6H76	不规则形	2.08	1.55	0.25	⑧		⑨	土色红褐，土质硬。遗物较多，素烧器占80%，成品器占20%，窑具占总出土遗物46%	第三期后段	
	T8H77	不规则形	6.00	1.30~2.24	0.40	⑦		⑧	土色浅灰，质松。遗物较多，素烧器占66%，三彩陶制品占34%，窑具等占遗物15%	第三期后段	
	T8H78	不规则形	6.00	1.30~1.90	0.70	⑦		⑧	土色杂乱，质松。遗物丰富，素烧器占71%，成品器占29%，窑具、模具占遗物19%	第三期后段	
	T9H79	椭圆形	2.40	1.60	1.05	⑨		⑩	土色黑灰，质松。素烧器占68%，成品器占32%，窑具、模具占总遗物58%。出土完整或可复原器物100余件	第三期前段	
	T7H80	长方形	1.15	1.10	0.60	⑦	H74	⑧	黄灰土，质松。遗物不多，有素烧、三彩、黄釉和黑釉、白釉瓷等，器形有碗、炉、洗等	第三期前段	
	T6H81	长方形	2.70	1.30	1.60	⑦		⑨	灰土，土较质松。遗物丰富，器物残片多达3000余件（片），其中素烧器占71%，成品器占29%，窑具、模具占总遗物36%。出土完整或可复原器物200余件	第三期后段	
	T6H82	长方形	1.80	0.65	1.40	⑦		⑧	土色黄褐，质硬。遗物不多，有素烧、三彩和黑釉、白釉瓷等，器形有碗、炉、钵、洗等	第三期后段	
	T9H83	不规则形	2.80	1.80	0.60	⑧		⑨	黄灰土，质松。遗物较多，素烧器和成品器各占50%，窑具、模具占总出土遗物11%	第三期后段	

续表

区别	灰坑号	形状	尺寸（米）			层位			坑内堆积的土层及主要包含物	期别	备注
			长（径）	宽	深	开口层位	被遗迹打破	打破地层			
Ⅲ区	T7H84	圆形	1.10		0.30	⑩		⑪	土色灰，质松。遗物丰富，素烧器占98%，成品器仅占2%。器形三足炉占50%，钵、灯、罐、杯等合占不足50%	第三期前段	
	T6H85	长方形	2.16	1.14	0.55	⑨		⑩	土色黄灰，质硬。遗物不多，有素烧和三彩类陶制品。器形有碗、洗、炉、水注、罐	第三期前段	
	T7H86	椭圆形	0.80	0.74	0.18	⑨		⑪	土色黄，质松。遗物仅有少量素烧和三彩类陶制品。器形有碗、钵、瓶、炉、灯等	第三期前段	
	T6H87	不规则形	4.20	1.09	0.98	⑩		⑪	土色灰，质松。遗物较多，素烧器占54%，成品器占46%，窑具占总出土遗物12%左右	第三期前段	
	T8H88	长方形	1.80	1.60~1.92	0.42	⑨		⑩	土色浅灰，质松。遗物有少量的素烧和三彩类陶制品，器形有碗、洗、炉、灯等。其中窑具、模具占出土遗物14%	第三期前段	
	T8H89	长方形	5.28	1.26~1.38	1.67	⑧		⑩	土色灰杂，质松。遗物丰富，各类器物残片多达3000余（片）。素烧器占87%，成品器占13%，窑具占总出土遗物5%左右	第三期前段	
	T7H90	长方形	1.74	2.14	1.80	⑨		⑪	淤积土，土质较硬。出土遗物较多，素烧器占73%，成品器占27%，窑具、作坊具占总出土遗物11%	第三期前段	
	T7H91	椭圆形	2.80	1.55	3.40	⑩		⑪	黄土，土质较松。出土遗物有少量素烧器和白釉、黑釉瓷等，器形有碗、钵、豆、瓶等	第三期前段	
	T7H92	长条形	5.10	0.80	1.15	⑩		⑪	黑灰土，质松。遗物较多，以素烧为主占84%，成品器占16%，窑具占总遗物15%	第三期前段	

续表

区别	灰坑号	形状	尺寸（米）			层位			坑内堆积的土层及主要包含物	期别	备注
			长（径）	宽	深	开口层位	被遗迹打破	打破地层			
Ⅲ区	T6H93	不规则圆形	2.06	2.00	0.36	⑩		⑪	土色浅灰，质松。遗物有少量素烧、三彩类陶制品和黑釉瓷等。器形有盆、碗、钵、洗、炉、灯等	第三期前段	
	T6H94	长方形	1.94	1.45	0.42	⑩		⑪	浅灰土，质硬。遗物较少，以素烧和三彩类陶制品为主。器形有碗、洗、钵、瓶、炉等	第三期前段	
	T9H95	不规则形	1.40	1.00	0.80	⑨		⑪	土色黄灰，土质较松。遗物有少量素烧、三彩类陶制品和白釉、黑釉瓷。器形有碗、洗、净瓶、贯耳瓶、炉等	第三期前段	
	T9H96	不规则形	2.40	2.40	1.00	⑩		⑪	土色浅灰，土质较松。遗物不多，有素烧和三彩陶制等，器形有钵、瓶、罐、灯等	第三期前段	
	T9H97	长方形	0.75	0.55	0.74	⑨		⑪	土色黄灰，土质纯净。未出土任何遗物	第三期后段	
	T7H98	长方形	2.80	0.90	1.30	⑨	H90	⑪	土色黄灰，质硬。遗物不多，以白釉、黑釉瓷为主，三彩陶制品极少。器形有盆、碗、钵、瓶、双系龙柄樽、灯等	第二期	
	T9H99	圆形	1.55		0.74	⑧		⑨	土色灰，质松。出土遗物极少，以素烧和三彩陶制品为主。器形有碗、钵、瓶、炉、灯等	第三期后前	
	T9H100	长条形	5.85	0.60	0.45	⑪		⑫	土色黄灰，土质较松。遗物少且碎，以素烧器为主。器形有炉、碗、灯等	第三期前段	
	T8H101	长方形	1.00	0.40	0.52	⑩		⑪	土色杂乱，土质松。出土遗物不多，以瓷器为主，三彩类陶制品极少。器形有白釉瓷盆、碗、瓶、灯等	第二期	

续表

区别	灰坑号	形状	尺寸（米）			层位			坑内堆积的土层及主要包含物	期别	备注
			长（径）	宽	深	开口层位	被遗迹打破	打破地层			
	T6H1	长方形	1.20	1.00	0.40	⑥		生土	土色浅灰，质松。遗物丰富，以素烧器为主占59%，成品器占41%，窑具和各类模具占总出土遗物5%左右	第四期	
	T2H2	长方形	2.95	1.50	1.80	⑥		⑦	土色灰，质松。遗物不多，以素烧器为主占57%，成品器占43%，窑具占总遗物15%	第四期	
	T2H3	圆形	1.10		1.18	⑥		⑦	土色灰，质硬。遗物以素烧器为主，成品器相对较少。器形有碗、盘、水注、炉、灯等	第四期	
02 Ⅲ 区	T4H4	长方形	2.00	0.80	0.72	⑥		⑦	土色浅灰，质松。主要遗物有素烧和三彩类陶制品，白釉、黑釉瓷不多。器形有碗、豆、钵、炉、灯等	第四期	
	T4H5	不规则形	1.16	1.10	0.70	⑥		⑦	土色青灰，质较硬。出土遗物不多，以素烧器为主，三彩、白釉绿彩和绿釉不多。器形有盆、碗、擂钵、洗、炉等	第四期	
	T3H6	梯形	1.60	0.53~1.24	0.40	⑧		⑨	土色黄灰，质松。出土遗物以素烧为主，三彩类陶制品不多，窑具占总出土遗物8%左右。器形有钵、瓶、炉、灯等	第三期前段	
	T4H7	长方形	2.40	0.84	0.83	⑥	H5	⑦	土色灰，质松。遗物以素烧器和三彩、黄釉为主，酱黄釉、蓝釉、绿釉和黑釉瓷不多。器形有碗、盘、钵、炉等	第四期	
	T4H8	圆形	1.40		1.60	⑦		⑨	土色黄褐，土质硬。出土遗物极少，能辨认装饰的有三彩、绿釉和白釉、黑釉瓷等。器形有碗、炉、洗、水注、等	第三期后段	

续表

区别	灰坑号	形状	尺寸（米）			层位			坑内堆积的土层及主要包含物	期别	备注
			长（径）	宽	深	开口层位	被遗迹打破	打破地层			
02 Ⅲ区	T2H9	不规则形	1.95	2.00	0.90	⑧		⑨	黑灰土，质松。遗物不多，以素烧、三彩陶制品为主，黄釉和白釉瓷不多。器形有碗、豆钵、炉、枕和器盖等	第三期前段	
	T4H10	长方形	1.30	0.80	0.50	⑦	H8	生土	土色青灰，质松。出土遗物少且碎，有素烧、白釉瓷和极少三彩陶制品等。器形有碗、炉、器盖等	第三期前段	

注：本表不包含与窑址无关的遗迹单位

附表六 典型遗迹单位出土陶瓷器统计一览表 （单位：百分比）

期别	典型遗迹	瓷制品	釉陶制品	素烧器 （占总出土器物）	备注
一期	ⅡT57H39	100			
二期	ⅡT5H16	99		1	
	ⅡT6H18	99		1	
	ⅢT1H65	99	1	1	
三期前段	ⅡT4H15	21	79	64	
	ⅢT8H89	43	57	87	
	ⅢT7H90	36	64	73	
三期后段	ⅢT5H19	24	76	87	
	ⅢT2H34	9	91	64	
	ⅢT6H81	13	87	71	
四期	ⅠT1H1	37	63	2	
	ⅡT57G2	27	73	87	
	ⅡT10H2	11	89	13	

附表七 地层、遗迹单位出土钱币统计一览表

名称	标本单位	期别	时代	数量	残	破	整	钱径（厘米）	穿径（厘米）	备注
开元通宝	ⅡT5H16∶71	第二期	唐	1枚			√	2.4	0.7	
开元通宝	ⅡT5H16∶93	第二期	唐	1枚			√	2.4	0.7	
开元通宝	ⅡT5H16∶61	第二期	唐	1枚			√	2.4	0.7	
?	ⅡT5H16∶107	第二期	唐	1枚		√		2.4	0.5	文字不清
开元通宝	ⅡT6H12∶6	第二期	唐	1枚			√	2.3	0.7	
开元通宝	ⅡT6H12∶13	第二期	唐	1枚			√	2.3	0.7	
开元通宝	ⅡT6H12∶1	第二期	唐	1枚			√	2.4	0.7	
开元通宝	ⅡT6H12∶4	第二期	唐	1枚			√	2.3	0.7	
开元通宝	ⅡT8H34∶63	第二期	唐	1枚	√			2.1	0.6	
开元通宝	ⅡT5H16∶72	第二期	唐	1枚		√		2.4	0.7	
五铢	ⅢT2H52∶1	三期前段	唐	1枚	√			2.3	0.8	
五铢	ⅢT8H89∶17	三期前段	唐	1枚			√	2.3	0.8	
开元通宝	ⅡT9⑪∶12	三期前段	唐	1枚			√	2.5	0.7	
开元通宝	ⅡT9⑪∶14	三期前段	唐	1枚			√	2.4	0.6	
开元通宝	ⅡT10⑩∶18	三期前段	唐	1枚			√	2.5	0.6	
开元通宝	ⅡT10⑩∶4	三期前段	唐	1枚			√	2.5	0.6	
开元通宝	ⅡT6⑫∶16	三期前段	唐	1枚			√	2.4	0.6	
开元通宝	ⅡT6⑫∶15	三期前段	唐	1枚			√	2.4	0.7	
开元通宝	ⅡT8⑩∶3	三期前段	唐	1枚			√	2.3	0.7	
开元通宝	ⅡT9⑪∶13	三期前段	唐	1枚			√	2.4	0.7	
开元通宝	ⅡT9⑪∶17	三期前段	唐	1枚			√	2.4	0.7	
开元通宝	ⅠT4⑭∶10	三期前段	唐	1枚		√		2.6	0.7	
开元通宝	ⅡT9⑪∶4	三期前段	唐	1枚	√			2.4	0.7	
开元通宝	ⅡT9⑪∶15	三期前段	唐	1枚	√			2.4	0.7	
开元通宝	ⅡT10⑩∶17	三期前段	唐	1枚			√	2.5	0.7	
开元通宝	ⅢYD1H4∶2	三期后段	唐	1枚			√	2.5	0.7	
开元通宝	ⅢT3H26∶34	三期后段	唐	1枚			√	2.4	0.7	
开元通宝	ⅢT3⑨∶31	三期后段	唐	1枚			√	2.2	0.7	

续表

名称	标本单位	期别	时代	数量	残	破	整	钱径（厘米）	穿径（厘米）	备注
开元通宝	ⅢYD1④：2	三期后段	唐	1枚			√	2.4	0.6	
开元通宝	ⅢYD1H4：1	三期后段	唐	1枚			√	2.4	0.7	
开元通宝	ⅢT8H77：2	三期后段	唐	1枚			√	2.4	0.7	
开元通宝	ⅢYD1⑥：11	三期后段	唐	1枚	√			2.5	0.7	
开元通宝	ⅢT6H81：73	三期后段	唐	1枚	√			2.4	0.7	
开元通宝	ⅢT3H26：36	三期后段	唐	1枚	√			2.4	0.7	
开元通宝	ⅢYD1④：3	三期后段	唐	1枚			√	2.4	0.7	
开元通宝	ⅢYD1⑥：8	三期后段	唐	1枚	√			2.4	0.6	
货泉	ⅢT2⑤：15	第四期	唐	1枚			√	2.0	0.8	
开元通宝	ⅡT35⑨：115	第四期	唐	1枚	√					残破严重
开元通宝	ⅢT2⑤：21	第四期	唐	1枚	√					残破严重
开元通宝	ⅢT4ZF1：1	第四期	唐	1枚			√	2.4	0.7	
开元通宝	ⅢT3⑧：28	第四期	唐	1枚			√	2.3	0.7	
开元通宝	ⅢT5⑥：26	第四期	唐	1枚			√	2.5	0.7	
开元通宝	ⅢT1⑥：11	第四期	唐	1枚			√	2.5	0.7	背部有一上月牙
开元通宝	ⅢT1⑥：10	第四期	唐	1枚			√	2.5	0.7	
开元通宝	ⅢT1⑥：12	第四期	唐	1枚			√	2.2	0.7	
开元通宝	ⅡT16ZF1K2：3	第四期	唐	2枚	√		√	2.4	0.6	
开元通宝	ⅢT4ZF1W2：3	第四期	唐	1枚			√	2.4	0.7	
开元通宝	ⅢT4ZF1W2：4	第四期	唐	2枚			√	2.5	0.6	
开元通宝	ⅡT17ZF3Z4：1	第四期	唐	1枚	√			2.4	0.7	
五铢	ⅠT4⑱：13		汉	1枚	√			2.4	0.8	
开元通宝	ⅢT9⑥：2		唐	1枚			√	2.4	0.6	
开元通宝	Ⅲ采集：1		唐	1枚	√			2.5	0.7	
开元通宝	ⅢT2⑤：17		唐	1枚	√					残破严重
开元通宝	ⅢT2③：1		唐	1枚			√	2.1	0.7	
景德元宝	ⅢT1③：1		宋	1枚			√	2.4	0.6	
天圣元宝	ⅡT16ZF1：1		宋	1枚			√	2.5	0.6	穿孔作梅花形

续表

名称	标本单位	期别	时代	数量	残	破	整	钱径（厘米）	穿径（厘米）	备注
乾隆通宝	ⅡT57③：2		清	1枚			√	1.6	0.6	
乾隆通宝	ⅢT3①：1		清	1枚			√	2.4	0.5	
乾隆通宝	ⅢT9②：1		清	1枚			√	2.5	0.6	
嘉庆通宝	ⅡT15④：1		清		√			1.9	0.6	

注：期别、时代以所出土的地层和遗迹单位为依据，不在分期单位的以年代为序

附　　录

附录一　与日本奈良文化财研究所合作研究15年纪要

孙新民

（河南省文物考古研究院）

自2000年至2014年，我院与日本独立行政法人国立文化财机构奈良文化财研究所先后进行了长达15年的合作，共同对巩义窑唐三彩进行深入研究。经过中日双方学者的不懈努力，已经取得了丰硕的研究成果，计出版中文版图书4部、日文版图书7册，在公开出版物发表中文版研究报告和论文20余篇、日文版研究报告和论文20余篇；并在日本飞鸟资料馆举办了相关展览，宣传了巩义窑唐三彩的考古发现。经过与日本奈良、福冈等多地出土的唐三彩和绞胎器进行比较研究，可以证实它们均来自于河南省巩义窑，应是由当时来华的遣唐使或者僧人带回去的。正是在中国唐三彩的影响下，日本也生产出具有鲜明特色的奈良三彩。与此同时，我院还与奈良文化财研究所合作研究许昌灵井细石器，在日本奈良举办了"河南细石器图片展"；双方学者进行了数十次互访和学术交流。

一、合 作 缘 起

1998年10月至1999年8月，由陕、晋、豫三省合作举办的"唐女皇武则天及其时代展"，分别在日本东京、神户、福冈、名古屋巡回展出。1998年10月至1999年1月，受河南省文物局委派，我参加了该展览首站——东京都随展组，并担任组长。大约在1994年，在名古屋大学文学博士、南京大学中国物质文化研究所所长熊海堂教授的牵线下，我院曾接待过名古屋大学教授楢崎彰一先生，并与他协商过合作发掘巩义唐三彩窑址事宜，后因他的学生熊海堂不幸突然病故而搁浅。当时我作为第三研究室主任，曾参与了双方协商的全过程，了解楢崎彰一先生希望合作的迫切心情。因此在这次赴日之前，我就有与楢崎彰一先生再续前缘的意向。巧合的是，为我们交接文物提供翻译的是陕西省文物局外事处赵鸥，他当时正在名古屋大学进修。在他结束筹展返回名古屋时，我委托他转交楢崎彰一先生书信一封和《河南出土陶瓷》图书，信中希望在他方便的时候能够会面协商。

据后来与我联系的中国留学生闫立介绍，楢崎彰一先生看不懂中文全意，将信邮寄至东京大学、也是他的学生闫立处，由闫立受其委托负责联系到我，约定于11月15日下午面谈。我先带他们二人在东京都美术馆参观了"唐女皇武则天及其时代展"，又到了楢崎彰一先生下榻的赤坂见急饭店，他招待晚餐后我们进行了长谈。他详细了解了巩义唐三彩窑址的保存状况和新发现窑炉的位置，同意继续进行合作。由于他本人身体不太好，近年刚做过两次手术，他让他的学生、已在奈良文化财研究所工作的巽淳一郎先生与我们合作。并计划1999年5月由他和巽淳一郎先生先进行现场调查，再确定双方具体合作事宜。临别时邀请我到他担任总长的爱知县陶瓷资料馆参观，并在两天后派闫立送来了东京至名古屋的新干线车票。11月22日，当我乘新干线到达名古屋时，闫立和楢崎彰一先生已在出站口等候。在爱知县陶瓷资料馆，我第一次看到了日本出土的中国唐三彩和绞胎器残片，并与奈良三彩的差异进行了交流。我带去《唐女皇武则天及其时代展》和河南省文物局正在东京举办的《大黄河文明展》两展览图书，他也以由他主编的《日本的三彩与绿釉》和《东洋陶瓷名品展》相赠，并用毛笔在扉页上题字留念。当天下午，当楢崎彰一先生送我至名古屋车站，又要为我排队购票时，我即向他表示感谢并坚持自己买了返程车票。

1999年5月，巽淳一郎陪同楢崎彰一先生如约来我院访问，我陪同他们实地考察了巩义市黄冶窑和白河窑址。在巩义市文物保护管理所，当听到他们将要出版《黄冶唐三彩窑》调查报告时，立即表示愿意资助出版经费。当年9月，我院即与日本奈良文化财研究所正式签订"关于中日双方合作研究巩义唐三彩窑址的意向书"。楢崎彰一先生是日本著名陶瓷研究专家，曾担任日本东洋陶瓷学会会长，著有《日本陶瓷的源流》等多部专著。正是在他的热心推动下，我院与奈良文化财研究所才有了此后长达15年的合作研究成果。我在2001年赴日访问时，特地给他带去河南特色礼品，以表达感谢之情。2002年我们开始发掘黄冶窑址后，曾邀请他来考察考古现场，遗憾的是他因身体原因未能再来河南。

二、学术交流

2000年3月，奈良文化财研究所所长町田章先生访问我院，正式签订两所《友好合作研究协议书》和"共同研究计划备忘录"，计划共同合作研究巩义唐三彩窑址（彩版二七七，1）。研究主题是：对巩义市黄冶窑和白河窑出土的唐三彩资料进行综合整理，编写出版中、日文版的考古发掘报告和研究论文集，举办学术研讨会。此外，也对河南出土、河南省内单位所藏和日本出土、日本相关机构所藏的唐三彩进行考察，对当时唐三彩的生产与流通进行探讨。通过上述调查与探讨，以期搞清巩义唐三彩窑址的内涵和烧造年代，复原唐三彩生产技术的产生和发展过程，深入研究唐三彩向日本的传播、对奈良三彩的影响等。合作研究期限一次五年，根据工作需要，经双方协议同意可以延长。每年双方各派出学者进行互访和学术交流，定期发表学术成果，先发表中文版再发表日文版。从2000年开始，双方正式开始学术交流和学者互访（彩版二七七，2；彩版二七八，1）。同年8月，我院秦曙光书记率团赴日访问奈良文化财研究所，有两位学者停留一个半月，参加日方考古工地发掘。

经报请国家文物局批准，我院与中国文化遗产研究院联合组队，于2002～2007先后发掘了巩义市黄冶窑和白河窑址，取得了中国陶瓷考古的重要发现。2002~2004年对巩义市黄冶窑址进行了四次考古发掘，计发掘面积近2000平方米，清理出唐代窑炉10座和作坊5处，出土一大批完整和可复原器物。2005~2007年，我们又发掘了巩义白河窑，发掘面积2400余平方米，发现窑炉6座、灰坑90余个，以及沟、灶等遗迹，不仅发现了唐代和早期窑炉，而且出土了一批早于唐代的青瓷和白瓷。这批早期青瓷和白瓷，经与洛阳汉魏故城所出北魏瓷器对比，两者完全相同。同时，巩义黄冶窑和白河窑唐代地层中不仅出土有唐三彩，还发现了精美的白瓷和青花瓷。两处窑址的考古发掘，分别被列入国家文物局主持编写的《2002中国重要考古发现》和《2007中国重要考古发现》。

需要特别指出的是，中国文化遗产研究院刘兰华女士作为此次考古项目的领队之一，自始至终参加了巩义市黄冶窑和白河窑址的考古发掘以及后期的资料整理工作。尤其是2003年在全国突然爆发的"非典"期间，她在考古工地一待就是三个多月，曾自豪地称自己为"半个河南人"。她毕业于北京大学考古专业，长期从事中国古陶瓷的研究工作，曾撰写《中国古代陶瓷纹饰》《清代陶瓷》，参与编写《中国文物精华》等大型工具书，先后在《文物》《故宫博物院院刊》《中原文物》《景德镇陶瓷》等杂志发表多篇科研论文，研究能力强，学术水平高，具有良好的职业道德和敬业精神。在参与巩义市黄冶窑和白河窑址发掘后，她除了与我院学者合作编著《黄冶窑考古新发现》《白河窑考古新发现》《中国巩义窑》学术专著，以及巩义市黄冶窑、白河窑址发掘简报外，还在专业刊物上发表了《从黄冶窑址出土的蓝花器物看唐代青花瓷器的产生与发展（上、下）》《黄冶窑址出土的白地绿彩瓷器》《黄冶窑址出土的绿釉瓷器》《"死亡艺术"唐三彩》等多篇颇有见地的学术论文。

我院与奈良文化财研究所合作非常顺利，研究成果丰硕，人员交流愉快。在双方学者的共同努力下，两院所先后于2005年和2010年分别续签了五年协议（彩版二七八，2）。在合作研究的前期，日方还每年给予中方一定的资助经费。中方合作研究团队队长孙新民，副队长刘兰华，成员有赵志文、郭木森等（彩版二七九，1）。日方合作研究团队队长先后为田边征夫、松村惠司，副队长先后为川越俊一、巽淳一郎、玉田芳英，成员有西口寿生、神野惠、森川实、丹羽崇史、小田裕树、若杉智宏等（彩版二八〇）。合作研究期间，日本奈良文化财研究所三任所长先后访问我院，其中两位所长分别参加了我院的两次院庆。2002年7月，町田章所长率团参加我院建院五十周年院庆暨"华夏文明的形成与发展学术研讨会"，并在院庆上致词。2012年8月，松村惠司所长率团参加我院建院六十周年庆典，代表国外来宾致词。我院分别于2004年、2009年在郑州承办了"巩义黄冶窑考古新发现专家座谈会"和"早期白瓷与白釉彩瓷学术研讨会"，日方均派学者参加会议。2011年，我院还与北京艺术博物馆合作，在北京举办了"巩义窑陶瓷艺术展"，并有中方4位学者、日方2位学者在巩义窑学术研讨会上发言。在与我院合作的日方学者中，有多人在升职后已经退休。田边征夫先生由平城宫迹发掘调查部长升任至所长，于2011年9月退职；巽淳一郎先生由室长升任部长、副所长，于2008年退职；川越俊一先生也由室长升任至部长，于2007年退职。尤其是巽淳一郎先生，作为日方合作研究的主要参与者，自2000年以来几乎每年都来河南访问，带领日方团队致力于唐三彩的科学测试和学术研究。日本同行在工作上一丝不苟，从不参观文物及博物馆以外的景点，其敬业精神令人敬佩。

自2000年开始，我院每年有5位学者访问日本，并有多人次在奈良文化财研究所作学术演讲，与日方学者互动交流。2001年11月，在日本奈良文化财研究所举行了"日中友好共同研究公开演讲会（第1回）"，孙新民作《中国巩义窑的发现与研究》、陈彦堂作《中原地区汉代复釉陶器的初步研究》学术演讲。日本《朝日新闻》还以"唐三彩——中国学者的讲演"为题，作了较长篇幅的报道。

2003年11月，在日本奈良文化财研究所，张志清作《近年来河南考古的新发现与研究》、郭木森作《黄冶唐三彩窑址的重要发现》学术演讲。

2007年10月，在日本奈良文化财研究所，贾连敏作《河南近年考古新发现》、赵志文作《河南巩义白河窑址2005年至2006年发掘成果报告》学术演讲。

2008年10月，孙新民率团赴日本飞鸟资料馆出席"黄冶窑考古新发现展"开幕式（彩版二七七，2），在日本奈良文化财研究所，孙新民作《巩义黄冶窑与其他唐三彩窑的异同》、刘兰华作《从黄冶窑的蓝花器到唐青花》、郭木森作《河南巩义黄冶窑址的发掘与初步研究》学术演讲。

2009年10月，在日本奈良文化财研究所，韩朝会作《河南南水北调中线工程的考古新发现——方城县平高台周汉墓葬和荥阳市薛村唐墓的发掘与研究》、郭培智作《河南文物勘探技术方法及应用》专题演讲。

2010年4月，我院又与日本奈良文化财研究所签订"合作研究许昌灵井细石器"协议书，合作期限三年。2010年，我院在日本奈良举办了"河南细石器图片展"；7月，李占扬、王瑞琴、高宇平赴日本仙台东北大学、东京明治大学及奈良文化财研究所等进行了学术交流，李占扬先后作了《灵井许昌人遗址考古新发现》和《中日细石器文化对比研究》的学术演讲。

2010年10月，在日本奈良文化财研究所，赵新平作《近年来下七垣文化的考古新发现》、李辉作《禹州雍梁故城考古发掘概要》学术演讲。

2011年10月，在日本奈良文化财研究所，杨文胜作《河南淅川丹江库区战国楚墓》、武志江作《河南郑州地区仰韶晚期遗存》学术演讲。

2013年10月，在日本奈良文化财研究所，孙新民作《巩义窑考古发掘的主要收获》、梁法伟作《淅川龙山岗仰韶时代晚期城址》学术演讲。

三、研究成果

（一）中方研究成果

1. 专著类

河南省文物考古研究所、奈良文化财研究所、郑州市文物考古研究所等：《巩义黄冶唐三彩》，大象出版社，2002年。

河南省文物考古研究所、中国文物研究所、奈良文化财研究所：《黄冶窑考古新发现》，大象出版社，2005年。

河南省文物考古研究所、中国文化遗产研究院、奈良文化财研究所：《白河窑考古新发现》，大象出版社，2009年。

孙新民主编，刘兰华、赵志文、李晔副主编：《中国巩义窑》，中国华侨出版社，2011年。

2. 研究文章

郭木森等：《巩义黄冶窑发现唐代青花瓷产地、找到烧制唐三彩窑炉》，《中国文物报》2003年2月26日第1、2版。

郭木森、赵志文：《河南巩义黄冶唐三彩窑址》，《2002中国重要考古发现》，文物出版社，2003年。

孙新民、郭木森：《河南巩义黄冶唐三彩窑发掘的主要收获》，《中国古陶瓷研究》第九辑，紫禁城出版社，2003年。

孙新民：《黄冶窑—唐三彩烧制工艺流程揭秘》，《文物天地》2004年第8期。

刘兰华：《从黄冶窑址出土的蓝花器物看唐代青花瓷器的产生与发展（上）》，《文物天地》2004年第8期。

刘兰华：《从黄冶窑址出土的蓝花器物看唐代青花瓷器的产生与发展（下）》，《文物天地》2004年第10期。

孙新民：《巩义市黄冶唐三彩窑址的新发现》（日文），《唐三彩展—洛阳之梦》，日本大广，2004年。

孙新民：《巩义窑唐代白瓷的初步探讨》，《中国古代白瓷国际学术研究论文集》，上海书画出版社，2005年。

刘兰华：《"死亡艺术"唐三彩》，《中国古陶瓷研究》第十一辑，紫禁城出版社，2005年。

孙新民：《辽三彩与唐宋三彩的异同》，《内蒙古文物考古》2006年第2期。

河南省文物考古研究所、中国文物研究所（郭木森、刘兰华）：《河南巩义市黄冶窑址发掘简报》，《华夏考古》2007年第4期。

郭木森、赵宏：《河南巩义黄冶窑唐青花瓷初步研究》，《中国古陶瓷研究》第十三辑，紫禁城出版社，2007年。

赵志文、刘兰华：《河南巩义白河窑址发现北魏青瓷、白瓷和唐青花瓷器》，《中国文物报》2008年2月6日第1版。

赵志文、刘兰华：《河南巩义白河窑址》，《2007中国重要考古发现》，文物出版社，2008年。

刘兰华：《黄冶窑址出土的白地绿彩瓷器》，《中国古陶瓷研究》第十五辑，紫禁城出版社，2009年。

赵志文：《巩义白河窑北魏白釉瓷器的发现与研究》，《中国古陶瓷研究》第十五辑，紫禁城出版社，2009年。

郭木森：《河南巩义黄冶窑白瓷》，《中国古陶瓷研究》第十五辑，紫禁城出版社，2009年。

河南省文物考古研究所、中国文化遗产研究所：《河南巩义市白河窑址发掘简报》，《华夏考古》2011年第1期。

孙新民：《巩义窑考古发掘的主要收获》，《中国巩义窑》，中国华侨出版社，2011年。

刘兰华：《黄冶窑址出土的绿釉瓷器》，《中国巩义窑》，中国华侨出版社，2011年。

赵志文：《巩义白河窑概论》，《中国巩义窑》，中国华侨出版社，2011年。

郭木森：《巩义黄冶窑烧造工艺相关研究》，《中国巩义窑》，中国华侨出版社，2011年。

（二）日方研究成果

1. 中文发表文章

降幡顺子、巽淳一郎著，陈枫译：《非损伤分析法测试黄冶唐三彩之特性》，《华夏考古》2007年第2期。

巽淳一郎著，魏女译：《铅釉陶器的多彩装饰及其变迁》，《中国巩义窑》，中国华侨出版社，2011年。

丹羽崇史著，秦小丽译：《从窑具来观察巩义窑——以三叉支垫为中心的研究》，《中国巩义窑》，中国华侨出版社，2011年。

奈良文化财研究所、河南省文物考古研究所：《关于古代日本、中国铅釉陶器釉药的铅同位素比值测定》，《华夏考古》2011年第2期。

降幡顺子、玉田芳英著，陈枫译：《河南省白河窑、黄冶窑、清凉寺出土标本的化学特征》，《华夏考古》2014年第3期。

2. 日文专著和研究文章

奈良文化财研究所：《埋蔵文化財ニュース106 奈良三彩関係文献目録》，2002年。

奈良文化财研究所：《埋蔵文化財ニュース109 唐三彩関係文献目録》，2002年。

巽淳一郎：《唐三彩の生産と供給》，《奈良国立文化財研究所創立50周年記念論文集》（文化財論叢Ⅲ），2002年。

奈良文化财研究所：《鞏義黄冶唐三彩窯》，奈良文化财研究所史料第61册，2003年。

奈良文化财研究所：《黄冶唐三彩窯の考古新発見》，奈良文化财研究所史料第73册，2006年。

巽淳一郎：《窯道具から見た我国の施釉陶器の起源》，《奈良文化財研究所紀要2006》，2006年。

奈良文化財研究所飛鳥資料館：《まぼろしの唐代精華—黄冶唐三彩窯の考古新発見》，奈良文化財研究所飛鳥資料館図録第49冊，2008年。

降幡順子：《唐三彩の理化学分析》，《まぼろしの唐代精華—黄冶唐三彩窯の考古新発見》，奈良文化財研究所飛鳥資料館図録第49冊，2008年。

奈良文化財研究所：《河南省鞏義市黄冶窯跡の発掘調査概報》奈良文化財研究所研究報告第2冊，2010年。

神野恵：《大安寺陶枕再考》，《河南省鞏義市黄冶窯跡の発掘調査概報》，奈良文化財研究所研究報告第2冊，2010年。

降幡順子、巽淳一郎：《非破壊分析から見た黄冶唐三彩の特質》，《河南鞏義市黄冶窯跡の発掘調査概報》，奈良文化財研究所研究報告第2冊，2010年。

森川実：《唐三彩》，《図説 平城京事典》，柊風社，2010年。

神野恵：《唐三彩陶枕》，《図説 平城京事典》，柊風社，2010年。

巽淳一郎：《北魏時期の釉陶器生産の特質》，《坪井清足先生卒寿記念論文集-埋文行政と研究のはざまで-》，坪井清足先生の卒寿をお祝いする会，2010年。

丹羽崇史：《奈良文化財研究所と河南省文物考古研究所の共同研究—唐三彩と奈良三彩の接点を求めて—》，《文化遺産国際協力コンソーシアム 文化遺産国際協力事業紹介（2011）》，2011年。

奈良文化財研究所：《鞏義白河窯の考古新発見》，奈良文化財研究所研究報告第8冊，2012年。

玉田芳英：《坂田寺跡出土の三彩》，《奈文研紀要2012》，2012年。

森川実：《邢窯出土唐三彩の調査》，《奈文研紀要2012》，2012年。

小田裕樹：《韓国出土唐三彩の調査》，《奈文研紀要2012》，2012年。

降幡順子、玉田芳英、齋藤努：《飛鳥・藤原京跡出土鉛釉陶器に対する化学分析》，《東洋陶磁》41，2012年。

神野恵：《大安寺陶枕追考》，《文化財論叢Ⅳ》，奈文研創立50周年記念論集，2012年。

丹羽崇史：《唐三彩と奈良三彩》，《花開く都城文化》，奈良文化財研究所飛鳥資料館，2012年。

玉田芳英、降幡順子：《坂田寺跡（坂田寺跡出土の三彩の鉛同位体比分析）》，《飛鳥の考古学2012》，奈良文化財研究所飛鳥資料館カタログ第27冊，2013年。

奈良文化財研究所：《河南省鞏義市白河窯跡の発掘調査概報》，奈良文化財研究所研究報告第11冊，2013年。

巽淳一郎：《鉛釉陶器の多彩装飾法とその変遷》，《河南省鞏義市白河窯跡の発掘調査概報》，奈良文化財研究所研究報告第11冊，2013年。

丹羽崇史：《窯道具からみた唐三彩窯成立・展開過程—三国・晋・南北朝・隋唐における窯道具の基礎的研究—》，《河南省鞏義市白河窯跡の発掘調査概報》，奈良文化財研究所研究報告第11冊，2013年。

神野恵：《唐三彩の小型瓷偶》，《河南省鞏義市白河窯跡の発掘調査概報》，奈良文化財研究所研究報告第11冊，2013年。

降幡順子、神野恵：《奈良三彩の技術的、化学的特徴に関する研究ノート》，《河南省鞏義市白河窯跡の発掘調査概報》，奈良文化財研究所研究報告第11冊，2013年。

四、下一步研究计划

2015年3月，两个院所第三次续签协议，除延续此前的人员交流外，将迎来双方合作研究的最终成果。计划于2016年出版《巩义黄冶窑》考古报告中文版，2017年出版《巩义黄冶窑》考古报告日文版。在此期间，开始整理巩义白河窑发掘资料，争取于2019年出版《巩义白河窑》考古报告中文版。

附录二　唐青花产地的PIXE研究

承焕生[1]　孙新民[2]　郭木森[2]　朱　丹[1]　林嘉炜[1]

（1. 复旦大学现代物理研究所　2. 河南省文物考古研究院）

一、引　言

早在1975~1989年，在扬州建筑工地出土了15片唐青花瓷碎片。1990年对扬州唐代地层作了科学考古发掘，又出土了14片唐青花瓷残片。上海硅酸盐研究所陈尧成、张福康等对上述部分样品进行了详细测试研究[1]。

主要结论是：这些青花瓷片是釉下彩，烧成温度约1250℃，并根据其胎的化学组成和青花料的特点，判定这些扬州出土的唐青花是河南省巩义所烧，但缺乏从巩义窑出土样品的直接证据。2003年河南省文物考古研究所（今河南省文物考古研究院）对巩义黄冶窑遗址进行考古发掘时，在唐代地层出土了不少唐三彩器，也出土了青花瓷片。这就提供了一个机会，可以对这些样品的胎、釉和青花料的化学组分进行测定，直接对唐青花的产地进行判别：扬州出土唐青花瓷是否为黄冶窑所烧造。

二、实　验

1. 实验样品

由河南省文物考古研究院提供的黄冶窑出土唐地层的青花碎片7片，白釉瓷片20片，唐三彩陶片9片，唐三彩蓝釉陶片9片。扬州唐地层出土青花瓷碎片2片。

2. 实验方法

由复旦大学现代物理研究所串列加速器9SDH-2提供准直的质子束，初始能量为3.0MeV，束斑直径1mm。实验采用外束技术。质子束轰击样品激发的X射线能谱用Si（Li）探测系统测量。通过测得的能谱进行计算，可以得到样品的化学组分和微量元素的种类和含量[2][3]。

---

[1]　Y. C. Chen, F. Zhang, X. W. Zhang etal, Science and Technology of Ancient Ceramics. Proceedings of the International Symposium. Shanghai, 1995, 204~210

[2]　H. S. Cheng, Z. Q. Zhang, H. N. Xia, J. C. Jiang, F. J. Yang. Nucl. Instre. and Meth., B190, 2002, 488

[3]　H. S. Cheng, Z. Q. Zhang, H. B. Zhang, F. J. Yang. Nucl. Instr. and Meth., B219~220, 2004, 16

三、实验结果

1. 唐青花胎的化学组分与黄冶窑的关系

表1列出了扬州出土唐青花瓷和河南省文物考古研究院提供的黄冶窑出土青花碎片化学组分的测量结果，包括胎、白釉和青花釉。依据白釉的化学组分，可将表1中的样品分为两类：样品4~9号，白釉和青花釉中氧化铅的含量在34%~54%，因而它们不是青花瓷，而是低温铅釉陶；样品1~3号的白釉和青花釉中则没有发现氧化铅，它们是青花瓷。样品1号为黄冶窑出土，2、3号是扬州出土唐青花瓷。表1中9个样品胎的化学组分十分相近，表明它们是采用相同的矿料制成。胎中 Al_2O_3 和 TiO_2 含量分别在 28.3%~32.5% 和 1.03%~1.22%，这就表明，这些样品是属于北方窑口所烧，因为同一时期在南方窑口烧造的瓷器，Al_2O_3 和 TiO_2 含量分别为<20%和<1%。为了得到黄冶窑产品更多的知识，我们也测定了黄冶窑唐地层出土的白瓷样品20片，唐三彩样品和唐三彩蓝釉陶片各9块，并采用多元统计方法将上述样品胎的化学组分数据与唐代定窑、邢窑白瓷和汝窑青瓷胎的化学组分数据置于一起进行因子分析。邢窑和定窑的数据因子见文献[1][2]，汝窑数据则由本实验室测定。因子分析结果由图1给出。邢窑、定窑在唐代以生产白瓷而闻名，而汝窑则与黄冶窑相距约100千米，位于河南清凉寺，以生产青瓷闻名。从图1可见，定窑和邢窑样品散布在下方，与黄冶窑样品相分离；汝窑样品则位于图1的右上角。唐青花样品1、2和3则位于黄冶窑样品群的区域内，尽管它们不是处于中心位置。这一结果表明黄冶窑出土的青花样品（本文号为1#）是黄冶窑所烧造，不是从其他窑口烧成而移来的，也支持了扬州出土唐青花是黄冶窑烧造的观点。

2. 唐青花的钴料特征

唐青花采用钴料产生蓝色。由PIXE能谱可得到氧化钴、氧化锰和氧化铁的含量。钴料的原始矿料常常伴有氧化锰和氧化铁，两者对产品的色彩会有一些影响，所以常用 MnO/CoO 和 Fe_2O_3/CoO 的数值来表示钴料的特点。从表1可得到样品1、2、3号钴料中 MnO/CoO 的比值分别为 0.013、0.026、0.05；Fe_2O_3/CoO 的比值则分别为 0.077、0045和0.78。表明黄冶窑青花瓷和扬州出土唐青花采用相类似的钴料:其特点是钴料中含锰量很低，同时含铁量也不高。黄冶窑烧造的唐三彩其色釉大多为黄、白、绿三种色彩，但实验结果表明黄冶窑唐三彩蓝青花釉中测得的数值减去白釉中相应的含量所得，因而它应来自钴料中的贡献。由于在制作青花器时，在钴料中常需添加相当含量的瓷石等其他原料以利在胎表面画上相应的纹饰，同时在窑内烧结过程中，青花料也将在釉中扩散，因而钴料中As、Ni和Cu的实际含量将是远超过上述数

---

[1] J. Z. Li, Y. Y. Guo. Scientific and Technical Achievements in Ancient Chinese Pottery and Porcelain. Shanghai Scientific and Technical Publishers, 1985, 175~196

[2] Y. C. Chen, F. K. Zhang, Z. Z. Zhang, N. H. Bi. Science and Technology of Ancient Ceramics. Proceedings of the International Symposium (Shanghai, 1989), Shanghai Scientific and Technical Publishers, 1989, 191~201

表1 用PIXE测得的唐青花瓷的化学组成 （wt：%）

样品		Al_2O_3	SiO_2	P_2O_5	K_2O	CaO	TiO_2	MnO	Fe_2O_3	CoO	PbO
1# 黄冶	胎	30.4	62.6	0.00	2.48	0.30	1.19	0.01	0.84		
	W.G	13.1	69.3	0.22	3.23	11.2	0.15	0.06	1.24		
	B.G	12.2	68.6	0.10	3.16	11.2	0.15	0.08	1.36	1.56	
2#扬州	胎	32.5	61.6	0.00	1.86	0.32	1.09	0.01	1.09		
	W.G	14.7	70.6	0.32	3.20	8.39	0.14	0.07	1.17	0.01	
	B.G	13.5	66.8	0.15	2.90	13.0	0.16	0.08	1.34	0.38	
3#扬州	胎	32.6	60.6	0.37	2.24	0.36	1.03	0.00	1.25		
	W.G	13.2	66.2	0.51	4.92	13.1	0.16	0.14	1.25		
	B.G	12.7	65.6	0.51	5.47	12.5	0.16	0.11	1.56	0.40	
4#	胎	32.6	60.7	0.00	2.20	0.55	1.06	0.01	1.19		
	W.G	6.41	41.5	1.49	0.59	0.80	0.20	0.00	0.37	0.01	47.0
	B.G	8.18	37.6	0.91	1.62	2.92	0.33	0.04	1.21	1.00	44.5
5#	胎	28.8	63.0	0.00	2.44	0.77	1.22	0.00	1.62		
	W.G	3.60	46.6	1.34	0.29	0.90	0.15	0.00	0.14	0.00	45.3
	B.G	4.20	39.0	1.61	0.31	1.92	0.16	0.05	0.60	0.74	49.3
6#	胎	30.4	62.7	0.00	2.32	0.48	1.03	0.01	1.40		
	W.G	5.27	55.5	0.68	0.77	2.02	0.14	0.00	0.29	0.01	33.7
	B.G	4.34	49.5	1.48	0.44	1.00	0.11	0.01	0.81	1.46	39.0
7#	胎	29.4	63.6	0.00	2.24	0.77	1.06	0.01	1.21		
	W.G	3.92	54.8	0.85	0.34	0.81	0.12	0.00	0.18	0.00	37.5
	B.G	4.99	50.1	0.77	0.84	3.04	0.20	0.02	0.81	0.50	37.1
8#	胎	28.3	63.7	0.00	2.35	1.04	1.12	0.01	1.83		
	W.G	6.91	48.5	1.39	0.81	2.76	0.18	0.00	0.52	0.00	37.4
	B.G	5.20	37.2	1.40	1.13	3.67	0.26	0.01	0.70	0.60	48.1
9#	胎	30.0	62.6	0.00	2.15	0.80	1.20	0.02	1.55		
	W.G	3.25	44.2	0.66	0.37	2.36	0.28	0.00	0.70	0.00	46.6
	B.G	4.21	35.9	1.11	0.02	1.76	0.17	0.03	0.64	L_0.60	53.9

注：W.G指白釉，B.G指蓝釉

值。另外，我们在测定三彩蓝釉片中，氧化铜含量要明显地高，在测定的16个样品中，含量在0.1%～0.32%之间，而且氧化铜的含量与钴含量不存在相关性，因而不能肯定这些铜是从钴料带来的。作为比较，表2中也列出了历代景德镇烧造的青花器所用钴料的一些特点。从中可看到，唐青花用钴料中伴生的Mn和Fe都很少，这对于烧造发色艳丽的蓝釉是有利的。在历代所用的钴料中，只有明代嘉靖朝的与唐青花最为接近，应是质量最好的一种天然钴矿。关于这种钴料的产地，目前尚有不少争论。有的学者认为可能从南非、中亚或伊朗等外国经丝绸之路输入，也有学者认为唐三彩釉器有相当大的产量，消耗量有一定规模，可能是国产的，产地可能

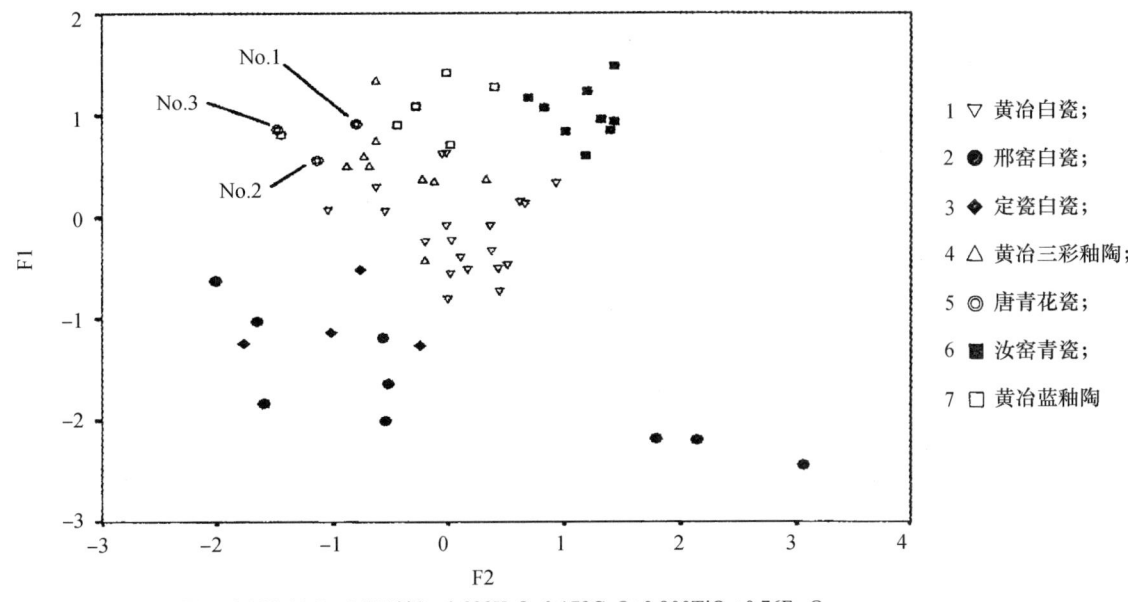

$F1=-0.291 Al_2O_3-0.151SiO_2+0.839K_2O-0.179CaO+0.900TiO_2+0.76Fe_2O_3$

$F2=-0.940 Al_2O_3+0.933SiO_2-0.151K_2O-0.142CaO+0.148TiO_2+0.295Fe_2O_3$

图1 扬州出土的黄冶窑唐青花、定窑、刑窑和汝窑胎化学组分因子分析的散点图

表2 历代青花瓷钴料有关化学组分的比较

	MnO/CoO	Fe_2O_3/CoO	As（μg/g）	Ni（μg/g）	Cu（μg/g）
唐代	0.002～0.06	0.0～0.9	20～100	100～300	～100
元、明洪武和永乐	0.005～0.15	2.0～24	200～200	<30	<30
宣德	4.5～8.0	0.7～2.0	100～300	300～800	<30
嘉靖	0.2～1.3	0.2～3.2	50～200	<50	<30
清	5.0～7.0	0.3～1.0	—	130～400	<30
钴土矿	4.8～9.0	0.35～1.66	—	0.15～1.3%	—

在甘肃或河北某个地方[①]。

我们国内是否有这种低锰、低铁的优质的钴土矿是大家所关心的问题。本文作者最近得到一种来自甘肃的优质钴土矿，PIXE 测定表明其主要成分与唐青花钴料相近：MnO/CoO=0.054，Fe_2O_3/CoO = 0.4，其中有含量1.2%的氧化铜，详细结果将另文发表。

---

① Y. C. Chen, F. Zhang, X. W. Zhang etal, Science and Technology of Ancient Ceramics. Proceedings of the International Symposium. Shanghai, 1995, 204～210

附录三 唐青花的产生

鲁晓珂[1] 李伟东[1] 孙新民[2] 罗宏杰[1] 刘兰华[3]
赵志文[2] 郭木森[2] 徐霁明[1]

（1.中国科学院上海硅酸盐研究所 2.河南省文物考古研究院 3.中国文化遗产研究院）

引 言

陶瓷考古界和科技考古界目前较为认同的"青花"是指利用含钴的矿物作为着色颜料绘画在白瓷坯上，经上釉后在高温下一次烧成（非低温铅釉），呈现蓝色装饰的釉下彩瓷器[1]。考古资料已知时代最早的青花瓷出现在唐代，江苏扬州唐城遗址自20世纪80年代以来陆续出土了数十片青花瓷残片，证实了唐代时期我国已经生产青花瓷这一事实。随着考古发掘资料的逐渐增多，唐青花又不断引起学术界的注意，如1998年印尼海域"黑石号"唐代沉船出土三件完整的青花瓷盘、2006年郑州巩义上街区7号唐墓出土的两件青花罐等，重新掀起了唐青花研究的热潮。

唐青花瓷产于何地，是如何产生的，有什么技术特征等诸多问题自其被发现之日起就成为学术界讨论的热门话题。中国科学院上海硅酸盐研究所曾对扬州唐城遗址出土的唐青花做过科学研究，结果表明它们的胎、釉原料与巩义窑所产唐代白瓷接近，研究者认为它们的产地就在河南巩义[2]。2002年至2007年，河南巩义黄冶窑和白河窑的发掘过程中，考古工作者先后在两个窑址的唐代晚期地层中都发现了若干枚青花瓷片，这是目前唯一在窑址发现的唐青花。其中，白河窑出土圈足碗内的菱形花卉纹饰与江苏扬州唐城和印尼"黑石号"沉船出土的唐青花装饰完全相同，再次为唐青花的产地溯源提供了证据[3]。另外，河南巩义黄冶窑和白河窑出土的唐代器物中既有白瓷又有三彩，而黄冶窑中晚唐时期地层和灰坑内同时还清理出不少白釉洒点画蓝彩的钴蓝彩釉器物标本[4]，这些标本的发现为研究唐青花的起源、创烧提供了重要的实物依据。

本研究通过对河南省文物考古研究院提供的巩义黄冶窑和白河窑出土的唐青花、唐代白瓷、唐三彩以及白釉蓝彩标本进行系统的测试分析，并借助统计分析的方法对所得数据进行研究处理，对唐青花的产生过程有了一个较为全面的科学认识。

---

① 李家治：《中国科学技术史·陶瓷卷》，科学出版社，1998年。
② 张志刚、郭演仪、陈尧成：《唐代青花瓷器研讨》，《景德镇陶瓷学院学报》第10卷，1989年第2期，第65～72页。
③ 赵志文、刘兰华：《河南巩义白河窑址发现北魏青瓷、白瓷和唐青花瓷器》，《中国文物报》，2008年2月6日。
④ 河南省文物考古研究所、中国文物研究所：《河南巩义市黄冶窑址发掘简报》，《华夏考古》，2007年第4期，第106～129页。

一、巩义窑唐青花的胎、釉原料和青花色料

1. 唐青花的胎料

图1是巩义白河窑唐代白瓷、三彩和唐青花胎中八种主次量化学组成（Na_2O、MgO、Al_2O_3、SiO_2、K_2O、CaO、TiO_2、Fe_2O_3）二维对应分析分析结果，二维因子贡献率超过70%。可以看出，白河窑唐三彩的胎料明显区别于唐代白瓷的胎料，它们的CaO和Fe_2O_3含量比白瓷偏高，而唐青花的胎料则与白瓷的胎料接近。图2给出白河窑唐代白瓷、青花、三彩胎中CaO和Fe_2O_3具体的含量数值分析图，其结果与多元统计分析（图1）保持一致。

从图3巩义黄冶窑唐代白瓷、唐青花、三彩和白釉蓝彩胎的多元统计分析结果可以看出，

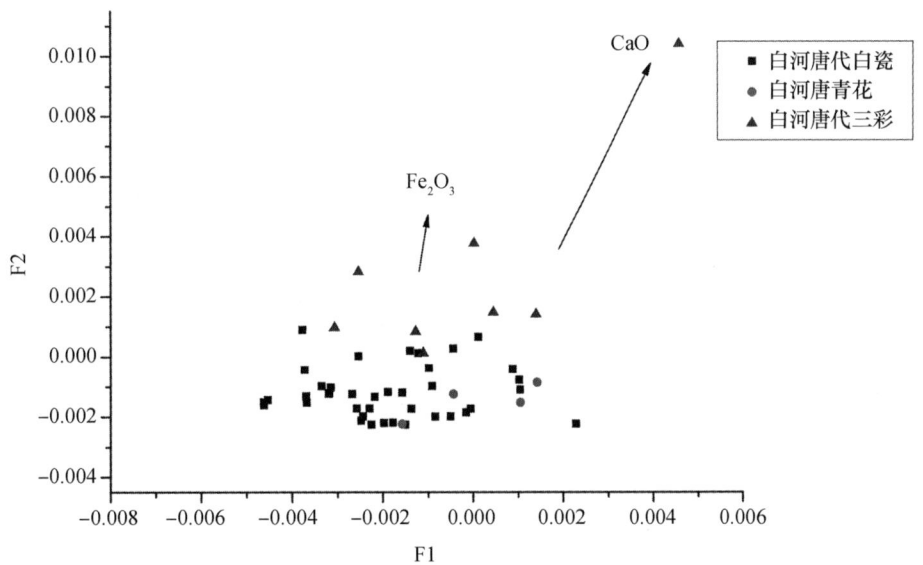

图1　巩义白河窑唐代白瓷、青花、三彩胎的主次量化学组成对应分析图（因子累计74.5%）

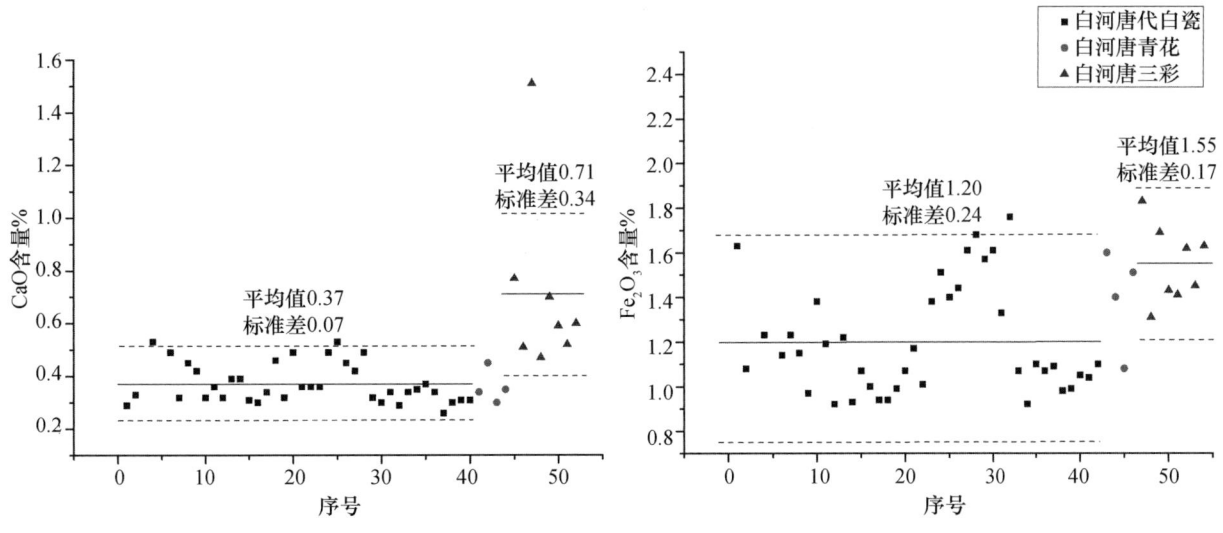

图2　白河窑唐代白瓷、青花、三彩胎中CaO和Fe_2O_3含量分析图

黄冶窑唐三彩的胎料同样区别于唐代白瓷的胎料，与白瓷胎的主要差别也在于CaO和Fe_2O_3含量比白瓷偏高，而唐青花的胎料则与白瓷的胎料接近，这与白河窑的情况完全相同。黄冶窑中晚唐时期地层出土的白釉蓝彩标本的胎料则可以分为两类，一类与三彩胎料接近，另一类与白瓷胎料接近。从图4黄冶窑唐代白瓷、青花、三彩和白釉蓝彩胎中CaO和Fe_2O_3具体的含量数值分析图也可以看出，白釉蓝彩胎CaO和Fe_2O_3含量均值介于白瓷和三彩之间。

综合图1至图4的分析结果可以看到，巩义窑出土唐青花的胎料与唐代白瓷胎料相近，而不同于唐三彩的胎料，这说明唐代陶工在三彩和白瓷的制作过程中对于胎料的选择和处理是不同的。众所周知，唐三彩在当时大多是明器，属于随葬器物，所以唐代陶工可能选择了较为粗

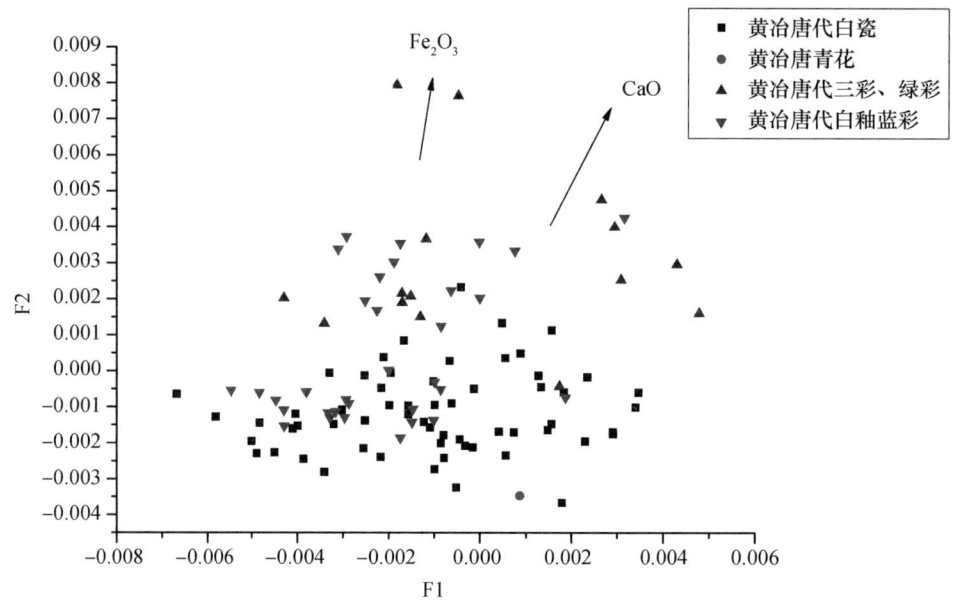

图3　巩义黄冶窑唐代白瓷、青花、三彩和白釉蓝彩胎的主次量化学组成对应分析图（因子累计74.5%）

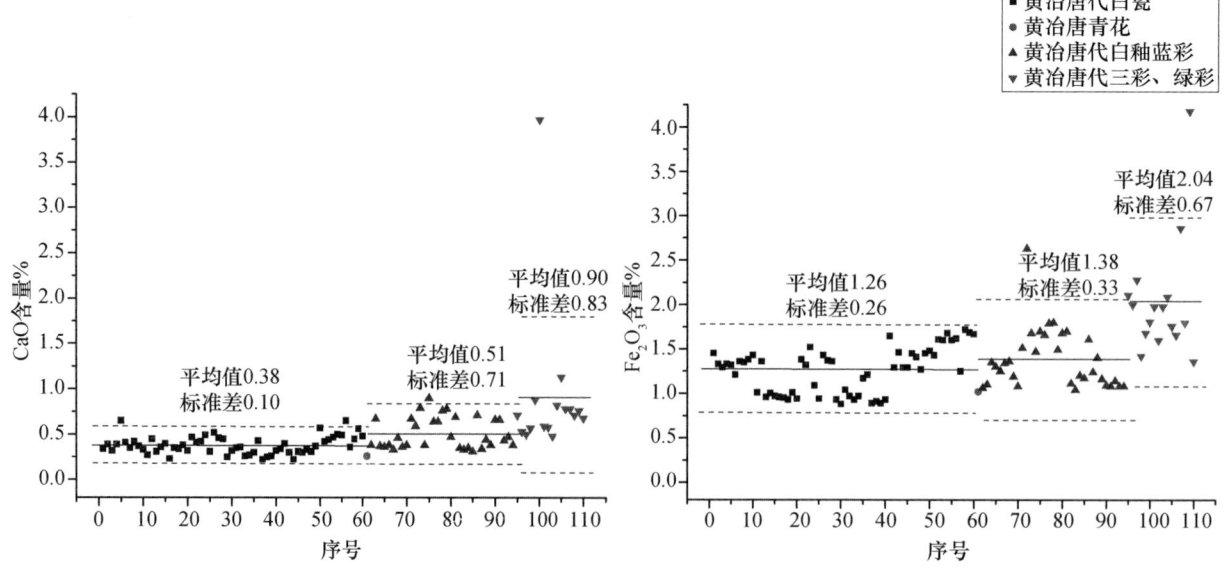

图4　黄冶窑唐代白瓷、青花、白釉蓝彩、三彩胎中CaO和Fe_2O_3含量分析图

糙的胎料来制作三彩，较为精细的胎料来制作白瓷，而唐青花的制作则选择了白瓷的胎料。另外，黄冶窑出土的白釉蓝彩器物中一部分胎料与唐三彩胎料接近、另一部分与白瓷胎料接近的现象表明，中晚唐时期开始出现的白釉蓝彩器应该是唐代陶工在唐三彩基础上开发的一个新品种，并且随着时代的演变其胎料有了变化，开始使用相对较为精细的白瓷胎的原料。

2. 唐青花的釉料

化学组成的测试结果表明，巩义唐青花的釉料并非铅釉，而是与白瓷同种体系的钙釉或钙碱釉。图5和图6是巩义白河窑、黄冶窑白瓷釉和青花釉的主次量化学组成多元统计分析结果。

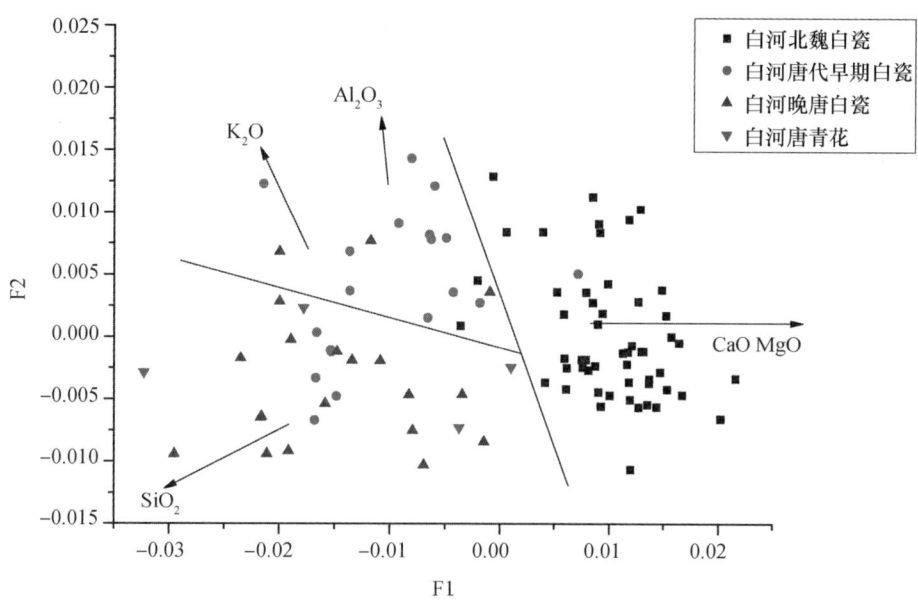

图5　巩义白河窑北魏和唐代白瓷以及唐青花釉的主次量化学组成对应分析图（因子累计77.7%）

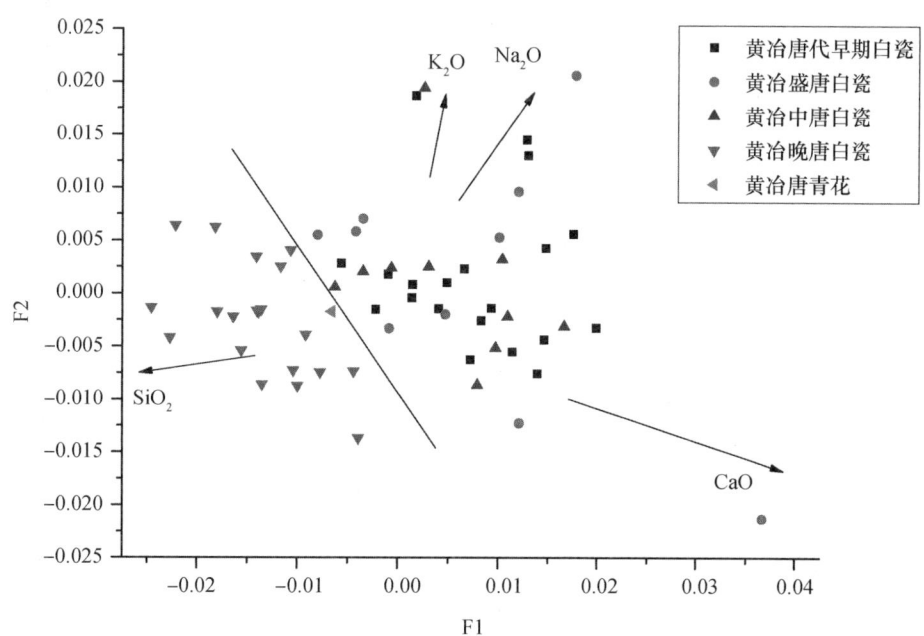

图6　巩义黄冶窑唐代白瓷和唐青花釉的主次量化学组成对应分析图（因子累计80.1%）

图5和图6的分析结果表明，巩义窑唐青花的釉料与唐代白瓷釉料相近，并且更接近晚唐白瓷的釉料，这也验证了巩义唐青花都出土于晚唐地层的现象。与唐代早期相比，巩义窑晚唐白瓷的釉料明显有所改变（SiO_2含量明显增加），而唐青花釉料组成的波动范围则正好符合这种变化趋势（见图7）。可以看出，无论是白河窑还是黄冶窑，晚唐白瓷釉料中SiO_2含量均值都在70%以上，为不同时期白瓷釉料中SiO_2含量的最高值。

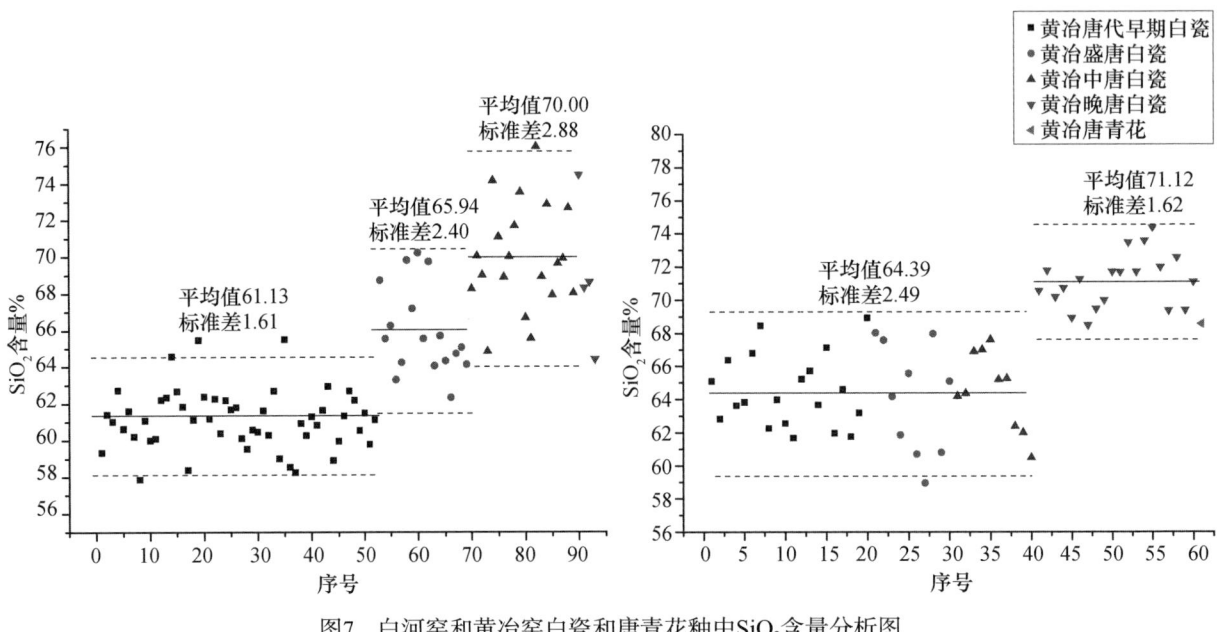

图7　白河窑和黄冶窑白瓷和唐青花釉中SiO_2含量分析图

另外，唐三彩和白釉蓝彩的釉都是铅釉，釉料中氧化铅的含量很高，这与唐青花和白瓷的釉料截然不同，部分样品的数据结果见表1。可以看出，白釉蓝彩与唐三彩的釉料基本相同。

表1　巩义窑出土唐三彩和白釉蓝彩白釉的EDXRF分析数据（wt%）

	编号	类别	Al_2O_3	SiO_2	K_2O	CaO	TiO_2	Fe_2O_3	PbO_2
白釉	16-6	白釉蓝彩	1.92	17.97	0.21	0.96	0.12	0.3	78.28
	16-7		1.35	12.93	0.06	0.27	0.07	0.14	85.05
	C070	唐三彩	1.86	19.92	0.31	0.09	0.11	0.19	77.46
	C162		1.87	14.56	0.16	0.48	0.08	0.28	82.42

通过釉料的分析结果可以看出，巩义窑唐青花的釉料选择了白瓷的釉料，而白釉蓝彩的釉料则使用了与唐三彩同种体系的铅釉原料，装饰中只保留了蓝彩彩绘。综合胎、釉的分析结果不难发现，唐青花的物质基础是唐代白瓷，其胎料和釉料都与白瓷接近；白釉蓝彩的制作则是基于唐三彩，部分器物的胎料有所改进，改进的原因可能是由于铁含量高的胎体透过透明的铅釉会影响白釉蓝花的对比装饰效果。

3. 唐青花的青花色料

运用EDXRF分析对巩义唐青花瓷片的釉+青花和白釉部分进行无损检测，并计算钴料中着色元素的比值[①]，具体数据见表2。

表2 巩义窑唐青花的青花色料分析

窑址	编号	类别	MnO	Fe_2O_3	CoO	CuO	MnO/CoO	Fe_2O_3/CoO	CuO/CoO
黄冶窑	21-1	釉+青花	0.1	2.04	8	0.11	0.002	0.077	0.014
		釉	0.11	0.84		0.05			
白河窑	C301	釉+青花	0.09	1.75	1.39	0.03	0.037	0.41	0.022
		釉	0.05	1.52					
白河窑	C303	釉+青花	0.39	1.59	2.62	0.04	0.083		0.015
		釉	0.09	1.74					
白河窑	C304	釉+青花	0.12	1.83	0.42	0.05		0.35	0.12
		釉	0.13	1.69					

从表2中可以看出，唐青花的钴料中钴含量相对较高，锰、铁含量相对较低，这与景德镇元、明、清时期青花瓷所用青花料高铁低锰或高锰低铁的特征不同，并且唐青花的钴料中普遍含有铜元素。由于钴料中锰钴比、铁钴比以及铜钴比的比值不是很高，所以唐青花的显色主要是以钴为主，而CoO的着色能力很强，所以唐青花的发色相对较为浓艳。

从唐三彩、白釉蓝彩、唐青花的蓝色彩料中CoO和CuO的分析结果可以看出（图8），它们钴料的特征基本相似，而唐青花的钴料中CoO含量更高一些，白釉蓝彩中也有部分样品CoO含量较高，这表明唐青花所用钴料可能与白釉蓝彩的钴料更为接近。

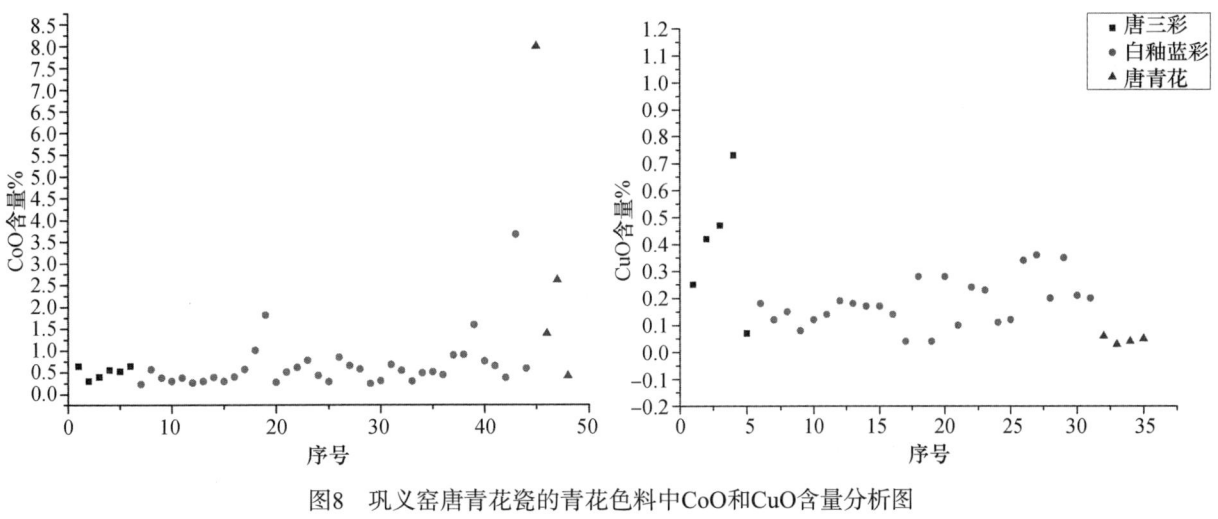

图8 巩义窑唐青花瓷的青花色料中CoO和CuO含量分析图

[①] 陈尧成、郭演仪、张志刚：《历代青花瓷器和青花色料的研究》，《硅酸盐学报》第11卷，1978年第4期，第227~229页。

二、巩义窑唐青花的绘画技法

从目前发现的唐青花来看,唐青花的绘画技法都是由点成线,即绘画当中的"点丑"。结合黄冶窑出土的白釉洒点画蓝彩的器物来看(见图9),唐青花的这种绘画技法应当是白釉蓝彩"点"画法的继承与发展,由最初的洒点、画点到粗点组成线条,正体现了唐代陶工创烧唐青花时绘画技法的原始性和不成熟性。

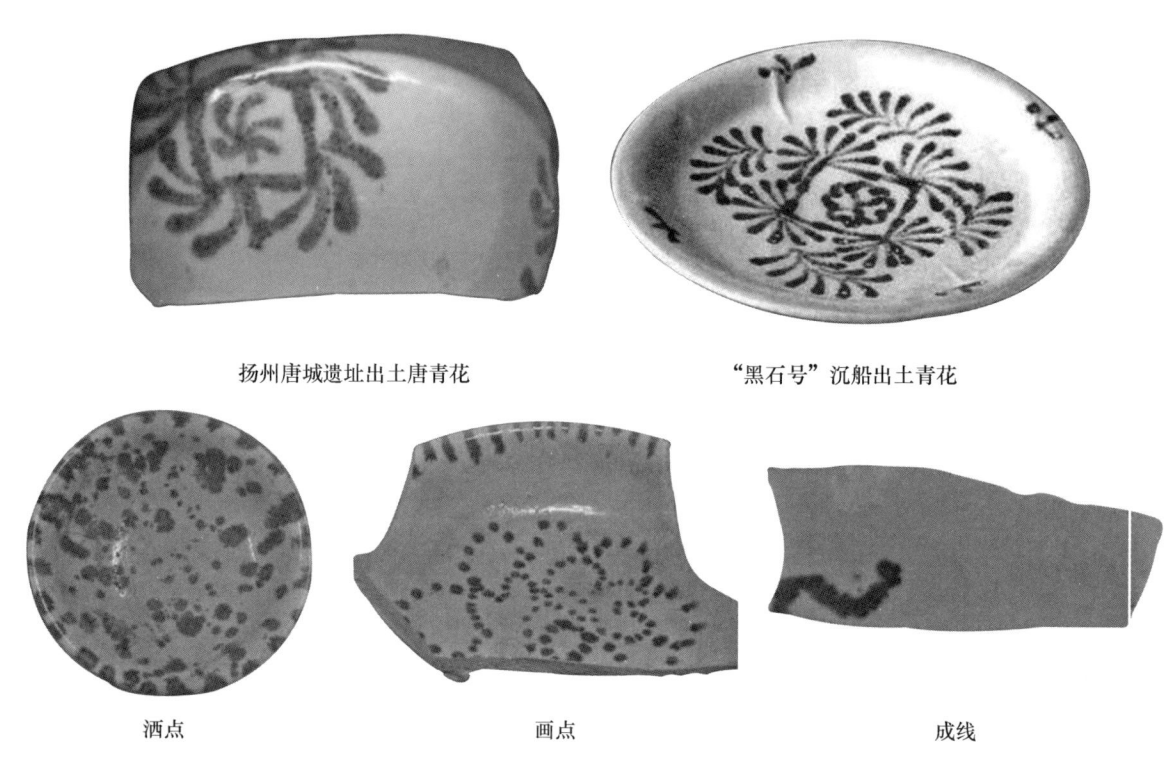

扬州唐城遗址出土唐青花　　　　　　"黑石号"沉船出土青花

洒点　　　　　　画点　　　　　　成线

图9　部分唐青花样品外观照片以及黄冶窑白釉蓝彩和青花绘画图案比较

唐青花是釉下彩装饰,即在坯体上作画,而唐三彩和白釉蓝彩都是釉上彩装饰。由釉上彩到釉下彩工艺的转变可能是唐代陶工认识到由于高温的烧制,釉上彩工艺随着釉的熔融流动(铅釉的流动性更大)会增加装饰图案的不稳定性,所以目前发现的白釉蓝彩仅限于简单的圆点组成的图案,而唐青花则都是线条组成的较为复杂的花草纹图案。另外,由于唐青花的图案比三彩和白釉蓝彩的图案复杂,陶工在坯体上作画时对器物的转动、图案的修改等不会对釉层造成破坏,这比上釉后再画复杂图案方便。

三、巩义窑唐青花的烧制工艺

唐青花的样品较为珍贵,未能进行烧成温度和物理性能的测试。从巩义窑晚唐白瓷的烧成温度的平均值1250℃(见图10),可以推测唐青花的烧成温度也大概如此,其烧制工艺与白瓷相同,只是增加了在胎体表面进行彩绘的流程,上釉后高温下一次烧成。

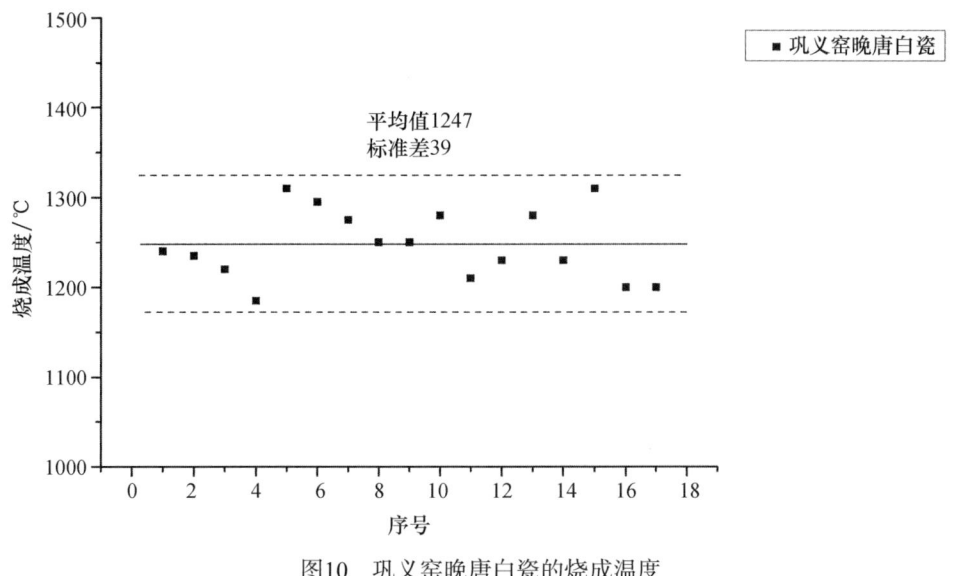

图10 巩义窑晚唐白瓷的烧成温度

测试结果表明,黄冶窑白釉蓝彩胎的烧成温度大多在1100℃左右(见表3),由于其还是使用铅釉(釉烧温度一般为950℃左右[①]),故还是二次烧成,先将坯体在窑炉里高温素烧,然后上釉再进行低温烧成,这与唐三彩的烧制工艺相同。

表3 巩义黄冶窑部分白釉蓝彩样品胎的陶瓷性能和烧成温度

编号	类别	体积密度(g/cm³)	吸水率(%)	显气孔率(%)	烧成温度(℃)
15-1	白釉蓝彩	1.94	12.4	24	1110
15-5	白釉蓝彩	1.94	13.1	25	1120
16-1	白釉蓝彩	1.83	16.3	30	1050
16-2	白釉蓝彩	1.79	17.9	32	970
16-4	白釉蓝彩	2.18	4.2	9	1200
16-8	白釉蓝彩	1.91	13.3	25	1110
16-9	白釉蓝彩	2.03	10.5	21	1110

四、结 语

综合以上对巩义窑唐青花、唐代白瓷、唐三彩以及白釉蓝彩的原料和工艺分析结果,可以看出唐青花的出现经历了以下过程:

唐青花首先出现在河南巩义绝非偶然,巩义窑唐代时期成熟的白瓷和唐三彩生产技术为唐青花的制作提供了良好的物质基础。唐代陶工通过对原料不断深入的认知和实践,最终在白瓷基础上借用并发展了白釉蓝彩的装饰技法,成功烧制出了唐青花,而唐青花的诞生则开创了我国青花釉下彩装饰的先河,为后世元、明、清时期青花瓷的繁荣奠定了基础。

---

① 李家治:《中国科学技术史·陶瓷卷》,科学出版社,1998年,第467页。

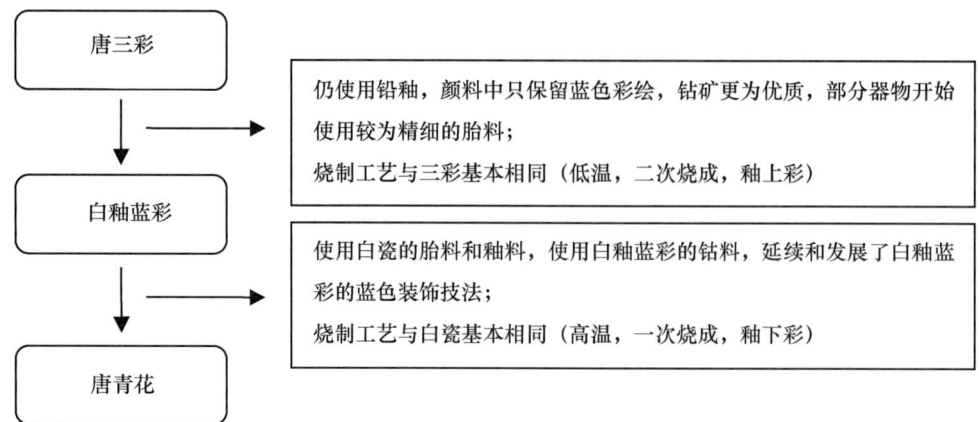

图11　唐三彩、白釉蓝彩到唐青花演变示意图

附录四 巩义黄冶窑出土陶瓷器的无损分析研究*

刘　松[1]　郭木森[2]　董俊卿[1]　胡永庆[2]　赵虹霞[1]
严　鑫[1]　李青会[1]　顾冬红[1]

（1. 中国科学院上海光学精密机械研究所科技考古中心　2. 河南省文物考古研究院）

一、前　言

河南巩义黄冶窑址位于巩义市东北，是目前我国发现最早、烧制历史最长、面积最大、质量最精的三彩窑址，它的发现与发掘是我国陶瓷史上的里程碑，解决了关于烧制唐三彩窑口的历史悬案，在中国陶瓷史上占有相当高的地位。黄冶窑在初唐时开始烧制三彩，盛唐时发展成熟，逐步达到鼎盛阶段，并开始烧造绞胎和绞釉制品。中晚唐仍继续发展，并且三彩制品与绞胎制品又出现了一些新品种。五代时期烧造规模逐渐缩小，到宋、金时期停烧，烧造历史长达500余年。

由于黄冶窑的重要历史地位，其出土的三彩制品一直是科技考古工作者研究的热点和重点。如董军领等[1]利用质子激发X射线荧光分析技术对少量唐三彩样品进行化学成分分析，根据主成分分析方法对其进行分类，对唐三彩胎釉的原料及配方进行了研究。杨勇等[2]利用中子活化分析技术对黄冶窑和耀州窑出土的三彩样品进行了分析，并对指纹元素进行多元统计分析，对两个窑址出土的三彩原料和配方进行了研究。邱霞[3]利用中子活化分析技术、质子激发X射线荧光分析技术、扫描电镜技术和穆斯堡尔谱技术等多种现代分析技术对黄冶窑和白河窑出土陶瓷的原料及来源进行了研究。

本文利用便携式能量色散型X射线荧光光谱仪对黄冶窑出土的唐代瓷器和低温釉陶的胎釉进行了化学成分分析。根据化学成分分析结果，对胎釉的配方、化学成分特点及化学成分随年代的变化规律进行了初步探讨。

---

* 本研究受到973项目（2012CB720901、2012CB720906）、国家自然科学基金项目（51402326、11374314）和上海市研发平台专项目（13DZ2295800）的资助

[1] 董军领、赵维娟、刘国栋等：《黄冶窑唐三彩原料产地的研究》，《原子核物理评论》第25卷，2008年第4期，第380~384页。

[2] 杨勇、冀勇、李国霞等：《黄冶窑和耀州窑唐三彩指纹元素的多元统计分析》，《信阳师范学院学报》自然科学版，第21卷，2008年第2期，第190~192页。

[3] 邱霞：《用现代分析技术研究黄冶窑和白河窑陶瓷的原料来源和烧制技术》，郑州大学，2007年。

二、实验方法

1. 便携式能量色散型X射线荧光光谱分析仪（pXRF）

本次测试采用中国科学院上海光学精密机械研究所科技考古中心的便携式能量色散型X射线荧光光谱分析仪（pXRF），仪器型号为OURSTEX 100FA。该设备采用金属钯（Pd）作为X射线靶材，X射线管的激发电压最高可达40 kV，最大功率为50 W，辐照到样品表面的X射线焦斑直径约为2.5 mm。设备主要由四个组成单元：探测器单元、供电单元（含高压转换器件）、样品腔单元（真空测量单元）和数据处理单元（PC）组成。其中，探测器单元包括一个低真空腔。数据处理单元主要包括控制软件及定性、定量分析软件。定量分析方法为校准曲线法或工作曲线法，即根据已知化学成分的标准参考样品来制作线性校准曲线或工作曲线，此种方法具有简单且准确度高的优点。

探测器单元是整台谱仪的核心部件，主要包括X射线管和X射线探测器。X射线管部分包括：X射线毛细管光学透镜（实现聚焦和准直）、高定向热解石墨晶体［HOPG（0002）］和锆（Zr）过滤膜等组成部分。测量时有三种测量模式可供选择，分别是直接模式（White X-ray mode）、单色模式（Monochromatic mode）和过滤模式（Filter mode），一般为三种模式逐次测量。单色模式通过环形石墨晶体（0002）面获得Pd-K系特征X射线去激发样品，主要用来分析样品中Si以上中等和高原子序数元素。而直接模式可同时分析样品中的轻、重元素。低真空环境探测器采用的是为了检测轻元素而专门研发的硅漂移半导体探测器（SDD），窗口材料为MOXTEC AP3.3有机薄膜。为减少大气对于轻元素特征X荧光的吸收，还配备了低真空环境样品腔，通过真空泵可将其中的压强降低到400~600 Pa。低真空样品腔的尺寸为15 cm（直径）×10 cm（高），高度可扩展至30 cm。同时配备有CCD成像系统，可以直接观察到需要检测部位的形貌特征。SDD有效探测面积均约5 mm^2，通过珀耳帖效应电制冷装置（Peltier element）保持在摄氏零下28度（-28℃）。设备详情参见文献[①]。

2. 光学相干层析成像仪（OCT）

实验采用的是中国科学院上海光学精密机械研究所科技考古中心的扫频OCT系统，主要由高速扫描激光（HSL）光源（波长范围为900~1600nm，最大功率为50mW）、干涉仪（日本santec公司Ⅳ-2000型）、测量臂和电脑组成。HSL发出激光经1×2的耦合器分为两束，一束光经偏振控制器、循环器、准直镜、减光镜（ND filter）、物镜照射到反射镜上，被反射作为参考光。另一束光经偏振控制器、循环器、准直镜、振镜、物镜照射到被探测物体上，物体散射回来的光作为测量光。参考光被光纤收集，经循环器、偏振控制器后与经过循环器返回的测

---

① 刘松、李青会、干福熹等：《便携式能量色散型X射线荧光光谱仪在中国古代玻璃化学成分分析中的应用》，《光谱学与光谱分析》第30卷，2010年第9期，第2576~2580页。

量光在2×2耦合器中耦合，干涉，输出信号被平衡检波器探测，经平滑滤波后传输进模数转换（A/D）板，经计算机处理，得到OCT图像。[①]

3. 激光共焦拉曼光谱仪（Raman）

分析采用中国科学院上海光学精密机械研究所科技考古中心的Horiba公司生产的LabRAM XploRA便携式激光共焦拉曼光谱仪。采用高稳定性研究级显微镜，配有反射柯勒照明，物镜包括10×、100×和LWD50×。采用532 nm高稳定固体激光器（25 mW）以及相应的滤光片组件，计算机控制多级激光功率衰减片。采用针孔共焦技术，与100×物镜配合，空间分辨率横向好于1 μm，纵向好于2 μm。光谱仪拉曼频移范围：选用532 nm作为激发波长时光谱范围为70~4000 cm^{-1}；光谱分辨率≤2 cm^{-1}；光栅1800 gr/mm；光谱重复性≤±0.2 cm^{-1}。每次测定前采用单晶Si标样对激光拉曼光谱进行校正。[②]

三、巩义黄冶窑唐三彩遗址出土陶瓷样品简介

河南巩义黄冶窑唐三彩遗址出土陶瓷残片样品信息见表1。

表1 河南巩义黄冶窑唐三彩遗址出土陶瓷片样品信息

实验编号	编号	类别	标本名称	数量	单位	分期	时代
HY-Ⅰ-1	1	瓷	白釉瓷	1	ⅡT57H39	Ⅰ期	隋代
HY-Ⅰ-2	2	瓷	青釉瓷	3	ⅡT57H39	Ⅰ期	隋代
HY-Ⅰ-3	3	瓷	黑釉瓷	2	ⅡT57H39	Ⅰ期	隋代
HY-Ⅱ-1	1	瓷	白釉瓷	2	ⅡT4H16	Ⅱ期	初唐
HY-Ⅱ-2	2	瓷	青白釉瓷	3	ⅡT4H16	Ⅱ期	初唐
HY-Ⅱ-3	3	瓷	白釉瓷	3	ⅠT1L4	Ⅱ期	初唐
HY-Ⅱ-4	4	瓷	黑釉瓷	3	ⅡT4C1	Ⅱ期	初唐
HY-Ⅱ-5	5	瓷	黑釉瓷	4	ⅡT4H16	Ⅱ期	初唐
HY-Ⅱ-6	6	瓷	茶叶末釉瓷	3	T3C2	Ⅱ期	初唐
HY-Ⅱ-7	7	瓷	茶叶末釉瓷	3	ⅠT1⑯	Ⅱ期	初唐
HY-Ⅱ-8	8	瓷	茶叶末釉瓷	1	ⅡT4H16	Ⅱ期	初唐
HY-Ⅱ-9	9	陶	黄釉	3	ⅠT1⑯	Ⅱ期	初唐
HY-Ⅱ-10	10	陶	三彩	3	ⅡT4C1	Ⅱ期	初唐
HY-Ⅲ（Q）-1	1	瓷	白釉瓷	3	ⅡT4H15	Ⅲ期前段	盛唐
HY-Ⅲ（Q）-2	2	瓷	青白釉瓷	3	ⅡT4H15	Ⅲ期前段	盛唐

[①] 严鑫、董俊卿、李青会等：《基于OCT技术对古代瓷釉断面结构特征的初步研究》，《中国激光》第41卷，2014年第9期。

[②] H. X. Zhao, Q. H. Li, S. Liu, F. X. Gan. Characterization of microcrystals in some ancient glass beads from china by means of confocal Raman microspectroscopy, Journal of Raman Spectroscopy, 2013, 44（4）: 643-649.

续表

实验编号	编号	类别	标本名称	数量	单位	分期	时代
HY-Ⅲ（Q）-3	3	瓷	黑釉瓷	3	ⅡT4H15	Ⅲ期前段	盛唐
HY-Ⅲ（Q）-4	4	瓷	茶叶末釉瓷	3	ⅠT1⑩	Ⅲ期前段	盛唐
HY-Ⅲ（Q）-5	5	陶	蓝釉	3	ⅡT4H15	Ⅲ期前段	盛唐
HY-Ⅲ（Q）-6	6	陶	淡蓝釉	3	ⅡT4H15	Ⅲ期前段	盛唐
HY-Ⅲ（Q）-7	7	陶	白釉	3	ⅡT4H15	Ⅲ期前段	盛唐
HY-Ⅲ（Q）-8	8	陶	白釉蓝彩	3	ⅡT4H15	Ⅲ期前段	盛唐
HY-Ⅲ（Q）-9	9	陶	白釉绿彩	3	ⅡT8⑩	Ⅲ期前段	盛唐
HY-Ⅲ（Q）-10	10	陶	黄釉	3	ⅡT4H15	Ⅲ期前段	盛唐
HY-Ⅲ（Q）-11	11	陶	绿釉	3	ⅡT8⑩	Ⅲ期前段	盛唐
HY-Ⅲ（Q）-12	12	陶	三彩	3	ⅡT4H15	Ⅲ期前段	盛唐
HY-Ⅲ（H）-1	1	瓷	白釉瓷	3	ⅡT4⑥	Ⅲ期后段	中唐
HY-Ⅲ（H）-2	2	瓷	外黑内白釉瓷	3	ⅠT1⑤	Ⅲ期后段	中唐
HY-Ⅲ（H）-3	3	瓷	黑釉瓷	3	ⅠT1⑤	Ⅲ期后段	中唐
HY-Ⅲ（H）-4	4	瓷	茶叶末釉瓷	3	ⅡT4⑥	Ⅲ期后段	中唐
HY-Ⅲ（H）-5	5	陶	白釉	3	ⅠT1⑤	Ⅲ期后段	中唐
HY-Ⅲ（H）-6	6	陶	黄釉	3	ⅠT1⑤	Ⅲ期后段	中唐
HY-Ⅲ（H）-7	7	陶	酱黄釉	3	ⅠT1⑤	Ⅲ期后段	中唐
HY-Ⅲ（H）-8	8	陶	蓝釉	3	ⅠT1⑤	Ⅲ期后段	中唐
HY-Ⅲ（H）-9	9	陶	绿釉	3	ⅠT1⑤	Ⅲ期后段	中唐
HY-Ⅲ（H）-10	10	陶	白釉蓝彩	3	ⅠT1⑤	Ⅲ期后段	中唐
HY-Ⅲ（H）-11	11	陶	白釉绿彩	3	ⅠT1⑤	Ⅲ期后段	中唐
HY-Ⅲ（H）-12	12	陶	三彩	3	ⅠT1⑤	Ⅲ期后段	中唐
HY-Ⅳ-1	1	瓷	白釉瓷	3	ⅡG2	Ⅳ期	晚唐
HY-Ⅳ-2	2	瓷	黑釉瓷	3	ⅡT35⑨	Ⅳ期	晚唐
HY-Ⅳ-3	3	瓷	茶叶末釉瓷	3	ⅡT4H7	Ⅳ期	晚唐
HY-Ⅳ-4	4	陶	黄釉	3	ⅡT35⑨	Ⅳ期	晚唐
HY-Ⅳ-5	5	陶	酱黄釉	3	ⅡG2	Ⅳ期	晚唐
HY-Ⅳ-6	6	陶	蓝釉	3	ⅡG2	Ⅳ期	晚唐
HY-Ⅳ-7	7	陶	绿釉	3	ⅡG2	Ⅳ期	晚唐
HY-Ⅳ-8	8	陶	浅绿釉	3	ⅡG2	Ⅳ期	晚唐
HY-Ⅳ-9	9	陶	白釉蓝彩	3	ⅡG2	Ⅳ期	晚唐
HY-Ⅳ-10	10	陶	白釉绿彩	2	ⅡT35⑨	Ⅳ期	晚唐
HY-Ⅳ-11	11	陶	三彩	4	ⅡG2	Ⅳ期	晚唐
HY-Ⅳ-12	12	瓷	白釉瓷枕	1	ⅡT35⑨	Ⅳ期	晚唐
HY-Ⅳ-13	13	陶	黄釉绞胎枕	1	ⅡT35⑨	Ⅳ期	晚唐
HY-Ⅳ-14	14	陶	酱黄釉绞胎枕	1	ⅡT35⑨	Ⅳ期	晚唐
HY-Ⅳ-15	15	陶	绿釉绞胎枕	1	ⅡT35⑨	Ⅳ期	晚唐
合计	49件			143片			

四、结果与讨论

（一）化学成分分析结果与讨论

河南巩义黄冶窑唐三彩遗址出土陶瓷片的釉及胎体的测试分析结果见表2和表3。

1. 釉

从表2中可以看出，所分析的陶瓷样品的釉主要有两大类，一类是高温钙釉（其中黑釉和茶叶末釉的CaO和Fe_2O_3基本相当，严格地讲应该归为钙铁釉，本文暂时归为钙釉讨论），一类是低温铅釉，前者属于瓷釉范畴，后者属于陶釉范畴。下文将对两类釉分别进行讨论分析。

表2　河南省巩义黄冶窑唐三彩遗址出土陶瓷片釉的主量及次量组分定量分析结果（wt%）

实验编号	类	釉色	Na_2O	MgO	Al_2O_3	SiO_2	P_2O_5	K_2O	CaO	TiO_2	Fe_2O_3	CoO	CuO	PbO
HY-Ⅰ-2-A	钙釉	青釉	0.85	2.62	12.99	53.37	0.46	4.08	22.20	0.53	2.90	n.d.	n.d.	n.d.
HY-Ⅰ-2-B	钙釉	青黄釉	0.96	2.64	12.53	57.14	0.74	1.94	20.76	0.56	2.73	n.d.	n.d.	n.d.
HY-Ⅰ-2-C	钙釉	青黄釉	0.75	2.45	14.76	54.35	0.34	1.92	21.98	0.65	2.80	n.d.	n.d.	n.d.
HY-Ⅰ-3-A	钙釉	黑釉	1.14	2.48	15.43	67.09	0.47	2.98	4.51	1.02	4.87	n.d.	n.d.	n.d.
HY-Ⅰ-3-B	钙釉	黑釉	1.30	3.00	14.84	66.36	0.15	3.69	4.47	1.11	5.08	n.d.	n.d.	n.d.
HY-Ⅱ-1-A	钙釉	白釉	1.52	2.34	17.74	63.49	0.56	2.35	10.99	0.14	0.88	n.d.	n.d.	n.d.
HY-Ⅱ-1-B	钙釉	白釉	1.22	2.30	18.61	61.76	0.77	2.36	11.79	0.25	0.94	n.d.	n.d.	n.d.
HY-Ⅱ-2-A	钙釉	青白釉	1.64	2.07	15.36	60.94	0.68	1.98	16.31	0.05	0.96	n.d.	n.d.	n.d.
HY-Ⅱ-2-B	钙釉	青白釉	2.10	1.63	15.74	64.76	0.58	2.30	11.93	0.05	0.92	n.d.	n.d.	n.d.
HY-Ⅱ-2-C	钙釉	青白釉	1.56	2.26	18.45	63.10	0.47	2.40	10.20	0.29	1.27	n.d.	n.d.	n.d.
HY-Ⅱ-3-A	钙釉	白釉	1.41	2.22	18.05	58.15	1.03	3.00	14.03	0.27	1.84	n.d.	n.d.	n.d.
HY-Ⅱ-3-B	钙釉	白釉	1.52	2.64	15.90	58.77	0.43	3.10	16.50	0.10	1.04	n.d.	n.d.	n.d.
HY-Ⅱ-3-C	钙釉	白釉	2.21	2.50	16.99	58.48	0.63	4.06	13.82	0.19	1.12	n.d.	n.d.	n.d.
HY-Ⅱ-4-A	钙釉	黑釉	1.14	3.10	14.63	64.43	n.d.	3.38	6.02	0.98	6.31	n.d.	n.d.	n.d.
HY-Ⅱ-4-B	钙釉	黑釉	1.27	3.71	14.26	64.39	n.d.	4.04	4.66	1.00	6.69	n.d.	n.d.	n.d.
HY-Ⅱ-4-C	钙釉	黑釉	0.00	2.64	14.45	66.09	0.14	5.35	5.70	0.97	4.65	n.d.	n.d.	n.d.
HY-Ⅱ-5-A	钙釉	黑釉	1.20	3.21	14.65	65.35	0.23	3.24	5.54	1.16	5.42	n.d.	n.d.	n.d.
HY-Ⅱ-5-B	钙釉	黑釉	1.15	2.49	13.97	67.29	0.23	3.79	5.30	0.83	4.96	n.d.	n.d.	n.d.
HY-Ⅱ-5-C	钙釉	黑釉	1.28	3.20	13.18	65.28	n.d.	3.85	7.57	0.79	4.85	n.d.	n.d.	n.d.

续表

实验编号	类	釉色	Na₂O	MgO	Al₂O₃	SiO₂	P₂O₅	K₂O	CaO	TiO₂	Fe₂O₃	CoO	CuO	PbO
HY-Ⅱ-6-A1	钙釉	茶叶末釉	1.21	4.56	12.16	62.79	n.d.	3.13	10.76	0.72	4.68	n.d.	n.d.	n.d.
HY-Ⅱ-6-A2	钙釉	茶叶末釉	1.48	3.26	12.12	66.36	n.d.	2.90	7.47	0.87	5.54	n.d.	n.d.	n.d.
HY-Ⅱ-6-B	钙釉	茶叶末釉	1.46	2.87	15.14	64.60	0.08	3.19	6.49	1.04	5.14	n.d.	n.d.	n.d.
HY-Ⅱ-6-C1	钙釉	茶叶末釉	1.64	4.28	12.67	61.28	n.d.	3.00	11.26	0.71	5.17	n.d.	n.d.	n.d.
HY-Ⅱ-6-C2	钙釉	茶叶末釉	1.49	2.98	12.50	65.64	n.d.	3.07	7.87	0.83	5.62	n.d.	n.d.	n.d.
HY-Ⅱ-7-A1	钙釉	茶叶末釉	1.31	4.55	12.47	60.81	n.d.	3.48	10.63	0.80	5.94	n.d.	n.d.	n.d.
HY-Ⅱ-7-A2	钙釉	茶叶末釉	1.28	3.55	13.48	62.46	0.24	3.16	8.85	0.84	6.15	n.d.	n.d.	n.d.
HY-Ⅱ-7-B	钙釉	茶叶末釉	1.02	4.93	13.62	57.33	n.d.	6.45	10.44	0.73	5.47	n.d.	n.d.	n.d.
HY-Ⅱ-8	钙釉	茶叶末釉	1.16	5.43	12.88	62.13	n.d.	3.86	8.65	0.87	5.01	n.d.	n.d.	n.d.
HY-Ⅱ-9-A	铅釉	黄釉	0.90	0.16	7.69	36.25	0.19	0.56	1.49	0.18	4.84	n.d.	n.d.	47.72
HY-Ⅱ-9-B	铅釉	黄釉	1.04	0.29	4.87	29.91	0.32	0.31	0.96	0.20	9.41	n.d.	n.d.	52.69
HY-Ⅱ-9-C1	铅釉	黄釉	0.98	0.38	6.25	32.30	0.28	0.50	1.14	0.20	5.10	n.d.	n.d.	52.87
HY-Ⅱ-9-C2	铅釉	黄釉	0.96	0.32	8.60	32.90	0.19	0.75	1.64	0.20	3.57	n.d.	n.d.	50.87
HY-Ⅱ-10-A	铅釉	蓝彩	1.11	0.34	4.76	33.91	0.38	0.30	0.59	0.21	0.72	0.50	0.43	56.77
HY-Ⅱ-10-B	铅釉	黄彩	1.05	0.33	5.98	29.46	0.32	0.34	1.06	0.21	4.37	n.d.	n.d.	56.89
HY-Ⅱ-10-C	铅釉	黄彩	1.05	0.31	4.84	29.86	0.41	0.34	0.75	0.21	4.32	n.d.	n.d.	57.90
HY-Ⅲ（Q）-1-A	钙釉	白釉	1.35	3.00	16.30	58.37	1.01	2.65	16.28	0.25	0.79	n.d.	n.d.	n.d.
HY-Ⅲ（Q）-1-B	钙釉	白釉	1.04	3.00	20.01	60.92	1.02	2.60	10.23	0.36	0.82	n.d.	n.d.	n.d.
HY-Ⅲ（Q）-1-C	钙釉	白釉	2.07	2.31	25.10	54.68	0.56	2.92	10.72	0.80	0.83	n.d.	n.d.	n.d.
HY-Ⅲ（Q）-2-A	钙釉	青白釉	1.43	2.78	16.15	58.30	0.95	4.05	15.09	0.09	1.17	n.d.	n.d.	n.d.
HY-Ⅲ（Q）-2-B	钙釉	青白釉	1.08	2.40	19.01	60.41	0.54	2.07	13.32	0.20	0.98	n.d.	n.d.	n.d.
HY-Ⅲ（Q）-2-C	钙釉	青白釉	1.25	2.20	16.81	62.05	0.40	2.06	14.08	0.08	1.06	n.d.	n.d.	n.d.
HY-Ⅲ（Q）-3-A	钙釉	黑釉	1.36	2.95	13.49	65.16	0.26	4.26	6.92	0.79	4.82	n.d.	n.d.	n.d.
HY-Ⅲ（Q）-3-B	钙釉	黑釉	1.15	3.00	14.03	66.60	0.30	3.85	5.06	1.06	4.94	n.d.	n.d.	n.d.

续表

实验编号	类	釉色	Na_2O	MgO	Al_2O_3	SiO_2	P_2O_5	K_2O	CaO	TiO_2	Fe_2O_3	CoO	CuO	PbO
HY-Ⅲ（Q）-3-C	钙釉	黑釉	1.14	3.05	13.58	64.65	0.26	3.72	6.41	0.92	6.28	n.d.	n.d.	n.d.
HY-Ⅲ（Q）-4-A1	钙釉	茶叶末釉	1.48	4.49	12.92	61.94	0.00	3.24	9.39	0.93	5.60	n.d.	n.d.	n.d.
HY-Ⅲ（Q）-4-A2	钙釉	茶叶末釉	1.50	3.51	12.09	67.64	0.04	2.98	6.28	0.95	5.02	n.d.	n.d.	n.d.
HY-Ⅲ（Q）-4-B	钙釉	茶叶末釉	0.79	6.65	11.29	60.07	0.05	3.53	11.23	0.85	5.55	n.d.	n.d.	n.d.
HY-Ⅲ（Q）-4-C	钙釉	茶叶末釉	0.83	4.35	12.92	63.23	0.15	4.00	7.91	0.78	5.83	n.d.	n.d.	n.d.
HY-Ⅲ（Q）-5-A	铅釉	蓝釉	0.92	0.44	4.29	41.52	0.24	0.40	0.57	0.17	1.01	0.87	0.45	49.13
HY-Ⅲ（Q）-5-B	铅釉	蓝釉	0.98	0.60	3.85	37.69	0.34	0.49	1.14	0.17	0.97	0.52	0.55	52.70
HY-Ⅲ（Q）-5-C	铅釉	蓝釉	0.97	0.51	5.65	40.07	0.23	1.25	0.86	0.18	1.33	0.76	0.48	47.71
HY-Ⅲ（Q）-6-A1	铅釉	蓝釉	1.01	0.11	8.32	33.29	0.33	0.61	0.60	0.20	0.71	0.26	0.24	54.33
HY-Ⅲ（Q）-6-A2	铅釉	黄釉	1.13	0.43	6.99	33.99	0.25	0.46	1.24	0.22	1.89	n.d.	0.38	53.00
HY-Ⅲ（Q）-6-B1	铅釉	蓝釉	0.85	0.71	5.04	46.35	0.12	0.68	1.18	0.15	1.55	0.59	0.42	42.35
HY-Ⅲ（Q）-6-B2	铅釉	蓝釉	1.06	0.75	5.48	41.27	0.03	0.47	1.72	0.18	1.31	0.46	0.33	46.94
HY-Ⅲ（Q）-6-C	铅釉	蓝釉	0.76	0.91	7.43	44.41	0.25	1.60	3.67	0.14	1.87	0.30	0.43	38.24
HY-Ⅲ（Q）-7-A1	铅釉	白釉	0.86	0.72	3.85	41.76	0.35	0.58	3.91	0.16	0.29	n.d.	n.d.	47.53
HY-Ⅲ（Q）-7-A2	铅釉	白釉	1.34	1.23	9.54	42.21	0.93	0.66	3.67	0.30	2.27	n.d.	n.d.	37.85
HY-Ⅲ（Q）-7-B	铅釉	白釉	0.74	0.39	4.67	48.18	0.12	0.50	1.65	0.14	0.28	n.d.	n.d.	43.33
HY-Ⅲ（Q）-7-C	铅釉	白釉	0.76	0.36	4.36	49.83	0.09	0.43	0.93	0.13	0.22	n.d.	n.d.	42.88
HY-Ⅲ（Q）-8-A-b	铅釉	蓝彩	0.83	4.22	3.49	42.02	0.04	0.37	4.33	0.14	1.26	0.79	0.45	42.07
HY-Ⅲ（Q）-8-A-w	铅釉	白釉	0.96	4.28	5.34	51.72	0.98	0.69	4.61	0.16	0.82	n.d.	n.d.	30.43
HY-Ⅲ（Q）-8-B-b	铅釉	蓝彩	0.84	0.71	4.43	43.67	0.18	1.71	1.74	0.17	0.82	0.16	0.13	45.58
HY-Ⅲ（Q）-8-B-w	铅釉	白釉	0.84	0.51	6.90	44.17	0.20	1.36	1.03	0.17	0.35	n.d.	n.d.	44.49
HY-Ⅲ（Q）-8-C-b	铅釉	蓝彩	0.84	0.57	6.08	42.53	0.14	0.86	0.78	0.17	1.64	0.40	0.23	45.76
HY-Ⅲ（Q）-8-C-w	铅釉	白釉	0.87	0.56	5.08	44.31	0.10	0.66	1.64	0.16	0.34	n.d.	n.d.	46.27
HY-Ⅲ（Q）-9-A-g	铅釉	绿彩	1.11	0.32	5.41	34.10	0.26	0.41	0.66	0.20	0.61	n.d.	2.53	54.40
HY-Ⅲ（Q）-9-A-w	铅釉	白釉	1.04	0.12	5.86	41.43	0.26	0.68	1.07	0.19	0.31	n.d.	0.18	48.86
HY-Ⅲ（Q）-9-B-g	铅釉	绿彩	1.01	0.44	3.63	35.37	0.26	0.43	1.66	0.18	0.65	n.d.	2.13	54.24
HY-Ⅲ（Q）-9-B-w	铅釉	白釉	0.96	0.94	7.39	42.91	0.07	0.67	2.49	0.18	0.43	n.d.	0.08	43.87
HY-Ⅲ（Q）-9-C-g	铅釉	绿彩	1.05	0.34	2.93	37.43	0.27	0.32	1.71	0.19	0.66	n.d.	2.00	53.10
HY-Ⅲ（Q）-9-C-w	铅釉	白釉	0.96	0.42	4.03	41.50	0.11	0.40	3.22	0.18	0.44	n.d.	0.11	48.64
HY-Ⅲ（Q）-10-A	铅釉	黄釉	0.91	0.62	10.17	34.66	0.11	0.73	1.79	0.21	4.24	n.d.	0.12	46.44
HY-Ⅲ（Q）-10-B	铅釉	黄釉	0.96	0.50	6.77	31.43	0.30	0.71	1.68	0.20	5.23	n.d.	0.07	52.15
HY-Ⅲ（Q）-10-C	铅釉	黄釉	0.97	0.20	5.91	46.91	0.15	0.68	0.46	0.18	4.60	n.d.	0.18	39.76
HY-Ⅲ（Q）-11-A	铅釉	绿釉	1.05	0.31	7.05	35.74	0.17	0.80	0.83	0.20	0.94	n.d.	3.99	48.93

续表

实验编号	类	釉色	Na$_2$O	MgO	Al$_2$O$_3$	SiO$_2$	P$_2$O$_5$	K$_2$O	CaO	TiO$_2$	Fe$_2$O$_3$	CoO	CuO	PbO
HY-Ⅲ（Q）-11-B	铅釉	绿釉	0.86	0.59	5.13	41.73	0.11	0.25	1.42	0.15	1.43	n.d.	5.04	43.29
HY-Ⅲ（Q）-11-C	铅釉	绿釉	1.05	0.59	5.15	32.87	0.27	0.37	2.01	0.19	0.87	n.d.	4.13	52.51
HY-Ⅲ（Q）-12-A-lg	铅釉	浅绿彩	1.08	0.55	5.48	39.58	0.17	0.61	1.73	0.19	1.86	n.d.	5.87	42.88
HY-Ⅲ（Q）-12-A-dg	铅釉	深绿彩	0.84	1.64	5.77	41.35	0.04	1.08	2.63	0.15	2.31	n.d.	5.78	38.44
HY-Ⅲ（Q）-12-A-b	铅釉	蓝彩	1.13	0.48	6.54	39.98	0.21	0.46	0.85	0.20	1.36	1.02	0.69	47.07
HY-Ⅲ（Q）-12-A-y	铅釉	黄彩	0.96	0.80	4.81	35.16	0.29	0.27	1.33	0.19	5.37	n.d.	0.38	50.43
HY-Ⅲ（Q）-12-A-w	铅釉	白釉	0.97	0.12	4.03	49.27	0.24	0.34	0.94	0.16	0.28	n.d.	0.21	43.43
HY-Ⅲ（Q）-12-B-b	铅釉	蓝彩	0.97	0.34	4.90	37.47	0.29	0.38	0.54	0.19	0.97	0.48	0.46	53.01
HY-Ⅲ（Q）-12-B-y	铅釉	黄彩	1.02	0.40	7.51	34.50	0.27	0.65	1.40	0.20	4.38	0.00	0.08	49.59
HY-Ⅲ（Q）-12-C-g	铅釉	绿彩	1.04	0.47	5.09	38.59	0.22	0.51	1.68	0.18	2.04	0.00	6.86	43.32
HY-Ⅲ（Q）-12-C-b	铅釉	蓝彩	1.04	0.45	4.35	36.67	0.22	0.36	1.03	0.19	1.47	1.11	1.98	51.14
HY-Ⅲ（Q）-12-C-y	铅釉	黄彩	1.17	0.72	3.92	37.82	0.29	0.27	1.39	0.21	4.49	n.d.	0.36	49.35
HY-Ⅲ（H）-1-A	钙釉	白釉	1.41	3.10	18.31	56.67	0.53	4.88	13.92	0.30	0.88	n.d.	n.d.	n.d.
HY-Ⅲ（H）-1-B	钙釉	白釉	1.08	2.69	18.19	60.20	0.96	3.18	12.60	0.31	0.80	n.d.	n.d.	n.d.
HY-Ⅲ（H）-1-C	钙釉	白釉	1.43	3.14	20.01	56.50	0.51	3.79	13.33	0.34	0.95	n.d.	n.d.	n.d.
HY-Ⅲ（H）-2-A-bk	钙釉	黑釉	1.16	3.28	13.14	66.21	0.16	4.06	5.40	0.81	5.78	n.d.	n.d.	n.d.
HY-Ⅲ（H）-2-A-w	钙釉	白釉	1.20	1.70	19.57	66.34	0.41	2.99	6.46	0.49	0.84	n.d.	n.d.	n.d.
HY-Ⅲ（H）-2-B-bk	钙釉	黑釉	0.98	3.25	13.50	64.97	0.15	4.87	5.89	0.77	5.62	n.d.	n.d.	n.d.
HY-Ⅲ（H）-2-B-w	钙釉	白釉	0.93	2.02	19.64	63.40	0.53	3.16	8.84	0.53	0.95	n.d.	n.d.	n.d.
HY-Ⅲ（H）-2-C-bk	钙釉	黑釉	0.94	2.80	14.79	66.81	0.42	3.47	4.63	0.90	5.25	n.d.	n.d.	n.d.
HY-Ⅲ（H）-2-C-w	钙釉	白釉	0.83	2.32	17.76	62.61	0.79	3.04	11.61	0.29	0.75	n.d.	n.d.	n.d.
HY-Ⅲ（H）-3-A	钙釉	黑釉	1.01	3.72	13.72	64.83	0.32	3.13	6.96	0.86	5.45	n.d.	n.d.	n.d.
HY-Ⅲ（H）-3-B	钙釉	黑釉	1.19	2.36	12.77	66.55	0.34	3.96	7.23	0.67	4.93	n.d.	n.d.	n.d.
HY-Ⅲ（H）-3-B	钙釉	黑釉	1.14	2.78	13.57	67.27	0.39	2.79	6.15	0.76	5.15	n.d.	n.d.	n.d.
HY-Ⅲ（H）-3-C	钙釉	黑釉	1.14	3.83	13.28	65.93	0.38	3.67	5.76	1.02	4.98	n.d.	n.d.	n.d.
HY-Ⅲ（H）-4-A	钙釉	茶叶末釉	1.68	3.02	12.76	63.22	0.00	3.05	9.98	1.01	5.28	n.d.	n.d.	n.d.
HY-Ⅲ（H）-4-B	钙釉	茶叶末釉	1.19	5.42	11.05	62.96	0.00	3.86	8.85	0.84	5.82	n.d.	n.d.	n.d.
HY-Ⅲ（H）-4-B	钙釉	茶叶末釉	1.28	3.64	14.09	65.45	0.00	2.98	6.23	0.97	5.35	n.d.	n.d.	n.d.
HY-Ⅲ（H）-4-C	钙釉	茶叶末釉	1.31	2.43	14.62	66.82	0.08	2.93	5.74	1.01	4.65	n.d.	n.d.	0.41

续表

实验编号	类	釉色	Na$_2$O	MgO	Al$_2$O$_3$	SiO$_2$	P$_2$O$_5$	K$_2$O	CaO	TiO$_2$	Fe$_2$O$_3$	CoO	CuO	PbO
HY-Ⅲ（H）-4-C	钙釉	茶叶末釉	1.53	2.26	14.57	67.91	0.16	2.85	5.26	1.07	3.99	n.d.	n.d.	0.40
HY-Ⅲ（H）-5-A	铅釉	白釉	0.95	0.21	3.19	42.86	0.24	0.55	0.42	0.17	0.20	n.d.	n.d.	51.21
HY-Ⅲ（H）-5-A	铅釉	黄釉	1.19	0.73	8.00	43.99	0.10	0.93	1.64	0.24	2.81	n.d.	n.d.	40.37
HY-Ⅲ（H）-5-B	铅釉	白釉	0.98	0.23	4.32	41.83	0.25	0.92	1.10	0.17	0.34	n.d.	n.d.	49.85
HY-Ⅲ（H）-5-C	铅釉	白釉	0.15	0.06	0.62	9.22	0.04	82.24	0.44	0.03	0.08	n.d.	n.d.	7.12
HY-Ⅲ（H）-6-A	铅釉	黄釉	1.08	0.50	3.25	35.45	0.16	1.14	0.92	0.18	3.73	n.d.	n.d.	53.58
HY-Ⅲ（H）-6-B1	铅釉	黄釉	0.93	0.34	4.14	40.87	0.25	0.94	0.65	0.17	4.30	n.d.	n.d.	47.39
HY-Ⅲ（H）-6-B2	铅釉	黄釉	0.96	0.21	3.93	39.81	0.20	0.90	0.94	0.17	4.17	n.d.	n.d.	48.71
HY-Ⅲ（H）-6-C-y	铅釉	外表黄釉	0.98	0.50	6.85	32.47	0.19	0.75	2.96	0.19	4.75	n.d.	0.10	50.26
HY-Ⅲ（H）-6-C-g	铅釉	内表绿釉	1.05	0.69	4.81	34.74	0.30	0.45	1.62	0.21	2.57	n.d.	1.76	51.80
HY-Ⅲ（H）-7-A-y	铅釉	外表黄釉	1.05	0.33	2.12	34.07	0.34	0.35	1.63	0.21	4.92	n.d.	0.39	54.59
HY-Ⅲ（H）-7-A-g	铅釉	内表绿釉	1.09	0.65	4.09	34.94	0.32	0.40	2.20	0.21	2.53	n.d.	1.74	51.83
HY-Ⅲ（H）-7-B	铅釉	黄釉	0.98	0.13	7.02	38.88	0.19	1.37	0.96	0.20	6.35	n.d.	0.17	43.75
HY-Ⅲ（H）-7-C-y	铅釉	外表黄釉	0.96	0.50	7.53	31.61	0.29	0.52	1.59	0.20	4.29	n.d.	n.d.	52.51
HY-Ⅲ（H）-7-C-dy	铅釉	内表深黄釉	1.01	0.54	6.06	32.17	0.18	0.48	2.41	0.23	13.66	n.d.	n.d.	43.25
HY-Ⅲ（H）-8-A	铅釉	蓝釉	1.07	0.64	4.84	35.18	0.08	1.13	1.87	1.31	0.73	0.57	0.55	52.02
HY-Ⅲ（H）-8-B	铅釉	蓝釉	0.98	1.03	4.02	34.62	0.29	0.42	2.17	0.18	1.39	0.40	0.71	53.78
HY-Ⅲ（H）-8-C	铅釉	蓝釉	0.94	0.48	3.91	41.27	0.24	0.62	1.31	0.17	0.97	0.61	0.48	49.00
HY-Ⅲ（H）-9-A	铅釉	绿釉	0.94	0.64	5.44	37.53	0.16	1.32	1.30	0.17	1.10	n.d.	3.09	48.32
HY-Ⅲ（H）-9-B	铅釉	绿釉	1.02	0.45	4.73	32.25	0.33	0.61	3.36	0.19	1.36	n.d.	3.14	52.57
HY-Ⅲ（H）-9-C	铅釉	绿釉	1.03	0.51	5.15	34.51	0.22	0.78	2.11	0.19	0.78	n.d.	4.62	50.11
HY-Ⅲ（H）-10-A-w	铅釉	白釉	0.92	0.42	3.63	37.96	0.31	0.45	3.84	0.17	0.47	n.d.	n.d.	51.82
HY-Ⅲ（H）-10-A-b	铅釉	蓝彩	0.98	0.42	2.83	35.34	0.39	0.37	4.57	0.18	0.60	0.20	0.43	53.68
HY-Ⅲ（H）-10-B-w	铅釉	白釉	1.02	0.27	4.66	35.01	0.37	0.29	0.64	0.21	0.41	n.d.	n.d.	57.13
HY-Ⅲ（H）-10-B-b	铅釉	蓝彩	0.98	0.46	5.23	34.66	0.25	0.55	1.28	0.19	0.72	0.21	0.23	55.24
HY-Ⅲ（H）-10-C-w	铅釉	白釉	0.60	0.20	0.88	56.63	n.d.	n.d.	0.88	n.d.	0.08	n.d.	n.d.	40.73
HY-Ⅲ（H）-10-C-b	铅釉	蓝彩	0.91	0.57	3.18	40.45	0.30	0.39	1.23	0.17	0.89	0.30	0.40	51.23
HY-Ⅲ（H）-11-A-w	铅釉	白釉	1.07	0.62	1.96	38.61	0.11	0.67	2.69	0.19	0.35	n.d.	n.d.	53.74

续表

实验编号	类	釉色	Na$_2$O	MgO	Al$_2$O$_3$	SiO$_2$	P$_2$O$_5$	K$_2$O	CaO	TiO$_2$	Fe$_2$O$_3$	CoO	CuO	PbO
HY-Ⅲ（H）-11-A-g	铅釉	绿釉	1.09	0.83	1.61	31.73	0.33	0.77	3.28	0.19	1.03	n.d.	3.19	55.94
HY-Ⅲ（H）-11-B-w	铅釉	白釉	1.21	0.46	5.73	46.74	0.33	1.62	1.29	0.22	0.63	n.d.	n.d.	41.75
HY-Ⅲ（H）-11-B-g	铅釉	绿釉	1.00	0.49	3.21	36.92	0.07	0.74	1.21	0.18	0.77	n.d.	2.53	52.88
HY-Ⅲ（H）-11-C-w	铅釉	白釉	1.07	0.77	1.81	31.95	0.57	0.76	4.65	0.21	0.41	n.d.	n.d.	57.80
HY-Ⅲ（H）-11-C-g	铅釉	绿釉	1.01	0.85	2.08	31.94	0.97	0.74	3.79	0.18	0.99	n.d.	2.83	54.61
HY-Ⅲ（H）-12-A-g	铅釉	绿釉	1.02	0.37	5.63	32.25	0.27	0.78	1.37	0.19	0.95	n.d.	3.58	53.60
HY-Ⅲ（H）-12-A-y	铅釉	黄釉	1.05	0.29	5.80	33.26	0.30	0.40	0.89	0.22	2.98	n.d.	n.d.	54.83
HY-Ⅲ（H）-12-B	铅釉	白釉	0.86	0.40	5.93	44.22	0.01	4.22	2.58	0.15	0.45	n.d.	n.d.	41.17
HY-Ⅲ（H）-12-B	铅釉	绿釉	1.22	0.52	5.35	31.29	0.18	0.67	1.72	0.22	1.47	n.d.	6.66	50.70
HY-Ⅲ（H）-12-B	铅釉	黄釉	0.94	0.39	6.04	31.08	0.24	0.69	2.14	0.19	6.99	n.d.	n.d.	51.30
HY-Ⅲ（H）-12-C-g	铅釉	绿釉	1.01	0.52	5.11	34.26	0.13	1.09	1.27	0.18	0.85	n.d.	4.41	51.17
HY-Ⅲ（H）-12-C-y	铅釉	黄釉	1.04	0.39	6.13	32.72	0.29	0.56	1.74	0.21	3.63	n.d.	0.27	53.02
HY-Ⅲ（H）-12-C-w	铅釉	白釉	1.03	0.23	4.60	40.03	0.25	0.62	0.79	0.19	0.26	n.d.	n.d.	52.00
HY-Ⅳ-1-A	钙釉	白釉	0.86	2.46	14.10	68.41	0.81	2.80	9.79	0.08	0.70	n.d.	n.d.	n.d.
HY-Ⅳ-1-B	钙釉	白釉	0.92	2.48	17.02	61.41	0.61	2.24	14.07	0.40	0.87	n.d.	n.d.	n.d.
HY-Ⅳ-2-A	钙釉	黑釉	0.64	3.08	14.93	63.59	0.12	3.94	6.61	0.95	6.15	n.d.	n.d.	n.d.
HY-Ⅳ-2-B	钙釉	黑釉	0.92	3.16	15.49	63.67	0.05	3.88	5.85	0.96	6.00	n.d.	n.d.	n.d.
HY-Ⅳ-3-A	钙釉	茶叶末釉	0.79	6.39	12.19	60.83	0.00	3.54	9.86	0.86	5.54	n.d.	n.d.	n.d.
HY-Ⅳ-3-B	钙釉	茶叶末釉	0.84	6.99	10.98	59.43	0.00	4.20	11.07	0.88	5.61	n.d.	n.d.	n.d.
HY-Ⅳ-4-A	铅釉	黄釉	0.91	0.49	9.19	39.06	0.18	2.04	2.05	0.20	5.96	n.d.	n.d.	39.92
HY-Ⅳ-4-B	铅釉	黄釉	0.92	0.44	7.21	35.13	0.22	0.61	1.22	0.19	5.01	n.d.	n.d.	49.05
HY-Ⅳ-4-C	铅釉	黄釉	0.97	0.41	7.79	35.59	0.26	0.79	1.78	0.20	5.57	n.d.	n.d.	46.63
HY-Ⅳ-5-A	铅釉	黄釉	0.99	0.56	4.41	32.27	0.31	0.55	1.88	0.20	6.50	n.d.	n.d.	52.33
HY-Ⅳ-5-B	铅釉	黄釉	0.92	0.16	5.91	36.59	0.25	0.39	1.15	0.18	6.83	n.d.	n.d.	47.61
HY-Ⅳ-5-C	铅釉	黄釉	0.92	0.31	8.27	38.03	0.15	1.30	1.59	0.19	6.52	n.d.	0.17	42.55
HY-Ⅳ-6-A	铅釉	蓝釉	0.97	0.56	3.99	39.03	0.31	0.58	0.63	0.18	1.11	1.11	0.33	51.18
HY-Ⅳ-6-B	铅釉	蓝釉	1.01	0.63	4.56	32.29	0.40	0.61	2.31	0.19	0.85	0.41	0.33	56.42
HY-Ⅳ-7-A	铅釉	绿釉	1.02	0.30	4.73	35.30	0.28	0.37	0.86	0.19	0.91	n.d.	4.23	51.80
HY-Ⅳ-7-B1	铅釉	外表绿釉	1.01	0.33	5.97	36.66	0.25	0.66	1.55	0.18	1.08	n.d.	4.30	48.02
HY-Ⅳ-7-B2	铅釉	内表绿釉	1.14	0.22	4.15	36.00	0.42	0.32	0.72	0.20	1.07	n.d.	4.50	51.26
HY-Ⅳ-7-C-g	铅釉	外表绿釉	1.08	0.34	6.50	31.93	0.54	0.71	1.17	0.20	0.93	n.d.	3.90	52.69

续表

实验编号	类	釉色	Na$_2$O	MgO	Al$_2$O$_3$	SiO$_2$	P$_2$O$_5$	K$_2$O	CaO	TiO$_2$	Fe$_2$O$_3$	CoO	CuO	PbO
HY-Ⅳ-7-C-w	铅釉	内表白釉	1.08	0.31	3.85	45.19	0.44	0.38	1.23	0.20	0.41	n.d.	0.14	46.77
HY-Ⅳ-8-A1	铅釉	内表绿釉	0.95	0.75	6.06	35.26	0.35	0.89	1.89	0.18	1.53	n.d.	4.60	47.54
HY-Ⅳ-8-A2	铅釉	外表绿釉	1.37	0.47	4.97	34.24	0.40	0.45	1.79	0.24	1.23	n.d.	3.97	50.86
HY-Ⅳ-8-B1	铅釉	内表绿釉	0.99	0.42	9.12	35.06	0.32	1.40	1.72	0.20	1.78	n.d.	3.55	45.45
HY-Ⅳ-8-B2	铅釉	外表绿釉	1.17	0.35	7.49	35.39	0.31	0.62	1.03	0.22	1.95	n.d.	3.53	47.92
HY-Ⅳ-8-C1	铅釉	内表绿釉	0.99	0.66	3.74	34.03	0.34	0.48	1.85	0.17	2.11	n.d.	7.35	48.29
HY-Ⅳ-8-C2	铅釉	外表绿釉	1.01	0.77	5.59	38.96	0.17	0.78	2.84	0.18	2.17	n.d.	6.09	41.44
HY-Ⅳ-9-A-w	铅釉	白釉	1.01	0.30	3.07	37.32	0.25	0.25	0.84	0.18	0.29	n.d.	n.d.	56.48
HY-Ⅳ-9-A-b	铅釉	蓝彩	1.13	0.92	4.73	35.58	0.19	0.38	3.36	0.20	0.73	0.24	0.20	52.33
HY-Ⅳ-9-B-w	铅釉	白釉	0.92	0.44	3.82	47.75	0.11	0.67	3.14	0.17	0.51	n.d.	n.d.	42.48
HY-Ⅳ-9-B-b	铅釉	蓝彩	0.97	0.66	4.20	39.43	0.17	0.65	3.37	0.17	1.20	0.68	0.34	48.17
HY-Ⅳ-10-A-g	铅釉	绿彩	0.86	0.59	6.19	39.50	0.23	0.63	1.78	0.17	0.73	n.d.	3.79	45.52
HY-Ⅳ-10-A-w	铅釉	白釉	0.87	0.28	3.57	45.72	0.30	0.55	1.39	0.15	0.41	n.d.	0.33	46.44
HY-Ⅳ-10-B-g	铅釉	绿彩	0.78	0.85	8.33	41.63	0.00	0.39	3.46	0.15	0.60	n.d.	2.24	41.56
HY-Ⅳ-10-B-w	铅釉	白釉	0.75	0.48	8.70	45.29	2.11	0.47	5.12	0.16	0.74	n.d.	0.13	36.05
HY-Ⅳ-11-A-b	铅釉	蓝釉	1.02	0.31	6.39	41.21	0.30	0.84	0.74	0.18	1.44	0.15	5.05	42.36
HY-Ⅳ-11-A-y	铅釉	黄釉	0.89	0.22	5.78	31.80	0.40	0.38	2.97	0.18	9.90	n.d.	0.17	47.32
HY-Ⅳ-11-A-w	铅釉	白釉	0.86	0.15	4.91	52.50	0.32	0.53	0.88	0.16	0.36	n.d.	0.15	39.17
HY-Ⅳ-11-B-g	铅釉	绿釉	1.06	0.27	5.36	36.07	0.39	1.10	1.11	0.20	1.19	n.d.	5.18	48.07
HY-Ⅳ-11-B-w	铅釉	白釉	1.01	0.60	5.91	51.89	0.37	1.67	2.96	0.18	0.98	n.d.	0.25	34.18
HY-Ⅳ-11-B-y	铅釉	黄釉	1.09	0.28	8.24	31.52	0.34	1.46	1.89	0.23	8.01	n.d.	0.16	46.77
HY-Ⅳ-11-C-g	铅釉	绿釉	1.09	0.41	5.79	34.43	0.41	0.43	1.66	0.20	2.17	n.d.	4.03	49.39
HY-Ⅳ-11-C-y	铅釉	黄釉	0.99	0.41	6.42	30.97	0.38	0.49	2.54	0.21	5.59	n.d.	0.21	51.78
HY-Ⅳ-11-D-y	铅釉	黄釉	1.01	0.17	3.92	33.46	0.48	0.39	1.12	0.20	3.30	n.d.	0.54	55.41
HY-Ⅳ-11-D-g	铅釉	绿釉	1.01	0.20	3.63	37.82	0.51	0.43	0.93	0.19	0.68	n.d.	1.58	53.02
HY-Ⅳ-11-D-w	铅釉	白釉	0.98	0.23	3.58	38.43	0.48	0.37	3.01	0.18	0.35	n.d.	0.16	52.24
HY-Ⅳ-12	钙釉	白釉	0.72	2.11	13.80	64.31	0.91	2.48	14.85	0.07	0.75	n.d.	n.d.	n.d.
HY-Ⅳ-13-y1	铅釉	黄釉	0.98	0.32	6.02	33.10	0.44	0.72	1.30	0.20	4.41	n.d.	0.30	52.22
HY-Ⅳ-13-y2	铅釉	黄釉	1.07	0.39	5.84	33.83	0.44	0.77	1.31	0.20	5.75	n.d.	0.18	50.21

续表

实验编号	类	釉色	Na_2O	MgO	Al_2O_3	SiO_2	P_2O_5	K_2O	CaO	TiO_2	Fe_2O_3	CoO	CuO	PbO
HY-Ⅳ-14-y	铅釉	黄釉	0.93	0.39	9.62	41.01	0.19	1.53	1.41	0.20	4.96	n.d.	0.21	39.53
HY-Ⅳ-14-dy	铅釉	深色绞胎处釉	0.86	0.59	9.52	37.80	0.12	1.78	1.68	0.20	8.52	n.d.	0.22	38.71
HY-Ⅳ-15-g	铅釉	绿釉	1.00	0.51	2.97	36.60	0.27	0.32	1.33	0.18	1.50	n.d.	1.86	53.45
HY-Ⅳ-15-dg	铅釉	深色绞胎处釉	1.01	0.46	2.99	37.47	0.52	0.48	1.98	0.18	1.79	n.d.	1.63	51.50

注：A、B、C、D表示一个编号内不同的样品；（Q），前段；（H），后段；b，blue，蓝色釉或蓝彩；w，white，白色釉；g，green，绿色釉或绿彩；y，yellow，黄釉；bk，black，黑色釉；l，light，浅色；d，dark，深色；n.d.，表示此组分或元素的含量低于此方法的检测限而无法检测到

表3　巩义黄冶唐三彩窑遗址出土陶瓷片胎体定量分析结果

编号	釉系	类别	主量和次量元素（%）							
			Na_2O	MgO	Al_2O_3	SiO_2	K_2O	CaO	TiO_2	Fe_2O_3
HY-Ⅰ-1	素胎	素胎	0.87	1.63	29.39	62.64	2.21	0.65	0.68	1.92
HY-Ⅰ-2A	钙釉	青釉瓷	0.85	1.46	27.37	63.39	2.13	1.58	0.68	2.53
HY-Ⅰ-2B	钙釉	青釉瓷	1.07	2.09	29.32	60.11	3.12	1.21	0.68	2.41
HY-Ⅰ-2C	钙釉	青釉瓷	1.02	2.10	29.10	59.48	3.34	1.81	0.71	2.44
HY-Ⅰ-3A	钙釉	黑釉瓷	1.05	1.54	28.75	62.55	2.60	0.67	0.77	2.07
HY-Ⅰ-3B	钙釉	黑釉瓷	1.11	1.72	29.98	59.96	2.46	1.70	0.70	2.36
HY-Ⅱ-1A	钙釉	白釉瓷	1.10	0.43	26.59	65.90	1.97	0.77	0.57	2.66
HY-Ⅱ-1B	钙釉	白釉瓷	1.01	0.78	28.59	64.64	2.14	0.37	0.69	1.78
HY-Ⅱ-2A	钙釉	青白釉瓷	1.05	0.98	27.54	64.38	2.33	1.06	0.67	1.99
HY-Ⅱ-2B	钙釉	青白釉瓷	1.10	0.65	26.61	66.32	2.09	0.52	0.68	2.03
HY-Ⅱ-2C	钙釉	青白釉瓷	1.11	0.81	27.72	65.38	1.93	0.48	0.56	2.01
HY-Ⅱ-3A	钙釉	黄白釉瓷	0.86	0.91	27.40	65.29	1.94	0.60	0.61	2.39
HY-Ⅱ-3B	钙釉	黄白釉瓷	0.98	0.79	24.08	67.75	1.84	1.45	0.60	2.51
HY-Ⅱ-3C	钙釉	黄白釉瓷	0.89	1.49	26.87	64.29	2.54	1.06	0.73	2.13
HY-Ⅱ-4A	钙釉	黑釉瓷	1.11	1.17	31.36	56.58	2.04	4.44	0.60	2.71
HY-Ⅱ-4B	钙釉	黑釉瓷	0.94	1.20	29.34	60.67	2.22	2.34	0.62	2.67
HY-Ⅱ-4C	钙釉	黑釉瓷	0.70	0.91	29.09	63.33	2.56	0.44	0.66	2.30
HY-Ⅱ-5A	钙釉	黑釉瓷	0.97	1.16	28.76	62.78	2.29	0.96	0.66	2.41
HY-Ⅱ-5B	钙釉	黑釉瓷	1.05	1.53	24.62	64.83	2.40	2.20	0.65	2.72
HY-Ⅱ-5C	钙釉	黑釉瓷	0.94	0.90	27.19	65.39	2.06	0.56	0.63	2.33
HY-Ⅱ-5D	钙釉	黑釉瓷	1.02	0.85	28.34	64.34	2.09	0.51	0.65	2.20
HY-Ⅱ-6A	钙釉	茶叶末釉瓷	1.00	1.04	29.04	62.70	1.80	1.59	0.55	2.28

续表

编号	釉系	类别	主量和次量元素（%）							
			Na_2O	MgO	Al_2O_3	SiO_2	K_2O	CaO	TiO_2	Fe_2O_3
HY-Ⅱ-6B	钙釉	茶叶末釉瓷	0.99	0.71	28.43	64.07	2.10	0.57	0.64	2.48
HY-Ⅱ-6C	钙釉	茶叶末釉瓷	1.04	1.21	29.00	62.06	1.85	1.84	0.59	2.40
HY-Ⅱ-7A	钙釉	茶叶末釉瓷	0.93	0.79	27.11	64.97	1.95	1.23	0.60	2.41
HY-Ⅱ-7B	钙釉	茶叶末釉瓷	1.03	0.96	26.84	65.60	2.10	0.50	0.62	2.35
HY-Ⅱ-7C	钙釉	茶叶末釉瓷	0.94	0.87	26.66	65.51	2.10	0.85	0.58	2.48
HY-Ⅱ-8	钙釉	茶叶末釉瓷	0.99	0.46	27.13	62.91	2.24	3.20	0.61	2.44
HY-Ⅱ-9A	铅釉	黄釉陶	0.89	1.24	29.28	61.72	2.25	1.86	0.66	2.08
HY-Ⅱ-9B	铅釉	黄釉陶	1.10	0.66	28.33	63.80	2.11	1.09	0.60	2.31
HY-Ⅱ-9C	铅釉	黄釉陶	0.90	0.77	27.75	63.24	2.13	2.33	0.64	2.25
HY-Ⅱ-10A	铅釉	三彩陶	0.93	0.71	28.69	62.88	2.24	1.31	0.64	2.60
HY-Ⅱ-10B	铅釉	三彩陶	1.02	0.68	29.95	63.48	1.87	0.40	0.61	1.99
HY-Ⅱ-10C	铅釉	三彩陶	1.02	0.73	29.89	63.25	1.91	0.57	0.63	2.00
HY-Ⅲ（Q）-1A	钙釉	白釉瓷	1.90	2.71	28.76	58.41	4.46	1.23	0.72	1.82
HY-Ⅲ（Q）-1B	钙釉	白釉瓷	0.99	1.85	29.19	62.51	2.43	0.40	0.74	1.88
HY-Ⅲ（Q）-1C	钙釉	白釉瓷	0.96	1.67	29.43	62.68	2.19	0.36	0.71	2.00
HY-Ⅲ（Q）-2A	钙釉	青白釉瓷	0.85	2.38	30.67	60.36	2.31	0.63	0.68	2.12
HY-Ⅲ（Q）-2B	钙釉	青白釉瓷	1.07	2.40	29.59	59.36	3.33	1.04	0.66	2.56
HY-Ⅲ（Q）-2C	钙釉	青白釉瓷	1.15	1.85	25.98	64.06	2.27	0.75	0.60	3.33
HY-Ⅲ（Q）-3A	钙釉	黑釉瓷	1.06	2.14	27.85	61.73	2.85	0.84	0.67	2.86
HY-Ⅲ（Q）-3B	钙釉	黑釉瓷	0.92	1.71	28.43	63.53	1.98	0.60	0.64	2.19
HY-Ⅲ（Q）-3C	钙釉	黑釉瓷	0.99	1.12	26.99	65.30	1.92	0.42	0.69	2.58
HY-Ⅲ（Q）-4A	钙釉	茶叶末釉瓷	1.12	2.02	26.41	62.42	2.56	1.88	0.63	2.96
HY-Ⅲ（Q）-4B	钙釉	茶叶末釉瓷	0.95	2.01	28.70	61.53	2.43	0.98	0.70	2.70
HY-Ⅲ（Q）-4C	钙釉	茶叶末釉瓷	1.07	2.55	25.18	62.03	3.18	2.15	0.73	3.11
HY-Ⅲ（Q）-5A	铅釉	蓝釉陶	1.00	1.85	27.63	62.83	2.28	1.48	0.69	2.23
HY-Ⅲ（Q）-5B	铅釉	蓝釉陶	0.85	1.16	28.17	63.21	2.13	1.24	0.76	2.47
HY-Ⅲ（Q）-6A	铅釉	黄釉陶	0.92	1.29	28.52	63.00	2.04	1.03	0.69	2.51
HY-Ⅲ（Q）-6B	铅釉	蓝釉陶	0.90	1.35	27.73	64.34	1.84	0.64	0.72	2.47
HY-Ⅲ（Q）-6C	铅釉	蓝釉陶	0.97	2.17	24.63	64.83	2.59	1.69	0.71	2.41
HY-Ⅲ（Q）-7A	铅釉	白釉陶	1.08	1.44	25.46	64.37	2.53	1.46	0.69	2.97
HY-Ⅲ（Q）-7B	铅釉	白釉陶	1.09	2.27	23.61	64.40	2.62	2.53	0.60	2.87
HY-Ⅲ（Q）-7C	铅釉	白釉陶	0.99	2.58	23.11	64.94	2.74	1.99	0.63	3.01
HY-Ⅲ（Q）-8A	铅釉	白釉蓝彩陶	1.05	2.05	25.23	63.62	2.50	2.24	0.70	2.61
HY-Ⅲ（Q）-8B	铅釉	白釉蓝彩陶	1.12	1.62	23.37	66.10	2.27	1.95	0.65	2.93
HY-Ⅲ（Q）-8C	铅釉	白釉蓝彩陶	0.94	1.18	26.69	64.27	2.19	1.48	0.66	2.61
HY-Ⅲ（Q）-9A	铅釉	白釉绿彩陶	0.84	1.33	28.44	62.95	2.06	0.70	0.64	3.05

续表

编号	釉系	类别	主量和次量元素（%）							
			Na_2O	MgO	Al_2O_3	SiO_2	K_2O	CaO	TiO_2	Fe_2O_3
HY-Ⅲ（Q）-9B	铅釉	白釉绿彩陶	0.83	1.05	28.76	63.12	1.91	1.12	0.65	2.56
HY-Ⅲ（Q）-9C	铅釉	白釉绿彩陶	1.00	1.41	28.85	61.17	2.58	0.99	0.65	3.35
HY-Ⅲ（Q）-10A	铅釉	黄釉陶	0.81	1.06	27.65	64.29	2.21	0.86	0.67	2.44
HY-Ⅲ（Q）-10B	铅釉	黄釉陶	0.99	1.58	24.83	61.69	2.67	4.92	0.61	2.71
HY-Ⅲ（Q）-10C	铅釉	黄釉陶	1.01	1.26	25.88	63.54	2.26	1.95	0.66	3.43
HY-Ⅲ（Q）-11A	铅釉	绿釉陶	0.73	1.00	29.03	62.79	2.14	0.89	0.61	2.81
HY-Ⅲ（Q）-11B	铅釉	绿釉陶	0.86	0.90	27.48	64.60	1.94	0.83	0.65	2.74
HY-Ⅲ（Q）-11C	铅釉	绿釉陶	0.81	1.14	31.00	62.02	2.01	0.38	0.73	1.92
HY-Ⅲ（Q）-12A	铅釉	三彩陶	0.87	1.19	27.54	63.65	2.43	0.73	0.68	2.92
HY-Ⅲ（Q）-12B	铅釉	三彩陶	1.09	1.22	26.06	64.51	1.93	0.97	0.55	3.66
HY-Ⅲ（Q）-12C	铅釉	三彩陶	0.93	1.14	26.71	63.21	2.57	1.73	0.64	3.08
HY-Ⅲ（H）-1A	钙釉	白釉瓷	1.08	1.46	28.22	63.49	2.45	0.60	0.69	2.02
HY-Ⅲ（H）-1B	钙釉	白釉瓷	1.38	0.44	27.85	63.52	1.97	2.23	0.62	1.98
HY-Ⅲ（H）-1C	钙釉	白釉瓷	0.78	1.39	27.69	65.07	1.98	0.56	0.65	1.88
HY-Ⅲ（H）-2A	钙釉	外黑内白釉瓷	0.86	1.16	28.78	64.59	1.59	0.61	0.68	1.73
HY-Ⅲ（H）-2B	钙釉	外黑内白釉瓷	0.88	0.83	28.10	65.64	1.42	0.62	0.67	1.82
HY-Ⅲ（H）-2C	钙釉	外黑内白釉瓷	0.87	0.87	27.09	65.98	2.03	0.73	0.65	1.79
HY-Ⅲ（H）-3A	钙釉	黑釉瓷	0.85	0.97	26.68	65.78	1.78	0.95	0.70	2.30
HY-Ⅲ（H）-3B	钙釉	黑釉瓷	1.10	0.84	27.65	64.71	2.07	0.71	0.63	2.28
HY-Ⅲ（H）-3C	钙釉	黑釉瓷	0.92	1.19	26.95	64.31	2.28	1.16	0.70	2.50
HY-Ⅲ（H）-4A	钙釉	茶叶末釉瓷	1.02	0.90	28.10	63.85	1.83	1.13	0.62	2.55
HY-Ⅲ（H）-4B	钙釉	茶叶末釉瓷	1.05	2.15	27.85	62.24	2.18	1.05	0.64	2.85
HY-Ⅲ（H）-4C	钙釉	茶叶末釉瓷	0.85	2.13	26.02	61.62	2.12	3.37	0.67	3.23
HY-Ⅲ（H）-5A	铅釉	白釉陶	0.91	0.95	29.23	62.34	2.00	1.25	0.70	2.61
HY-Ⅲ（H）-5B	铅釉	白釉陶	0.92	1.35	28.39	62.80	2.22	0.90	0.71	2.71
HY-Ⅲ（H）-5C	铅釉	白釉陶	0.95	1.31	25.84	64.82	1.89	2.02	0.67	2.50
HY-Ⅲ（H）-6A	铅釉	黄釉陶	0.94	0.92	28.56	63.36	2.24	0.67	0.65	2.66
HY-Ⅲ（H）-6B	铅釉	黄釉陶	0.83	1.24	28.89	63.16	2.32	0.60	0.72	2.25
HY-Ⅲ（H）-6C	铅釉	黄釉陶	0.98	1.14	28.61	64.28	1.71	0.47	0.70	2.12
HY-Ⅲ（H）-7A	铅釉	黄釉陶	0.87	1.06	27.60	64.36	1.79	1.37	0.70	2.26
HY-Ⅲ（H）-7B	铅釉	黄釉陶	0.80	1.01	28.63	64.08	1.74	0.94	0.68	2.10
HY-Ⅲ（H）-7C	铅釉	黄釉陶	0.77	0.84	28.30	62.98	2.39	1.76	0.71	2.25
HY-Ⅲ（H）-8A	铅釉	蓝釉陶	1.09	1.08	27.54	63.15	3.21	0.82	0.62	2.48
HY-Ⅲ（H）-8B	铅釉	蓝釉陶	1.06	1.04	30.34	61.81	2.39	0.43	0.69	2.24
HY-Ⅲ（H）-8C	铅釉	蓝釉陶	1.03	0.77	26.07	64.21	2.13	2.60	0.75	2.45
HY-Ⅲ（H）-9A	铅釉	绿釉陶	0.82	1.10	27.13	63.16	2.28	1.99	0.64	2.88

续表

编号	釉系	类别	主量和次量元素（%）							
			Na$_2$O	MgO	Al$_2$O$_3$	SiO$_2$	K$_2$O	CaO	TiO$_2$	Fe$_2$O$_3$
HY-Ⅲ（H）-9B	铅釉	绿釉陶	1.01	1.15	28.23	64.04	2.08	0.55	0.66	2.28
HY-Ⅲ（H）-9C	铅釉	绿釉陶	0.82	1.09	29.12	62.80	2.17	0.71	0.69	2.60
HY-Ⅲ（H）-10A	铅釉	白釉蓝彩陶	0.87	1.46	27.29	62.09	2.36	2.34	0.67	2.92
HY-Ⅲ（H）-10B	铅釉	白釉蓝彩陶	0.80	1.04	28.09	63.86	1.98	0.89	0.72	2.64
HY-Ⅲ（H）-10C	铅釉	白釉蓝彩陶	0.87	1.02	27.15	65.05	2.13	0.82	0.68	2.27
HY-Ⅲ（H）-11A	铅釉	白釉绿彩陶	0.88	1.09	26.79	64.09	2.07	1.57	0.64	2.88
HY-Ⅲ（H）-11B	铅釉	白釉绿彩陶	1.00	0.83	28.00	64.18	1.77	0.75	0.63	2.85
HY-Ⅲ（H）-11C	铅釉	白釉绿彩陶	1.00	1.01	29.80	62.85	1.74	0.46	0.59	2.55
HY-Ⅲ（H）-12A	铅釉	三彩陶	0.78	0.96	28.63	62.38	2.51	1.67	0.71	2.35
HY-Ⅲ（H）-12B	铅釉	三彩陶	0.93	1.42	28.35	62.82	2.12	0.95	0.68	2.73
HY-Ⅲ（H）-12C	铅釉	三彩陶	0.83	0.76	27.15	63.73	2.12	1.88	0.73	2.81
HY-Ⅳ-1A	钙釉	白釉瓷	0.91	1.02	28.54	64.86	1.82	0.33	0.75	1.78
HY-Ⅳ-1B	钙釉	白釉瓷	0.81	1.03	28.19	64.68	2.05	0.61	0.65	1.98
HY-Ⅳ-1C	钙釉	白釉瓷	0.79	0.98	28.41	64.60	2.04	0.62	0.65	1.93
HY-Ⅳ-2A	钙釉	黑釉瓷	1.02	1.09	28.86	61.64	2.17	0.67	0.67	3.90
HY-Ⅳ-2B	钙釉	黑釉瓷	0.72	0.97	27.56	62.55	2.26	1.49	0.63	3.83
HY-Ⅳ-2C	钙釉	黑釉瓷	0.96	0.67	28.09	64.74	2.12	0.32	0.61	2.49
HY-Ⅳ-3A	钙釉	茶叶末釉瓷	0.80	0.88	29.39	63.00	2.12	0.87	0.64	2.30
HY-Ⅳ-3B	钙釉	茶叶末釉瓷	1.14	0.73	28.10	64.23	1.94	0.77	0.60	2.49
HY-Ⅳ-3C	钙釉	茶叶末釉瓷	0.93	0.98	29.10	63.03	2.04	0.88	0.63	2.42
HY-Ⅳ-4A	铅釉	黄釉陶	0.85	1.40	27.84	62.25	2.39	1.48	0.68	3.11
HY-Ⅳ-4B	铅釉	黄釉陶	0.89	1.56	28.01	62.22	1.70	2.53	0.61	2.49
HY-Ⅳ-4C	铅釉	黄釉陶	1.06	0.85	26.63	63.96	2.09	1.27	0.59	3.54
HY-Ⅳ-5A	铅釉	黄釉陶	1.03	1.19	27.96	62.74	2.31	1.11	0.60	3.05
HY-Ⅳ-5B	铅釉	黄釉陶	0.88	0.90	28.11	63.92	1.91	0.98	0.68	2.60
HY-Ⅳ-5C	铅釉	黄釉陶	0.98	1.49	28.62	62.41	2.18	0.95	0.65	2.72
HY-Ⅳ-6A	铅釉	蓝釉陶	0.96	1.14	29.36	60.45	2.05	2.47	0.68	2.90
HY-Ⅳ-6B	铅釉	蓝釉陶	0.88	0.75	29.65	62.53	2.23	0.61	0.74	2.60
HY-Ⅳ-6C	铅釉	蓝釉陶	0.90	0.99	29.55	63.24	1.94	0.59	0.69	2.11
HY-Ⅳ-7A	铅釉	绿釉陶	0.93	1.18	29.95	61.74	1.98	0.58	0.68	2.97
HY-Ⅳ-7B	铅釉	绿釉陶	0.90	0.99	28.51	63.56	1.97	0.66	0.67	2.74
HY-Ⅳ-7C	铅釉	绿釉陶	0.69	1.45	29.42	62.23	2.06	0.97	0.67	2.51
HY-Ⅳ-8A	铅釉	绿釉陶	1.01	1.65	29.56	59.54	2.08	1.93	0.68	3.55
HY-Ⅳ-8B	铅釉	绿釉陶	1.05	0.87	29.00	62.58	2.05	0.50	0.69	3.26
HY-Ⅳ-8C	铅釉	绿釉陶	0.88	1.10	27.80	62.01	1.81	2.64	0.62	3.14
HY-Ⅳ-9A	铅釉	白釉蓝彩	1.09	1.40	28.20	62.41	1.90	1.36	0.59	3.04

续表

编号	釉系	类别	主量和次量元素（%）							
			Na$_2$O	MgO	Al$_2$O$_3$	SiO$_2$	K$_2$O	CaO	TiO$_2$	Fe$_2$O$_3$
HY-Ⅳ-9B	铅釉	白釉蓝彩	0.79	0.85	29.17	62.57	2.41	0.72	0.66	2.83
HY-Ⅳ-9C	铅釉	白釉蓝彩	0.96	0.64	26.13	65.05	1.85	1.61	0.59	3.17
HY-Ⅳ-10A	铅釉	白釉绿彩	1.01	1.93	24.00	63.21	3.35	1.85	0.57	4.08
HY-Ⅳ-10B	铅釉	白釉绿彩	1.09	1.26	27.77	61.81	2.33	1.81	0.58	3.35
HY-Ⅳ-11C	铅釉	三彩陶	0.94	1.39	29.17	60.06	2.27	2.11	0.66	3.41
HY-Ⅳ-11A	铅釉	三彩陶	1.07	1.45	24.12	62.71	2.23	3.73	0.63	4.06
HY-Ⅳ-11B	铅釉	三彩陶	0.77	0.80	28.16	63.80	2.00	0.77	0.69	3.00
HY-Ⅳ-11D	铅釉	三彩陶	0.87	0.89	27.97	64.32	1.93	0.77	0.64	2.59
HY-Ⅳ-12	钙釉	白釉瓷	0.79	0.81	30.79	61.91	2.00	0.60	0.68	2.40
HY-Ⅳ-13	铅釉	黄釉陶	0.83	1.22	30.12	60.86	2.65	1.15	0.66	2.50
HY-Ⅳ-14	铅釉	黄釉陶	0.75	1.07	29.09	64.17	1.61	0.44	0.66	2.22
HY-Ⅳ-15	铅釉	绿釉陶	1.06	1.22	27.62	62.12	3.18	1.41	0.58	2.81

1.1 钙釉

1.1.1 不同类型钙釉的化学成分特征

青釉仅出现在Ⅰ期（隋代），且数量较少（3件），但却表现出明显的化学成分特征：其CaO含量远高于其他任何时期、任何类型的钙釉，其Cr、Sr含量较高，Na$_2$O、SiO$_2$则较低。青白釉出现在Ⅱ期（初唐）和Ⅲ期前段（盛唐），共3件，数量较少。其Na$_2$O、Al$_2$O$_3$、P$_2$O$_5$和CaO的含量水平较高，而其MgO、K$_2$O、TiO$_2$和Fe$_2$O$_3$的含量水平较低。白釉数量较多，包括Ⅱ期（初唐）的5件、Ⅲ期前段（盛唐）的3件、Ⅲ期后段（中唐）的3件、Ⅳ期（晚唐）的3件以及Ⅲ期后段的外黑内白釉3件。白釉中Al$_2$O$_3$、P$_2$O$_5$的含量较高，MgO、TiO$_2$和Fe$_2$O$_3$的含量较低。茶叶末釉数量也较多，除Ⅰ期（隋代）没有，其余各期均有。茶叶末釉中的MgO的含量是最高的，而Al$_2$O$_3$、P$_2$O$_5$的含量较低。另外，茶叶末釉中Fe$_2$O$_3$的含量也是比较高的，与黑釉相似，总体略低于黑釉。黑釉瓷数量较多，各时期均有。黑釉中SiO$_2$、K$_2$O、Fe$_2$O$_3$的含量较高，而CaO含量较低。

总体而言，青釉、青白釉和白釉在主量、次量组分上都比较接近，而茶叶末釉与黑釉也具有相似的化学成分组成。Fe$_2$O$_3$与釉的颜色密切相关，黑釉、茶叶末釉中Fe$_2$O$_3$的含量要高于青釉、青白釉和白釉。

根据CaO和Fe$_2$O$_3$的含量可以将不同类型的钙釉进行区分（图1所示）。青釉与黑釉和茶叶末釉以及白釉和青白釉区分明显，青釉中含有较高的CaO，但Fe$_2$O$_3$含量介于与黑釉和茶叶末釉以及白釉和青白釉之间。除个别茶叶末釉与黑釉有交叉外，大部分茶叶末釉和黑釉较容易区分，黑釉和茶叶末釉均含有较高的Fe$_2$O$_3$，而黑釉中CaO含量相对较低。但青白釉和白釉中相互重叠，很难区分，两者均含有较低的Fe$_2$O$_3$，CaO含量略高于黑釉和茶叶末釉而低于青釉。

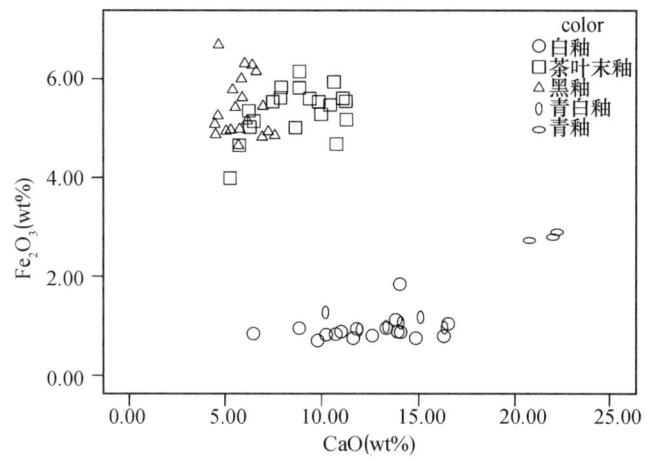

图1 河南巩义黄冶窑唐三彩遗址出土瓷片的钙釉二维分布图：CaO vs Fe_2O_3

1.1.2 不同类型钙釉随年代变化规律

为探索不同类型钙釉随时代变化规律，将各类钙釉组分平均值按不同时期进行对比，如图2所示。考虑到青釉瓷和青白釉瓷在时间和数量上的局限性，仅选取了Ⅱ期、Ⅲ期前段、Ⅲ期后段和Ⅳ的黑釉、茶叶末釉和白釉的化学成分平均组分进行对比作图，以探讨不同类型钙釉随时代变化的规律。

由图2可知，白釉在Ⅲ期前段算是一个成分变化转折点，在此时期，白釉中部分组分发生了改变，如MgO、Al_2O_3、SiO_2和TiO_2。MgO的含量在Ⅱ期时较低，到Ⅲ期前段升高，至Ⅲ期后段又有所降低，但总体变化幅度不大。与MgO变化趋势相似的有Al_2O_3和TiO_2，Al_2O_3的变化幅度较大。而SiO_2的变化趋势与上述组分正好相反，Ⅲ期前段是其含量的最低值。Na_2O的含量随时间变化而逐渐降低，Fe_2O_3的含量从Ⅱ期到Ⅲ期前段有一个大幅度的降低，随后趋于稳定。K_2O和P_2O_5含量的变化趋势不明显。茶叶末釉在Ⅲ期后段是一个转折点，SiO_2、K_2O、CaO和TiO_2在Ⅲ期后段含量变化趋势有所改变。SiO_2和TiO_2是先升高，在Ⅲ期后段达到高，然后降低，而K_2O和CaO正好相反。黑釉Fe_2O_3的含量随着时代而逐渐增加；Al_2O_3的含量在Ⅱ、Ⅲ期有所降低，至Ⅳ期时含量水平升高；SiO_2的含量呈现出降低的趋势，CaO则呈现出升高的趋势。

不同时期的黑釉和茶叶末釉的化学成分含量变化相对较小，黑釉相对更为稳定。而茶叶末釉的主要化学成分MgO和Na_2O变化较大。白釉在不同时期化学成分含量上变化相对较大，MgO、P_2O_5和CaO较为稳定，Al_2O_3和SiO_2存在较大起伏，且呈负相关，而Fe_2O_3、Na_2O和K_2O和Sr也变化较大，且Na_2O和Sr随时代变迁呈下降趋势。

上述分析表明，不同类型钙釉在各个历史时期在组分上均有所变化，但变化趋势呈现出复杂性，部分组分具有一定规律性。通过白瓷、黑瓷及茶叶末釉瓷釉瓷中Fe含量的变化，在一定程度上反映出黄冶窑在瓷釉配方工艺上的变化。白瓷工艺在Ⅲ期前段有所改进，而黑釉和茶叶末釉则是在Ⅳ期略有变化。

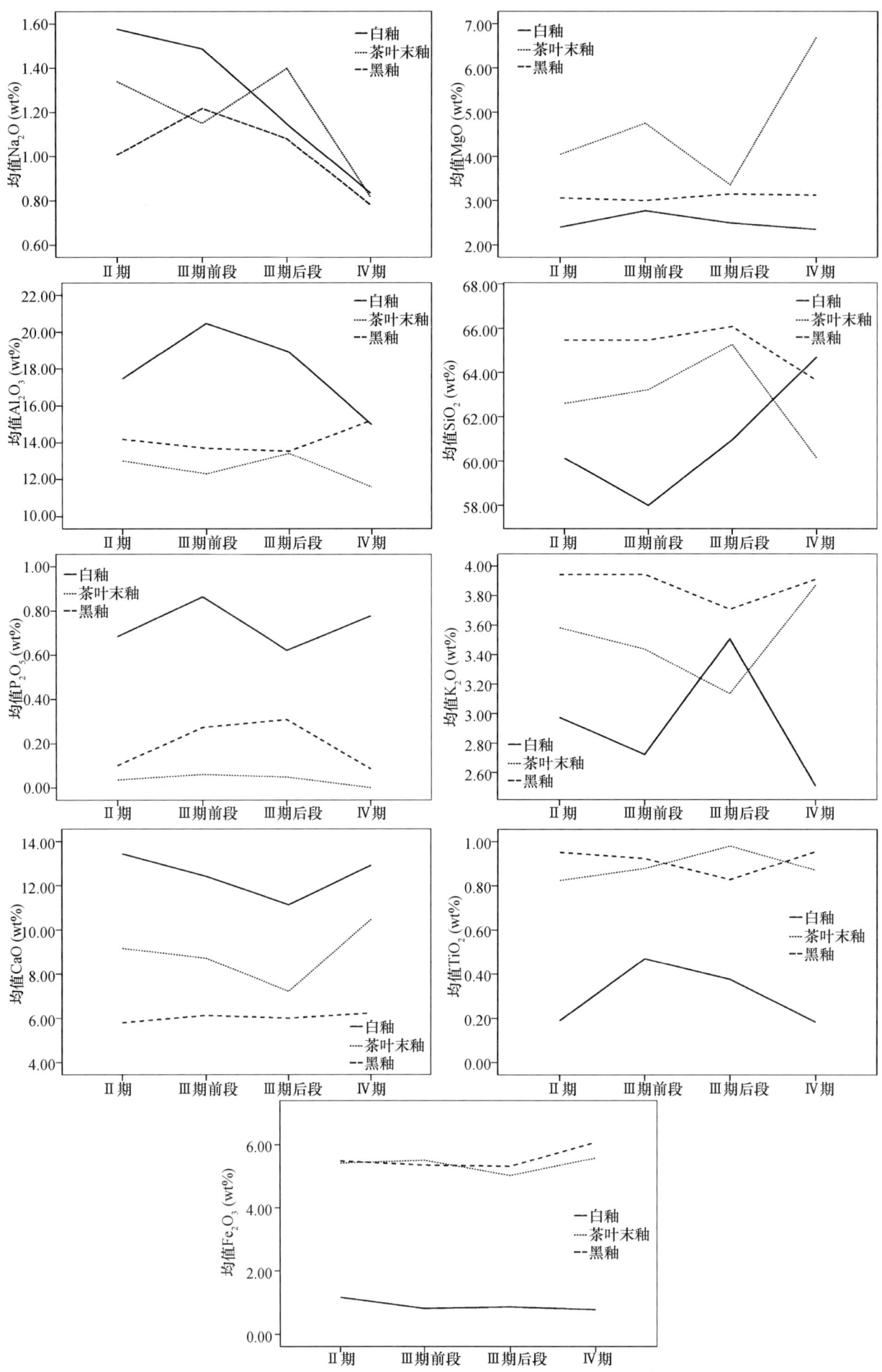

图2 不同类型钙釉中白釉、黑釉和茶叶末釉的主量、次量组分平均值随时代变化趋势图

1.2 铅釉

1.2.1 不同类型铅釉化学成分特征

铅釉陶数量较多，包括白釉、黄釉（包括酱黄釉和黄釉）、蓝釉和绿釉。不同类型的铅釉，除了在着色剂元素Fe、Cu、Co外，其他组分含量差别不大。黄釉主要是Fe元素着色，其Fe_2O_3含量较高；蓝釉主要是Co离子着色，未检出MnO，Fe_2O_3含量比较低，同时也含一定量的CuO；绿釉中含有较高的CuO。利用Fe_2O_3、CuO和CoO可以很好的区分各种不同类型的铅釉（见图3）。除一件样品（HY-Ⅳ-11-A-b）外，蓝釉中Fe_2O_3/CoO比值在1.16~6.23（大部分小于3，另有7件大于3），CuO/CoO比值在0.30~2.15（大部分小于1，另有7件大于1），而样品的HY-Ⅳ-11-A-b这两个比值分别为9.60和33.67。

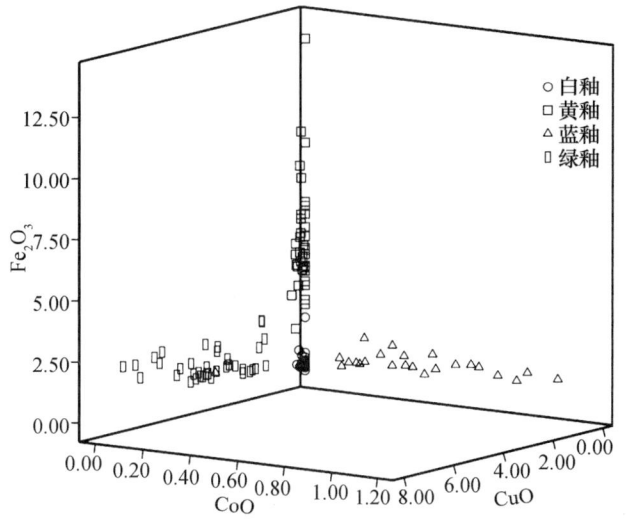

图3 不同类型铅釉的Fe_2O_3、CoO、CuO三维分布图

1.2.2 不同类型铅釉随时代变化规律

不同类型的铅釉的主量、次量组分和微量元素平均值随时代变化的趋势如图4所示。白釉在Ⅲ期后段时其组分与其他二期有所不同。Al_2O_3、SiO_2、P_2O_5、CaO、Mn和Ba在白釉中的含量在Ⅲ期后段时达到最低值，变化趋势呈现"V"形，而Na_2O、K_2O、PbO的变化趋势正好相反，变化趋势为倒"V"形。黄釉最大的特点就是其Al_2O_3和Fe_2O_3的含量较高，尽管在不同的历史时期含量有所变化，但与同时期的其他釉相比，其Al_2O_3和Fe_2O_3的含量总是高于其他釉。蓝釉主要有Co离子着色，除了绿釉中含CuO外，蓝釉中也检测到了少量的CuO，可能随钴料引入。蓝釉中CoO的含量在各个时期均有所不同，Ⅱ期和Ⅳ期含量接近，Ⅲ期前段含量最高，Ⅲ期后段含量最低。绿釉在Ⅲ期后段为其转折点，Al_2O_3、SiO_2、CuO的变化趋势为"V"形，在Ⅲ期后段达到最低值，而Na_2O、MgO、CaO、PbO的变化趋势为倒"V"形，在Ⅲ期后段达到最大值。

四种类型的铅釉在主量组分Al_2O_3、CuO和PbO平均值的变化趋势较为接近，且不同类型之间含量差异明显，黄釉、蓝釉、绿釉和白釉的Al_2O_3平均值依次降低，绿釉、蓝釉、黄釉和白釉的CuO平均值依次降低，而蓝釉、绿釉、白釉和黄釉的PbO平均值依次降低。而SiO_2的平均值在前三期的白釉、蓝釉和绿釉的变化趋势上比较相似，且依次降低。后三期白釉、黄釉和绿釉的Na_2O平均值具有相似的趋势，而后三期蓝釉和黄釉的MgO平均值具有相近的趋势。在P_2O_5的平均值上，白釉和黄釉趋势相似，而绿釉和蓝釉相似。白釉和绿釉在K_2O的平均值上具有相似的趋势。

总之，不同类型铅釉其组分在不同时期均有所变化，但变化幅度不大，各组分的变化趋势不具有一致性，规律性不明显。

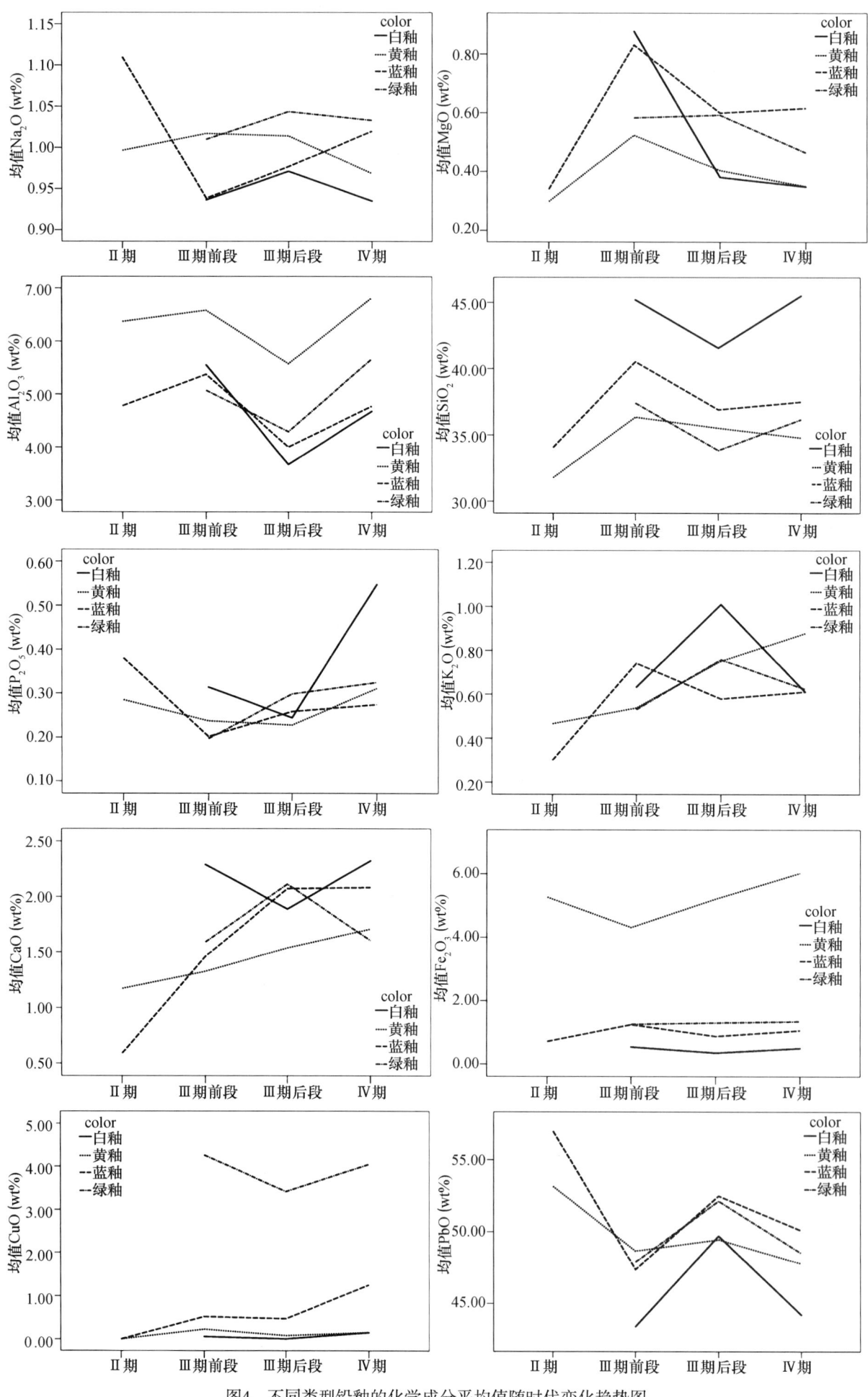

图4 不同类型铅釉的化学成分平均值随时代变化趋势图

2. 胎体

胎体的化学成分测试结果见表3。各类陶瓷的胎体主量、次量组分之间存在差异，但差异并不是很大。素烧样品仅1件，由于数量的限制，无法讨论统计规律，故下文讨论中并未涉及素烧样品。从各组分的平均值来看，胎体中Na_2O的含量较为稳定，在1%上下浮动；青白釉瓷胎体中MgO的含量稍微偏高，其余胎体中MgO的含量约在1.25%上下浮动；Al_2O_3和SiO_2的含量变化幅度也不大，其中外黑内白釉瓷胎体中SiO_2的含量稍微偏高，而CaO、Fe_2O_3的含量偏低。不同类别的

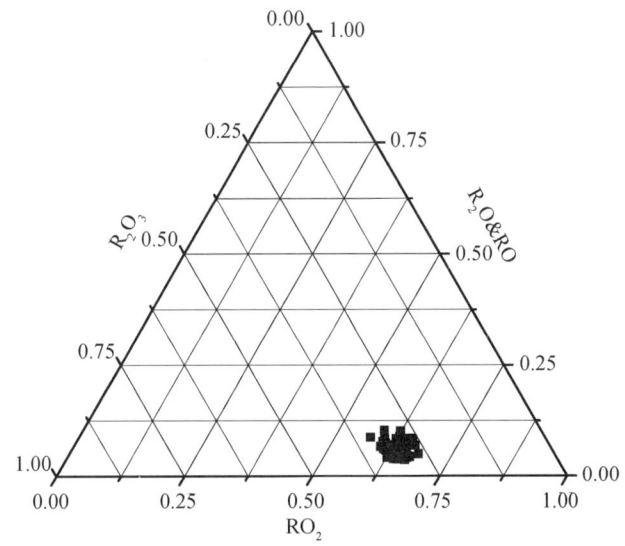

图5 黄冶窑陶瓷残片胎体三元组分分布

胎体组分的变化趋势并不一致，无明细的变化趋势规律。变化趋势比较复杂，但某些胎体中的个别组分或是元素呈现出了相同或是相似的变化趋势。

图5为巩义黄冶窑出土的钙釉和铅釉陶瓷片胎体的化学成分三元组分分布图，可见不同釉系、不同釉色、不同时代的样品的胚体原料配方变化幅度较小。

综上所述，不同类型的钙釉在化学成分成分上具有各自的特征，而铅釉化学成分具有相似性；钙釉和铅釉随时代变化的规律较为复杂，还需进一步深入研究；不同类型、不同时代的高温钙釉瓷和低温铅釉陶的胎体化学成分呈现出相似性，配方较为一致。

（二）OCT分析结果与讨论

折射率突变会导致物体散射光变强，在OCT灰度图像上表现为亮点。对于瓷器釉层而言，空气与釉和胎体与釉的分界面，存在折射率突变，在OCT图像上，釉与空气分界面表现为一条亮线，而釉与胎体分界面情况有所不同，由于釉在烧制过程中会渗透到胎里，釉和胎体的折射率差异也很大，整个渗透区域里都会有强的光散射，分界面会呈亮带状延伸。另外，釉层中气泡、晶体颗粒也普遍存在，对于气泡，其内部为空气，外部为釉层，在整个气泡表面有大的折射率差异，散射光强，会产生圆形亮区。但是，气泡侧向的强散射光超出了探测距离，只能探测到气泡上下表面的散射光，因而在OCT图像上表现为两条平行的、高亮短线；对于晶体颗粒，由于其折射率与釉层的差异，会产生强散射，表现为亮点或亮块。选取了部分典型钙釉、铅釉进行OCT检测，其OCT图像如彩版二七一至二七五所示。

由OCT图像分析结果可知，钙釉釉层相对较厚，釉层中的气泡和散射颗粒较多，且不同颜色的钙釉的OCT图像存在一定的差异，如白釉、青釉和青白釉比较相似，光透过率较好，气泡和散射颗粒也相对较小，胎釉界面分明（彩版二七一）。茶叶末釉和黑釉瓷与上述白釉、青釉和青白釉差别较大，茶叶末釉和黑釉透过率较差，胎釉界面不明显，尤其是茶叶末釉几乎不透明，而部

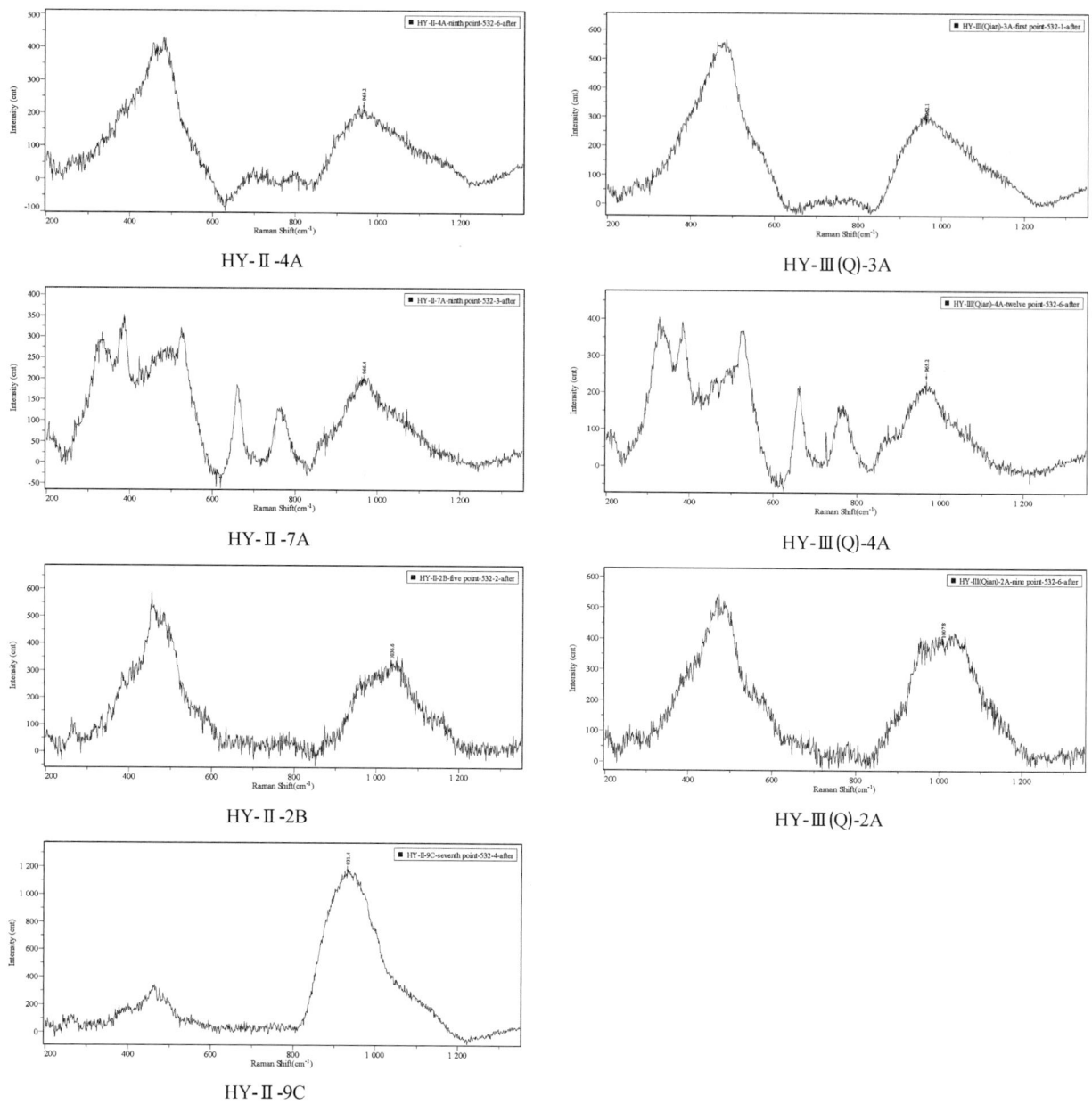

图6 黄冶窑出土古代陶瓷片样品的典型拉曼图谱

分黑釉中仍可见气泡和散射颗粒，胎釉分界面清晰可见（彩版二七二）。总体而言，同种色系的瓷釉的OCT图形特征大体相似，不过，由于瓷器的风化程度、器形种类、制作工艺等因素上的差异，导致即使是同为白釉、黑釉和茶叶末釉瓷中部分不同的器物在OCT图像亦表现出较大的差异的。

而铅釉釉层相对较薄，釉层中气泡和散射颗粒几乎不见，透明度较好，且不同颜色的铅釉的OCT图像区别不明显，但与钙釉区别明显，如彩版二七二所示的两种釉系的白釉。所谓的白釉蓝彩和白釉绿彩釉陶，实际上是白釉和蓝釉或白釉和绿釉两种色釉组成的两色釉陶，在OCT图像中白釉与蓝釉或绿釉没有明显的区别，不过蓝釉或绿釉部分釉层略厚一些（彩版二七四）。三彩釉陶的OCT图像特征与白釉蓝彩或白釉绿彩相似，且黄、绿、蓝彩差异较小，其贯穿深度略低于白釉（彩版二七五）。不过由于铅釉容易风化腐蚀，未风化腐蚀处，釉层比较纯净，颗粒少，而风化腐蚀的地方则存在较多的散射点。

绞胎釉陶样品与其他铅釉陶在釉层上基本一致，但在胎体层面样品略有不同。绞胎部位的胎体颜色较深，与灰白色主体胎体形成鲜明对比，呈木纹理状，由于铅釉的透明度较好，颜色深的绞胎与灰白色胎体的对激光的吸收和反射形成明显的反差，两条白色亮线之间的黑色区域为釉层，绞胎部分散射弱、透射率高，灰白色胎体区域散射稍强、透射率低（彩版二七三，2）。pXRF所分析的绞胎样品HY-Ⅳ-14的深黄色绞胎处含有较高Fe_2O_3（8.52%），明显高出黄色釉层（4.95%），由OCT分析可知，该样品釉层基本一致，相对均匀，但胎体存在明显差异，所测化学成分上的差异，应该是由于pXRF探测器检测时X射线穿透过釉层，探测到釉下绞胎处的成分所致。

综上所述，钙釉与铅釉的OCT图像特征差异明显，钙釉中存在明显的气泡和散射颗粒，而铅釉釉层相对干净，无明显的气泡和散射颗粒。这应该是由于两种不同体系的陶瓷器的烧制工艺不同所致，钙釉属于一次烧成，且釉料中含有石灰（$CaCO_3$），在烧制过程中，由于胎体相对疏松，胎体中气体逸出到釉层中，而釉料中石灰高温分解后，形成CO_2气体，这些气体有的逸出到釉层之外，在釉表面形成小坑，而停留在釉层中的气体则形成大小不等、错落分布的气泡。而巩义黄冶窑的铅釉制品，包括单色釉、双色釉和三彩釉陶，一般认为采用了二次烧成工艺，在胚体素烧阶段，胎体中的气体大多已逸出，且铅釉中不含石灰，气体相对较少，以致铅釉样品中气泡较少，比较干净。另外，铅釉中散射颗粒也比较少，可能是由于釉料熔融程度高，未融的晶体和析晶较少。

无论是钙釉还是铅釉，即便是双色釉和三彩釉中均未见明显的多层釉现象。

（三）Raman分析结果与讨论

本研究选取了9件古代瓷片样品进行拉曼光谱分析，样品具体情况及其相应拉曼光谱参数请见表4。

表4 黄冶窑出土陶瓷片样品情况及拉曼参数

样品编号	釉色	体系	Ip	Si-O拉伸振动（cm^{-1}）
HY-Ⅱ-9C	黄釉	铅釉	0.200	931
HY-Ⅲ（Qian）-5A	蓝釉	铅釉	0.309	957
HY-Ⅲ（Qian）-1A	白釉	钙釉	0.806	1008
HY-Ⅲ（Qian）-2A	青白釉	钙釉	0.946	1009
HY-Ⅱ-2B	青白釉	钙釉	1.140	1035
HY-Ⅱ-4A	黑釉	钙釉	1.452	964
HY-Ⅲ（Qian）-3A	黑釉	钙釉	1.453	962
HY-Ⅲ（Qian）-4A	茶叶末釉	钙釉	1.457	966
HY-Ⅱ-7A	茶叶末釉	钙釉	1.539	970

1. 不同成分体系古代瓷片的拉曼光谱特征

古代陶瓷釉样品中除了玻璃相还有少量晶相微粒，为了保证结果的可比性，本次测试部位避开残留晶相和玻璃相中凹凸不平整的区域，绝大多数选择在釉层完整、釉质较好的玻璃相均匀光滑的部位测试。

图6为本次测试的黄冶窑出土的陶瓷片样品的典型拉曼图谱（均为已扣除背底后的图谱），从该图中可以很容易发现，不同化学成分体系的瓷片样品其拉曼光谱明显不同，但具有相似成分的样品的拉曼信号却是非常相似的。从图6中首先可以根据500cm^{-1}附近的包络强度远远低于1000cm^{-1}附近的包络强度从而非常容易地将低温铅釉体系的样品识别出来，如图13中的样品HY-Ⅱ-9C，它们的硅氧键拉伸振动峰位置一般分布在950cm^{-1}附近。相比较之下，高温钙釉体系样品的图谱整体较为一致，均为500cm^{-1}附近的包络强度大于1000cm^{-1}附近的包络强度，而作为这一体系的一类特殊样品，茶叶末釉具有自己的独特光谱特征。例如，不仅500cm^{-1}附近的包络中出现3个小的包络，在600~800cm^{-1}之间还同时出现了2个比较窄的包络，而且，它们的硅氧键拉伸振动峰位置一般分布在970cm^{-1}附近，这一特点使得该类样品非常容易从其他钙釉中识别出来。黑釉瓷片虽然也属于高温钙釉体系，且500cm^{-1}附近与1000cm^{-1}附近的包络分布与钙釉体系中其他样品也非常类似，但它们的硅氧键拉伸振动峰位置一般分布在960cm^{-1}附近，与青白釉、青釉、白釉等钙釉体系样品（1008~1048cm^{-1}）区别较大。

2. Ip与烧成温度间的关系

由于聚合度指数Ip值与瓷釉的组成以及釉烧温度相关，因此本研究根据对所测古代瓷片的拉曼光谱进行拟合计算后分析得到了这些样品的Ip值。从图7中可以看出，本次所测试的9件样品中，随着年代的推移和化学成分体系的演变，它们的Ip值也随之发生变化，也就意味着它们之间的釉烧温度是有所区别的。2件铅釉样品[HY-Ⅱ-9C、HY-Ⅲ（Q）-5A]的聚合度指数Ip值范围最低，为0.200~0.309，这意味着它们的釉烧温度在这批样品中也应该是最低的。钙釉体系的7件样品中，属于白釉-青白釉系列的共计3件[HY-Ⅱ-2B、HY-Ⅲ（Q）-1A、HY-Ⅲ（Q）-2A]，其Ip值在0.806-1.104，唐代的2件黑釉和2件茶叶末釉的Ip值为1.452-1.539。文献①中记录了不同窑系瓷器的烧制温度，如河南唐代唐三彩为

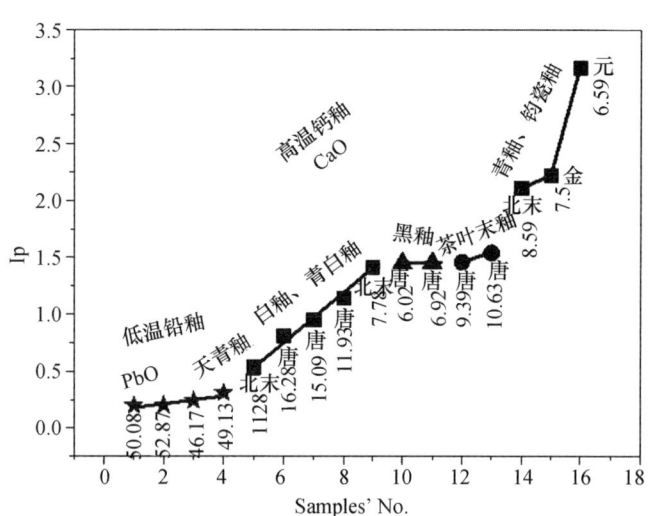

图7 河南地区出土不同成分体系古代陶瓷瓷片釉的聚合指数分布图

---

① 李家治：《中国科学技术史·陶瓷卷》，科学出版社，1998年。

950℃左右，浙江唐代越窑青釉瓷为1000~1100℃，河北唐代邢窑白瓷为1200℃，浙江小马山德清窑黑釉为1250℃左右，河南宋汝钧青釉瓷为1260℃左右，河南宋钧釉瓷为1280~1300℃。同时，本研究又结合所测其他窑口（宝丰清凉寺汝窑遗址和宝丰清凉寺窑遗址）样品的拉曼光谱结果，所有样品的聚合度指数Ip分布图见图7，与文献[①]中已知窑系典型瓷器的釉烧温度范围变化的整体趋势是一致的。

五、结　　论

（1）本次分析的巩义黄冶窑样品从釉的体系上可分为高温钙釉和低温铅釉两大体系，前者属于瓷器范畴，后者属于釉陶范畴。钙釉中青釉、青白釉和白釉在化学成分上比较相似，而茶叶末釉和黑釉相似。钙釉以Fe元素着色为主。不同颜色的钙釉在各个历史时期在组分上均有所变化，但变化趋势呈现出复杂性，说明不同颜色的钙釉瓷器在不同时期的区别主要体现在器形风格上的变化，而瓷釉的配方是在继承中有保留地改进或改变，即部分组分基本不变，而部分组分在不同时期会发生突变，继承与保留情况视具体瓷釉类别而有所不同。

不同颜色类型的铅釉在主要化学组分上差别不大，主要区别在于着色元素的不同。铅釉中的着色元素为Fe、Cu、Co。Co料着色始建于初唐时期的铅釉三彩器中，其Co料具有低铁低锰的特点，含有一定量的Cu，这与文献中所分析唐三彩钴料的特点相似[②③④]，与伊朗青花蓝彩器物中所使用的钴料差别较大[⑤]，因此黄冶窑的Co料可能来源于中国一种与铜共生的低锰钴矿，但目前的分析结果尚不排除从西域进口钴料的可能，有待于进一步科学分析。铅釉的化学成分在随年代的变化规律上，与钙釉相似，同样显示出一定的复杂性。

尽管釉在化学成分上存在较大差异，但胎体在化学成分上却十分相似。不同类型的钙釉和铅釉胎体配方较为一致。

（2）钙釉和铅釉的OCT亚表面图形特征差异明显。同为钙釉的青釉、白釉和青白釉具有相似的特征，透过率较高，有明显的气泡和散射颗粒，胎釉结合界面明显，与黑釉和茶叶末釉差异明显。茶叶末釉透过率最差，胎釉结合面不明显，黑釉透过率较差，部分黑釉可见气泡和散射颗粒及胎釉结合面。同种色系的钙釉瓷釉的OCT图形特征大体相似，不过，由于瓷器的风化程度、器形种类、制作工艺等因素上的差异，导致即使是同为白釉、黑釉和茶叶末釉瓷中部

---

① 李家治：《中国科学技术史·陶瓷卷》，科学出版社，1998年。

② 张志刚，郭演仪，陈尧成：《唐代青花瓷与三彩钴蓝》，《景德镇陶瓷学院学报》，第7版，1986年第1期，第99~107页。

③ 中国硅酸盐学会：《中国陶瓷史》，文物出版社，1982年。

④ 降幡顺子，巽淳一郎著，陈枫译：《非损伤分析法测试黄冶唐三彩之特性》，《华夏考古》2007年第2期，第142~152页。

⑤ N. Wood, M. S. Tite C. Doherty, B. Gilmore. A technological examination of ninth-tenth century AD Abbasid blue-and-white ware from Iraq, and its comparison with eighth century AD Chinese blue-and-white Sancai ware. Archaeomen.d.y, 2007, 49（4）: 665~684.

分不同的器物在OCT图像亦表现出较大的差异的。而铅釉釉层透过率较高，基本不见气泡和散射颗粒，不同色釉区别不大。

（3）钙釉、铅釉在拉曼光谱特征上同样存在差异，但化学成分相似样品的拉曼光谱特征则非常相似。聚合度指数Ip值的变化反映了样品釉烧温度之间的差异。根据聚合度指数Ip的数值，推断本次分析的陶瓷器烧制温度从低温铅釉—天青釉、青白釉、白釉—黑釉、茶叶茉釉—青釉的顺序逐渐升高，其烧温度范围与已知窑系（按照河南唐代唐三彩—浙江唐代越窑青釉瓷—河北唐代邢窑白瓷—浙江小马山德清窑黑釉—河南宋汝钧青釉瓷—河南宋钧釉瓷的顺序）典型瓷器的釉烧温度范围整体变化趋势相一致。

参与此次分析研究工作的还有河南省文物考古研究院的王聪敏女士。

附录五 黄冶窑白瓷的原料特征和烧制工艺研究[*]

赵维娟[1]　王东艳[1]　孙新民[2]　郭木森[2]　张　斌[3]
孙洪巍[1]　李国霞[1]

（1 郑州大学物理工程学院　2 河南省文物考古研究院　3 复旦大学现代物理研究所）

巩义窑是古代巩义地区窑口的总称，是我国古代北方地区烧制白釉瓷器的代表性窑口之一，创烧于北魏，隋唐为它的鼎盛时期，衰于宋。著名的窑址有三处，分别是巩义白河窑、黄冶窑和铁匠炉窑。巩义窑白瓷釉虽然在北魏时期已开始出现，但真正烧制成熟期则在隋代，唐代巩义窑的制瓷工艺十分成熟，其出土的细白瓷，胎质细腻坚硬，釉色洁白匀净，器型大，制作工艺精细。1957年，我国著名陶瓷专家冯先铭先生最早发现了巩义白河窑址和黄冶窑址。2002年—2004年，河南省文物考古研究所和中国文化遗产研究院对黄冶窑进行了四次考古发掘，除了发现大量唐三彩，青花瓷和黑瓷外，还出土了一批精美的白瓷器。不同时期黄冶窑白瓷有不同的特征，再现了中国白瓷发展和走向成熟的过程，为研究不同时期白瓷的产地特征和制作工艺提供了得天独厚的条件。

在对白瓷的研究中仍存在许多悬而未决的问题，例如：白瓷的起源问题一直是考古学家和陶瓷学家争论的问题；如何科学地界定遗址和墓葬出土白瓷的产地，是值得深入研究的问题；不同时期黄冶窑烧制的白瓷，它们的配方、产地特征、物相和微观结构有何不同与联系。因此对白瓷的研究有待深化和系统。

本文利用PIXE测量不同时期黄冶窑白瓷样品的化学成分，将测量数据进行因子分析、模糊聚类分析，从而确定黄冶窑白瓷的原料来源，得到它们的产地特征和配方，为遗址和墓葬等出土白瓷的产地提供科学依据。利用分光光度计、XRD和SEM测量白瓷的反射光谱及主波长，物相和微观结构，进而研究白瓷的烧制工艺。

1. 黄冶窑白瓷的特征光谱及主波长研究

釉的呈色是由于它对可见光发生选择性吸收和选择性反射所致。在可见光谱中，除去物体选择吸收的部分外，其余的光线综合起来就是人们视觉感觉到的物体的颜色。颜色的感觉是由于能量分布的不同而引起的，能量强度分布是按频率或波长的不同分布的。

人眼对颜色的判断，不完全相同，即使正常人眼也不相同，有时认为完全相同的两种颜色，另一人就会认为有差别；反之，后者认为完全相同的颜色，前者也可能认为有些差别。由此可见，人眼的分析能力有一定的局限性。由此釉色需要借助分光光度计来定量分析。

选取巩义黄冶窑四个时期的白瓷样品25个，其中，黄冶窑一期样品6个，黄冶窑二期样品7个，黄冶窑三期样品5个，黄冶窑四期样品7个，采用日本岛津公司生产的UV-3100型UV-Vis-

---

[*] 本研究得到国家自然科学基金项目（11275173）资助

NIR系双光束双波长分光光度计测量了各个样品外釉的分光反射光谱（200nm～800nm），反射光谱如彩版二七六所示，图中，横坐标表示光的波长，纵坐标表示单色光在样品表面上的反射率，光谱峰值处的波长为白瓷釉色的主波长。样品情况及其主波长如表1所示。

表1　黄冶窑白瓷外釉的反射光谱主波长

样品编号	分期	釉色	主波长（nm）	样品编号	分期	釉色	外表面主波长（nm）
hyb05	一期	白偏黄	751.5	hyb47	三期	泛青	702.0
hyb09	一期	偏青	637.5	hyb49	三期	泛青	684.0
hyb10	一期	白偏黄	755.5	hyb50	三期	白偏黄	752.0
hyb12	一期	偏青	625.0	hyb51	三期	泛青	710.5
hyb16	一期	泛青	693.5	hyb60	三期	白偏黄	733.5
hyb20	一期	泛青	676.0	hyb62	四期	白偏黄	797.5
hyb21	二期	偏青	652.0	hyb65	四期	白偏黄	785.5
hyb25	二期	泛青	702.0	hyb66	四期	白偏黄	753.5
hyb26	二期	白偏黄	753.0	hyb67	四期	白偏黄	756.0
hyb28	二期	泛青	703.5	hyb68	四期	泛青	702.5
hyb33	二期	白偏黄	756.0	hyb77	四期	白偏黄	756.5
hyb39	二期	白偏黄	752.0	hyb78	四期	白偏黄	713.5
hyb40	二期	白偏黄	734.0				

由表1可知，黄冶窑白瓷样品的主波长范围为625nm～797.5nm。黄冶窑白瓷样品大致分为两类：一类白中泛黄，另一类白中泛青。黄冶窑一期6个样品中，hyb05和hyb10的主波为751.5nm、755.5nm，白偏黄；而hyb16和hyb20的主波长较低，分别为693.5nm、676nm，颜色稍有点深，稍微泛青；hyb09和hyb12的主波长更低，分别为637.5nm、625nm，颜色更深，偏青色。

黄冶窑二期7个样品中，hyb21主波长652nm，颜色稍深，偏青色，是二期样品中主波长最低的；其余六个样品，主波长都在700nm以上，其中hyb26、hyb33、hyb39、hyb40的主波长达到了734nm以上，颜色呈白中泛黄，hyb25、hyb28的主波长为702nm、703.5nm，颜色呈现略泛青。

黄冶窑三期五个样品中，hyb49样品的主波长最低，为684nm，颜色稍有泛青；hyb50主波长最高，为752nm，颜色白偏黄；hyb47、hyb51、hyb60的主波长都在700nm以上。

黄冶窑四期七个样品中，主波长最小的hyb68的主波长已经达到了702.5nm，颜色略微泛青；其余六个样品的主波长都相对更大，hyb62的主波长达到了797.5nm，颜色偏黄；hyb65、hyb66、hyb67、hyb77、hyb78的主波长在713.5nm到785.5nm之间，颜色都呈现为白偏黄。

综上所述，黄冶窑白瓷经历了一个由泛青到白的发展过程，早期的黄冶窑白瓷颜色不够白，而且颜色深浅不一，反射率平均水平低，这说明黄冶窑早期的原料来源和烧制工艺还不够成熟；经过不断地发展，黄冶窑白瓷到三、四时期，颜色基本都很白，白瓷的烧制工艺已经达到了成熟。由表1可知四个时期的白瓷主波长在625nm到703.5nm之间的样品颜色偏青色，主波长越小，青色越深；主波长在710.5nm到797.5nm之间的样品已经不显青色，略显黄色。

2. 不同时期黄冶窑白瓷的产地特征和配方研究

选取黄冶窑白瓷样品80个，其中黄冶窑一期、二期、三期、四期各20个，样品编号分别为hyb01-hyb20、hyb21-hyb40、hyb41-hyb60和hyb61-hyb80。编号后加G表示釉，B表示胎，G-g表示外釉灰色部位，G-w表示外釉偏白部位。黄冶窑一期白瓷样品的釉色偏青或者泛青，二期白瓷样品釉色偏青泛青现象已经减少，偏黄泛黄的样品增多；三期大多数白瓷样品的釉色呈白中泛黄；四期白瓷样品的釉色呈白中泛黄，只有4个样品稍有泛青。用PIXE测量白瓷胎和釉的化学组分。PIXE实验是在复旦大学现代物理研究所NEC9SDH-2串列加速器上进行的，采用外束PIXE技术。NEC9SDH-2串列加速器提供能量为3.0MeV的准直质子束，经过7.5μm的Kapton膜进入空气，继续穿越10mm的空气层到达待测样品，质子束到达样品的实际能量为2.8MeV。样品在入射质子束轰击下激发的X射线用 ORTEC Si(Li)探测器测量，测量系统对5.9KeV的X射线的能量分辨率（FWHM）为165eV，由测得的X射线能谱，采用GUPIX-96程序计算，即可得到样品的化学组分（Z>11）。在测量样品中的微量元素（Z>23）时，在Si(Li)探测器前置一厚度为0.125mm的铝膜，以吸收掉样品中大量的低能X射线，提高探测重元素的灵敏度。质子束束斑直径为1mm，束流强为0.05nA。在测量微量元素时，为了提高X射线的产额，束流强将增加到0.5nA。PIXE分析技术的测量精度与其它元素射线强峰的干扰、探测器、束流状况、测量方法等因素有关，没有统一的数值。排除特殊因素的作用，PIXE分析方法的误差一般为3-5%。白瓷胎和釉的PIXE实验数据分别如表2和表3所示。用因子分析和模糊聚类分析对实验数据进行处理，确定白瓷的产地特征和配方。

表2 黄冶窑白瓷胎样品的 PIXE 数据 （wt：%）

样品代号	Na_2O	MgO	Al_2O_3	SiO_2	P_2O_5	K_2O	CaO	TiO_2	Fe_2O_3
hyb01-B	1	0.31	28.23	64.04	0.34	1.75	0.83	1.3	0.64
hyb02-B	0.52	0.58	27.36	65.87	0.79	2.36	0.65	1.34	0.44
hyb03-B	0.72	0.57	28.71	63.99	0.79	1.8	0.7	1.08	0.55
hyb04-B	0.78	1.03	30.61	61.02	1.02	2.68	0.53	1.25	0.73
hyb05-B	0.28	0.58	23.85	68.4	1.44	2.4	1.27	0.87	0.45
hyb06-B	0.61	0.25	28.07	65.21	0.69	2.67	0.32	1.32	0.75
hyb07-B	0.34	0.48	27.63	65	0.74	2.69	0.81	1.14	1.08
hyb08-B	0.64	0.55	27.48	64.17	1.01	2.43	0.87	1.22	1.15
hyb09-B	0.67	0.59	26.97	64.77	0.41	2.53	1.05	1.25	1.42
hyb10-B	0.71	0.75	26.72	65.95	0.78	2.18	0.74	1.32	0.59
hyb11-B	0.7	0.8	26.16	65.64	1.19	2.37	0.57	1.24	1.06
hyb12-B	0.83	0.9	26.72	65.74	0.71	2.46	0.59	1.09	0.88
hyb13-B	1.18	0.84	27.01	64.89	1.23	2.19	0.28	1.18	0.58
hyb14-B	0.4	0.49	27.09	66.19	0.42	2.22	0.46	1.35	1.05
hyb15-B	0.76	0.76	26.43	65.48	1.69	2.29	0.3	1.23	0.55
hyb16-B	0.74	0.79	27.56	64.81	0.84	2.29	0.51	1.16	1.15

续表

样品代号	Na_2O	MgO	Al_2O_3	SiO_2	P_2O_5	K_2O	CaO	TiO_2	Fe_2O_3
hyb17-B	0.69	0.61	26.7	65.77	0.84	2.3	0.57	1.28	1
hyb18-B	0.36	0.9	26.09	66.63	1.24	2	0.43	1.22	0.99
hyb19-B	0.71	0.71	28.66	64.17	1.06	2.18	0.32	1.21	0.47
hyb20-B	0.86	0.83	28.11	64	0.49	2.48	0.8	1.12	0.86
hyb21-B	0.53	0.77	30.95	62.26	0.98	2.19	0.3	1.25	0.76
hyb22-B	0.95	0.83	27.8	64.96	1.14	2.15	0.35	1.04	0.48
hyb23-B	0.99	1.16	30.64	59.23	1.77	2.43	0.33	1.29	0.94
hyb24-B	0.89	0.66	27.82	64.74	0.2	2.61	0.43	1.18	1.01
hyb25-B	1.05	0.87	27.63	63.9	0.5	2.56	0.55	1.08	0.99
hyb26-B	1.22	1.25	27.73	62.48	2.53	2.09	0.44	1.05	0.45
hyb27-B	0.72	0.89	27.43	65.15	1.7	2.08	0.29	1.03	0.53
hyb28-B	0.59	0.65	27.48	65.24	1.4	2.1	0.98	1.02	0.56
hyb29-B	1.36	0.36	26.79	65.75	0.2	2.37	0.61	1.31	0.5
hyb30-B	0.96	0.92	31.35	61.39	0.45	1.62	1	0.99	1.07
hyb31-B	0.56	0.55	30.99	62.67	0.76	2.3	0.29	1.04	0.71
hyb32-B	0.71	0.66	27.5	65.21	0.7	3.12	0.43	1.02	0.56
hyb33-B	0.76	0.87	28.39	64.6	0.6	2.3	0.49	1.01	0.87
hyb34-B	0.48	0.6	27.8	67.18	0.09	2.02	0.39	0.86	0.46
hyb35-B	0.88	0.68	27.99	64.55	0.84	2.35	0.51	1.29	0.52
hyb36-B	0.79	0.98	27.76	64.87	1.06	2.38	0.53	0.98	0.48
hyb37-B	0.68	0.68	27.99	65.76	0.42	2.36	0.38	1.22	0.46
hyb38-B	0.63	0.71	28.57	64.75	0.63	2.3	0.44	1.1	0.61
hyb39-B	0.57	0.5	27.99	65.14	0.39	2.1	0.65	1.06	1.09
hyb40-B	1.49	0.54	26.37	62.54	0.84	4.03	0.86	1.22	0.7
hyb41-B	0.45	0.55	27.33	65.57	0.88	2.37	0.72	1.11	0.58
hyb42-B	0.52	0.43	27.27	66.82	0.49	1.94	0.69	1.11	0.61
hyb43-B	0.35	0.98	28.34	63.4	1.5	2.01	1.56	1.09	0.61
hyb44-B	0.57	0.98	31.11	61.94	0.98	2.14	0.46	1.04	0.47
hyb45-B	0.58	0.93	25.41	65.72	0.78	2.63	1.55	0.93	0.73
hyb46-B	0.71	0.88	28.1	64.37	0.74	2.14	0.51	1.08	0.87
hyb47-B	0.58	0.79	26.87	66.02	0.98	2.27	0.42	1	0.49
hyb48-B	0.77	0.96	27.84	65.89	0.66	1.73	0.29	1.03	0.41
hyb49-B	0.95	1.1	25.78	64.81	1.14	2.11	1.12	1.14	1.05
hyb50-B	0.39	0.79	30.85	61.61	0.84	2.38	0.46	1.22	0.89
hyb51-B	0.71	0.55	31.2	62.95	0.45	2.06	0.32	0.93	0.61
hyb52-B	0.57	0.77	26.9	65.47	0.87	2.44	0.94	1.26	0.48
hyb53-B	0.73	0.78	25.57	66.98	1.81	1.91	0.4	0.96	0.41

续表

样品代号	Na$_2$O	MgO	Al$_2$O$_3$	SiO$_2$	P$_2$O$_5$	K$_2$O	CaO	TiO$_2$	Fe$_2$O$_3$
hyb54-B	0.75	1.05	27.12	65.09	0.85	1.78	1.29	0.98	0.63
hyb55-B	0.49	0.45	26.12	68.34	0.93	1.74	0.19	1.2	0.32
hyb56-B	0.98	0.85	25.6	65.86	0.68	2.05	1.37	1.07	0.91
hyb57-B	0.83	0.84	31.11	60.42	0.75	2.4	0.81	1.15	1.09
hyb58-B	0.33	0.9	26.87	64.52	0.95	2.14	1.33	1.1	1
hyb59-B	0.46	0.06	32.44	63.13	0.35	1.38	0.32	1.08	0.55
hyb60-B	0.77	0.61	27.22	64.3	0.84	2.47	0.69	1.23	1.52
hyb61-B	0.6	0.87	29.35	63.08	1.03	2.3	0.37	1.12	0.91
hyb62-B	0.42	0.71	28.98	63.68	1.16	2.3	0.22	1.3	1.11
hyb63-B	0.68	0.96	30.13	62.58	0.66	1.86	0.3	1.02	1.69
hyb64-B	0.72	0.77	30.3	63.16	0.88	2.08	0.21	1.02	0.77
hyb65-B	0.77	0.83	28.93	64.01	0.52	2.26	0.27	1.34	0.82
hyb66-B	0.67	0.83	28.63	64.38	0.44	2.22	0.48	1.02	0.82
hyb67-B	0.48	0.73	29.71	64.18	0.46	2.06	0.22	1.26	0.85
hyb68-B	0.88	0.51	27.12	64.5	0.35	2.91	0.91	1.28	1.31
hyb69-B	0.77	0.73	29.3	63.07	0.46	2.73	0.28	1.24	1.3
hyb70-B	0.85	0.72	28.72	64.23	0.36	2.23	0.44	1.25	0.9
hyb71-B	0.88	0.74	27.83	64.89	0.56	2.4	0.28	1.22	0.87
hyb72-B	0.48	0.59	28.55	64.19	0.54	2.79	0.49	1.05	1.07
hyb73-B	0.48	0.72	28.61	64.06	0.9	2.42	0.28	1.25	0.9
hyb74-B	0.55	0	29.54	65.61	0.09	1.78	0.34	1.16	0.53
hyb75-B	0.9	0.66	28.75	63.54	0.81	2.52	0.39	1.18	1.01
hyb76-B	0.76	0.65	25.16	67.32	0.6	2.61	0.49	1.23	0.62
hyb77-B	0.47	0.46	29.04	64.41	0.56	2.21	0.39	1.15	0.89
hyb78-B	1.03	0.91	29.37	62.73	0.75	2.6	0.46	1.22	0.89
hyb79-B	0.69	0.5	27.61	65.11	0.68	2.46	0.3	1.35	1.03
hyb80-B	0.61	0.32	29.34	63.39	0.35	2.7	0.32	1.39	1.41

表3 黄冶窑白瓷釉的PIXE数据

	Na$_2$O	MgO	Al$_2$O$_3$	SiO$_2$	P$_2$O$_5$	K$_2$O	CaO	TiO$_2$	Fe$_2$O$_3$
hyb01-G	1.14	2.11	12.67	59.84	1.29	1.4	20.51	0	0.85
hyb02-G	1.02	1.69	12.43	64.01	1.35	3.46	14.65	0.21	1.02
hyb03-G	1.32	1.92	12.66	65.52	1.17	2.68	13.39	0.14	0.85
hyb04-G	1.05	1.82	13	61.54	1.7	2.47	16.55	0.24	1.06
hyb05-G	1.48	1.56	13.31	61.99	1.76	5.45	13.03	0.12	0.97
hyb06-G	1.07	1.62	12.74	67.47	1.62	4.25	9.63	0.15	1.26
hyb07-G	1.17	1.91	11.14	52.28	1.47	5.83	23.98	0.23	1.64

续表

	Na_2O	MgO	Al_2O_3	SiO_2	P_2O_5	K_2O	CaO	TiO_2	Fe_2O_3
hyb08-G	1.65	1.73	12.8	62.76	3.05	3.79	11.66	0.06	1.75
hyb09-G	0.81	1.21	12.18	68.06	1.56	4.58	8.9	0.07	2.2
hyb10-G	1.06	1.86	12.82	68.38	2.37	3.19	8.75	0.14	1.18
hyb11-G	0.99	1.43	12.35	65.52	1.67	4.2	11.14	0.29	1.9
hyb12-G	1.4	1.3	11.77	65.36	0.79	4.07	12.78	0.29	1.98
hyb13-G	0.9	1.52	12.4	66.52	1.05	3.86	11.34	0.21	1.78
hyb14-G	1.47	1.38	12.87	68.31	1.2	4.32	8.5	0.15	1.5
hyb15-G	1.12	1.75	12.6	60.57	1.24	4.85	15.88	0.42	1.4
hyb16-G	1.2	1.34	13.48	67.62	1.26	4.56	8.44	0.14	1.46
hyb17-G	1.53	1.16	12.82	68.49	1.01	4.51	8.68	0.18	1.52
hyb18-G	1.88	1.8	13.21	50.48	0.96	5.2	22.79	0.39	2.67
hyb19-G	1.35	1.18	12.37	68.11	2.1	2.97	10.8	0.07	0.66
hyb20-G	1.09	1.56	11.58	65.88	2.15	3.69	12.1	0.28	1.46
hyb21-G	1.36	1.84	14.35	64.89	1.1	4.81	9.42	0.24	1.92
hyb22-G	1.03	1.04	12.04	64.52	1.54	2.08	15.98	0.24	0.82
hyb23-G	1.55	1.36	13.21	63.43	1.1	4.16	12.54	0.24	1.71
hyb24-G	1.34	1.49	12.36	64.67	0.91	2.15	16.1	0.08	0.78
hyb25-G	0.67	1	12.82	65.12	1.83	2.71	14.6	0	1.07
hyb26-G	1.35	1.82	13.34	62.58	2.92	2.09	14.54	0.23	0.85
hyb27-G	0.88	1.4	14.98	65.26	2.99	2.92	9.47	0.31	1.13
hyb28-G	1.08	1.96	13.27	62.13	3.37	1.98	14.73	0	0.9
hyb29-G	1.41	0.92	10.33	73.19	0.7	3.11	9.2	0	0.88
hyb30-G	0.96	1.73	14.64	63.31	0.87	4.22	12.18	0.39	1.49
hyb31-G	1.25	1.54	12.22	66.15	0.94	4.46	11.51	0.17	1.32
hyb32-G	0.4	1.8	13.19	64.05	0.9	2.61	15.55	0.16	0.98
hyb33-G	0.82	1.33	13.07	64.27	0.32	2.21	16.68	0.08	1.08
hyb34-G	1.01	1.48	12.72	64.92	0.71	1.81	15.94	0.22	0.76
hyb35-G	0.94	1.31	14.08	59.99	0.9	2.79	18.44	0.29	1
hyb36-G	1.15	1.82	13.16	64.4	1.19	1.89	15.2	0.08	0.88
hyb37-G	1.52	1.51	13.84	61.84	0.83	2.73	16.15	0.38	0.9
hyb38-G	1.51	1.87	11.62	63.48	0.56	3.18	16.74	0.16	0.77
hyb39-G	1.57	1.15	12.6	68.29	0.97	3.64	10.3	0.18	0.98
hyb40-G	0.59	1.14	12.01	65.19	0.78	4.77	14.38	0.08	0.77
hyb41-G	1.01	1.58	11.29	67.35	1.09	2.39	14.41	0.13	0.57
hyb42-G	0.94	1.83	12.75	65.21	1.6	2.48	13.83	0.17	0.9
hyb43-G	1.77	1.35	14.03	64.53	1.5	3.17	11.53	0.17	1.73
hyb44-G	0.53	0.88	13.34	70.98	1.11	3.23	8.23	0.29	1.32
hyb45-G	1.46	2.64	14.16	62.37	1.34	4.57	11.89	0.42	1.07

续表

	Na$_2$O	MgO	Al$_2$O$_3$	SiO$_2$	P$_2$O$_5$	K$_2$O	CaO	TiO$_2$	Fe$_2$O$_3$
hyb46-G	0.8	1.89	13.03	65.24	1.14	2.79	13.66	0.15	0.97
hyb47-G	0.84	1.83	14.34	66.29	1.42	2.99	9.83	0.4	1.71
hyb48-G	1.33	2.12	14.73	63.63	1.24	3.26	12.34	0.16	0.91
hyb49-G	1.28	1.38	13.97	61.11	1.36	3.72	15.06	0.26	1.41
hyb50-G	1.13	1.95	14.14	61.29	1.15	2.17	16.63	0.14	1.02
hyb51-G	0.94	1.09	16.75	66.92	1.5	3.76	6.37	0.84	1.27
hyb52-G	1.18	1.71	12.17	65.9	0.78	3.47	13.74	0.08	0.91
hyb53-G	1.2	1.63	14.29	64.73	1.94	2.9	12.02	0.15	0.89
hyb54-G	0.94	1.31	12.94	64.1	1.06	4.63	12.51	0.15	1.85
hyb55-G	1.88	1.82	13.84	63.08	1.7	3.05	12.88	0.22	0.81
hyb56-G	1.4	1.67	16.12	62.05	1.64	4.48	10.7	0.71	1.02
hyb57-G	1.5	1.46	19.64	60.52	0.85	1.67	12.75	0.31	0.92
hyb58-G	0.8	1.05	13.1	62.31	1.8	3.28	15.89	0.53	0.73
hyb59-G	1.18	2.16	15.45	61.27	1.53	4.12	12.86	0.28	1.01
hyb60-Gi	0.69	0.99	9.65	61.75	5.07	1.54	1.31	0.43	1.1
hyb60-G	0.7	0.57	9.14	73.01	3.37	4.996	1.69	0.43	0.74
hyb61-G	0.75	1.79	12.57	62.45	1.57	1.91	17.3	0.14	1.1
hyb62-G	0.86	1.71	14.03	61.78	1.22	1.75	16.94	0.24	1.01
hyb63-G	0.5	1.14	10.74	71.66	0.84	2.98	10.84	0.09	0.83
hyb64-G	0.68	1.44	11.98	70.59	1.05	3.18	9.45	0.34	1.02
hyb65-G	0.73	1.6	12.53	61.22	1.24	2.11	19.21	0.14	0.95
hyb66-G	0.72	1.15	13.18	69.64	0.85	3.6	8.73	0.44	1.22
hyb67-G	0.93	1.36	10.75	70.92	1.18	3.01	10.74	0.14	0.74
hyb68-Gi	1.34	1.28	11.49	63.79	0.7	6.18	12.96	0.38	1.42
hyb68-G	1.07	1.23	10.26	71.17	1.09	3.94	10.04	0	0.68
hyb69-G	1.05	1.3	11.03	69.46	1	2.7	11.92	0.16	0.9
hyb70-G	0.45	1.28	10.57	65.51	1.42	5.59	13.4	0.32	1.16
hyb71-G	0.28	1.11	10.72	73.41	0.7	3.57	8.73	0.09	1.02
hyb72-G	0.99	1.22	10.67	71.31	0.84	3.09	10.69	0.09	0.82
hyb73-G	0.48	1.33	11.91	63.59	1.02	1.93	17.6	0.22	1.21
hyb74-G	0.79	1.06	9.51	68.42	1.23	4.65	13.48	0.08	0.56
hyb75-Gi	0.81	1.33	10.87	71.18	1.6	3.14	10.02	0.17	0.64
hyb75-G	0.7	1.38	12.01	71.88	0.71	3.99	7.74	0.17	1.26
hyb76-G	0.71	1.13	14.24	60.06	1.12	5.83	14.92	0.44	1.23
hyb77-G	0.57	1.5	11.46	69.75	0.98	3.54	10.68	0.16	1.15
hyb78-G	0.43	1.25	11.53	73.86	0.66	3.38	7.53	0.19	1.03
hyb79-G	0.37	1.42	13.79	66.97	0.71	3.27	11.3	0.32	1.61
hyb80-G	0.83	1.11	11.13	70.07	1.31	3.27	10.65	0.16	1.02

2.1 黄冶窑白瓷的因子分析

2.1.1 黄冶窑白瓷釉的因子分析

选取黄冶窑白瓷釉中Na_2O、MgO、Al_2O_3、SiO_2、K_2O、Fe_2O_3六种氧化物做因子分析,得出它们的总方差解释和因子载荷矩阵分别如表4和表5所示。

表 4 总方差解释

成分	初始特征值			提取平方和载入			旋转平方和载入		
	合计	方差的%	累积%	合计	方差的%	累积%	合计	方差的%	累积%
1	2.381	39.688	39.688	2.381	39.688	39.688	2.324	38.735	38.735
2	1.475	24.588	64.276	1.475	24.588	64.276	1.532	25.541	64.276

表 5 因子载荷矩阵

	成分	
	1	2
SiO_2	-.805	-.156
MgO	.790	-.146
Al_2O_3	.743	-.030
Na_2O	.661	.234
K_2O	-.120	.874
Fe_2O_3	.224	.816

根据表4,提取特征值大于1的两个公因子F1和F2,它们代表了黄冶窑白瓷釉样品64.276%的原始信息。由表5可写出两个公因子的表达式:

F1=-0.805SiO_2+0.661Na_2O+0.790MgO+0.743Al_2O_3-0.120K_2O+0.224Fe_2O_3

F2=-0.156SiO_2+0.234Na_2O-0.146MgO-0.030Al_2O_3+0.874K_2O+0.816Fe_2O_3

图1是黄冶窑白瓷釉样品的因子分析图,由图1可以看出黄冶窑白瓷釉样品分为白色泛黄和偏青泛青两种。釉色呈偏青泛青的白瓷样品多分布在右上方,而偏黄泛黄样品分布在左下方,两种釉色的样品分布有明显差别,中间有少数泛黄和泛青的白瓷样品重叠,而四期白瓷釉样品分布相对集中。

2.1.2 黄冶窑白瓷胎的因子分析

选取黄冶窑白瓷胎中Na_2O、P_2O_5、TiO_2、K_2O、Fe_2O_3五种氧化物做因子分析,总方差解释和因子载荷矩阵分别如表6和表7所示。

表 6 解释的总方差

成分	初始特征值			提取平方和载入			旋转平方和载入		
	合计	方差的%	累积%	合计	方差的%	累积%	合计	方差的%	累积%
1	1.706	34.113	34.113	1.706	34.113	34.113	1.487	29.746	29.746
2	1.183	23.650	57.763	1.183	23.650	57.763	1.401	28.016	57.763

表7 因子载荷矩阵

	成分	
	1	2
Na_2O	-.223	.779
P_2O_5	-.709	.174
K_2O	.274	.737
TiO_2	.533	.444
Fe_2O_3	.759	.153

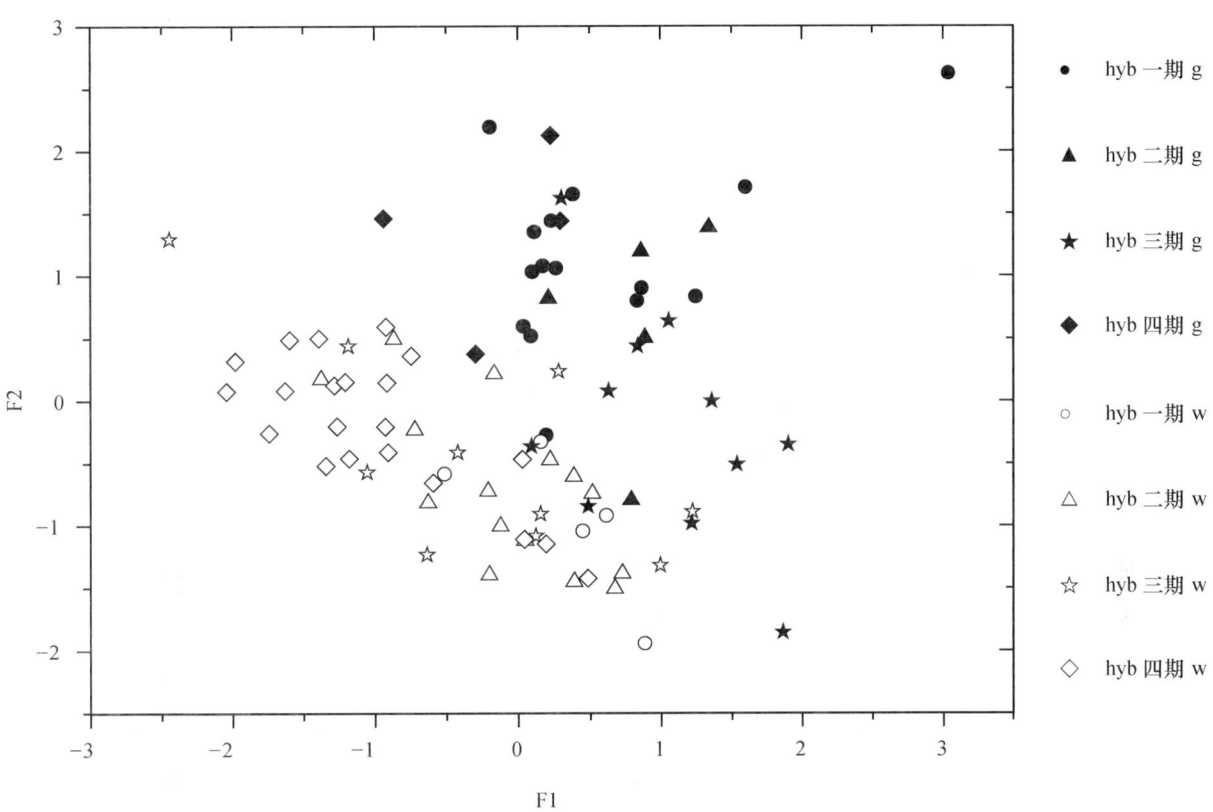

图1 黄冶窑白瓷釉样品的因子分析图

根据表6提取特征值大于1的两个公因子F1和F2，它们代表了黄冶窑白瓷釉样品57.763%的原始信息。由表7写出两个公因子的表达式：

F1=0.533TiO_2-0.223Na_2O-0.709P_2O_5+0.274K_2O+0.759Fe_2O_3

F2=0.444TiO_2+0.779Na_2O+0.174P_2O_5+0.737K_2O+0.153Fe_2O_3

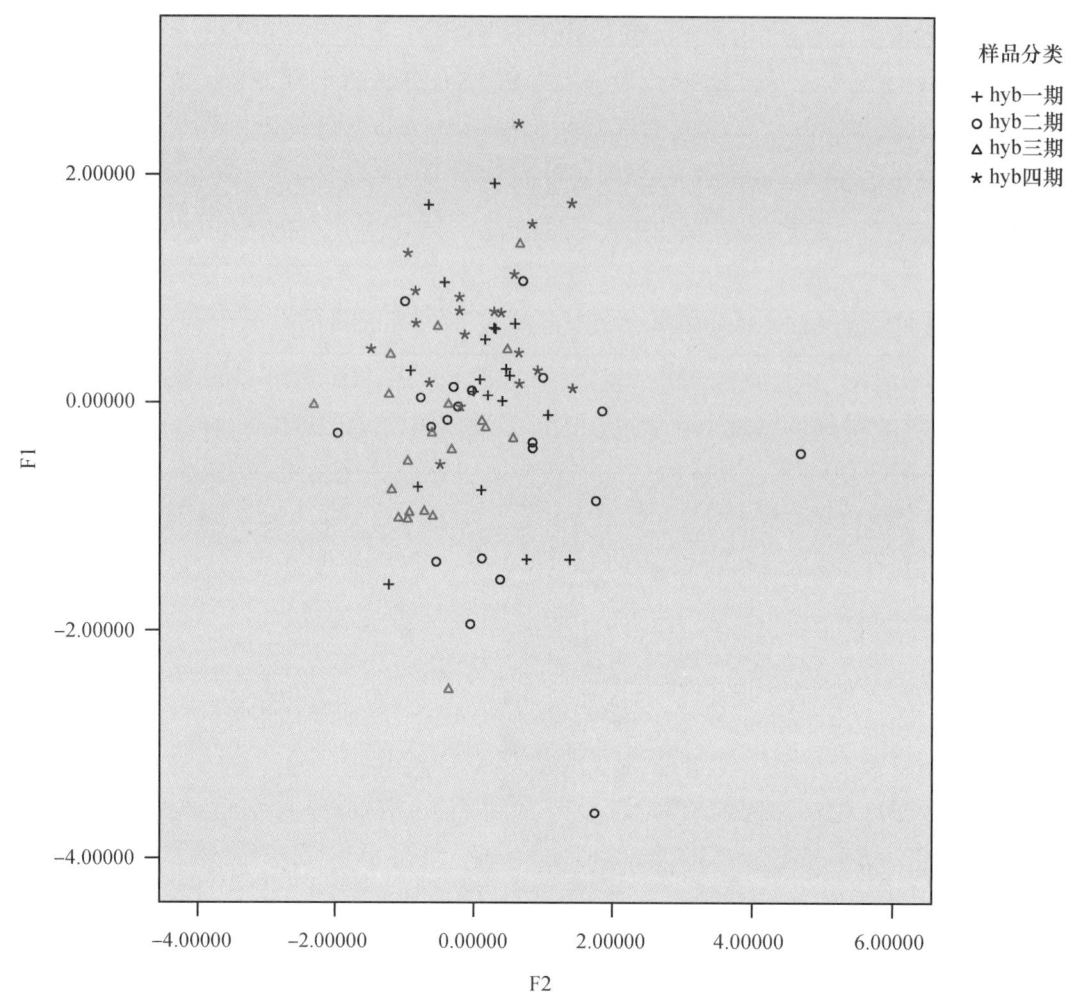

图2 黄冶窑胎样品的因子分析图

图1是黄冶窑白瓷胎样品的因子分析图。由图2可以看出，黄冶窑一期和二期白瓷胎样品分布稍微分散，三期和四期白瓷胎样品的分布比较集中，但大多数样品都集中在中间区域。这说明黄冶窑胎原料可能是就地取材，取自黄冶窑附近的高岭土和黏土。

2.2 黄冶窑白瓷PIXE数据的模糊聚类分析

将黄冶窑白瓷胎和釉的PIXE数据分别进行模糊聚类分析，得到的模糊聚类分析图分别如图3和图4所示。

由图3可以看出，当λ值在0.815的时，黄冶窑白瓷胎样品可以分为七类，hyb40、hyb34、hyb55、hyb74、hyb59和hyb05各自成一类，其余样品都可以归为一类，这说明黄冶窑四个时期的胎原料基本相同，胎料来源可能都是就地取材，取自相同或者相近的地点。

由图4可以看出，当λ值在0.807的时候，样品的釉元素可以分为24类，第一类包括hyb42、hyb46、hyb03、hyb04、hyb50、hyb62、hyb48、hyb36、hyb32、hyb02、hyb52、hyb61、hyb65、hyb53、hyb24、hyb34、hyb59、hyb44、hyb45、hyb26、hyb28和hyb38，这些样品大多为白色稍微偏黄色的样品；第二类包括hyb17、hyb14、hyb16、hyb39、hyb06、 hyb31、hyb10、hyb11、hyb13、hyb54、hyb20、hyb12、hyb23、hyb43、hyb49、hyb21、hyb55、hyb35、hyb15、hyb30、hyb47、hyb80Gw、hyb33、hyb58Gi和hyb37，这一类样品有四个时期稍微泛青偏黄色样品；第三类样品包括hyb67、hyb72、hyb75Gi、hyb63、hyb69、hyb80、hyb68Go、hyb66、hyb80Gg、hyb64、hyb77、hyb44、hyb75G、hyb80Gi、hyb71、hyb78和hyb41，这一类样品多数是四期白色偏黄样品，只有两个三期样品hyb44和hyb41略泛青的样品被分到这一类；其余21个样品各成一类。

通过对黄冶窑PIXE数据的因子分析和模糊聚类分析，可以得到黄冶窑白瓷胎原料来源相对集中，可能是就地取材，取自黄冶窑附近的高岭土和黏土；黄冶窑的白瓷釉大致可以分为3大类，第1类是各个时期偏黄或者泛黄的样品，第2类是稍微泛青泛黄的样品，第3类大多数是白色偏黄泛黄的黄冶窑四期样品，这说明四期白瓷样品在制作工艺上更加成熟。

3. 黄冶窑白瓷胎的物相分析

选取13个黄冶窑白瓷胎样品进行X衍射分析，白瓷胎的衍射谱如图5~8所示，其中a—莫来石，b—α石英，c—方石英，Q—石英，f—Al_2SiO_5（黏土的主要成分）。

由可图5~8知，黄冶窑白瓷胎的物相基本相同，主要是由莫来石、α石英、方石英、未熔石英和少量的黏土相。一期白瓷胎样品中莫来石含量较少，而未熔石英的含量较高，二期、三期和四期白瓷胎样品莫来石含量相对较高，未熔石英含量很少。二期白瓷胎样品中方石英的含量很高，三期白瓷胎样品中α石英的含量较高，四期白瓷胎样品中多为莫来石，方石英，所含的α石英相对较低，黏土相消失。长石在1200℃左右，开始熔融，继续加热，会转化为莫来石晶体，方石英的形成温度在1300℃左右。这说明黄冶窑烧制温度在1300℃左右。

4. 黄冶窑白瓷的微观结构研究

陶瓷在不同的地域不同时期选取的原料不同，再加上烧制温度和烧制气氛的差异，陶瓷的显微结构就会相差很大，它能间接反映出陶瓷的原料组成和烧制工艺。陶瓷的显微结构主要包括气泡的大小、多少以及分布，晶粒的大小、分布和取向，晶相的种类、数量、形状和发育程度等多个方面。在考古学中，分析研究陶瓷显微结构，可以说明很多问题：通过对陶瓷内部的观察，可以对比分析，进行分类和真伪鉴定；根据晶体种类大小，可以推测烧成温度的范围；结合能谱仪还可以半定量的测定陶瓷的化学组成，从而推测陶瓷烧制过程中的物理和化学变化。

4.1 黄冶窑白瓷釉的微观结构研究

用JSM-6700F型场发射扫描电子显微镜观察白瓷的显微结构。图9~12是黄冶窑白瓷胎釉中间层在5000倍下的显微结构图。

由图9~12可以看出，釉中存在微米级的针状或柱状钙长石晶体，特别是在胎釉中间层有较多数量的钙长石晶体。胎釉中间层是在高温下胎釉相互渗透，釉中的富Ca矿物和胎中富含的Al_2O_3发生化学物理反应，使得胎釉交界处的Ca、Si和Al的成分达到饱和，在冷却降温中，析出了钙长石晶体。胎釉中间层钙长石的生成，能使胎釉紧密地黏合在一起，防止胎釉收缩率不同而导致的裂釉和脱釉的现象发生，从而提高了瓷器的物理性能。

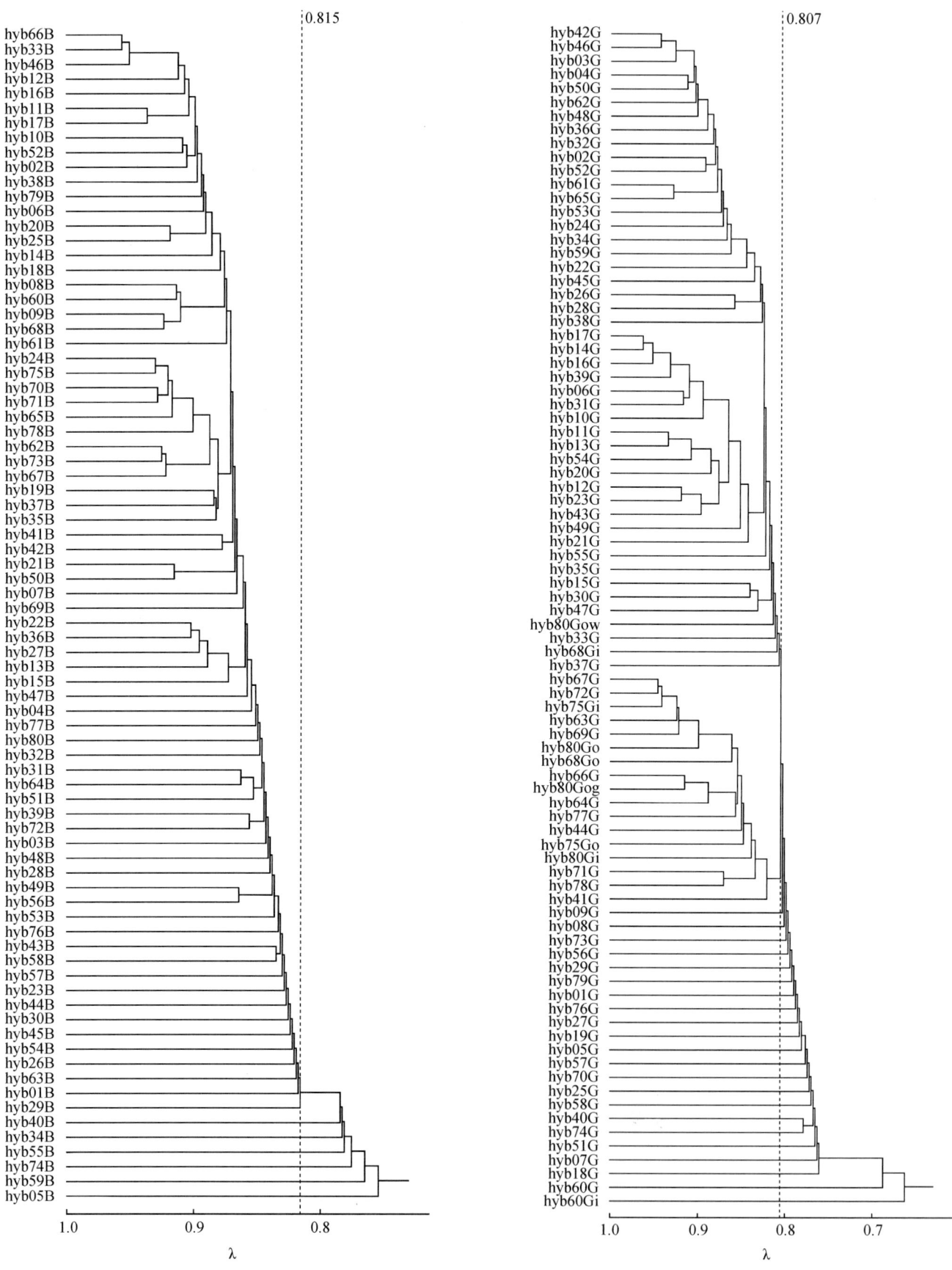

图3 黄冶窑白瓷胎的模糊聚类分析图　　　　图4 黄冶窑白瓷釉的模糊聚类分析图

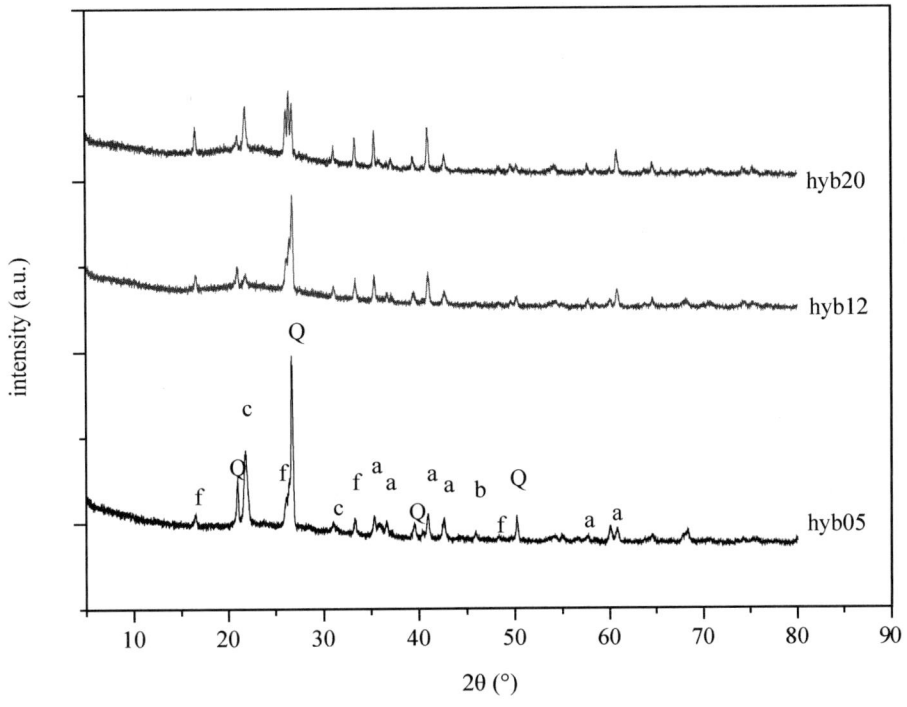

图5　黄冶窑一期白瓷胎样品的XRD图

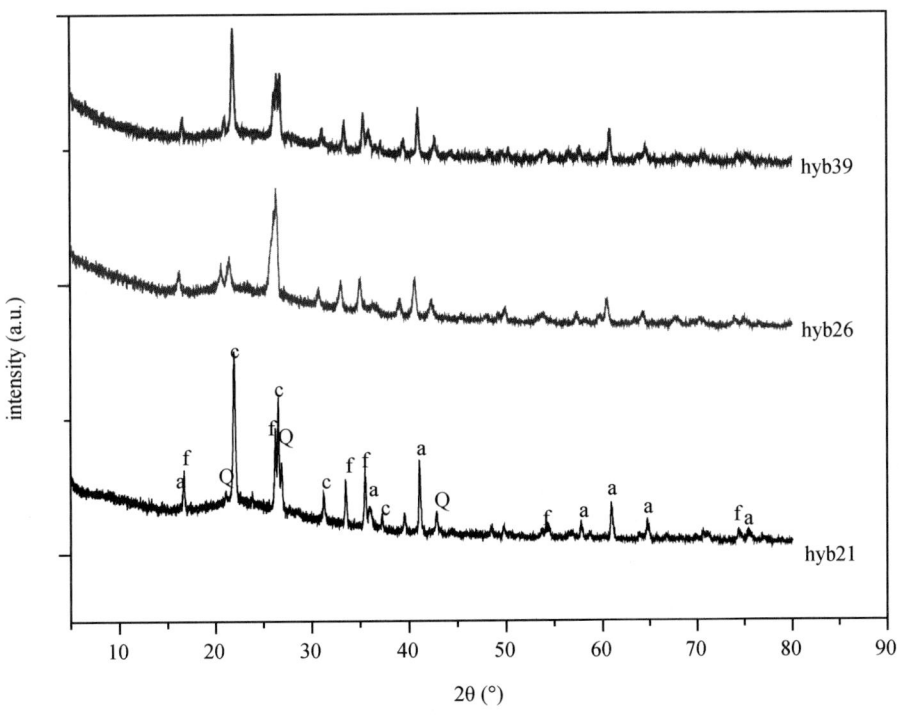

图6　黄冶窑二期白瓷胎样品的XRD图

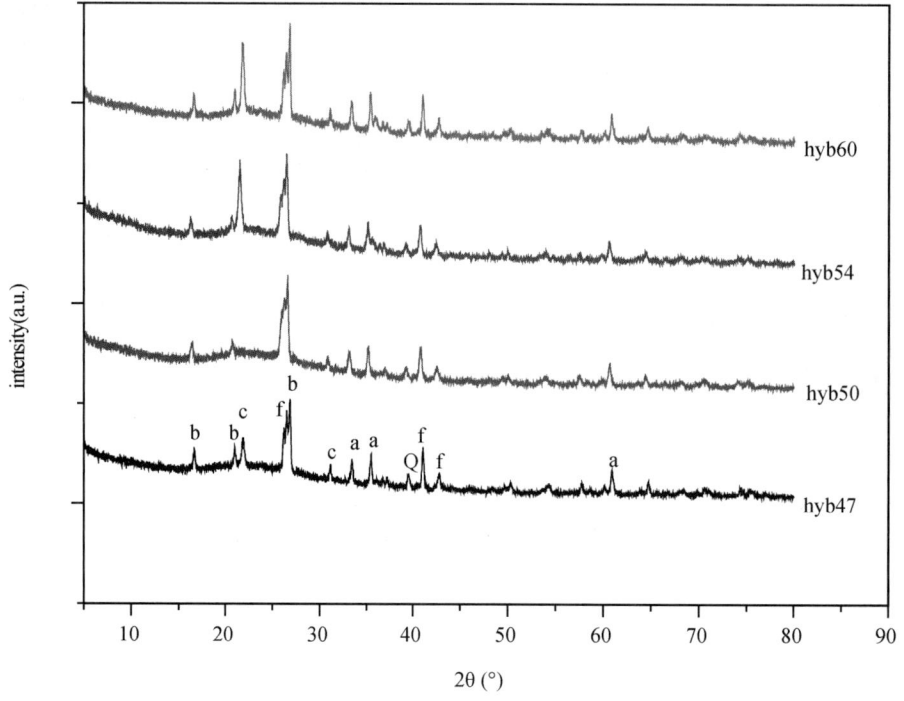

图7 黄冶窑三期白瓷胎样品的XRD图

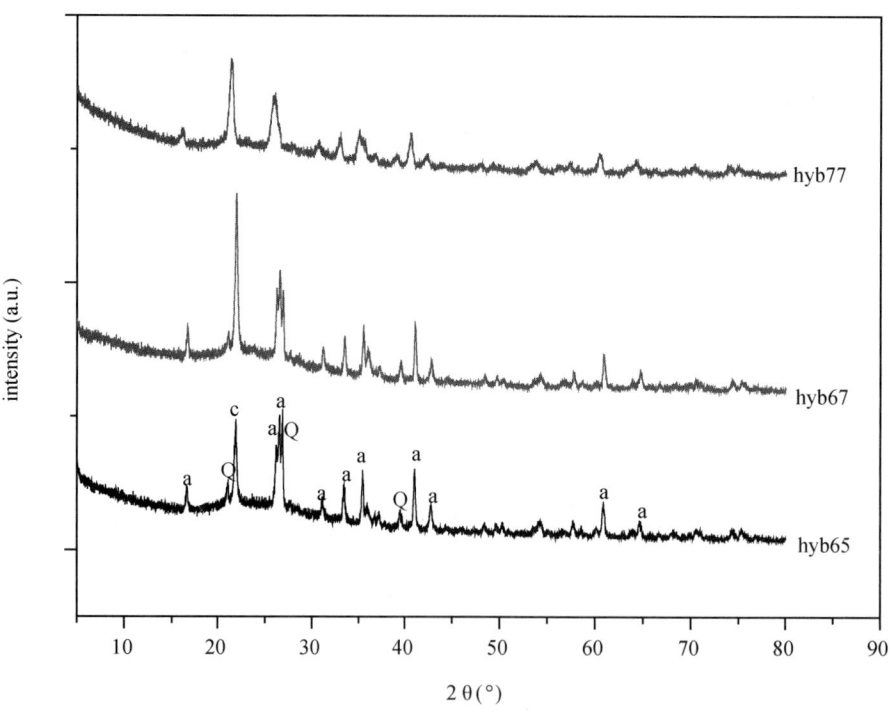

图8 黄冶窑四期白瓷胎样品的XRD图

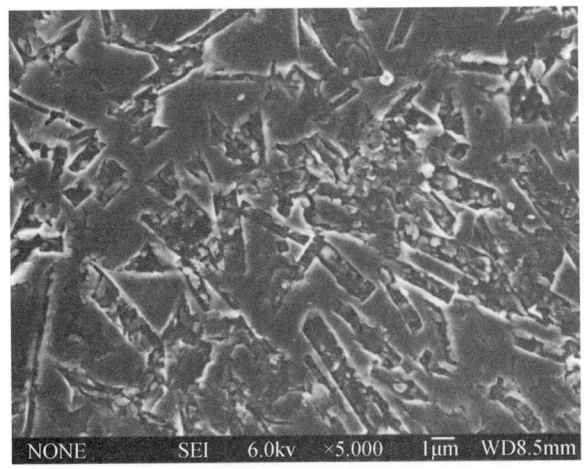

图9　hyb05胎釉中间层显微结构

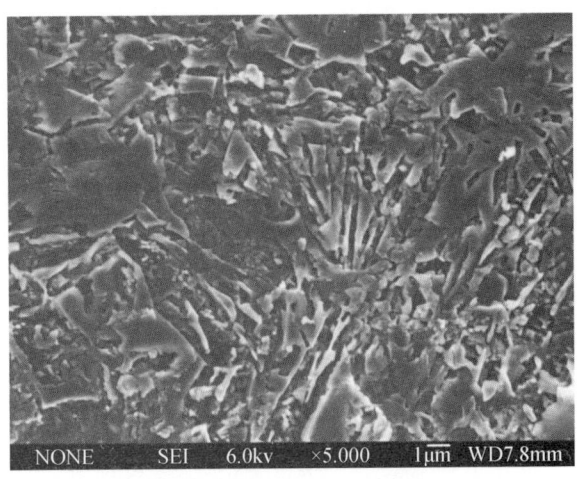

图10　hyb26胎釉中间层显微结构

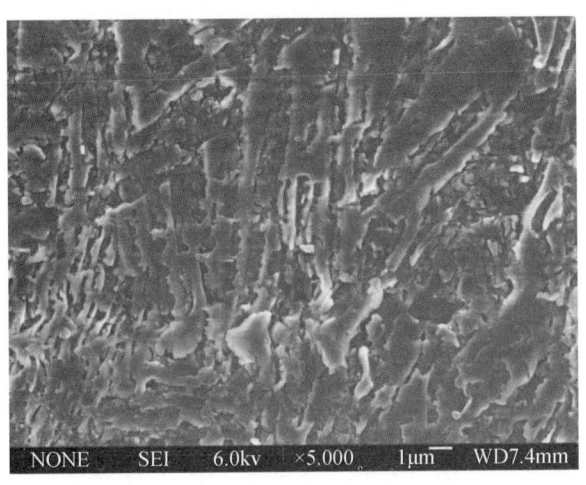

图11　hyb49胎釉中间层显微结构

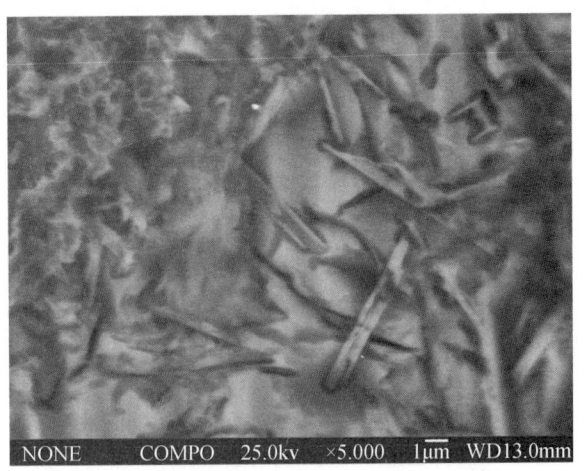

图12　hyb65胎釉结合处显微结构

　　由图13～16可以看出，黄冶窑白瓷釉中存在分相结构，但分相结构不是存在于整个玻璃相中，而是主要出现在晶体的周缘及晶丛间隙，其形貌大多呈小颗粒或"蠕虫"状。分相釉的呈色机理符合Rayleigh散射及Mie散射规律，黄冶窑分相小液滴的大小在100nm以上，釉色呈乳白色。由图17～20可以看出，黄冶窑白瓷釉中分相结构与析晶相伴而生。

4.2　黄冶窑白瓷胎的微观结构研究

　　图21～25是黄冶窑白瓷胎的显微结构。由图21～25可以看出，黄冶窑白瓷胎中有气孔、未熔的石英颗粒、较大的Ti颗粒、莫来石晶体和石英晶体等。样品hyb05胎中有许多小气孔出现，样品hyb39和hyb56胎体中都有颗粒状物质组成，这些颗粒多为HF酸腐蚀后，凸显出来的莫来石晶体和石英晶体。图26是hyb65胎的显微结构和能谱仪扫描示意图，表8是图26中对应点的元素含量，表8的数据显示，hyb65的胎中存在Ti含量很高的颗粒。

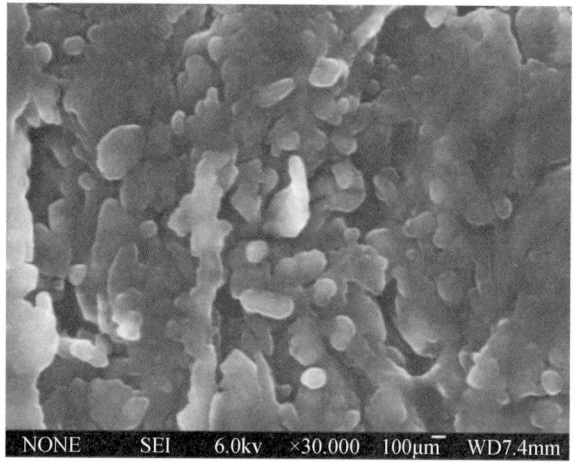
图13　hyb56釉的显微结构图

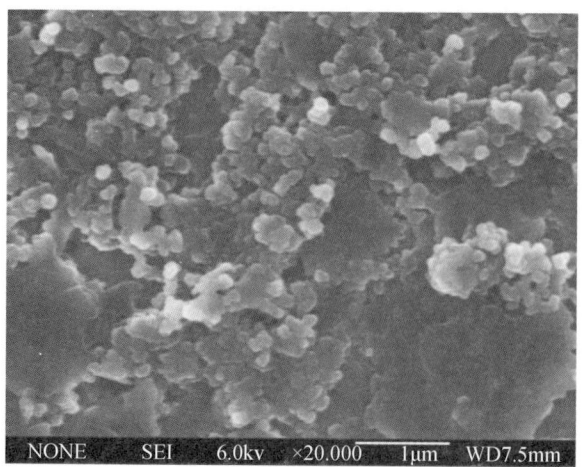
图14　hyb56釉的显微结构图

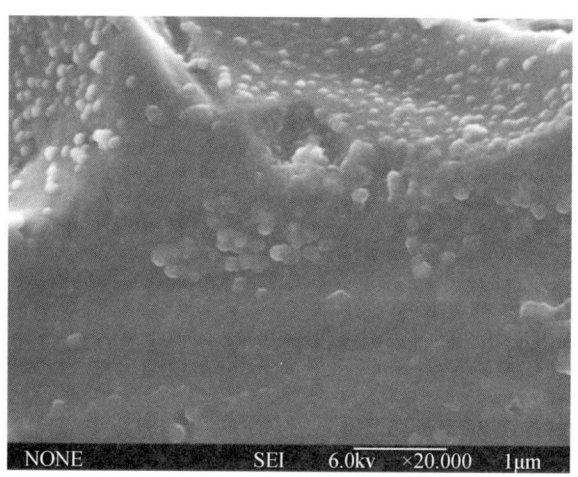
图15　hyb12釉的显微结构图

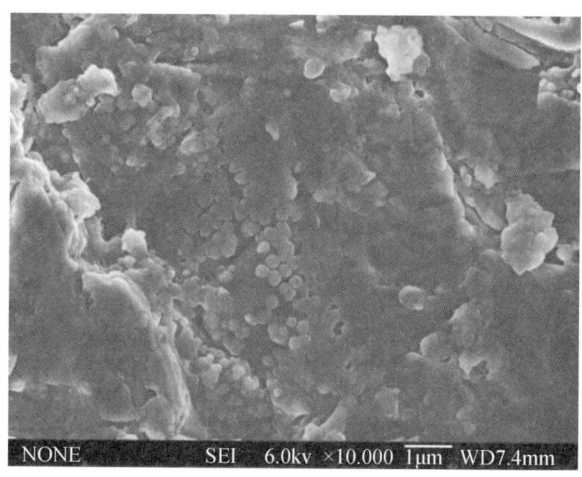
图16　hyb39釉的显微结构图

图17　hyb05釉的显微结构图

图18　hyb12釉的显微结构图

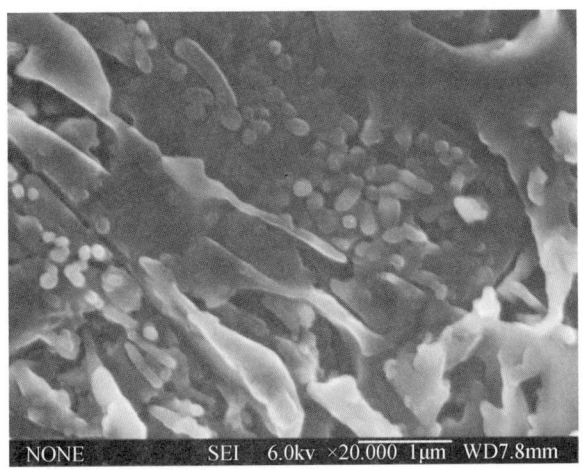

图19 hyb26釉的显微结构图

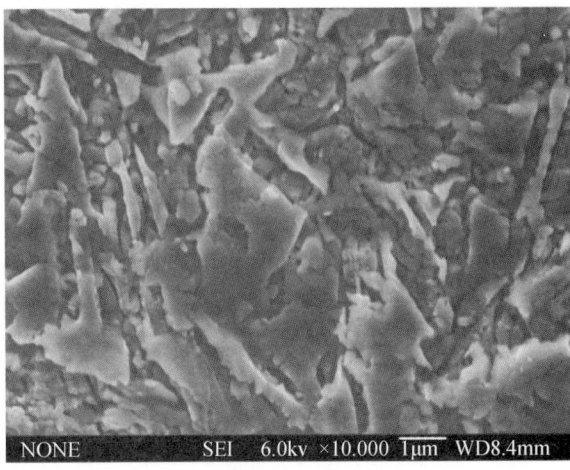

图20 hyb39釉的显微结构图

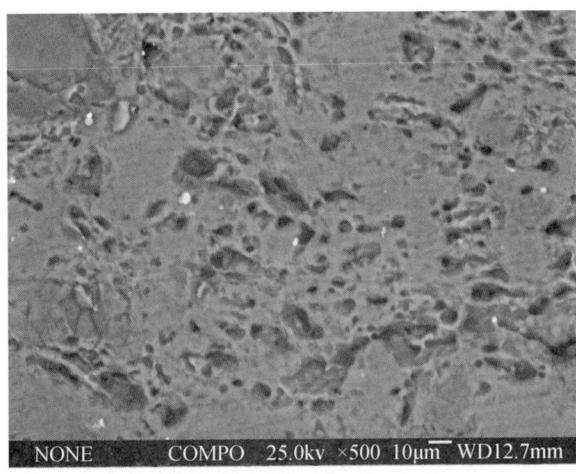

图21 hyb60胎的显微结构图

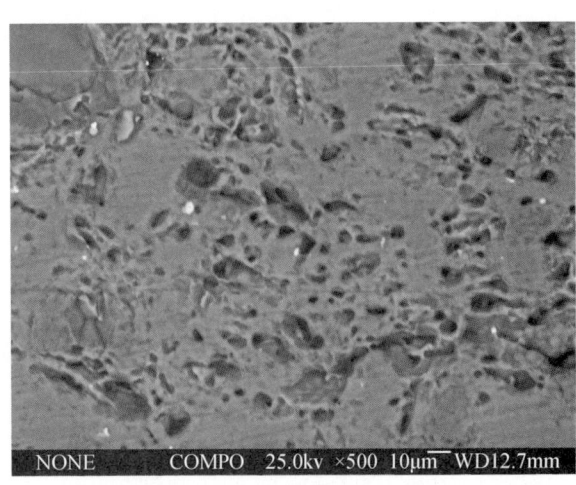

图22 hyb66胎的显微结构图

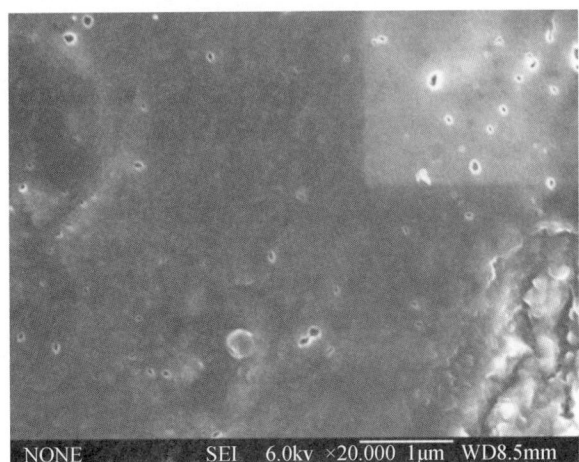

图23 hyb05胎的显微结构图

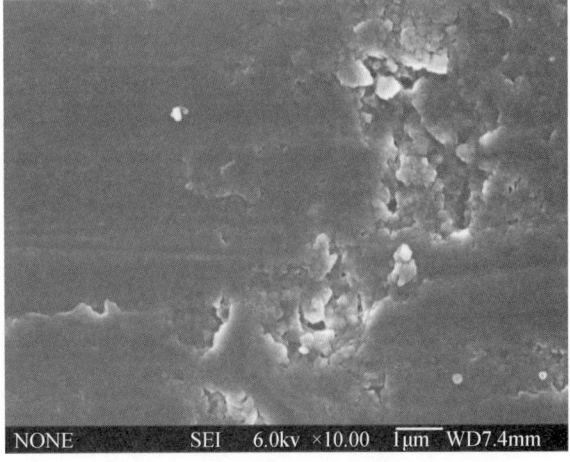

图24 hyb39胎的显微结

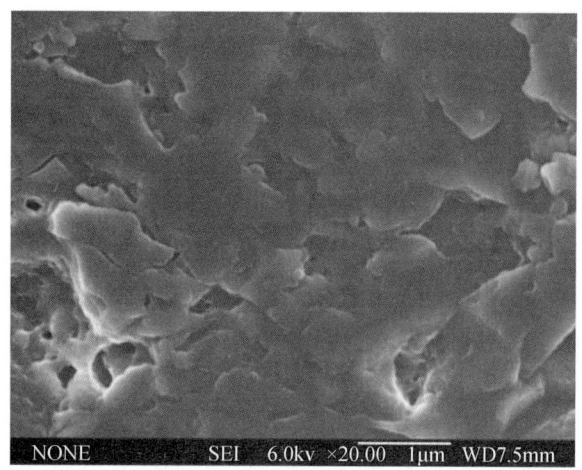

图25 hyb56胎的显微结构图

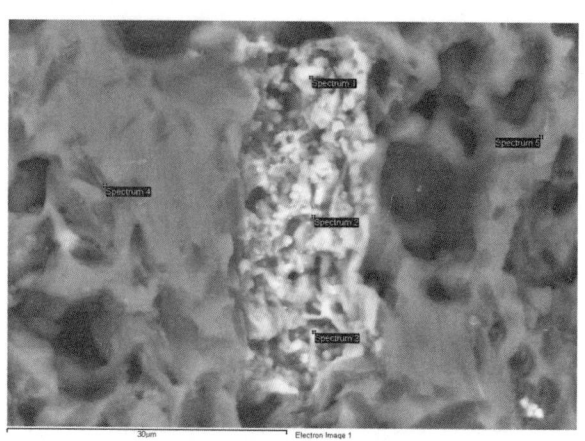

图26 hyb65胎内扫描示意图

表8 hyb65点扫描元素含量表

Spectrum	Al	Si	K	Ca	Ti	Fe
Spectrum 1	8.47	27.98	3.04	2.74	57.77	0.00
Spectrum 2	3.35	14.67	10.30	1.98	69.70	0.00
Spectrum 3	6.79	13.26	1.26	1.46	76.24	0.99
Spectrum 4	24.69	66.81	6.77	0.88	0.00	0.84
Spectrum 5	29.24	63.01	2.83	0.94	3.57	0.40

4.3 胎和釉结合处的微观结构和EDS扫描分析

利用扫描电镜的能谱仪，对样品进行EDS扫描分析，测出样品各个位置的元素含量及分布情况，可以更好的分析样品从胎到釉整个过渡过程中，成分的差异。能谱仪扫描示意图如图27所示，表9是黄冶窑白瓷样品hyb60从釉到胎的元素含量。

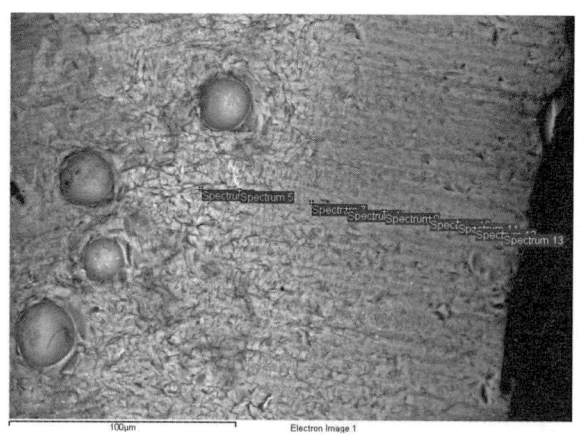

图27 hyb60胎釉线扫描示意图

表9　hyb60胎釉线扫描元素含量表

Spectrum	Na	Mg	Al	Si	K	Ca	Ti	Fe	Pb
Spectrum 4	2.74	1.51	19.81	55.95	6.36	3.03	0.73	1.27	8.60
Spectrum 5	3.10	2.13	17.98	54.73	7.51	3.71	0.00	1.36	9.47
Spectrum 7	1.46	1.65	16.89	61.06	7.42	2.32	0.81	1.06	7.32
Spectrum 8	3.05	0.00	15.32	62.25	9.07	2.64	0.00	1.17	6.50
Spectrum 9	2.38	1.10	14.84	63.73	8.97	1.60	0.60	1.12	5.66
Spectrum 10	1.45	0.00	14.59	68.49	9.26	0.00	0.62	0.50	5.09
Spectrum 11	1.82	0.88	14.54	65.77	9.66	0.95	0.89	0.71	4.79
Spectrum 12	1.41	0.00	12.16	67.55	11.42	1.39	0.81	0.80	4.46
Spectrum 13	2.48	0.00	12.00	68.52	11.23	1.04	0.70	0.95	3.09
Max.	3.10	2.13	19.81	68.52	11.42	3.71	0.89	1.36	9.47
Min.	1.41	0.00	12.00	54.73	6.36	0.00	0.00	0.50	3.09

由图27可以看出，黄冶窑白瓷釉有气泡存在，釉中气泡为圆形，气泡在釉层中分布不均匀，而且气泡大小不等，胎釉中间层处气泡偏多，靠近釉面表层气泡量少。由表9可知，hyb60从釉层到胎层的扫描中，Ca、Al和Pb的含量都是逐渐变小的，而Si和K的含量逐渐增加，样品的胎釉中还含有少量的Na、Mg，这说明样品胎釉在烧制过程中，相互渗透，使胎釉中间层形成了钙长石结晶。

5. 结论

利用多种现代分析技术对黄冶窑白瓷胎釉成分、显微结构、物相结构和反射光谱进行分析，结论如下：

（1）黄冶窑白瓷釉样品的主波长范围为625nm～797.5nm。黄冶窑白瓷样品大致分为两类：一类白中泛黄，另一类白中泛青。白中泛青釉样品的主波长较小，白中泛黄釉主波长较大。黄冶窑四期样品主波长和反射率都非常高，这说明黄冶窑白瓷烧制技术是由基本成熟发展到了成熟阶段。

（2）黄冶窑四个时期的白瓷胎的原料来源相近或者相同，白瓷釉样品成分略有差别，白中泛青釉和白中泛黄釉的配方不同。

（3）黄冶窑白瓷胎中物相基本相同，主要是由莫来石、α石英和方石英、未熔石英和少量的黏土相。

（4）黄冶窑白瓷釉中有气泡存在，釉中气泡为圆形，气泡在釉层中分布不均匀，而且气泡大小不等，胎釉中间层处气泡偏多，靠近釉面表层气泡量少；釉中存在微米级的针状或柱状钙长石晶体，特别是在胎釉中间层有较多数量的钙长石晶体；白瓷釉中存在分相结构，且分相结构与析晶相伴而生。黄冶窑白瓷的胎中有气孔、未熔的石英颗粒、较大的Ti颗粒、莫来石晶体和石英晶体。

#　后　记

　　本书是2002~2004年河南省巩义市黄冶窑考古发掘报告，由河南省文物考古研究院、中国文化遗产研究院和日本独立行政法人国立文化财机构奈良文化财研究所共同编著。从2000年至2014年，河南省文物考古研究院与日本奈良文化财研究所进行了长达15年的合作，共同深入研究巩义黄冶、白河窑出土唐三彩，并取得了一批研究成果。中方合作研究团队队长孙新民，副队长刘兰华，成员有赵志文、郭木森等；日方合作研究团队队长先后为田边征夫、松村惠司，副队长先后为川越俊一、巽淳一郎、玉田芳英，成员有西口寿生、神野惠、森川实、丹羽崇史、小田裕树、若衫智宏等。本书也是中日双方合作研究的最终成果之一。

　　2002年秋季，配合巩义市的焦作至巩义黄河大桥与310国道连接线道路扩宽项目，河南省文物考古研究院、郑州市文物考古研究院和巩义市文物保护管理所联合对涉及的黄冶窑址进行了抢救性发掘。2003~2004年，在国家文物局和河南省文物局的大力支持下，河南省文物考古研究院与中国文化遗产研究院共同主持，对巩义黄冶窑址开展了主动性考古发掘。本考古项目由河南省文物考古研究院孙新民和中国文化遗产研究院刘兰华担任领队，先后参加考古发掘的有河南省文物考古研究院郭木森、赵志文，郑州市文物考古研究院郝红星，巩义市文物保护管理所刘洪淼、赵海星、王振杰、董文利、李靖宇等。

　　本考古报告由郭木森、刘兰华、孙新民执笔编写。遗迹照片由郭木森拍摄，遗物照片由郭民卿拍摄，器物绘图为时丽娟、杨玉华，器物修复工作由陈毅完成，拓片王团结。复旦大学现代物理研究所、中国科学院上海硅酸盐研究所、中国科学院上海光学精密机械研究所科技考古中心和郑州大学物理工程学院先后测试了巩义黄冶窑出土的陶瓷片标本，并同意将合作测试成果作为本书附录发表。先后参加资料整理和协助报告编写工作的有薄毛旦、赵军领、时丽娟、田建峰、沈亮等。薄毛旦、赵军领、时丽娟还参加了本项目的资料汇总及文字校稿等工作。

　　科学出版社张亚娜女士为本书的编辑工作付出了很多心血。英文摘要由田媛女士翻译。在本考古报告即将出版之际，特向以上有关单位和个人表示衷心的感谢。

编　者
2015年3月

Abstract

Gongyi city is located in the central Henan Province. The Gongyi kiln complex, which includes Huangye Tang sancai kiln in Zhanjie town and Baihec kiln in Beishankou town, was announced to be a national key protection unit in June 2006. The Huangye kiln is located in the Da huangye and Xiao huangye villages, 5 km east of the urban of Gongyi city. From 2002 to 2004, a joint team was organized by Henan Cultural Relics and Archaeology Institute and Cultural Relics Institute of China, and four times excavations on the Huangye kiln were conducted by this team. In total, 42 test squares and pits that cover an area of ca. 2000 m^2 were dug. As a result, 10 doves of different periods, 5 workshops, 2 wells, 1 elutriation tank and 1 sedimentation tank were found and cleaned from the site. In addition, more than 5000 complete or reconstrutable pottery workshop tools were unearthed and more than 800, 0000 pieces were tidied up. Among these relics, both the well-known Huangye kiln products—Tang Sancai pottery, and the less well-known products were presented. The latter ones consist of white and black pottery in early Tang Dynasty, white glazed and green color porcelain in the middle of Tang Dynasty, and blue and white porcelain in the late Tang Dynasty. These findings have broadened our understandings of the Huangye kiln.

Totally, 10 doves were found from the Huangye kiln. These doves can be divided into three types, namely large, middle and small, according to the size of them. Doves were built along the topography, and the plan views of them were similar to the shape of horse hoof. There are five workshops. One workshop shows the grotto structure and faces south. It consists of frontal room, middle room and back room. Five Lulu pits and three tanks were distributed in the frontal and middle rooms. Through these excavations, we now obtain a relatively comprehensive understanding of the Huangye kiln, including its beginning, blossom and recession.

The first period was in the Sui Dynasty. This is an initial period for the Huangye kiln. The unearthed relics showed priority to green glazed, white glazed and black glazed porcelain were rare. This period unearthed four handled pot of green glaze and all kinds of green bowl. They all have thick fetus and yellow-green mixed glaze. Tear traces was a common phenomenon for these porcelains. The second period was in the beginning of Tang dynasty, which was a significant period for the development of Huangye kiln. Abundant relics were unearthed from the site. Products were represented by a few Sancai potteries. White glazed or black glazed porcelain were dominated products.

The third period was a prosperous stage of Huangye kiln, according to the increased quantity and type of products. It can be divided into two stages. The first stage corresponds to the glorious time of Tang dynasty, the number of Sancai pottery increased obviously. In contrast, the black glazed porcelain tended to decline in number. The second stage was in the middle period of Tang dynasty. Sancai were the richest products, decals and printing adornment were much more common than the previous stage. For the white glazed crafts, blue and green were the main decoration colors.

The fourth period of the late Tang dynasty was the declined stage of Huangye kiln. The quantity of white glazed porcelain and Sancai pottery reduced remarkably. Dominant products were small daily used implements articles and toys. In this period, new products were created, such as handled vases, Tang blue-and-white glazed porcelains, porcelains imitating gold and silver wares, etc.

本书的出版得到

国家重点文物保护专项补助经费

资　助

巩义黄冶窑

〔下册〕

河南省文物考古研究院
中国文化遗产研究院 编著
日本奈良文化财研究所

科学出版社
北京

内 容 简 介

本报告是河南巩义窑2002~2004年的考古发掘成果。巩义窑址为2006年6月国务院公布的全国重点文物保护单位，主要包括站街镇的黄冶唐三彩窑址和北山口镇的白河瓷窑址。2002~2004年河南省文物考古研究院与中国文化遗产研究院合作对巩义市黄冶窑址进行了四次考古发掘，共开挖探方、探沟42个，发掘面积近2000平方米。发掘中发现并清理了不同时期的窑炉遗迹10座，作坊5处，水井2眼，淘洗池、沉淀池及陈腐池各1个，灰沟12条，灰坑162个。出土完整或可复原的瓷器、釉陶器、素烧器、作坊具和各种窑具5000余件，陶、瓷制品和素烧器80余万片。出土遗物中既有大批早已被人们熟知的黄冶窑典型产品——唐三彩，还出土一些不为人们确定的产品，如盛唐时期的精美白瓷、黑瓷，中唐以后的白釉绿彩、白釉蓝彩器和晚唐时期的青花瓷等，扩大并丰富了我们对黄冶窑的传统认识。

本书适合于考古学、博物馆学以及古陶瓷的研究者和爱好者参考、阅读。

图书在版编目（CIP）数据

巩义黄冶窑／河南省文物考古研究院，中国文化遗产研究院，日本奈良文化财研究所编著．—北京：科学出版社，2016.5
 ISBN 978-7-03-048119-1

Ⅰ.①巩… Ⅱ.①河…②中…③日… Ⅲ.①瓷窑遗址–发掘报告–巩义市 Ⅳ.①K878.55

中国版本图书馆CIP数据核字（2016）第089442号

责任编辑：张亚娜／责任校对：钟 洋
责任印制：肖 兴／封面设计：美光制版

科学出版社 出版
北京东黄城根北街16号
邮政编码：100717
http://www.sciencep.com

中国科学院印刷厂 印刷
科学出版社发行 各地新华书店经销

*

2016年5月第 一 版 开本：889×1194 1/16
2016年5月第一次印刷 印张：27 1/2 插页：143
字数：790 000

定价：580.00元（上下册）
（如有印装质量问题，我社负责调换）

彩版一

1. 2002年著名考古学专家、原故宫博物院院长张忠培先生（左一）等考察指导工作

2. 2003年河南省文物局副局长孙英民（右三）、郑州市文化局副局长刘合明（右五）等检查指导工作

专家、领导现场考察指导工作

彩版二

1. 2004年中国古陶瓷学会名誉会长耿宝昌、副会长王莉英先生等考察发掘现场

2. 2003年中国古陶瓷学会会长汪庆正先生、杭侃博士观摩出土白釉蓝彩及青花标本

专家现场考察指导工作

1. 2003年中国文物研究所副所长荣大为和考古领队孙新民、刘兰华在黄冶窑发掘现场

2. 黄冶窑考古发掘部分工作人员合影

考古领队及部分队员在发掘现场

彩版四

1. Ⅰ区外景（由东向西）

2. Ⅱ区外景（由西向东）

黄冶窑遗址外景

彩版五

1. Ⅱ区T57发掘前工作照（由东北向西南）

2. Ⅱ区局部发掘工作照（由东北向西南）

黄冶窑Ⅱ区发掘现场

彩版六

1. Ⅱ区T15工作照（北上南下）

2. Ⅲ区外景（由东向西）

黄冶窑Ⅱ区发掘现场及Ⅲ区外景

彩版七

1. Ⅲ区中部外景（由东向西）

2. Ⅲ区发掘现场远景（由西南向东北）

黄冶窑Ⅲ区中部外景及发掘现场

彩版八

1. Ⅰ区T1、T4西壁地层堆积

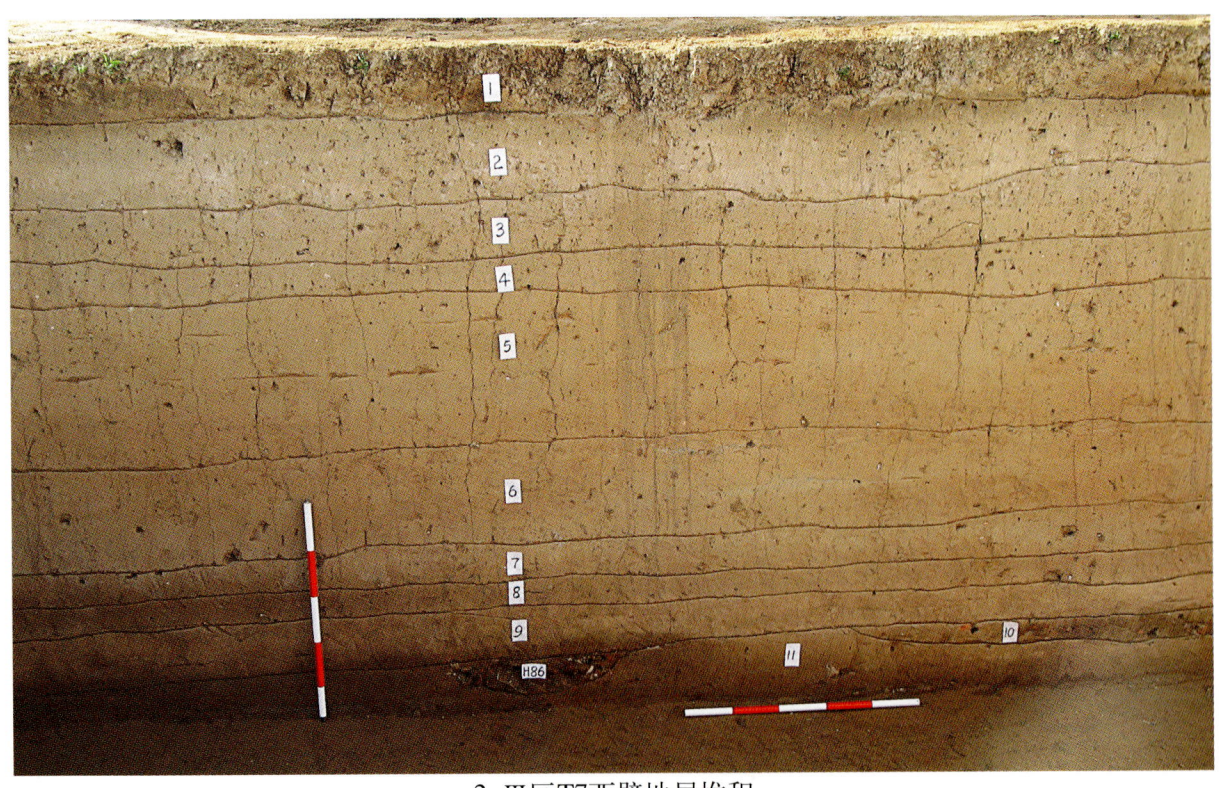

2. Ⅲ区T7西壁地层堆积

黄冶窑Ⅰ区、Ⅲ区地层堆积

彩版九

1. Ⅲ区黄冶河改道发掘现场（由北向南）

2. Ⅲ区发掘现场（由东南向西北）

黄冶窑Ⅲ区发掘现场

彩版一〇

1. Ⅱ区Y1、Y2（由西南向东北）

2. Ⅱ区Y3（由西南向东北）

黄冶窑Ⅱ区窑炉

1. Ⅱ区Y4、Y5（由西北向东南）

2. Ⅱ区Y7、Y8（由西南向东北）

黄冶窑Ⅱ区窑炉

彩版一二

1. Ⅱ区Y6烟囱器物（南上北下）

2. Ⅱ区Y6（由西南向东北）

黄冶窑Ⅱ区窑炉

1. Ⅱ区ZF1（由南向北）

2. Ⅱ区ZF1（由南向北）

3. Ⅱ区ZF1LLK1

黄冶窑Ⅱ区作坊

彩版一四

1. Ⅱ区ZF2（南上北下）

2. Ⅱ区ZF3局部出土器物现场（由西北向东南）

黄冶窑Ⅱ区作坊

1. Ⅱ区ZF3（由西南向东北）

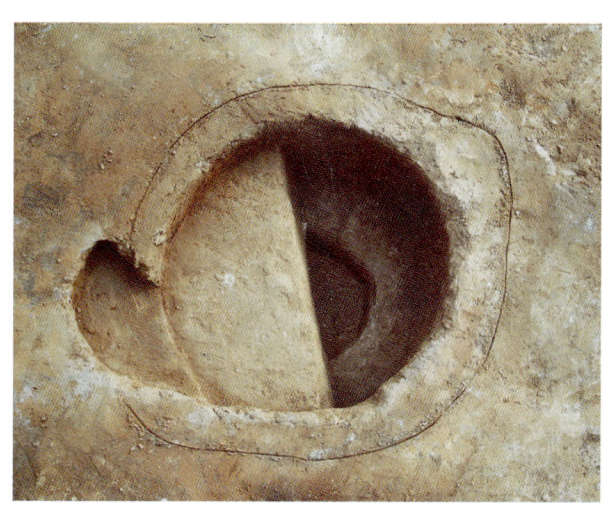

2. Ⅱ区ZF3LLK2

3. Ⅱ区ZF3LLK3

黄冶窑Ⅱ区作坊

彩版一六

1. Ⅲ区ZF1（由北向南）

2. Ⅲ区ZF1LLK1

3. Ⅲ区陶瓮（ZF1W1）

黄冶窑Ⅲ区作坊

1. Ⅲ区Y1（西上东下）

2. Ⅲ区YD1（由北向南）

黄冶窑Ⅲ区窑炉与窑洞

彩版一八

1. Ⅱ区C1（西上东下）

2. Ⅱ区C2、C3（西上东下）

黄冶窑Ⅱ区C1、C2、C3

1. Ⅱ区G1（北上南下）

2. Ⅱ区G2局部（由南向北）

黄冶窑Ⅱ区G1、G2

彩版二〇

1. Ⅱ区H15（东上西下）

2. Ⅱ区H18（西上东下）

黄冶窑Ⅱ区H15、H18

1. Ⅱ区H16第1层器物堆积照（南上北下）

2. Ⅱ区H16第2层器物堆积照（南上北下）

3. Ⅱ区H18器物堆积照（南上北下）

黄冶窑Ⅱ区H16、H18出土瓷器

彩版二二

1. Ⅱ区H39（南上北下）

2. Ⅱ区H19（由西向东）

3. Ⅲ区H19工作照（由东向西）

黄冶窑Ⅱ区H39与Ⅲ区H19

彩版二三

1. A 型碗（ⅡT57H39∶2）

2. A 型碗（ⅡT57H39∶5）

3. B 型碗（ⅡT57H39∶1）

4. C 型碗（ⅡT57H39∶3）

5. 壶（ⅡT57H39∶4）

黄冶窑一期青瓷器

彩版二四

1. 白釉碗底残片（ⅡT57H39：11）

2. 黑釉瓷（ⅡT57H39：6）

3. 陶罐（ⅡT57H39：8）

4. 陶罐（ⅡT57H39：10）

5. 陶瓮（ⅡT57H39：9）

6. 筒瓦（ⅡT57H39：7）

黄冶窑一期白瓷、黑瓷与陶器

彩版二五

1. A型盆（ⅡT5H16：172）

2. A型盆（ⅡT5H16：186）

3. B型盆（ⅢT1H65：57）

4. C型盆（ⅡT5H16：9）

5. Aa型碗（ⅡT5H16：180）

6. Aa型碗（ⅡT5H16：34）

黄冶窑二期白瓷盆、碗

彩版二六

1. Ab型碗（ⅢT1H65：68）

2. Ba型碗（ⅢT1H65：69）

3. Ba型碗（ⅢT7H98：2）

4. Bb型碗（ⅡT5H16：40）

5. Bc型碗（ⅡT6H12：2）

6. Ca型碗（T5H16：179）

黄冶窑二期白瓷碗

彩版二七

1. Cc型碗（ⅡT8H34∶31）

2. D型碗（ⅢT1H65∶67）

3. A型杯（ⅡT5H16∶78）

4. A型杯（ⅡT5H16∶28）

5. B型杯（ⅡT5H16∶194）

6. A型盅（ⅡT5H16∶145）

黄冶窑二期白瓷碗、杯、盅

彩版二八

1. A型盅（ⅡT5H16∶140）

2. Ba型盅（ⅡT8C3∶2）

3. B型盘（ⅢT7H98∶1）

4. 豆（ⅢT1H65∶54）

5. A型洗（ⅢT1H65∶50）

6. A型罐（ⅢT1H65∶56）

黄冶窑二期白瓷器

彩版二九

1. B型罐（ⅡT3⑦：21）

2. Aa型瓶（ⅢT1H65：72）

3. Ab型瓶（ⅡT6H18：22）

4. B型瓶（ⅡT5H16：190）

5. Aa型唾盂（ⅡT5H16：115）

6. Ab型唾盂（ⅡT3⑦：6）

黄冶窑二期白瓷罐、瓶、唾盂

彩版三〇

1. B型唾盂（ⅢT1H65∶71）

2. 双龙柄尊（ⅢT7H98∶11）

3. A型钵（ⅢT1H65∶3）

4. A型钵（ⅢT1H65∶16）

5. A型钵（ⅢT1H65∶39）

6. B型钵（ⅢT1H65∶1）

黄冶窑二期白瓷唾盂、尊、钵

1. A型注碗（ⅡT5H16：184）

2. B型注碗（ⅡT3⑦：19）

3. 三足炉（ⅡT5H16：1）

4. 三足炉（ⅡT5H16：173）

5. Aa型器盖（ⅡT6H12：9）

6. Aa型器盖（ⅡT5H16：17）

黄冶窑二期白瓷注碗、炉、器盖

彩版三二

1. Aa型器盖（ⅡT4⑫：8）

2. Ab型器盖（ⅡT4⑫：29）

3. B型器盖（ⅡT6H12：5）

4. C型器盖（ⅡT3⑦：23）

5. C型器盖（ⅡT5H16：73）

6. 扑满（ⅡT5H16：178）

黄冶窑二期白瓷器盖、扑满

彩版三三

1. 蛋形器（ⅡT5H16：141）

2. 埙（ⅢT1H65：13）

3. 盆（ⅡT5H16：174）

4. 盆（ⅡT5H16：187）

5. 豆（ⅢT1H65：81）

6. 水盂（ⅡT6H12：3）

黄冶窑二期白瓷与黑瓷器

彩版三四

1. 盆（ⅡT6H18∶15）

2. 盆（T6H18∶15）

3. 盆（ⅡT5H16∶84）

4. 盆（ⅡT5 H16∶84）

5. 盆（ⅡT5H16∶51）

6. 盆（ⅡT5H16∶51）

黄冶窑二期黑瓷盆

彩版三五

1. A型瓶（ⅡT5H16：193）

2. A型瓶（ⅡT5H16：67）

3. A型瓶（ⅡT5H16：12）

4. A型瓶（ⅡT5H16：189）

5. B型瓶（ⅢT1H63：27）

6. B型瓶（ⅢT1H63：26）

黄冶窑二期黑瓷瓶

彩版三六

1. 水盂（ⅡT5H16：85）

2. 水盂（ⅡT5H16：113）

3. 钵（ⅢT1H65：76）

4. 钵（ⅢT1H65：15）

5. 三足炉（ⅡT5H16：63）

6. 三足炉（ⅡT5H16：114）

黄冶窑二期黑瓷水盂、钵、炉

彩版三七

1. A型器盖（ⅡT5H16：161）

2. B型器盖（ⅡT8H34：52）

3. 三足炉（ⅡT6H12：10）

4. 灯（ⅡT5H16：49）

5. 灯（ⅡT5H16：36）

黄冶窑二期黑瓷器

彩版三八

1. 茶叶末釉水盂（ⅡT5H16∶18）

2. 茶叶末釉钵（ⅢT7H98∶6）

3. 茶叶末釉碗（ⅢT7H98∶3）

4. 绞胎枕片

5. 三彩钵（ⅢT7H98∶5）

黄冶窑二期茶叶末釉瓷器、绞胎与三彩片

彩版三九

1. 钵（ⅡT8C3∶17）

2. 钵（ⅡT5H16∶3）

黄冶窑二期单彩、三彩钵

彩版四〇

1. 素烧碗（ⅡT8C3：28）

2. 素烧杯（ⅡT4⑫：9）

3. 素烧豆（ⅡT8C3：4）

4. 素烧钵（ⅢT1H65：49）

5. 素烧蛋形器（ⅡT8C3：29）

6. 素烧蛋形器（ⅡT5⑪：10）

黄冶窑二期素烧器

彩版四一

1. 素烧坝（ⅡT6⑬：63）

2. 杯形支烧

3. 杯形支烧（ⅡT9⑮：20）

4. 杯形支烧（ⅡT5H16：131）

5. 杯形支烧（ⅡT6H18：8）

6. 杯形支烧（ⅡT4⑫：38）

黄冶窑二期素烧器与支烧具

彩版四二

1. 杯形支烧（ⅡT4⑫：39）

2. 杯形支烧（ⅡT9H29：119）

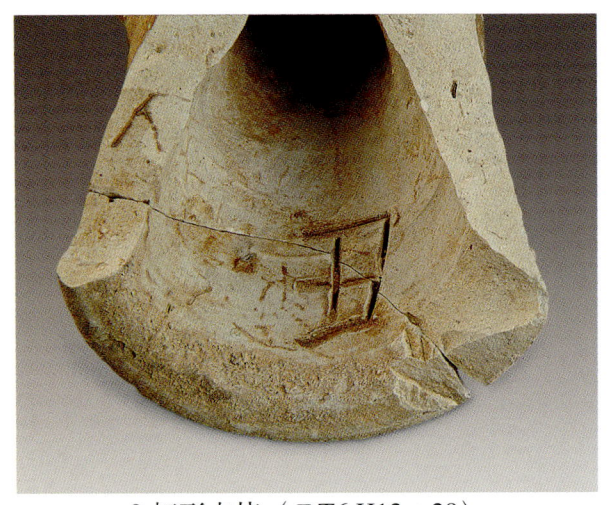

3. 杯形支烧（ⅡT6H12：29）

4. 杯形支烧（ⅢT1H65：83）

5. 杯形支烧（ⅡT8C3：10）

6. 杯形支烧（ⅢT1H63：31）

黄冶窑二期支烧具

彩版四三

1. 杯形支烧（ⅡT8C2∶1）

2. 杯形支烧（ⅡT5H16∶163）

3. 杯形支烧（ⅢT7H98∶15）

4. 碗形支烧（ⅡT6H18∶4）

5. 碗形支烧（ⅢT1H65∶84）

6. 碗形支烧（ⅢT1H65∶85）

黄冶窑二期支烧具

彩版四四

1. 盘形支烧（ⅢT7H98∶12）

2. 盅形支烧（ⅡT5H16∶70）

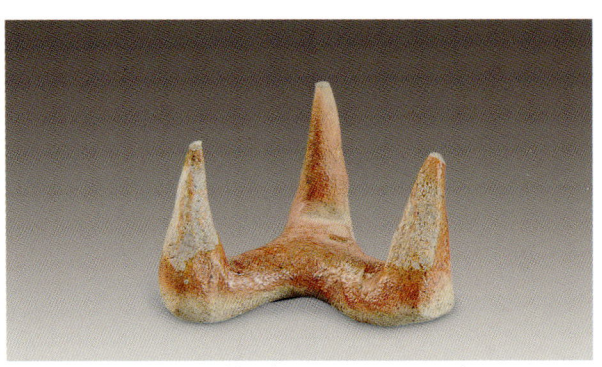

3. 三叉支烧（ⅡT5H16∶140）

4. 火照（ⅡT6H12∶32、ⅡT8H34∶108、ⅡT8C2∶11）

5. 火照（ⅢT2H53∶1、ⅢT1H65∶88）

6. 试釉器（ⅡT6H12∶31）

7. 试釉器（ⅡT8C2∶9）

黄冶窑二期支烧具、火照与试釉器

彩版四五

1. Aa型碗（ⅡT7⑩：12）

2. Ab型碗（ⅡT7⑩：13）

3. 盆（ⅡT4H15：26）

4. Ba型碗（ⅢT8H89：79）

5. Bb型碗（ⅡT4H15：69）

黄冶窑三期前段白瓷碗、盆

彩版四六

1. A型盘（ⅡT6⑫：14）

2. B型盘（ⅡT4H15：309）

3. Aa型罐（ⅠT4⑩：44）

4. Ab型罐（ⅡT5⑩：5）

5. Ab型罐（ⅡT9⑪：7）

黄冶窑三期前段白瓷盘、罐

1. A型瓶（ⅡT6H10：5）

2. 樽（ⅡT7⑩：9）

黄冶窑三期前段白瓷瓶、樽

彩版四八

1. 盒（ⅡT10⑩：13）

2. 钵（ⅡT10⑩：8）

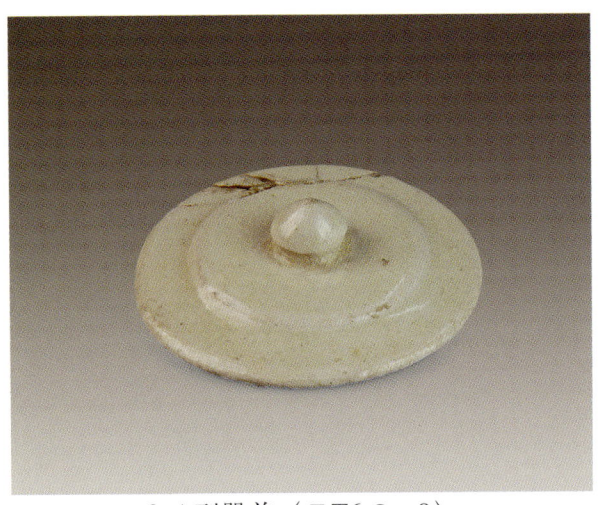

3. A型器盖（ⅡT6⑪：9）

4. 绞胎枕（ⅢT8H89：120）

5. 盆（ⅡT4H15：73）

6. 罐（ⅡT9⑪：9）

黄冶窑三期前段白瓷、绞胎与黑瓷器

彩版四九

1. 瓶（ⅡT6⑩：4）

2. 水盂（ⅡT3⑥：5）

3. Aa型盆（ⅡT4H15：180）

4. Ab型盆（ⅢT8H89：58）

5. Ab型盆（ⅢT8H89：70）

6. B型盆（ⅢT2H42：7）

黄冶窑三期前段黑瓷与单彩器

彩版五〇

1. A型碗（ⅢT9H79：27）

2. A型碗（ⅡT4H15：249）

3. B型碗（ⅡT4H15：36）

4. B型碗（ⅡT4H15：279）

5. C型碗（ⅢT9H79：7）

6. C型碗（ⅢT9H79：8）

黄冶窑三期前段单彩碗

彩版五一

1. 盏（ⅡT4H15∶60）

2. 杯（ⅡT5H8∶25）

3. 盅（ⅡT4H15∶10）

4. 盘（ⅢT7H92∶9）

5. 罐（ⅡT4H15∶35）

6. Aa型瓶（ⅡT4H15∶39）

黄冶窑三期前段单彩器

彩版五二

1. Aa型瓶（ⅢT2H42∶8）

2. Ab型瓶（ⅢT9H79∶58）

3. Ab型瓶（ⅢT2H42∶1）

4. Aa型瓶（ⅡT4H15∶18）

5. B型瓶（ⅢT7H90∶30）

黄冶窑三期前段单彩瓶

彩版五三

1. 净瓶（ⅡT4H15：248）

2. 净瓶（ⅡT11H4：28）

3. 净瓶（ⅡT4H15：13）

4. 净瓶（ⅡT4H15：235）

黄冶窑三期前段单彩净瓶

彩版五四

1. 水盂（ⅢT7H90：6）

2. A型水注（ⅡT4H15：175）

3. Ba型水注（ⅡT4H15：237）

4. Bb型水注（ⅡT4H15：176）

黄冶窑三期前段单彩水盂、水注

彩版五五

1. Aa型钵（ⅢT7H90∶31）

2. Ab型钵（ⅢT8H89∶108）

3. Ac型钵（ⅢT7H90∶5）

4. B型钵（ⅡT4H15∶325）

5. B型钵（ⅡT4H15∶326）

黄冶窑三期前段单彩钵

彩版五六

1. 樽（ⅡT4H15：100）

2. Ab型器盖（ⅡT4H15：232）

3. 樽（ⅡT4H15：99）

4. Aa型器盖（ⅡT4H15：62）

5. 樽（ⅡT4H15：74）

6. B型器盖（ⅡT4H15：71）

黄冶窑三期前段单彩樽、器盖

彩版五七

1. 人物俑（ⅢT1H57②：19）

2. 猴俑（ⅢT1H57②：12）

3. 埙（ⅢT8H89：119）

4. 狗俑（ⅡT20⑥：20）

5. 鸽俑（ⅢT1H57②：22）

黄冶窑三期前段单彩俑、埙

彩版五八

1. A型灯（ⅡT5⑩：9）

2. A型灯（ⅢT8H89：24）

3. 三彩杯（ⅠT1⑨：160）

4. 三彩盆（ⅢT7H90：37）

5. 三彩碗（ⅢT9H79：54）

黄冶窑三期前段单彩与三彩器

彩版五九

1. 盅（ⅡT6⑫：57）

2. A型豆（ⅡT4H15：48）

3. B型豆（ⅠT4⑨：7）

4. B型豆（ⅠT4⑫：8）

黄冶窑三期前段三彩盅、豆

彩版六〇

1. A型盂（ⅢT8H89：56）

2. C型盂（ⅢT1H57②：1）

3. 瓶（ⅡT4H15：11）

4. 钵（ⅡT4H15：316）

5. B型钵（ⅡT4H15：52）

黄冶窑三期前段三彩盂、瓶、钵

彩版六一

1. A型洗（ⅠT1⑨∶69）

2. A型洗（ⅠT1⑨∶69）

黄冶窑三期前段三彩洗

彩版六二

1. A型洗（ⅢT9H79：35）

2. B型洗（ⅢT9H79：3）

黄冶窑三期前段三彩洗

1. B型洗（ⅢT9H79：36）

2. B型洗（ⅢT9H79：36）

3. A型盂（ⅡT4⑫：7）

4. A型盂（ⅠT1⑭：80）

5. B型盂（ⅡT6⑫：17）

6. B型盂（ⅠT1⑨：162）

黄冶窑三期前段三彩洗、盂

彩版六四

1. A型水注（ⅡT4H15：244）

2. A型水注（ⅡT4H15：12）

3. 枕（ⅡT6H10：15）

4. B型水注（ⅢT8H89：105）

黄冶窑三期前段三彩水注、枕

1. Aa型三足炉（ⅢT7H90：33）

2. Ab型三足炉（ⅡT4H15：110）

黄冶窑三期前段三彩炉

彩版六六

1. B型三足炉（ⅢT7H90∶34）

2. Ab型三足炉（ⅡT4H15∶126）

3. Ab型三足炉（ⅢT8H89∶97）

黄冶窑三期前段三彩炉

彩版六七

1. Aa型器盖（ⅠT1⑬:78）

2. Aa型器盖（ⅠT4⑬:11）

3. 器盖

4. Ab型器盖（ⅠT1⑨:55）

5. Ab型器盖（ⅡT4H15:233）

黄冶窑三期前段三彩器盖

彩版六八

1. Ab型器盖（ⅢT7H90：9）

2. Ac型器盖（ⅢT1H57②：3）

3. Ac型器盖（ⅢT1H57②：21）

4. Ad型器盖（ⅢT9H79：2）

黄冶窑三期前段三彩器盖

彩版六九

1. 埙（ⅢT9H79∶32）

2. 蛋形器（ⅢT9H95∶1）

4. 埙（ⅢT9H79∶20）

3. 埙（ⅢT9⑩∶4）

黄冶窑三期前段三彩埙、蛋形器

彩版七〇

黄冶窑三期三段前三彩俑

1. 骑马俑（ⅡT11H4∶4）

2. 狗俑（ⅢT9⑪∶9）

黄冶窑三期前段三彩骑马俑、狗俑

彩版七二

2. 狮俑（ⅠT1⑨：82）

4. 兔俑（ⅡT20⑥：19）

1. 骆驼俑（ⅢT8H89：63）

3. 猴俑（ⅢT8H89：50）

黄冶窑三期前段三彩俑

彩版七三

1. 鸽俑（ⅢT8H89：74）

2. 鸽俑（ⅢT8H89：41）

3. 鸽俑（ⅢT8H89：52）

4. 鸳鸯俑（ⅢT8H89：49）

黄冶窑三期前段三彩鸽、鸳鸯俑

彩版七四

1. A型碗（ⅡT4H15∶79）

2. B型碗（ⅡT8⑩∶5）

3. C型碗（ⅡT4H15∶172）

4. 罐（ⅡT4H15∶46）

5. B型水注（ⅡT4H15∶177）

6. A型水注（ⅡT5H8∶19）

黄冶窑三期前段白釉蓝彩碗、罐、水注

彩版七五

1. 器盖（ⅡT8⑪：9）

2. 净瓶（ⅡT4H15：179）

3. 钵（ⅡT4H15：330）

4. 盘（ⅡT4H15：308）

5. Bb型碗（ⅡT4H15：296）

6. 盏（ⅡT4H15：47）

黄冶窑三期前段白釉蓝彩与素烧器

彩版七六

1. B型盆（ⅢT8H89∶98）

2. B型盆（ⅢT1H57②∶11）

3. A型盆（ⅡT4H15∶312）

4. Ca型盆（ⅢT7H90∶7）

5. Cb型盆（ⅢT8H89∶53）

黄冶窑三期前段素烧盆

1. A型碗（ⅢT2H42∶6）

2. A型碗（ⅡT4H15∶59）

3. A型碗（ⅡT4H15∶272）

4. Ba型碗（ⅡT4H15∶56）

5. Ba型碗（ⅡT8⑩∶11）

6. Ba型碗（ⅡT4H15∶314）

黄冶窑三期前段素烧碗

彩版七八

1. Ba型杯（ⅡT4H15：43）

2. Bb型杯（ⅢT9H79：26）

3. A型杯（ⅡT4H15：67）

4. 水盂（ⅡT4H15：53）

5. 盅（ⅢT1H57②：6）

6. 盅（ⅡT4H15：61）

黄冶窑三期前段素烧杯、水盂、盅

彩版七九

1. A型豆（ⅡT4H15：247）

2. B型豆（ⅢT9H79：63）

3. Aa型洗（ⅢT9H79：6）

4. Aa型洗（ⅢT9 H79：6）

黄冶窑三期前段素烧豆、洗

彩版八〇

1. Ab型洗（ⅠT1⑨：81）

2. Ab型洗（ⅠT1⑨：170）

3. Ac型洗（ⅠT1⑨：176）

4. B型洗（ⅠT1⑨：175）

5. B型洗（ⅠT1⑨：180）

黄冶窑三期前段素烧洗

1. A型瓶（ⅡT5⑩：22）

2. A型瓶（ⅢT9H79：23）

3. B型瓶（ⅡT4H15：22）

4. 净瓶（ⅢT6H87：9）

5. 罐（ⅡT8⑩：8）

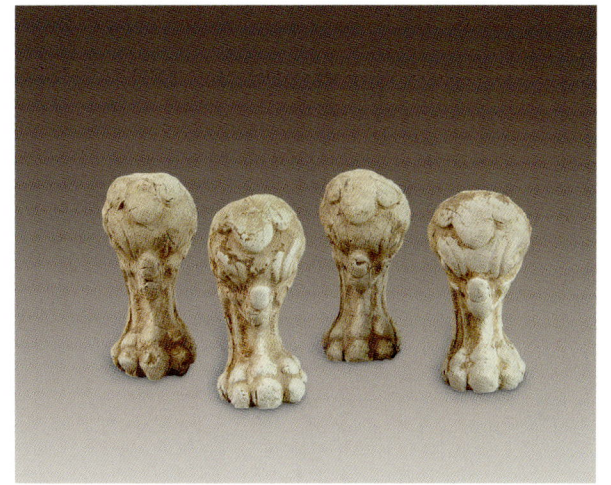

6. C型炉足（ⅢT9H79：95）

黄冶窑三期前段素烧瓶、罐、炉

彩版八二

1. B型盂（ⅡT4H15：257）

2. B型盂（ⅡT4H15：333）

3. A型盂（ⅡT10⑩：9）

4. B型水注（ⅢT8H89：105）

5. Aa型水注（ⅡT4H15：51）

6. Ab型水注（ⅢT8H88：5）

黄冶窑三期前段素烧盂、水注

彩版八三

1. A型钵（ⅢT8H89:29）

2. B型钵（ⅡT4H15:54）

3. A型钵（ⅢT8H89:66）

4. A型樽（ⅡT4H15:87）

5. A型樽（ⅡT4H15:83）

6. B型樽（ⅡT4H15:90）

黄冶窑三期前段素烧钵、樽

彩版八四

1. Aa型炉（ⅡT10⑩：11）

2. Aa型炉（2002ⅢT3H6：4）

3. Aa型炉（ⅡT4H15：58）

4. Ab型炉（ⅢT1H57②：47）

5. Ba型炉（ⅢT7H90：12）

6. Bb型炉（ⅢT7H86：4）

黄冶窑三期前段素烧炉

1. Aa型器盖（ⅢT8H89∶60）

2. Ab型器盖（ⅢT8H89∶64）

3. B型器盖（ⅠT1⑩∶199）

4. B型器盖（ⅠT1⑨∶158）

5. A型枕（ⅠT1⑨∶157）

6. B型枕（ⅠT1⑨∶178）

黄冶窑三期前段素烧器盖、枕

彩版八六

1. C型枕（ⅢT6H87：5）

2. 埙（ⅢT9H79：80）

3. 埙（ⅢT1H57②：4）

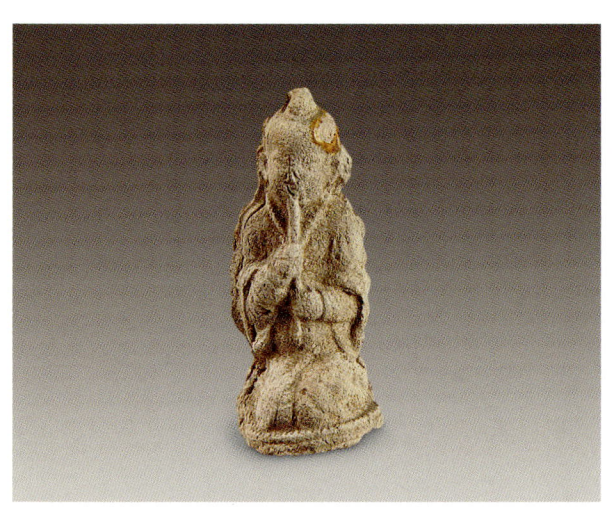

4. 吹箫俑（ⅢT8H89：73）

5. 抱瓶俑（ⅢT8H89：77）

6. 骑驼俑（ⅢT8H89：62）

黄冶窑三期前段素烧枕、埙、俑

1. 骑牛俑（ⅢT9H79∶24）

2. 牛头俑（T1⑨∶164）

3. 牛俑（T1⑨∶165）

4. 猴俑（ⅢT8H89∶75）

5. 鸽俑（ⅠT4⑩∶31）

6. 鸽俑（ⅢT8H88∶1）

黄冶窑三期前段素烧俑

彩版八八

1. 龟俑（ⅡT4H15∶327）

2. 人物模（ⅠT4⑩∶32）

3. 人面埙模（ⅢT8H88∶3）

4. 人面埙模（ⅠT1⑨∶167）

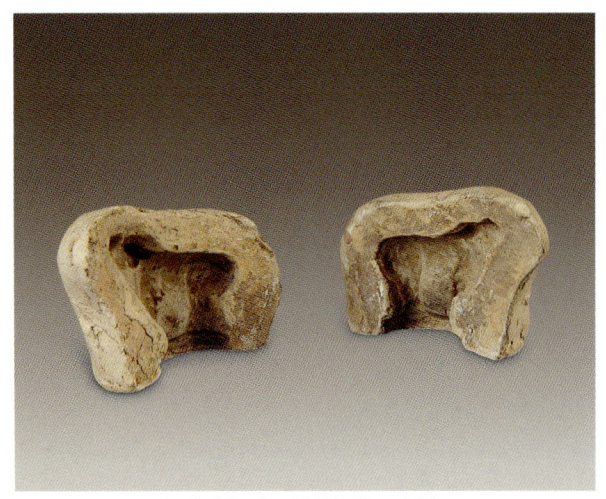

5. 牛模（ⅢT9H79∶12）

6. 牛模（ⅢT9H79∶12）

黄冶窑三期前段素烧俑与模具

彩版八九

1. 狮子模（ⅠT1⑨∶65）

2. 狗模（ⅢT9H79∶18）

3. 鸭首模（ⅠT4⑫∶9）

4. 三足樽足模（ⅢT9H79∶19）

5. 三足樽足模（ⅢT9H79∶19）

黄冶窑三期前段模具

彩版九〇

1. 印模（ⅠT1⑨：67）

2. 印模（ⅢT7H90：13）

3. 印模（ⅡT4H15：78）

4. 印模（ⅢT9H79：33）

5. 印模（ⅢT9H79：33）

黄冶窑三期前段模具

1. 兽足模（ⅢT9H79∶78）

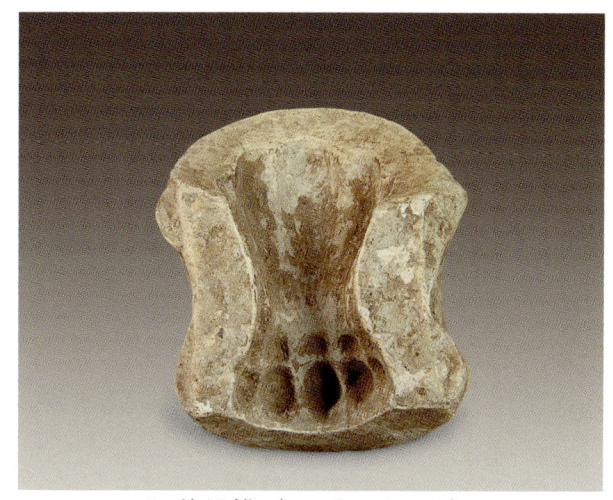
2. 兽足模（ⅢT9H79∶78）

3. 系模（ⅡT20⑥∶37）

4. 系模（ⅡT20⑥∶37）

5. 印模（ⅠT1⑨∶166）

6. 印模（ⅢT7H90∶17）

黄冶窑三期前段模具

彩版九二

1. 印模（ⅠT4⑨：23）

2. 筒形支烧（ⅠT4⑫：41）

3. 碗形支烧（ⅡT4H15：138）

4. 盆形支烧（ⅢT7H90：38）

5. 盆形支烧（ⅡT4H15：143）

黄冶窑三期前段模具与支烧具

彩版九三

1. 杯形支烧（ⅢT6H87∶10）

2. 杯形支烧（ⅠT4⑨∶26）

3. 杯形支烧（ⅢT7H92∶12）

4. 杯形支烧（ⅡT4H15∶145-1）

5. 杯形支烧（ⅢT7H92∶14）

6. 杯形支烧（ⅢT7H92∶14）

黄冶窑三期前段支烧具

彩版九四

1. 杯形支烧（ⅢT7H92∶16）

2. 杯形支烧（ⅢT7H92∶16）

3. 杯形支烧（ⅠT4⑫∶58）

4. 杯形支烧（ⅢT7H92∶15）

5. 杯形支烧（ⅢT7H92∶19）

6. 杯形支烧（ⅢT7H92∶19）

黄冶窑三期前段支烧具

彩版九五

1. 盆形支烧（ⅠT4⑫∶50）

2. 盆形支烧（ⅠT4⑫∶50）

3. 盆形支烧（ⅡT4H15∶139）

4. 盆形支烧（ⅡT4H15∶140）

5. 盆形支烧（ⅠT4⑩∶37）

6. 盆形支烧（ⅡT4H15∶132）

黄冶窑三期前段支烧具

彩版九六

1. 盘形支烧（ⅡT6H10∶16）

2. 盅形支烧（ⅡT6⑪∶50）

3. 盅形支烧（ⅡT4H15∶145-2）

4. A型柱形支烧（ⅠT1⑨∶182）

5. A型柱形支烧（ⅢT9H79∶87-1）

6. A型柱形支烧（ⅢT9H79∶82）

黄冶窑三期前段支烧具

彩版九七

1. B型柱形支烧（ⅢT9H79∶86）

2. B型柱形支烧（ⅢT9H79∶87-2）

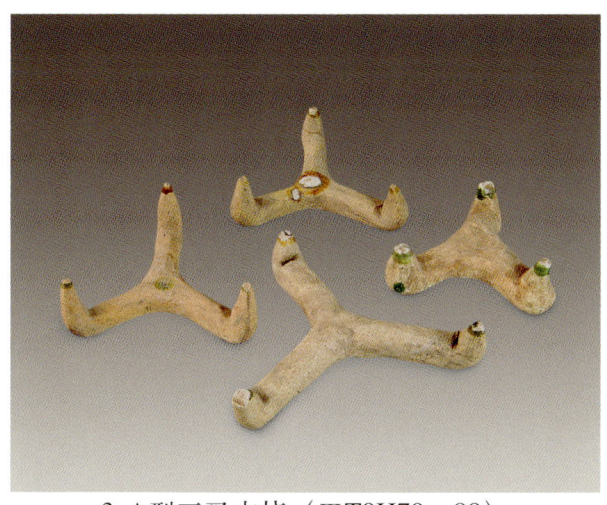

3. A型三叉支烧（ⅢT9H79∶88）

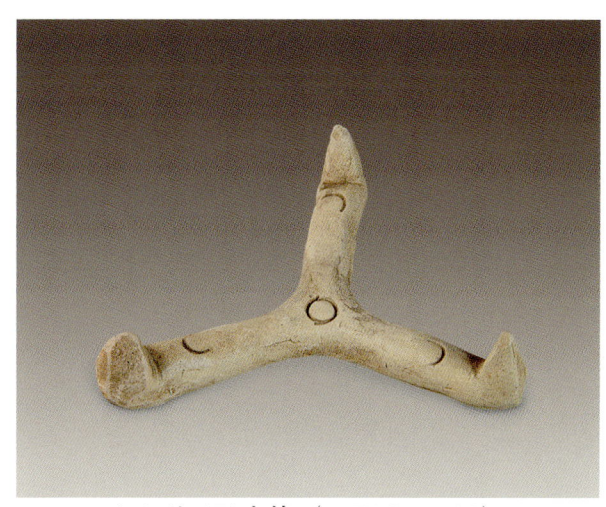

4. A型三叉支烧（ⅠT1⑨∶192）

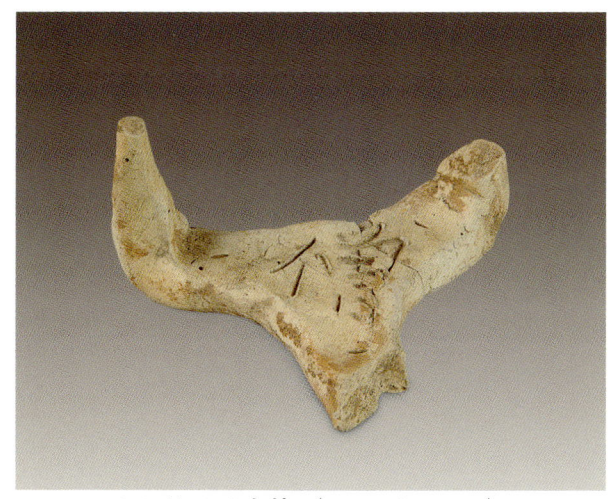

5. A型三叉支烧（ⅠT1⑬∶209）

6. A型三叉支烧（ⅢT9H79∶83）

黄冶窑三期前段支烧具

彩版九八

1. A型三叉支烧（ⅠT4⑫∶47）

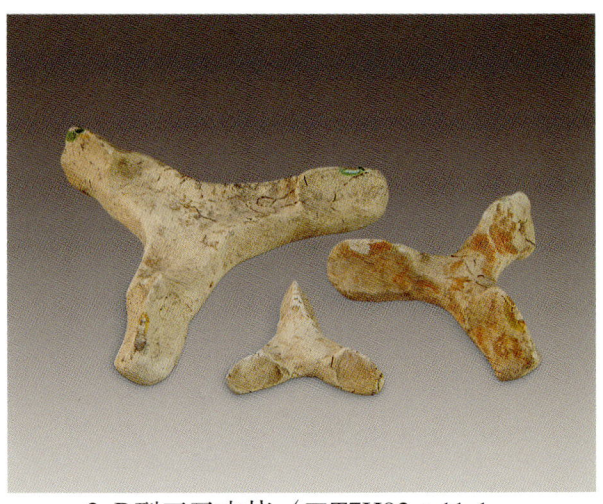

2. B型三叉支烧（ⅢT7H92∶11-1、ⅢT7H92∶11-2、ⅢT7H92∶11-3）

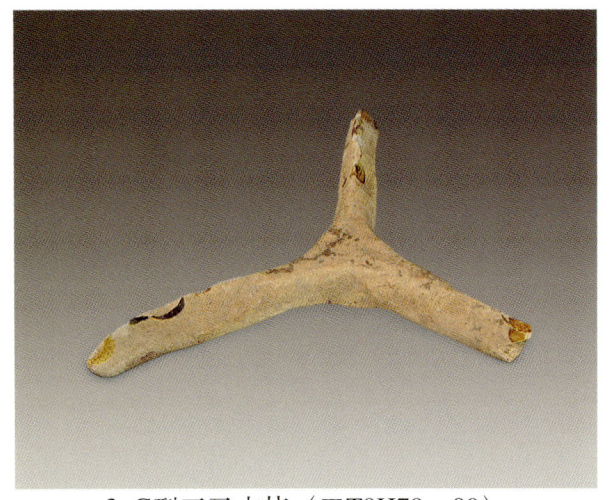

3. C型三叉支烧（ⅢT9H79∶90）

4. D型三叉支烧（ⅡT4H15∶210）

5. D型三叉支烧（ⅡT4H15∶205）

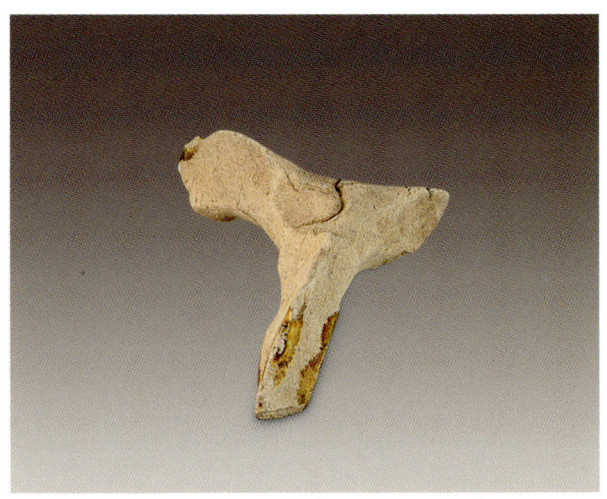

6. D型三叉支烧（ⅠT1⑬∶208）

黄冶窑三期前段支烧具

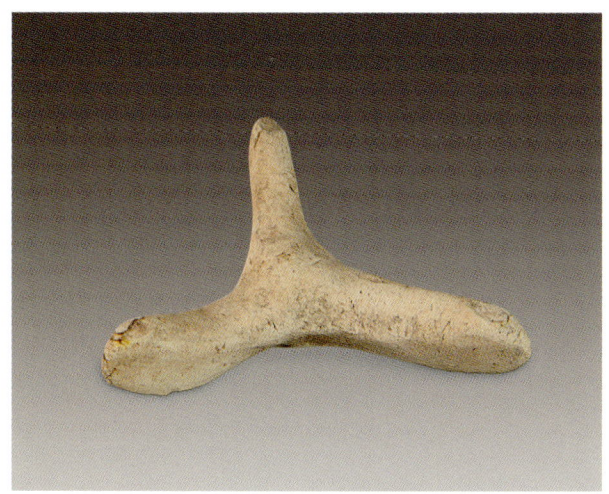
1. D型三叉支烧（ⅡT4H15：206）

2. E型三叉支烧（ⅢT8H89：37）

3. E型三叉支烧

4. A型架板（ⅢT9H79：93）

5. A型架板（ⅠT4⑫：39）

黄冶窑三期前段支烧具与架板

彩版一〇〇

1. A型垫圈支烧（ⅢT9H79：91）

2. A型垫圈支烧（ⅢT9H79：10）

3. A型垫圈支烧（ⅡT7⑩：17）

4. A型垫圈支烧（ⅠT1⑨：190）

5. B型垫圈支烧（ⅡT4H15：153）

6. C型垫圈支烧（ⅡT4H15：81）

黄冶窑三期前段支烧具

图版一〇一

1. B型架板（ⅠT4⑫∶45）

2. A型垫板（ⅡT4H15∶150）

3. A型垫板（ⅡT4H15∶224）

4. A型垫板（ⅡT4H15∶225）

5. B型垫板（ⅠT1⑩∶197）

6. B型垫板（ⅡT4H15∶221）

黄冶窑三期前段架板与垫板

图版一〇二

1. C型垫板（ⅢT2H53：2）

2. A型支垫具（ⅡT4H15：223）

3. B型支垫具

4. B型支垫具（ⅡT4H15：220）

5. 匣钵盖（ⅡT4H15：164）

6. 匣钵盖（ⅡT4H15：164）

黄冶窑三期前段垫板、支垫具与匣钵盖

图版一〇三

1. 板瓦（ⅢT7⑩：10）

2. 板瓦（ⅢT9H95：3）

3. 试烧器（ⅡT4H15：315）

4. 铁钩（ⅡT10⑩：43）

5. 铁斧（ⅡT7⑩：14）

6. 铁凿（ⅡT6⑪：53）

黄冶窑三期前段板瓦、试烧器与铁器

图版一〇四

1. 铁铲（ⅡT6⑪:51）

2. 铁铲（ⅡT6⑫:58）

3. 铁饰件（ⅡT6⑪:52）

4. 提梁铁锅（ⅡT10⑩:12）

5. 三足铁锅（ⅡT6⑪:54）

黄冶窑三期前段铁器

图版一〇五

1. Aa型盆（ⅢT6H81：127）

2. Ab型盆（ⅢT6H81：128）

3. B型盆（ⅢT4H23①：67）

4. A型碗（ⅢT9G6：68）

5. A型碗（ⅢT6H72：11）

6. B型碗（ⅡT5⑨：14）

7. 水盂（ⅢT7H73：18）

黄冶窑三期后段黑瓷盆、碗、水盂

图版一〇六

1. 盆（ⅢT4H23②：59）

2. 盆（ⅢT4H23②：59）

3. A型碗（ⅠT1⑤：105）

4. B型碗（ⅢT8H78：49）

5. 盘（ⅢT5H25：56）

6. 杯（ⅠT1⑤：216）

黄冶窑三期后段白瓷器

图版一〇七

1. 砚滴（ⅢT4H23：87）

2. A型碗（ⅢT9G6：88）

3. B型碗（ⅢT6⑧：20）

4. 青釉瓷（ⅢT8H78：71）

5. 豆（ⅠT1⑦：149）

6. A型杯（ⅢT2H34：32）

黄冶窑三期后段瓷器与单彩器

彩版一〇八

1. B型盆（ⅢT7H74∶1）

2. Ca型盆（ⅢT9G6∶49）

3. Cb型盆（ⅢT5H39∶6）

4. D型盆（ⅢT4H23∶11）

5. Aa型碗（ⅢT6H81∶83）

6. Aa型碗（ⅢT6H81∶89）

黄冶窑三期后段单彩盆、碗

彩版一〇九

1. Ab型碗（ⅢT7H74∶7）

2. Ab型碗（ⅢT5H25∶38）

3. Ab型碗（ⅢT5H25∶40）

4. Ab型碗（ⅡT8H22∶21）

5. Ba型碗（ⅢT5H25∶46）

6. Bb型碗（ⅢT5H25∶52）

黄冶窑三期后段单彩碗

彩版一一〇

1. A型杯（ⅡT8H22:3）

2. A型杯（ⅢT5H25:37）

3. Ba型杯（ⅢT6H81:140）

4. Ba型杯（ⅢT5H25:30）

5. Bb型杯（ⅢT8H78:57）

6. Bc型杯（ⅢT6H72:17）

黄冶窑三期后段单彩杯

彩版一一一

1. Aa型罐（ⅢT5H25∶39）

2. Ab型罐（ⅠT1⑤∶124）

3. B型罐（ⅠT1⑤∶89）

4. 水盂（ⅢT1H44∶5）

5. A型盂（ⅢT3H26∶26）

6. B型盂（ⅢT9H99∶3）

黄冶窑三期后段单彩罐、盂

彩版一一二

1. Aa型水注（ⅢT9G6：17）

2. Aa型水注（ⅢT6H71：5）

3. Ab型水注（ⅢT2H36：5）

4. B型水注（ⅢT9G6：59）

5. 炉（ⅢT9G6：107）

6. A型器盖（ⅢT9G6：13）

黄冶窑三期后段单彩水注、炉、器盖

彩版一一三

1. A型钵（ⅢT9G6∶110）

2. Ba型钵（ⅢT7H73∶26）

3. Bb型钵（ⅡT8H22∶11）

4. Bb型钵（ⅠT4⑦∶6）

5. Bb型钵（ⅠT1⑤∶94）

6. C型钵（ⅢT6H81∶18）

黄冶窑三期后段单彩钵

彩版一一四

1. A型器盖（ⅠT1⑤：120）

2. B型器盖（ⅢT9H83：1）

3. A型灯（ⅢT7H74①：22）

4. A型灯（ⅢT9⑧：15）

5. B型灯（ⅢT3⑨：37）

6. C型灯（ⅢT6H81：87）

黄冶窑三期后段单彩器盖、灯

彩版一一五

1. 人物俑（ⅡT7⑧：1）

2. 人物俑（ⅡT7⑧：2）

3. 鸽俑（ⅢT9H99：2）

4. 猴俑（ⅢT9H83：10）

5. 马俑（残）（ⅢT6H81：29）

黄冶窑三期后段单彩俑

彩版一一六

1. 盘（ⅢT8H78∶15）

2. 碗（ⅢT9G6∶51）

3. A型豆（ⅢT6H81∶20）

4. 杯（ⅢT2H34∶3）

5. C型豆（ⅢT7H73∶9）

6. B型豆（ⅢT9⑧∶6）

黄冶窑三期后段三彩器

彩版一一七

1. Aa型洗（ⅢT9G6∶95）

2. Aa型洗（ⅢT9G6∶29）

3. Ab型洗（ⅠT1⑩∶201）

4. Aa型洗（ⅢT9⑧∶5）

5. B型洗（ⅢT9G6∶94）

6. B型洗（ⅠT1⑧∶62）

黄冶窑三期后段三彩洗

彩版一一八

1. Aa型罐（Ⅲ采集：9）

2. Ab型罐（ⅢT1H37：9）

3. B型罐（ⅠT4⑧：21）

4. Aa型罐（ⅢT7H69：2）

黄冶窑三期后段三彩罐

1. A型盂（ⅠT1⑤∶44）

2. B型盂（ⅡT9⑧∶16）

3. B型提梁罐（ⅢT9G6∶33）

4. B型提梁罐（ⅢT9G6∶82）

黄冶窑三期后段三彩盂、罐

彩版一二〇

1. 扁瓶（ⅢT6H81:56）

2. 扁瓶（ⅢT8H78:41）

黄冶窑三期后段三彩扁瓶

彩版一二一

1. 扁瓶（ⅢT1H41∶5）

2. 扁瓶（ⅠT1⑤∶23）

黄冶窑三期后段三彩扁瓶

彩版一二二

1. A型钵（ⅢT3H26：32）

2. Ba型钵（ⅢT7H74：8）

3. Bb型钵（ⅡT8H22：10）

4. Bb型钵（ⅢT5H19：30）

5. B型钵（ⅢT7H74①：18）

6. A型钵（ⅢT3H26：19）

黄冶窑三期后段三彩钵

1. A型水注（ⅡT8H22：5）

2. B型水注（ⅢT2H34：66）

3. A型炉（ⅢT8H78：51）

4. A型炉（ⅢT9G6：100）

黄冶窑三期后段三彩水注、炉

彩版一二四

1. A型炉（ⅢT8H78：54）

2. A型炉（ⅢT1H37：1）

黄冶窑三期后段三彩炉

彩版一二五

1. B型炉（ⅢT9G6：101）

2. B型炉（ⅢT9G6：106）

3. C型炉（ⅢT9G6：98）

4. C型炉（ⅢT9G6：109）

5. Da型炉（ⅡT9H22：7）

6. Db型炉（ⅢT5H19：19）

黄冶窑三期后段三彩炉

彩版一二六

1. B型炉（ⅠT1⑤：84）

2. B型炉（ⅢT8H78：87）

3. 埙（ⅢT9G6：44）

4. B型炉（ⅢT9G6：104）

5. C型炉（ⅠT1⑤：118）

黄冶窑三期后段三彩炉、埙

彩版一二七

1. Aa型器盖（ⅢT9⑨∶7）

2. Ab型器盖（ⅢT8H78∶77）

3. Ac型器盖（ⅠT1⑤∶121）

4. Ba型器盖（ⅡT7⑧∶3）

5. Bb型器盖（ⅢT9H82∶9）

6. Bc型器盖（ⅢT6⑧∶18）

黄冶窑三期后段三彩器盖

彩版一二八

1. 马俑（ⅢT6H81：26）

2. 人物俑（ⅢT6H81：42）

3. 骆驼俑（ⅢT9G6：31）

4. 马俑（ⅢT6H81：65）

5. 狗俑（ⅢT6H81：59）

6. 猴俑（ⅠT1⑤：52）

黄冶窑三期后段三彩俑

彩版一二九

2. 大象俑（ⅢT1H38:6）

1. 骆驼俑（ⅢT6H81:58）

4. 鸽俑（ⅢT6H81:60）

3. 骆驼俑（ⅢT6H81:57）

黄冶窑三期后段三彩俑

彩版一三〇

1. A型碗（ⅢT6H71：21）

2. B型碗（ⅢT1H38：5）

3. 杯（ⅡT8H22：13）

4. 盅（ⅢT7⑧：15）

黄冶窑三期后段白釉蓝彩碗、杯、盅

彩版一三一

1. 罐（ⅢT8H78：37）

2. 钵（ⅢT7H74①：19）

3. 樽（ⅡT4H11：1）

4. Ab型盆（ⅢT9G6：111）

黄冶窑三期后段白釉蓝彩与素烧器

彩版一三二

1. A型碗（ⅢT8H78：4）

2. B型碗（ⅠT1⑤：43）

3. C型碗（ⅠT1⑤：104）

4. D型碗（ⅠT1⑤：101）

5. Ab型盆（ⅢT1H44：3）

6. Ab型盆（ⅢT6H81：129）

黄冶窑三期后段素烧碗、盆

彩版一三三

1. A型杯（ⅠT1⑤：4）

2. B型杯（ⅠT1⑤：107）

3. 盘（ⅠT1⑤：126）

4. A型洗（ⅢT9G6：93）

5. B型洗（ⅢT9G6：92）

黄冶窑三期后段素烧杯、盘、洗

彩版一三四

1. B型瓶（ⅢT9G6：86）

2. B型瓶（ⅢT6⑧：6）

3. A型瓶（ⅢT8H78：7）

4. C型瓶（ⅢT5H19：13）

5. C型瓶（ⅢT5H19：13）

黄冶窑三期后段素烧瓶

彩版一三五

1. A型罐（ⅢT6H81∶126）

2. Ba型罐（ⅢT6H81∶34）

3. D型罐（ⅢT8⑧∶10）

4. Bb型罐（ⅠT1⑧∶155）

5. C型罐（ⅢT1H44∶9）

黄冶窑三期后段素烧罐

彩版一三六

1. 钵（ⅠT1⑤：48）

2. 钵（ⅢT6H81：36）

3. 水注（ⅢT6H81：90）

4. 钵（ⅢT5H19：35-1、ⅢT5H19：35-2）

黄冶窑三期后段素烧钵、水注

1. Aa型炉（ⅢT6H81：14）

2. Aa型炉（ⅢT6H81：48）

3. Ab型炉（ⅢT8H78：52）

4. Aa型炉（ⅠT1⑤：3）

5. Ab型炉（ⅠT1⑤：2）

6. Ab型炉（ⅠT1⑤：85）

黄冶窑三期后段素烧炉

彩版一三八

1. 炉（ⅢT8H78∶88）

2. 炉（ⅢT3H26∶35）

3. C型炉（ⅢT7H73∶17）

4. 樽（ⅢT6H81∶70）

5. 风炉（ⅡT10⑧∶4）

6. 器座（ⅢT9⑨∶60）

黄冶窑三期后段素烧器

1. Aa型器盖（ⅢT1⑧：14）

2. Ab型器盖（ⅠT1⑤：40）

3. Ab型器盖（ⅠT1⑤：119）

4. B型器盖（ⅢT6H81：88）

5. C型器盖（ⅢT9G6：24）

6. D型器盖（ⅠT1⑦：60）

黄冶窑三期后段素烧器盖

彩版一四〇

1. B型炉（ⅢT1H37：5）

2. E型器盖（ⅢT8⑧：28）

3. 枕（ⅢT3H26：50）

4. F型器盖（ⅢT5H48：1）

5. B型蛋形器（ⅢT8H77：14）

6. A型蛋形器（ⅢT9H83：21）

黄冶窑三期后段素烧器

彩版一四一

1. Ab型埙（ⅠT1⑤：211）

2. Ab型埙（ⅠT1⑤：151）

3. Aa型埙（ⅠT1⑤：212）

4. B型埙（ⅢT6⑧：13）

5. C型埙（ⅠT1⑤：127）

黄冶窑三期后段素烧埙

彩版一四二

1. 乐俑（ⅢT8H78：12）

2. 乐俑（ⅢT1H41：4）

3. 乐俑（ⅢT6⑧：19）

4. 文官俑（ⅢT8H78：5）

5. 武官俑（ⅢT6H76：3）

6. 猴俑（ⅠT1⑤：33）

黄冶窑三期后段素烧俑

1. 猴俑（ⅠT1⑤：128）

2. 大象俑（ⅠT1⑤：46）

3. 大象俑（ⅢT2H34：54）

4. 马俑（ⅢT6H81：46）

5. 马俑（ⅢT8H78：48）

6. 狗俑（ⅢT5H19：25）

黄冶窑三期后段素烧俑

彩版一四四

1. 骆驼俑（ⅠT1⑤：49）

2. 骆驼俑（ⅠT1⑤：35）

3. 骆驼俑（ⅢT6H81：94）

4. 狮子俑（ⅠT1⑤：30）

5. 鸽俑（ⅡT7⑨：4）

6. 鸽俑（ⅠT1⑤：129）

黄冶窑三期后段素烧俑

1. 人物模（ⅢT8H77∶5）

2. 人物模（ⅢT6H71∶16）

3. 猴模（ⅢT9H83∶8）

4. 猴模（ⅢT7H73∶24）

5. 马模（ⅢT6H81∶24）

6. 马模（ⅢT77H73∶31）

黄冶窑三期后段模具

彩版一四六

1. 骆驼模（ⅢT6H71：1）

2. 骆驼模（ⅢT6H71：1）

3. 牛模（ⅢT6H72：8）

4. 狗模（ⅢT6H71：17）

5. 埙模（ⅢT6⑧：15）

6. 鸽模（ⅢT5H25：50）

黄冶窑三期后段模具

彩版一四七

1. 敛口钵系模（ⅢT6H71∶2）

2. 敛口钵系模（ⅢT6H71∶2）

3. 敛口钵系模（ⅢT6H71∶2）

4. 敛口钵系模（ⅢT6H71∶4）

5. 轮盘（ⅢT9G6∶127）

黄冶窑三期后段模具与轮盘

彩版一四八

1. 麒麟模（ⅠT1⑤：3）

2. 五足炉足模（ⅠT⑦：150）

3. 花卉模（ⅢT8⑧：15）

4. 花卉模（ⅢT6H71：18）

5. 花卉模（ⅢT9⑧：16）

6. 花卉模（ⅢT8H78：31）

黄冶窑三期后段模具

1. 宝相花印模（ⅢT3H26：16）

2. 宝相花印模（ⅢT3H26：16）

3. 锥形印模（ⅢT6H81：76）

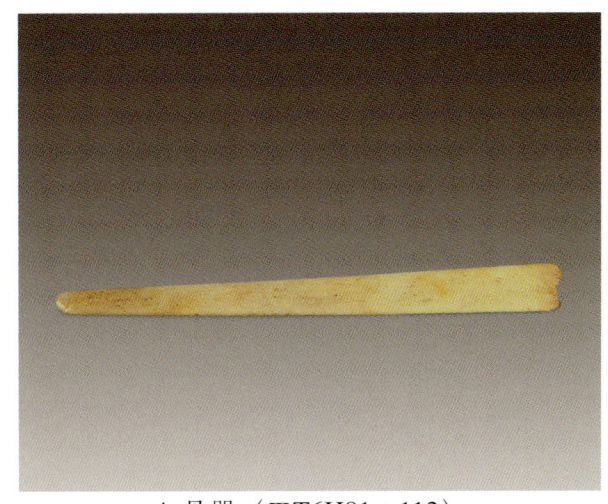
4. 骨器（ⅢT6H81：112）

黄冶窑三期后段模具与骨器

彩版一五〇

1. 宝相花印模（ⅠT1⑧：63）

2. 宝相花印模（ⅠT1⑧：63）

黄冶窑三期后段模具

彩版一五一

1. 杯形支烧（ⅢT9H83:22）

2. 杯形支烧（ⅢT8H78:68）

3. 杯形支烧（ⅢT8H78:59）

4. 杯形支烧（ⅢT6H72:10）

5. 杯形支烧（ⅢT3H26:53）

6. 杯形支烧（ⅠT2⑤:2）

黄冶窑三期后段支烧具

彩版一五二

1. 杯形支烧（ⅢT7H73：43）

2. 杯形支烧（ⅢT9G6：117）

3. 垫圈支烧（ⅢT8H78：34）

4. 杯形支烧（ⅢT9G6：118）

5. 垫圈支烧（ⅢT6H81：30）

6. 垫圈支烧（ⅠT1⑤：47）

黄冶窑三期后段支烧具

彩版一五三

1. 筒形支烧（ⅠT1⑤：132）

2. A型柱形支烧（ⅢT9G6：124）

3. A型柱形支烧（ⅢT6H76：8）

4. A型柱形支烧（ⅢT6H81：148）

5. A型柱形支烧（ⅢT8H78：92）

6. A型柱形支烧（ⅢT9G6：123）

黄冶窑三期后段支烧具

彩版一五四

1. B型柱形支烧（ⅢT9G6：121）

2. B型柱形支烧（ⅢT9G6：122）

3. C型柱形支烧（ⅢT9G6：120）

4. C型柱形支烧（ⅢT6H76：6）

5. C型柱形支烧（ⅢT6H71：32）

6. C型柱形支烧（ⅢT8H77：10）

黄冶窑三期后段支烧具

彩版一五五

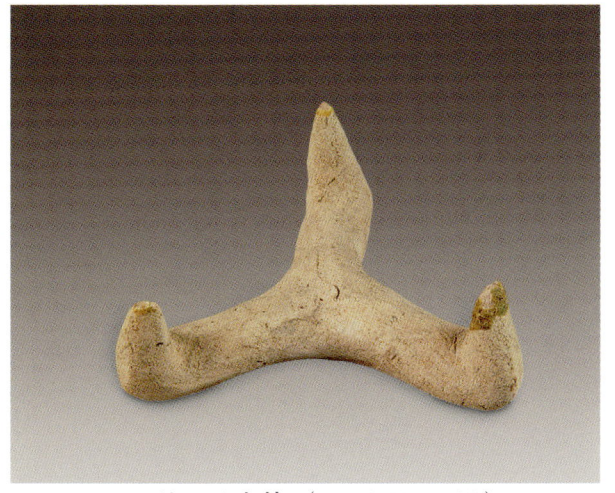

1. A型三叉支烧（ⅢT6H81：22）

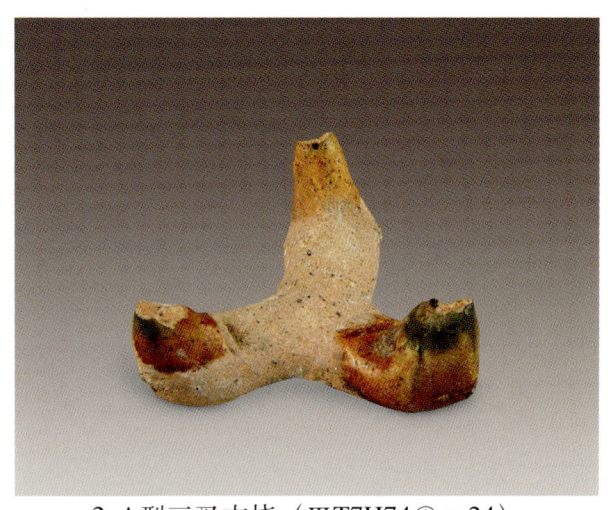

2. A型三叉支烧（ⅢT7H74①：24）

3. B型三叉支烧（ⅢT8H78：70）

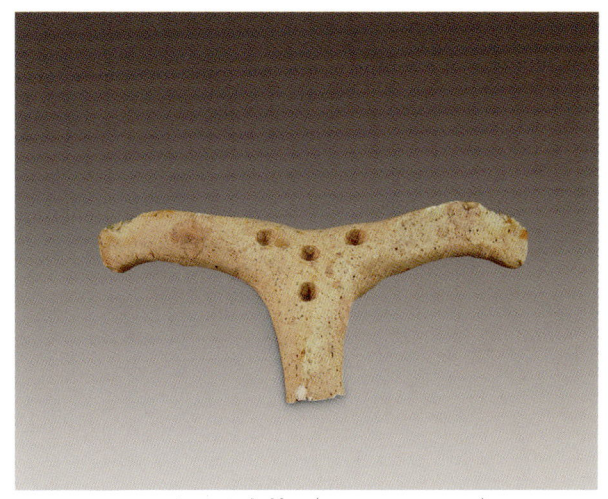

4. C型三叉支烧（ⅠT1⑤：218）

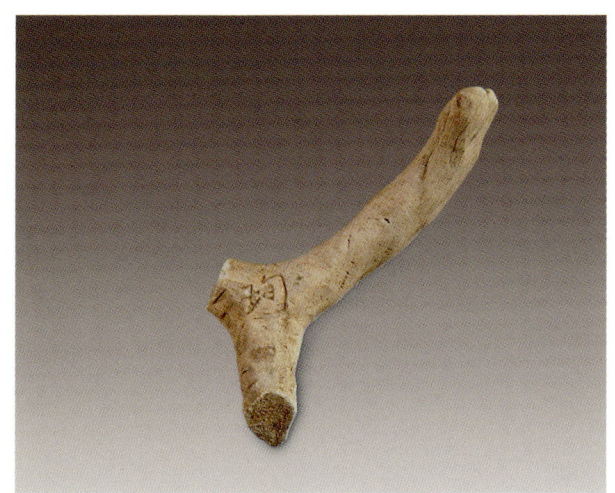

5. C型三叉支烧（ⅢT6H72：9）

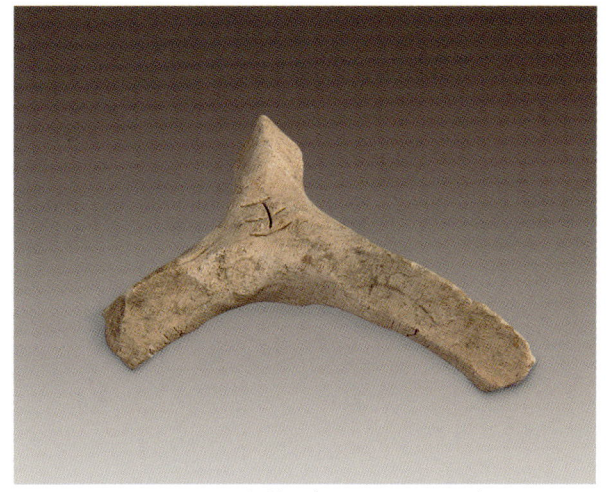

6. C型三叉支烧（ⅠT1⑤：138）

黄冶窑三期后段支烧具

彩版一五六

1. C型三叉支烧（ⅢT8H78∶69）

2. D型三叉支烧（ⅢT6H81∶143-1、ⅢT6H81∶143-2）

3. E型三叉支烧（ⅢT8H78∶43）

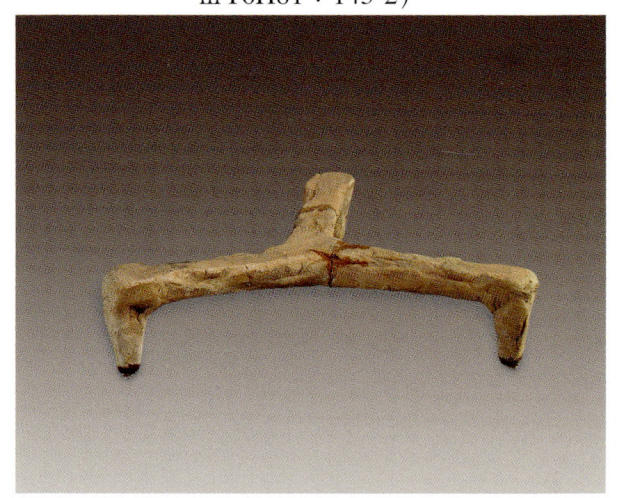

4. A型三叉支烧（ⅢT6H81∶144-1）

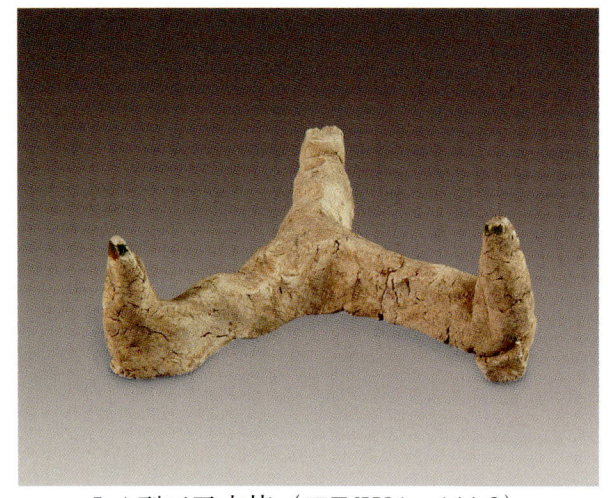

5. A型三叉支烧（ⅢT6H81∶144-2）

6. A型三叉支烧（ⅢT9H83∶23）

黄冶窑三期后段支烧具

彩版一五七

1. 支垫具（ⅢT7H69：6）

2. 支垫具（ⅢT7H73：35）

3. 支垫具（ⅢT7H73：36）

4. 支垫具（ⅠT1⑤：136）

黄冶窑三期后段支垫具

彩版一五八

1. 架板（ⅢT2H36∶6）

2. 架板（ⅢT8H78∶94）

3. 架板（ⅢT8⑧∶20）

4. 架板（ⅢT9G6∶128）

5. 架板（ⅢT8⑧∶19）

6. 架板（ⅢT6H81∶113）

黄冶窑三期后段架板

1. 架板（ⅢT8H78：67）

2. 架板（ⅢT8H77：11）

3. 架板（ⅢT2H36：7）

4. 架板（ⅢT2H34：57）

5. 架板（ⅢT1H38：8）

6. 架板（ⅢT1H45：1）

黄冶窑三期后段架板

彩版一六〇

1. A型垫板（ⅢT8H78：95）

2. A型垫板（ⅢT9G6：126）

3. A型垫板（ⅢT8H77：13）

4. A型垫板（ⅢT7H69：4）

5. B型垫板（ⅢT2H34：80）

6. B型垫板（ⅢT5H19：34）

黄冶窑三期后段垫板

彩版一六一

1. B型垫板（ⅢT9G6∶28）

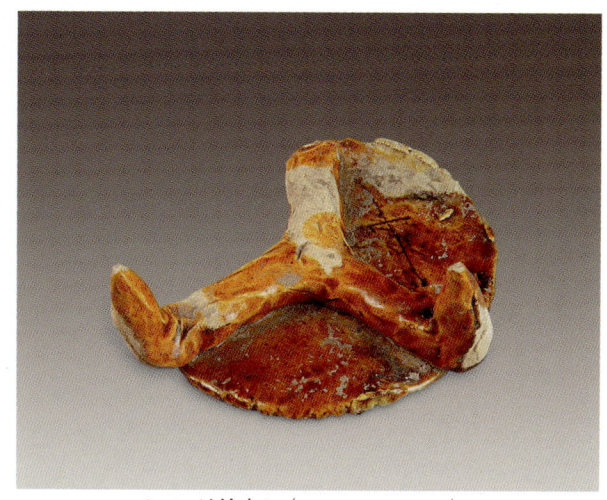

2. B型垫板（ⅢT9G6∶28）

3. C型垫板（ⅢT5H19∶33）

4. C型垫板（ⅢT2H34∶81）

5. D型垫板（ⅠT1⑤∶141）

黄冶窑三期后段垫板

彩版一六二

1. 火照（ⅠT1⑤：134）

2. 匣钵盖（ⅢT6H81：151）

3. 匣钵盖（ⅢT6H81：150）

4. 匣钵盖（ⅢT6H81：150）

黄冶窑三期后段火照与匣钵盖

1. 铁犁铧（ⅢT3ZF1W1：4）

2. 铁镰刀（ⅢT7H13：1）

3. 铁铲（ⅢT3ZF1W1：1）

4. 铁钥匙（ⅡT19⑦：6）

5. 砖（ⅡT4G1：1）

6. 板瓦（ⅡT19H25：2）

黄冶窑三期后段铁器与砖、瓦

彩版一六四

1. A型盆（ⅡT57G2：122）

2. Ba型盆（ⅡT57G2：407）

3. D型盆（Ⅲ采集：11）

4. Bb型盆（ⅢT2④：4）

5. C型盆（ⅡT10H2：24）

黄冶窑四期白瓷盆

彩版一六五

1. Ca型碗（ⅢT5⑥∶5）

2. Cb型碗（ⅢT5⑥∶39）

3. A型碗（ⅡT35⑩∶28）

4. Ba型碗（ⅢT5H13∶9）

5. Bb型碗（ⅡT17ZF3∶21）

黄冶窑四期白瓷碗

彩版一六六

1. 盘（ⅡT57G2∶151）

2. 盏（ⅢT2J1∶30）

3. 注碗（ⅠT1②∶153）

4. 罐（ⅡT57G2∶406）

黄冶窑四期白瓷器

彩版一六七

1. A型盒（ⅢT5H13∶7）

2. B型盒（ⅡT20⑤∶15）

3. 双系敛口钵（ⅠT1⑤∶34）

4. A型器盖（ⅡT57G2∶41）

5. 灯（ⅡT57G2∶69）

黄冶窑四期白瓷器

彩版一六八

1. A型器盖（ⅢT4H10∶2）

2. B型器盖（ⅢT5⑤∶12）

3. B型器盖（ⅢT5⑤∶14）

4. C型器盖（ⅢT5H9∶24）

5. D型器盖（ⅡT17①∶8）

6. D型器盖（ⅡT35⑨∶153）

黄冶窑四期白瓷器盖

1. B型碗（ⅡT57G2：174）

2. A型碗（ⅢT2H16：5）

3. B型碗（ⅢT2④：9）

4. B型碗（ⅡT57G2：414）

5. D型碗（ⅡT57G2：410）

6. C型碗（ⅡT57G2：412）

黄冶窑四期黑瓷碗

彩版一七〇

1. 罐（ⅡT17ZF3②：26）

2. A型瓶（ⅠT1H1：2）

3. B型瓶（ⅡT12Y6：1）

4. A型执壶（ⅡT10H2：9）

5. B型执壶（ⅡT10H2：32）

6. B型执壶（ⅡT12Y6：18）

黄冶窑四期黑瓷罐、瓶、执壶

彩版一七一

1. 钵（ⅡT12Y6:6）

2. 钵（ⅡT12Y6:8）

3. 钵（ⅡT12Y6:11）

4. 水盂（ⅡT57G2:54）

5. 双龙柄尊（ⅡT57G2:65）

6. 臼（ⅡT57G2:122）

黄冶窑四期黑瓷器

彩版一七二

1. 黑瓷灯（ⅡT57G2∶188）

2. 黑瓷注盆（ⅡT10H2∶23）

3. A型黄釉瓷灯（ⅡT35⑨∶82）

4. B型黄釉瓷灯（ⅡT35⑨∶107）

黄冶窑四期瓷灯、注盆

彩版一七三

1. A型罐（ⅡT17ZF3①：11）

2. B型罐（ⅡT12Y6：2）

3. 执壶（ⅢT5⑥：44）

4. 水注（ⅡT57G2：198）

5. 灯（ⅡT12Y6：1）

黄冶窑四期茶叶末釉瓷器

彩版一七四

1. Aa型碗（ⅠT1H1：15）

2. Ab型碗（ⅠT1H1：49）

3. Ba型碗（ⅡT57G2：380）

4. Ba型碗（ⅡT16ZF1K2：2）

5. Bb型碗（ⅡT12Y6：32）

6. Bc型碗（ⅡT57G2：102）

黄冶窑四期黄釉瓷碗

彩版一七五

1. 盆（Ⅰ采集:1）

2. Aa型碗（ⅢT2J1:17）

3. Aa型碗（ⅡT57G2:387）

4. Aa型碗（2002ⅢT2H3:9）

5. Ab型碗（ⅡT15⑨:9）

6. Ac型碗（ⅡT17①:4）

黄冶窑四期单彩盆、碗

彩版一七六

1. Ba型碗（ⅢT3H5：1）

2. Ba型碗（ⅡT17ZF3②：15）

3. Ba型碗（ⅡT17H21：1）

4. Ba型碗（ⅢT2H16：7）

5. Ba型碗（ⅡT17ZF3②：16）

6. Ba型碗（ⅢT2H8：1）

黄冶窑四期单彩碗

彩版一七七

1. Bb型碗（ⅠT1H1：29）

2. C型碗（ⅡT35⑨：177）

3. D型碗（ⅡT15⑨：10）

4. E型碗（ⅠT1H1：44）

5. E型碗（ⅠT1H1：43）

黄冶窑四期单彩碗

彩版一七八

1. Aa型盘（ⅡT17ZF3①：131）

2. Aa型盘（ⅡT12Y6：12）

3. Ab型盘（ⅢT2④：12）

4. Ac型盘（ⅡT35⑨：159）

5. B型盘（ⅡT11①：21）

黄冶窑四期单彩盘

彩版一七九

1. A型盏（ⅡT57G2∶392）

2. A型盏（ⅡT57G2∶25）

3. A型盏（ⅢT4H8∶1）

4. B型盏（2002ⅢT5G1∶21）

5. B型盏（ⅢT5⑥∶22）

6. B型盏（ⅢT5⑥∶22）

黄冶窑四期单彩盏

彩版一八〇

1. A型杯（ⅢT2⑥：34）

2. B型杯（ⅢT2⑥：32）

3. C型杯（ⅡT35⑨：113）

4. D型吸杯（ⅡT35⑩：46）

5. D型吸杯（ⅡT35⑨：193）

黄冶窑四期单彩杯

1. A型罐（ⅡT57G2：438）

2. A型罐（ⅡT17ZF3①：127）

3. Ba型罐（ⅡT35⑩：270）

4. Bb型罐（ⅡT16ZF1K2：1）

5. C型罐（ⅡT17H20：1）

6. D型罐（ⅡT17ZF3①：2）

黄冶窑四期单彩罐

彩版一八二

1. E型罐（ⅡT35⑨：77）

2. B型瓶（ⅡT57G2：123）

3. C型瓶（ⅢT5H9：26）

黄冶窑四期单彩罐、瓶

1. A型钵（ⅢT3H15∶13）

2. Ba型钵（ⅡT19J1∶1）

3. Bb型钵（ⅠT1H1∶61）

4. A型瓶（ⅡT17ZF3①∶42）

5. D型瓶（ⅡT35⑩∶238）

6. E型瓶（ⅡT35⑨∶118）

黄冶窑四期单彩钵、瓶

彩版一八四

1. Aa型执壶（ⅡT35⑩：26）

2. Ab型执壶（ⅡT35⑩：257）

3. Ba型执壶（ⅡT35⑨：219）

4. Bb型执壶（ⅡT17ZF3①：36）

5. Bc型执壶（ⅡT57G2：119）

6. Bc型执壶（ⅡT57G2：39）

黄冶窑四期单彩执壶

彩版一八五

1. A型水注（ⅡT57G2：397）

2. Ba型水注（ⅡT57G2：379）

3. Bb型水注（ⅡT11：1）

4. 樽（ⅢT2⑥：37）

黄冶窑四期单彩水注、樽

彩版一八六

1. 炉（ⅢT3H15∶12）

2. 炉（ⅢT2⑥∶55）

3. B型盒（ⅠT1H1∶25）

4. A型盒（ⅠT1H1∶1）

5. B型水盂（ⅡT35⑨∶92）

6. A型水盂（ⅡT10H2∶13）

黄冶窑四期单彩炉、盒、水盂

彩版一八七

1. A型灯（ⅡT35⑨：111）

2. A型灯（ⅡT12Y6：19）

3. B型灯（ⅡT57G2：191）

4. Aa型器盖（ⅡT35⑨：10）

5. Ab型器盖（ⅡT35⑩：52）

6. Ac型器盖（ⅢT4H20：2）

黄冶窑四期单彩灯、器盖

彩版一八八

1. Ad型器盖（ⅢT4⑧：17）

2. B型器盖（ⅡT35⑨：12）

3. B型器盖（ⅡT35⑩：66）

4. C型器盖（ⅡT35⑨：174）

5. D型器盖（ⅡT35⑨：173）

6. E型器盖（ⅢT2⑤：27）

黄冶窑四期单彩器盖

彩版一八九

1. 器座（Ⅰ采集：10）

2. 埙（ⅡT57G2：60）

3. 铃铛（ⅡT12②：15）

4. 侍女俑（ⅡT35⑨：135）

5. 骑马俑（ⅡT57G2：57）

6. 骑象俑（ⅡT16①：2）

黄冶窑四期单彩器

彩版一九〇

1. 猴俑（ⅢT4⑧：12）

2. 马俑（ⅡT35⑨：83）

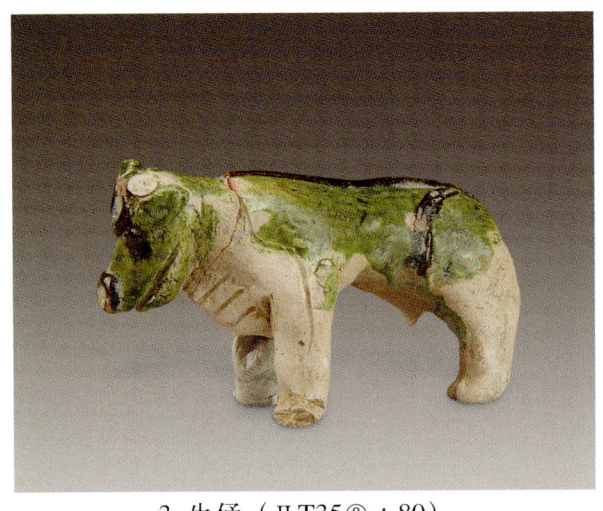

3. 牛俑（ⅡT35⑧：80）

4. 狗俑（ⅡT35⑨：22）

5. 狗俑（ⅡT35⑩：62）

6. 狗俑（ⅡT35⑩：68）

黄冶窑四期单彩俑

彩版一九一

1. 龟俑（ⅡT10H2∶37）

2. 龟俑（ⅡT4⑤∶33）

3. 蛙俑（ⅡT7②∶16）

4. 鸽俑（ⅡT57G2∶40）

5. 鸭俑（ⅡT16ZF1②∶4）

黄冶窑四期单彩俑

彩版一九二

1. A型碗（ⅢT4H4∶1）

2. Ba型碗（ⅡT35⑨∶96）

3. Bb型碗（ⅡT35⑨∶227）

4. Bc型碗（ⅢT4⑧∶4）

5. Bd型碗（Ⅰ采集∶5）

6. Bd型碗（Ⅰ采集∶5）

黄冶窑四期三彩碗

彩版一九三

1. A型碗（ⅡT35⑩∶267）

2. Bd型碗（ⅡT19J1∶9）

3. Aa型盘（ⅡT35⑨∶192）

4. Ab型盘（ⅢT5⑥∶37）

5. Ba型盘（ⅠT1H1∶6）

6. Bc型盘（ⅠT1H1∶58）

黄冶窑四期三彩碗、盘

彩版一九四

1. Ba型盘（ⅡT17ZF3采集：1）

2. Bb型盘（ⅠT1H1：8）

3. Bb型盘（ⅡT12Y6：14）

4. Bb型盘（ⅡT12Y6：3）

黄冶窑四期三彩盘

彩版一九五

1. Aa型豆（ⅡT17ZF3②：23）

2. Ab型豆（ⅡT57G2：79）

3. Ba型豆（ⅠT1H1：3）

4. Bb型豆（ⅡT57G2：49）

5. Bb型豆（ⅡT57G2：377）

黄冶窑四期三彩豆

彩版一九六

1. C型豆（ⅡT35⑨：102）

2. C型豆（ⅡT35⑨：196）

3. A型盒（ⅡT57G2：42）

4. A型盒（ⅡT57G2：42）

5. B型盒（ⅢT5H9：20）

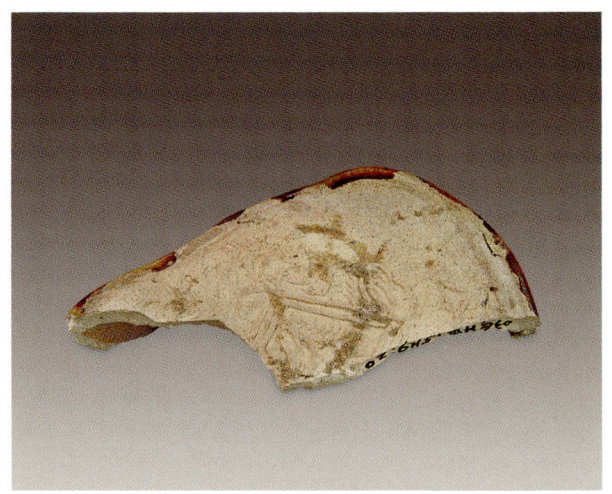

6. B型盒（ⅢT5H9：20）

黄冶窑四期三彩豆、盒

1. Aa型罐（ⅠT1H1∶62）

2. Bb型罐（ⅡT12Y6∶7）

3. C型罐（ⅡT12Y6∶9）

4. C型罐（ⅡT17ZF3②∶27）

5. D型罐（ⅢT2J1∶29）

6. E型罐（ⅡT35⑩∶27）

黄冶窑四期三彩罐

彩版一九八

1. Aa型盂（ⅢT3⑨：39）

2. Ab型盂（ⅢT2H35：1）

3. Ab型盂（ⅡT57G2：84）

4. Ba型盂（ⅡT17ZF3①：3）

5. Bb型盂（ⅡT17Y7：1）

6. 洗（ⅢT3⑦：14）

黄冶窑四期三彩盂、洗

彩版一九九

1. C型瓶（ⅡT35⑨∶94）

2. C型瓶（ⅡT35⑨∶94）

3. A型瓶（ⅡT35⑩∶240）

4. Da型瓶（ⅡT35⑨∶19）

5. Db型瓶（ⅢT2⑤∶25）

黄冶窑四期三彩瓶

彩版二〇〇

1. Aa型罐（ⅡT12Y6：3）

2. Aa型罐（ⅡT17ZF3：69）

3. Ab型罐（ⅡT17ZF3：121）

4. Ba型罐（ⅢT3⑧：20）

黄冶窑四期三彩罐

1. A型钵（2002ⅢT2H2：1）

2. Ba型钵（ⅢT5⑥：7）

3. Ba型钵（ⅡT57G2：41）

4. Bb型钵（ⅠT1H1：60）

黄冶窑四期三彩钵

彩版二〇二

1. Aa型水注（ⅡT17ZF3：143）

2. Ab型水注（ⅢT4⑧：12）

3. Ab型水注（ⅢT4⑧：61）

4. B型水注（ⅢT2J1：27）

5. B型水注（ⅢT4⑧：56）

6. B型水注（ⅡT57G2：6）

黄冶窑四期三彩水注

彩版二〇三

1. Aa型执壶（ⅡT17ZF3①：18）

2. Ab型执壶（ⅢT4H4：2）

3. B型执壶（ⅡT35⑨：224）

黄冶窑四期三彩执壶

彩版二〇四

1. Aa型执壶（ⅡT57G2：178）

2. Aa型执壶（ⅡT35⑩：65）

3. Aa型执壶（ⅡT35⑨：226）

4. Aa型执壶（ⅡT12Y6：20）

5. B型执壶（ⅡT35⑨：90）

6. C型执壶（ⅡT35⑨：223）

黄冶窑四期三彩执壶

彩版二〇五

1. Aa型炉（ⅢT3H15：3）

2. Aa型炉（ⅢT3⑦：35）

3. Aa型炉（ⅡT57G2：3）

4. Ab型炉（ⅡT35⑨：110）

5. B型炉（ⅡT35⑨：190）

6. C型炉（ⅡT35⑨：35）

黄冶窑四期三彩炉

彩版二〇六

2. Aa型器盖（2002ⅢT3H6∶5）

4. C型器盖（ⅡT16现代扰坑∶3）

1. Aa型器盖（ⅢT4H5∶1）

3. C型器盖（ⅡT35⑨∶73）

黄冶窑四期三彩器盖

彩版二〇七

1. Ab型器盖（ⅡT57G2：211）

2. Ac型器盖（ⅠT1H1：20）

3. B型器盖（ⅡT16现代扰坑：2）

4. B型器盖（ⅡT35⑨：91）

黄冶窑四期三彩器盖

彩版二〇八

1. A型枕（ⅡT57G2：125）

2. A型枕（ⅡT57G2：125）

3. A型枕（ⅡT4⑤：31）

4. A型枕（ⅡT35⑩：261）

5. B型枕（ⅡT57G2：404）

6. C型枕（ⅡT35⑨：40）

黄冶窑四期三彩枕

彩版二〇九

1. 抱宠物俑（ⅡT35⑨：79）

2. 抱宠物俑（ⅢT3⑧：17）

3. 乐俑（ⅡT57G2：17）

4. 抱宠物俑（ⅢT8⑦：2）

5. 抱宠物俑（ⅢT8⑦：2）

黄冶窑四期三彩俑

彩版二一〇

1. 侍女俑（ⅡT35⑩：69）

2. 侍女俑（ⅡT35⑨：86）

3. 侍女俑（ⅡT15⑧：3）

4. 观音俑（ⅡT12Y6：13）

5. 菩萨俑（ⅡT10⑥：28）

6. 童俑（ⅡT35⑨：76）

黄冶窑四期三彩俑

1. 骑马俑（2002ⅢT2H3∶1）

2. 骑马俑（ⅡT35⑩∶57）

3. 骑牛俑（ⅢT3⑥∶4）

4. 骑狗俑（ⅡT57G2∶86）

黄冶窑四期三彩俑

彩版二一二

1. 马俑（ⅡT57G2：23）

2. 狗俑（ⅡT12Y6：15）

3. 狗俑（ⅡT35⑨：97）

4. 狗俑（ⅡT10H2：2）

5. 猴俑（ⅢT2J1：4）

6. 猴俑（ⅡT12现代扰坑：2）

黄冶窑四期三彩俑

彩版二一三

1. 猴俑（ⅢT8⑦∶3）

2. 猴俑（ⅢT8⑦∶3）

3. 猴俑（ⅢT3H6∶2）

4. 兔俑（ⅡT17ZF3①∶40）

5. 牛俑（ⅡT57G2∶82）

6. 牛俑（ⅡT57G2∶81）

黄冶窑四期三彩俑

彩版二一四

1. 象俑（ⅡT57G2：207）

2. 虎俑（ⅡT35⑨：75）

3. 兽俑（ⅡT6⑥：20）

4. 鸽俑（ⅡT57G2：142）

5. 鸳鸯俑（ⅡT10⑥：3）

6. 鸭俑（ⅡT12现代扰坑：4）

黄冶窑四期三彩俑

1. 麻雀俑（ⅡT35⑩：29）

2. 人面埙（ⅡT57G2：73）

3. 兽面埙（ⅢT3H15：15）

4. 车（ⅡT35⑨：98）

5. 车（ⅡT35⑨：98）

6. 车（ⅡT35⑨：98）

黄冶窑四期三彩器

彩版二一六

1. 马俑

2. 马俑（ⅡT35⑨∶5-2）

黄冶窑四期三彩马

彩版二一七

1. 车棚（ⅡT16①：8）

2. 绞胎枕（ⅡT10H2：7）

3. 绞胎枕（ⅡT10H2：29）

4. 绞胎枕（ⅡT10H2：29）

5. 绞胎枕（ⅡT10H2：28）

6. 绞胎枕（ⅡT10H2：14）

黄冶窑四期三彩车棚与绞胎枕

彩版二一八

1. 团花纹绞胎枕（ⅡT10H2：17）

2. 团花纹绞胎枕（ⅡT35⑨：41）

3. 团花纹绞胎枕（ⅡT10H2：8）

4. 木理纹绞胎枕（ⅡT10H2：1）

5. 木理纹绞胎枕（ⅡT10H2：5）

6. 木理纹绞胎枕（ⅡT10H2：6）

黄冶窑四期绞胎枕

彩版二一九

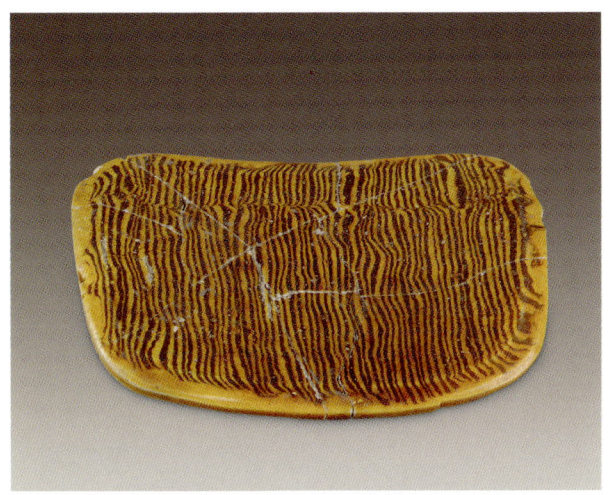

1. 木理纹绞胎枕（ⅡT10H2∶20）

2. Aa型碗（ⅢT3H6∶1）

3. Aa型碗（ⅡT17ZF3LLK3∶5）

4. Aa型碗（ⅡT16ZF1∶4）

5. Ab型碗（ⅢT5⑥∶59）

6. Ab型碗（ⅢT2J1∶20）

黄冶窑四期绞胎枕与素烧碗

彩版二二〇

1. Ac型碗（ⅢT2⑥：35）

2. B型碗（ⅡT12Y6：19）

3. 盏（ⅢT4⑧：9）

4. 盏（ⅢT2J1：39）

5. A型杯（ⅢT2⑥：36）

6. B型杯（ⅡT57G2：150）

黄冶窑四期素烧碗、盏、杯

彩版二二一

1. C型杯（ⅡT57G2∶21）

2. 洗（ⅢT2J1∶45）

3. 洗（Ⅰ采集∶7）

4. A型罐（ⅡT17ZF3LLK3∶12）

5. B型罐（ⅢT2J1∶25）

6. A型盂（ⅡT57G2∶18）

黄冶窑四期素烧器

彩版二二二

1. B型盂（ⅢT4⑧：21）

2. A型钵（ⅢT3H15：7）

3. B型钵（ⅢT1⑥：13）

4. B型钵（ⅡT57G2：405）

5. 三足炉（ⅢT5⑥：58）

6. Aa型水注（ⅢT2J1：28）

黄冶窑四期素烧器

彩版二二三

1. Aa型水注（ⅡT17ZF3∶124）

2. Aa型水注（2002ⅢT6H1∶2）

3. Ab型水注（ⅡT57G2∶141）

4. Ab型水注（ⅡT57G2∶200）

5. B型水注（ⅡT17ZF3∶96）

6. 执壶（ⅡT57G2∶208）

黄冶窑四期素烧水注、执壶

彩版二二四

1. A型盒（ⅡT57G2：399）

2. B型盒（ⅡT57G2：400）

3. A型器盖（ⅡT35⑩：263）

4. Ba型器盖（ⅡT57G2：99）

5. Bb型器盖（ⅡT57G2：144）

6. 瓶（ⅡT57G2：103）

黄冶窑四期素烧盒、瓶、器盖

彩版二二五

1. 瓶（ⅡT15⑧：2）

2. 埙（ⅢT7⑦：6）

3. 埙（ⅢT2⑥：39）

4. 蛋形器（ⅢT4⑧：18）

5. 铃铛（ⅡT17Y7②：2）

6. 乐俑（ⅢT5⑥：21）

黄冶窑四期素烧器

彩版二二六

1. 乐俑（ⅢT2⑥：40）

2. 乐俑（ⅢT5⑥：1）

3. 观音俑（ⅡT57G2：97）

4. 骑象俑（ⅢT2⑤：22）

5. 骑狮俑（ⅡT57G2：52）

6. 马俑（ⅡT57G2：89）

黄冶窑四期素烧俑

彩版二二七

1. 马俑（ⅢT6⑦：4）

2. 马俑（ⅡT57G2：59）

3. 马俑（ⅢT5⑥：7）

4. 马俑（ⅡT12Y6：6）

5. 狮俑（ⅡT57G2：228）

6. 狮俑（ⅡT57G2：22）

黄冶窑四期素烧俑

彩版二二八

1. 狮俑（ⅡT57G2∶136）

2. 猴俑（ⅢT2J1∶24）

3. 猴俑（ⅢT6⑦∶5）

4. 狗俑（ⅡT57G2∶111）

5. 狗俑（ⅡT35⑨∶20）

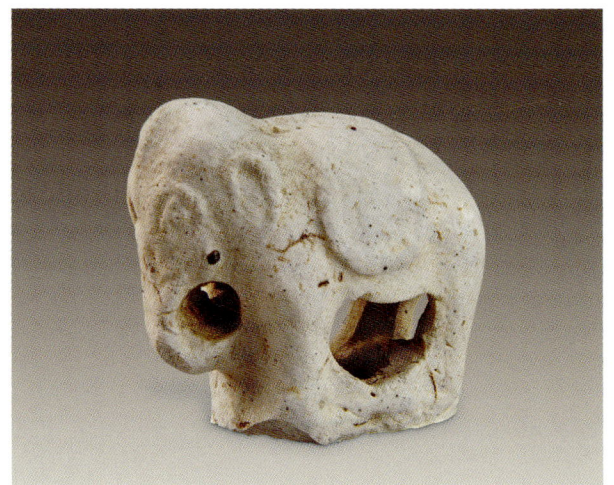

6. 象俑（ⅡT57G2∶103）

黄冶窑四期素烧俑

彩版二二九

1. 牛俑（ⅢT2⑥：41）

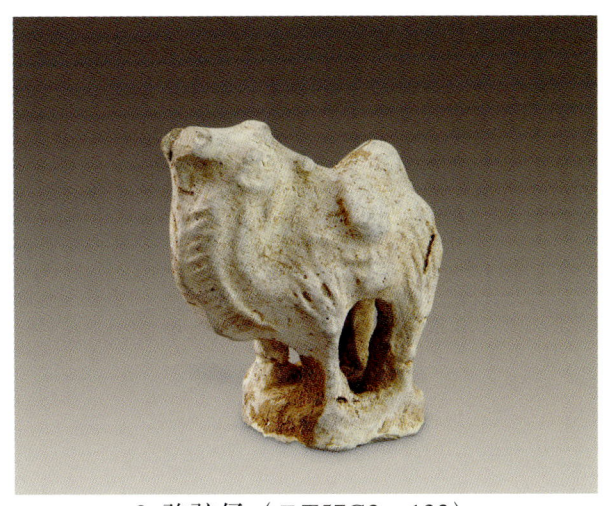

2. 骆驼俑（ⅡT57G2：133）

3. 鸳鸯俑（ⅡT57G2：50）

4. 鸽俑（ⅡT57G2：4）

5. A型碗（ⅡT57G2：394）

6. A型碗（ⅡT57G2：394）

黄冶窑四期素烧俑与白釉蓝彩碗

彩版二三〇

1. Ba型碗（ⅡT57G2：238）

2. Ba型碗（ⅡT57G2：238）

3. Ba型碗（ⅡT57G2：63）

4. Ba型碗（ⅡT57G2：161）

5. Ba型碗（ⅡT57G2：161）

黄冶窑四期白釉蓝彩碗

彩版二三一

1. Ba型碗（ⅡT57G2∶224）

2. Ba型碗（ⅡT57G2∶224）

3. Bb型碗（ⅢT2⑥∶33）

4. Bb型碗（ⅢT2⑥∶33）

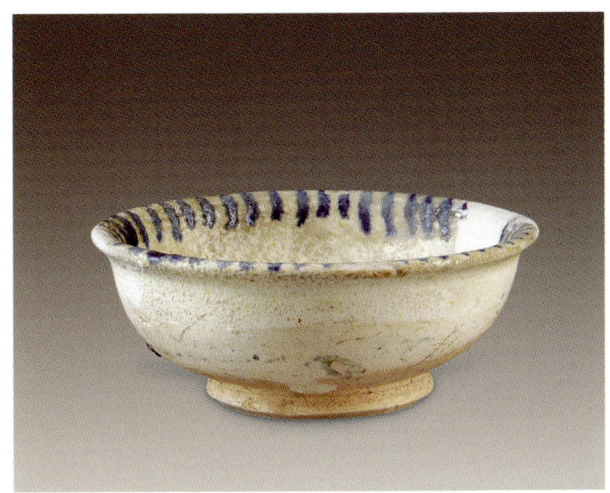

5. Bb型碗（ⅢT4⑧∶1）

6. Bb型碗（ⅢT4⑧∶1）

黄冶窑四期白釉蓝彩碗

彩版二三二

1. Bb型碗（ⅡT57G2∶24）

2. Bb型碗（ⅡT57G2∶24）

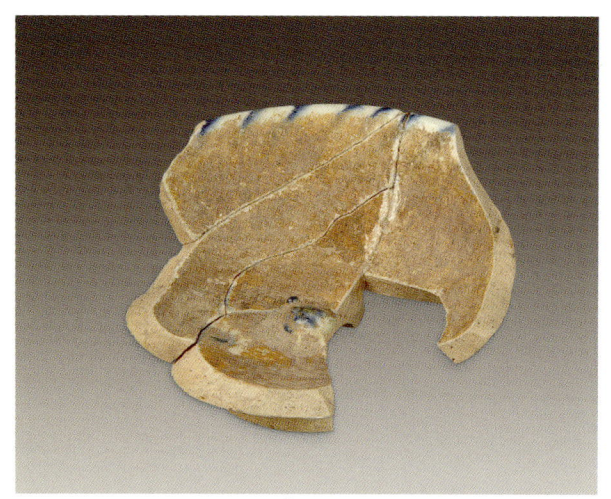

3. Bb型碗（ⅢT5⑥∶55）

4. 盏（ⅢT4⑧∶6）

5. 青花瓷（ⅢT5⑥∶1、ⅢT5⑥∶11）

6. Aa型擂钵（ⅠT1H1∶32）

黄冶窑四期白釉蓝彩器、青花瓷与擂钵

彩版二三三

1. Aa型擂钵（ⅡT17ZF3①：136）

2. Aa型擂钵（ⅡT17ZF3①：134）

3. Aa型擂钵（ⅡT17ZF3①：132）

4. Aa型擂钵（ⅡT17ZF3①：132）

5. Aa型擂钵（ⅡT12Y6：34）

6. Aa型擂钵（ⅠT1H1：31）

黄冶窑四期擂钵

彩版二三四

1. Aa 型擂钵（ⅠT1H1：30）

2. Aa 型擂钵（ⅠT1H1：30）

3. Aa 型擂钵（ⅡT17ZF3①：135）

4. Aa 型擂钵（ⅡT12Y6：2）

5. Ab 型擂钵（ⅡT17ZF3①：133）

6. Ab 型擂钵（ⅡT17H20：4）

黄冶窑四期擂钵

彩版二三五

1. Ac型擂钵（ⅡT1H1∶33）

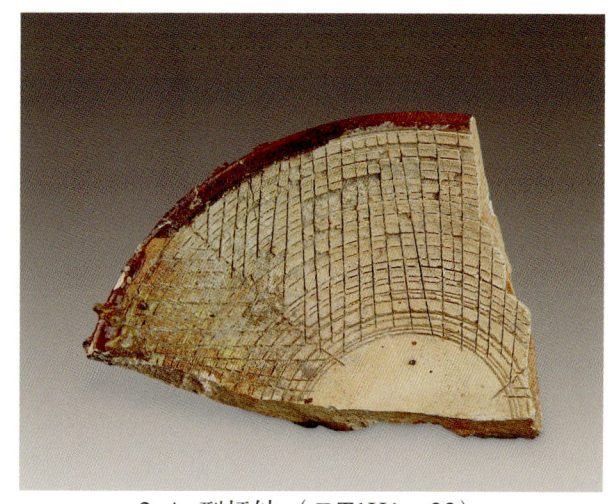
2. Ac型擂钵（ⅡT1H1∶33）

3. Ba型擂钵（ⅡT35⑨∶130）

4. Ba型擂钵（ⅡT35⑨∶130）

5. Bb型擂钵（ⅡT35⑨∶129）

6. Bb型擂钵（ⅡT35⑨∶129）

黄冶窑四期擂钵

彩版二三六

1. 人物俑模具（ⅡT35⑨：8）

2. 人物俑模具（ⅡT35⑤：2）

3. 人物俑模具（ⅡT57G2：129）

4. 人物俑模具（ⅡT35⑪：70）

5. 骑马俑模具（ⅡT57G2：42）

6. 骑牛俑模具（ⅢT5⑥：48）

黄冶窑四期模具

1. 骆驼模具（ⅢT4⑧：16）

2. 骆驼模具（ⅡT57G2：132）

3. 骆驼模具（ⅢT8⑦：13）

4. 大象模具（ⅡT11①：24）

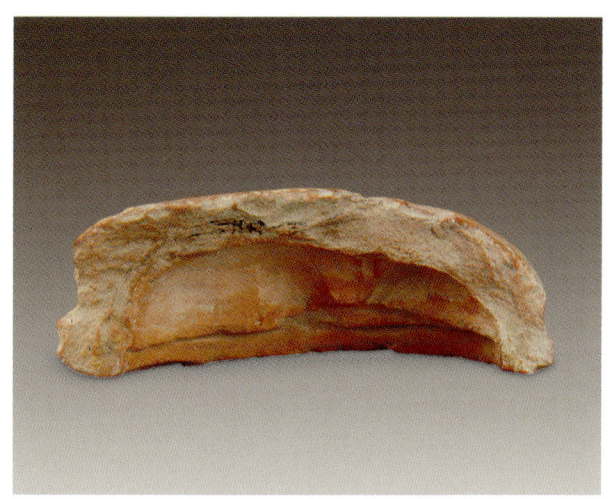
5. 狗模具（ⅢT5H47：3）

6. 海豹模具（ⅡT35⑨：21）

黄冶窑四期模具

彩版二三八

1. 瑞兽模具（ⅡT35⑨：134）

2. 鸽子模具（ⅢT4H18：3）

3. 埙模具（ⅢT4H30：2）

4. 埙模具（ⅢT3⑦：49）

5. 铃铛模具（ⅡT35⑩：56）

6. 龙首模具（ⅡT35⑩：47）

黄冶窑四期模具

1. 器盖模具（ⅡT35⑨：112）

2. 器盖模具（ⅢT2①：1）

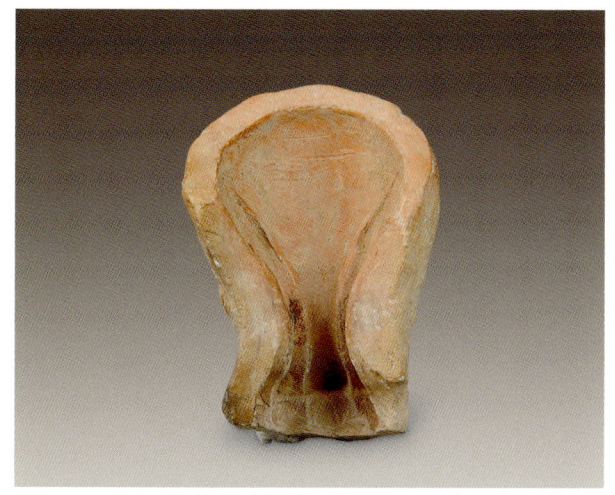

3. 炉足模具（ⅢT5H47：1）

4. 樽足模具（ⅢT4⑥：1）

5. 敛口钵系模具（ⅡT57G2：33）

6. 敛口钵系模具（ⅡT57G2：33）

黄冶窑四期模具

彩版二四〇

1. 器座印模（ⅡT35⑨：206）

2. 印模（ⅠT1H1：80）

3. 印模（ⅡT12现代扰坑：3）

4. 印模（ⅡT12现代扰坑：3）

5. 印模（ⅡT35⑤：145）

6. 印模（ⅠT1④：3）

黄冶窑四期模具

1. 印模（ⅡT35⑨：202）

2. 印模（ⅡT35⑩：271）

3. 印模（ⅡT57G2：5）

4. 印模（ⅡT57G2：5）

5. 母范（ⅢT3⑧：19）

6. 碾轮（ⅡT20③：7）

黄冶窑四期模具、母范、碾轮

彩版二四二

1. 石拍（ⅢT3①：45）

2. 石拍（ⅢT3⑧：49）

3. 石磨盘（ⅢT5H13：6）

4. 石杵（ⅡT11现代坑：1）

5. 石杵（ⅢT4H20：3）

6. 穿孔石器（ⅢT4H3：3）

黄冶窑四期石器

彩版二四三

1. 方形石器（ⅢT3⑧：32）

2. A型杯形支烧（ⅢT4H3：8）

3. A型杯形支烧（ⅢT2H16：6）

4. A型杯形支烧（ⅢT3⑧：48）

5. A型杯形支烧（Ⅲ采集：16）

6. A型杯形支烧（Ⅲ采集：16）

黄冶窑四期石器与支烧具

彩版二四四

1. B型杯形支烧（ⅢT4ZF1:7）

2. A型碗形支烧（ⅢT3H6:5）

3. B型碗形支烧（ⅢT1⑥:3）

4. 盅形支烧（ⅢT1⑥:2）

5. 柱形支烧

6. A型柱形支烧（ⅢT7⑦:13）

黄冶窑四期支烧具

1. A型柱形支烧（ⅡT17ZF3：111）

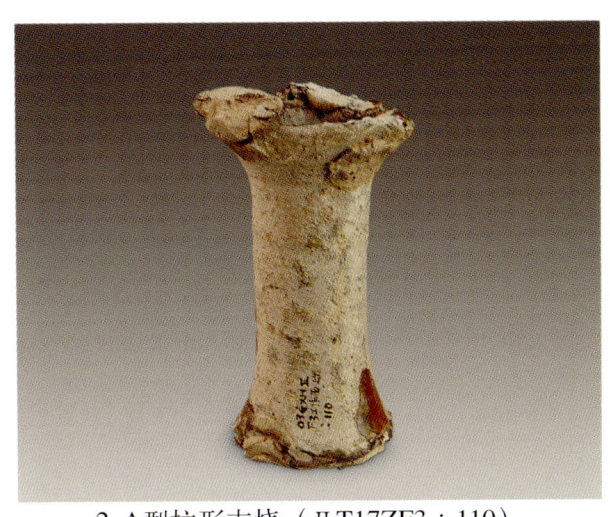

2. A型柱形支烧（ⅡT17ZF3：110）

3. A型柱形支烧（ⅢT2J1：31）

4. A型柱形支烧（ⅢT5⑥：51）

5. A型柱形支烧（ⅢT7⑦：11）

6. A型柱形支烧（ⅢT1⑥：20）

黄冶窑四期支烧具

彩版二四六

1. A型柱形支烧（ⅢT1⑤：16）

2. A型柱形支烧（ⅢT1⑥：19）

3. A型柱形支烧（ⅢT1⑤：17）

4. B型柱形支烧（ⅡT12Y6：24）

5. B型柱形支烧（ⅡT12②：7）

6. B型柱形支烧（ⅡT12Y6：26）

黄冶窑四期支烧具

1. A型垫圈支烧（ⅢT3⑧：1）

2. A型垫圈支烧（ⅢT3⑧：2）

3. A型垫圈支烧（ⅡT17ZF3①：138）

4. B型垫圈支烧（ⅡT12Y6：36）

5. B型垫圈支烧（ⅡT12②：10）

6. A型垫饼支烧（ⅢT5⑤：15）

黄冶窑四期支烧具

彩版二四八

1. B型垫饼支烧（ⅡT12Y6：37）

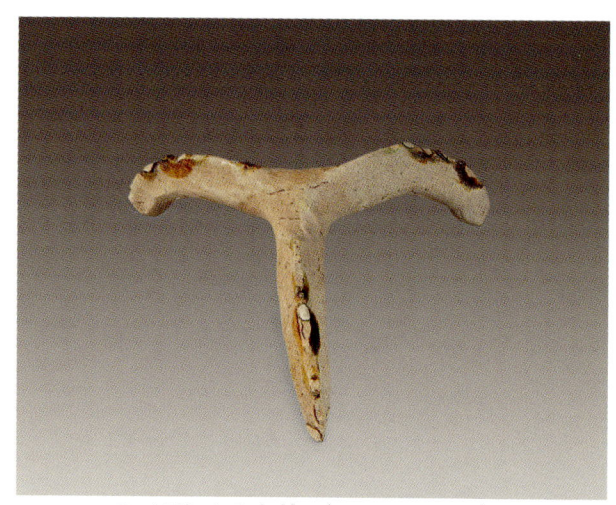
2. A型三叉支烧（ⅢT2⑥：83）

3. A型三叉支烧（ⅢT5⑥：36）

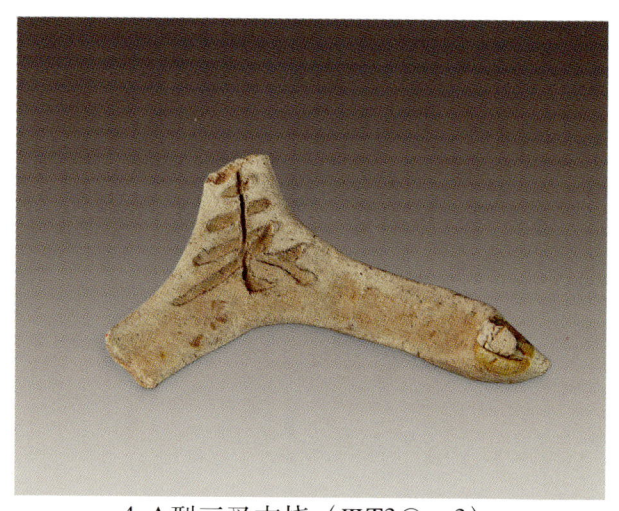
4. A型三叉支烧（ⅢT3⑧：3）

5. B型三叉支烧（ⅢT1⑥：23）

6. B型三叉支烧（ⅢT1⑤：18）

黄冶窑四期支烧具

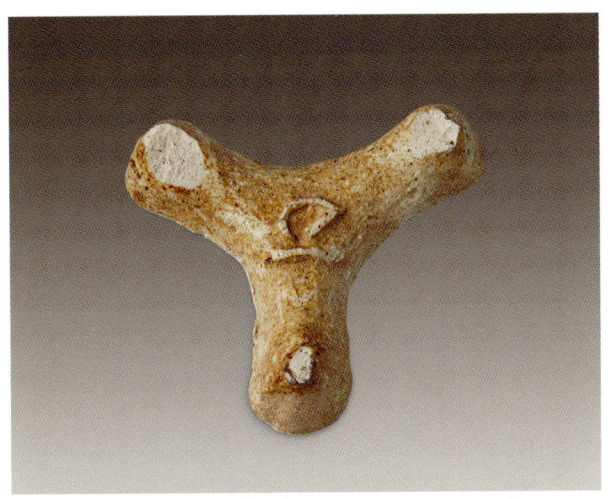
1. B型三叉支烧（ⅡT17ZF3①：137）

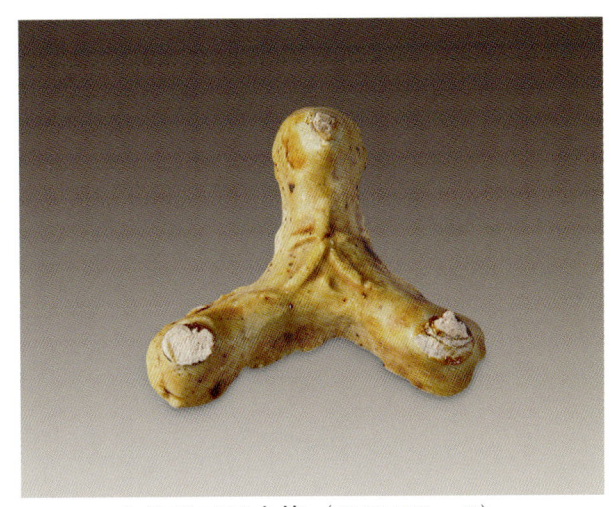
2. B型三叉支烧（ⅡT17①：7）

3. B型三叉支烧（ⅡT17ZF3①：46）

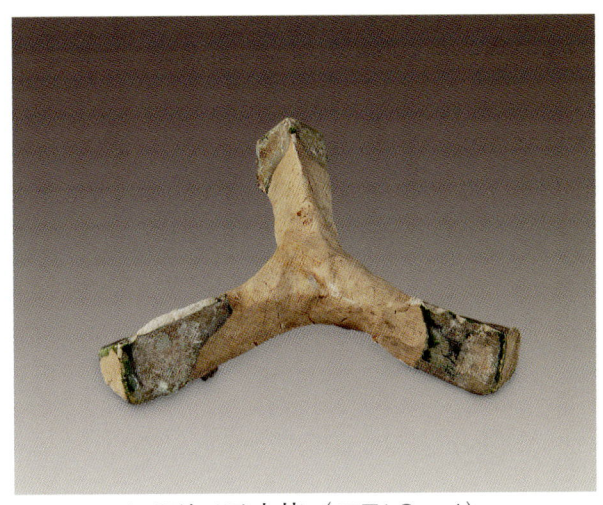
4. C型三叉支烧（ⅢT1⑥：4）

5. D型三叉支烧（ⅢT1⑥：8）

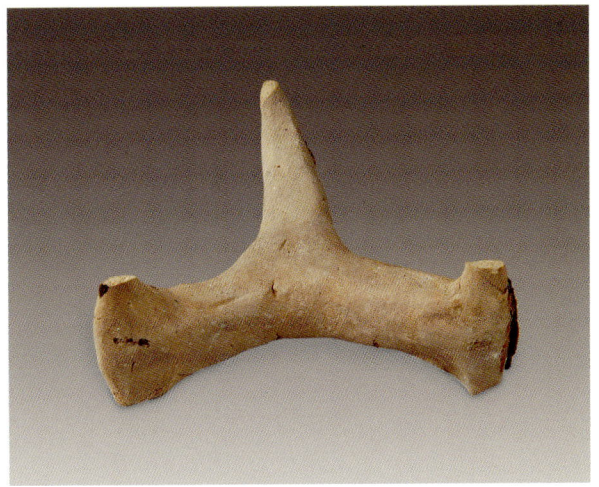
6. D型三叉支烧（ⅢT3⑦：15）

黄冶窑四期支烧具

彩版二五〇

1. E型三叉支烧（ⅢT3⑧:36）

2. 锥形支烧（ⅠT6①:2）

3. 垫板（ⅢT2⑤:54）

4. 架板（ⅢT2J1:48）

5. 架板（ⅢT3⑦:47）

6. 架板（ⅢT2W1:2）

黄冶窑四期支烧具、垫板与架板

1. 架板（ⅢT2W1∶1）

2. 架板（ⅢT5⑥∶14）

3. 架板（ⅢT5⑥∶15）

4. 架板（ⅢT2⑤∶60）

5. 架板（ⅢT2④∶49）

6. 架板（ⅢT3⑦∶46）

黄冶窑四期架板

彩版二五二

1. A型匣钵（ⅡT16①：6）

2. A型匣钵（ⅡT16①：6）

3. B型匣钵（ⅡT35⑨：220）

4. B型匣钵盖（ⅢT2J1：47）

5. 匣钵盖（ⅡT16ZF1LLK1：1）

6. B型匣钵盖（ⅡT16ZF1LLK1：1）

黄冶窑四期匣钵与匣钵盖

彩版二五三

1. 板瓦（ⅢT9⑦：21）

2. 板瓦（ⅢT9⑦：21）

3. 板瓦（ⅡT15Y3：2）

4. 板瓦（ⅡT15Y3：2）

5. 瓦当（ⅢT8⑦：16）

6. 石碾轮（ⅡT4H10：3）

黄冶窑四期板瓦、瓦当与石碾轮

彩版二五四

1. 碗形、盘形、杯形和盅形支烧

2. 常见的几种支烧工艺

3. 同类器套烧

4. 同类器套烧

5. 同类器对口覆烧盆

6. 白釉、黑釉试烧器

黄冶窑第二期烧造工艺

彩版二五五

2. 多种釉色试烧

1. 第三期灰坑内出土的素烧器与成品器

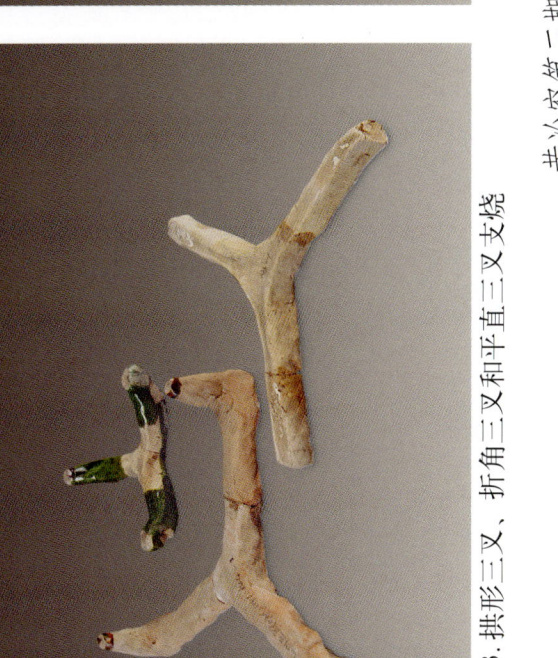

4. 圆形、缺形和长方形垫板

3. 拱形三叉、折角三叉和平直三叉支烧

黄冶窑第三期烧造工艺

彩版二五六

2. 第四期筒形、漏斗形、洗形匣钵

3. 第四期筒形匣钵摞烧

1. 不同类型器物套烧、摞烧并用

黄冶窑烧造工艺

1. 第三期素烧施釉到成品器

2. 第三期素烧施釉到成品器

黄冶窑烧造工艺

彩版二五八

1. 第四期架板棚烧

2. 第四期架板棚烧

黄冶窑烧造工艺

1. 第三期白釉蓝彩器

2. 第三期敛口钵与双系敛口钵

黄冶窑装饰工艺

彩版二六〇

1. 第二期三彩器（残）

2. 第二期刻花素烧枕残片

3. 第三期罐、瓶、器盖釉下贴花

黄冶窑装饰工艺

彩版二六一

1. 第四期主要碗类器装饰

2. 第四期常见的盘类器装饰

3. 第四期执壶类器装饰

4. 第四期杯类器装饰

黄冶窑装饰工艺

彩版二六二

1. 白河窑出土

2. 白河窑出土

3. 白河窑出土

4. 白河窑出土

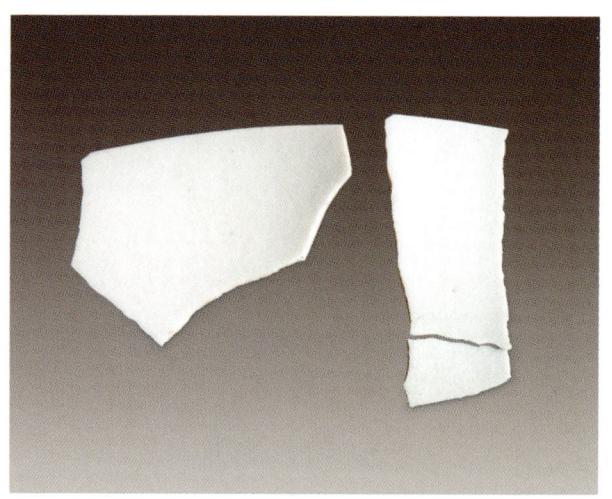

5. 白河窑址出土的白釉瓷器

白河窑青花瓷与白瓷片

彩版二六三

1. 黄冶窑出土的白釉瓷器

2. 黄冶窑出土的白釉瓷器

3. 黄冶窑出土的白釉瓷器

4. 黄冶窑出土的白釉瓷器

黄冶窑白瓷器

彩版二六四

1. 三彩器盖（ⅢT5H39）

2. 洛阳关林出土

3. 三彩钵（ⅡT9H22-1）

4. 黄冶窑出土残片（ⅡT9H22）

5. 蓝花加绿彩钵（ⅡT57G2）

6. 蓝花加绿釉碗（ⅡT57G2）

黄冶窑三彩器与洛阳关林出土三彩器

彩版二六五

1. 蓝花加绿彩碗（ⅢT5H25）

2. 蓝彩朵花碗（ⅡT57G2）

3. 蓝彩朵花碗（ⅢT4H23-1）

4. 蓝彩朵花碗（ⅢT4H23-2）

5. 蓝彩朵花碗

6. 蓝彩朵花碗

黄冶窑白釉蓝彩器

彩版二六六

1. 朵花碗

2. 点彩盆

3. 点彩钵

4. 蓝彩双耳钵（ⅡT57G2）

5. 蓝彩双耳钵（ⅡT57G2）

6. 蓝彩杯（ⅢT2H34）

黄冶窑白釉蓝彩器

彩版二六七

1. 蓝彩盅（ⅡT57G2）

2. 蓝彩瓶（ⅡT57G2）

3. 蓝彩残片（ⅡT9-1）

4. 蓝彩碗

5. 蓝彩碗

6. 蓝彩碗（ⅡT1H38-5）

黄冶窑白釉蓝彩器

彩版二六八

1. 沧州博物馆收藏的蓝花碗

2. 沧州博物馆收藏的蓝花碗

3. 碗（ⅡT8⑩）

4. 碗（ⅡT57G2）

5. 碗（ⅡT57G2）

6. 碗（瓦窑沟Ⅲ区）

沧州与黄冶窑出土白釉蓝彩碗

1. 蓝彩水注（ⅢT2H34）

2. 蓝彩钵（ⅢT5⑧）

3. 蓝彩小罐

4. 绿釉蓝花碗

5. 蓝彩洗底部（ⅢT2H36）

6. 青花瓷片

黄冶窑白釉蓝彩器与青花瓷片

彩版二七〇

1. 水注（ⅡT57G2）

2. 水盂（ⅡT57G2）

3. 碗（ⅡT57G2）

4. 折腰碗（ⅡT4）

5. 扬州出土的唐青花瓷片

6. 扬州出土的唐青花瓷片

黄冶窑蓝彩器与扬州出土的青花瓷片

钙釉瓷中白釉、青釉和青白釉样品的OCT图像

黄冶窑出土瓷器的无损分析

彩版二七二

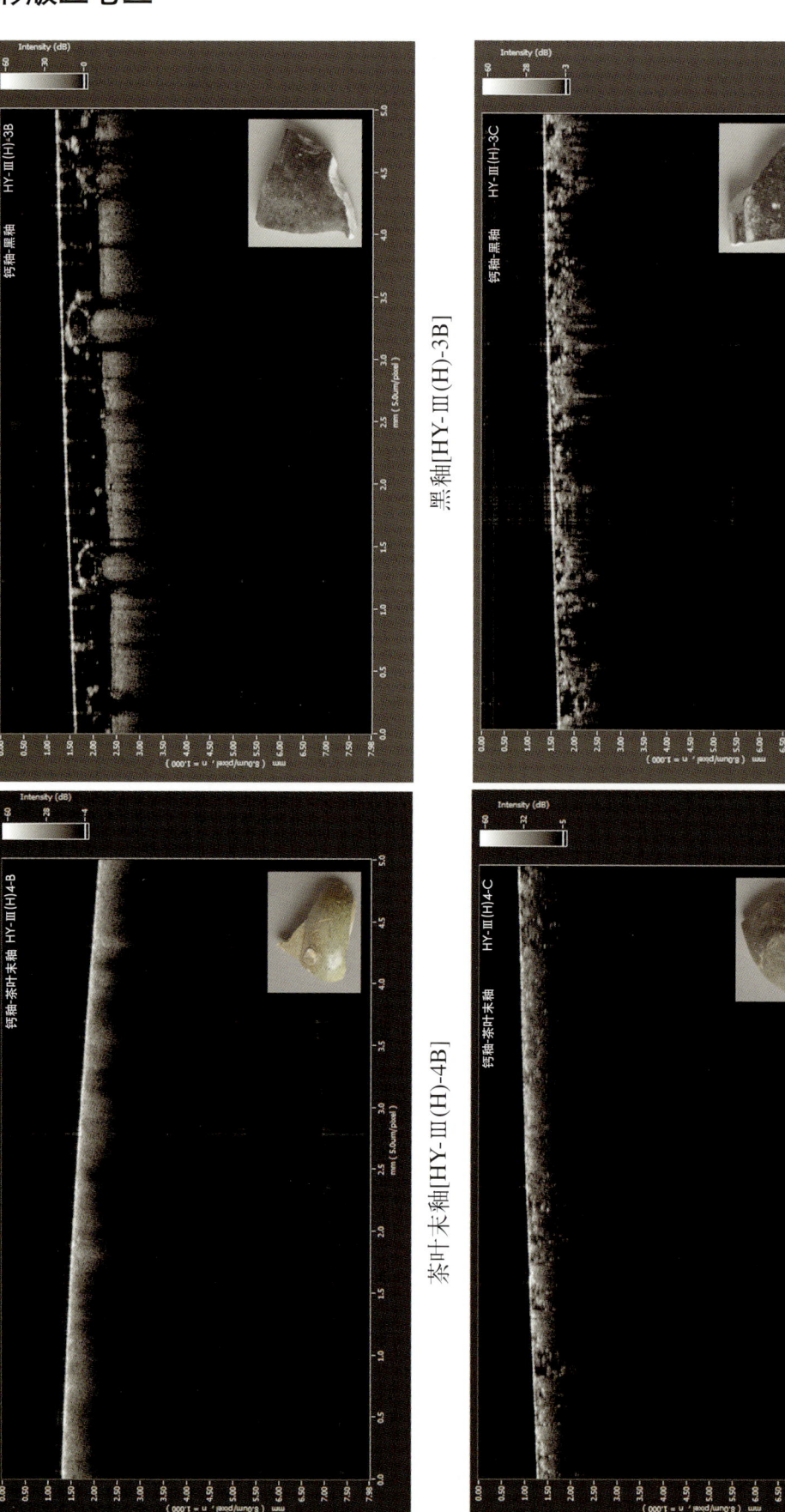

钙釉瓷中茶叶末釉和黑釉的OCT图像

黄冶窑出土瓷器的无损分析

彩版二七三

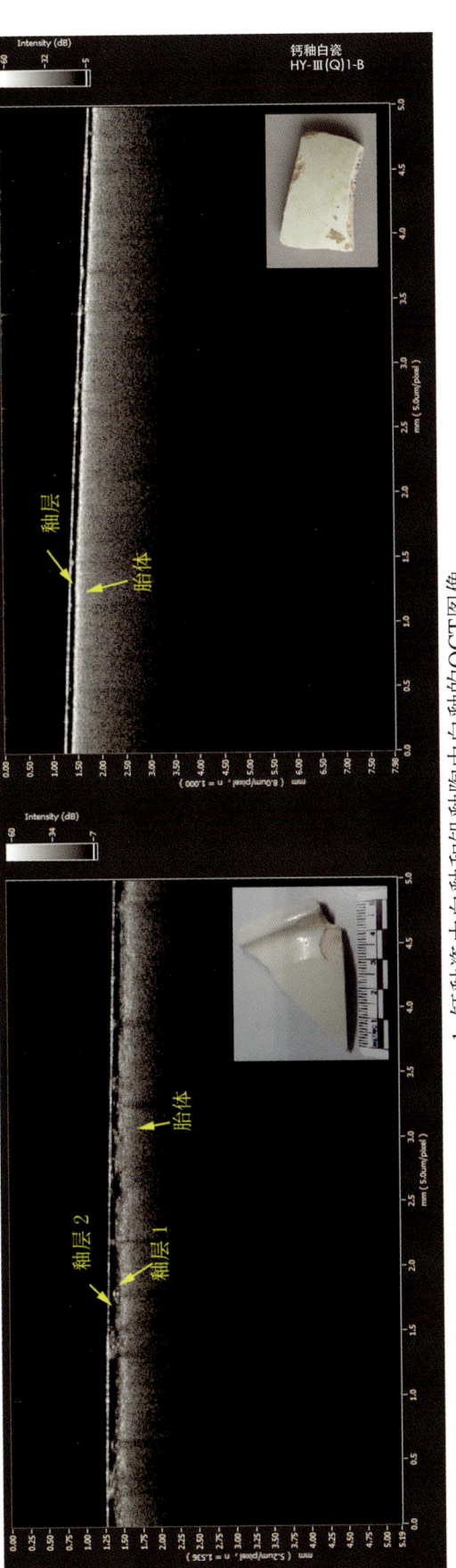

1. 钙釉瓷中白釉和铅釉陶中白釉的OCT图像

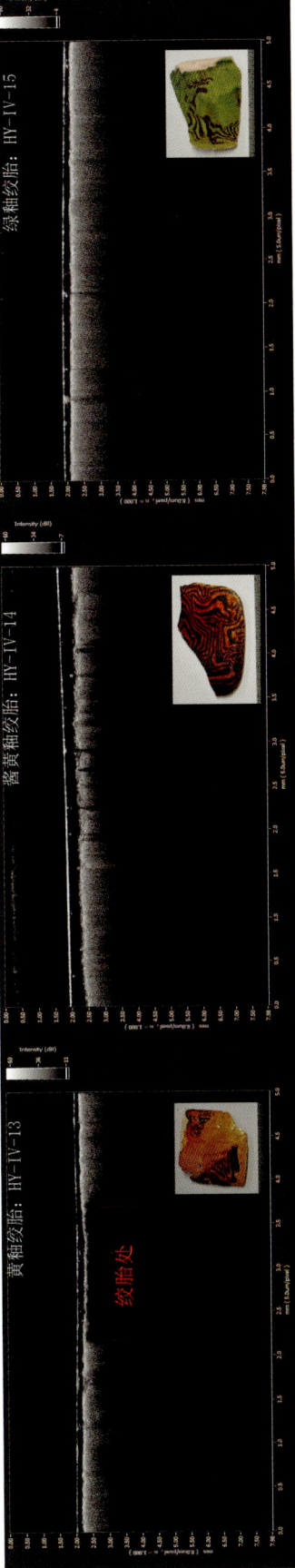

2. 绞胎铅釉的OCT图像

黄冶窑出土瓷器、釉陶的无损分析

彩版二七四

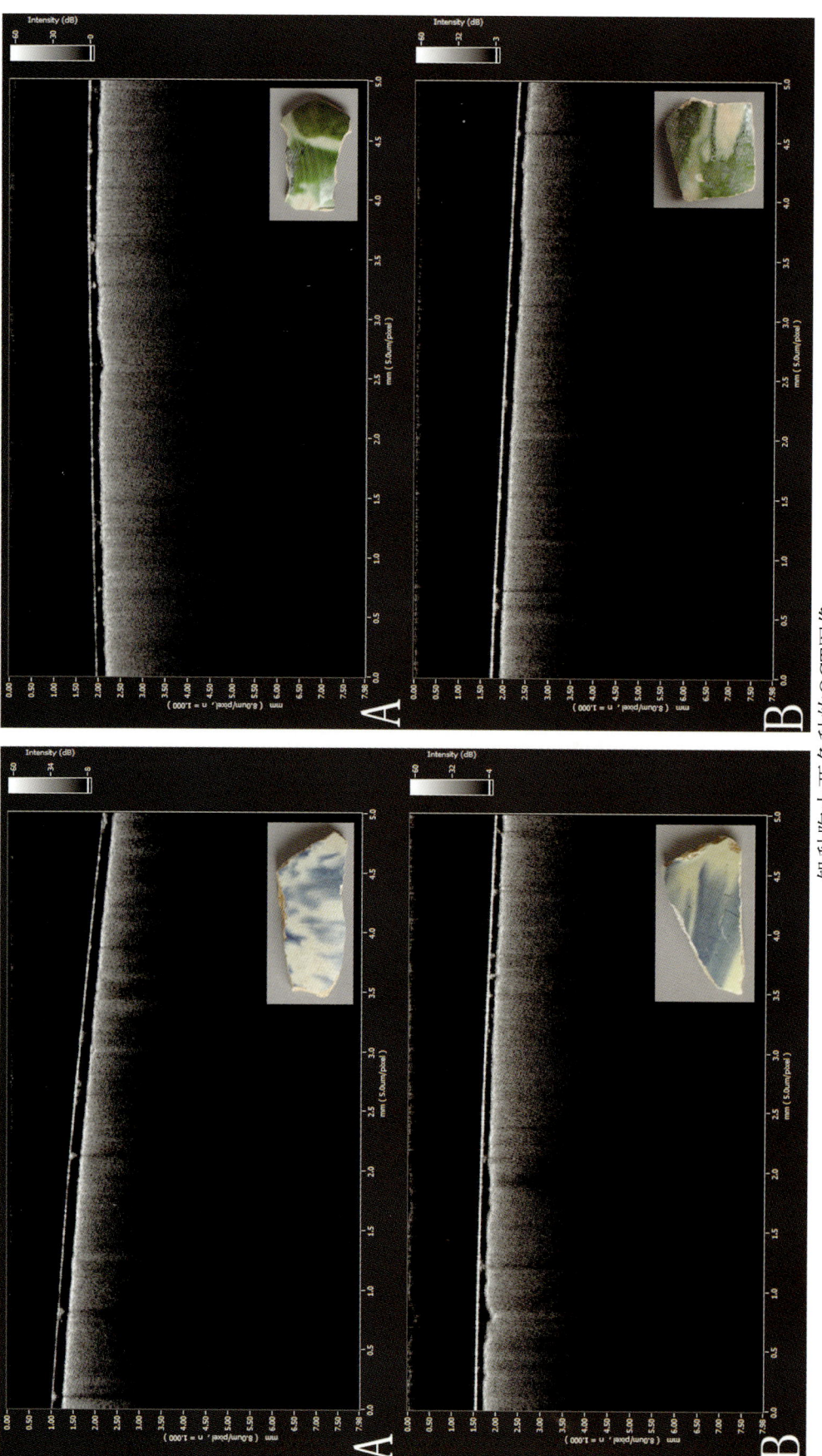

铅釉陶中两色釉的OCT图像

黄冶窑出土瓷器、釉陶的无损分析

铅釉中三彩釉陶[HY-III(Q)-12]的OCT图像

彩版二七六

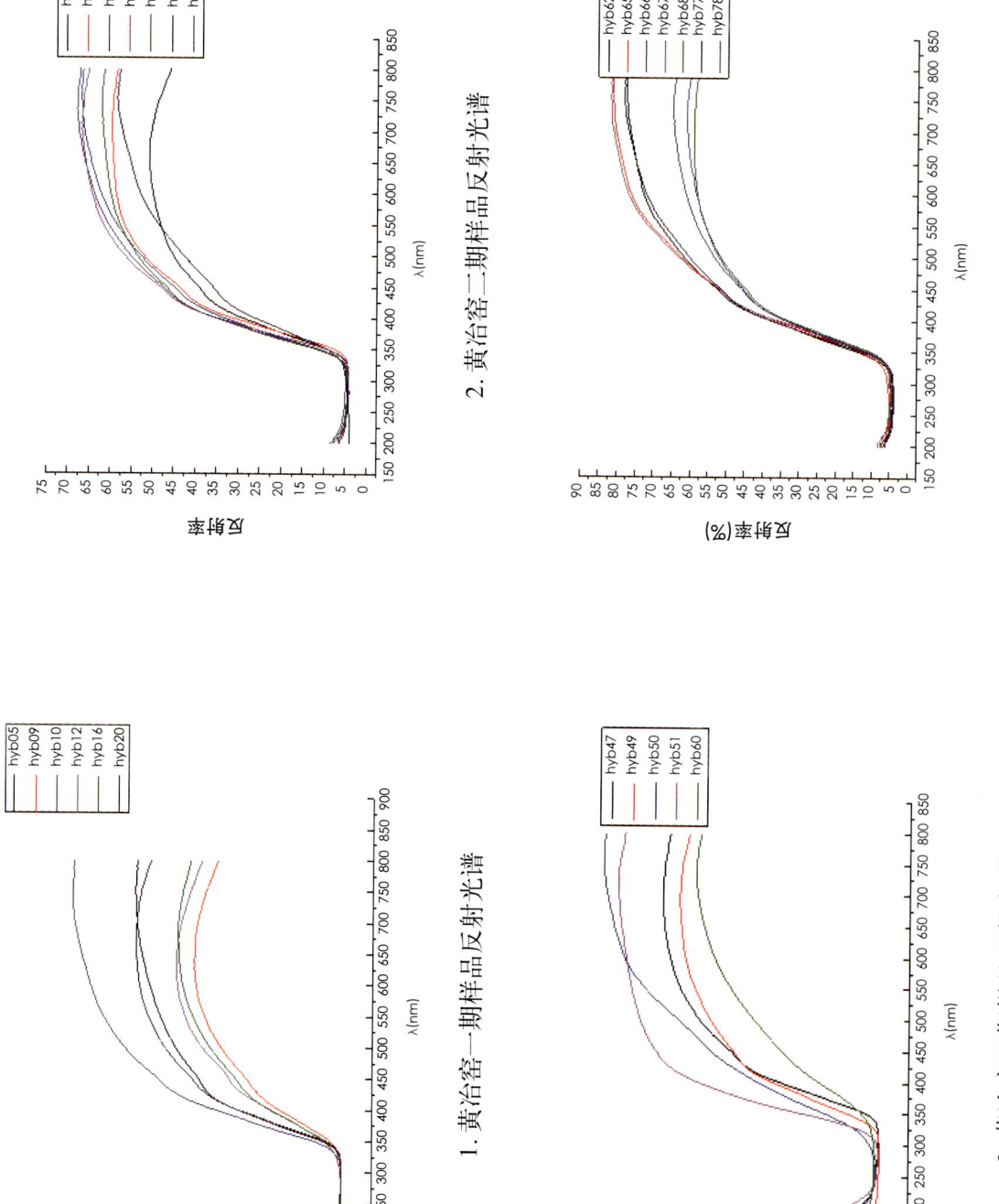

1. 黄冶窑一期样品反射光谱
2. 黄冶窑二期样品反射光谱
3. 黄冶窑三期样品反射光谱
4. 黄冶窑四期样品反射光谱

黄冶窑一至四期样品反射光谱

1. 2000年日本奈良文化财研究所町田章所长（左四）、田边征夫部长（右四）等考察黄冶窑遗址

2. 2001年河南省文物考古研究所孙新民、贾连敏、陈彦堂、代伦英等在日本福冈考察访问

与日本奈良文化财研究所合作交流

彩版二七八

1. 2004年日本奈良文化财研究所所长町田章（左三）一行考察巩义黄冶窑发掘现场

2. 2010年河南省文物考古研究所孙新民所长与日本奈良文化财研究所田边征夫所长续签合作研究协议书

与日本奈良文化财研究所合作交流

彩版二七九

1. 2008年中方合作研究团队在奈良文化财研究所观摩奈良三彩

2. 2008年日本奈良文化财研究所田边征夫所长和河南省文物考古研究所孙新民所长为"黄冶窑考古新发现"开幕剪彩

与日本奈良文化财研究所合作交流

1. 2003年日本奈良文化财研究所合作研究团队考察黄冶窑发掘现场

2. 2003年日本奈良文化财研究所与河南省文物考古研究所合作研究团队部分成员在黄冶窑考古工地

与日本奈良文化财研究所合作交流